Anton Bettelheim

Berthold Auerbach - der Mann, sein Werk, sein Nachlass

Verlag
der
Wissenschaften

Anton Bettelheim

Berthold Auerbach - der Mann, sein Werk, sein Nachlass

ISBN/EAN: 9783957008701

Auflage: 1

Erscheinungsjahr: 2016

Erscheinungsort: Norderstedt, Deutschland

Hergestellt in Europa, USA, Kanada, Australien, Japan
Verlag der Wissenschaften in Hansebooks GmbH, Norderstedt

Verlag
der
Wissenschaften

Berthold Auerbach.

Berthold Auerbach

Der Mann
Sein Werk — Sein Nachlaß

Von

Anton Bettelheim

Mit einem Bildnis des Dichters

Stuttgart und Berlin 1907
J. G. Cotta'sche Buchhandlung Nachfolger

Dem Andenken

Kilian Steiners

Vorrede

In den letzten zwanzig Jahren seines Lebens hat sich Berthold Auerbach wiederholt mit dem Gedanken getragen, seine Denkwürdigkeiten aufzuzeichnen. Schon 1862 regte sich während eines Aufenthaltes in Stuttgart der Wunsch, Erinnerungen, die beim Anblick der Stätten seiner Lehrjahre aufstiegen, festzuhalten und wenige Monate später nahm er sich bei der nächsten Einkehr in seinem Heimatdorf Nordstetten vor, zum mindesten die Geschichte seiner Kindheit zu erzählen. Abhaltungen aller Art, die Leitung der „Deutschen Blätter", der Entwurf und die Vollendung seiner großen Romane „Auf der Höhe" und „Landhaus am Rhein" hemmten geraume Zeit jede Beschäftigung mit diesem Lieblingsplan.

Desto freier und tatenfroher ging der Dichter im Hochsommer 1870 an die Ausführung dieser Absicht. Mit seinem ältesten Jugendfreund, seinem vertrautesten Lebensfreund Jakob Auerbach durchwanderte er den Schwarzwald, um in lebendiger Anschauung das Andenken entschwundener guter und böser Tage zu erneuen. Aus dem Murgtal kamen die beiden in das Neckartal; auf Gängen durch die Felder und Wälder seines Geburtsortes Nordstetten, im Verkehr mit Blutsverwandten und Bauern strömten dem Dichter die besten Eingebungen zu, frisch und reich flossen die unversieglichen Quellen der eigenen Kindheitseindrücke, da brach der deutsch-französische Krieg aus und der Stift, der zur Niederschrift eines Jugendidylls angesetzt war, stellte und löste in volksmäßiger Sprache die Frage: „Was will der Deutsche und was will der Franzos?" Ein

Flugblatt, das in den Julitagen 1870 im Süden und Norden einschlug und Auerbachs Berufung in das Hauptquartier des Großherzogs von Baden zur Folge hatte. Vor dem Aufbruch in das Lager war der Dichter nicht über den Entwurf der Widmung zu seiner Selbstbiographie hinausgelangt:

Nordstetten, 20. Juli 1870.

Meinem besten Freunde.

Du erinnerst Dich noch. Es war am 15. Juli 1870. Wir stiegen von Freunden umstanden in den Wagen und verließen das freundliche Gerns=bach mit seinen gediegenen Menschen. Am Wirtshaus in Obertsrot kam uns der treffliche Doktor mit gefüllten Weingläsern auf die Straße ent=gegen, es galt den Abschiedstrunk. Und fröhlich ging's weiter durch das Murgtal hinauf, im Sonnenschein durch harzduftige Wälder, der Kutscher erzählte von den lächerlich traurigen Ereignissen vom 66er Krieg beim süd=deutschen Heere. Wir hielten erquickende Mittagsrast beim alten achtzig=jährigen ehrenfesten Vetter Gottfried, der von Kindern, Enkeln und Urenkeln umgeben war. Wir kamen über den Kniebis nach Horb. Ich traute mir nicht die Kraft zu, noch heute in mein Heimatdorf zu gehen, wo mir niemand mehr entgegenkam. Eltern, Brüder und Schwestern liegen im Ewigkeits=hause, wie die Juden den Gottesacker nennen, und doch ging ich weiter. Ich konnte auf der Schwelle meines Heimatdorfes nicht übernachten, ich mußte heim.

Wir stiegen den Berg hinan, jeder Baum weckte Erinnerungen, ich war als Knabe dabei, als diese Apfelbäume am Wege gepflanzt wurden, ich sagte schon damals dem Wegknecht, dem sogenannten blinden Koanrable, daß die Rasenböschungen wie Grabhügel aussehen und er erwiderte: Kobbels Bua, was hascht du nau für Sache im Kopf!

— Wir kamen an die Gemarkung Nordstetten. Dort sprach ich's aus, Dir die Geschichte meines Lebens zuzueignen und ihr den Titel Heimkehr zu geben.

Wir kamen auf die Hochebene, zweistimmiger Frauengesang ertönte aus den Gerstenäckern des Schießmauernfeldes, wo einst der Tolpatsch gepflügt und die Glocke läutete, die einst den Lauterbacher begrüßt.

Gibt es eine erfrischendere Luft als die meines Heimatdorfes?

Wir kamen ins Dorf und —

Ja, der Krieg war ausgebrochen und wir mußten wieder fort, der Familien= und Vaterlandspflicht folgen.

Jetzt ordne ich u. s. w.

Ich nenne Deinen Namen nicht. Wer Dich und mich persönlich kennt, weiß wie er lautet, Dir gebe ich das Vermächtnis meines Lebens, Du warst und bist ein guter Kamerad, wie niemand einen besseren finden kann.

Im Kriegssturm und nach der Aufrichtung des neuen Reiches drängte es den Dichter, der gewaltigen Gegenwart vor der eigenen Vergangenheit gerecht zu werden; 1871 veröffentlichte er die Tagebuchblätter „Wieder unser", 1874 die vaterländische Familiengeschichte „Waldfried", 1876 die neuen Dorfgeschichten „Nach dreißig Jahren". Nun mahnte Spielhagen, mit der Lebensbeichte nicht länger zu säumen, da weniger als fünf Bände bei der Fülle des Stoffes, bei der großen Zahl von Freunden und Bekannten, die der „Menschenbädeker" zu schildern vorhatte, kaum genügen würden.

Emsig machte sich der Dichter an die Vorarbeiten. Tausend und abertausend Zettel bedeckte er mit Schlagworten und Abkürzungen, die ein anderer nicht immer zu enträtseln vermag. Zur Auffrischung seines Gedächtnisses unternahm er „Wallfahrten" an die meisten Orte, an denen er Entscheidendes erlebt. Seinen persönlichen Schicksalen wollte er einen zeitgeschichtlichen Hintergrund geben, seinen Werdegang durchaus im Zusammenhang mit der politischen und literarischen Entwicklung seiner Zeitgenossen darstellen.

Seit dem Jahr 1872 in seiner Gesundheit erschüttert, mußte er haushalten mit seiner Arbeitskraft; er schränkte deshalb den weiter ausgreifenden Entwurf auf „Ein Schwabenalter" ein, das in vier Abschnitten den „Knaben im Dorfe", den „Talmudschüler und Gymnasiasten", den „Studenten", endlich den „Schriftsteller" bis zu dem Augenblick zeigen sollte, in dem der glückstrahlende junge Gatte seine erste Frau an die Schwelle seines Geburtshauses, in die Arme seiner Mutter führt; der Abschluß sollte der Freudenruf sein, mit dem die Vierundsiebzigjährige den Heimkommenden wirklich begrüßt hatte: „Unser Herrgott soll mir's verzeihen. Wie Jakob seinen Joseph gesehen hat, hat er gesagt, jetzt will ich gerne sterben, da ich dein Antlitz gesehen habe — ich sage, jetzt will ich erst recht leben."

Es war dem Dichter nicht beschieden, diese Arbeit, an der sein ganzes Herz hing, über die Anfänge hinauswachsen zu sehen. Im schmerzenreichen Sommer 1881 brachte er nur, im August als Gast seines Freundes Kilian Steiner im Waldhaus von Niedernau, im September in Cannstatt unmittelbar vor Ausbruch seiner Todeskrankheit, die Schilderungen seiner Großeltern und die wenigen Kindheitserinnerungen fertig, die dem ersten Abschnitt dieses Buches zu gute gekommen sind.

Unwiederbringliches ist durch den Tod Auerbachs verloren gegangen, zumal für die Frühzeit, die er nach seiner Empfindung während des letzten in Schwaben verbrachten Sommers im rechten Pathos der Heimat und Jugend sah und künstlerisch faßte. Für die folgenden Zeiten hat Auerbach selbst vorgesorgt.

Auf seinem Sterbebett hat der Dichter seinem treu zugehörigen Jakob die Herausgabe seines mehr als fünfzig Jahre, 1830—1882, währenden Briefwechsels ans Herz gelegt. Und der greise Kamerad hat dem Verlangen Bertholds Folge geleistet, seine letzte Lebenskraft an die Erfüllung dieses Vermächtnisses gesetzt und in aller Bescheiden= heit den deckenden Ausdruck für die herrliche Briefsammlung gefunden in dem Untertitel: Ein biographisches Denkmal.

Unbefangener und absichtsloser, als eine Selbstbiographie lassen diese Blätter — um Auerbachs Wort über Goethes Briefwechsel mit Zelter zu wiederholen — „die ganze Füllung des Alltags wahrnehmen, Gastereien, Theaterbesuche, kursierende Witze u. s. w. Man hat das Feld des Lebens vor sich mit all den Käfern und Spinnen und Mäusen im Grunde und den Lerchen drüberhin". Berthold Auerbach in allen Lebensstufen und =Lagen bildet den Grundtext, zu dem der Brief= schreiber selbst die ernsthaftesten und ergötzlichsten Kommentare gibt. Und nicht nur in diesen und anderen Selbstbekenntnissen redet unser Dichter mit tausend Zungen von seinen Absichten und Arbeiten, von Stimmungen und Verstimmungen, von seinen Gaben und Ge= brechen, von Freunden und Widersachern, auf vielen Blättern seiner Dichtungen begegnet er uns leibhaftig, häufig, allzuhäufig als über= deutlicher Erklärer seiner Gedanken und Nebengedanken, zumeist herzlich willkommen als feurigster Verkünder seines Glaubens an die unzerstörbare Güte der menschlichen Natur und die eigentliche Auf= gabe der Kunst, Freude am Leben zu wecken und zu mehren. Lieb= reichste Vertiefung in das Kleine und Unscheinbare, volles Sichein= fühlen in den Reiz jedes Hälmchens, schärfste Feinhörigkeit für die vielstimmigen Vogelrufe der Waldfrische vertrugen sich in diesem sel= tenen Menschenkind mit gleicher Empfänglichkeit für die Erhabenheit des Meeres und der Alpen, mit der Sehnsucht, die Einheit des Welt=

alls zu begreifen, mit pantheistischer Naturschwärmerei. „Mir ist,“ so schreibt er in einem Brief aus der Schweiz, „als wäre mir auf der Welt alles klar und offenbar, als sähe ich in den Strom des Lebens wie in einen hellen Bach bis auf den Grund. Alle Rätsel sind gelöst, denn sich glücklich fühlen, wo ist da noch ein Dunkel? In mir ist's wie draußen am Himmel, kein Wölkchen unterbricht die ewige Bläue und wir wissen beide nichts davon, daß einmal Nacht war und wieder einmal Nacht wird. Ich erinnere mich der Sage, daß Noah, wie ich glaube, einen Stein hatte, der bei der Sündflut in der Arche leuchtete wie die Sonne. Ich habe diesen Stein, den die Geologen nicht kennen, wie ich glaube, gefunden.“

Auerbach hatte diesen Stein Noahs nicht lang und in der Ferne zu suchen. Sein sonniges Gemüt wurde ohne Zauberkünste mit den dämonischen Gewalten fertig, die das Menschengeschlecht in der Gegenwart gefährden, in seiner Zukunft bedrohen. In bewußtem Gegensatz zu den Menschenverächtern und ihrer Losung „Nach uns die Sündflut“ gab er in seinen Deutschen Blättern den Fahnenspruch der menschenfreundlichen Vorkämpfer einer besseren Zeit: „Nach der Sündflut — wir.“

Eine Lebensanschauung, die, unbeirrt durch Heimsuchungen und Enttäuschungen, mit Lessing auf die Erziehung des Menschengeschlechtes, mit Schiller und Goethe auf den Siegestag des Edlen und Guten baut, eine Kunstanschauung, die aus treuem Sichversenken in die Wirklichkeit nur wachsende Liebe zum Volk, unzerstörbare Freude an der Welt schöpft, kann in einer geistig und technisch vielfach in Widerspruch mit Auerbachs Art geratenen Dichtung, in einer von Zwiespalt zerrissenen Zeit nicht unbedingte Zustimmung erwarten. Die Neusten bescheiden sich denn auch nicht damit, gleich den Kennern unter Auerbachs Lebensgefährten, das Dauernde von dem Vergänglichen in seinen Schöpfungen zu scheiden, sie schelten ihn unwahr und veraltet. Ein Loos, das er mit anderen, von schnellfertigen Enkeln abgetanen größeren und kleineren Lieblingen der Vorfahren, Salomon Geßner, Richardson, Walter Scott, Jean Paul, George Sand teilt.

Die Begeisterung, die mehr als ein Menschenalter hindurch die Schwarzwälder Dorfgeschichten in den Massen entzündet, die Nach-

folge, die sie bis zur Stunde in allen Stämmen und Mundarten ge=
funden, der Segen, den sie in Kunst und Leben gestiftet haben, wird
durch solchen Undank nicht aus der Welt geschafft. Der Dichter, den
die Besten seiner Zeit, Uhland und Strauß, Vischer und Ger=
vinus, Mathy und Freytag hochgehalten, der Erzähler, den
Anzengruber und Rosegger, Tolstoi und Björnson als Weg=
weiser anerkannt haben, war und bleibt eine der wirkenden Mächte,
ein Grundelement im Kreise der deutschen Volkserzieher, an dem die
Nachwelt nicht vorübergehen soll und kann, solange er der Nachwelt
Eigenes, Immergültiges zu sagen hat.

In diesem Sinne gebührt Auerbach in jedem neu heranwachsenden
Geschlecht unbefangene Prüfung. In diesem Geist wird jede Kritik,
die die Nachgeborenen an ihm üben, zur Selbstkritik. In solcher Ab=
sicht muß der Versuch gewagt werden, den Dichter, dessen Wirken ein
geschichtliches gewesen ist, geschichtlich zu würdigen.

Wien, Ostermontag, 1. April 1907.

Anton Bettelheim

Inhalt

I

Im Heimatdorf Nordstetten

Sieh, das hat mir alles meine gute Pate
Heimat um die Wiege gestellt
Berthold Auerbach: Liebe Menschen

Jeder Leser der „Schwarzwälder Dorfgeschichten" kennt die echt schwäbische Landschaft und Landsmannschaft, in der Berthold Auerbach aufwuchs. Nur die ersten dreizehn Jahre durfte er in seinem Geburtsort, dem Bergdorf Nordstetten im Schwarzwaldkreis des Königreiches Württemberg, verbringen, zeitlebens aber hat er von diesen unversieglichen Jugendeindrücken gezehrt. Nordstetten ist der ausdrücklich genannte Schauplatz seiner reinsten und reifsten Schöpfungen. Das Paradies seiner Kindheit bleibt mit seinem Andenken so dauernd verbunden wie das Wiesetal mit Hebels Alemannischen Gedichten, das Bernbiet mit Jeremias Gotthelfs Bauernspiegeln, Alt-Mecklenburg mit Fritz Reuters Lehr- und Meisterjahren, Thüringen mit Otto Ludwigs „Erbförster", „Heiterethei", „Zwischen Himmel und Erde", wie Land und Leute des Mürztales mit Roseggers „Waldheimat".

Schon frühzeitig, beim ersten Schritt in die Fremde, wurde sich der Knabe dieser untrennbaren Zugehörigkeit zum Heimatdorf dunkel bewußt. Aus dem dumpfen Lehrhaus in Hechingen sehnte sich der Talmudschüler unablässig nach der goldenen „Zukunft der grünen Vakanz". Der blutarme, nur auf die eigene Kraft gestellte Stuttgarter Gymnasiast entbehrte nichts schmerzlicher als den von Kindesbeinen an gewohnten Verkehr mit seinen alten Dorfgenossen, den friedlich nebeneinander hausenden Landjuden und katholischen Bauern von Nordstetten. Der auf den Hohenasperg gefangen gesetzte Burschenschafter träumte von Nordstetter Feld- und Waldgängen. Den verunglückten Rabbinatskandidaten wandelte mehr als einmal — wie späterhin seinen Doppelgänger in der Dichtung „Ivo der Hajrle" — das Verlangen an, „ein Nordstetter Bauer und nichts weiter" zu sein. Und als den eifrigen Jünger Spinozas, der am Rhein die Schriften des Denkers verdeutschte, mitten in der Arbeit die Kunde vom Tode seines Vaters traf, fand der Verwaiste keinen Trost in der Lehre des Meisters. Auf einsamen Wegen durch das Siebengebirge stieg das Nordstetten seiner Kindertage vor ihm auf; „die Quelle seiner Dichtung wurde" — wie er das von Goldsmith und dem Landprediger von Wakefield gesagt hat — „im höchsten Sinne das Heimweh oder, wenn solches Wort gestattet ist, das phantastisch gestaltete Heimwohl"; die Denkwürdigkeiten seiner Jugend erwachten aus ihrem Scheintod und erfuhren ihre künstlerische Auferstehung in den „Schwarzwälder Dorfgeschichten". Das Buch schlug durch und trug die Namen Auerbach und Nordstetten verschwistert in alle Weiten. Kein Wunder, daß der Fünfunddreißigjährige auf der Höhe seines Ruhmes und Glückes kein schöneres Wanderziel für seine Hochzeitsreise zu wählen wußte als das Nordstetter Witwenstübchen seiner Mutter. Ein Jahr später starb seine heißgeliebte erste Frau im Wochenbett, nicht lange darauf seine Mutter. Nach dem Tod der beiden dachte er eine Weile daran, das elterliche Anwesen anzukaufen, seinen Sommersitz in Nordstetten aufzuschlagen, alten Jugendmut, neuen Lebensmut zu gewinnen auf der Heimatscholle. Es blieb beim Vorhaben. Dem reifen Mann waren nur kurz währende, lang nachwirkende Besuche der Gemarkung Nordstetten beschieden. In seinem letzten Willen bestimmte er aber ausdrücklich, daß er in Nordstetten beerdigt sein wolle. Seinem Wunsche wurde nach seinem Heimgang im fernen Cannes willfahrt. Auf dem jüdischen Gottesacker seines Geburtsortes ist sein Grab. So führen fast alle Wege Berthold Auerbachs nach Nordstetten. Und der beste Wegweiser nach dem Nordstetten seiner Tage war, ist und wird wohl in alle Zukunft Auerbach selbst bleiben.

Wer dem stattlichen, auf breiter, fruchtbarer Hochebene frei und schön gelegenen Pfarrdorf aus nächster Nähe, von der Neckarbrücke der Bezirksstadt Horb oder vom Schloß Hohenmühringen der Freiherren v. Münch, zuwandert oder wer aus größerer Entfernung, dem fünf Wegstunden weiten Hechingen oder dem sieben Stunden abliegenden Tübingen, kommt, wird auf Schritt und Tritt gewahr, mit welcher urkundlichen Treue die Schwarzwälder Dorfgeschichten Weg und Steg angeben, wie zuverlässig sie Bescheid wissen in Herkommen und Hantierungen des Menschenschlages. Der Erzähler besteht

in solchen Äußerlichkeiten jeden Vergleich mit Generalstabskarte und
Oberamtsbeschreibung, und er entdeckt überdies Reize der Natur und
Volksnatur, die nur das Auge des eingeborenen liebreichen Künstlers
schaut und würdigt. „Wer diese Landschaft von der Eisenbahn sieht" —
so schrieb der Dichter nach seinem vorletzten, im Juni 1879 verbrachten
„Tag in der Heimat" —, „auch wer nur kurz verweilt, der kennt diese
Gegend nicht; denn die Landschaft hier hat's mit ihren Heimlichkeiten
wie der schwäbische Mensch überhaupt, erst bei näherer Bekanntschaft
findet man die weichen üppigen Gründe, die tiefen Einblicke und weiten
Ausblicke. Freilich ist zum Intimen wohl auch nötig, daß man verwandt,
ich meine ein Landsmann ist. Der einzelne, der in dieser Landschaft
seine Kindheit verlebte, empfindet Einflüsse, die wie unterirdische
Quellen fortrieseln" — selten sinnfälliger als in Auerbachs Leben
und Lebenswert. Seine ganze Art und Kunst ist durchtränkt von
Nordstettener Einflüssen, seine ersten Dorfgeschichten insbesondere sind
gesättigt mit der Ortsfarbe seiner Heimat, überhaucht von der Zeit-
stimmung seiner Jugend.

Als der Dichter am 28. Februar 1812 zur Welt kam, war Nordstetten erst vor wenigen Jahren, durch den Preßburger Frieden von
1805, württembergisch geworden. Bis dahin war nach E. M. Arndts
Kennerurteil „hier in diesem Schwaben und Alemannien" recht
eigentlich „das alte Reich, hier lag es, wenngleich in mannigfaltigen
Trümmern, mit seinen Scherben und Splittern ausgeschüttet, und der
Liebhaber des deutschen Altertums und Mittelalters konnte sich an
diesen zum Teil schimmernden Bruchstücken den Glanz und die einst
lebendige Herrlichkeit des Gewesenen vergegenwärtigen. Schwaben
und Alemannien ward bis zur Mitte des 13. Jahrhunderts, bis zum
Untergang der Hohenstaufen, am längsten und meisten noch in der
alten Form erhalten und zusammengehalten. Nachher fiel es freilich
auch auseinander, blieb aber, in seinen Stücken eine alte, zugleich be-
wunderte und gescholtene Mannigfaltigkeit, bis zum Jahre 1790 ziemlich
unaufgeräumt liegen. Es bildeten sich hier keine großen Fürstentümer
und Herrschaften wie aus einem Stück — denn Wirtemberg war bis
dahin noch immer nichts Großes und Mächtiges — es ward hier nichts
fertig in dem Sinne, wie man im 17. bis 18. Jahrhundert diese und
jene Staaten Deutschlands schon fertig und geordnet zu nennen be-

liebte: es blieb die reizendste, ergötzlichste Mannigfaltigkeit und Un-
ordnung, ein Musterbild des mittelalterlichen Deutschlands — Bis-
tümer, Abteien, Fürstentümer, Reichsstädte, Ritterschaften, Reichs-
dörfer, Reichsvogteien u. s. w. in unzähliger Menge".

In der Gemarkung Nordstetten hatten bis zum Untergang des
heiligen römischen Reiches deutscher Nation Lehensträger und Guts-
herrschaften häufig gewechselt: dem eigenen Ortsadel der Pfuser von
Nordstetten im 14. und 15. Jahrhundert war 1494 bis 1598 das Geschlecht Diepolds von Habsperg, 1598 bis 1643 die Wendler von Pregen-
roth, 1644 bis 1805 die Keller von Schleitheim gefolgt: die Oberhoheit
aber war im letzten halben Jahrtausend ununterbrochen beim kaiserlichen Erzhaus geblieben. Ein vorderösterreichischer Landvogt saß in
Rottenburg am Neckar, das Obergericht zu Freiburg im Breisgau,
der Kaiser in Wien. In manchem Bauernhaus berühmte man sich noch
in Auerbachs Knabentagen der Großväter, die unter Prinz Eugen
gegen die Türken gefochten hatten. Das Andenken Maria Theresias war
unvergessen und als wahrer Volksheiliger lebte im Gedächtnis aller
Kaiser Joseph fort, der, ein Menschenalter vor Auerbachs Geburt,
die Bauern vom Joch der Leibeigenschaft, die Juden vom schimpflichsten
Druck des Leibzolls befreit hatte. So mancher Nordstetter war als
Handwerker oder, wie der Vater des Dichters, als Lieferant, „in Wien
d'rein g'west" und wußte so viel davon zu erzählen, daß Berthold
Auerbach 1848 bei seinem ersten Besuch der alten Kaiserstadt zu Mute
war, als ob er in eine heimatliche Stadt käme; sein erster Weg galt dort
dem Denkmal Kaiser Josephs: „Das ist das edelste Heiligtum Wiens"
heißt es in seinem damaligen Tagebuche.

Eng verflochten mit diesen politischen waren die religiösen Überlieferungen des Pfarrdorfs. Der katholische Schwarzwälder, gesprächig,
lebens- und lieberfroh, nach Auerbachs Meinung wesentlich anders
geartet als der verschlossene protestantische Albbauer, hat seine besondere Lust am Schaugepränge der römischen Kirche. Wie gewaltig
die Prachtentfaltung einer Priesterweihe Denken und Fühlen des
Landvolks bewegt, hat der Dichter unverkennbar aus eigener Anschauung
in „Ivo der Hajrle" geschildert. „Es liegt eine tiefe Macht in der
allverbreiteten Sichtbarkeit der katholischen Kirche," sagt er dort;
„wohin du wanderst und wo du dich niederläffest, überall stehen hohe

Tempel offen für deinen Glauben, deine Hoffnungen, deinen Gott, überall kniet die Gemeinde, andächtig nach denselben Heiligtümern aufschauend, dieselben Worte im Munde, dieselben Zeichen führend, überall bist du unter Brüdern und Kindern des einen heiligen sichtbaren Vaters in Rom." Die geschichtliche Größe der katholischen Hierarchie, die Schönheit ihres Gottesdienstes ging nicht nur dem Nordstetter Judenknaben auf, jenseits der Grenze des katholischen Vorderösterreich, im benachbarten altwürttembergischen Tübingen, hing ein reiches, gut protestantisches Dichtergemüt an der entschwundenen Herrlichkeit; der kleine Ludwig Uhland wurde einmal, als sein Vater ihn nach Rottenburg mitnahm, Augenzeuge des Fronleichnamsfestes; der feierliche Umzug mit Kirchenfahnen, Lichtern, Heiligenbildern beschäftigte seine Phantasie nachhaltig; ein andermal konnte der Knabe sich nicht sattsehen an den dort lagernden Kroaten und Magyaren in ihrer fremdartigen Bewaffnung und Bekleidung. Unter den Heerhaufen, die während der Revolutionskriege durch die Neckarhalde marschierten, waren ihm die Österreicher in ihren weißen Waffenröcken die liebsten; einen späten Nachhall dieser Gesinnungen hören wir aus den Worten heraus, die Uhland zwei Menschenalter hernach im Frankfurter Parlament sprach: bei jeder Rede eines Österreichers in der Paulskirche sei ihm zu Mute gewesen, als ob er eine Stimme von den Tiroler Bergen vernähme oder das Adriatische Meer rauschen hörte. Auch nüchternere Naturen, altwürttembergische, in neuwürttembergische Gebiete versetzte Beamte sahen verwundert, wie wenig sich die alten Vorderösterreicher noch als Württemberger fühlten. In den Jahren 1816 bis 1819 sammelte Kriminalrat Rooschütz, der Vater von Ottilie Wildermuth, solche Erfahrungen in Rottenburg am Neckar; das ganz katholische Städtchen, der Sitz des Landesbischofs, hatte dazumal nicht eine evangelische Kirche; es war aber eine tolerante Zeit; Ottiliens Mutter hörte regelmäßig die Predigt in der katholischen Kirche; Rat Rooschütz hielt gute Kameradschaft mit den geistlichen Herren, die Anteil nahmen an seinen Zeichenversuchen und musikalischen Liebhabereien, und bei Ottiliens Geburt, da Gefahr im Verzuge schien, sich gutmütig bereit erklärten, die Nottaufe an dem zarten Kindlein nach evangelischem Ritus zu vollziehen, wenn dem Vater damit eine Liebe geschähe.

Beispiele gleicher Verträglichkeit und Hilfsbereitschaft werden uns

auch in Auerbachs Nordstetter Kindertagen begegnen. Solche Duldsamkeit zwischen verschiedenen Religionsbekenntnissen predigten dazumal nicht bloß Priester aus der Schule Hebels und Wessenbergs, zur
Eintracht drängte die Kriegsnot, die „selbst das einsamste Haus im
Schwarzwald nicht verschonte". „Damals" — so beginnt eine Dorfgeschichte — „war eine außerordentliche Zeit. Jeder Bauer konnte
aus der Königsloge seines eigenen Hauses die ganze Weltgeschichte
vorbeidefilieren und agieren sehen, Könige und Kaiser spielten darin
mit und erschienen bald so, bald so angezogen, und dieses ganze großartige Schauspiel kostete oft den Bauer weiter nichts als Haus und Hof
und etwa noch sein Leben." „Es war, als ob die Leute gar nirgends
mehr fest zu Hause wären, als ob das ganze Menschengeschlecht sich
auf die Beine gemacht hätte, um einer den anderen da und dorthin zu
treiben. Über den Schwarzwald zogen bald die Österreicher mit ihren
weißen Wämsern, bald die Franzosen mit ihren lustigen Gesichtern,
dann wieder die Russen mit ihren langen Bärten und zwischen-
drein steckten die Bayern, Württemberger, Hessen in allerlei Gestalt." „Der Schwarzwald war das allzeit offene Tor für die Franzosen" und Nordstetter, „die besonders gute Ohren hatten, wollten auf
der Hochburg die in Straßburg abgefeuerten Siegesschüsse gehört
haben; das sollte kommende große Not anzeigen." Die Ortseinwohner
suchten sich gegen die durch solche Vorzeichen angekündigten Gäste
vorzusehen; die Bauernschaft trieb das Vieh in unwegsame Schluchten,
und manches hübsche Nordstetter Mädchen wurde, wie die Schwester
des Dichters, in unbequemen, doch sicheren Verstecken vor zudringlichen
französischen Soldaten geborgen. Mindestens ebenso gefürchtet als
Plünderung und Gewalttat feindlicher Truppen war Aushebung zum
mörderischen Heeresdienst unter napoleonischem Oberbefehl: „nicht weit
von Baisingen ist mitten auf ebenem Felde eine Anhöhe so hoch wie
ein Haus und darunter sollen lauter tote Soldaten liegen, Franzosen
und Deutsche beieinander." So verhaßt war die Wehrpflicht in den
Tagen des Rheinbundes, daß der eine und andere kräftige Nordstetter
nach dem Zeugnis der Dorfgeschichten sich den Daumen wegschoß
oder die zum Patronenbeißen nötigen Schaufelzähne ausriß. Besonders abschreckend wirkte der Ausgang von Bauernsöhnen, die nach
Rußland mit mußten und verschollen blieben: „auf dem Rückzug von

Moskau," so heißt es im „Vesele", „sah ein General einen Soldaten, der etwas abseits ging und dem die Kälte oder die Not oder das Heimweh oder vielleicht alles zusammen die Tränen stromweise über die Backen herunterrinnen machte. Der General ritt auf ihn zu und fragte freundlich: „Woher?" „J bin des Schloßbauern Bua vom Schwarzwald, da obe ra," erwiderte der Soldat, nach der Seite zu deutend, als ob seines Vaters Haus nur einen Büchsenschuß weit um die Ecke läge. Der General mußte über die Antwort des Soldaten, der in Gedanken so nahe zu Hause war, so herzlich lachen, daß auch ihm die Tränen über die Backen liefen, die aber in seinem langen Schnurrbarte als Eiszapfen hängen blieben." — Der Nordstetter Bauernbursch aber fand wie allzuviele Leidensgefährten aus dem russischen Schnee nicht mehr zurück ins Vaterhaus.

Am meisten bangte den Juden vor den Heimsuchungen durchziehender Heere. Der Bauer behält, wenn es nicht gleich an Leib und Leben geht, doch wenigstens Acker und Pflug, die Habseligkeiten der Nordstetter Juden schienen ihnen 1796 beim berühmten Rückzug Moreaus durch den Schwarzwald desto bedrohter. Ein lustiger Anschlag des jüdischen Kirchenvorstehers half über alle Sorgen hinweg; er ließ ein großes Faß mit rotem, tüchtig mit Branntwein vergeistigtem Wein vor seinem Hause aufstellen und auf einen Tisch gefüllte Flaschen setzen, um gefährliche Quartiermacher und Nachzügler zu bewirten und abzulenken. Die List gelang, das Ungewitter zog vorüber und die Lage der Juden verschlechterte sich einstweilen nicht. Anstellige fanden leidliches Fortkommen als Lieferanten, und wichtiger noch als der Gewinn von Glücksgütern wurde für die Zukunft das Beispiel der napoleonischen, nach Einberufung eines großen Sanhedrin erlassenen Judengesetze, deren Bedeutung dem Rheinländischen Hausfreund sofort aufging. „Mancher sagt im Unverstand" — so schrieb Hebel in seinem Kalender auf das Jahr 1807 —, „man solle die Juden alle aus dem Lande jagen. Ein anderer sagt in Verstand, man solle arbeitsame und nützliche Menschen aus ihnen machen und sie dann behalten. Die Revolution hatte den Juden das Bürgerrecht gegeben, aber was will da herauskommen? Der christliche Bürger hat ein anderes Gesetz und Recht. Aber zweierlei Recht und Gesetz in einer Bürgerschaft tut gut wie ein brausender Strudel in einem Strom." Diesen Zwiespalt

löſten die Beſchlüſſe des großen Sanhedrin. Sie erklärten das Land,
worin ein Jude geboren oder erzogen iſt oder wo er ſich niedergelaſſen
hat und den Schuß der Geſeße genießt, als ſein Vaterland. Mit allen
Bürgerrechten ſollte die Judenſchaft auch alle Bürgerpflichten übernehmen. Miſchehen wurden geſtattet. So grundſtürzender Wandel
der Dinge war im Königreich Württemberg nicht über Nacht zu erwarten. Aus dem Kernland, dem alten Herzogtum Wirtemberg,
waren ſeit dem Sturz des Jud Süß ſeine Glaubensgenoſſen faſt völlig
verſchwunden. In den 70 oder, nach Rümelins genauerer Buchung,
200 neuwürttembergiſchen Gebieten, die unter Herzog, nachmals
Kurfürſt und König Friedrich zu Altwürttemberg gekommen waren,
zählte man 1808 mit einem Male 1134 Judenfamilien. Anfangs blieb
Dulden, beſtenfalls wie in den ehedem vorderöſterreichiſchen Gebieten
ſeit dem Toleranzedikt Kaiſer Joſephs Geduldetwerden das Erbteil
ihres Stammes, bis in den folgenden Jahrzehnten unter der Nachwirkung der franzöſiſchen Geſeßgebung ihre Emanzipation allmählich
vorbereitet und begonnen wurde.

In Nordſtetten hüllten ſich ihre früheſten Schickſale in Dunkel;
über den Zeitpunkt ihrer erſten Niederlaſſung in Auerbachs Geburtsort
beſtehen nur Vermutungen. Außerhalb des eine Wegſtunde von Nordſtetten entfernten Mühringen im Eyachtale liegt lieblich im Walde
ein Judenfriedhof, auf dem nach unanfechtbaren Zeugniſſen im Archiv
der Freiherrn v. Münch die Juden der Umgegend ihre Toten ſchon
ſeit der Mitte des 16. Jahrhunderts begraben durften. In Nordſtetten
erhielten ſchwäbiſche Juden von den Herren Keller von Schleitheim
die Erlaubnis zur Anſiedelung keinesfalls vor Ende des 16. oder Beginn des 17. Jahrhunderts. Zunächſt kann ihre Zahl nur gering geweſen
ſein; 1772 beſtand die Nordſtetter Judengemeinde aus 18 Familien.
Jede dieſer Familien mußte der Gutsherrſchaft eine Rezeptionsgebühr
von 30 Gulden, ein jährliches Schußgeld von 15 Gulden, an Nebenge-
bühren 2 Gulden 11 Kreuzer 3 Heller, außerdem 2 Gulden an die
Dorfgemeinde bezahlen, endlich das Ihrige beitragen zu den beträchtlichen Koſten für den Kultus. 1767 erbauten die Juden ihre noch jeßt
erhaltene, 1839 vergrößerte Synagoge; 1791 erwarb die Gemeinde
einen eigenen, eine halbe Viertelſtunde ſüdlich vom Dorf gelegenen
Friedhof. Zum Bau dieſes Gotteshauſes und dem Kauf dieſes Gottes-

aders dürfte der Großvater des Dichters, ein schriftgelehrter Mann, Moses Baruch Auerbacher, das Seinige beigetragen haben. Er ist der erste Vorfahr Berthold Auerbachs, von dem wir sichere nähere Kunde haben. Der Dichter führte seine Stammtafel allerdings noch weiter zurück; bis in das elfte Glied sollen nach seinen Behauptungen seine Ahnen dem Geistesadel (Jiches) der Rabbiner angehört haben; „nachweislich," so schrieb er in der Sommererinnerung 1879, „habe ich in dem wundertätigen Rabbi Maharam Rottenburg, dem Märtyrer in den Kreuzzügen, einen vom Mythus eingehüllten Ahn, dessen sich jedes stolze Adelsgeschlecht rühmen dürfte;" handschriftlich gedachte er gelegentlich sogar einer Legende, die sich an diesen angeblichen Stammvater knüpfen soll. Der Leichnam des im Gefängnis erschlagenen Maharam wäre demnach von barbarischen Feinden in einer Kiste in den Neckar gestürzt worden; alle Versuche, den schwimmenden Sarg an das Ufer zu ziehen, seien vergeblich geblieben; er soll neckarabwärts bis zur Mündung und weiter darüber hinaus getrieben sein, bis er an altgeheiligter Stätte, in Worms, von selbst halt gemacht habe. Für diese fromme Familiensage ist nicht der leiseste Beweis vorhanden. Auch die sonstigen Angaben über die Herkunft des Geschlechtes der Auerbacher sind schwer auf ihre Glaubwürdigkeit zu prüfen. Die Nordstetter Matrikeln reichen nicht einmal bis zum Jahre 1700 zurück. Die Namensforschung versagt gleichfalls. Deutsche Familiennamen für die Juden kamen nicht vor Mitte und Ende des 18. Jahrhunderts auf. Auerbach selbst war im Zweifel, ob die wahrscheinlich von einer Ortschaft hergenommene Familienbezeichnung auf Sachsen oder Polen, den Breisgau oder den Mittelrhein zurückweise; Ritter führt gar 13 Ortschaften namens Auerbach auf. So erübrigt der Auerbach-Forschung vorläufig nur, sich im allgemeinen mit dem Wort zu bescheiden, das der schwäbische Tempelherr auf Nathan münzt: das Geschlecht der Auerbacher kann seinen Stammbaum Blatt für Blatt bis auf Abraham belegen; im besonderen geht ihr Ergebnis nicht über den wortkargen Auszug aus den Nordstetter Geburtsregistern hinaus.

Als Großeltern des Dichters erscheinen dort: Baruch (Sohn des Jakob) Auerbacher (1726—1802) und weil. Res (1731—1804); Samuel (Sohn des Abraham) Frank (1742—1827) und weil. Hanna.

Die Großeltern väterlicherseits hat der Dichter nicht mehr gesehen.

Von Kind auf hörte er aber von ihnen. Ihre Familie galt (nach handschriftlichen Aufzeichnungen Auerbachs vom 14. September 1881)
als altangesessene, vornehm sich haltende, und Auerbachsche Gainse
(Stolz) blieb sprichwörtlich, ebenso eine Nachrede, die auf starke sinn-
liche Neigungen anspielte. Moses Baruch Auerbacher soll vermögend
gewesen sein; er versah die Rabbinatsgeschäfte ohne Entgelt und war
bei den österreichischen Behörden so angesehen, daß er als Vorsteher
und Sprecher der Juden von Horb bis Freiburg betrachtet wurde.
Von diesem Rabbi und seiner Frau wurde im Elternhause des Dichters
mit so viel Ehrfurcht geredet, daß das Paar dem Kleinen „lebendig
nahe" war. Diese ständige Hochhaltung Verstorbener, Unsichtbarer,
wirkte geisterhaft auf die Seele des Kindes. „Von meiner Großmutter
war noch ein Vorhang von der heiligen Lade der Synagoge vorhanden.
Dieses Prachtstück aus rotem, goldgestickten Samt wurde nur an
den höchsten Feiertagen aufgehängt. Vom Großvater waren reiche
Schmuckstücke da, die vergoldeten Aufsätze an den Schäften (der Schrift-
rollen) mit den Kringeln (ich war nicht wenig stolz, wenn ich am Freitagabend diese heiligen Gefäße über die Straße nach der Synagoge
tragen und am Samstag wieder heimbringen durfte; ich erlaubte
manchmal dem Herzle, der der Sohn eines armen Lehrers war, ein
Stück davon zu tragen); zwei Becher, feinvergoldet, darin sein Name
eingegraben war, es waren die Becher von der Beschneidungsfeier.
Die zinnernen Teller, woraus wir aßen, trugen am Rande die ein-
gegrabenen Namen der Großeltern. Man sagte mir später oft, ich
sähe dem Großvater Baruch ähnlich." Als der nach dessen Heimgang
zuerst geborene Enkel erhielt der Dichter seinen Vornamen, der nach
jüdischer Sitte bei Lebzeiten nicht übertragen werden darf, und gleicherweise zu Ehren dieses Großvaters sollte der Knabe späterhin Schriftgelehrter werden.

Die Großeltern mütterlicherseits hat Auerbach noch persönlich gekannt und in seiner Greisenzeit geschildert.

„Der Vater meiner Mutter hieß Samuel Frank, mit seinem Spitznamen genannt
Schmul Hackebad, denn er spielte das Hackbrett noch besser als die Geige. Er war
ein schlanker, hochgewachsener Mann, der keine Hosenträger trug und immerfort die
Hosen heraufzog. Er war Metzger und Wirt, die Viehhändler aus dem Elsaß und aus
dem Breisgau waren bei ihm über Schabbes, zumal da er auch eine Tochter an Löb
Dukes in Sulzburg verheiratet hatte. Im Wesen war er ein lustiger böhmischer

Musikant, der sich nicht viel um würdevolle Haltung kümmerte, die meinem Großvater väterlicher Seite in hohem Grade zu eigen war. Wie er nach Nordstetten gekommen ist, darüber bestehen nur Sagen."

Nach mündlichen Mitteilungen einer Nichte Auerbachs, der Tochter seines Nordstetter Lehrers Frankfurter, Frau Bäumlein, war Hackebacks Mutter mit ihren Angehörigen unter Maria Theresia aus Böhmen vertrieben worden. Auf Irrfahrten nach einer neuen Heimat überall abgewiesen, kam sie nach Südwestdeutschland, wo es ihr anfangs nicht besser erging. In Karlsruhe wagte sie endlich, unbeirrt durch die Härte der Beamten, dem Markgrafen Karl Friedrich ihr Gesuch vorzutragen. Der Fürst entgegnete, sie sähe so abgerissen aus, daß sie der Stadt sogleich als Arme zur Last fallen würde. Daraufhin zog Mutter Frank aus der schmutzigen Schürzentasche einen Strumpf voll Goldmünzen hervor mit den Worten: „Unter den Lumpen sind Klumpen." Der Markgraf soll ihr nun lächelnd willfahrt haben. Einer ihrer Nachkommen brachte es zum Hofjuden. Ihr Sohn Schmul strich aber weiter mit Geige und Hackbrett durch die Lande, bis ihn ein Zufall nach Mühringen und Nordstetten verschlug.

„Es heißt," so berichtet Berthold Auerbach, „er sei bei dem Baron (Münch), der ein großer Musikfreund war, sehr wohlgelitten gewesen. Auf Jahrmärkten, bei den Bauernhochzeiten und Kirchweihen spielte er mit seinen drei Söhnen auf, Frumele blies die Klarinette, Judel das Horn und Mordche strich die Baßgeige. Von der Prager Abstammung spielte später eine aufregende Erbschaftsgeschichte in unsere Familie. Ein Bruder meines Großvaters, auch ein Geiger, war nach England ausgewandert. Nach Jahren, da der Großvater schon gestorben war, ging durch die Zeitungen die Nachricht, daß die Tochter eines Prager Geigers eine große Erbschaft hinterlassend gestorben sei, und wir hatten nichts als Aufregungen davon.

In der großen Wirtsstube meines Großvaters wurde viel Karten gespielt, besonders Samstag Abends und Sonntag schon vom frühen Morgen an. Mein Großvater war Meister im sogenannten Franzefuß, ein Kartenspiel, das seltsamerweise unter den Juden aller Länder verbreitet ist. Ich sah es von Männern aus Königsberg, wie aus Rotterdam und Preßburg spielen. Das Kartenspiel war — die Kriegszeiten wirkten noch nach — die Lieblingsbeschäftigung aller Faulenzer im Dorfe, so des Herschle von der schwarzen Lea und des Fränkle, zweier junger Bursche, die wie ihre Mutter von einer Pension des alten Barnaß Maier Auerbach lebten. Mein Vater spielte nie, dafür aber meine Brüder sehr eifrig, trotz der wiederholten strengen Ermahnungen unserer Mutter, und oft wurde ich ins Wirtshaus geschickt, um die Brüder zum Essen zu holen, sie gingen aber nicht mit, sondern kamen erst spät nach.

Am Samstag abend aber schlachtete mein Großvater ein Rind oder eine Kuh, und ich mußte ihm in der Regel zum Hautabziehen das Licht halten. Wenn das

Geschlachtete vom Rabbi Moses koscher befunden wurde, pfiff und schmunzelte der Großvater beim Hautabziehen, war es aber trefe (fand sich nachträglich eine Scharte im Messer oder war etwas in den Eingeweiden nicht ganz in Ordnung), dann fluchte der Großvater und schalt das Geschlachtete, denn nun durfte kein Jude davon essen, das Fleisch mußte eilig verkauft werden, man ging sogar damit hausieren, und ein trefenes Rind war ein Unglück für die ganze Gemeinde. War er fertig, dann spielte er noch Karten bis tief in die Nacht hinein, und wenn die Gäste fort waren, trank er nochmals Kaffee, zehn, zwölf Tassen, freilich nur Zichorie, und geigte dazu.

Eine stille, von allen Gästen mit besonderer Ehrfurcht behandelte Frau war meine Frale (Großmutter) Hannele. Ich sehe sie noch vor mir, wie sie in der schiefen Ecke der Wirtsstube im großen Sessel mit Wangenlehnen saß und von da Befehle und Auskünfte gab. Ich war stets undankbar gegen die Gutchen, die sie mir gab, denn sie holte sie aus einer tiefen Tasche und (sie) waren so warm. Jeden Freitag abend mußten wir zu den Großeltern und uns durch Handauflegen segnen lassen und an diesem Abend hatte das ganze Haus wie die Menschen etwas Verklärtes. Ich meine, der Großvater nannte seine Frau mit ganz anderem Tone Hannele. Er machte den Segen kurz ab, die Großmutter aber sprach noch gern etwas Gutes, und daß auch meine Mutter sich beugte und sich die Hand zum Segnen auflegen ließ, machte mich tief andächtig.

Sie (die Großmutter) starb, und damals zum ersten Male ging mir der Ruf zum Leichenbegängnis durch Mark und Bein. Der Schames (Synagogendiener) Krumm Maierle, eine verwachsene Gestalt mit spitzem Kinn, ging durch das Dorf und rief mit wehklagendem Tone: Zu der Levaje! Zu der Levaje! Das klang so schauerlich, und alles sputete sich zum Leichenbegängnis.

Großvater Schmul nahm das Leben leicht, so nach dem Tode der Großmutter, wie auch, als Vermögensverfall, ich weiß nicht wodurch, eintrat; er kam immer, was übel vermerkt wurde, sehr spät in die Synagoge und war einer der ersten, die davon gingen."

Sonst schlachtete, kartelte und geigte Schmul Hacketeback nach wie vor bis zu seinem Ende, in manchen Zügen vermutlich das Urbild des Geigerlex der Schwarzwälder Dorfgeschichten.

Kürzer als über die Großväter faßte sich Auerbach über seinen Vater. Der stattliche Jakob (genannt Kobbele) Auerbacher (1764 bis 1840) sah nach Bertholds Zeugnissen dem Kanzler Müller des Goethe-Kreises zum Verwechseln ähnlich wie ein Zwillingsbruder. Er hatte nicht den rabbinischen Beruf ergriffen, sondern sich dem Handel zugewendet. Als Lieferant war er weit umher bis ins Luxemburgische, nach Wien und Ungarn gekommen, und er wußte von diesen Fahrten viel und, wie es scheint, auch wirksam zu erzählen; er spitzte seine Geschichtchen gern dramatisch zu, verstand sich auf Steigerungen, spielte während des Vortrags so schelmisch mit der Schnupstabaksdose und brachte im Augenblick der Spannung seine Prisen als Kunstpausen so geschickt an, daß seinen Anekdoten nachgesagt wurde: „Kobbele schmälzt gut." Er war leichtlebig, ein Freund guter Küche, ein tapferer Zecher, dem weiblichen Geschlechte besonders hold, gemütlich mit seinen Kindern und seiner elf Jahre jüngeren Frau zärtlich zugetan. Edel Frank, mit der er sich am 27. Februar 1797 verheiratet hatte, war nicht minder wohlgelitten als unter den Ihrigen bei den Katholiken der Gegend, die zu Lebzeiten Edels ihren Rat und Beistand kaum jemals vergeblich ansprachen und der als Siebzigerin Heimgegangenen dankbar nachrühmten: „Die Edel hat gewiß einen guten Platz im Himmel, so gibt's keine Frau mehr, unter Juden nicht und nicht unter Christen." Diesem seltenen Wesen glich Auerbach nicht nur von Angesicht, von ihr empfing er die besten Naturgaben eines regen Geistes und reichen Gemütes. Konnte sich Edel Auerbacher nach den Judensitten ihrer Zeit auch noch nicht des Segens regelrechter deutscher Schulbildung erfreuen, so las und verstand sie doch das Bibelwort im Urtext; sie war überdies im stande, Deutsch mit hebräischen Lettern zu schreiben. Wirksamer noch als durch alles Bücherwissen, wurde ihr Blick für die leibhaftige Welt geschärft durch den täglichen Verkehr mit heimischem und zugewandertem Landvolk aller Art, das im Ochsenwirtshaus der Eltern einkehrte. Ihr war es angeboren, den Leuten absichtslos ihre Eigenheiten abzugucken; aus innerem Anteil fragte sie so manchem seine Geheimnisse ab und in Leid und Freud war sie mit klugem Wort oder lieber noch mit durchgreifender Tat als Helferin bereit. Streng gläubig, war sie doch von Unduldsamkeit und Vorurteil so frei, daß sie, als ihre katholische Nachbarin außer stande war, ihr gleichzeitig mit Berthold geborenes Mädchen Mechtilde zu säugen, das Christenkind ohne weiteres an ihre Brust nahm. Ein Schatz von Parabeln war ihr eigen, den sie schlagfertig auszumünzen wußte.

„Sie hatte in ihrer Jugend viel im Hause des Rabbi Jehuda gelebt, der neben meinem großelterlichen Hause, dem Gasthof zum Ochsen, in Nordstetten wohnte. Wenn meine Mutter den Namen des Rabbi nannte, verbeugte sie sich stets ehrfurchtsvoll und sagte die üblichen hebräischen Worte, die in deutscher Sprache lauten: Das Andenken der Frommen sei gesegnet. Als wir sechs Schwestern und fünf Brüder noch alle zu Hause waren, gab es natürlich auch Reibereien und Streitigkeiten unter uns, und da erzählte die Mutter gern eine Geschichte, die sie vom Rabbi Jehuda gehört

hatte: Auf dem Grund und Boden der Geschwisterliebe ist der heilige Tempel zu Jerusalem erbaut worden. Als König Salomo den Tempel bauen wollte, lag er einst
Nachts unruhig in seinem Bette und konnte nicht schlafen, denn er wußte nicht, wohin
er den Tempel bauen sollte. Da rief ihm eine Stimme vom Himmel zu: ‚Steh
auf und geh hinaus auf den Berg Zion, da ist der Boden. Dort haben zwei Brüder
zwei Äcker nebeneinander, der eine Bruder ist reich und hat viele Kinder, der andere
Bruder ist arm und hat keine Kinder. Sie haben heute am Tage geerntet und Garben
gebunden, und jetzt in der Nacht steht der arme Bruder am unteren Ende seines Ackers
und denkt: mein Bruder ist zwar reich, aber er hat so viele Kinder, ich will ihm von
meinen Garben geben. Der reiche Bruder steht am oberen Ende seines Ackers und
denkt, ich habe zwar viele Kinder, aber mein Bruder ist so arm, ich will ihm von meinen
Garben geben. Geh hinaus und du wirst sehen.‘ König Salomo ging hinaus und
da sah er, wie der eine Bruder am oberen Ende Garben herüberschob und der andere
Bruder am unteren Ende Garben hinüberschob. König Salomo hat die Äcker erworben und darauf den Tempel erbaut. Kinder, merkt euch das: auf Grund und
Boden der Geschwisterliebe ist der Tempel Zion erbaut worden."

Tief prägte sich die Lehre dem kleinen Berthold ein; von seiner
arg bedrängten Studentenzeit bis in seine letzten Tage, da er nach
seinem Jugendtraum „ein Joseph der Familie" geworden war, nahm
er sich als leibhaftige Vorsehung der Seinigen an und sorgte reichlich
für Brüder, Schwestern und ihre weitverzweigten Stämme. Doch
nicht bloß fremde Weisheit, auch eigene, selbstgefundene Wahrheit
hatte Edel Auerbach bereit, wenn Ratsuchende an ihre Türe klopften:
„Am Pfingsttag kommt der Jörg Toni in unser Haus und sagt: Hat
man je so was erlebt? Jetzt an Pfingsten hat's geschneit und die
Zwetschgenbäume stehen in der Blust. Ich komme eben aus dem
Adler und die Mannen, die mit mir dort gewesen sind, sind alle hinaus
und schütteln den Schnee von den Bäumen. Ich weiß nicht, was ich
tun soll. Was meint jetzt Ihr? Der Vater zuckte die Achseln, die Mutter
aber sagte: Jörg Toni, wenn man den Schnee abschütteln könnte,
ohne daß dabei die Blüten abgehen, dann wär's schon recht, aber so
wenn du den Schnee abschüttelst, bekommst du ganz gewiß keine Zwetschgen, wenn du ihn aber liegen und zergehen lassest, wer weiß? Der
über uns, der den Schnee hingelegt hat, wird ihn auch wieder wegtun.
Laß ihn nur dafür sorgen. Der Jörg Toni folgte dem Rat der Mutter.
Im Herbst hatte er einzig und allein im Dorfe Zwetschgen und er
brachte uns davon. Noch heutigen Tages wird diese Geschichte neben
vielen anderen im Dorfe von meiner Mutter erzählt." Von niemanden

aber wurden ihre Worte begieriger aufgegriffen und dankbarer festgehalten als von Berthold, der ihr am Abend seines Lebens aus ihren
„Raatseln" und Sprüchen ein Ehrenmal aufrichten wollte; das Vorhaben ist nicht über ein paar für die Festschrift zur silbernen Hochzeit
des Großherzogs von Baden aufgezeichnete Proben hinaus gediehen.
Allein lange zuvor hatte der Dichter ihre Persönlichkeit in seinen
besten Muttergestalten, von der alten Maurita im „Lauterbacher"
und der Landfriedensbäuerin im „Barfüßele" bis zur Beate seines
Romans „Auf der Höhe", verewigt. Ahnungslos ist sie die erste und
größte Lehrmeisterin des später so mächtigen Erzählers geworden.
Von ihr hat er unzählige Begebenheiten und Anekdoten, die lebendige
Ortschronik ihrer Zeit überkommen; von ihr oft und oft in den Tagen
frischester Empfänglichkeit gehört, was sie selbst gesehen und geduldet,
was sie von Blutsverwandten und Gespielen erfahren hatte; von
ihr seinen eigentlichen Stoffkreis empfangen, das Sonnenlehen von
Nordstetten mit seinem fruchtbaren Ernteboden und seinen wie für
Edel auch für Berthold Auerbach scharf umschriebenen Grenzen. Denn
das Reich der Sage, die Märchen- und Phantasiewelt blieb ihr und
nachmals ihrem Sohne ziemlich fremd. Nur durch die Schwestern
vernahm der Knabe, daß die Seejungfrauen aus dem Mummelsee
einmal auf dem Tanz in Nordstetten gewesen seien als wunderschöne
reichgekleidete Bauernmädchen; die Bursche wollten sie heimbegleiten,
standen indessen davon ab, als die Jungfrauen ihnen abrieten. Nur
einer ging mit ihnen, bis in den See, aus dem dann Blutstropfen
herauskamen und eine Stimme: „Er ist auf ewig bei den Seejungfrauen!" Nur Spielkameraden ängstigten ihn mit dem Mockle-Peter,
dem Baummörder, der, den Kopf unter dem Arm, nächtens durch die
Felder geistet und Vorwitzigen auf das Genick springt. Nur abergläu-
bische Gemüter machten ihm bange mit den Schedim, den fratzen-
haften Ausgeburten jüdischer Gespensterfurcht. Edels Welt wurzelte
in der sichtbaren Wirklichkeit, in der greifbaren Gegenwart. Keine
andere Romantik war ihr geläufig, als die paar bettelnden, biebischen
Zigeunerweiber, die in der Gegend ihr Unwesen trieben und froh
waren, zuletzt erzprosaisch im Armenhaus unterzukommen. Keines
der gewaltigen welthistorischen Ereignisse, die seit den Tagen der
Römer und der Völkerwanderung bis auf die Kreuzzüge und den

Bauernkrieg in den Geländen des Neckartales tiefe Spuren gezogen
haben, beschäftigte ihre Gedanken. Von den Welthändeln kannte sie
außer der biblischen Geschichte nicht viel mehr, als was ein Nordstetter
Kind ihrer Zeit mit eigenen Augen sehen mußte: die Mißwirtschaft
der kleinen Verwalter großer Herren, die Willkürherrschaft bestechlicher
Patrimonialbeamter; die Franzosenzeit; Napoleon und das neuwürttembergische Regiment. Für sie wie für Berthold war „heute
Trumpf". Die Blüten ihrer Naturen glichen einander, weil sie aus
derselben Wurzel aufschossen, im Kern ihres Wesens waren sie eins.
Beiden war „der gesunde, leicht verdauende Gemütsmagen" eigen;
rasch und im Tiefsten erregbar, vermochten sie auch das Schwerste,
am schwersten Durchempfundene ebenso rasch wiederum abzuschütteln.
Im Ehestand mit dem bedeutend älteren Mann sah Edel helle und
trübe Tage; das bequeme Auskommen der ersten Zeiten hielt nicht
vor; Hungerjahre kamen; die Versorgung von fünf Söhnen und
sieben Töchtern war selbst in jenen anspruchslosen Verhältnissen nicht
leicht; in allen Anfechtungen hielt sie Gattentreue, Mutterwitz und
Lebensmut aufrecht. Ein Dutzend Kinder ist aus ihrer Ehe mit Jakob
Auerbacher hervorgegangen; acht erschienen vor ihrem berühmten
Sohn: Maier 1797, Esther 1799, Emanuel 1800, Miele 1802, Babette
1803, Kes 1805, Schenle-Jeanette 1807, Judith 1809. Der neunte,
geboren 1812, widmete dem Gedenktag das folgende, handschriftlich
erhaltene Blättchen:

„Haman, der Bösewicht, wollte die Juden ausrotten, die schöne Königin Esther
rettete sie. Deß zum Gedenken feiern die Juden alljährlich um die Zeit der Früh-
lingswende das Purimfest, an welchem Mummenschanz, fröhliches Trinkgelage,
üppiges Schmausen, Tanz und Lustbarkeit aller Art herrscht. ‚Du wirst am Purim
satt,' sagt man dem Kind, das noch mehr zu essen verlangt. Purim ist eigentlich der
einzige Tag und das einzige Fest, an welchem das schwergemute Wesen zu ungebun-
bener Fröhlichkeit sich aufschwingt. (Die Feste der Juden sind nicht stolze Gedenktage
an siegreiche Schlachten, sondern an Rettungen vor Untergang, so Ostern, so Laubhütte, so Purim.) Am Abend dieses Festes wurde ich geboren. Ich war natürlich an
meinem Geburtstage selber dabei, weiß aber aus eigener Erinnerung nichts davon;
dagegen hat mir meine Mutter oft davon erzählt und auch unser Knecht Amschel.
Man sang und trank im Hause meines Großvaters, dem Gasthof zum Ochsen, als die
frohe Botschaft kam. Amschel war gerade vom Kirchberg heimgekommen, wo er
zwei Kühe für das Nonnenkloster abgeliefert hatte, als er die Nachricht erhielt, und
da ging er in den Ochsen, wo eben frischgebackene Rahmküchle aufgetragen wurden,

und trank sich einen gerechten Rausch. Da meine Geburtsstunde nach Mitternacht war, so wurde ich eingetragen als geboren am Freitag Schuschan Purim, den 14. Abar 5572 nach Erschaffung der Welt, nach christlicher Rechnung am 28. Febr. 1812."

Gevatter standen die Schwester des Vaters, Bele, und ihr Mann, Maier, auch der Brunnjud und der Schwob genannt. Nach jüdischem Brauche strickte dann die Patin eine lange, zweihandbreite Binde für den Säugling, worauf in hebräischer Sprache der Geburtstag verzeichnet und ein Segenswunsch beigefügt wird: man nennt dies die Wimpel; sie wird in die Synagoge gestiftet, wenn der Knabe am Sabbat der Woche, in der er ein Jahr alt ist, in die Synagoge getragen wird; dort übergibt man dem Vorsänger, nachdem der Wochenabschnitt vorgelesen ist, die Wimpel, und die Pergamentrolle der Thora wird dann damit umwickelt. Die Wimpel Berthold Auerbachs hat sich noch vorgefunden; ihre prophetische Inschrift lautet: „Gott möge mich erwachsen lassen zu Gesetzeskunde, zur Verheiratung und zu guten Werken. Amen Selah." Seine frühesten Erinnerungen gingen, wie der Dichter wenige Wochen vor seinem Tode, am 1. Januar 1882, in Cannes bemerkte, bis in sein drittes Lebensjahr zurück. Er entsann sich ganz deutlich, „daß ein fremder Soldat, den wir Flederwisch nannten (er hieß wohl Feodorowitsch), mich auf dem Arm trug; ich weiß auch noch, daß ich zu meiner Mutter aus der Kammer kam und ihr sagte: Der Flederwisch hat zwei Hemden an, er trug nämlich ein Vorhembchen, eine sogenannte Chemisette. Vom Hungerjahr 1817 weiß ich wohl nur vom Erzählen her." Dauernd blieben ihm die Bilder an der Wand der elterlichen Wohnzimmer, „Joseph und seine Brüder", und ein altväterischer, figurenreicher Ofen im Gedächtnis. Die nachhaltigsten Eindrücke seiner Kindheit empfing er

„aus den Feiertagen und Festen, und wie dasselbe Gebet je nach den verschiedenen Festen in eigener, besonderer Melodie gesungen wird, so war auch die Wirkung auf das Gemüt eine verschiedene. Der Sabbat ist ein Abglanz aus Eden, heißt die Lehre, und so erlebte man allwöchentlich einen Tag paradiesischen Jenseits. Das Aschenbrödel der Woche ist der Freitag, da wird nicht regelmäßig gekocht und zu Tisch gegessen, es wird gescheuert, gebacken, geschmort, das Haus wird fremd, es wird Morgens nur kurz Schule gehalten, und wenn wir Kinder im Sommer nach Hause kamen, bekamen wir ein Stück frischbacken Brot oder Fladen, und dann hieß es: Ihr dürft heut' vor Abend nicht nach Haus kommen, wir brauchen Platz im Haus. Man wurde nur unordentlich angezogen, denn der ganze Tag war eben wie die rüstende Frühstunde zum Abend. Wir Knaben gingen dann in den Wald, besonders in das Laubwäldle auf dem Weg nach Mühringen, sammelten Beeren und kletterten auf die Bäume, um in die Vogelnester zu schauen. Von diesen Feiertagen stammen meine tiefsten Waldeindrücke. Wenn es nun allmählich Abend zu werden begann, zog Freude ins Dorf ein, die Gaugänger mit ihren Quersäcken kehrten heim und wurden von Frau und Kindern begrüßt, die Viehhändler kamen in Bernerwägelein angefahren und mit Mitleid hörte man, daß der und jener über Schabbes nicht heimkommen könne. Die Heimgekehrten sahen meist fröhlich aus, mancher auch mißmutig; unser Nachbar, des Lämmles Eisidle, kam einmal heim und trat rückwärts durch die Stubentüre ein: ‚Was ist?' fragt die Frau, und Eisidle erwidert: ‚Ich kann mein Gesicht nicht sehen lassen, ich habe die ganze Woche nichts gehandelt und nichts verdient.' Die Zwicker, die den Wochenbart mit der Schere abzwickten (denn man darf ja, da die Bibel das Schneiden der Barthaare verwehrt, kein Rasiermesser gebrauchen), hatten noch viel zu tun. In jedem Hause, auch in dem ärmsten, wurde Wein geholt zum Segensspruch, und Fleisch und Fisch wurde in jedem Hause bereitet; denn Fisch, meist Weißfisch, mußte man haben, weil Gott bei der Schöpfung der Menschen gesagt hatte: Seid fruchtbar und vermehret euch wie die Fische des Meeres. Ein weißes Linnen wurde in jedem Hause ausgebreitet und die darüberhängende siebenzinkige Lampe angezündet. Nie erschien meine Mutter andächtiger und innerlich beseligter, als wenn sie die sieben Lichter anzündete, dann die ausgebreiteten Hände hochhielt, den Segen sprach und sich demütig verbeugte. Sie hatte eine frische Haube auf und trug an einer goldenen Erbsenkette das Pastellbild meines Vaters, das er von Wien mitgebracht hatte. Er selber war bekleidet mit dem braunen Frack und hellen, seidenumsponnenen Knöpfen, dazu die gestickte seidene Weste mit langen Schößen, braune, an den Knieen mit silberner Schnalle festgehaltene Samthosen, sogenannte Suwarowstiefel mit baumelnder Quaste, am vorderen Ausschnitt ein Jabot und um den Hals ein weißes und darüber ein schwarzes seidenes Tuch. Das männliche Geschlecht ging in die Synagoge, die Frauen waren nur wenig zum öffentlichen Kultus verpflichtet, die Mädchen gar nicht. Wie von aller Lebenslast befreit, wurde gebetet und gesungen und zum Schluß, schon während man ging, das wundersame Jigdal gesungen. Wollt ihr wissen, woher auch dem ungebildetsten Juden eine gewisse innere Vertiefung und intellektuelle Gewandtheit kommt, so durchforscht ihre Gebete. Es ist wahr, was man spottweise gesagt hat: die Juden singen Logik und beten Metaphysik. In der Form des Gebetes wird hier gelehrt. Wie weit ab liegt hier die Andacht von einer im Bilde sich darstellenden Gotterscheinung, sei diese die antike oder christliche. Freilich, nicht alle und gewiß nur eine Minderzahl derer, die das Jigdal sang, begriff dessen Inhalt, aber ein Anhauch davon faßte sie doch. Mein Bruder Maier, der nicht vergebens seinen Moses Mendelssohn studierte, gab sich viel Mühe, mir den Hymnus zu erklären, und während die anderen bereits heim und zum Essen eilten, standen wir zwei noch am Ausgang der Synagoge und sangen bis zum Schlusse. Der Hymnus lautet in getreuer Übersetzung: ‚Erhoben sei der lebendige Gott und gepriesen. Er ist da, und es gibt keine Zeit für sein Dasein, er ist einzig, und es gibt keine Einzigkeit gleich der seinen.' Am Ausgang der Synagoge begrüßte man einander mit Gut Schabbes, und waren die Oheime da, so ließ man sich mit gebeugtem Kopfe durch Handauflegen

von ihnen segnen. Zu Hause aber empfing man den Segen, der nach dem Spruch des
Erzvaters hieß: Gott mache dich gleich Ephraim und Manasse. Nun wurde, den runden
Tisch umkreisend, nochmals ein Gesang angestimmt, und nachdem Brot und Wein
verteilt wurde, ging es an den Schmaus. Ich weiß nicht, ob der Freitagabend im
Sommer oder Winter schöner war. Im Sommer ging man nochmals auf die Straße
und wanderte durch das Dorf, wo aus allen Judenhäusern die vielen Lichter blinkten.
Die ledigen Burschen und Mädchen trieben mancherlei Scherz, und man gesellte sich
auch zu den singenden Bauernburschen. Rauchen durfte kein Jude bis Samstag
abend. Im Winter saß man beisammen zu Haus und plauderte und spielte um Nüsse,
und in der Ofenröhre gebratene schmeckten besonders gut und gaben noch kleine Nachlese. Auch in des Lämmles Haus, wo viele Töchter waren und wo es lustig herging,
wanderte man. Zu Bett mußte man ohne Licht gehen, man durfte kein solches berühren, und die Lichter an der siebenzinkigen Lampe verloschen von selber. Das
Nachtgebet war am Samstag ein anderes, und mit deutschen Worten bat man Gott
um Gesundheit für Eltern, Geschwister und Verwandte. Am Samstag morgen
durfte nicht wie am Werktag zum Gottesdienst in drei kurzen und in einem langen
Schlag an die Tür geklopft werden, und man durfte vor dem Frühgebet weder Speise
noch Trank genießen. Eine leere Schale Kaffee gestattete uns indes die Mutter,
das hatte Rabbi Jehuda gestattet. Man aß sehr früh zu Mittag, sogenanntes gesetztes
Essen, das, am Freitag gekocht, im Backofen warm gehalten wurde. Denn es steht
geschrieben: Ihr sollt kein Feuer anzünden am Sabbattag. Das Mahlenle, die Frau
des Mathes vom Berg, war unsere Schabbesmagd, die Feuer in den Ofen machte,
bis wir des Maurizeles Marann als Magd ganz ins Haus nahmen. Nachmittags
tummelten wir Knaben uns im Fangerlesspielen und dergleichen. Ich mußte mich
weit hinaus in die Verborgenheit machen, denn wenn mich mein Bruder Maier fand,
mußte ich mit ihm in der Bibel lesen, auch mußte ich Verwandte besuchen. Beim Ausgang des Sabbat wurde unter einem Segensspruch ein Licht in ausgeschüttetem
Wein verlöscht, dann wurde wieder gesungen, deutsch und hebräisch, und endlich war
der Werktag wieder da. Meine Brüder konnten es kaum erwarten, bis sie wieder
rauchen durften, und sputeten sich ins Wirtshaus zum Kartenspiel. Wenn es am
Sabbat abend den morgigen Sonntag von der Kirche einläutete, war mir immer
bang, daß jetzt wieder die nüchternen Wochentage beginnen."

Es ist die späteste, nicht die einzige Huldigung, die Auerbach in
diesen aus dem letzten Sommer seines Lebens stammenden Aufzeichnungen Prinzessin Sabbat dargebracht hat. In den trübsten
Stunden seiner Lehr- und Wanderjahre hat das Andenken an die
uralten, jedes neue Geschlecht neu einigenden Bräuche, der Nachhall
der altüberkommenen, den Nachwachsenden von Vater und Mutter
eingeprägten Melodien den Vereinsamten getröstet. Nicht umsonst
stechen aus seinen unfertigen Erstlingswerken die Bilder patriarchalischen Familienglücks hervor, wie es ihm an diesen Nordstetter Fest-

abenden im Elternhause vor Augen stand. Die Treue und Liebe, mit
der er dieser frohen Stunden seiner Kinderjahre jederzeit eingedenk
blieb, umschleierten aber, wie dieselben Romane aus dem Ghetto
bezeugen, seinen Blick nicht für das Häßliche und Gemeine, das dicht
neben allem Weisen und Würdigen in derselben Judenschaft sich
zeigte. Bald launig, bald streng, doch immer wahrhaftig hat er die
Prahler und Schnorrer, die Tagediebe und Tunichtgute, die Sonder-
linge und Eiferer geschildert, die er in seiner nächsten Nachbarschaft kennen
lernte. Reich abgestuft waren schon die Charaktere der Blutsverwandten. Den ältesten Bruder des Vaters, der als Lehrer an den Rhein
ging und in Remagen starb, hat Berthold nie gesehen. Jünger als
sein Vater war Onkel Mendel, begüterter, doch nicht angesehener
als Kobbele, verheiratet mit der Tochter des Kiese von Baisingen,
die, auf ihre Mitgift pochend, die erste im Dorfe sein wollte; wie sie
zu ihrem ansehnlichen Heiratsgut gekommen, darüber gingen allerhand abenteuerliche Gerüchte um. Ihr Vater war einmal in Augsburg und ging am Fronleichnamstag auf die Straße; da kam die
Prozession, und da bei solchem Anlaß dazumal Juden leicht beschimpft
wurden, floh Kiese in ein offenstehendes Haus drei Treppen hoch
hinauf bis zur Dachwohnung, in der eine arme Witwe mit ihren Kindern
hauste. Er sah die halbnackten Kleinen mit seltsam geformten Erbsen
auf dem Boden spielen. Auf die Frage, was denn das sei, sagte die
Frau: ja wir haben die Erbsen schon dreimal gekocht und sie werden
nicht weich. Kiese ließ sich nichts merken, daß er die unkochbaren
Erbsen als Perlen erkannte und kaufte sie um ein Geringes. Davon
stammte sein Reichtum, der sich noch dadurch vermehrte, daß er der
Hofjude des Baron Stauffenberg in Baisingen wurde. Seine nach
Nordstetten verheiratete Tochter, Bertholds Tante Mirjam, war eine
hagere Erscheinung mit spitzigem Gesicht und vogelartigem Aussehen;
sie lachte immer oder gab wenigstens schätternde Laute von sich und
sorgte dafür, daß stets ein heimlicher Wettkampf bestand zwischen ihrem
und Edels Hause. Sie benahm sich anfangs wie eine Adlige, die in
eine Bürgersfamilie geheiratet hat, sie tat gnädig und freundlich, aber
sie genoß weder Liebe noch Achtung. „Von der Mirjam nimmt man,
die Edel gibt", hieß es selbst von ihren Almosen. Ihre Härte und Hoffart
kam trotz aller Scheinheiligkeit immer wieder zum Vorschein. Als die

Frauen einstmals beim Brautzöpfen beisammen waren, eine Feierlichkeit, bei der Judenmädchen die Haare, die der Ehefrau abgeschnitten
werden, zum letzten Male frei tragen dürfen, sagte Mirjam vor der
Braut, die dem armen krummen Synagogendiener zum Weib bestimmt
war: „Da bekommen wir wieder eine Ländlesfrau", d. h. eine solche,
die betteln geht. Edel erwiderte sofort: „Dem Stein sei es gesagt;
das hast du nicht gesagt und wir haben nichts gehört." Der Eindruck
der milden Strafrede war so ausgiebig wie ein andermal ihre muntere
Abfertigung der Gleißnerin. Die jüdischen Frauen saßen eines Sommer-
mittags strickend vor dem Spritzenhäuschen; da kam ein Ehinger
Hausierer, dem Edel eine rote Schürze ablaufte. Mirjam tat ein
gleiches. Als nach geraumer Zeit Edels Schürze recht zertragen war,
zeigte Mirjam die ihrige, die noch so frisch war wie vom Webstuhl.
Edel mußte das Wunder auf der Stelle zu erklären: Mirjam hatte
insgeheim drei Schürzen gekauft; nun waren die Lacher nicht auf
ihrer Seite. Diese und ähnliche Zwischenfälle führten zwar nicht zu
Zerwürfnissen, trugen aber zur Entfremdung der Familien bei. Als
Bertholds ältester Bruder, ein stiller, in sich gekehrter fanatischer
Mann, um die erstgeborene Tochter Mendels anhielt, wurde seine
Werbung abgewiesen und das Mädchen einem fernen Freier von der
Schweizergrenze zum Weibe gegeben. Auch Berthold bekam die
Gehässigkeit Mirjams zu spüren. Mendel und Mirjam ließen sich die
Erziehung ihrer Kinder ungemein angelegen sein. Sie hielten ihnen
einen eigenen Hauslehrer Sacharias, der es später zum Archivar in
Brüssel gebracht und unter dessen Nachkommen Max Sulzberger sich
als Publizist einen Namen gemacht hat. An dessen Unterrichtsstunden
hätte Berthold gern teilgenommen. Mirjam schloß ihn umso engherziger
davon aus, je besser Sacharias seine Sache machte. Sie lachte schadenfroh,
als Bertholds Vater unserem Dichter vorwurfsvoll sagte: „Des Mendels
Schmule hat die Zeitung vorgelesen wie Wasser. Denk darauf, daß
du auch einmal so lernst, besonders" — hier klingen die napoleonischen
Überlieferungen nach — „Französisch mußt du lernen, gut Französisch
ist und bleibt die Hauptsache."

In Mendels Haus blieb wenigstens dieser Bildungstrieb ein rühm-
liches Beispiel. Vor dem Niedergang der Familie eines anderen Oheims
mußte dagegen selbst der wohlwollendste Lobredner verstummen. Jeden

Samstagnachmittag mußte Bertholb Tante Ruchel beſuchen, die von
Unterſtützungen ſeines Vaters und Onkel Mendels lebte. Ihr Gatte
Onkel Schmul war ein kleiner Mann mit großer Naſe. Eine Weile
hatte er mit dem Querſack „ſein Gäu" Heiterbach und Umgebung
abgeſtreift als Hauſierer, der mit Ziegen= und Haſenfellen, kupfernen
Keſſeln und — wie der Alte in „Florian und Creszcenz" — mit abgelegten
roten Uniformen handelte, die zu Bauernweſten verſchnitten wurden.
Später gab der träge Mann das Geſchäft ganz auf und lungerte im
Dorf herum als Großſprecher, der gern wiederholte: „Wenn ich hundert
Brabbänter[1]) hätt', wär' ich der größte Handelsmann in Württemberg
und möcht' fragen, ob Nordſtetten feil iſt." Seine (auf den komiſchen
Kauz in „Dichter und Kaufmann" übertragene) Lieblingsunterhaltung
war, morgens auf den (Horber) Wochenmarkt zu gehen, und die Markt=
weiber ſo lange anzugähnen, bis ſie auch gähnten. Dann kaufte er
Obſt und Gemüſe für Tante Ruchels Kleinhandel. Nachmittags ging
er durch das Dorf mit der wunderlichen Gewohnheit, alle Fenſterladen
zuzulehnen. In der Synagoge ſtand er auf dem Armenplatz, von
dem aus er ſich beſonders laut in den Reſponſorien vernehmen ließ.
Es war eine verdrießliche Pflicht, dieſes Paar zu beſuchen, das im
Erdgeſchoß des Mendelſchen Hauſes wohnte. Der Eingang war nicht
von der Straße, ſondern von rückwärts durch einen verfallenen Garten=
zaun. Vor der Haustüre waren zerſprungene, nie gebeſſerte oder
erſetzte Steinplatten. Die Türſchwelle war hart und voll Aſtbuckeln.
Man ſtolperte jedesmal darüber, ebenſo im Hausflur, der als Küche
diente. Möglich, daß ſich Tante Ruchel einmal wuſch, mit Küchen=
ſchmutz bedeckt war ſie jedenfalls auch Samstags. So hieß es nicht
mit Unrecht: in dieſem Hauſe wäre alles verrückt, der Ohm, die Haustür,
die Turteltauben, ſelbſt die Geißhirtin rief Schmuls Ziege ſtets „Du
meſchugge Schmul". In der Stube hörte man Girren der Turteltauben,
die gegen Gicht, an der Ruchel litt, gut ſein ſollen. Ihr Käfig war
hinter dem Ofen. Die Tante, die mit ihrem blutloſen Geſicht, dem
ſchwarzen Häubchen und den dunklen Augen hexenhaft ausſah, wartete
dem Neffen gekochte kalte Erbſen mit Zwetſchgen auf, die er nur,
um die Arme nicht zu beleidigen, hinunterwürgte, dann las er aus
den Zene Urene vor. Noch während Bertholb las, kam Onkel Schmule

---

[1]) Brabanter (Münze).

gähnend herein, und wenn er den Zuschauer gähnen gemacht, fuhr er ihm mit dem unappetitlichen Zeigefinger in den Mund. Den beiden sollte schweres Leid widerfahren durch ihre Kinder. Der Älteste war ein Schmuser (Makler), der auf den Märkten gewaltig schrie und die Hände der Bauern an sich riß, um sie zum Einschlagen zu Kauf und Verkauf zu vermögen. Ein anderer Sohn, der Tolpatsch der Familie, wurde beständig so arg gehänselt, daß er wie der Tolpatsch der Schwarzwälder Dorfgeschichten Soldat wurde. Die älteste Tochter, die bei dem „großen" Onkel Maier in Karlsruhe gewesen, hatte sich dann, wie Schmule prahlte, „glänzend" verheiratet. Die zweite Tochter, ein schönes Mädchen, Frable, war bei dieser Schwester als Helferin, bis sie eines Tages plötzlich heimkam und sich als Magd verdang. Am Morgen vor Ostern war großer Zusammenlauf vor ihrem Diensthaus. Auch Berthold stand dort und sah, wie das schöne Frable sich auf ein Bernerwägelchen setzen und neben sich einen Gendarmen dulden mußte. Nachmittags vorher hatte sie das Haus gescheuert: morgens fand man sie unter einem trockenen Durchlaß des Bergwassers an der Horber Steige. Sie hatte ihr Kind ertränkt, dessen Vater der Schwager in Karlsruhe sein sollte. Mutter Edel ging sofort als Trösterin zu Onkel Schmul und Tante Ruchel. Am Osterabend stand Onkel Schmul in der Synagoge vor seinem Pult. Niemand sah sein Gesicht, so tief war es auf sein Gebetbuch gebeugt. Zu Hause meinte Bertholds Vater, die Schande gehe sie nichts an. Allein am nächsten Morgen nahm Bertholds Schwester den Knaben mit nach Horb. Ihre Magd, Maurizeles Marann, trug einen Topf mit Essen in ein Tuch eingewickelt. Die drei gingen nach dem Gefängnisturm an der Neckarbrücke. Der Wächter schien bestochen, das Essen wurde hineingeschoben. Frable wurde begnadigt — zu 20 Jahren Zuchthaus. Als sie heimkam, waren ihre Eltern tot. Der Vater hatte bis an sein Lebensende seine Gewohnheiten, Gähnenmachen und Ladenzulehnen, fortgesetzt. Ihre Geschwister mußten für die eigene Wirtschaft sorgen. Frable trat bei Tante Mirjam ein, bei der sie genug zu leiden hatte. „Wenn alles zum Tanz ging, saß Frable auf einem Schemel im Hause, mit dem Rücken gegen die Wand gelehnt, in sich zusammengekauert; wenn es aufschaute, sah man noch die schönen, braunen, glänzenden Augen; das Gesicht aber war ganz zusammengeschnurrt."

Ebenso freien Einblick, wie in die Judenschaft, gewann der Knabe durch die Gunst des Geschickes auch in die Bauernschaft von Nordstetten. Das Dorf kennt kein Ghetto. Nun gar Nordstetten, wo zeitweilig auf tausend christliche Seelen etwa vierhundert jüdische Einwohner kamen. Die großelterliche Herberge zum Ochsen stand jedem heimischen und fremden Gast offen. Und Auerbachs Elternhaus erhebt sich, heute noch in der Hauptsache unverändert, mitten im Dorfe, der Wirtschaft zum Ritter gegenüber, in einem vom Fahrweg einspringenden Winkel. Ein wohlgehaltenes Vorgärtchen grenzt das bescheidene einstöckige, vierfensterige, bis zum 25. Jahrestag seines Todes mit einer armseligen Gedenktafel versehene, seit dem 8. Februar 1907 mit dem Erzbild des Dichters geschmückte Gebäude von der Hauptstraße ab. Aus den Gassenzimmern konnte der Knabe geradeaus auf die Postkutschen, Bernerwägelchen und schweren Lastfuhrwerke gucken, die zu seinem nicht geringen Stolz weit über Horb und Hechingen hinaus nach Tübingen und Stuttgart, über den Kniebis, ins Badische und Hohenzollernsche, nach dem Elsaß und der Schweiz verkehrten. Und beim ersten Schritt über die Schwelle des väterlichen Hauses konnte sich der Junge ungebunden mit christlichen und jüdischen Kameraden herumtreiben. Die stattliche, im „Joo" und „Lucifer" genau geschilderte Kirche auf einer ehedem befestigten Anhöhe war dem Judenknaben kein unzugängliches Heiligtum: der in josephinischen Traditionen erwachsene Seelsorger, der regelmäßig sein Spielchen mit dem jüdischen Lehrer hatte, ließ sich willig dazu herbei, dem Zwölfjährigen die Vorbegriffe des Lateinischen beizubringen. Im ehemaligen, zum Rathaus umgewandelten Schloß kannte Berthold jedes Versteck, im zugehörigen Schloßgarten jeden gesegneten Obstbaum. Hier fing auch die Geschichte an, die der Greis seinen Denkwürdigkeiten voranschicken wollte, mit der Überschrift:

Ein doppeldeutiges Ereignis als Vorwort.

Wohin kommen die alten zerlesenen Gebetbücher? Man darf doch aus einem mit der heiligen Schrift bedruckten Blatt keine Tüte machen oder etwas drein wickeln, wohin kommen also die Gebetbücher?

Du hast immer so dumme Fragen.

So sag doch, weißt du's?

Nein, vielleicht werden sie verbrannt und in den Neckar geworfen oder vergraben. Frag einmal deinen Vater.

Meinen Vater darf ich so was nicht fragen.

Dann frag beine Mutter.

Das will ich auch.

So sprachen zwei barfüßige Knaben miteinander, die im Grasgarten beim Herrn-
birnenbaum saßen und warteten, bis reife Birnen abfielen, die sie sammelten und
heimbrachten, soweit sie sie nicht selbst verzehrten.

Ich fragte meine Mutter, und sie sagte: Kind! Wohin gehen deine Gedanken
immer! Aber ich kann dir's sagen. Unter der Decke der Synagoge da ist ein Speicher
und da liegen die Gebetbücher von hundert und hundert Jahren und der Atem der
Lebenden steigt auf zu den Blättern, worauf der Atem der Verstorbenen gehaucht
war und manche Träne hineinfiel, und die Worte der Verstorbenen und der Lebenden
gehen miteinander hinauf zu Gott.

Ich schauderte, und meine Schwester Babi sagte: Es darf niemand da hinaufgehen,
der noch nicht Barmizwe (dreizehn Jahre alt und konfirmiert) ist und der nicht die
Tephillin auf dem Kopf hat, da droben sind als Ratten verkleidete Schedim (Ge-
spenster, Dämone).

Ich schauderte noch mehr, aber ich erzählte bald alles, was ich erfahren hatte,
meinem Kameraden, dem Herzle, dem Sohne des Reb Frajim.

Eines Mittags, es war heller Sonntag, kam das Herzle und rief: Lauf tapfer!
Komm! Ich hab' eben gehört, der krumm' Maierle (der Synagogendiener, ein kleines
buckliges Männchen) trägt alle Gebetbücher auf den Synagogenspeicher. Komm,
wir schleichen ihm nach. Du bist doch nicht feig und fürchtest dich?

Ich fürchtete mich allerdings, ging aber doch mit.

Barfuß wie wir waren, konnten wir unhörbar drein schleichen, und der krumme
Maierle keuchte so laut, daß er das Knarren der Treppe nicht hörte. An der Tür
klopfte der krumm' Maierle zuerst mit dem Schlüssel dreimal an und sprach ein uns
unverständliches Gebet. Es raschelte drin, wie wenn der Wind die Baumblätter
aufwirbelt.

Die Türe ging auf, und da lag alles voll Papier, aber zerfallene Einbände und
Messingbuckeln erschienen wie sich buckende und blinzelnde Kobolde, die am Boden
lauerten. Der Maierle sprach nochmals ein Gebet, und jetzt muß einer von uns auf-
geschrieen haben, ich weiß nicht, war's der Herzle oder ich. Der Meierle schrie um Hilfe,
wir aber waren schlecht genug, davon zu rennen, und rannten fort bis hinaus in den
Wald, ohne uns darum zu kümmern, was aus dem Maierle geworden. Später hörten
wir, daß der Maierle halb tot herunter kam und erzählte, es seien wirklich Schedim
dagewesen, die hätten einen Lärm gemacht wie tausend Trommler, nie in seinem
Leben gehe er mehr allein auf den Synagogenspeicher, nicht wenn man ihm das
Schloßgut dafür schenke. Mich dauerte das Maierle, ich wollte ihm bekennen, daß
wir hinter ihm gewesen, aber das Herzle duldete das nicht und schalt mich, daß ich nichts
für mich behalten könne, was mir leider geblieben ist bis auf den heutigen Tag.

Von Schreck und Schauder und Gewissensbissen erfüllt, stand ich auf der Anhöhe
am Schießmauernfeld, drunten in der Schlucht sickerte ein Bächlein nur manchmal
wie leise zirpend dem Neckar zu, die Sonne verglühte drüben über dem Rhein, und

goldene Funken tanzten in den grünen Zweigen der Tannen, die im Abendwind
leiſe ſäuſelten.

Wer weiß, was da in der Seele des Knaben ſich zuſammendrängte! Dort oben
im düſteren Speicher lagen die zerleſenen Gebetbücher, und es raſchelte geſpenſter-
haft, hier ſtand alles ringsum in das Gold des Abendrots getaucht, der Rauch aus
den Häuſern ſtieg auf und ward zu feurig bewegten zergehenden Säulen, die Bet-
glocke läutete, und jetzt hörte man Geſang vom Dorfe her.

Wir kehrten ins Dorf zurück. Auf der Hochburg traf ich die Bauernburſchen, die
ſingend, die ganze Breite der Straße einnehmend, dahin wanderten. ‚Kobbele‘ wurde
ich angerufen (ich wurde nach dem Namen meines Vaters genannt), jobel einmal
tüchtig. Sie umringten mich, ich war als beſonders gewandter Jobler im Dorfe bekannt und mußte ihnen nun vorjobeln. Ich tat's mit aller Kraft und vergaß den krumm'
Maierle und die Schebim und die alten Gebetbücher und lernte die Volksgeſänge
und ſang mit, noch lange als die Sterne bereits über uns flimmerten.

Auf und aus ſolchen und anderen Gängen mit Nordſtettern aller
Alter, aller Gewerbe und Gewerke erwuchs ſeine Vertrautheit mit
allen Heimlichkeiten, Sitten und Bräuchen des Landvolkes. Bald
wußte er in jedem Dorfwinkel und in jeder Herzfalte der Nordſtetter
Beſcheid. Der Bauernkalender wurde ihm ſo geläufig wie die Tage-
werke des Sämanns und Pflügers, der Schnitter und Dreſcher, der
Schäfer und Jäger; er geſellte ſich zu den Mädchen, die in der waſſer-
armen Gegend am Dorfbrunnen nur unter der Oberaufſicht des viel-
verlachten Flurſchützen, des „Soges“ (J ſog es), ſchöpfen durften und
zur Sommers- wie hernach zur Winterszeit in den Spinnſtuben des
Lachens und Neckens und Schwatzens kein Ende fanden; er bot den
Schreinern und Maurern, die vom Frühjahr bis zum Herbſt als vielge-
ſuchte Arbeiter in das Elſaß gingen, Abſchieds- und Willkommgruß. Er
kannte jedes Plätzchen und jedes Verſteck, trank ohne Becher aus jedem
Brunnen, ſchlüpfte hinter jede Holzbeige, ſchlug alle Schulſchlachten mit
bei der Pferdeſchwemme und dem Gansweiher, vor der Ziegelhütte und
dem Spritzenhäuschen. Er lief über alle Feld- und Waldwege. Einmal
zum Kirſchebuſch, wo ein ſteinernes Kreuz an die nachmals im „Tonele
mit der gebiſſenen Wange“ nicht vergeſſene Ermordung des Jägers
von Mühringen erinnert. Ein andermal zum Buchhof, den der Erzähler
ſpäterhin zum Stammſitz des Buchmaier, des wehrhaften Volksredners
gegen das Schreiberles- und Befehlerlesregiment, auserſah. Dann
wieder zum Daberwaſen, einem Gehöft, an das der Dichter beim
Entwurf des „Barfüßele“ dachte. Häufig auch zum jüdiſchen, abſeits

vom Dorf auf freier Höhe gelegenen Friedhof. Vor dessen Gittertüre
erscheint ein mit einer Urne gekrönter Hügel aus dem Schutt einer
Brandstatt aufgebaut; unter dem Rasen ruhen sieben Auerbacher,
die 1821 bei einer in ihrem Wohnhaus ausgebrochenen Feuersbrunst
zu Grunde gegangen waren. An klaren Tagen läßt sich von diesem
Gottesacker, auf dem nun auch Berthold Auerbach den ewigen Schlaf
schläft, weit in die Runde sehen. Am äußersten Horizont steigt, von
dunklen Wäldern bestanden, die edelgeformte blaue Kette der Schwäbischen Alb auf; stolz heraus tritt zumal der Kegel des Hohenzollern,
auf dem zum Greifen nahe die zu Auerbachs Knabenzeit noch in
Trümmern liegende, in den Fünfzigerjahren restaurierte Stammburg des
jüngsten deutschen Kaisergeschlechtes mit ihren Zinnen und Türmen sich
zeigt. Soweit der Blick nach Norden und Osten reicht, die Hochebene
von Nordstetten, in gesegneten Erntewochen mit ihren wogenden
Saatfeldern, den dichtgedrängten Obstbäumen, Hopfenpflanzungen und
Wiesengründen einer riesigen, vielteiligen, bunten Fruchtschüssel ver-
gleichbar, aus der, zierlich wie ein sich verjüngendes Spitzsäulchen, der
schlanke, weithin sichtbare Kirchturm aufragt. Die schlichte Schönheit
dieser urdeutschen Landschaft ging erst dem Mann und Greis ganz auf.
An Naturgefühl fehlte es schon dem Kind nicht, das Form und Farbe
jeder Pflanze prüfte und mit feinhörigem Ohr jeden Vogelruf unterschied; nur gebrach es dem Knaben, der so sicher und liebreich das
Nächstliegende erfaßte, ohne das zu merken oder von anderen zu erfahren, die Sehschärfe für die Weite. In reifen Jahren genoß er mit
bewaffnetem Auge doppelt und dreifach den Reiz der Nordstetter
Fernblicke. Noch lieber als beim Gottesacker spielte und träumte der
Kleine auf der Hochbur, der am gerade entgegengesetzten Ende von
Nordstetten sich ausdehnenden Heide, in den Schwarzwälder Dorfgeschichten oft genannt als Schauplatz weltlicher Lustbarkeit und geistlicher Feste. Auf der Hochbur wurde unter Schnurren die „Kirwe"
begraben. Auf der Hochbur die Feldkanzel für die Primizianten auf-
gerichtet. Von der Hochbur blickte der kleine Berthold unverwandt
gegen Westen nach Hochdorf. Da drüben, meinte er, stände das Him-
melsgewölbe der Erde so nahe, daß er sehnsuchtsvoll bat, nach Hochdorf
hinüber zu dürfen. Auf die Frage: „Warum?" antwortete er lange
vor seinem Jvo: „Gucket, das ist ganz nah beim Himmel und da möcht'

ich einmal 'naufsteigen." Ein Wunsch, der ihm die Abfertigung ein-
brachte: „Du dummes Kind, das ist nur so, wie wenn dort der Himmel
aufstehen tät'; von Hochdorf ist noch weit bis Stuttgart, und von dort
ist es auch noch weit in den Himmel." Rascher als mit diesem weit-
läufigen Weg zum Himmel wurde der Kleine mit allen Fahrstraßen
und Fußsteigen des Heimatgaues bekannt. Ungezählte Male mußte
der Knabe für die Seinigen in die umliegenden Ortschaften „springen",
heute in die Apotheke oder zum großen Kaufmann der Oberamtsstadt,
morgen ins Hohenzollernsche oder Sigmaringensche, um eine im
Württembergischen nur mit hohem Zollaufschlag erreichbare Schnupf-
tabaksorte Doppelmops zu holen. Jeden Fuß breit der heimischen
Gemarkung lernte der Kleine auf solchen Pflichtwegen kennen. Die
meisten Begegnenden mußte Berthold mit Übernamen anzurufen, die
nicht im Kirchenbuche stehen, das kleinste Gäßchen, die abgelegenste
Acker-„Zelge", das einsamste Tälchen mit mundartlichen Ausdrücken
zu bezeichnen, die man vergeblich im Grundbuch sucht, dafür aber
desto zuverlässiger in den Schwarzwälder Dorfgeschichten findet. Und
auf jedem dieser Ausflüge ereigneten sich folgenreiche Begebenheiten,
von jedem Spielplatze nahm er unvergeßbare Abenteuer heim. Im
Kramladen ging gute und böse Nachrede so wenig aus wie in der Schmiede,
dem bevorzugten Stelldichein der Neugierigen und Faulenzer; dem
Knaben war diese Werkstatt aus ganz anderem Grunde ans Herz
gewachsen; ihn erfüllte von Kindesbeinen an der Drang nach schwerer
körperlicher Arbeit; seine Lust wäre es gewesen, um die Wette mit den
Schmiedegesellen glühende Eisenstangen zu hämmern. Mit dem „blinden"
(d. h. kurzsichtigen) Koanrable pflanzte er manchen Obstbaum, der
heute noch an der Horber Steige gedeiht. Beim Holzfällen legte er
gern Hand mit an, und wenn er sich einmal unversehens mit dem Beil
am Fuß verletzte, war der Retter bald bereit, den Blutbann zu sprechen.
Der Name des rauschenden Wassers, das in der Tiefe vorüberfloß,
galt dem kleinen Berthold wie dem jungen Schiller schlechtweg als
Gattungsname: beide meinten in ihrer Kindheit, daß jedes fließende
Gewässer Neckar heiße. Die jenseits der Brücke im Zickzack am Steil-
abhang sich hinziehende Oberamtsstadt, heute der Knotenpunkt der
Neckartal- und Gäubahn, war das nächste, am häufigsten, nur nicht am
willigsten besuchte Ziel des Knaben. Für die liebliche Lage der alter-

tümlichen, staffelförmig ansteigenden, stellenweise ummauerten Ortschaft hatte er in seiner Kindheit noch kein Auge; an den großen Kirchen, der hochgelegenen Wallfahrtskapelle und den in Kornspeicher und Kerker umgewandelten Stadtmauern und -türmen suchte er eilig vorüberzukommen. Ihn verdroß nicht nur das beständige Treppauf, Treppab der in Ober- und Unterstadt geteilten früheren Bergfeste. Ihn beklemmte der in Horb von altersher eingewurzelte, bisweilen jählings neu hervorbrechende Judenhaß. An die Horber Judenäcker knüpfte sich die Sage, daß dort vorzeiten Hunderte seiner Glaubensgenossen verbrannt worden wären. Der kropfige Postmeister rief, wenn er unvermutet eines Juden ansichtig wurde, seinen Hund an, der auf den Namen Mausche hörte. Und einmal wurde der junge Berthold selbst das Opfer eines Bubenstücks, dessen der Greis noch wenige Monate vor seinem Tod in einer aus Cannstatt, 20. Oktober 1881, datierten Aufzeichnung mit Schaudern gedacht hat.

Es war gegen Ostern nach der Karwoche. Ich saß bei Mutter und Schwester in unserem Vorgarten. Die Mutter wünschte, daß ich ihr aus einem heiligen Buche vorlese. Babi wünschte dagegen die Fortsetzung von Carl von Carlsberg. Die Mutter aber sagte: Laß mich in Ruhe mit der Geschichte vom menschlichen Elend. Ich sehe im Leben genug davon und brauche keine Bücher dazu. Ich fragte nun, ob mich die Mutter in Horb Salz holen lassen wolle. Das wäre mir recht. Sie fragte mich, ob vier Pfund für mich nicht eine zu schwere Last sei. Ich lachte und erzählte meine Haupthelbentat, daß ich das Leserle von Mausche Hersch, mit mir ein ganz gleichalteriger Bursch, mit dem kleinen Finger zu Boden geworfen habe, ja mit dem kleinen Finger, wiederholte ich. Ob das Leserle, dessen Eltern und Großeltern doch eigentlich Bettler waren, sich besonders geehrt fühlte, daß ich ihn meines besonderen Umganges würdigte und mir deshalb diese Heldentat gewährte, oder ich in der Tat so stark war, ich weiß es nicht. Ich holte mir also das Salzsäckchen, und Babi sagte, ich solle achtgeben, damit der Kaufmann mir das Salz nicht von unten gebe, da es ausgewässert sei und schwerer wiege. Ich versprach, alles gut zu machen. Ich betrog niemand und ließ mich auch von niemand betrügen. Ich besaß mir eigentümlich eigenes Geld nahezu zwei Gulden, und die Schnur meines Geldbeutels war zu aller Vorsicht doppelt in das Knopfloch der Hosentasche eingenäht. Ich kaufte mein Salz in der oberen Stadt im Edladen am Marktplatz. Ich ging die Stadt hinab über die Brücke und trug mein Bündelchen in der Hand. Es schien mir doch viel Wasser darin. Mit dem einzigen, wo man nicht sollte betrogen werden, wo der Preis festgestellt ist, wird man noch besonders betrogen und kann sich an niemand anders wenden. Ich begann die Nordstetter Steige hinanzugehen. Ich war an der Ziegelhütte vorüber, da sah ich auf den Bauhölzern drei Knaben, trotzig dreinschauend und verschmitzt lachend. „Warum sagst du nicht guten Abend?" Ich ging weiter. Ich hatte ein gewisses banges Gefühl, es könnte mir etwas passieren, obgleich noch heller Tag war; ich wollte aber doch auf der Landstraße bleiben, wo man Bekannten begegnet, und nicht den kurzen Fußweg gehen, der zwischen den Dächern der Bierkeller in wenigen Minuten nach Nordstetten führt. Plötzlich höre ich etwas hinter mir. Ich nehme meine Mütze ab, stecke sie in die Tasche, damit ich freie Hand habe. Ich drücke mein Salzsäckchen auf den Kopf. Es ist nicht sehr angenehm und naß. Plötzlich stolpert einer der Knaben an mich heran, mein Salzsäckchen fällt auf den Boden, ich will es aufheben, aber ich werde nochmals überrannt bis zu der Schlucht, wo die Gipsmühle ist. Jetzt richte ich mich auf und schreie: „Drei über einen. Kommt her! Mit dem einzelnen nehm' ich's auf." Ich packe sofort den (einen), ich glaube es war der Sohn des Messerschmieds, und warf ihn nieder. „Wir wollen nicht mit dir raufen, du Judenbub. Wir wollen, du sollst niederknieen und du sollst die gefalteten Hände emporheben und sagen: Christ ist erstanden." Es muß ein spöttischer Zug über meinen Mund gezogen sein, denn die drei Knaben sagten: „So, du verhöhnst heute noch unseren Heiland, den deine Vorfahren gekreuzigt und gemartert haben?" — „Ich verhöhne ihn nicht." — „Schau, wir martern dich, wir binden dich, wenn du jetzt nicht gleich (sagst): Christus ist erstanden, in die Hölle gefahren und nach drei Tagen wieder erstanden." — „Das kann ich nicht sagen." — „Warum nicht?" — „Weil ich's nicht glaube." — „Warum glaubst du's nicht?" — „Weil ich's eben nicht glaube." — „Jetzt ist es genug," rief der Messerschmied. „So, da sind Schnüre genug, bindet ihm die Füße übereinander. Helft ihn regelrecht als Gekreuzigten binden." — „Was habe ich euch getan?" — „Du bist verflucht von Ewigkeit!" — Ich raffte mich auf, strampelte mit den Beinen, schlug die oben Haltenden und biß und kratzte, schrie laut, man muß ja auf der Straße hören, was hier einem unschuldigen Menschen geschieht. Aber das Wasser rauschte so mächtig und die Mühle zerstampfte den Gips. Ich hörte nur noch, wie einer sagte, „sein Salz zerstreuen wollen wir da". Sie gingen fort und ich lag gebunden, gefesselt, gekreuzigt.

Es wird Nacht. O was wird meine Mutter denken und meine Schwester Babi; vielleicht sind sie oben auf der Straße, sie hören mich nicht, ich höre sie nicht. Wenn ich nur einen Strick von meinen Schnüren zerbeißen könnte, aber der eine Schelm, der Messerschmied, hat mir noch die Stirne an ein Brett gebunden, so daß ich die Stirne nicht bewegen konnte. Da höre ich plötzlich eine Stimme. Was ist das? Des Großvaters Türkle. Jubel ruft: „Zurück, Türkle. Die Laterne daher." Der Türkle aber, der gescheiteste, folgsamste und gutmütigste aller Hunde, gehorcht nicht, und nun kommt Onkel Jubel und sieht, was da vorgefallen ist. Er sagt, das hat gewiß der Gipsmüller gemacht. Er hat dich nicht losgemacht: „Gipsmüller, komm einmal daher. Hast du den Knaben da schreien hören?" — „Ich weiß nicht recht." — „Ich will dir's zu wissen tun," sagt Jubel, packt den Gipsmüller und zerbläut ihn, daß er kaum mehr aufstehen kann. Dann sagt er: „Und weißt du, was dich gerettet hat? Dein Salz. Ich habe vier Hämmel, die ich für den Großvater schlachte, die waren nicht mehr zu halten, wie sie dein Salz gerochen haben, und des Türkles Ungehorsam war Gescheitheit." Der Türkle leckte mir die geschwollenen Halsadern und die geschwollenen Fußknöcheln. Ich (konnte) nicht die wenigen Schritte auf der Straße gehen. Glücklicherweise wurde Bier geholt und ich wurde auf einen Bierwagen gelegt. Onkel Jubel tat noch seinen Rock aus, damit ich weich und warm liege. Ich rief Onkel Jubel zu mir und bat ihn, die ganze Sache vor meiner Mutter zu verschweigen. Überhaupt sollte niemand etwas davon wissen und es verschärfte nur den Haß zwischen Juden und Christen, den freilich nur die eingebildeten Horber hätten. Jubel willfahrte mir nicht. Mein Bruder Abraham, die Nordstetter Kameraden, des Kronenwirts (Sohn), des Schalerles Jakob, Konstantin und voran der Prachtkerl, der Sohn des Schloßbauern, führten nun einen förmlichen Krieg mit den Knaben von Horb, und mir wurde berichtet, daß der Messerschmiedjunge, der eingestanden habe, kaum mehr auf einem Bein stehen könne. Die Sache geriet indes bald in Vergessenheit. Da mein Vater für mich in der Synagoge aufgerufen wurde, für mich Gomel zu benschen (das Dankgebet zu sprechen für meine Rettung aus Todesgefahr), war die Sache damit aus der Privatsache heraus, sie gehörte der Gemeinde. Ich meine, von damals an wurde ich erst recht vertraut mit allen Bauern und Bäuerinnen im Dorfe. Die Nordstetter halfen einander ohne Unterschied der Religion, und ich glaube, daß aus jener Zeit die Keimung meiner großen Liebe zum Bauernstand (stammte).

Im steten, nahen Umgang mit den Nordstettern wurde Berthold derart bauernfest, noch bevor er bibelfest werden konnte. Angesichts des leibhaftigen Landlebens offenbarte sich ihm die dichterische Wahrhaftigkeit der aus dem Feldbau hergeholten Gleichnisse des Alten Testaments. Das Bibelwort des Erzvaters: „Dein Duft ist wie der Duft eines Feldes, das Gott gesegnet hat", traf den Empfänglichen wie eine Erleuchtung: „der aus dem freien Naturleben Kommende bringt dem in die Stube Gebannten eine frische, erquickende Luftschicht mit." In allen Altersstufen, in immer neuen Abwandlungen betrachtete und behandelte er diesen Spruch der Schrift als Lebenstext. Die Jakobsklage „Mir starb Rachel" berührte sein Ohr wie die Worte eines der empfindsamen Volkslieder, die er mit den Nordstetter Burschen und Mädchen anstimmte. Die Schwalben, die im elterlichen Hause nisteten, genossen besondere Schonung: sie trugen nach der jüdischen Legende beim Brand von Jerusalem Wasser herbei; darum sind sie, die aus Trauer nur mehr zwitschern, nicht singen können, heilig. Andächtig lernte er unter freiem Himmel von seiner Mutter beim Eingang der Mondesviertel die von tiefem Natursinn eingegebenen Gebete zum Preis der „Lebane".

Diese unmittelbare Anschauung patriarchalischer Zustände, die Gegenwart der Nordstetter Hirten und Landleute blieb dem Knaben

unverloren, als er in die Anfangsgründe des Hebräischen eingeführt
wurde. Vom sechsten bis zu seinem neunten Jahre kam er so rasch
vorwärts, daß er die fünf Bücher Mosis im Urtext las und verstand.
Sein erster Lehrer war ein Elsässer, Reb Moses. „Ich sehe ihn vor
mir," schrieb der Dichter im September 1881, „ein kleines feines
Männchen, das einen dünnen, wie von einer weißen Schnur gezogenen
weißen Bart von der Schläfe bis rund um das Kinn trug. Das waren
die sogenannten Peahs, denn wie man ein Ackerfeld nicht ganz abmähen
darf, so auch nicht den Bart. Reb Moses war auch Vorsänger und
Schächter, und wenn er am Samstag abends sein Schlachtmesser aus
der Scheide zog und mit dem Nagel probierte, daß keine Scharte darin
war, und dann der Kuh oder dem Rind den Hals durchschnitt, ging
er immer rasch davon. Er trug vor dem Betpult einen breiten Schlapp-
hut und sang sehr schön, und nach dem Gebet verschloß er den Hut
immer im Betpult. Wenn er am Fest Gesetzesfreude singend und
tanzend mit der Thora um den Altar ging, dachte ich immer an den
singenden und tanzenden König David, denn ein ähnlicher Holzschnitt
war in einer unserer Bibeln.

Ich stand dabei, wie Reb Moses begraben wurde. Die Söhne
knieten nieder und faßten die Zehen des Vaters und baten ihn um
Verzeihung für alles Begangene und schluchzten dabei, daß es herz-
erstarrend war. Und der Schote (Halbnarr) Seligmann war so toll,
daß er sich vor Schmerz im Grase wälzte. Noch heute, wenn ich wilden
Thymian rieche, gedenke ich jener Szene, denn ein starker Duft von
wildem Thymian stieg auf vom Boden und der Seligmann riß ganze
Hände voll Thymian aus. Kraß und schneidend krachte es dann, als
allen drei Söhnen vom krummen Maierle ein Schnitt in die linke
Batte des Rockes gemacht wurde und dann gab's einen knarrenden
Riß, daß das weiße Unterfutter hervorquoll und die linke Batte wie
ein gelähmter Vogelflügel herunterhing.

Mit neuem Schauder sah ich dies, sah die Söhne Schollen auf
das Grab des Vaters werfen, ich mußte das gleiche dreimal tun.

Am Abend war Festgottesdienst, die trauernden Söhne durften
keine Feiertagskleider anziehen, die zerrissenen Gewänder sahen zwie-
fach schauerlich aus unter den festlich geputzten."

Der Tod von Reb Moses wurde von einschneidender Bedeutung

für das Schulwesen von Nordstetten. Es war das Verdienst des damaligen Gemeindevorstehers Rothschild, daß er Ernst machte mit der Erziehung der Kinder in deutschem Geiste und nicht ruhte, bis die Judenkinder desselben Bildungsganges teilhaftig wurden wie die Kinder der Christenschulen. Am 28. März 1822 besprach er (wie eine von dem ersten Lehrer der israelitischen Nordstetter Schule herrührende Geschichte berichtet) den so wenig befriedigenden Zustand der Unterrichtsanstalten in der Gemeinde und stellte den Antrag, zu den Melambim (Lehrer des Hebräischen) noch einen Bachur, einen jungen ledigen Lehrer, zu dingen und das Gemeindezimmer als Lehrzimmer zu benutzen. Im Schwäbischen Merkur wurde nun — wohl die erste Anzeige dieser Art in diesem Blatt und Lande — die Stelle eines geprüften israelitischen Lehrers mit einem Gehalt von 150 Gulden, freier Kost, Logis und Wäsche ausgeschrieben. Das Amt erhielt B e r n h a r d   F r a n k f u r t e r aus Oberdorf im Ries (1801—1868). Eröffnet wurde die Schule am 4. September 1822 mit 46 Schülern, denen die vom Lehrer verfaßten Schulgesetze vorgelesen wurden. Berthold Auerbach besann sich genau dieser Einweihungsfeier, die er als Zehnjähriger mitmachte. Die neueingerichtete Schule war so sauber, daß er die Scheu vor den aus einer Christenschule stammenden Subsellien bald überwand. Bernhard Frankfurter war aber auch der rechte Mann zur Erfüllung der Wünsche Rothschilds. Mühsam hatte er sich aus dem geistigen Ghetto jüdischer Vorurteile den Weg zur deutschen Bildung freigemacht. Ein Rabbinersohn, mußte er von seinem 13. Jahre an als Talmudschüler in Ansbach das harte Brot der Freitische essen. Bei seinen schriftkundigen Lehrern las er wohl den Maimonides, Mendelssohns Bibelkommentar und Wesselys hebräische Dichtungen. Von der Existenz eines Lessing, Goethe, Schiller hatte er dagegen so wenig gehört, daß er bis zu seinem 17. Jahre nur Hebräisch schrieb und dichtete. In der Sprache der Schrift wechselte er Epigramme mit seinem Bruder Naphtali, dem nachher vielgenannten Prediger am Hamburger Tempel. Im Hungerjahre 1817 versagten selbst die Freitische und der arme Talmudist schlug sich als Hauslehrer in Kriegshaber bei Augsburg, später in Aufhausen durch, zugleich setzte er seine in Ansbach begonnenen Bemühungen fort, sich im Deutschen auszubilden. Die Bücher einer Leihbibliothek las der Autodidakt wahllos und doch nicht urteilslos. Sein

Wissen wuchs dermaßen, daß er den jüngeren Bruder für das Gymnasium
vorbereiten konnte.   Seine Berufung an die erste deutsche Volksschule
einer württembergischen Judengemeinde sah der Kernmensch wie eine
Sendung an.   An Kinderkrankheiten war kein Mangel in der Nordstetter
Neuschöpfung.   Viele Schulväter waren zur Entrichtung des Schulgelds
zu arm.   Rothschild mußte mit ein paar anderen besser Bemittelten
das Kostgeld für den Lehrer aufbringen, überdies regte er die Begründung eines „Jugendbildungsvereins" an, der sich die Förderung
der Schule zur Aufgabe setzte und in den die Mitglieder bei ihrer
Verheiratung eine nach der Mitgift zu bemessende Beisteuer einzahlen
mußten. · Rothschild und Frankfurter ließen schon 1823 zum ersten Mal
öffentliche Schulprüfung abhalten.   Ein christlicher Schulinspektor,
der evangelische Pfarrer von Grünmettstetten, nahm sie vor in An-
wesenheit des Oberamtmannes und Schultheißen von Horb und einiger
christlicher Seelsorger, die mit Anerkennung nicht zurückhielten.   Nun
gedieh die Nordstetter Schule unter Frankfurters Leitung so glücklich,
daß sie 1828 bei der staatlichen Reform des jüdischen Volksschulwesens
in Württemberg vielfach als Vorbild dienen konnte.   Seine Aufgabe
war umso heikler, als er nicht nur bei den christlichen Behörden, sondern
mehr noch in der Judengemeinde, selbst beim Mühringer Bezirksrabbiner, Bedenken zu beseitigen hatte.   Er fand ein braves Weib,
Auerbachs Base Esther Frank, „das schönst' Mädle aus dem Ort",
wie es im „Lauterbacher" heißt und, wie schon unter Bertholds Altersgenossen, zeitlebens treu anhängliche Schüler, sie mochten wie der in
den Volksbüchern verewigte Schuster Herzle als Handwerker in Nordstetten bleiben oder wie Bertholds Namensvetter Emil Auerbach später
in Stuttgart als angesehene Ärzte wirken.   Den dankbarsten Jünger
gewann Frankfurter in seinem bedeutendsten Schüler: Berthold Auerbach.   Bis an Frankfurters Lebensende stand der Dichter in inhalt-
reichem Briefwechsel mit seinem Schullehrer.   Frankfurter war sein
Vertrauensmann in allen Nordstetter Familienfragen, sein Almosenier
und bei jedem Zweifel über Ortsbräuche und -schicksale sein oft zu Rate
gezogener, niemals versagender Gewährsmann für die ersten Schwarzwälder Dorfgeschichten.   In dem jüdischen Schullehrer des „Lauterbacher" hat ihn Berthold Auerbach aufrichtig und lebenstreu geschildert:
„Ein vorurteilsfreier Mann von Bildung, wie ich noch selten einen

getroffen. Er weiß mehr von der Theologie als von den Naturwissen-
schaften. In seinem Unterricht ist mehr Geistreiches, weniger Methode
und Stetigkeit. Das ist für minder begabte Kinder nicht gut." Unter
Frankfurters Führung (der die hebräischen und deutschen Arbeiten
des Knaben sorgsam sammelte und aufbewahrte) stand Berthold drei
Jahre, bis zu dem Zeitpunkte, in dem die Konfirmation heranrückte.

Es war im Herbst 1824; im Winter erreichte ich mein 13. Lebensjahr und war
gesetzespflichtig; ich bat indes, mich schon jetzt zu strengem Fasten am Versöhnungstag von Abend bis zu Abend zuzulassen. Die Eltern taten Einsprache. Bruder Maier
aber bestärkte mich in meinem freien Opfer, und ich war nicht wenig stolz, als Waffen-
fähiger unter den Mannen zu erscheinen. Maier aber, der ein Herzenskundiger war,
sagte mir, ich solle mir ja nichts auf mein freies Opfer einbilden, denn das sei eine
Sünde und es wäre besser, ich äße mit meinen jüngeren Geschwistern.

Am Morgen wurde mir's doch schwer, nicht zu frühstücken, aber ich hielt mich tapfer,
auch als mir Schwester Babi vertraute, sie habe mir heimlich Essen und Trinken unter
einen Kübel in der unteren Küche gestellt, ich solle nur essen, wenn mir das Fasten zu
hart ankäme, und es brauche ja niemand davon zu wissen. Ach, sie machte mir die
Versuchung schwer, denn sie hatte mir Zwetschgen- und Zwiebelkuchen hingestellt.
Ich stand also in der Synagoge bei Bruder Maier (ich erhielt aber noch keinen Gebet-
mantel, denn eines solchen wird man erst nach dem 13. Jahr teilhaftig, und die
unverheirateten Männer dürfen auch noch keine weißen Sterbehemden über die
Kleider tragen) und sprach die Gebete mit, aus denen ich keinen Sinn herausfinden
konnte; es waren jene Piutim, die alphabetisch oder assonierend Worte zusammen-
stellen, offenbar nur um die Zeit auszufüllen. Mir war so bang und schwül unter den
Männern in ihren Totenkleidern in der dumpfen stickigen Luft, in der Hunderte von
hausmachenen Wachskerzen brannten und knitternd schwälten. Ich verließ die Synagoge, draußen war ein heller Herbsttag, und wie von einer unsichtbaren Macht
getrieben, rannte ich fort durch die Froschgasse über das Schießmauernfeld hinein in
den Wald, hinab bis zur „Au", den Wiesen am Neckar. Dort sah ich ein Mädchen im
roten Rock Gras mähen, und sie sang dabei ein helles Lied. Ich stand wie verzaubert,
der Gegensatz der Welt zog mir voll durch den Sinn. Plötzlich, wie einer Sünde
inne werdend, kehrte ich um, und ein Schreck ohnegleichen überfiel mich, da ich inne
wurde, wie ich, ohne es zu wissen, Tannennadeln zerbissen hatte. Damit tötete ich
mein freiwilliges Fasten[1]. Ich kam in die Synagoge zurück. Ich erschien mir abtrünnig, und derweil ich abtrünnig geworden, waren die tapferen Männer treu auf
dem Posten geblieben und hatten die heiligen Flammen des Gebetes nicht verlöschen
lassen. Mein Vater stand bereits vor dem Omed und betete Mihle, das heißt den
Torschluß. Ich stellte mich auf seinen leeren Platz. Ich fürchtete die Frage meines

---

[1] „Die Hand, die das Böse getan, muß abgehackt werden," heißt es nach der
Sabbatentweihung des kleinen Ephraim Kuh durch Abreißen einer Blume. „Dichter
und Kaufmann. Ein Lebensgemälde von Berthold Auerbach." 1840. I. 61 ff.

Bruders Maier, wo ich denn gewesen sei. Die ergreifende Melodie des Gesanges „Öffne uns das Tor, o Gott, zur Zeit des Torschlusses" u. s. w. durchschauerte mir das Herz, und dazwischen wollte die Melodie des rotrockigen Mädchens drunten von der Wiese mittönen. Ich kasteite mich damit, daß ich meine Hand in die Türe des Betpultes einklemmte und den Schmerz still trug, ich wäre gern niedergeknit, aber das darf man jetzt nicht, und ich betete mit Inbrunst, bis mein Vater wieder kam und mit dem Bewußtsein, eine heilige Handlung vollzogen zu haben, mir freundlich die Hand auf die Schulter legte. Es wurde Nacht, aber der Vater eilte nicht, er legte in Ruhe sein Totenhemd ab und wickelte es in einen Sack. Wir gingen heim, aber noch jetzt aß der Vater nicht, der Mond schien hell, und wir gingen nochmals auf die Straße, die Lebane melodisch zu sein (den Segen über den Mond zu sprechen). Die Bauernburschen, die singend die Straße daher kamen, brachen plötzlich ab, da sie uns im Gebete sahen, und gingen ehrerbietig grüßend vorüber. Mit ruhigem Bedacht wurde nun Speise und Trank verzehrt, und am anderen Tage sagte einer zum anderen: Gott sei Lob und Dank, daß der Jom Kipur zu Gutem wieder vorüber ist.

Jetzt waren noch drei Tage zum Laubhüttenfest. Wir Kinder gingen hinaus ins Feld und an die Heden, sammelten Mehlbeeren und Hagebutten, die auf Zwirn an Ketten aufgereiht wurden, um die Dede der Laubhütte damit zu schmücken. Das innere Dorf sah wie ein Zeltlager aus.

Es war eins der letzten Feste, die der Knabe in Nordstetten mitfeiern durfte. Am 28. Februar 1825 erreichte er sein 13. Jahr. Am Sabbat dieser Woche wurde er als Bar-Mizwah (Konfirmierter) zum ersten Male in der Synagoge zum Vorlesen des Wochenabschnittes „aufgerufen". Er hielt seine hebräische Rede, die Frankfurter vorher geprüft und gebilligt hatte. Und nun war seines Bleibens nicht länger in Nordstetten. Der künftige Rabbi mußte eine Talmudschule beziehen. Die nächstgelegene war das 1803 gegründete Lehrhaus in Hechingen, eine fromme Stiftung des als Hoflieferant emporgekommenen Raphael J. Kaulla und seiner Schwester, der Frau des Akiba Auerbacher. Mutter und Sohn weinten heiße Tränen, als das Bernerwägelein vorfuhr. Zum ersten Male hieß es, Abschied nehmen für Wochen und Monate. Bisher hatte der Knabe es schon als Begünstigung empfunden, wenn er, wie sein Jvo, den ganzen Tag im freien Felde mit dem Knecht schaffen und zum Mittagessen nicht heimkommen mußte oder höchstens einmal mit seiner Schwester in einer Mühle eine Nacht außerhalb des Elternhauses verbringen oder zur Hochzeit einer anderen Schwester Riehle einen Ausflug nach Altdorf im Breisgau machen durfte. Von dieser ersten Reise wußte der Neunundsechzigjährige noch jeder Einzelheit sich zu entsinnen: wie er im grauen Rock mit schwarzem Samt-

kragen und grünsamtner Polenmütze mit goldener Trobbel sich auf den
Bock setzte; während der Fahrt immer mehr erstaunt, wie Abends da
und dort an den Bergen und in den Tälern vereinzelte Lichter aufblitzten,
bis der Kutscher ihn belehrte, da draußen gebe es keine Dörfer wie
daheim; hier wohnten die Bauern in einsamen Gehöften; wie er dann
in Lahr zum ersten Mal eine Fabrik, die Tabakfabrik von Lotzbeck, sah,
und wie er endlich beim Hochzeitsmahl unwillkürlich dem das lange
Tischgespräch betenden Rabbiner laut einen grammatischen Fehler korri-
gierte und deshalb als großer Schriftgelehrter der Zukunft ausgerufen
wurde. Nun sollte er sich dauernd von seinen Lieben trennen. „Wenn
ein Baum, der aus dem schützenden Gehege des Waldes gerissen, auf
einen Wagen geladen und in die Ferne gefahren wird, Schmerzensrufe
ausstoßen könnte" — er würde nicht über schlimmeres Weh klagen als
Ivo, der Hajrle, und sein Urbild Berthold, die beide von Nordstetten in
die Tiefe des seltsam im Felsenkessel wie verwunschen liegenden Haigerloch und weiter fort kutschiert wurden in das klösterlich gehaltene Seminar.
Doch in allem Kummer behielt der Knabe die Augen für die unschein-
barsten Begebenheiten des großen Tages offen. Noch zwei Menschenalter danach leuchteten die kleinsten Vorfälle seines Eintritts in ein neues
Leben mit voller Deutlichkeit in seinem Gedächtnis auf: Zeuge dessen
das gleichfalls 1881 im Niedernauer Waldhaus seines Gastfreundes
Kilian Steiner geschriebene Kapitel seiner Kindheitserinnerungen:

Nach Hechingen

Mein Bruder Maier kutschierte, ich saß neben ihm, hinter uns mein Vater und der
Lehrer. Wir fuhren nicht über Mühringen, sondern über Empfingen. Mein Bruder
vermied den Ort Mühringen, denn dort in dem Hause nicht weit von der Eyachbrücke
lebte seine ehemalige Braut, die, wie es hieß, ihn noch liebte, obgleich sie sich bald entschlossen, sich mit ihres Nachbars Sohn, dem Ladenbesitzer Vietigheimer, zu verloben.
Wir fuhren die Friedrichstadt vorüber, ich hörte, daß da nur Juden wohnen. Das
erschien mir als ein wahres Paradies. Keinem Spott und keinem Haß ausgesetzt,
unter lauter Juden wohnen, wie herrlich muß das sein. Wir kehrten in der unteren
Stadt beim Rößle ein und verzehrten die mitgebrachten Fleischspeisen.

Wir gingen bald nach der oberen Stadt am Schlosse vorüber, wo eine Wache
stand, auf der anderen Seite war ein unausgebauter Schloßflügel, dessen Fenster
mit Brettern verstellt waren.

Auch hier wurden wir im Vorübergehen begrüßt, an der Ecke wohnte der Kaufmann, dessen Frau eine Schwester von Samuel Rothschild in Nordstetten war. Und
weiter stand auf den steinernen Stufen seines Hauses der Moses Neuwied, genannt

Bacher, und grüßte meinen Vater als alten Freund und Verwandten, und da hörte ich, daß man die Frau des Reb Nate das Schmusitele (das heißt Schwätzerin) nannte.

Wir gingen nach dem Beth-Hamidrasch, es liegt ganz abseits an der Straße und bildet eine Sackgasse, über der Tür war in Stein gehauen die Jahrzahl seiner Errichtung mit den Worten [1])

Reb Nate war ein behaglicher kleiner Mann mit einem Spitzbart am Kinn, den er beständig durch die Hand zog. Er sprach nicht viel, desto mehr aber seine Frau, eine zierliche, bewegliche Erscheinung mit Eidechsenaugen. Sie fragte, ob sie uns einen Kaffee bereiten dürfe, mein Vater lehnte ab, wir hätten erst kürzlich Fleisch gegessen, und ich hörte, wie er später zum Lehrer sagte, das Anerbieten war nicht ernst gemeint, es . . das ist ein jüdischer Ausdruck, der schwer zu übersetzen ist, aber eine feine Schattierung der Heuchelei in sich schließt. Wörtlich übersetzt hieße es Gesinnungsbiederei und wird eben da angewendet, wo ein freundliches Angebot nicht ernst gemeint ist, sondern in der Hoffnung ausgesprochen ist, daß man es ablehne.

Das gilt als eine große Sünde, denn es ist falsches Spiel mit dem Heiligtum der Gastfreundschaft. Ich hörte, daß mein Vater die Pensionsbedingungen noch nicht fest geordnet hatte, es wurde vorgehalten, daß ein Enkel des Kiese von Baisingen viel höhere Pension bezahle, und mein Vater versprach noch halbjährlich zwei Malter Korn dreinzugeben.

Ein Kalfaktor des Hauses, der eine Art Diener und religiöser Verehrer war, zeigte uns die Wohnung. Auf der Rückseite des Hauses war eine glasgedeckte Veranda, aus der man den fürstlichen Garten sah, es wurde aber sofort bemerkt, daß man den fürstlichen Garten nie betreten dürfe. Auf der Veranda stand ein Mann, über und über mit dem schmutzigen weißen Betmantel bedeckt, und sah uns blöde aus seinem verkümmerten mit weißen Stoppeln bedeckten Gesichte an, nickte und betete weiter, indem er sich auf und nieder beugte.

Der Kalfaktor erklärte uns, der Mann hieße Jule, sei ein Bruder des Reb Nate, ein furchtsamer, stiller Wahnsinniger, der niemand was zuleide tue, das ganze Jahr die Gebete des Versöhnungstags spreche und vom Morgen bis in die Nacht faste, nur manchmal gehe er aus, um in das Zahlenlotto zu setzen.

Mir war angst und bange vor dem Mann, obgleich er sich nichts um uns kümmerte.

Ich sah auch Mitschüler, besonders den vierschrötigen Maier Hilb von Haigerloch, er versprach meinem Bruder, ein Auge auf mich zu haben, und er hat es reblich gehalten, denn von all den guten Sachen, die mir meine Mutter später schickte, hat er den größten Teil verzehrt.

Ich durfte noch bei den Meinigen im Rößle übernachten, und wir waren noch sehr munter. Mein Vater sang noch dem Lehrer und dem Bruder eine neue Melodie vor, die er am Laubhüttenfest (auf einen Gebetzer) setzen wolle. Diese Melodie ist mir für mein ganzes Leben zu einer besonderen Herzbewegung im Gedächtnis. Ich habe erst viel später erfahren, woher sie stammt. Sie war aus dem Duette aus Titus

---

[1]) In Auerbachs Handschrift kaum lesbar in hebräischen Schriftzügen. Nach freundlichen Aufschlüssen von HH. Oberlehrer Zander und M. Gutmann lautet die Inschrift, verdeutscht: „Die drei Reben grünten, wuchsen und blühten und die Trauben wurden reif.” Zu deuten auf die drei Rabbiner und deren Schüler.

von Mozart auf die Worte gesetzt: Laß Glück und Schmerz uns teilen. Am Morgen beteten wir noch gemeinsam, nachdem wir die Gebetriemen angelegt hatten, und nach dem Frühstück, es gab hier ein wunderschönes Weißbrot, gingen wir gemeinsam nach der oberen Stadt, uns voran der Hausknecht, der meinen Koffer trug.

Wie oft bin ich noch im Lauf der Jahre hinter dem vorausgetragenen Koffer dreingegangen, in welchem meine Habseligkeiten verpackt waren, und wie ist's mir manchmal gewesen, als schritte ich hinter meiner Leiche. — Damals ging ich noch an der Hand meines Vaters und hinter mir drein gingen mein ältester Bruder und mein Lehrer.

Wir wurden angehalten vom Lehrer von Hechingen, der aussah wie ein katholischer Geistlicher. Als ihm gesagt wurde, wer ich sei und was aus mir wird, sagte er mit einem seltsamen Tone: So, zu Rate kommen Sie. Uns fiel damals der geringschätzige Ton auf; aber ich hatte doch meine Freude daran, daß ich zum ersten Male Sie genannt wurde. Jetzt bin (ich) doch bereits etwas ganz anderes als daheim.

Wir kamen in das Beth-Hamidrasch. Die alte Polatin, die im Erdgeschosse wohnte, begrüßte uns im Hausflur. Mein Bruder Maier schenkte ihr eine Gabe, wofür sie uns Glück und Segen wünschte. Wir gingen die Treppe hinan, und nun wurde mir mein Zimmer angewiesen, in dem mein Bett stand. Ich saß auf meinem Koffer, während der Vater mit Bruder und Lehrer alles festmachten im anderen Zimmer mit dem Rabbi. Eine schöne Magd kam; sie sagte aber sofort, sie sei die Nichte des Rabbi, und fragte mich, ob ich auch Lesebücher in meinem Koffer habe, sie lese gerne Bücher, namentlich Romane. Ich wußte nicht, was Romane sind, und kannte nur Carl von Carlsberg über das menschliche Elend und den dritten Teil des Rinaldo Rinaldini, der im Dorfe kursierte.

Mein Vater führte mich noch zu einem alten Kriegskameraden, der mit uns verwandt war. Ich hatte gehört, wie Bruder Maier Einspruch gegen diese Einführung erhob, er sprach dann leise und heftig, aber der Vater achtete nicht darauf.

Von dem Manne wurde Wunderliches erzählt. Er hieß mit Namen Itzig Löb und bewohnte für sich allein das stattliche Eckhaus, wo er mehrere Dienstboten hielt und üppig lebte. Er lag den ganzen Tag auf einem türkischen Diwan, der aus lauter weichen Kissen bestand. Er trug einen goldgelben seidenen Schlafrock und dazu rote Saffianstiefel. Da lag er auf dem Diwan und las den ganzen Tag Romane. Neben dem Diwan hatte er eine große Fuhrmannspeitsche, die er von Zeit zu Zeit in die Hand nahm und damit knallte. Wenn die Herde am Abend in die Stadt zurückkehrte, legte er sich mit einer noch längeren Peitsche unter das Fenster und gab jedem vorübergehenden (Tier) einen Schmitz. Dann ging er schön gekleidet nach dem Museum vor dem Tor der oberen Stadt, kegelte dort im Sommer mit den Honoratioren, wozu auch der Fürst gehörte. Im Winter spielte er mit derselben Gesellschaft Whist, bis ihn die Magd, ein schönes großes Mädchen, die Tochter des Hirten, abrief. Sie trug ihm eine breite Laterne voran, in der drei Lichter brannten.

Man fabelte geheimnisvoll von den großen und verborgenen Reichtümern des Mannes. Er hatte eine einzige Tochter, die an den einzigen in Donaueschingen lebenden Juden verheiratet war.

Itzig Löb hatte gar keine Gemeinschaft mit den Juden in Hechingen. Er besuchte nie eine Synagoge, und das einzige, woran man erkannte, daß er noch ein

Jude war, abgesehen von seiner koscheren Wirtschaft, bestand darin, daß er am Versöhnungstage sich nicht am Fenster sehen ließ.

Jeden Tag, so erzählte man mit einem gewissen Schauder, jeden Tag ging Itzig Löb in eine neben seinem Speisezimmer befindliche dunkle Kammer; dort wurde nie ein Fensterladen aufgemacht und nie durfte ein Dienstbote in das geheimnisvolle Gemach eintreten, so daß niemals drin gescheuert oder geputzt wurde.

Ich hatte von allem diesem schon im Dorfe gehört, und als wir in das Haus eintraten, war mir's umsomehr, als käme ich leibhaftig in ein Märchen, da uns eine kleine, bucklige, weißhaarige Frau im Flur begrüßte und uns bei Namen nannte. Es war aber keine Zaubergestalt, sondern das Minkele von Mühringen, das selbstverständlich auch weitläufig mit uns verwandt war, früher bei uns gedient hatte und jetzt Köchin bei Itzig Löb war.

Wir kamen in den großen Eßsaal im ersten Stock. Da lag der Vielgenannte im goldgelben Schlafrock auf dem Sofa. Vor ihm saß in einem Lehnstuhl eine üppige Frauengestalt. Er sagte ihr: Du kannst jetzt gehen. Sie ging ohne weiteres fort. Itzig Löb richtete sich auf, reichte meinem Vater die Hand, dann nahm er die Peitsche und knallte leise damit, während er mit meinem Vater Kriegserinnerungen austauschte, die ich nicht verstand. Als mein Vater mich ihm empfahl, sagte er: Du kannst jeden Freitag Abend bei mir essen; komm gleich heute. Kannst du auch so schön singen, wie dein Vater? Mein Vater bejahte für mich. Itzig Löb wollte nun, daß ich ihm gleich singe; aber mir war so bange, als wäre ich vom Elternhause verstoßen, in die weite Welt hinausgesetzt. Wieder auf dem Hausflur, versprach das Minkele meinem Vater, auf mich acht zu geben, und die große Hirtentochter streichelte mir die Wangen und sagte: Du bist ein ganz hübscher Bub.

Auf der Straße sagte mir mein Vater, daß er nicht mehr mit mir in das Beth-Hamidrasch zurückkehre, er habe dort schon Abieu gesagt und drunten im Rößle warteten der Bruder Maier und (der Lehrer). Man müsse eilen, um noch zeitig (vor dem Sabbateingang) heimzukommen.

Mein Vater führte mich an der Hand die Steige hinab. Drunten am Rößle war das Pferd schon vorgespannt. Die Wartenden sagten ihm, man müsse eilen. Sie reichten mir kurz die Hand. Der Vater legte mir noch die Rechte auf den Kopf und benschte (segnete) mich, dann fuhr er mir nach seiner Art mit der Hand (über das Haar) und sagte: „Hab keinen Jammer; du hast ja selber gewollt." — „Und auf die Feiertage kannst du ja wieder heim," rief noch der Maier vom Bock, als der Vater aufstieg.

Fort rollte das Bernerwägelein und wirbelte eine Staubwolke auf, ich rannte ihm nach. Dann stand ich still und sah der verfliegenden Staubwolke nach und weinte bitterlich. Ich fühlte es, ich war dem Elternhause, dem Heimatsorte entrissen, ich war in der Fremde allein, meine Kindheit war dahin.

Unverlöschbar hat sich das Bild dieser Trennung dem Gemüt unseres Dichters eingegraben: in der Erzählung von Ivos Lebewohl vor dem Eintritt in das Konvikt sind die Vorgänge und Stimmungen jener Scheidestunde in gleichem Ton fast mit denselben Worten festgehalten.

II

Talmudſchüler und Gymnaſiaſt

Es iſt hier weder Ort noch Zeit, die Vorzüge und
Fehler des Talmud auseinanderzuſetzen, aber ſo viel iſt
gewiß, daß er nicht wert iſt, daß im 19. Jahrhundert ein
Jüngling von meines Jakobs Talenten ſich lediglich
damit beſchäftige, ein Buch, in dem die erhabenſte
Moral neben der gemeinſten Sophisme ſteht
Berthold an Jakob Auerbach, 6. Oktober 1831

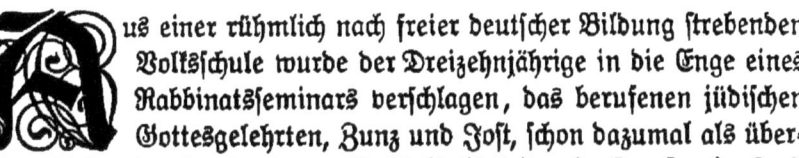

Aus einer rühmlich nach freier deutſcher Bildung ſtrebenden
Volksſchule wurde der Dreizehnjährige in die Enge eines
Rabbinatsſeminars verſchlagen, das berufenen jüdiſchen
Gottesgelehrten, Zunz und Joſt, ſchon dazumal als über-
lebtes Erbſtück mißverſtandener Rechtgläubigkeit galt. Der Knabe, ſonſt
gewohnt, in Feld und Wald ſich herumzutummeln, ſah ſich mit einem
Male in die Zellen der ehemaligen „Münz" geſperrt; ſo hieß nach ſeiner
urſprünglichen Beſtimmung das „Lehrhaus" in einer winkeligen Berg-
gaſſe der Oberſtadt. Eine hebräiſche Inſchrift über dem Eingangs-
tor des alten Gebäudes verkündigte ſeine neue Beſtimmung; auf
einer hölzernen Wendeltreppe ſtieg man in das zweite Stockwerk, deſſen
größtes Gemach als Lehrzimmer diente; die Kammer, in der Auerbach
mit anderen Stuben- und Leidensgenoſſen geſchlafen hatte, war bei
ſeinem letzten Beſuch von Hechingen 1873 in einen Maſchinenraum
umgewandelt und im früheren Studierzimmer der Talmudſchüler
drehten ſich die Spindeln. Wie ein Gefangener kam ſich der Junge
in dieſem Mauerloch vor. Sehnſuchtsvoll ſah er aus den Fenſtern
des Lehrhauſes über die anſtoßende Reitſchule und den Garten der
als Großlieferanten emporgekommenen Familie Kaulla hinaus auf
die Straße nach Nordſtetten. Und immer mächtiger wuchs ſein Heimweh, das auch einen weniger Weichmütigen bei ſo ſchlimmem Tauſch
hätte anwandeln mögen.

Als Berthold nach Hechingen kam, trug die Ortſchaft noch den
hochfahrenden Namen einer Haupt- und Reſidenzſtadt, in Wirklichkeit
war das uralte Schwabenneſt mit ſeinen 2310 Einwohnern das Reſidenz-
dorf des ſeit 1806 ſouveränen Fürſtenhauſes Hohenzollern-Hechingen,
ein Zwergſtaat, der alles in allem 5½ Geviertmeilen mit 21000, alſo

nicht viel mehr Seelen als das Oberamt Horb umfaßte. Prachtliebende
Fürsten hatten ehedem ein ansehnliches Schloß und weitläufige Kirchen,
Jagdsitz und Villa gebaut. Gruftplatten von Peter Vischer deckten
die letzte Ruhestatt heimgegangener Ahnen. Große geschichtliche
Erinnerungen grüßten von dem im Süden aufsteigenden, die ganze
Gegend beherrschenden Bergkegel des Hohenzollern und dem westlich
im Gnadental gelegenen Erbbegräbnis, im Kloster Stetten. Desto
kläglicher stach von diesen historischen Wahrzeichen und Prunkbauten
das über alle Maßen spießbürgerliche Stillleben in dem Hechinger
„Klein-Residenzlingen" ab. Die Stadttore wurden im Winter Abends
um 8, im Sommer um 9 Uhr geschlossen; wer heraus oder herein wollte,
mußte dem Torwart einen Kreuzer für das Öffnen der kleinen Seiten-
pforte bezahlen. Nur Ärzte und Hebammen passierten frei. Auch während der Sonntagskirche waren die Tore geschlossen; niemand durfte
während dieser Zeit Obst auf dem Markt feilhalten. Die Bürger
gingen fast bäurisch einher; nur vereinzelt fanden sich Zopf- und
Frackträger; Regenschirme waren eine Seltenheit, die Männer be-
halfen sich mit Fruchtsäcken, die Frauen stülpten statt Wettermänteln
die Oberröcke über den Kopf. Kaffee war in Bürgerhäusern so gut
wie unbekannt, geraucht wurde aus Pfeifen. Die Postschnecke stand
in alter Geltung. Die schon von Goethe auf der Reise in die Schweiz
gescholtenen Hechinger Wege waren bei nasser Witterung grundlos.
Fahrbar war nur eine einzige Brücke, sonst hieß es mit Pferd und
Wagen durch die Starzel setzen. Die meist im Rathaus gefeierten Hochzeiten hatten noch entschieden ländlichen Charakter. Braut und Braut-
jungfern waren schwarz gekleidet, im Haar hatten sie kleine Kränze,
auf der linken Seite der Brust Blumensträuße mit einem Rosmarin-
zweig. Die Musikanten spielten einen besonderen Hochzeitsmarsch mit
Geigen, Bassettchen, Waldhorn und Klarinette. Nach der Trauung
tanzte der bestellte „Dreitänzer" mit der Braut im Wirtshaus den
Ehrentanz. Beim Hochzeitsschmaus erschien als munterer Festgast
der katholische Geistliche, der gelegentlich in der fürstlichen Kapelle
als Baßgeiger aushalf und viel ungescheuter als der Pfarrer in „Florian
und Crescenz" zu einer leiblichen Tochter sich bekannte; meldete man
ihm eine Geburt oder einen Todesfall, dann rief er vergnügt: „In den
Keller, das gibt wieder eine neue Flasche!" Außer den Hochzeiten

brachten die Jahrmärkte Lustbarkeiten im Rad und im goldenen Adler, bei denen es selten ohne Schlägereien abging. Zu den Herbstjagden des Fürsten mußten die Bauern das Wild mit Rasseln zusammentreiben; nach dem Hallali bekamen sie auf Schloß Lindich Bier, Brot und Käse. Sie begaben sich auf die Wiese und streckten alle viere von sich. Der Fürst kam einmal herab und sagte, wie die Kalenbergeschichte „Das Frankfurter Loos" berichtet, leutselig: „Bleibt nur liegen. Ich weiß, ihr seid faule Kerle. Ich möchte nur wissen, wer von euch der Faulste ist, der bekäm' als Preis einen Kronentaler von mir." Der eine, der zu träg war, den Taler selbst in die Tasche zu stecken, und deshalb seinen Nachbar um diesen Liebesdienst bat, verlor, weil der andere mundfaul erwiderte: „Wie du bei der Hitzmüdigkeit nur noch so viel sprechen magst." Am 26. Mai 1826 konnte Berthold den feierlichen Einzug der Tochter von Eugene Beauharnais sehen, die sich mit dem Erbprinzen vermählte. Die Bürger hatten eine Garde zu Fuß und zu Pferd gebildet. Die Schuljugend machte Spalier in den Straßen, durch die das neugetraute Paar zum Schloß fuhr. Am nächsten Abend wurden die Herrschaften von der reitenden Bürgergarde wiederum aus dem Schloß geholt und in die Stadt geleitet. Bei der Villa Eugenie wurden dem Fürstenpaar die Pferde ausgespannt und an ihrer Statt verstanden sich, nach dem ernsthaften Bericht des Hechinger Chronisten, 24 Jünglinge dazu, ihre Gebieter zum festlich beleuchteten Marktplatz zu ziehen. Wie der junge Talmudschüler dazumal über die dynastische Feier dachte, läßt sich durch kein gleichzeitiges Zeugnis erweisen. Erst 37 Jahre später, im Volkskalender von 1863, pries er in dem Gespräch „Hechingen und Florenz" den Fürsten, der freiwillig zu Gunsten Preußens abgedankt hatte. Mag es den Hechingern, so heißt es dort, immerhin wunderlich vorkommen, daß sie keine Hofwagen, Vorreiter, Stallmeister, keine eigenen Minister und kein eigenes Militär mehr sehen sollten, sie bleiben Schwaben, behalten das, was man Stammeseigenschaften nennt, und sind schon fast stolz darauf, schwäbische Preußen zu sein oder besser schwäbische Deutsche.

In demselben Jahre, in dem Hechingen unter preußische Herrschaft kam, 1850, wurde die dortige Talmudschule aufgehoben. Sie war noch unzeitgemäßer geworden, als ein selbständiges Reich an der Starzel. Jahrhundertelang war den Juden in Hechingen besonders

übel begegnet worden. Als sie zu Beginn des 18. Jahrhunderts baten,
ihre Toten nicht mehr nach Haigerloch führen zu müssen, herrschte sie
der damalige Fürst an: „Gehet zum Galgen, den wir errichten ließen,
damit das Böse aus unserer Mitte vertilgt werde. Dort auf jenem
Berge begrabt Eure Toten, denn Ihr seid nicht besser, als die armen
Sünder, die dort am Galgen hängen." Erst 1796 erhielten sie das
Recht, diese Begräbnisstätte mit einem hölzernen Zaun zu schützen,
erst 1800, da er wiederholt weggerissen wurde, die Bewilligung, eine
Mauer aufzuführen. Nach solchen Mißhandlungen bedeutete die 1803
gewährte Erlaubnis, in Hechingen auf Kosten großmütiger Stifter
Seelsorger heranzubilden, sicherlich einen Fortschritt. Leider diente
die Talmudschule selbst durchaus dem Rückschritt. Lebenstreu hat der
Dichter in seinem Erstlingswerk „Spinoza" die Lehrordnung eines
solchen altväterischen Beth-Hamidrasch geschildert. Zur Rechten und
Linken des Rabbi sitzen die beiden besten Schüler; die übrigen, nach
Alter und Kenntnissen eingereiht, an dem langen Tisch zu Füßen des
Rabbi. Der Lehrer fordert einen der Zöglinge auf, den nächsten
Talmudtraktat zu „sagen": das geschieht „in hergebrachter Weise, die
man ihres allgemeinen Gebrauches wegen für Tradition hält; der halb
wehklagende, halb litaneimäßige Ton ließe sich aber so wenig auf Regeln
der Deklamation oder Musik zurückführen, als aus dem babylonischen
Sprachgemengsel des Talmud eine Grammatik abstrahiert werden kann.
Ein jeder der Schüler bemühte sich aus den vielen kunstreich gewebten
Fragen des Textes und den zahlreichen Kommentatoren neue Fragen
zu kombinieren, die dann wieder durch frappante Syllogismen gelöst
wurden." Mutwillige lockten Anfänger absichtlich auf Abwege. Meinungsverschiedenheiten der Autoritäten gaben Anlaß, Witz und Scharf-
sinn zu zeigen. Helle Köpfe wurden in solchen Übungen und Kampf-
spielen zu Zweifeln angeregt, zu der Erkenntnis geführt, daß manche
biblische Gebote nur örtlich und zeitlich bedingt seien; Ehen mit
Nichtjüdinnen waren in Kriegszeiten erlaubt, andere Gesetze blieben
auf Palästina beschränkt, Ausnahmebestimmungen, die den jungen
Spinoza trotz aller Redefertigkeit rechtgläubiger Mitschüler zu folgen-
schwerer Prüfung aller äußeren und inneren Widersprüche im Alten
Testament bestimmten. Hitziges Gebärdenspiel begleitete das Lippenfechten. Kampflustige „bogen die Ellenbogen zurück und reckten die

auseinandergeſpreizten Finger empor, daß ſie daſtanden, wie eine
Paliſade von Ausrufungszeichen". Einem Tiefſinnigen vom Schlage
Spinozas und Salomon Maimons ſtanden Dutzende von ſelbſtge-
fälligen Silbenſtechern gegenüber; endloſe Haarſpaltereien folgten
den ebenſo müßigen, als aberwitzigen Fragen: darf das Ei, das die
Henne am Sabbat legt, gegeſſen werden oder nicht? darf man eine
Laus oder einen Floh am Sabbat totſchlagen? wie viele weiße Haare
kann die rote Kuh haben und doch eine rote Kuh bleiben? war der
Baum der Erkenntnis ein Nußbaum, ein Feigenbaum oder ein Weinſtock?

Der junge Berthold blieb nicht nur auf ſolche Narrheiten jede
ernſte oder ſchnurrige Antwort ſchuldig. Durchtränkt vom Geiſt der
heiligen Schrift, die er wie der Schilder- oder Bilder-David ſeiner
Erzählung „Joſeph im Schnee" wiederholt vom erſten bis zum letzten
Blatt durchgearbeitet hatte, empfänglich für alle dichteriſchen Schönheiten des Alten Teſtamentes, wohlvertraut mit den meiſten Legenden
und Parabeln der ſpäteren jüdiſchen Überlieferung, war er dermaßen
hilf- und ratlos in den juriſtiſchen und dogmatiſchen Spitzfindigkeiten
des Talmud, daß ſein älteſter, ſachkundigſter Lebensfreund wahrheitsgemäß erklären mußte: „in die rabbiniſche Kaſuiſtik, die ſeinem ganzen
Weſen widerſtrebte, iſt er nie eingedrungen." Der Hechinger Rabbiner
Reichenberger hielt darum wenig von Bertholds Begabung und die
Mitſchüler des Knaben, denen er in der Lehrſtunde gefahrlos ſchien,
waren doppelt erſtaunt, wenn er beim Bierglas jedem von ihnen
zutreffende Spitznamen aufbrachte. Ungebüßt ließen ſie ſeine munteren
Einfälle nicht hingehen. Die Vermögensverhältniſſe ſeiner Eltern
hatten ſich längſt verſchlechtert. Nach dem Tod von Großvater Frank
(1827) verarmten ſie vollends. Die bedungenen Malter Getreide
trafen nicht mehr pünktlich bei dem Rabbi ein. Bertholds auf das
Wachſen angelegter Mantel wurde nicht erneuert, obwohl er allmählich
zu kurz und ſchleiſſig geworden war. Sein blauer Rock färbte ab: Anlaß
über Anlaß zu Sticheleien, mit denen Bertholds harmloſe Späße heim-
gezahlt wurden. Vergebens hatte der Vereinſamte, von Nordſtetten
an kameradſchaftlichen Umgang gewohnt, nach Freunden ausge-
ſchaut, die Hechinger Talmudſchule zwang ihn nur zum Zuſammen-
leben mit ungebärdigen Hausgenoſſen, die ihn neckten und verletzten.
So verlaſſen fühlte ſich der arme gedrückte Junge in dem Beth-

Hamibrasch, daß er späterhin, auf Höhepunkten seines Lebens, in der ersten Nacht, die er als gehätschelter Gast des Herzogs von Koburg auf Schloß Reinhardsbrunn zubrachte, unwillkürlich an das Lehrhaus von Hechingen, als an die unglücklichste Zeit seiner Jugend zurückdenken mußte. Mehr und mehr sahen auch seine Angehörigen ein, daß ihm in Hechingen kein Heil blühe. Wer es als Rabbiner weiterbringen wollte, mußte nach den Reformvorschlägen der süddeutschen Kammern akademischer Bildung sich befleißigen. Die war weder im Beth-Hamibrasch, noch sonstwo in Hechingen zu holen; der Versuch eines Fürsten, gegen Ende des 18. Jahrhunderts ein von Franziskanern geleitetes Gymnasium einzubürgern, war mißglückt. Die Eltern Bertholds beschlossen deshalb, ihn nach K a r l s r u h e zu schicken. Dort konnte er seine theologischen Studien fortsetzen und zugleich als Hospitant das Lyzeum besuchen, überdies hoffte Vater Auerbach, sein in Karlsruhe ansässiger, besser bemittelter Bruder Maier werde den Knaben nach Kräften unterstützen. Maiers Frau begegnete dem Ankömmling indessen in der Besorgnis, er könnte ihre eigenen Kinder verkürzen, ziemlich schnöde und Maier selbst grollte Bertholds Vater, weil der ihn in jungen Tagen als Synagogensänger nach Hagenau im Elsaß verdungen hatte; ein Abenteuer, das Schadenfrohe, zumal das boshafte Weib des Karlsruher Synagogendieners zum Verdruß des vornehmtuenden Mannes immer wieder herumerzählten. Berthold ließ sich anfangs die Laune durch die unfreundliche Haltung von Onkel und Tante nicht verderben. Zudem gab es für ihn, der nun zum ersten Male in eine wirkliche Residenz gekommen war, unablässig Neues zu sehen. Staunend stand er vor dem Schloß, ohne zu ahnen, daß er 40 Jahre später ein häufiger stets willkommener Gast der großherzoglichen Familie sein würde. Fröhlich jobelte er jedem vom Land hereinfahrenden Wagen zu. Die Mütze mit der Trobbel auf den Lockenkopf gedrückt, nicht wenig stolz auf seinen neuen Anzug ging er „gelb bebordet und blau bekragt" am Abend vor Neujahr in die Synagoge. In der Säulenhalle vor dem Eingang ließen sich arme Schüler dankbar mit milden Gaben beteilen. Auch auf Berthold schritt ein Mann zu mit dem Segenswort: „Friede sei mit Euch." Auerbach reichte dem Unbekannten treuherzig die Hand, zog sie aber, als ihm der Fremde ein Geldstück reichen wollte, so hastig zurück, daß die Münze klirrend zu

Boden fiel. Unmutig sprang Berthold davon. Es war ihm, selbst nach den Hechinger Eindrücken, unbegreiflich, daß man ihn für einen Bettelstudenten halten konnte. Bald nachher sollte er nur zu deutlich über seine Lage belehrt werden. Eines Tages wurde er vor die Stadtbehörde geladen, um über seine „Subsistenzmittel" Bescheid zu geben; da er die Antwort schuldig blieb, wurde ihm mit der Ausweisung gedroht. Vor diesem Äußersten bewahrten ihn hilfreiche jüdische Familien, Ellstätter und andere, die ihm Lektionen verschafften und Freitische gewährten; eine höchst bescheidene Unterkunft bezog er beim Goldsticker Heimerdinger; magere Mahlzeiten nahm er in einer in „Dichter und Kaufmann" nicht vergessenen Winkelherberge, deren Wirtin Hehlerei trieb mit gestohlenem Tabak, den sie den Arbeitern in der Grießbachschen Tabakfabrik ablaufte. Sorgen und Entbehrungen setzten ihm so hart zu, vereinzelte Ausbrüche von Judenhaß überraschten den Arglosen so schmerzlich, daß es ihm bald nicht mehr einfiel, auf offener Gasse zu jodeln. Sein Trost in solchen Anfechtungen war, daß er beim Rabbiner Willstätter, einem akademisch gebildeten, frommen, von allem Zelotismus freien Gottesgelehrten in die rechte Schule gekommen war und unter seinen Schülern einigen Gleichgesinnten begegnete, die sich ebenso eifrig wie mit hebräischer mit deutscher Wissenschaft und Dichtung beschäftigten. Einer dieser Rabbinatskandidaten, der aus Triest zugewanderte Randegger, schlug sich als italienischer Sprachlehrer durch; ein Legationsrat Ring, den er unterrichtete, wies ihn auf Herder hin. Die Anregung blieb unverloren. Randegger schaffte die Gesamtausgabe an und nahm mit seinen Kollegen den ganzen Herder vom ersten bis zum Schlußbande durch. Mit den Ideen zur Philosophie der Geschichte der Menschheit befreundeten sie sich rasch und gründlich. Sie mühten sich überdies mit weniger bedeutenden und verständlichen Schriften so unverdrossen ab, daß Auerbach in alten Tagen, des Übereifers jener Anfänge lächelnd und gerührt mit der Selbstironie gedachte: „Persepolis haben wir damals gelesen." Ihrer Verehrung für Herder tat nicht einmal Persepolis Eintrag. Mit Johannes von Müller hielten sie ihn hoch als begeisterten Seher, als Apostel der Humanität. Gläubig und freudig folgten sie diesem Führer, niemand williger, als ein entfernter Verwandter Bertholds, Jakob Auerbach, der Sohn des jüdischen Lehrers in Emmendingen.

Zwei Jahre älter als unser Dichter, war ihm Jakob bei ihrem erften
Zusammentreffen in Karlsruhe im Herbft 1827 an Kenntniffen voraus.
Jakob hatte im Emmenbinger Pädagogium Deutfch und Lateinifch, bei
den Rabbinern von Jhringen und Mannheim Hebräifch getrieben. Gleich
bei der erften Begegnung gewann er Bertholds Achtung und Anteil.
Jn den drei Jahren, die fie in Karlsruhe miteinander ftudierten,
träumten und fchwärmten, war Jakob fein liebfter Gefährte, fein zu-
verläffigfter Vertrauter, fein aufrichtigfter Ratgeber und er ift das volle
52 Jahre über jene Lehrzeit hinaus, bis in Bertholds Todesftunde
geblieben. Nach Jakobs Zeugnis trat ihm der Dichter 1828 „als ein
frifcher, fröhlicher junger Menfch entgegen, der fern von Verfchüchterung
und Verdüfterung feinen Anfpruch an das volle Leben machte. Es ift
ein Jrrtum, wenn man glaubt, daß er fich erft mühfam aus talmudifchen
Anfchauungen emporgerungen habe". „Mehr als die Folianten,
welche die Quelle der jüdifchen Theologie bilden, befchäftigten ihn
Schiller, Goethe, Herder und Jean Paul, die nach zufälliger Anregung
gelefen wurden. Der künftige Volksfchriftfteller nahm in Karlsruhe
unbewußt auch einen Grundton des Hebelfchen Geiftes auf." Über
der freien Schule diefer Meifter wurde der Segen geregelten Unter-
richts nicht vergeffen. Berthold befuchte als Hofpitant die unteren
Klaffen des Karlsruher Lyzeums, „was bei feiner kleinen Statur
und feinem jugendlichen Ausfehen nicht auffallend war". Tüchtige
Schulmänner, Gerftner, Kärcher, Lang, wirkten als Lehrer an diefer
Anftalt; unter der Schuljugend herrfchte gutes Einvernehmen; manchen
feiner Gymnafialkollegen, wie den nachmaligen Minifter Lamey, hat
Auerbach nach Jahrzehnten wieder getroffen und gleich in der erften
Stunde mit alter Herzlichkeit die Bekanntfchaft erneuern dürfen.
Jn feinen talmudiftifchen Studien kam er auch in Karlsruhe nicht vorwärts. Beffer bewährte fich Berthold als angehender Kanzelredner
in homiletifchen von Willftätter empfohlenen Übungen. Eine diefer
Probepredigten begann Berthold mit dem Weckruf: „Wirf, o Erden-
fohn, den Anker deiner Hoffnungen nicht in den tiefen Erdenfchlamm,
fondern in das reine Himmelsblau." Jakob unterbrach fofort mit
der Bemerkung, daß man einen Anker doch nicht in den Himmel zu
fchleudern pflege. Berthold fetzte den Vortrag nicht weiter fort. Unter
allgemeinem dröhnenden Gelächter fprang er auf, zerriß das Ma-

nuskript und steckte die Fetzen in den Ofen. Unzählige Male hat er im Lauf seines Lebens Jakob launig sein unfreiwilliges Scherzwort zugerufen: „Wirf, o Erdensohn u. s. w.!" Schuld an dem verunglückten Gleichnis wollte Jakob später ihrer unermüdlichen Lektüre von Jean Paul geben, in Wahrheit waren gelegentliche Anwandlungen von verstiegener Schönrednerei dem alten wie dem jungen Auerbach angeboren, nicht angelesen. Derartige Verirrungen waren umso erstaunlicher, je gesunder sich sonst Auerbachs Natursinn äußerte. Er blieb, wenn er mit Jakob im Freien war, zuweilen, wie von einem elektrischen Schlage berührt, plötzlich stehen, faßte mit kräftigem Druck seinen Arm und machte ihn auf die untergehende Sonne oder eine andere Naturerscheinung aufmerksam. An Ferialtagen drang er gewöhnlich darauf, daß sie in den nahen Wald gingen. Besonders tief wirkte auf den Jüngling ein Ausflug nach Wildbad, wohin er im Sommer 1828 seinen Onkel begleitete. Berthold „kam von dort verändert zurück. Er war auf den Bergen herumgestiegen, hatte das Tal durchwandert, den rauschenden Wassern gelauscht und stundenlang einsam im Walde gelegen. Als wir ihn wieder sahen, war, ich möchte sagen, eine höhere Weihe über ihn gekommen. Er gab uns nur flüchtige Andeutungen, wie etwa ein Jüngling nur verschämt vom Erwachen der ersten Liebe spricht; der Geist des vaterländischen Bodens hatte zu ihm geredet. Er brachte ein dickes Heft mit, in dem er die mächtigen Eindrücke schilderte, ließ mich aber nur flüchtig hineinsehen; wenn ich nicht irre, enthielt es auch Stellen in gebundener Rede." Nicht nur der Geist des vaterländischen Bodens, um Jakobs schönes, schlichtes Wort zu wiederholen, hatte in dem lieblichen, am lieblichsten von Uhland besungenen Tal der Enz zu Berthold geredet. Der Knabe hatte begierig auf Art und Hantierung der Flößer, Jäger, Holzfäller geachtet und sein Ohr der Stimme großer Dichtung nicht verschlossen. An einem Regentag gab ihm der Kellner, den er nach Büchern fragte, ein Bändchen, das arg beschädigt ohne Titelblatt in der Wirtsstube vermutlich von einem Badegast vergessen lag. Nach den ersten Zeilen ließ ihn das Werk, ein Schauspiel in Versen, nicht mehr los. Erst nach Jahr und Tag wurde ihm in der Schule klar, welch ein Drama sein Innerstes bewegt hatte: Sophokles' Antigone. Nach der Rückkehr aus Wildbad steigerte sich sein Drang nach geistiger und künstlerischer Fortbildung. Mit

Jakob las und besprach er deutsche Klassiker, dabei bot ihnen Goethes
Dichtung und Wahrheit den leitenden Faden für die Geschichte unserer
Literatur. Ein Wink Herders führte sie zu den Blättern Hogarths
und auf diesem etwas seltsamen Umweg zu anderen Schöpfungen
der bildenden Kunst. Auf das Juhe des Hoftheaters ließ ihn der Billett-
abnehmer zu billigen Bedingungen schlüpfen; man wickelte drei Kreuzer
in ein Papierchen, gab es ihm, dann ließ er einen durch. Berthold
hatte zu viel Angst, das selbst zu tun, sein Mitschüler Eppinger hatte
mehr Courage, er gab ein zweites Papierchen hin und sagte nur:
das ist für den. Nun ging's hinauf. Berthold wußte damals noch nicht,
daß er kurzsichtig war, die Menschen drunten erschienen ihm wie im
Nebel. Nur zweier Stücke wußte er sich zu erinnern: Hotel de Bibourg
nach Clauren und Ludwig XI. in Perronne von Auffenberg. „Man
sagte mir, er (Auffenberg) sei Kammerherr und das erschien mir als
etwas Märchenhaftes, dazu ein Dichter. Ich lief dem Manne nach in
den Schloßgarten und wunderte mich sehr, solch ein ledernes Gesicht
zu sehen." Von Opern ging ihnen Mehuls „Joseph und seine Brüder"
besonders zu Herzen. Der biblische Stoff führte sie zum Mittelpunkt
ihrer damaligen Bestrebungen. Vergangenheit, Gegenwart und Zukunft des Judentums waren der Hauptinhalt ihrer Gedanken und
Gespräche. Als Seelsorger wollten sie im Sinne Mendelssohns das
Joch veralteter rabbinischer Überlieferung lösen, als deutsche Patrioten
diesem gereinigten reformierten Judentum gleiche Rechte und
Pflichten mit den anderen staatlich anerkannten Religionsgenossen-
schaften erkämpfen.

Die süddeutschen Staaten behandelten solche Absichten nicht
ungünstig. In Baden hatte schon Markgraf Karl Friedrich milde
menschliche Bestimmungen erlassen. 1809 wurden die Rechte der
Juden erweitert durch ein Gesetz, dem Jost vor dem Jahr 1848 nach-
rühmte, ein weiseres dürfte in diesem Jahrhundert nicht erschienen sein.
Ähnliche Ziele hatte der den württembergischen Ständen 1824 vor-
gelegte Entwurf. In Denkschriften und Eingaben Für und Wider
vielberedet, wurde er im Februar 1828 in der Kammer beraten, in
der Hauptsache gebilligt und angenommen, endlich, 25. April 1828,
rechtskräftiges Gesetz. Dieses „Erziehungsgesetz" hob jeden Schutz-
verband auf und unterstellte das israelitische Kirchen= und Armenwesen

der Leitung einer 1831 in das Leben gerufenen Oberkirchenbehörde, die, wiederum nach Joſts Urteil, alle ähnlichen Einrichtungen in deutſchen Landen übertraf. Wer in Württemberg Rabbiner werden wollte, mußte mehrere Prüfungen, zunächſt in Tübingen, vor Univerſitäts- profeſſoren und dem theologiſchen Mitglied der iſraelitiſchen Ober- kirchenbehörde beſtehen und vorher ſein Triennium auf einer Univerſität zurücklegen, das ein regelrechtes Abiturientenexamen zur Voraus- ſetzung hatte. Solange Berthold nur Hoſpitant blieb, waren dieſe Bedingungen nicht erfüllbar. Er mußte ordentlicher Schüler eines Gymnaſiums werden, am beſten in Württemberg, wo dem Landeskind Befreiung von der Militärpflicht, unter Umſtänden ſogar ein Stipen- dium winkte. Vorteile der Art kamen für ihn umſomehr in Betracht, je weniger die Seinigen für ihn tun konnten. 1828 hatte ſein Bruder Maier einen eigenen Hausſtand gegründet, 1829 ſeine Schweſter Babi nach Baiſingen geheiratet; durch ihre Anſprüche waren die Mittel der Eltern vollkommen aufgezehrt worden. Zugleich verſiegten Bertholds Hilfsquellen in Karlsruhe. Ohne langes Beſinnen entſchloß er ſich deshalb, ſein Heil in S t u t t g a r t zu verſuchen. Auf den perſönlichen Verkehr mit Jakob mußte er freilich verzichten, an deſſen Stelle trat ein Briefwechſel, der mit der vollen Friſche des lebendigen Geſprächs vom erſten Blatt an Bertholds Beruf zum Erzähler und Genremaler offenbart. Dem frohgemuten Bericht über ſeine harmloſen Reiſe- abenteuer ſchickt er nach dem Muſter franzöſiſcher und engliſcher Romane eine ſcherzhafte Kapitelüberſchrift voraus: „Briefſchreiben macht die Trennung und die Entfernung vom Freunde leichter. Ein guter Reiſe- gefährte beglückt den einſamen Wanderer. Es iſt doch ein komiſches Geſchöpf um einen alten penſionierten Pfarrer. Feſt- und Freudentage im Angeſichte die Heimat verlaſſen müſſen, ſchmerzt." In der Belebung dieſes Grundtextes ſchlägt der Achtzehnjährige ſeinen eigenſten, den Bertholds-Ton an. Hundertmal, ſo heißt es in dieſem erſten, für manchen ſpäteren Brief an Jakob nicht weniger gültig, habe während des Schrei- bens ſeine Laune gewechſelt, denn tauſend Sachen ſeien in ſeinem Kopfe. Luſtig und behaglich, ſo deutlich und umſtändlich, wie der erſte Emp- fänger, ſieht heute noch jeder Leſer jenes Reiſebriefes Bertholds Ausfahrt und Einkehr in kleinen, ſeinen Zügen vor ſich. Noch führte keine Eiſenbahn von Karlsruhe nach Stuttgart; zu einem

Platz in der Postkutsche reichten die Mittel nicht; so blieb nur übrig, den Weg zu Fuß und mit allerhand zufälligen „Gelegenheiten" zu machen. Am ersten Tag fuhr er mit einem pensionierten gemütlichen Landpfarrer in einem unbequemen Wägelchen über Wilferdingen nach Pforzheim; dort übernachtete er aus Sparsamkeit nicht, marschierte vielmehr, eines Rates von Jakob eingedenk, noch eine Stunde weiter zu einer außerhalb der Stadt gelegenen billigeren Herberge. Am nächsten Morgen brach er schon um 4 Uhr früh auf; eine Station fuhr er auf dem Briefpostkärrchen mit, dann schritt er „den hackheiligen Stock in der Hand, ein rotes Wachstuchpaket auf dem Rücken" ein paar Stunden rüstig aus, bis ein des Weges kommender Fuhrmann sich seiner erbarmte und ihn aufsteigen ließ. Angesichts der Türme von Stuttgart wandelte er den Segen, den die Mutter daheim und bei jedem Auszug in die Fremde über ihn gesprochen, in das Gebet um: „Der Herr segne mich und behüte mich, er lasse mir sein Antlitz leuchten und schenke mir seinen Frieden." Himmlischer Schutz tat dem Zugewanderten allerdings not, der selbst am wenigsten wußte, wie das Wagestück gelingen, wie er mitten im Semester im Stuttgarter Gymnasium unterkommen sollte. Dreiviertel Stunden irrte er in der fremden Stadt umher, bevor er zum Judenwirtshaus und einem seiner wenigen Bekannten, Naphtali Frankfurter, seinem Nordstetter Schulkameraden, dem Bruder seines Lehrers, sich zurechtgefragt hatte. Noch an demselben Tage trug Berthold dem Rektor des Gymnasiums sein Anliegen vor. Der kahlköpfige Schwabe machte ihm wenig Hoffnung, die Anstalt sei überfüllt, die Zeit der Aufnahme längst um. Berthold sah bei dem Bescheid so betroffen aus, daß ihm der Schulmann erlaubte, über 8 Tage zum Examen zu kommen, „wenn Sie außerordentlich vorzügliche Kenntnisse haben, können Sie vielleicht angenommen werden". Eine Woche der Ungewißheit lag vor dem Ungeduldigen. Als er nun am nächsten Tag am Wirtstisch einen Vetter, den Lehrer von Freudental, traf, entschloß er sich rasch, einen Abstecher nach Nordstetten zu machen. Über Vaihingen und Baisingen, wo Berthold den zwei Stunden vorher geborenen ersten Sohn seiner Schwester begrüßen konnte, wanderten die beiden in sein Heimatdorf. Der Willkomm war herzlich. Mit Lehrer Frankfurter gab es angeregte Unterhaltungen über Reform des Judentums. Montag mußte Berthold abreisen, da Dienstag 6 Uhr Morgens die

Prüfung begann. Außer ihm waren noch zehn Kandidaten da, die bis
12 Uhr Mittags ein lateinisches und griechisches Argument auszu-
arbeiten, ein diktiertes Kapitel aus dem Tacitus zu verdeutschen und
Nachmittags noch ein mündliches Examen, Übersetzungen aus Sallust
und Xenophon, zu bestehen hatten. Nur drei von den elf fanden Gnade
vor dem Studienrat, Berthold gehörte zu den Abgewiesenen. Der
Ausgang kam ihm nach früheren Andeutungen des Rektors zu Frankfurt höchst unerwartet. Nach der ersten Bestürzung faßte er sich und
bereitete sich mit verdoppeltem Eifer zur nächsten Aufnahmsprüfung
vor. In den klassischen Sprachen unterwies ihn ein Privatlehrer;
täglich wurde Livius und eine griechische Chrestomathie gelesen, täglich eine griechische und lateinische Ausarbeitung geliefert. Mit seinem
Vetter Emil Auerbach, der Arzt werden wollte, las er überdies Cicero
De amicitia. Tüchtige grammatikalische Studien ließen ihn den „logisch-
philosophischen Geist des Lateinischen" würdigen, Übersetzungen aus
dem Deutschen in das Griechische besseres Verständnis dieses Sprach-
genius gewinnen. Den inhaltreichen Bericht über den guten Fortgang
seiner Pflichtstudien zeichnet er im Juni 1830 mit dem Vornamen:
B e n e d i k t , das früheste Zeichen seiner Vorliebe für Spinoza, von
dem er „ohnlängst" einiges gelesen. In der Biographie des Denkers
fand er die Angabe, daß er früher gleichfalls Baruch geheißen und diesen
Vornamen in Benedikt latinisiert habe; die Namensschöpfung sprach
ihn an und sogleich wurde, freilich nur für diesen einen Brief, der
Berthold aus- und der Benedikt angezogen: „ich weiß nicht," so scherzt
er, „was ich anfangen soll, ich heiße nun Moses Baruch Berthold
Benedikt Auerbach und man hat doch wahrlich genug zu tun, wenn man
e i n e n ehrlichen Namen erhalten will und ich soll so viele erhalten."
Schwer hatte er allerdings zu kämpfen, um durchzukommen; sein
Zimmer kostete monatlich nur zwei Gulden, der Privatlehrer bekam für
16 Stunden nicht mehr als einen Kronentaler, gleichwohl nannte Bert-
hold seine Ausgaben sehr groß, weil seine Einnahmen sehr gering waren.
Vor dem Verhungern schützten ihn einige Freitische; später gab er
wöchentlich 8 Privatstunden, ein königliches Stipendium von 50 Gulden
kam als bescheidene Zugabe; trotz alledem ging es ihm in diesen zwei
Stuttgarter Lehrjahren recht schlecht; mehr als einmal erzählte er
K a r l   S t i e l e r , mit welchen Gefühlen er täglich an dem gedeckten

Tisch des Hauses vorüberging, wenn Mittags seine Lektion beendet
war, wie seine Gedanken nach einem Stücklein jenes Brotes begehrten,
das dort ausgebreitet lag; allzusehr, klagt er dem treuen Jakob, „fühle
ich das Unglück meiner lieben Eltern und ihnen macht das Bewußtsein,
mich nicht unterstützen zu können, allzugroßen Kummer." Vorwärts-
bringen konnte er sich nur durch eigene Kraft. So war es eine Lebensfrage für ihn geworden, ob er beim zweiten Examen, Ende August 1830,
bestehen würde. Aufregender als die Julirevolution mit ihren Nach-
wehen waren in diesen Wochen für ihn die peinlichen Tage des Rasens
und Schwärmens, des Schwebens zwischen Furcht und Hoffnung
nach der Prüfung. Als er endlich in die 8. Klasse des Obergymnasiums
aufgenommen wurde, war seine Freude überschwänglich und dieses
Glücksgefühl wurde nicht geringer, als er nun ordentlicher Schüler
außerordentlicher Lehrer wurde. Religion und Philosophie trug
Professor Schmidt vor, dessen Vorlesungen Berthold den Gedanken
einer Psychologie mit konkreten Charakterbildern eingaben; Hebräisch
Cleß, den der zu Superlativen geneigte Jüngling den gelehrtesten
Mann nennt, den er jemals getroffen; Stilistik der zumal aus Lenaus
Leben bekannte Dichtervater Reinbeck, den Berthold nur mit Vorbe-
halten gelten ließ. Die klassischen Sprachen lehrten der namhafte
Herausgeber der Realenzyklopädie Pauly und Gustav Schwab,
der trotz eines bisweilen zufahrenden Wesens besonders als Ausleger
des Horaz vielen Hörern unvergeßlich blieb: Adolph Schöll hätte
Schwab der Nachwelt hinmalen mögen, wie er in ihm fortlebte, mit
seinen blitzenden, rollenden Augen, seinem leicht geröteten Gesicht,
seiner heiter beweglichen Wärme, teilnahmossen und kindlich treu.
Unter solchen Meistern war weit weniger Begabten als Auerbach das
Lernen eine Lust. Sein Wissen wuchs, sein Urteil wurde reifer. An-
fängliche kritiklose Begeisterung für Cicero wich zusehends der Einsicht,
daß ihn Demosthenes durch seine sokratische Verachtung aller Täuschung
verdunkle. Warum, so hadert etwas voreilig der Neunzehnjährige
mit seinem Schicksal, war es ihm nicht vergönnt, in Zeiten, „wo sein
Herz noch empfänglicher, bleibend empfänglicher war für das Schöne,
sich mit dem klassischen Altertum bekannt zu machen?" Ganz anders
als sein bisheriger Bildungsgang hätten die Worte Ciceros, Platos,
Homers „wie ein Blitzstrahl den Feuerstoff, der in ihm lag, entzündet,

auf daß er gelodert hätte zur wärmenden Flamme für andere". In ſeiner Wißbegierde und Kunſtfreude kann er ſich nicht genugtun. Er bläſt die Flöte, zeichnet, turnt, ſchickt den Karlsruher Freunden Betrachtungen über Malerei, Muſik und Dichtkunſt.

Zu ſeiner Genugtuung trifft er auch unter den Stuttgarter Kameraden verwandte Seelen; am innigſten ſchloß er ſich Auguſt Dietrich an, den er beim Herbſtexamen 1830 kennen gelernt hat; die Stunde der gemeinſamen Prüfung hatte ſie verbrüdert; die badiſche Herkunft, die anmutende Erſcheinung, das ſcharfgeſchnittene Geſicht, die kräftige und dabei herzrührende Stimme, die ſchlichten, braunen, langen Haare, die er gern zurückwarf: Alles gefiel Berthold an Dietrich, am beſten aber Dietrichs Mutter, eine Witwe, die dem Sohn überallhin nachzog, ihm zu Gefallen ſeine Kameraden bemutterte, zu ſich lud und in ihrer guten Stube mit Rapieren ſich üben ließ: „wenn ich genau zuſehe, iſt neben meiner eigenen Mutter die Mutter Dietrich mir oft in Gedanken geweſen bei Schilderung des Verhältniſſes von Mutter und Sohn, beſonders bei Lenz und deſſen Mutter" (in „Edelweiß"). Noch andere Mitſchüler ſind Berthold dauernd im Gedächtnis geblieben, der Zürcher Diethelm, der Franzoſe Mignot, der Schwabe Felix Pfeilſticker, ein großer, ſtarker Junge, der den kleinen, gelegentlich als Juden gehänſelten Freund bei Schlägereien tapfer heraushaute. Jeden Sonntag wurde in einem Kollegenkränzchen diſputiert und deklamiert, in den letzten Monaten bildeten ein paar Gymnaſiaſten ſogar eine heimliche Verbindung Amicitia, deren Mitglieder in Cannſtatt kneipten und denen Berthold beim Bier ein beſſer gemeintes als gemachtes Gedicht vorlas, das Hermann, den „Vater der Deutſchen", einlud, auf die jungen Leute herabzuſchauen und ihren Schwur zu vernehmen: „daß unſer ganzes Leben heilig ſei, Germania, dir!" Sein Leſehunger iſt unbezähmbar. Wielands Ariſtipp entzückt ihn. Des jungen Goethe Zwo bibliſche Fragen und mehr noch Spinozas Theologiſch-politiſcher Traktat erregen in ihm eine bis auf den Grund gehende Bewegung. Die Bibel iſt ihm nicht mehr unanfechtbare Offenbarung. Den Talmud ſchilt er den jüdiſchen Koran und an ſeinem Beruf zum Rabbiner zweifelt er immer bedenklicher. Den Stuttgarter Genoſſen ſcheint er von dieſen Seelenkämpfen nichts geſagt zu haben. Der angehende Mediziner Emil Auerbach war zu kühl und abwehrend, Naphtali Frank

furter zu sehr Theologe, der Schuhmacher Herzle, der seiner Soldaten-
pflicht in Stuttgart nachkam, stand seinem Gemüt so nahe wie in
Nordstetten, war aber seiner ganzen Art und Denkart nach schwerlich
der richtige Vertraute für solche Bekenntnisse. Selbst nach Karlsruhe
gingen nur unbestimmte Andeutungen: „wie manches hätte ich dir
noch zu sagen," so meldet er Jakob, „welches ich nicht niederschreiben
kann, ohne mein Herz zu zerreißen." Umso rückhaltloser sprach er sich
in einem Brief an Lehrer Frankfurter aus, der in Ivos Brief
aus dem Konvikt sein Gegenstück finden wird:

„Stuttgart, 18. November 1831. ... Ich übergehe die Vorwürfe, die ich
Ihnen schreiben wollte, weil Sie mich bei Ihrer Durchreise nicht besucht haben. Ich
übergehe die Alltagsentschuldigungen über mein langes Stillschweigen und? nun?
was willst Du schreiben? Ach! ich sehe es Ihnen ja an, Sie wissen's, eh' Sie den
Brief lesen, es ist die so wichtige Krisis über die Wahl meines Berufes. Wahl? höre
ich Sie fragen. Was ist hier zu wählen? Du bist und bleibst Theologe. Hast Du
jene kühnen Plane vergessen, die Dich einst begeisterten, die Dir eine Seligkeit vor-
zauberten in dem Gedanken an die Gelegenheit, Deinem Volke zu nützen? O, ich fühle
es tief, wie schwer und wie schmerzlich mir wird, diese Frage zu widerlegen. Aber
in den vielen mißlichen Verhältnissen, in denen ich mich schon befand, war keines so
sonderbar als das jetzige. Ich lüge mir vor, ich wollte mich erst entschließen, da ich doch
längst beschlossen habe, Jurist zu werden, und warum dann dieser Entschluß? Hören
Sie und richten Sie. Die Natur hat mich mit einem für alles Gute und Schöne
glühenden Herzen begabt (hier ist Bescheidenheit am unrechten Orte), wo könnte
ich also nach meinem Dafürhalten mehr Gutes bewirken, als als Theolog? Törichter
Wahn! Die Menschen lassen Dir Deinen unverdorbenen Sinn nicht, und rängest Du
auch mit Deinen Verhältnissen unaufhörlich, trätest Du mit einem fürs Gute glühenden
Herzen Dein Amt an, Unglücklicher, von oben herab würde stolzer Neid und Mißgunst, von unten herauf Haß und (das Papier ist an dieser Stelle zerrissen) Dir
Dein Leben vergiften. Allzu grell, allzu überspannt! Mag sein! Aber hören Sie:
aller Wahrscheinlichkeit nach wird Dr. Maier Oberlandesrabbiner. Nun, da ist ja alles
erreicht. Nicht die Hälfte. Maier ist ein sehr geschickter freisinniger Mann, aber allzu
politisch, allzu eigensinnig und zu stolz. Du kennst die Leute nicht, siehst alles falsch.
O, wenn ich schon drei Wochen böse Augen hatte, sehe ich doch gut. Ich kam seit
kurzer Zeit oft zu Maier, und er bewährte mit einem Wort meine obige Aussage,
wenn auch in einem etwas gemilderten Grade. Von hier aus haben wir also gar nichts
zu erwarten, denn die Judenreformation ist ein Werk, an das mit warmer Liebe und
mit kalter Politik gegangen werden muß. Ich nehme nun den Fall an, ich hätte als
Theolog ausstudiert. Bereits sind fünf Theologen für die Universität [angemeldet?],
fünf Examinierte im Land und zehn Stellen im ganzen. Ich will zwar dies nicht
als Hauptgrund anführen. Nun kehre ich zum Juristen zurück. Wer weiß, ob ich

nicht, bis ich ausstudiert habe, angestellt werde. Ich gehe mit Liebe und Eifer an dies Studium, leiste also gewiß etwas (zum Theologen passe ich auch aus theologischen Gründen nicht). Ein Mehreres mündlich.[1] ,

Aber um Himmels willen, denkst Du denn gar nicht an Deine Verwandten, an Deine Eltern? Ja, antworte ich mit s ch w e r e m Herzen. Das ist's, was mich sehr beunruhigt. Meine aufgeregte Phantasie denkt sich oft als eine Gruppe meine liebe Mutter bittere Tränen weinend, meinen Bruder Maier fluchend und die Fäuste ballend, meinen Schwager Maierle hohnlachend und mit einem Blicke, welcher sagt, das hab' ich schon lang gedacht, und dieser wird ein Abtrünniger von Israel. Ja, wenn ich daran denke, graut es mir davor, wenn ich je wieder nach Haus kommen sollte. Und doch! ein inneres Etwas treibt mich (Lücke) minder, ja noch mehr Freude an mir erleben als Advokat wie als Theolog, der auch drei Jahre lang das Brot zu Hause wegißt, bis er eine Stelle bekommt und dann ewig mißvergnügt ist. Aber wie willst Du ohne Stipendium studieren? Schnöder Gedanke! wegen eines Stipendiums die Theologie ergreifen. Die Familien Kaulla unterstützen mich ebenso, ja noch weit mehr als Jurist! Nun! lieber Freund, bitte ich Sie, meine Eltern mit diesen meinen Planen bekannt zu machen und ihnen die Gewißheit zu geben, daß ich als Jurist in Tübingen nicht minder fromm sein werde, als als Theologe. Ich bitte Sie aber, diesen meinen Plan für jetzt noch geheim zu halten. Meine Gründe ersehen Sie aus obigem. Sie sind doch nicht bös, daß ich so zu Werke gehe? Ich habe ohne Übertreibung wirklich kaum eine freie Viertelstunde, denn ich präpariere für das Examen, das Ende Februar stattfindet. Ich bin durch meine Augen wegen versäumter Stunden und vieler Ausgaben in bedeutender Geldverlegenheit — doch ich werde mich mit Ehren durchschlagen, koste es noch so viele Nachtwachen. Wenn nur meine Augen ebenso dächten. Schreiben Sie mir, ich bitte Sie, mit der nächsten Post Antwort. Leben Sie jetzt recht wohl. Herzlichen Gruß an Ihre Familie. Mit Achtung nennt sich, nicht wahr, ich darf,

Ihr Freund
B. Auerbach."

Ob und wie der Lehrer Bertholds Angehörigen von seiner Gewissensqual erzählt hat, wissen wir nicht. Einstweilen drängte als nächste Sorge das Examen. Es ging gut vorüber. „Selig der Liebende, der die betrübende, heilsam übende Prüfung bestanden": mit diesen Faustischen Versen kündigte der Zwanzigjährige den Karlsruher Kameraden an, daß er mit 57 anderen Examinatissimis die Maturitätsprüfung in Stuttgart erledigt und in voller Fidelität hinter dem Bierhumpen und auf dem Maskenball den Vorgeschmack der akademischen Freiheit gekostet habe. „Aber warum bin ich denn so fidel," so fragt und klagt er mit eins in allem Jubel, „hab' ich denn was Großes erreicht? Was denn, ich darf Rabbiner werden?"

Das Schicksal überhob ihn der Antwort. Anfangs m o ch t e er nicht Rabbiner werden, er bezog im ersten Semester die Universität als Jurist. Als er später zur Theologie zurückkehrte und als überzeugter Anhänger G a b r i e l R i e s s e r s, des edlen Wortführers der bürgerlichen Gleichstellung der Juden, als Gesinnungsgenosse A b r a h a m G e i g e r s, des grundgelehrten Reformators der Synagoge, Seelsorger werden wollte, d u r f t e er buchstäblich im deutschen Bundesgebiet nicht Rabbiner werden. Er hatte den Frevel begangen, das in der Cannstatter „Amicitia" knabenhaft versuchte Burschenleben in der Tübinger „Germania" ebenso harmlos fortzusetzen.

III

Auf der Univerſität und auf dem Hohenaſperg

Wir ſind doch noch unter einem gelinden Deſpo-
tismus aufgewachſen
Berthold an Jakob Auerbach, Dezember 1851

Sein erſtes Univerſitätsjahr verbrachte Berthold Auerbach in
Tübingen, im Sommerſemeſter 1832 als studiosus juris,
im Winterſemeſter 1832 bis 1833 als studiosus theologiae
immatrikuliert, in beiden Halbjahren weit mehr als zu
Brotſtudien zu philoſophiſchen Vorleſungen und künſtleriſchen Verſuchen
hingezogen, ganz anders als von mittelmäßigen Fachprofeſſoren zu den
Höhen freier Forſchung und echter Dichtung geführt von David
Friedrich Strauß und Ludwig Uhland. Im Frühling 1832 hörte
er römiſche Antiquitäten bei Profeſſor Walz, Inſtitutionen bei Mayer,
bei Haug allgemeine Geſchichte, bei dem Repetenten Strauß, oder wie
er in Bertholds Briefen bald hieß, bei ſeinem einziggeliebten Strauß
Logik und Metaphyſik; im Winterſemeſter bei Walz ein Kollegium
über die Fröſche des Ariſtophanes, bei Eſchenmayer Pſychologie, endlich
bei Herbſt Einleitung in das Alte Teſtament und die kleineren Propheten.
In dieſem bibliſchen Kollegium, dem einzigen, das als eigentlich
theologiſches für den mittlerweile Stipendiat der Oberkirchenbehörde
gewordenen Rabbinatskandidaten in Betracht kam, hatte Auerbach
das Gefühl, daß er dieſe Dinge beſſer wiſſe, obgleich ihm die geſchicht-
liche Methode der Darſtellung neu war; deſto luſtiger wirkte das eine
und das andere den tollſten Talmudiſtenſtücklein ebenbürtige Pröb-
chen von Herbſts orthodoxer, ſelbſtgefundener Weisheit. Im ober-
ſchwäbiſchen Dialekt des Katholiſch-Ravensburgiſchen erklärte Herbſt:
„Die Ratſchionaliſchte ſage, König Salomo habe dieſe Sprüche nicht
verfaßt, denn es ſei nicht recht wohl möglich, daß ein einziger Menſch
ſo viel Sprichwörter mache. Sie ſage, das Dichtwerk habe nur ſeinen
Namen, weil es unter ſeiner Regierung verfaßt und geſammelt ſei.

Wo liegt denn da die Unmöglichkeit? König Salomo ischt alt geworde
63 Jahr. Wenn er nun von seinem 23. Jahr ab jeden Tag ein halbes
Sprichwort gemacht hat, da kann's ganz gut sein, daß alles von ihm
sein kann." Eschenmayer, bei dem Auerbach sein Lieblingsstudium,
Psychologie, trieb, war nach dem Urteil von Strauß ein mystischer
Dilettant, der Historiker Haug, nach demselben Gewährsmann, neben
ihm ein Labsal, wenn auch noch lange kein Muster: „hier waren es
nun doch einmal nicht bloße Namen und Jahreszahlen, hier war Idee,
Begeisterung und auch, den eintönigen Vortrag abgerechnet, eine
geschmackvolle Form. Haug sprach wie ein Buch, aber so soll man auf
dem Katheder eben nicht sprechen. Seine Perioden waren so rund
und glatt, daß sie zu dem einen Ohr hinein, zu dem anderen wieder
hinaus gingen und man sich am Schluß des Semesters verwunderte,
wie wenig einem aus dem so aufmerksam gehörten Vortrag geblieben
war."

Nicht bloß solchen halb oder gar nicht berufenen Lehrern gegenüber
brachte Strauß nach Auerbachs Zeugnis „eine Belebung ohnegleichen". Er war vor kurzem von Berlin gekommen, wo er noch Hegel
hatte hören wollen, der jedoch bald nach der Ankunft von Strauß an
der Cholera starb.

„Man hat heutigentags kaum mehr eine Vorstellung davon, welch eine Bewegung
damals systematische philosophische Vorträge hervorbrachten. Der Vortrag von
Strauß war hell und klar und hielt die Zuhörer in atemloser Spannung. Wenn er
durch das große Auditorium, das den Zudrang kaum faßte, nach dem Katheder ging,
schlank, mit den Spuren ernster Studien in dem feinen länglichen Gesichte, wo unter
der Brille das große blaue Auge leuchtete, den Kopf mit den schlichten Haaren etwas
geneigt, da konnte man nicht ahnen, welch eine Gewalt des Gedankens, welche Frische
des Ausdruckes voll Reiz und Anmut selbst in abstrusen Dingen, und welche Fülle
erklärender Beispiele und treffender Bilder ihm zu Gebote stand. Ich hatte das
Glück, ihm schon damals nahetreten zu dürfen, und ein ununterbrochenes, lebenslanges
Freundschaftsverhältnis schloß sich daran."

Tiefer noch, als Auerbach in den ersten Stunden dankbarer Empfänglichkeit ahnte, hat Strauß' Lehre auf sein Leben und Denken
eingewirkt: der Jüngling meinte damals dem Meister schon zu genügen,
wenn er dem Ziel nachstrebte, „die Hegelsche Philosophie ebenso mit
dem reinen Mosaismus, sage reinen Mosaismus, verbinden, nein
durchweben, ausfüllen zu können, wie sie es mit der christlichen Religion

ist. Sollen wir, wenn wir unsere Religionssatzungen, eine Offenbarung, eine Gottheit, eine Schöpfung dartun wollen, sollen wir auf den dürren Glauben verweisen?" so fragt am „heiligen" Christabend 1832 der neugewonnene Hegel-Schwärmer seinen getreuen Vetter Jakob. „Soll die ganze Welt sich um uns mit Sphärenharmonie bewegen und wir als Fixsterne der alten Welt an unserem Platze haften? Nein, der Mosaismus ist und bleibt ewig wahr, aber so wie Moses nicht für uns allein, so haben auch Plato, Leibniz, Baco, Kant und Hegel ihre ewigen Wahrheiten auch für uns verkündigt, es ist die Weltseele, der Geist der Menschheit, der sich schon in Moses manifestierte und ewig der-selbe auch in Hegel bleibt." Zu den Gipfelpunkten alter und neuer Weltweisheit hatte Strauß seinen Hörern die Wege gewiesen. Die Ideenlehre Platos, die Verwandtschaft seiner Auffassung mit dem Christentum, nicht das Sichtbare, sondern das Unsichtbare als das wahrhaft Seiende, nicht dieses, sondern das künftige als das wahre Leben zu betrachten, der Traum von der Präexistenz der Seele stieg zum ersten Male dem jungen Auerbach auf. Und mit spinozistischen Gedanken berührte sich die erhabene Lehre, die Tugend nicht bloß als das einzige Mittel zur Glückseligkeit anzusehen, sondern die Glück-seligkeit eben in die Tugend selbst als die rechte Beschaffenheit, Har-monie und Gesundheit der Seele zu setzen und damit die Tugend von allen unreinen Beweggründen, auch von der Rücksicht auf jenseitige Vergeltung unabhängig zu machen.

Und wie dem Denker, wurde Strauß auch dem Künstler in Plato gerecht durch seine ästhetische Zergliederung des „Symposion". Die Erklärung und Rettung der didaktischen Poesie, welche dem Kandi-daten der jüdischen Theologie dabei geboten wurde, mag den aner-kannten Dichter späterhin über manche Anfechtungen seiner eigenen Werke getröstet haben: „Die Natur, indem sie ihre Gaben austeilt, kehrt sich an unser doktrinäres Fachwerk nicht. Sie legt Platons philosophischem Geist ein Stück von einem Poeten zu, und er schreibt seinen Phädon, sein Gastmahl, Bastarde nach dem System, unver-gleichbar herrliche, ganz einzige Produkte für jeden gesunden, unbe-fangenen Sinn."

Noch ein anderer, womöglich noch berufenerer, Kenner und Meister der Dichtung trat dem aufstrebenden Jüngling entgegen: „ein Grund-

und Kernmann," wie ihn Vischer genannt hat, „der als akademischer Lehrer in körniger Granitschale gesunden Quelltrank reichte": Lud-wig Uhland.

„Ich hatte" (so heißt es in handschriftlichen Erinnerungen an Uhland von Auer-bach) „als Jurist die Universität bezogen, das Kollegium der Institutionen mit Eifer aufgenommen, aber noch mehr beschäftigten mich damals poetische Pläne. Uhland hielt damals als Professor, ich glaube am Freitag nachmittag, eine eigentümliche Art öffentlicher Vorlesung. Man schickte ihm Gedichte, historische und philosophische Aufsätze ein, die er dann öffentlich, ohne den Verfasser zu nennen, kritisierte nach Form und Inhalt. Bisweilen geschah es auch, daß ein Autor sich nicht nur nannte, sondern auch sein Opus geradezu öffentlich vortrug. Ich erinnere mich eines jungen Studenten namens Lemmert, ein rotwangiger Jüngling mit langen, schlichten, blonden Haaren, der seine Gedichte vortrug, die uns damals sehr gefielen. Auch ein älterer Student, namens Schultheiß, der ein großes Gedicht über die Cholera vortrug, steht mir noch vor Augen. Der Vortragende stand auf einer Erhöhung unterhalb dem Katheder, auf welchem Uhland saß. Die Bemerkungen Uhlands waren scharf und bestimmt, oft auch mit einem milden Scherz, der viel Heiterkeit in der Versammlung hervorbrachte. Es ist etwas eigenes, die Stimme eines Ver-ehrten zum ersten Male zu hören. Der Ton Uhlands war hell und klar, aber eher hart als weich, und beim Sprechen lehnte er den Kopf etwas zurück, und sein scharf geschnittenes Profil wurde deutlich.

„Ich hatte Uhland auch zwei Proben aus zwei ganz verschiedenen Dramen ge-schickt, und seine Kritik war durchaus nicht mild. Ich habe von diesen beiden Studenten-versuchen keine Zeile mehr, ja meine Erinnerung beschränkt sich wesentlich auf die Titel und einzelnen Volksgesänge, die mir besonders wert waren. Das eine Stück war nicht mehr und nicht weniger, als ein Hermann der Cheruskkr, das andere hieß Deborah und behandelte die Geschichte der Prophetin aus der Bibel[1]). Als ich meine arg zerzausten Bruchstücke von Uhland wieder abholte, äußerte er — dessen erinnere ich mich — seine Verwunderung über diese beiden so ganz verschiedenen Stoffe, die mich beschäftigten und die doch wieder etwas ähnliches hatten. Ich wußte nicht, was ich sagen sollte. Ich meine, daß ich jetzt eine Erklärung dafür geben könnte. Im persönlichen Verkehr war Uhland freundlich, ernst und aufmunternd. Eine Schüch-ternheit, die Uhland selbst besaß und die mir über die eigene nicht hinaushalf, ließ mich damals zu keiner Näherung kommen, und als ich in späteren Jahren Uhland mitteilte, daß ich mich ihm schon zur Studentenzeit zu nähern suchte, hatte er keine Erinnerung mehr davon. Es war im Hause Gustav Schwabs, wo wir uns trafen, und Gustav Schwab konnte sich auch nicht mehr erinnern, daß ich ehedem im Gym-nasium sein Schüler gewesen."

Mit den Anregungen so einziger Führer waren Auerbachs Tü-

---

[1]) In den Briefen an Jakob I. 12. I. 18. finden wir den Schluß eines Gedichtes auf Hermann, den „Vater der Deutschen", und einen „Wechselgesang beim Begräbnis eines vom Feinde ermordeten Mädchens" aus dem „unvollendeten Drama Deborah".

binger zeitlebens nachhaltende Eindrücke und Bekanntschaften noch
lange nicht erschöpft. Fluch und Segen des Stiftlertreibens ward ihm
wohl nicht zu teil: er mußte nicht, wie Bischer klagte: „in einem Kloster
und damit als eine Art von Mönch" leben, mit so manchem edlen Gast
jener weltberühmten Klause trat er gleichwohl in Berührung, mit
Eduard Zeller studierte er manche Vorlesung nach, mit Stiftlern
wagte er sich an Hegels Phänomenologie. Und an poetischen Anflügen,
an brüderlichem Humor fehlte es nicht im Verkehr mit Hermann
Kurz, Ludwig Seeger und anderen, als deren geistiges Oberhaupt
Rudolf Kausler angesehen wurde. Zu guter Stunde hat Hermann
Kurz das genialisch-anspruchslose, reine, muntere Zusammenleben dieser
auserlesenen Musensöhne in seinem „Wirtshaus gegenüber" verherrlicht. Er verklärt dort, wie in seinen Denk- und Glaubwürdigkeiten „die
buckligste aller Universitätsstädte": er ladet uns zu Gaste in das bescheidene Weinhaus „zu einer verwegenen Jugend, die sich unter
sich selbst nicht verschont und deshalb auch nicht gegen andere geniert".
In Goethe-Schwänken offenbaren sie die „echte Pietät eines unbefangenen Kindes, das seinen Vater im Mutwillen auch hie und da am
Barte zu zupfen wagt". Und unter und über tiefsinnigen Kneipreden
setzen die edlen Genossen dieser Tafelrunde zu dem „Imposantesten
ein, was es auf dieser Welt gibt: zu einem schütternden, recht ernsthaften
Studentengelächter". Doch im wildesten Lärmen, Tollen und Zechen
neigen sie sich dem Lieblingsdichter ihres Herzens und der hieß bei
dem Geistesadel dieser süddeutschen Jugend dazumal Eduard
Mörike, ein höchst bezeichnendes Geschmacksurteil für Gesinnung und
Gesittung unserer jungen Leute.

In handschriftlichen, vom Juni 1875 datierten Erinnerungen an den
Dichter des „Maler Nolten" hat Auerbach dieser unvergeßlichen
Stunden und Menschen gedacht: „Wir kamen vom Burgholz, wir
gingen über die Neckarbrücke, am Hause Uhlands vorbei, wir saßen
nicht weit davon in der behaglichen, ebenerdigen Wirtsstube der Beckbelei
beim Weine: denn Rudolf Kausler, der durch die Reinheit und klare
Hoheit seines Wesens uns alle beherrschte, trank nicht gern Bier und
doch waren wir unbändige überschäumende Gesellen: Hermann
Kurz, Ludwig Seeger und manchmal auch Johann Falatti und Reinhold
Köstlin — sie alle sind tot. Jetzt in der Erschütterung von der Todes-

nachricht Mörikes stehen sie alle lebendig vor mir. Hermann Kurz, der Hochgewachsene, der sich als Stiftler beengt fühlte, damals noch das blaue Genie genannt, Ludwig Seeger, stämmig, gedrungen, mit rotblonden Haaren, der mutigste und trinkkräftigste; Johannes Falatti, der feine Norddeutsche, der — uns unfaßlich — Glacéhandschuhe trug, Reinhold Köstlin, dessen leuchtendes Auge noch suchte, ob er ein berühmter Gelehrter oder großer Dichter werden sollte, aber, wie gesagt, alle mit gelassener Anmut lenkend Rudolf Kausler, dessen feines Gesicht schon damals die auffallendste Ähnlichkeit mit Schiller hatte, namentlich wie er in dem Bilde der Frau v. Simanowitz aufgefaßt ist. Von uns allen hat Kausler am wenigsten im gedruckten Worte gegeben: aber sein Leben und Denken und Empfinden war uns allen die Gewähr, daß alles rein Ideale nicht bloß ein Gedachtes, sondern ein Wirkliches ist. Ich glaube, Kausler stand Mörike schon damals persönlich nahe; so viel aber weiß ich sicher, er war es, der uns den aufgehenden Stern Mörike deutete und er ist uns strahlend geblieben."

Selbst bei Auerbachs „seltener Wärme und ununterbrochener Hegung der Freundschaft" weist ein in solchem Tone gewürdigtes Verhältnis auf eine überragende Persönlichkeit. Und in der Tat erscheint Kausler, der Doppelgänger des Ruwald im „Wirtshaus gegenüber", das Urbild des Pfarrers in Auerbachs „Joseph im Schnee", im Kreise dieser Tübinger Kameraden zum mindesten wie ein primus inter pares. Mancher seiner Jugendgefährten ist berühmter geworden: echter war keiner und für bedeutender hat sich zeitlebens nicht einer gehalten.

Rudolf Kausler (geboren, wie ich freundlichen, eingehenden Nachrichten seines Neffen, Pfarrers Julius Caspart in Dußlingen, entnehme, am 26. August 1811 als Sohn des Göppinger Oberamtmanns) hatte die Lateinschule in Leonberg besucht. Sein Wunsch, das Bergwesen zu studieren, blieb unerfüllt, da er sich nach dem Tode seines (1822 in Stuttgart als Regierungsrat verstorbenen) Vaters entschließen mußte, Theologe zu werden, blühen doch in Württemberg den Kandidaten der Gottesgelahrtheit Freiplätze und Erleichterungen aller Art. Vom 14. bis 18. Jahre war Kausler in Blaubeuren Schüler von Baur und Kern, hernach als Tübinger Stiftler Schutzbefohlener des Repetenten D. F. Strauß. Nachdem er 1834 absolviert, wurde er Vikar in Oberroth, und aus dieser Zeit ist noch ein poetischer Brief an ihn von Seeger vorhanden, der damals gleichfalls Vikar war. In den folgenden Jahren war Kausler Bibliothekar am Tübinger Stift, 1837—38 Vikar des Bruders seiner Mutter in Buoch bei Waiblingen — Zeiten, die in dem Briefwechsel von Mörike und Hermann Kurz, und in Auerbachs „Herbstblatt aus dem Remstal" fröhlich und anschaulich entgegentreten. Eine Weile gehörte er gleich Auerbach und anderen Tübinger Kameraden zu den Mitarbeitern einer, kurzlebigen Zeitschrift „Der Spiegel". „Umrisse zur Geschichte der Liebe" finden wir in der „Zeitung für die elegante Welt", Studien über „Ludwig Tieck und die deutsche Romantik" im „Freihafen" von Theodor Mundt. 1840 gab er mit seinem Bruder Archivrat Eduard Kausler eine Verdeutschung der Geschichte der Kreuzzüge von Erzbischof Wilhelm von Thrus heraus, 1841 philosophische Thesen „über den Begriff der Wissenschaft", die Auerbach „wie eingesottene Bouillontafeln genoß". Auf Grund dieser dunklen, vom Geiste Jakob Böhmes angehauchten Sätze wollte er sich in Tübingen als Dozent der Philosophie habilitieren, wurde jedoch auf Betreiben des damaligen Dekans abgewiesen. Als er dann auch in Freiburg keinen Boden für seine Anschauungen fand, trat er in den Dienst der Kirche zurück. 1844 wurde er Pfarrer in der württembergischen Waldenserkolonie Perouse — dem Geburtsort von Auerbachs „Barfüßele"; denn wie Kausler schon in der Tübinger Zeit von Kurz als „Stofflieferant" mehr bedankt als geneckt wurde, blieb er auch späterhin auf seinen stillen Pfarrsitzen den Freunden ein treuer Ratgeber, ein weiser „Anreger". 1854 wurde er nach Stötten auf der Geislinger Alb, 1863 nach Kleineislingen versetzt — Ortschaften, in denen ihm zu Ehren Auerbach oft und gern Halt machte. Nach seinem Wiedereintritt in den Kirchendienst veröffentlichte Kausler nur noch ein Bändchen „Erzählungen von K. Rudolf" (Stuttgart, Krabbe, 1851), tiefsinnige, in die Geisterwelt übergreifende Geschichten, unter deren Helden u. a. ein ins Dämonische hinaufgesteigerter Nostradamus erscheint: mit Unrecht verschollene Dichtungen in gebundener und ungebundener Rede, aus denen Hermann Kurz eine für den „Deutschen Novellenschatz" ausheben und deren Neudruck — mit einer biographischen Einleitung von Berthold Auerbach — Adelbert v. Keller besorgen wollte — Absichten, über deren Verwirklichung leider alle Berufenen und Beteiligten wegstarben. Der ganze Ideenreichtum, die volle Erkenntnis dieser milden, geistesmächtigen Persönlichkeit wird freilich auch durch den Einblick in seine gedruckten und ungedruckten Poesien kaum erschlossen. In seinen Jugendgedichten lehnt er sich am liebsten an englische Volkslieder an; in seinen größeren poetischen Erzählungen, zumal der handschriftlichen, A. v. Keller gewidmeten „Zauber um Zauber", einer ebenso selbständigen, als seinen Umdeutung des Merlinmotivs, begegnen, wie in den meisten „Erzählungen", Versuche, das Übernatürliche, Traum- und Spukhafte zu ergründen, zu vergeistigen, künstlerisch zu bewältigen. Mit leisem Finger klopft er an die Pforten der Geisterwelt: nicht als verstiegener Denker, noch weniger als verkümmerter Poet, vielmehr ein voller Dichter, der, wenn er auch absichtlich sein letztes Wort zurückhielt, Hölderlin und Justinus Kerner als Wahl- und Geistesverwandte grüßen durfte. „Wie oft" — so schreibt Auerbach einmal bewegt — „lag ich mit Kausler im Walde, und er sprach mir ganze fünfaktige Dramen vor — eines, ‚Der König von Trapezunt', war wunderbar — die er im Kopfe fertig hatte: er hielt es aber nicht für nötig, sie aufzuschreiben. Er war ein Romantiker der besten Art und von einer unerschütterlichen Humanität, die so heiter und erhaben zugleich war." Der „Reine, Fehllose" zahlte, wie selten einer, mit dem, was er war: ein Kernschwabe und „ein Quellenmensch". Schon das Vorhandensein einer solchen Ausnahmsnatur ist ein Segen für alle, die ihr nahe kommen — wie eine liebe Heimat mutete noch das anspruchslose Pfarrhaus des Fünfzigers gleichgültige neue Bekannte an; wie mag der Jüngling erst auf gleichgesinnte, gleichaltrige Herzensbrüder gewirkt haben,

„wenn sie in lauer Sommernacht aus der Schenke kamen und singend durch die Straßen zogen bis hinaus vor das Tor. Die Sterne glitzerten am Himmel, die Linden dufteten, wir konnten uns nicht trennen und wanderten immer weiter, den Strom entlang, den Berg hinan. ‚Wir legen uns heut' nicht schlafen,' rief plötzlich eine Stimme, und ‚Ja, wir wachen, wir holen den Tag heran, die Sonne herauf,' so erwiderte es. Wir wandern auf den Osterberg, dort wollen wir den Sonnenaufgang begrüßen. Das war der Beschluß, und keiner trennte sich von der Genossenschaft. ‚Morgen ist Sonntag,' rief einer — er hieß mit seinem Kneipnamen der Matros und war der Gewandteste unter uns und unser Vorturner. ‚Und ich bin ein Sonntagskind, denn morgen ist mein Geburtstag,' tönte der gewaltige Grundbaß des Kumpan. Wir waren alle einig und waren doch mehr als ein Dutzend Deutsche beisammen aus den verschiedenen Gauen des Vaterlandes; aber wir waren Studenten: das Studentenleben ist noch ein Punkt außerhalb der gewöhnlichen Welt, wo ein tatenlustiger, heller Gedanke leicht eint. So zogen wir den Berg hinan. Der Trupp löste sich in Gruppen von zwei und drei auf; ja manche gingen auch einzeln; es waren die Dichter und Philosophen unter uns. Das Vaterland, seine Schmerzen und Hoffnungen waren Gegenstand unseres Gespräches, wir sehnten uns, in ungebrochener Jugendkraft uns ihm opfern zu können, und der Matros sagte: ‚Wir wandeln durch die Nacht, dem Morgenrot entgegen; wir hoffen, daß wir einst auch das Morgenrot der deutschen Freiheit begrüßen.‘ Es wurde oft Halt gemacht, wir sammelten uns, sangen und disputierten kunterbunt über allerlei: über Unsterblichkeit und Frauenliebe, über die Unterschiede von Nord und Süd unseres Vaterlandes, das zu gleichen Teilen unter uns vertreten war. Nur ein einziger Nichtdeutscher, ein Italiener aus Macerata — er ist 1859 für sein Vaterland gefallen — war unter uns, aber er war kein Fremder, er stand mit uns im Heiligtum deutscher Wissenschaft. Wir hörten die Glocken im Tal die Stunden verkünden, und der Philosoph sagte: ‚In der Niederung wird noch die Zeit gemessen, auf der Höhe gibt's nur Ewigkeit.‘ Gleich darauf — denn so ist die Jugend — gab's aber wieder Scherzen und Lachen und fröhlichen Sang, daß der Wald widerhallte. Es war zwei Uhr, als die Wanderer die Höhe erreichten. Auf Bänken und Stühlen schliefen die einen, den Kopf auf den Tisch gelehnt die anderen. Alle erweckte die schlummerlos Harrenden jedoch alsbald mit dem Lied: ‚Wach auf, du Menschenkind, daß dich der Lenz nicht schlafend find'.‘ Als der Sonnenball heraustrat in seiner ganzen Pracht und Herrlichkeit, ich wäre niedergekniet, hätte ich nicht gefürchtet, daß einer mich sehe und ausspotte; so blieb ich stehen, im Innersten zitternd bewegt, an einen Baumstamm gelehnt. Als ich mich umschaute, sah ich nicht weit von mir den Philosophen, der lag in der Tat auf den Knieen und zog die bunte Mütze ab. Unser Dichter aber rief begeistert aus: ‚Gebt mir eine große Tat, die würdig wäre, vollbracht zu werden, jetzt — nach dieser höchsten Empfindung. Aber was bleibt uns? Studieren und schreiben, sinnen und disputieren. Aber, Brüder, hier laßt uns etwas geloben! Von heute über fünfundzwanzig Jahren wollen wir wieder hier zusammenkommen, und jeder soll ehrlich bekennen, ob er sich würdig gemacht und noch wert ist, ins ewige Sonnenauge zu schauen.‘ Es knüpfte sich übermütiger Scherz an diese tiefste Andacht, aber diese wich doch nicht aus der Seele, und ein heller Strahl aus jenem Morgenrot auf dem Osterberge ist uns allen in der Seele verblieben ...“

Wie konnte es Auerbach über sich gewinnen, solche Gefährten und Meister im Sommer 1833 zu verlassen? Was versetzte ihn mit einem Male in die Notwendigkeit, sich die Frage vorzulegen: „Wohin denn? ‚Wo anders hin, als nach Heidelberg!‘ ruft ihr alle einstimmig. Überlegen wir die Sache genauer! In Heidelberg habe ich herrliche Professoren und ich habe dich wieder, mein Herzensfreund Jakob — aber wäre in pekuniärer Hinsicht München nicht besser? In München genießen wir die Annehmlichkeiten der dramatischen und bildenden Kunst, und was die Hauptsache ist, wir leben weit wohlfeiler, erhalten die

Politur, die uns noch fehlt und genießen auch noch das Stadtleben, Aber die Professoren? Ja, das ist wahr. Oken ist fort, doch bei uns, die wir noch gar keine Theologie haben, ist das meiste Privatstudium."

Solche Erwägungen mögen bei dem Entschluß mitgewirkt haben, zögernd und widerwillig nach München zu übersiedeln. Auch der Abschied von den „Brummern", den lästigen Gläubigern, die „mit ihren schmutzigen Phrasen" mehr als einmal „jene hohen Ideen verjagten, die wie Riesengeister vor seinem Blicke vorüberschwebten", dürfte Auerbach nicht allzu schwer gefallen sein. Entscheidend für seine Abreise waren aber ganz andere Gründe, welche der Student selbst dem getreuen Jakob verschwieg und erst dem unabweislichen Beichtvater der damaligen Burschenschafter — dem Strafrichter — einbekannte. Auch späterhin hat unser Dichter von den näheren Umständen seiner halben Flucht wenig erzählt. Heute gewähren uns die Kriminalakten überraschende Aufschlüsse: Martern, wie sie Fritz Reuter in der „Festungstid", Heinrich Laube im Schlußband seines „Jungen Europa" zu verbuchen hatten, blieben unserem süddeutschen Dichter allerdings erspart: man betrachtete und behandelte ihn nicht als „Königsmörder". Fehlte es in Bayern und Schwaben auch glücklicherweise an Blutrichtern, die im halben Irrsinn, wie Tschoppe, oder nur ihres persönlichen Fortkommens willen, wie Dambach, Tausenden von Familien „unnütz Elend und Angst" bereiteten, so galt es — zumal nach dem Frankfurter Attentat auf die Konstablerwache im April 1833 — doch auch hier als sträflich, am hellen, lichten Tag die deutschen Farben zu tragen. Auch in Süddeutschland waren Vielgeschäftige zur Stelle, die „ut en frien, frölichen Sünnenprust en Dunnerslag" machten. Aus trockenen Gerichtsakten werden wir erfahren, wie sehr und wie lang auch Berthold Auerbach für die Jugendsünde, mit dem Herzen zu politisieren, zu büßen hatte. Jetzt erst verstehen wir den besonderen, persönlichen Nachdruck, mit dem noch in den Siebzigerjahren der treue Parteigänger Preußens, der begeisterte Reichsbürger erklärte: „Reuters Festungstid ist ein unzerstörbares Denkmal." —

Im März 1833 ließ sich theol. stud. Auerbach vom Tübinger Stadtdirektor den Reisepaß nach München ausfertigen. In der bayrischen Hauptstadt stieg er im „Stachus" ab, dazumal noch ein kleines Wirtshaus, wo man für neun Kreuzer zu Mittag aß. Sein Vetter Emil

Auerbach übersiedelte mit ihm als Hörer der Medizin gleichfalls vom Neckar an die Isar. Ab und zu traf er ein paar andere Tübinger Kommilitonen: von neuen Bekannten nennt er späterhin Walesrode, Baron Lerchenfeld und den nachmaligen Bürgermeister von Bingen, Eberhard Soherr. Persönliche Empfehlungen von guter Hand, dem Bruder und dem Neffen des Philosophen, führten ihn bei Schelling ein.

„Er galt für unnahbar und der strenge Ausdruck seines Gesichts, in dem es schien, als ob er über das Gegenwärtige und Alltägliche weg nach ganz Anderm, Wunderbarem sehe, ließ das auch erkennen. Er nahm mich indes freundlich auf und führte mich in seine Familie ein. Er schien Wohlgefallen an mir zu finden und zeichnete mich sogar öffentlich aus. Man muß bedenken, was das damals hieß. Schelling hatte ein großes Auditorium. Er kam immer in einer Kutsche am Kolleg vorgefahren, vor der Tür stand ein Lakai, die Zuhörer mußten die Eintrittskarte vorzeigen. Mehrmals sagte Schelling nach der Vorlesung zu mir, der ich in einer der ersten Bänke saß: ‚Auerbach, kommen Sie mit mir‘. Ich war natürlich nicht wenig stolz auf diese Auszeichnung. Schelling prüfte meine Auffassungsweise und besprach das eben Vorgetragene oft in weiteren Ausführungen. Eines Abends — ich erinnere mich dessen ganz genau" — wie Heine eines äußerlich ähnlichen und doch grundverschiedenen Erlebnisses mit Hegel — „in der Wohnung Schellings im Cottaschen Hause auf dem Promenadeplatze, es war Dämmerstunde, wir standen beieinander am Fenster und Schelling streichelte seine Lieblingskatze, die auf dem Simse lauerte. Wir sprachen über Spinoza, zu dem ich mich schon in Tübingen hingezogen fühlte, und Schelling lächelte, da ich ihm sagte, es mute mich an Spinoza noch besonders an, daß er nicht von der Philosophie lebte und sich nicht ausschließlich damit abgab, sondern daß er noch ein Handwerk trieb. Der Spruch des Talmud: ‚Mache die Wissenschaft nicht zum Spaten, um damit zu graben‘, war mir tief in die Seele gedrungen und traf mit meinem lebenslang gehegten Hang zusammen, in materieller Arbeit mich abmüden zu können und nicht nur immer ausschließlich die Denkkraft anzuspannen. Ich sah nicht, was der Philosoph in der Dämmerstunde dazu dachte, daß das Handwerksleben Spinozas sowohl in seinen allgemeinen Gedanken, als bei mir persönlich eine tiefe Anmutung fand."

Es war wohl der einzige Lehrer, der Auerbach in München näher

trat: wenigstens gedenkt er selbst keines anderen, und auch die In-
skriptionslisten der dortigen Universität lassen uns gänzlich im Stich:
wir wissen nicht einmal, ob er bei Görres hospitierte, der wenige
Jahre nachher seinen großen Zuhörer Friedrich Hebbel ebenso
lebhaft anregte, als abstieß. Bot unserem Dichter die Hochschule solcher-
art nicht entfernt so viel wie Tübingen, so versuchte er wenigstens, der
bildenden Kunst näherzutreten, allein auch auf diesem Gebiete fehlte
es ihm an den richtigen Wegweisern.

. In Tübingen hatte einer seiner Kameraden italienischer Abkunft
Landschaftsbilder, das Tübinger Schloß u. dgl., auf Pfeifenköpfe gemalt, und während er malte, las ihm Auerbach vor. Der Bruder dieses
Pfeifenmalers begleitete Auerbach nach München; er hieß mit Vornamen
Bartholomäus, war von Beruf Maler und deshalb nach der Ansicht
des Dichters am berufensten, ihm in den Galerien „das tiefere Wesen
der Kunst aufzuschließen". „Vor diesem und jenem Bilde blieb nun
Bartholomäus stehen und sagte: ‚Du, da guck, dees isch g'molt.‘ ‚Das
sehe ich.‘ ‚Guck, dees isch g'molt. O Herrgott! Die hen male könne!‘,
und dabei führte er, die Faust ballend, mit dem Daumen die Linien
in der Luft nach und rief beständig, die Zähne aufeinanderbeißend:
‚Die hen male könne.‘ Das war die ganze Erklärung, die ich von
ihm erhielt, und als ich meine Freude an den niederländischen Bildern
ausdrückte, die mir am schnellsten eingingen, sagte mir ein anderer
Kamerad: ‚Auf dem Stoppelbart des alten Mannes kann man mit
einer Lupe die Poren der Haare sehen.‘ Ich glaubte das ganz unbefangen und wurde die Albernheit erst gewahr, als ich dieses mein neues
Wissen einem anderen mitteilte, der mich derb auslachte."

Eher, als die Malerei, ging Auerbach, zunächst archäologisch, die Plastik
auf; doch fehlte es dazumal völlig an richtig geleitetem Anschauungsunterricht. Auch für Skizzen nach der Natur, wie sie Barthel von Parten-
kirchener Bauern und Bauernhäusern heimbrachte, hatte der Dichter
zu jener Zeit kein Verständnis. Dafür redete er sich, anfangs ziemlich
willkürlich, in die Begeisterung für Claude Lorrain hinein, dessen Art
und Kunst ihn doppelt vertraut ansprach, da er die Werkstatt des
Meisters in der Umgebung von München wiederzuerkennen glaubte.

„In Gemeinschaft mit meinem schwäbischen Landsmann wandelte
ich oft da draußen herum. Es war ein heller Sommerabend. Die

Burschenschaft, zu der ich gehörte, hatte ein Fest auf der Menderschweig festgesetzt. Wir waren droben in Harlachingen, und ich konnte da in der wirklichen Natur meinem Genossen manches lebendig zeigen, was ich in den Bildern von Claude Lorrain gefunden hatte. Jener Sommerabend im Jahre 1833 auf der Menderschweig ist ein Hochpunkt und ein Wendepunkt meines Lebens geworden. Nicht aus der menschlichen Gestalt trat mir zuerst die Schönheit in der Kunst entgegen, sondern aus dem großen Naturleben. Und wie da die Lichter spielten, wie die Bäume im Abendwinde sich bewegten, wie der Blick ins Weite sich ergoß und wie die Wolken am Himmel hinziehend sich umgestalteten, da ward ich in seliger Sättigung gewahr:

,O wunderschön ist Gottes Erde'.

Es war ein Moment, wo man sich nicht trennen mag aus dem gehobenen Zustande, und wo man etwas haben, etwas bewirken möchte, das den gespannten Erwartungen entspräche.

Es wurde Nacht. Von der Halle her tönte Musik, unser Fest war in der Nähe. Wir gingen hin; wir tanzten die ganze Nacht, und als wir singend heimzogen, da leuchtete der Mond und füllte Busch und Tal still mit Nebelglanz, und wie ein Himmelstau senkte sich's auch in die Seele.

Ich hatte mich kaum zur Ruhe gelegt, als ich wieder geweckt wurde. Zwei Gendarmen standen an meinem Bette und verhafteten mich und die Genossen auf Befehl des hohen Bundestages als Burschenschafter."

Am 18. Juni 1833 hatte nämlich das k. württembergische Oberamtsgericht Tübingen an das k. Kreis- und Stadtgericht München das folgende Requisitionsschreiben gerichtet: „Die derzeit in München befindlichen diesseitigen Untertanen, stud. Frasinelli aus Ludwigsburg und Auerbach der Ältere aus Nordstetten waren Mitglieder der hiesigen Burschenschaft, als dieselbe durch einen förmlichen Beschluß eine revolutionäre Richtung annahm, sollen jedoch infolge dieses Beschlusses ausgetreten sein. Da denselben nun in jedem Falle Mitwissenschaft einer hochverräterischen Verbindung zur Last fällt, so ersucht man ein k. Kreis- und Stadtgericht dienstfreundschaftlichst, diese beiden Studenten neben Beschlagnahme ihrer Papiere zu verhaften und über den Inhalt des beigeschlossenen Protokolls zu hören, das Resultat aber gefälligst anher mitzuteilen."

Der Aufforderung war ungesäumt entsprochen worden: schon am 23. Juni 1833 wurde um 5 Uhr früh durch den Brigadier Staringer

Berthold Auerbach dem Neuturmpfleger Vogl eingeliefert: das polizeiliche polizeiwidrig unorthographische Signalement verdient wörtliche Wiedergabe: „Geburtsort: Northstädten. Stand und Gewerbe: Studirender. Wohnort: Burggasse (bei Weinhändler Stern). Alter: 20 Jahre. Gestalt: klein. Maß: 5 Schuh 4 Zoll. Gesichtsfarbe: gesunde. Bart: braun. Haare: braune. Augen: graue. Nase: gewonbliche. Zähne: gute. Mund: gewonblichen. Sprache: Wirdenbergische.

Kleidung: 1 brauner Gehrock, 1 Roth Seidenes Schille, 1 Schwarz Beinkleid, 1 Schwarz Seidenes Halsbuch, 1 paar Halbstiefel, 1 schwarzer Hut.“

Noch an demselben Tage wurde der Verhaftete um 3 Uhr vom Rat v. Steindorf, nach den herkömmlichen Ermahnungen zur Wahrheit und der Abnahme der Generalien, gemäß den Regeln des Inquisitionsverfahrens ad specialia verhört.

Auerbach erklärte, sich „gar keine Verhaftursache denken zu können" und jedem weiteren Vorhalt wich er mit der Bemerkung aus: er habe sich niemals um Studentensachen bekümmert und bekümmern können, da ihm, der mit einem württembergischen Staatsstipendium studiere, Geld zu Suiten fehle. Nicht einmal die Namen von Studentenverbindungen wollte er anfangs kennen. Die Frage nach der Burschenschaft beantwortete er, drollig genug, damit, daß er in Tübingen selbst nichts davon gehört, nur unlängst in der „Allgemeinen Zeitung" gelesen habe, daß eine solche dort existiere. Der Richter hielt es unter solchen Umständen nur noch für seines Amtes, den Häftling auszuholen, ob er oder ob nicht sein Vetter Emil „Auerbach der Ältere"? (man hatte vorsichtigerweise beide dingfest gemacht), und da auch auf die Schlußfrage nach Wünschen oder Beschwerden in Bezug auf Verpflegung und Behandlung nur die Bitte nach Büchern vorgebracht wurde, schloß der Richter achselzuckend das Verhör. Im Protokoll merkte er nur noch an: „Geberden: deponirt ganz erschrocken und timib, ist sehr klein und unansehnlichen Körperbaues, hat auch gar kein studentenhaftes Aussehen." Schon am nächsten Tage, 24. Juni, gab er Auerbach seine Freiheit und seine Polizeikarte zurück.

Beendigt war der Handel, der Auerbachs Lebensplan gründlich umstürzen sollte, damit aber noch lange nicht. An Flucht in die Fremde, nach Heines und Börnes Vorbild, konnte ein paar Jahre hernach selbst ein Gußkow nur vorübergehend denken; unserem Kandidaten kam es überhaupt nicht in den Sinn, die Heimat zu verlassen. Noch immer dachte er an seinen Predigerberuf; der band ihn aber an die württembergische Scholle. So blieb ihm nichts übrig, als nach Schwaben zurückzukehren und sich selbst dem Tübinger Richter zu stellen. Die oberamtsgerichtlichen Gefängnisse auf dem Schlosse waren vollgepfropft mit Burschenschaftern; zu ihnen kam nun auch Berthold Auerbach in Untersuchungsarrest und in einem fünfstündigen Verhör vor dem Oberamtsrichter Habermaaß sprach er sich am 13. August 1833 ganz anders aus als vor dem bayrischen Inquisitor:

„Es ist angegeben, daß Sie ein Mitglied der hiesigen Burschenschaft gewesen? Ich kam Ostern 1832 auf die hiesige Universität. Weil meine Glaubensgenossen Auerbach I und Kaulla bereits bei der Burschenschaft waren, so kam auch ich zuweilen in diese Gesellschaft. Ich wollte aber nie aufgenommen werden, weil ich Theologe bin und weil ich auch das zu den regelmäßigen Besuchen dieser Gesellschaft erforderliche Geld nicht aufwenden konnte. Kaulla und Auerbach sagten mir deshalb, ich könne als Kneipmitglied aufgenommen werden. Ich nahm keinen Anstand, darauf einzugehen; denn man erhielt dadurch kein Recht, als in die Kneipe zu gehen, und ging keine Verbindlichkeit ein, als sich nach dem Komment zu halten. Man hatte aber das Recht, ob man sich für die Grundsätze des Duells erklären wolle oder nicht, und der übrige Komment enthielt nichts als Vorschriften zu einem honorigen und gesitteten Leben. Weil die Kneipmitglieder auf diese Weise gar keine Rechte hatten und sich in allen Studentenangelegenheiten den Verbindungen unterwerfen mußten, so besprachen sich dieselben im letzten Winter, und Boges setzte eine Eingabe an den Vorstand der Burschenschaft auf, worin die Kneipmitglieder mehrere Rechte verlangten, namentlich Geltung in studentischen Verhältnissen und ein Stimmrecht bei der Wahl des Vorstandes. Ich unterschrieb diese Eingabe auch, als sie mir zum Unterschreiben vorgelegt wurde. Im Februar dieses Jahres wurde unserem Gesuche willfahrt und aus den Kneipmitgliedern eine äußere Verbindung gestiftet. Ich wußte schon auf dem Gymnasium, daß die Burschenschaften unter sich in Verbindung stehen. In die Burschenschaft selbst wollte ich aber nicht eintreten, sondern nur an den gewöhnlichen Studentenrechten teilhaben.

Was erfuhren Sie näheres über die hiesigen Verbindungen, ehe Sie hierher kamen?

Ich war anderthalb Jahre auf dem Gymnasium in Stuttgart, man wußte damals allgemein, daß eine Burschenschaft und Landsmannschaften hier sind, man kannte auch die Namen der Landsmannschaften, und man wußte zum Teil auch die Mitglieder. Im Winter 1830 war auch eine Gesellschaft in dem Gymnasium: sie trug rot und weiße Bänder und kneipte alle Samstage in Cannstatt Ich kam wenig mit Gymnasisten zusammen, hielt die Sache für eine Kinderei und weiß heute die Mitglieder nicht mehr zu nennen. Sie trugen die Bänder ganz offen.

Es ist angegeben, daß schon auf den Gymnasien burschenschaftliche Ansichten verbreitet werden?

Die hiesigen Studenten stehen mit den Gymnasisten in gar keiner Verbindung. Es wäre unter der Würde eines Studenten, sich mit einem Frosch abzugeben. Man kannte die Verhältnisse der Burschenschaften, aber man nahm weiter keinen Anteil.

Was wurde Ihnen über den Zweck der Burschenschaft bekannt?

Als Zwecke wurden mir genannt: Wissenschaftlichkeit, Sittlichkeit und Volkstümlichkeit.

Was verstand man unter Volkstümlichkeit?

Ich verstand darunter einen Geist, der für das Wohl des Vaterlandes erglüht ist. Was die anderen darunter verstanden, weiß ich nicht. Man sprach nicht davon.

Diese Tendenz der Burschenschaft soll sich später geändert haben?

Vor dem letzten Neujahr hörte ich nie etwas davon reden, was von einer politischen Aufregung zeugte. Nach dem letzten Burschentag hörte ich auf der Kneipe zuweilen im allgemeinen davon reden, daß es möglich sei, daß das deutsche Volk wegen der Bundesbeschlüsse und wegen Unterdrückung der Preßfreiheit eine Revolution beginne, und daß es Pflicht der akademischen Jugend wäre, das Volk zu unterstützen, wenn die Verfassungen aufgehoben oder suspendiert würden. Ich hörte dies nur so im Gespräch von anderen. Mit mir hat keiner hievon gesprochen. Ich zweifelte an diesen Sachen sehr. Erst als wir in die äußere Verbindung aufgenommen wurden, sagte uns Helferich als Sprecher speziell, daß es möglich wäre, daß durch einen Verfassungsbruch eine Revolution herbeigeführt würde, und daß die Burschenschaft es als Grundsatz in sich aufgenommen habe, eine solche Revolution zu unterstützen, wenn sie dem Geist der Burschenschaft entspreche. Helferich sprach noch die Hoffnung aus, daß die Mitglieder der äußeren Verbindung sich in diesem Falle anschließen; allein er verlangte keine ausdrückliche Verpflichtung. Es wurde uns namentlich gesagt, daß wir zu jeder Zeit austreten können. Weil hier nur von einer Revolution die Rede war, die m ö g l i c h e r w e i s e kommen könnte, weil nur von einer g e r e c h t e n Revolution die Rede war und jedem für den Fall, daß eine solche Revolution komme, immer noch der freie Entschluß übrig blieb, so konnten wir kein Bedenken tragen, auf die ausgesprochene Hoffnung des Helferich mit ja zu antworten.

Was wurde Ihnen von dem letzten Burschentag bekannt?

Es hieß eben im allgemeinen, daß der Burschentag beschlossen habe, sich einer bevorstehenden Revolution anzuschließen, die man wegen Unterdrückung der Preßfreiheit erwarte. Etwas Näheres hab' ich nie gehört. Nach den Statuten hätte ich überhaupt von diesem allen nichts erfahren sollen. Was ich eben hörte, hörte ich in der Kneipe, wenn andere miteinander sprachen.

Es soll vieles von einem Vaterlandsverein gesprochen worden sein?

Man sprach von einem Vaterlandsverein, von dem die Revolution ausgehen sollte. Allein ich hörte dies nur so gesprächsweise erwähnen und konnte nie weiter fragen, weil ich von diesen Sachen nach den Statuten nichts wissen sollte.

Es ist öfters angegeben, daß die Burschenschaft eine revolutionäre Tendenz angenommen, das weist auf ein revolutionäres, selbsttätiges Wirken hin?

Von einem Wirken für eine Revolution habe ich nie etwas gehört, auch keine Spur davon wahrgenommen. Die ganze revolutionäre Tendenz bestand meines Wissens darin, daß man sich zu dem Grundsatz bekannte, daß man eine rechtmäßige Revolution unterstützen müsse und daß man diesen Grundsatz in der Burschenschaft zu erhalten suche.

Inwiefern hielten Sie eine Revolution für gerecht?

Darüber waren alle einig, die ich hierüber reden hörte, daß eine Revolution gerecht sei, wenn ein offener Verfassungsbruch stattfinde. Es wurde auch von einigen geäußert, daß schon jetzt die Unterdrückung der Preßfreiheit ein Recht zur Revolution gebe, allein dies war nur so eine Kontroverse im Gespräche.

Was ist ihnen von dem Vaterlandsverein bekannt? Es ist nicht anzunehmen, daß Sie sich nicht näher nach demselben erkundigt haben sollen?

Ich kann Sie hoch und heilig versichern, daß ich mich nicht näher nach demselben erkundigt habe.

Was ist Ihnen von dem Preßverein bekannt?

Im vorigen Sommer hörte ich, daß man hier für den Preßverein kollektiere. Ich kontribuierte aber nichts, weil ich selbst von Stipendien und Beiträgen anderer studiere. Man forderte von mir auch nichts, und so mochte ich mich auch nicht näher erkundigen. Ich hörte nur ganz kurze Zeit davon reden und muß daraus schließen, daß in Tübingen nur ganz kurze Zeit kontribuiert wurde.

Wohin wurden die Gelder geschickt?

Dies habe ich nie erfahren.

Was wissen Sie von den Burschenschaften anderer Universitäten?

Ich weiß nur, daß auch auf anderen Universitäten Burschenschaften existieren sollen, aber etwas Näheres habe ich nie erfahren. In München existierte, so viel ich weiß, keine Burschenschaft mehr, als ich hinkam; ich habe nie etwas davon erfahren; es wurde auch nur infolge der Frankfurter Geschichte ein einziger Student arretiert.

Was veranlaßte Sie, die hiesige Universität zu verlassen?

Ich wollte in München bei dem dortigen Rabbiner den Talmud studieren. Kaulla und Emil Auerbach äußerten sich auch gegen mich, daß ihnen die neuere politische Tendenz der Burschenschaft viel Skrupel mache und daß sie deswegen von Tübingen weggehen. Emil Auerbach ging schon deshalb mitten im Kurs von hier nach Karlsruhe, um von der Burschenschaft wegzukommen, und ich muß gestehen, daß mich dies auch vorzüglich von hier vertrieb. Ich wäre vielleicht sonst noch länger hier geblieben.

Es wäre Ihnen ja freigestanden, aus der Burschenschaft auszutreten.

Ich will es gerade sagen, wie es ist. Auf unserer Konfession ruht der Vorwurf der Zaghaftigkeit, und wir fürchteten deshalb aus falscher Scham den Spott. Es hätte eben gleich geheißen: ‚Da, seht, die Juden!‘ Wir haben dies alles zusammen besprochen und überlegt und hielten es für das Geratenste, die Universität zu verlassen.

Sie hatten nach Ihrem eigenen Geständnis erfahren, daß eine revolutionäre Partei existiere, die die gesamten deutschen Staaten mit einer Revolution bedrohe. Die Gesetze legten Ihnen für diesen Fall die Pflicht auf, hievon die Obrigkeit in Kenntnis zu setzen. Was sagen Sie dazu?

Was ich hörte, war viel zu allgemein, als daß ich hätte davon vor einem Gerichte Gebrauch machen können. Sodann glaubte ich nie, daß es Ernst war. Ich hörte nie davon reden, außer von solchen, die Bierräusche hatten.

Ihre eigenen Angaben über den Vaterlandsverein, sowie der Erfolg in Frankfurt widerlegen, was Sie gegen den Ernst der Sache sprechen.

Wenn ich die Sache hätte auch anzeigen wollen, so hätte ich mich doch vorher näher erkundigen müssen, wer denn dieser Vaterlandsverein sei, und da wäre mir der Frankfurter Aufstand zuvorgekommen. Wer so etwas angibt, muß es beweisen können, wenn er nicht selbst straffällig werden will, und unter den Mitgliedern der Burschenschaft würde ich wohl keine Zeugen gegen die Burschenschaft gefunden haben. Weil ich nichts Genaues wußte, so konnte mir der Gedanke auch nie kommen, es anzuzeigen.

Die Statuten der hiesigen Universität verbieten jede Verbindung, sie mag Namen haben, wie sie will.

Ich kam mit diesen Leuten in Verbindung, ich weiß nicht, wie es mir geschah. In die Burschenschaft selbst wollte ich nie aufgenommen werden. Die äußere Verbindung der Burschenschaft war ein Renoncenverhältnis. Ich hörte aber hier zudem allgemein, daß die sämtlichen Verbindungen von der Regierung schon längst stillschweigend genehmigt seien. Ich konnte mir dies auch nicht anders denken, denn es wußte jeder Gymnasist in Stuttgart, daß Verbindungen existieren. Ich wußte dies schon drei bis vier Jahre."

Auch bei einem kürzeren, einstündigen Verhöre (am 21. August 1833) wurde immer wieder zwischen Richter und Untersuchungsgefangenem die Frage erörtert, ob und wie weit die Burschenschaft eine Revolution habe anstiften oder nur die Notwendigkeit feststellen wollen, eine gerechte Revolution zu unterstützen — eine sehr beherzigenswerte Entscheidung dieser Kontroverse werden uns weiterhin die Urteilsgründe bringen.

Vorläufig wurde Auerbachs Haft, als die eines nur der äußeren Verbindung Angehörigen, aufgehoben. Er inskribierte sich auch im Wintersemester 1833 bei Baur (Kirchengeschichte, Religionsgeschichte und -Philosophie), Schmid (Katechetik und Homiletik) und Jäger (biblische Anthropologie). Doch schon am 20. November wurde Berthold Auerbach strafweise von der Universität verwiesen und unter Polizeiaufsicht gestellt — eine Maßregel, gegen welche er ebenso fruchtlos Einspruch erhob, wie alle anderen, von demselben Bannstrahl des Ministers getroffenen Mitglieder der inneren und äußeren Verbindung der Burschenschaft. Nach seiner eigenen, späteren Angabe in den „Spinoza-Arbeiten. Ein Stück aus meinem Leben (1880)" wurde

Berthold Auerbach dazumal in seinem Heimatsdorf Nordstetten inter-
niert: nach den Polizeiakten wählte er Laupheim als nächsten Aufent-
haltsort. Die Maßregel der Wegweisung von der Universität und
Stellung unter Polizeiaufsicht sollte „bis zur Erledigung der Unter-
suchungssache" fortdauern; das hieß, bei dem schleppenden Gang des
schriftlichen Verfahrens und der großen Zahl der in denselben Straffall
verwickelten Studenten, zum mindesten zwei bis drei Jahre. Das End-
urteil wurde denn auch erst im Dezember 1836 geschöpft und verkündet.

An sich war diese Vorstrafe hart genug. Immer schwerer wurde
der Druck, mit welchem die Regierung die Universität quälte. Schon
1825 hatten blutige Zusammenstöße zwischen Burschen- und Landsmannschaften die Entsendung des Oberjustizrates Hofacker mit zwanzig
Gendarmen nach Tübingen veranlaßt. Die Art, wie der Regierungs-
kommissär „gleicherweise Professoren und Studenten auf die Köpfe
trat", die gänzliche Verkennung, ja der Hohn gegen die bessere, namentlich sittliche Seite der Burschenschaft hatte selbst in dem gemäßigten
Märklin tiefe Entrüstung hervorgerufen. Dieser „kommissarischen
Schreckensherrschaft" waren nach der Julirevolution und dem Durch-
marsch der Polenflüchtlinge als „Missionaren der Revolution" neue
Reibungen gefolgt: damals — 1833 — war es, wo der Minister Schlayer
— ein Tübinger Bäckerssohn — dem zum Abgeordneten der Hauptstadt
gewählten Ludwig Uhland die infolge der Urlaubsverweigerung nach-
gesuchte Entlassung von seiner Tübinger Professur „sehr gern" gewährte.

Bei und trotz alledem mußten sich die süddeutschen Burschenschafter
glücklich schätzen im Vergleich mit ihren Gesinnungsgenossen in Preußen.
In denselben Tagen sucht Dambach — „der preußische Reim auf
Hambach" — Heinrich Laube in der Hausvogtei mit Folterqualen heim,
die in den „Erinnerungen" und greller noch in dem Schlußband des
„Jungen Europa", „Die Bürger" (in Valers Briefen), denkwürdig
und wahrhaftig beschrieben sind; in denselben Tagen wurde der Mecklenburger Reuter zum Tode verurteilt und hernach zu dreißigjähriger
Festungshaft „begnadigt". Sieben Jahre Festung war in Preußen
der gesetzliche Durchschnittssatz für jeden Teilnehmer an der Burschenschaft. „Un denn wunnern sik de Lüd noch, wo Einer Demokrat werden
kann. As wi inspunnt würden, wiren wi' t nich, as wi rute kemen,
wiren wi' t All:" Alle, d. h. sofern und soweit sie die grausame Behand-

lung heil überdauert hatten: „Ein habb Tuberkeln in be Lung', Ein be Rückenbarr, Ein was bow un Ein lähmt worden, Ein was wegen Swindsucht entlaten unb Ein wegen Verrücktheit."

Solchen Martyrien gegenüber erscheinen Auerbachs Leiden, die Hemmung seines Studienganges, der Verlust bes Stipenbiums, die Verweisung von der Landesuniversität, endlich seine Verurteilung zu mehrmonatlicher Festungshaft kaum ber Rede wert. Gleichwohl hat auch biese übertriebene Strenge seine Entwicklung gestört, seine Existenz ein Jahrzehnt lang gefährdet. Unb nicht biesem törichten, willkürlichen Strafgericht, nur den unverwüstlich gesunden Naturen des Staben-hagener unb Nordstetter Kinbes ist es zu banken, baß sie, mit bem rührenden Wibmungsgebicht ber „Festungstib" zu reben, „Feigen von ben Disteln pflückten", statt mittelmäßiger Juristen ober Theologen gute beutsche Autoren wurden. —

Nach ben Karlsbaber Beschlüssen hätte Relegierung wegen bur-schenschaftlicher Umtriebe Ausschluß von allen beutschen Universitäten zur Folge haben sollen. Eine so barbarische Maßregel schien selbst ben württembergischen Behörben zu hart; bas Ministerium des Aus-wärtigen gestattete sieben von ber Landesuniversität im Disziplinarweg ausgewiesenen Inbividuen — als Nummer 6 bem stud. theol. Berthold Auerbacher von Nordstetten — auf ihr Ansuchen, sich zur Fortsetzung ihrer Studien nach Heidelberg zu begeben unter der Bedingung, sich auf persönliche Vorlabung jederzeit pünktlich dem Untersuchungsrichter zu stellen. Kurator unb Universitätsbehörben verweigerten ben Bitt-stellern anfangs die Immatrikulation, willfahrten aber endlich boch, gedeckt durch die württembergische königliche Verfügung.

Am 1. Mai 1834 stieg Berthold in Schwetzingen vom Wagen Joseph Kaullas, der nach Mannheim fuhr, und wanderte mit dem grünen Ränzchen auf dem Rücken unter Blütenbäumen und Lerchensang gen Heidelberg, warf seine Mütze in die Luft und wußte vor Überseligkeit gar nicht, was er anfangen sollte. „Ich wanderte der Universität zu und einem annähernb sorglosen Leben." Annähernd sorglos? Trotz der Entziehung des Stipenbiums? Wie war das zugegangen? Karl Weil, der Sekretär der Oberkirchenbehörde, hatte die Hand im Spiele, als Ersatz Auerbach eine literarische Brotarbeit zuzuwenden. In Stuttgart wütete damals zu Gutzkows Überraschung ein buchhänblerisches

Spekulationsfieber. Ein Gürtlermeister, Schweizerbart, wurde Verleger, Hallberger gehörte gleichfalls einem anderen Industriezweige an, bevor er Bücher von Spindler und Fürst Pückler herausgab, Verdeutschungen englischer und französischer Romane wurden gewerbsmäßig geliefert. Im Auftrag des Verlegers Scheible schrieb nun Berthold Auerbach eine Geschichte Friedrichs des Großen, der späterhin noch eine Auswahl der Schriften des Philosophen von Sanssouci folgte, eingeleitet, teilweise übersetzt und erläutert von Theobald Chauber — ein wunderliches Anagramm, unter dem unser Dichter zuerst vor ein deutsches Lesepublikum trat. Das Werk erschien, mit Holzschnitten und Stahlstichen herausstaffiert, lieferungsweise 1834—36. Auerbach hat das über 30 Bogen starke Buch niemals unter seine Gesammelten Schriften aufgenommen und letztwillig ausdrücklich verfügt, daß diese nach dem Titelblatt „für Leser aller Stände nach den besten Quellen historisch-biographisch bearbeitete Geschichte Friedrich des Großen" von jeder Gesamtausgabe ausgeschlossen bleibe. Der Biograph kann gleichwohl die Studentenarbeit, bei der Jakob rüstig mithalf, nicht mit Stillschweigen übergehen. Die Tatsachen sind durchweg, die Urteile nicht immer aus zweiter Hand übernommen. Die Schriften von Friedrich, Schlosser, Johannes v. Müller, vor allem Preuß (obgleich Chauber fleißig mit ihm rechtet) sind seine meistbenutzten Quellen und Gewährsmänner; gewissenhaft ließ er sich, häufig mit beträchtlichen Mühen und Leihgebühren, mit allen erreichbaren Hilfsmitteln von Naphtali Frankfurter aus Stuttgart versorgen. Heute hat freilich die Forschung, Dank Carlyle und Koser, selbst dem Kompilator unvergleichlich reichere Aufschlüsse zu bieten. Am dünnsten und unzulänglichsten erscheint die Darstellung der Feldzüge. Beachtenswerter ist das Anekdotische, rein Persönliche behandelt, nicht ohne Feinheit mancher Widerspruch in Wesen und Wirken des Einzigen herausgefunden und erklärt. „Friedrich," so heißt es in der Schlußcharakteristik, „mußte in seiner Regierungsweise mit sich in Widerstreit geraten, da er — an sich sozusagen eine Art von kleiner Republik — als Regent die unumschränkteste Herrschaft übte." Mit dem gekrönten Schriftsteller polemisiert Chauber wiederholt; der Theologe meldet sich, wenn er Voltaire nachsagt, er hatte Geist genug, das Ungöttliche zu zerstören, wenn auch nicht das Göttliche zu erhalten. Rousseau dagegen ist ihm

der Plato der neuen Zeit. Gegen die Bevorzugung des Adels spricht
er so entschieden wie für den „Bauernkönig"; überhaupt wird sein
Ton zusehends wärmer, so oft er auf die Lage des Landmanns und
Juden zu reden kommt. Daß er mit Berliner Stimmführern des
18. Jahrhunderts dabei Mendelssohn „den Luther des Judentums"
nannte, hat er später wohl selbst belächelt. Zutreffender würdigt
der jugendliche Autor die Bedeutung Lessings und Goethes; mit
Kant nennt er das Jahrhundert der Aufklärung und nur dieses das
Zeitalter Friedrichs des Großen. Sein Herz gehört dem kommenden
Jahrhundert der Humanität. „Der junge Goethe," so heißt es, „trat
in seinem Jahrmarkt zu Plundersweilern gegen manche Verirrungen
der damaligen deutschen Poesie und Wissenschaft, wie gegen die damalige Politik und also gegen Friedrich und das preußische System
auf. Zwar hat Goethe später dieses Produkt verändert und manche
allzu anstößige Stelle gemildert, aber auch in seiner veränderten Gestalt ist die Richtung gegen das preußische System sichtbar. Es mußte
Goethe wie alle besseren Köpfe der deutschen Nation empören, alles
bloß zur äußeren gesetzmäßigen Tat gemacht zu sehen, daß die Menschheit
gleichsam wie eine Wachparade einexerziert und dadurch jede Individualität erdrückt wurde. Die Zeit selbsteigener Schöpfung und Gesetzgebung in Staat, Wissenschaft und Kunst war gekommen, und
Friedrichs Bestimmung war erfüllt." Verkannt hat trotz dieser ein-
schneidenden Kritik auch der junge Auerbach nirgends die Bedeutung
Friedrichs II.: „Kann es gelingen, zu zeigen, wie würdig Friedrich
seine Stellung aus reinem Pflichtgefühl ausfüllte, wer kann," so fragt
der Biograph, „das Wesen der Religion noch so mißkennen, daß er
Friedrichs Leben ein irreligiöses oder religionswidriges nennen könnte?"
Und im letzten Grunde urteilt er so wahr und bündig über den alten
Fritz, wie dieser angesichts der Leiche des großen Kurfürsten über
seinen Ahnherrn: „Messieurs, der hat viel getan!" Jedenfalls hat
diese Vertiefung in Zeit und Kreis Friedrichs Auerbach zu dauerndem
Vorteil gereicht, vielleicht auch diese frühe Beschäftigung mit dem
„kriegerischen Karthäuser" Auerbach geraume Zeit vor manchem süddeutschen Landsmann, z. B. Vischer, für die Lehren von Paul Pfizer
und Karl Mathy vorbereitet, im Glauben an die Notwendigkeit der
preußischen Führung bestärkt.

Begreiflicherweise gab jedoch nicht diese leidige Fronarbeit Auerbachs Leben in diesen Heidelberger Semestern Inhalt und Richtung; seine Gedanken beschäftigten weit mehr zwei der einflußreichsten Lehrer der Hochschule D a u b und S c h l o ſ ſ e r. Zumal der Geschichtschreiber des 18. Jahrhunderts war zu jener Zeit wohl die angesehenste Persönlichkeit an diesem Hochsitz des deutschen Liberalismus. Der Wahrheitssinn und Wahrheitsmut dieser mächtigen Natur, die nach Goethes Wort „aus dem Dunkeln ins Helle" strebte, der sittliche Ernst, mit dem der Jeverer Kraftmensch die Gewaltigen der Erde vor sein Straf- und Totengericht lud, machten auf unseren gerade im Reinigungsfeuer einer Demagogenverfolgung geprüften Freund doppelten Eindruck. Er freute sich des temperamentvollen Meisters, der im Affekt mitunter kräftig auf das Pult losschlug, auch im Privatverkehr und es erhöhte nur die Sympathie, daß der Treffliche bisweilen den Humor seiner Verehrer reizte, so wenn er tapfer gegen Guizot loszog und alle Welt wußte, daß Frau Guizot ihn zum Heiraten bestimmt hatte, oder wenn er im Sommer 1834 Auerbach kurz nach dem Erscheinen des erſten Bandes von Gervinus' „Geschichte der poetischen Nationalliteratur der Deutschen" — ein Titel, den der Dichter mit Recht sträflich übelklingend fand — sagte: „Lesen Sie dieses Buch und sagen Sie mir über acht Tage Ihr Urteil." Ich kam zu ihm und war in der größten Verlegenheit, ich konnte mit dem Buch gar nicht zurechtkommen und meinte daher zaghaft: „Ich weiß noch nicht recht, was ich damit anfangen soll." In seiner kindlich gutmütigen Plauderhaftigkeit erwiderte Schloſſer: „Ganz vortrefflich! Sie haben das Richtige getroffen; sehen Sie, das ist auch meine Ansicht. Das Buch ist so, daß ich nichts daraus lerne, und so ist es gewiß Ihnen auch gegangen. Sie haben ganz recht, man weiß nicht, was man damit anfangen soll," so ging es fort und nun erklärte Schloſſer: „Wer die Streitigkeiten nicht kennt, auf die im Text hingewiesen ist, der weiß gar nicht, worum es sich handelt; ein Geschichtswerk soll nur Tatsachen bekannt machen, Gervinus gibt nur Debatten über Tatsachen, die wir noch gar nicht kennen."

Hat Auerbach ungeachtet so heiterer Zwischenspiele Schloſſer stets ein ehrfürchtiges dankbares Andenken bewahrt, so gestaltete sich sein Verhältnis zu einer anderen Leuchte der Heidelberger Hochschule geradezu feindselig. Auerbach hörte bei D a u b, dem „Talleyrand der

deutschen Theologie", so genannt im Stil jener Tage, weil er von
der Kantschen Revolution zu Schellings Empire und von diesem
wieder zu Hegels Restauration übergegangen war. Den tiefgeschöpften
Vorlesungen über Sozial- und Religionspflichten folgte Auerbach
ungemein angeregt, bis zu einem Zwischenfall, der noch Jahre hernach
sein Blut in Wallung brachte. Bei dem Kapitel von dem Unterschiede
zwischen dem Alten und Neuen Testament erklärte Daub, das letztere
enthalte die wesentlich neuen Lehren der Buße, der Taufe, des Abend-
mahls, der Feindesliebe. „Suche und künstle, wie du willst, die Feindesliebe ist nicht im Alten Testament", wiederholte er eindringlich. Auerbach ging zu Daub, der ihn freundlich empfing und nach seiner Finger-
fertigkeit im Nachschreiben befragte; Auerbach beklagte sich über Daubs
systematisches Hep-Hep-Geschrei. Die Erwiderung lautete: er möge
nur weiter hören, was folgen würde. Das nächste Mal hieß es: „Die
bürgerlichen Rechte, auch die Staatsrechte, sind erworbene durch die
Pflicht, die man übernommen und vollzogen hat; die Juden wollen
heutzutage immer nur Rechte, dafür aber keine Pflichten übernehmen,
sie wollen keine Kriegsdienste leisten und nur Christenblut vergießen
lassen; das wäre ihnen lieb; so werden sie auch nie und nimmer Rechte
erhalten können." Da war an keine „Widerlegung im System", die
Daub gewünscht hatte, zu denken. Mehrere seiner jüdischen Zuhörer
gingen zu ihm und erklärten: sie sähen ein, wie er auf jede Weise
Judenhaß verbreiten wolle und geflissentlich ignoriere, daß die Juden
in allen deutschen Staaten Kriegsdienste und überhaupt alle Staats-
und Bürgerpflichten übten. Daub ließ den Sprecher, der wohl Auerbach war, aufgebracht und heftig an; die Gekränkten verließen den
Professor mit der Antwort, daß sie sein Kollegium fortan meiden
müßten.

Sittlicher Unwille, beleidigtes Ehr- und Rechtsgefühl war der nächste
Anlaß zu Auerbachs Auftreten. Es spricht zugleich gegen Gutzkows
Vermutung, der junge Rabbinatskandidat, dem er „am rauschenden
Neckar, unter dem alten Efeu der Schloßruine" zum ersten Male
begegnete, sei damals wohl schon von einem Amt in der Synagoge
abgekommen. Noch immer dachte Berthold an die Laufbahn des
Seelsorgers und Vetter Jakob, der nach kurzer, durch Geldnot ver-
schuldeter Abwesenheit wieder in Heidelberg mit ihm zusammentraf,

eiferte ihn an, bei diesem Vorhaben auszuharren. Nach den Ideen von
Abraham Geiger sollten die tüchtigsten wissenschaftlich gebildeten
jüdischen Theologen das Joch des Talmud von den Gemeinden nehmen,
den Kultus vereinfachen und veredeln, freie Forschung pflegen, als
deutsche Prediger Befreier und Erzieher der deutschen Judenschaft
werden. Ungebunden durch Dogmen, schien diesen Neuerern die
Sittenlehre des Alten Testamentes stetiger unbegrenzter Fortbildung
fähig und würdig. So manche jüdische und christliche Universitäts-
freunde Berthold in Heidelberg auch näher getreten waren — Herders
Enkel Stichling, Dr. Salomon, Moses Heß, Georg Weber u. f. w. —
keiner hatte entfernt solchen Einfluß auf ihn, wie der wahl- und bluts-
verwandte Jakob. Und dieser Ratgeber stimmte für nichts weniger,
als für den Plan, sich als Literat durchzuschlagen. Bertholds Schaffenslust ging wohl schon dazumal vom Biographischen über das Biographische hinaus; wohl erkannte und anerkannte Gutzkow in dem kleinen,
untersetzten, breitschulterigen Mann mit funkelnden Augen und dunkel-
braunem lockigen, die Schultern überwallendem Haar jene „Werdelust",
die bei den jungen Köpfen zur Signatur der Zeit gehörte; wohl suchten
die Leiter der belletristischen Modeblätter „Zeitung für die elegante
Welt", „Europa", sein frisches Naturell und die nach Gutzkows Wort
in ihm gärende Fülle von Jean Paulismus und burschenschaftlicher
Idealität in ihren Dienst zu stellen: im Innersten fremd stand trotz alledem
Auerbach noch dem Gedanken gegenüber, Schriftstellerei zum Lebens-
beruf zu machen. Daß er gleichwohl ein geborener Autor war, offenbart jeder seiner Briefe aus dieser brausenden Jugendzeit. Naphtali
Frankfurter und dessen Schatz, einem Judenmädchen in Leimen, das
habgierige Verwandte um ihr Heiratsgut bringen wollen, redet er
feurig zu, der Geldfragen nicht achtend, den Herzensbund durch rasche
Heirat zu besiegeln. Einem etwas zerfahrenen, weltschmerzerfüllten
Freunde Albert Cohen und anderen predigt er Lebensweisheit, kate-
gorischen Imperativ; im Kraftstil schildert er Wanderzeiten im
Odenwald und unversehens überraschen schon in diesen Studenten-
briefen bogenlange Einschaltungen aus seinen Merkbüchern, Sinn-
sprüche, Betrachtungen über Natur- und Menschenleben, die auf
den künftigen Autor der Feldweisheit des Lauterbachers und von
Irmas Tagebuch hindeuten. Ein aufregendes Erlebnis hält er in

einer rasch hingeworfenen, unvollendeten Aufzeichnung fest, die sechs Jahre später die Keimzelle einer der ersten und besten Dorfgeschichten „Des Schloßbauern Vefele" wird und zum Vergleich mit der eigentümlichen Behandlung und Ausgestaltung als Urstoff mitgeteilt werden mag:

Es war im Sommer des gebenedeiten Jahres 1834, ich saß vor meinen Kollegienheften in meiner „pomadigen Kneipe" zu Heidelberg; der sittlich tiefe Ernst und der unbestochene Blick meines Lehrers Schlosser hatte in kräftigen und scharfen Zügen die Geschichte des vergangenen Jahrhunderts vor meinen Augen dargelegt, da trat meine Hauswirtin atemlos zu mir herein und sagte: „Ach Herr Jesus, wissen Sie's denn auch, die Christine, die erst vierzehn Tage im Haus ist, ist hochschwanger, wo soll ich jetzt mitten in der Zeit ein ordentliches Mädchen herbekommen, ich behalt' sie nicht mehr über Nacht im Hause, kommen Sie doch heraus, das Mädchen tut sich noch einen Tod an, aber ich kann sie nicht behalten."

Ich ging mit ihr hinaus in die Küche, auf dem Herde saß barfüßig Christine, sie hatte ihr Antlitz mit der Schürze bedeckt und rief schluchzend: „Ich will ja keinen Heller Lohn, behaltet mich nur noch sechs Wochen, dann werd' ich ins Klinikum aufgenommen, ich muß mich ja sonst vor meiner Zeit umbringen."

Die fünf „Hausbursche", die alle herbeigekommen waren, vereinigten sich nun bald, nach einigen mutwilligen Witzen, von dem tiefen Ernst des Ereignisses ergriffen, und baten die Hauswirtin, das arme Mädchen zu behalten; sie sträubte sich mit aller Macht dagegen, und nur nachdem man sich schnell einigte, ihr das Kostgeld für diese Zeit zu bezahlen, willigte sie unter Schelten und Fluchen ein und schwor, sie müsse behext gewesen sein, daß sie nicht früher Lunte gerochen.

Jetzt erst wurde mir klar, warum die Christine immer so trübselig aussah und oft unwillkürlich seufzte, wenn sie etwas in das Zimmer brachte. Sie war nicht schön, sie war eher häßlich zu nennen, ihr rötlich blondes Haar bedeckte einen breiten Schädel, ihre Stirne war so gewölbt, daß sie fast eine Halbkugel bildete, die graublauen Augen lagen weit hervor, die Nase stumpf und knollig, und überhaupt das ganze Gesicht aufgebunsen und grobkörnig, die Statur grobschultrig, untersetzt, auch war sie nicht mehr jung, denn sie war ungefähr ein Kind des Jahrhunderts und stammte vielleicht noch aus dem vorigen.

An dem Tage, an dem Christine aus dem Hause gehen sollte und sie zu mir gekommen war, um Abschied zu nehmen, frug ich sie, woher sie sei und ob sie später wieder nach Hause gehen wolle; sie schüttelte den Kopf, sie redete nicht vor Tränen, und das Schluchzen überdeckte ihre Stimme. Nach langen Bitten setzte sie sich endlich und erzählte erst nach längeren Pausen:

„Ich bin aus Schwinheim bei Freiburg geboren, aber Gott, ich hätt' nie geglaubt, daß ich einen Dienst nehmen muß, mein Bruder hat zwei Mägd' und einen Knecht, und mein Vater war Schultheiß im Ort; mein Vater ist früh gestorben, jedes von uns drei Kindern hat so viel Äcker und Wiesen bekommen, daß man gut zwei Küh' und eine Kalbin darauf hat halten und sich davon ernähren können; meine ältere

Schwester hat bald nach Jhringen geheiratet, daß Gott erbarm, es geht ihr aber schlecht, sie hat Haufen voll Kinder und einen nichtsnutzigen Mann, der ihr alles durchbringt und sie noch dazu aufs Maul schlägt, wenn sie etwas sagen will. Wo ich hingesehen habe, ist es allen meinen Gespielinnen schlecht ergangen, grobe Männer, viel Arbeit und kein gutes Wort und keine Freude und kein Segen im Haus. Ich hab' mir fest vorgenommen, lieber ewig ledig zu bleiben. Meinem Vater war's auch recht, daß ich bei ihm bleiben wollt', weil ich ihm die Haushaltung und alles gut versorgt hab'; von allen Seiten sind Freier herbeigelaufen gekommen, denn sie haben gewußt, daß ich ein schönes Heiratsgut bekomme, und wer mich jetzt sieht, kennt mich gar nicht mehr, ich war damals eine ganz andere Person, ach du lieber Gott, wie bald hat das ein Ende, ich bin so Fastnacht um zwanzig Jahre älter geworden, ich spür's in meinen Gliedern, ich überleb' meine Schand nicht lang, und wenn ich's überleb', ist mir nicht zu helfen. Ach Gott, ich erschreck' gar nicht mehr, das zu sagen.

Ich will ja aber weiter erzählen. Drei Tag' nach Jakobi ist großes Unglück über mich gekommen, mein Vater plötzlich gestorben, und ich bin allein in der Welt dagestanden, ich hätt' zu meiner Schwester gehen können, aber da hätt' ich's keine drei Tage ausgehalten; was mein gutes Breneli tut, ist dem Hannes nicht recht, und will sie ihm zu Gefallen leben, so macht sie grad alles verkehrt, und er schänd't doppelt und dreifach, oft kocht sie gar nicht zu Mittag, weil sie nicht weiß, was sie machen soll, und er im stand ist, wenn er nach Haus kommt und es ist ihm nichts recht, daß er ein ganzes Tischtuch an allen vier Zipfeln faßt und die Supp' samt Schüsseln und Löffeln und Tellern in die Ecke schmeißt, nein, zu meinem Breneli hätt' ich nicht um alles in der Welt gehen können, ich hätt' dem Hannes den ersten Tag den Kragen 'rumgedreht; damals hab' ich mich noch nicht so in das Elend geschickt, es hat mich's g'lernt. Ich bin also zu meinem Bruder gegangen, ich hab' viel ausgestanden bei meiner Schwägerin, zu schaffen für drei, und zu essen für eine halbe. Mein Bruder hat mir's oft geklagt, er war aber ein herzensguter Mann und läßt sich alles gefallen, und ich hab' ihm auch zugeredet, besser Friede im Haus als den besten Braten im Magen, wie oft haben wir Rüben in der Scheune gegessen und dabei g'lacht, während unser Herz drüber geweint hat. Das hätt' ich aber alles noch gern ertragen, aber eines hat mich am meisten gekränkt, ach lieber Herr, Ihr wißt nicht, wie es einem Mädchen auf dem Lande geht, wenn es über die Zwanzig hinaus und noch ledig ist; wenn ich durch das Dorf ging, so haben mich die jungen Bursche ausg'lacht und genedt und haben den Tralle, einen Simpel im Dorf, gerufen, er soll doch auch mich, seine Braut, führen, und einmal hat mich der Tralle auch angepackt, ich hab' ihn aber von mir gestoßen, daß ich gemeint hab', er bricht Hals und Bein. Ich bin fast gar nicht mehr aus dem Haus und nur aufs Feld und in die Kirche gegangen. Ach, Ihr wißt in der Stadt nicht, wie es einer ledigen Weibsperson auf dem Land ergeht, wo sie jeder verspottet und hänselt."

Ich sagte ihr, daß ich das wohl wisse, da ich selbst auf dem Lande geboren und erzogen und die traurigen Verhältnisse wohl kenne, wie die engen Verhältnisse des Dorfes es nicht gestatteten, daß ein einzelner eingeschränkt für sich lebe.

„Ich war nah' daran," fuhr Christine fort, „den Maier auf dem Schafhof, einen Witwer mit drei Kindern, zu heiraten. Da kam mein Unglück ins Dorf, ich seh' ihn

noch wie heut', wo ich ihn zum ersten Male am Brunnen beim Rathaus hab' vorbei-
gehen gesehen mit seinem roten Regenbach unterm Arm, mit seinem langen schwarzen
Rock, seinem spitzen runden Hut und seinen doppelten Augen. Das Gretle hat mir
grad den Kübel voll Wasser auf den Kopf gehoben, und wie es nun zu mir sagt, sieh,
das ist der neue Provisor, da bin ich, ich weiß nicht warum, so erschrocken, daß ich den
ganzen Kübel über mich 'runter geschüttet hab' und patschnaß war; ein anderer hätt'
g'lacht; der Provisor aber kam zu uns und tröstete mich, und gleich von der Minute
an hab' ich ihn gern g'habt; ach, er hat so gut, so gut sein können, er hat so rechtschaffen ausgesehen, wie wenn keine falsche Ader in ihm wär'. Er ist dann oft zu uns
gekommen; einmal, ich seh' es noch, wie wenn's heut' wär', hab' ich ihm ausgefolgt
bis unter die Tür, da sind wir noch eine Weile beieinander gestanden, und da hat
er meine Hand genommen und hat zu mir gesagt: Christine, Sie sind ein liebes Mädchen und gar nicht wie ein Bauernmädchen, Sie haben so viel Verstand wie in der
Stadt. Sehen Sie, da hab' ich mich versündigt; ich hab' ihm das gern geglaubt,
denn ich hab' mich immer für was Besseres als die Mädchen im Dorf gehalten und
hätt' um alles in der Welt keinen Bauernburschen heiraten können; mit mir hat sich's
bewährt: Hochmut kommt vor dem Fall. Ach du lieber Herrgott, wie bin ich gefallen, er hat dann meine Hand geküßt, und, wie er fort war, hab' ich meine Hand
noch mehr als hundertmal auf der Stelle geküßt. Was soll ich noch viel erzählen?
Eines Abends, wie ich ihm hinunterleuchtete, erhörte ich sein Bitten und Betteln,
er schloß die Tür auf und wieder zu, ohne daß er hinausging, und sagte laut gute
Nacht, und ich mußte zum Schein auch so sagen, und er ging hinauf in meine Kammer.
Sehen Sie, ich schäme mich gar nicht mehr, alles das zu erzählen, mit mir ist's ja
doch bald aus, und vom Herzen muß ich's haben. Sein Wort hat er gehalten, aber
wie? Nach einigen Tagen waren wir Bräutigam und Braut. Jetzt ist aber erst mein
Kreuz angegangen, nun ist er herausgerückt und hat gesagt . . ."

   Wer so scharf aufmerkt und das unmittelbar Geschaute und Gehörte
so rasch und genau nach der Natur festhält, ist auf gutem Wege, ein
Erzähler, ein Schriftsteller zu werden. Daß Berthold Auerbach durch
inneren Beruf getrieben früher oder später in der deutschen Literatur
seine Kraft versucht, seinen Platz erobert hätte, scheint nach diesen
Briefen und Tagebuchblättern ausgemacht. „Die alte, doch noch lange
nicht veraltete Demagogengeschichte" nötigte ihn nur vorzeitig und
wider seinen Willen, von seiner Feder zu leben, sich „Druckerjungen
auf den Hals hetzen zu lassen".

   Im Spätherbst 1835 begab er sich nach Stuttgart, um regelrechte
Examenstudien zu treiben; er meldete sich zur Prüfung, erhielt aber
am 2. November den trockenen, von seinem treuen Freunde Karl Weil
als Sekretär mitunterfertigten Bescheid der israelitischen Oberkirchenbehörde, „daß derselbe nach der Entscheidung des königl. Ministeriums

des Innern, so lange er in Kriminaluntersuchung befangen ist, zu
der in Frage stehenden Prüfung, deren Erstehung für ihn ohnedies
vorerst nicht die Folge einer Anstellung als Rabbinatsverweser zur
Folge haben könnte, nicht zugelassen werden könnte." Diese unbedingte
Zurückweisung ließ ihn annehmen, daß er „wahrscheinlich niemals
württembergischer Rabbiner" werden könne. All seine theologischen
Fachstudien waren vergeblich gewesen.

Arge Pein bereitete ihm zugleich eine leidenschaftliche, von Jakob
ebenso lebhaft als nutzlos bekämpfte Liebe zu der gefallsüchtigen
Tochter eines Geldmaklers, der sich den Hals abschnitt, als er der Mißachtung seiner eigenen Kinder gewahr wurde. Es war nicht unbegreiflich,
daß der von Liebesgram und Berufsschmerzen, von Hunger und
Schulden geplagte Jüngling in die treuherzig wahre und doch nicht
bloß ernsthaft berührende Klage ausbrach: „O Gott, ich bin jetzt bald
24 Jahre und noch (!) keine Ruhe, noch keine Umfriedung. Wann soll
das kommen? Ich glaube, nie! Aber," so fährt er als echter Sanguiniker
fort, der er geblieben, „ich bin doch nicht so unglücklich, wie du vielleicht
glaubst, wie ich vielleicht glaube, ich kann mich oft mit den kleinsten
Dingen freuen, ich versenke mich in ein allgemeines Sein, bin kindisch,
freue mich, jauchze, juble, singe, mache Ballettsprünge und dann bin
ich glücklich, übermäßig glücklich. Ich könnte dann die ganze Welt umarmen. Alles ist schön, gut, lieb — auch ich. Auch die Wahrheit kenne
ich und weiß sie zu verkünden, will sie verkünden, sehe die ganze Welt
vor mir offen." Von Staats wegen, in der Synagoge durfte er nicht
predigen. Öffnete sich aber dem modernen Priester nicht nach Car-
lyles Wort eine neue Kirche? „Hast du nicht immer Predigten genug?
Ein predigender Mönch läßt sich in jedem Dorfe nieder und baut eine
Kanzel, welche er Zeitung nennt. Schau dich wohl um, überall siehst
du einen neuen Orden der Bettelmönche unter bestimmten Formen
für Kupfermünzen und um Gottes willen eifrig predigen. Die neue
Religion ist die Literatur, in ihrem unermeßlichen schäumenden Ozean
liegen Fragmente einer echten Kirchenhomiletik." An literarischen
Gastkanzeln war kein Mangel. August Lewald, der Onkel Fanny
Lewalds, der vielgewandte, vielgewanderte, weltmännische Freund
Heines, ein Kenner der Theater- und Literatenkreise wie wenige,
immer auf der Jagd nach neuen Verlegern und Mitarbeitern, hatte

troß seiner ausgesprochenen Vorliebe für die französische Journalisten-
schule Auerbachs Begabung herausgewittert. Das Talent des jungen
Schwaben hatte sich noch kaum angedeutet, geschweige denn entfaltet,
seine beschauliche Art mußte den begeisterten Verehrer und Nachahmer
eines Jules Janin — in jenen Tagen auch für Deutschland eine Lite-
raturgröße — befremden, gleichwohl war Lewald rastlos mit liebenswürdigen, mündlichen und brieflichen Ladungen bemüht, Auerbach
für seine „Europa" als Bücher- und Theaterkritiker zu werben. Not-
gedrungen besorgte Auerbach jahrelang dieses Rezensentenhandwerk.
Ein echter Journalist ist er nie gewesen, dazu fehlte dem nachdenklichen
Manne die Lust und Kraft, dem Tagesgeschmack auch nur einen
Schritt entgegenzukommen, die Eil- und Schlagfertigkeit. Seine damaligen publizistischen Beiträge für Lewalds und andere Zeitschriften
sind niemals unbedeutend, stets wohlüberdacht und wahrhaftig, einem
großen Leserkreise konnten sie nicht auffallen, und seinen Dank für
Lewalds treue stete Förderung hat ihm Auerbach erst an dem Tage
bezeigt, an dem er ihm die eine und andere der frühesten Schwarzwälder
Dorfgeschichten zum Abdruck für die „Europa" überließ.

Der Tagesdienst in der Presse konnte Auerbach nicht genügen,
ein öffentliches Lehramt blieb ihm versagt, die Laufbahn des Priesters
verschlossen, die Rednerbühne nicht erreichbar, nur in einer Flugschrift
konnte er Proben seiner verhaltenen Zeitpredigten geben. Wenige
Wochen vor seinem 24. Geburtstag veröffentlichte er ein schlankes
Heft, das zum ersten Male auf einem Titelblatt seinen vollen Namen
trug: „Das Judentum und die neueste Literatur.
Kritischer Versuch von Berthold Auerbach. Stuttgart. Fr. Brodhagsche Buchhandlung 1836." Auch diese Erstlingsarbeit hat der Dichter
späterhin niemals in seine Gesammelten Werke aufgenommen und in
alten Tagen mit dem kurzen harten Urteil abgetan: „Die Broschüre
ist entsetzlich affektiert geschrieben in dem mit Fremdwörtern gespickten,
pikant-modernen Stil, der damals im Schwange war." Das strenge
Wort gilt und gebührt der Schale, es trifft nicht den Kern, den erstaunlich
gedanken- und zukunftsreichen Inhalt des Büchleins. Auf vier Bogen
setzt sich der junge Auerbach nicht nur selbständig und streitbar mit
Vergangenheit und Gegenwart, Freunden und Feinden des Judentums
auseinander; sicher und kraftvoll kündigt er kommende Entwicklungen

auf deutschem Boden an, die erst durch die Lebensarbeit des mit ihm
herangewachsenen Geschlechts in Staat und Wissenschaft, in Kunst und
Gesellschaft Wahrheit werden konnten und sollten.

Auf Hegelschen Siebenmeilenstiefeln wagt er anfangs einen Gang
durch die Weltgeschichte. Jahrtausendlang seien wie heute noch im
Orient Staat und Religion ungeschieden gewesen. Das änderte sich,
als das Christentum emporkam, die Weltreligion, die sich jeder Re-
gierungsform anpaßte. Der Papismus suchte weltliche und geistliche Gewalt wieder zu vereinigen, bis Luther diesem Beginnen ein
Ende machte. Locke und seine Leute kehrten sich immer entschiedener
gegen Christentum und jeden geoffenbarten Glauben. Voltaire und
die Enzyklopädisten gestalteten in diesem Kleinkrieg die Kirchengeschichte
zur chronique scandaleuse um. Diese Spöttereien gewannen in Deutschland nur unter den höheren Ständen Anklang. Auf die Besten wirkte
weit mehr Rousseau mit seiner glühenden Begeisterung für Menschen-
wohl und Menschenrecht: echtdeutsche Männer wanderten mit liebevoller Bescheidenheit von Hütte zu Hütte. Nationale Poesie und
geläuterte Religionsbegriffe waren die Endzwecke dieser ewig ver-
ehrungswürdigen Menschenfreunde und vernünftige Volkserziehung
der Gedanke ihres Lebens. Ein Gedanke, der sich bei Lessing und Herder,
die die Welt in ihrem Busen trugen, zu dem einer Erziehung des
Menschengeschlechtes steigerte. Lessing glaubte fortfahren zu müssen,
wo Luther aufgehört, er suchte die Begriffe Religion des Christentums
und Religion der Christenheit sorgfältig abzugrenzen und errang im
Streit mit Eiferern und Gleißnern die Krone eines Märtyrers der
Wahrheit. In Schiller erstieg die deutsche Poesie eine bis jetzt unerreichte
Stufe idealer, in Goethe die Stufe weltbürgerlich-künstlerischer Voll-
endung. Den Zwiespalt zwischen Glauben und Wissen sollte die
Philosophie schlichten, aber Kant vermochte so wenig wie Fichte,
Schelling, Hegel der heilsbedürftigen Welt das endgültige klärende
Wort zu sagen. „Der metaphysische Messias sollte zuletzt auch immer
der politische sein und von den neuen Evangelisten hatte stets einer
den anderen als falschen Propheten verdammt." Da erstand in Deutschland eine neue Literatur, die sich in der Poesie an keinen Reim und
Regelzwang, in Philosophie und Politik an kein System binden
mochte. Börnes erhabener, mehr kritisch sondernder, strafender und

richtender Geist brachte keine eigentlichen schöpferischen Kunstwerke
hervor, seine Worte waren und sind Taten. Die Initiative einer neuen
Kunstepoche gab Heine. Das Genie des geborenen Lyrikers hat Auerbach dazumal so wenig als sonst irgendwann verkannt, der unausgleichbare
Gegensatz ihrer Naturen zeigt sich indessen schon bei der ersten Begegnung
der beiden offenkundig: „Die humoristisch-pikante Laune, mit der
Heine an der Spitze vieler geistvoller Köpfe die poetischen, philosophischen und politischen, am meisten aber die religiösen Angelegenheiten
des deutschen Vaterlandes angriff," stimmte weder zum Ton, noch zu
den Gesinnungen von Auerbach und seinen Wahlverwandten, obenan
Gabriel Riesser und Abraham Geiger. Heines Verherrlichung
der „selbsttrunkensten Subjektivität, der weltentzügelten Individualität,
der gottfreien Persönlichkeit mit all ihrer Lebenslust" weckte Auerbachs
Widerspruch. Noch schroffer lehnte er Heines „sensualistische Emeuten"
ab: „Die höher stehende Seite in der Natur des Menschen ist und
bleibt die geistige, eine Hervorhebung der bloß sensuellen Seite kann
nur zur Unnatur und Bestialität führen." Ohne Furcht vor Heines
mörderischem Witz, der Auerbach diesen ersten wie manchen anderen
im Lauf der Jahre folgenden Angriff erbarmungslos heimzahlte,
bekennt sich sein kritischer Versuch zu dem Satze: jeder sensualistischen
Unnatürlichkeit widerstreiten Philosophie und Politik, häusliches und
öffentliches Leben, Christentum und Judentum.

Diese vorbehaltlose Absage an Heines rehabilitation de la chair
ist durchaus nicht gleichbedeutend mit einer Abwehr der neuen Anforderungen einer neuen Zeit. „Wir können nicht mehr zurück, wir
müssen vorwärts," es gilt nach Gehalt und Gestalt eine zeitgemäße
Reorganisation und Wiedergeburt der positiven Religion zu erwirken.
Auch im Judentum sei allen Zweifeln zum Trotz eine derartige geschichtliche Fortbildung geboten und gegeben; ehedem seien (wie Auerbach — vermutlich auf Abraham Geigers einschlägige noch ungedruckte
Forschungen durch frühere mündliche Andeutungen hingewiesen —
richtig heraushebt) die Pharisäer die vielverkannten Träger dieser Entwicklung gewesen, die durch die Messiasidee beständig erneut wurde:
„viele Talmudisten erkennen in dem Messias nicht einen persönlichen,
sondern nach der Anleitung der Propheten bloß ein stetiges Durchbilden
und Verallgemeinern der religiösen Grundwahrheiten, mit Durch-

brechung aller durch Zeit und Ort gegebenen Beschränkungen." Der Untergang des jüdischen Staatswesens, die Zerstreuung seiner Bewohner über den Erdkreis entfremdeten das Judentum nicht dem geistigen Weltverkehr. Selbst „in den Ghettos, lebendig eingesargt, nährten die Juden ein eigentümliches wissenschaftliches Leben." Die Schäden ihrer Ausschließung von den öffentlichen Schulen, ihrer Absonderung vom öffentlichen Leben beschönigt Auerbach keineswegs: „Die riesengroße Erscheinung Spinozas mußte spurlos an Kirche und Synagoge vorübergehen;" immer ärger verkümmerte die Triebkraft des religiösen und wissenschaftlichen Lebens im Judentum. Wandel trat erst ein, als die geknebelte Kraft befreit, als die Juden aus ihrer Erniedrigung erlöst wurden. Das bewirkte die neue Zeit mit ihren Ideen von angestammtem Menschenrecht, Gewissensfreiheit, Humanität. Für Deutschland begann mit und durch Mendelsohn eine neue Epoche für das Judentum; aus der Hülle von kasuistischem Wucherkraut wurde sein Grundwesen, die Idee des geoffenbarten Deismus, herausgeschält. Gleichwohl wird nach wie vor gehadert, ob die Juden, unbeschadet ihrer Religionssatzungen, den allgemeinen Menschen- und Bürgerpflichten Genüge zu leisten vermöchten. „Wenn das deutsche Volk der Wolfdietrich der Sage ist, der auch noch mit erschlagenen Feinden kämpfen muß, so haben die deutschen Juden ihr gut Teil schon mitgeholfen an diesem Kampf," in den nun Auerbach selbst — zunächst mit einer Musterung der feindlichen Lager — eingreift.

Am wenigsten beschäftigt er sich mit den Pietisten aller Spielarten, die den irdischen Plunder von sich geworfen und einen geistigen Kreuzzug nach dem himmlischen Jerusalem anstellen. Den Orthodoxen, die die ewige Bedrückung der Juden als gerechte Strafe für die Kreuzigung Christi ansehen, hält er vor, sie achteten nicht darauf, daß Juden und Römer notwendige Werkzeuge des christlichen Erlösungswerkes gewesen. Eingehender prüft er die herrschenden Lebensmächte in ihrem Verhältnis zum Judentum, den praktischen Liberalismus, die philosophische Spekulation, endlich die Tendenz des sogenannten Jungen Deutschland. Siebzig Jahre sind seit dieser Heerschau hingegangen, die Namen der politischen Parteien und der philosophischen Systeme haben mittlerweile häufig gewechselt, die Menschen und ihre Denkart haben sich so wenig geändert, daß Auerbachs Abrechnung

mit dem vielgestaltigen Judenhaß seiner Tage heute noch in den
Hauptpunkten zeitgerecht wirkt.

Auf der niedrigsten Stufe des praktischen Liberalismus standen
dazumal die Klein- und Spießbürger; „es ist viel Ehrenhaftigkeit und
auch viel Borniertheit" in dieser mit geheiligten oder gehässigen Schlagworten leicht lenkbaren Klasse. Hier elektrisieren die Vokabeln „Mausche"
und „jüdisch", und die Häupter dieser Gruppe gebrauchen diese Aus-
brücke umso lieber, je bereitwilliger sie sich einreden, frei zu sein, weil
sie Heloten neben sich dulden. Eine zweite gebildetere Schichte der
Bourgeoisie nennt die Juden schonungsvoller, mit bedenklichem Anklang an die Parabel von Jakob, der sich im Ringen mit dem Erzengel
die Hüfte verrenkte, Israeliten; Leute dieses Schlages betrachten die
Juden als Klienten; „sie erzählen dir, wie viel brave Juden sie kennen
und vergessen überhaupt nie, daß du ein Jude bist." Stellt sich ein
Jude aber mit dem Vollgehalt einer Persönlichkeit frei und selbständig
neben sie oder gegen eine ihrer Ansichten, so wird dem Frevler, er mag
zehnmal durch die Feuertaufe der Freiheit oder die Wassertaufe des
Christentums gegangen sein, als unsühnbarer Erbfehler sein Judentum
vorgerückt. Mit parodistischer Laune zeigt Auerbach, wie dieselbe
Anklage einander schnurstracks widerstreitende Übeltaten decken muß:
nur ein Jude kann sich mit hündischer Demut unter das Thrannenjoch
beugen, nur ein Jude wie Börne dem deutschen Michel so unbarmherzig auf die quammige Wange schlagen. Nur ein Jude sei ewig
polizeifromm, nur ein Jude wie Spinoza so verwegen, die Freiheit
des menschlichen Willens zu leugnen. Solches unzerstörbare Vorurteil
sei nicht bloß in der Masse, auch die Realpolitiker der Volkswirtschaft,
auch Meister des theologischen Rationalismus, wie Daub, die nach
ihrer sonstigen Haltung frei von vorgefaßten Meinungen sein sollten,
kommen über angeerbten und anerzogenen Judenhaß nicht hinaus.
Den Sieg über solche Extreme, Indifferentismus und Fanatismus,
kann nach Auerbach nur echte Bildung davontragen. Ihre Jünger
erfassen, gleichweit entfernt von Selbstverachtung und Selbstver-
götterung, „das scheinbar Kleinliche und Vereinzelte im Zusammenhang mit der Zeitentwicklung in dem Bewußtsein, daß
die Geschichte des Friedens, die Geschichte der Völker gegenüber
den Heroengeschichten meist aus einzelnen Tätigkeiten ihren Einfluß

zusammengesetzt hat," der weniger blendend, doch nicht weniger nach=
haltig ist.

Von diesem Gipfel praktischen Wirkens wendet sich Auerbach dem
geistigen Adel, den deutschen Philosophen in ihren Beziehungen zum
Judentum zu.   Das Wiederaufleben   tieferer Forscherarbeit   im
deutschen Judentum fiel in das Jahr von Kants „Diktatur", „die
hervorstrahlendsten Namen der jüdischen Konfession dienten also mehr
oder minder unter seiner Fahne." Dessenungeachtet scheint es Auerbach
irrig, nur den Kantischen Kritizismus zur Grundlage des Judentums
zu machen; er bestreitet auch die Kantische Unterscheidung von Deismus
als dem sterilen Begriff Gottes im Judentum und Theismus als dem
Wissen um die konkrete Gottheit im Christentum. Hegels Philosophie
der jüdischen Geschichte wird sinnreich zergliedert und widerlegt, die
Willkür der hegelianischen Methode besonders an ihrer eigenmächtigen,
verfehlten Umdeutung des Spinozismus aufgedeckt. Ein Hegelianer
wird strikt beweisen, daß Spinozas Mangel in seinem Judentum
begründet sei. „Solcher Eunuchendienst wird hier an der Geschichte
begangen."[1]   Ein Kritiker, der die Größen deutscher Weltweisheit so
selbständig richtete, konnte sich den Führern des jungen Deutschland
nicht beugen.   „In den Erzeugnissen des jungen Deutschland zeigte
sich ein sensualistischer Radikalismus, der alle gesunden Teile des deut=
schen Nationallebens zu vergiften drohte." „Die Religion des Juden=
tums wie des Christentums steht aber unter derselben Fahne des
Gegenkampfes gegen sensualistische Extravaganzen." Das bekümmert
sogenannte Liberale, politische und religiöse Obskuranten nicht weiter;
sie stützen sich darauf, daß Börne und Heine Proselyten sind, obgleich
keiner von beiden ein Reformator oder Wegweiser des Judentums
sein oder werden mochte.   „Börne holte die tiefsten, klangvollsten
Laute seiner Brust herauf, um zu beweisen, daß die Juden, wenn auch
nicht besser, doch gewiß nicht schlechter als die Christen wären." Das
Judentum als Religionswissenschaft in seine Rechte einzusetzen, fühlte
Börne keinen Beruf, schon weil er so ehrlich war, sich zu dieser Aufgabe
nicht genug Kenntnisse zuzutrauen. Ganz anders war es mit dem mo=

---

[1] Der junge Auerbach trifft damit zum voraus ähnliche Spinoza-Glossen in
Schopenhauers „Epiphilosophie" und in Houston St. Chamberlains
„Kant" (1905, S. 395).

dernen Prometheus, dem alles wissenden Heine. Das Christentum
ist ihm längst antiquiert, das Judentum eine verweste, schmutzige
Pflanze, er kann für seinen Kult, die rehabilitation de la chair, keine
Menschen brauchen, deren Streben innerliche sittliche Vervollkommnung
bezweckt; katholisches und evangelisches Christentum, altes und neues
Judentum muß zur Zielscheibe seines Witzes dienen. Gutzkow, der nach
Auerbachs damaliger bald überwundener Meinung Heine mit unbe-
zweifeltem Genie weit überholt haben sollte, glaubte dem Judentum
vielleicht eine andere Stellung anweisen zu können. In ihren Heidelberger Gesprächen hatte ihn Auerbach nicht abbringen können von
seiner Ansicht, daß auch das Judentum außer allem Zusammenhang
mit seiner inneren und äußeren Geschichte der reißenden Strömung der
herrschenden Ideen preisgegeben sei. Diesen und anderen verfehlten
Urteilen setzt Auerbach seine eigene Auffassung entgegen: das Judentum
werde und könne alle höheren Bedürfnisse der Menschen aller Zeiten
befriedigen, somit der jetzigen Form der Wissenschaft weder widerstehen
wollen noch können. Die Einung des Glaubens und Wissens sei dem
Judentum nicht Zeitbedürfnis, sondern dauerndes Gesetz. Eine Dog-
matik in christlich-kirchlichem Sinn ist im Judentum nicht denkbar.
Innere Einheit und wissenschaftliche Gliederung kann demnach dem
Judentum nicht fehlen: Zeuge dessen die wissenschaftlichen Forscher-
arbeiten von Jost, Zunz, Creizenach, Salomon, Steinheim und die
Wissenschaftliche Zeitschrift für jüdische Theologie, deren von Auerbach
ungenannter Führer Abraham Geiger war. Diesen Vorkämpfern
einer Erneuerung der jüdischen Religionswissenschaft war als Vorkämpfer der politischen Rechte der Juden Gabriel Riesser ebenbürtig:
„Alle aber vereinigen sich darin, daß sie den Glauben und die Sitte
des Vaterlandes ehren, alle vereinigt das Streben mit Erhaltung des
selbständigen Glaubens dem Vaterland ihre Kräfte weihen zu dürfen."
Wie tiefe Wurzeln diese Gesinnungen geschlagen, zeigte die Folge:
Riesser war nicht nur der siegreiche Sprecher der Judenbefreiung,
in der Paulskirche wurde der große Patriot zum Vizepräsidenten des
Parlamentes und zum Generalredner für das preußische Erbkaisertum
gewählt. Abraham Geiger, der tüchtige Reformer des Synagogen-
kults, wurde der Begründer eigener vom Geist deutscher Forschung
erfüllter Fakultäten für jüdische Theologen. Und Auerbach fand andere

Mittel, die Treue für sein deutsches Vaterland zu bewähren, als Untreue gegen seine Familienüberlieferungen. Solche Leistungen konnte der Vierundzwanzigjährige bei der Niederschrift seines kritischen Versuches im einzelnen nicht voraussehen. Aus eigenster Erfahrung wußte er aber schon 1835, wie viel edle Kräfte zur Erfüllung seiner Verheißungen sich regten. Im Gymnasium und auf der Universität war ihm Geist und Charakter der neuen jüdischen Generation vertraut geworden und von den Besten war ihm bekannt, daß sie weder Schutzjuden der Mendelssohnzeit, noch Trutzjuden vom Schlage Börnes und Heines, sondern deutsche Vollbürger werden, an allen Pflichten und Rechten deutschen Gemeinlebens teilhaben wollten. Jahre und Jahre vor der Veröffentlichung von Auerbachs Flugschrift hatten Riesser und Geiger denselben Widerwillen gegen eine lediglich zersetzende Kritik der Gesellschaft, gegen die frivole Herabwürdigung der Ehe, gegen die Ironisierung der Familie empfunden. Vom Segen der engen und strengen patriarchalischen Sitte durchdrungen, hatten Riesser, Geiger und ihr Kreis nichts übrig für den Saint-Simonismus und seine deutschen Nachbeter. Keine Anklage war darum überraschender und unbilliger, als Menzels Anwurf, „das junge Deutschland" sei eigentlich ein „junges Palästina." Diese gehässige und gefährliche Judenhetze gab wie zu vielen anderen Strafgerichten über Menzels häßliches, tückisches Treiben vermutlich auch zu Auerbachs kritischer Studie den äußeren Anlaß. Die tapferen und gescheiten Schlußausführungen der Flugschrift sind an Wucht der Invectiven nicht zu vergleichen mit Börnes „Franzosenfresser" und Heines „Denuncianten"; mit Fug und Recht rühmte indessen schon Riesser den Ausfluß edler Gesinnung in dieser Abwehr. Auerbach hat leichtes Spiel, die Lüge zu widerlegen, daß alles Antichristliche jüdischen Ursprungs sei. Voltaire, Diderot, d'Alembert, Helvetius, Holbach, die Enzyklopädisten waren keine Juden, waren vielmehr Hasser von Juden und Judentum, weil sie alles haßten, was nicht mit dem Gift radikalen Zweifels infiziert war. Friedrich der Große, sicherlich kein Jude, schrieb die Vorrede zu Fleurys Kirchengeschichte, die alles zusammendrängt, was das 18. Jahrhundert gegen das Christentum vorbrachte. Menzel selbst wisse genau, daß Gutzkow ein Berliner Christenkind, Wienbarg Dozent einer norddeutschen Universität, was kein Jude werden könne, daß Laube einer der fashio-

nabelſten Chriſtgeborenen ſei. Fragwürdigen Proſelyten wie Börne
und Heine ſtellt er überzeugte Judenchriſten wie Neander und zahl-
loſe gläubige Miſſionare gegenüber. Menzel und ſeine Getreuen ver-
ſchwiegen gefliſſentlich, daß Hitzig, Gans, Leo, O. L. B. Wolff, Julius
Moſen lebendige Zeugen dafür ſeien, daß der Judgeborene allen
Phaſen deutſcher Nationalbildung ſich anſchließen könne. Belangreicher als dieſe Abfertigung Menzels iſt Auerbachs Mahnung, alles
Gezänke zu laſſen, das neue Geſchlecht nach ſeinen Taten, nicht nach
verlogenen Reden zu richten:

> Geſtützt auf das Palladium unſeres Glaubens und auf die in der Nation lebende
> Sitte ſtreben und hoffen wir, die Verirrungen der Zeit nach Kräften zu heilen. Wir
> ſtützen uns auf die in der Nation lebende Sitte, ja! wir achten und lieben deutſche
> Sitte und deutſches Herz, denn es iſt auch unſere Sitte, unſer Herz. Ich lebe der frohen,
> zuverſichtlichen Überzeugung, die Geſinnungen der ganzen jungen Generation der
> Juden auszuſprechen, wenn ich hinzufüge: Erprobet uns in der Feuerprobe der
> Gefahr, und ihr werdet uns rein finden, rein von allen Schlacken des Egoismus und
> raffinierter Unſitte; gebt uns das Vaterland, dem wir durch Geburt, Sitte und Liebe
> angehören, und freudig legen wir Gut und Blut auf ſeinen Altar, vergeſſet und laſſet
> uns vergeſſen der finſteren Scheidewand, die uns trennte, und erſparet uns die ſchmerz-
> liche Mühe, gegen euch in die Schranken zu treten, weil ihr ſo oft euren vaterländiſchen
> Beſtrebungen den Dämon des Judenhaſſes beigeſellt. Wir halten feſt an dem Wahl-
> ſpruche, welchen R i e ſ ſ e r uns gewählt:
>
>> E i n e n V a t e r in den Höhen,
>> E i n e M u t t e r haben wir,
>> G o t t, ihn, aller Weſen Vater,
>> D e u t ſ c h l a n d unſre Mutter hier.

Ingenia conspirant. Lang bevor Auerbach Rieſſers Namen gehört,
hatte er auf der Stuttgarter Kneipe der Amicitia und in der Tübinger
Burſchenſchaft Geſinnungen geäußert, die mit den ſpäter von Rieſſer
entwickelten Gedankenreihen vollkommen übereinſtimmten. Als dann
in den Jahren 1831—33 Rieſſers Sendſchreiben an die Deutſchen aller
Konfeſſionen „über die Stellung der Bekenner des Moſaiſchen Glaubens",
über die Judenbebatten in Baden, Bayern, Heſſen, Hannover einander
raſch folgten, war es Berthold, als ob ihm ein anderer die Worte von
den Lippen nähme. Rieſſers Ruhe und Reife, die Sachkenntnis des
großen Juriſten, die Naturkraft des geborenen Redners, der niemals
mit Advokatenkünſten überreden, nur durch die Gewalt der Wahrhaftigkeit überzeugen wollte, wirkten folgenreich auf laue Judenfreunde

und ganze Judenfeinde, z. B. Wolfgang Menzel. Dem jungen Berthold
Auerbach mußte Rießer eine vorbildliche Persönlichkeit werden. Im
„Judentum und der neuesten Literatur" konnte er seinem Liebling
nur wenige, allerdings entscheidende Schlußworte widmen. Gleich
nachher bot ihm ein äußerlicher Anstoß willkommenste Gelegenheit,
den Mann, dessen Fahnenspruch er zu dem seinigen gemacht, in einer
selbständigen Studie zu würdigen. Der Verleger von Auerbachs
Flugschrift übernahm, vermutlich auf Anregung des jungen Literaten,
nicht nur die bisher in Frankfurt bei Sauerländer gedruckte Wissenschaftliche Zeitschrift für jüdische Theologie, Brodhag entschloß sich auch,
ein von dem Grafen Breza und Gustav Schlesier begonnenes
Sammelwerk „Gallerie der ausgezeichnetsten Israeliten"
fortzuführen. Diese „Gallerie" war nach Rießers Urteil nichts als eine
mißglückte Buchhändlerspekulation gewesen. Spazier hatte Moses und
sein Volk orgiastisch gepriesen; Moses Mendelssohn frei nach Jost geschildert; den romanhaften Lebenslauf von Furtado erzählt, dessen
Mutter beim Erdbeben von Lissabon einen Tag verschüttet und nach ihrer
Rettung mit dem neugeborenen Knäblein aufgefunden worden war,
das fünfzig Jahre später Vorsitzender des napoleonischen Sanhedrins
wurde. Kunterbunt standen dann Leuchten der jüdischen Gelehrten-
welt, Maimonides, Friedländer 2c. neben Rahel, die zur Belustigung
von Rießer mit der Esther der Bibel, der Rahel Kasimirs des Großen
und Walter Scotts Rébekka verglichen wurde. Die „Gallerie" vergaß,
wiederum zum Erstaunen Rießers, auch nicht der großen Rebellen und
Abtrünnigen, Spinoza und Heine. Nun sollte unter Naphtali Frankfurters Leitung das Sammelwerk ein neues gediegeneres Gepräge
bekommen. Als Mitherausgeber neben dem im kleinen Braunsbach als
Rabbiner ansässigen Frankfurter war der zeitweilig in Stuttgart
weilende Auerbach bereit, einzutreten. Ein Antrag, den Frankfurter
umso lieber annahm, als Auerbach vorhatte, eine Reihe von Biographien, Rapoport, Mannheimer, Meyerbeer, Michael Beer, Moses
Ephraim Kuh, Löwe-Weimar, General Wolff zu bearbeiten. Er ließ
sich auch mit Zustimmung Frankfurters die Artikel Rießer und Rothschild übertragen. 1836 erschienen ein paar neue Hefte der „Gallerie",
in denen die Texte Rießer, Rothschild, M. Beer und Salomon von
Auerbach herrühren, der wahrscheinlich auch das Vorwort zu der neuen

Reihe schrieb. Konvertiten sollten nach dieser Ankündigung fortan nicht weiter aufgenommen werden, das Merkmal Jude oder Israelit nicht mehr als Charakteristikum gelten. Wozu dann noch überhaupt eine Galerie der ausgezeichnetsten Israeliten? Heutzutage naheliegende ethnographische, panegyrische oder pamphletistische Antworten auf die selbstgestellte Frage sucht man vergebens. Auerbach leitet weder Menschenmäkelei, noch ein wissenschaftliches Bedürfnis, der Rassen= verschiedenheit nachzuspüren. Ebensowenig der Trieb, Ursachen und Folgen der Domestizierung zu beobachten, die etwa einen Geschicht= schreiber der französischen Kolonie in Berlin beschäftigen würde; ihm fehlt auch der Humor Ludwig Bambergers, der von einem Reichs= stammbaumamt ergötzliche Aufschlüsse über die Herkunft der vermeint= lich reinsten Geschlechter erwartete. Den Widerspruch, daß er voll= kommene Verschmelzung des Judentums mit dem Deutschtum wünscht und doch eine besondere Galerie bemerkenswerter Juden anlegt, löst der ungenannte Verfasser der Vorrede mit der Erklärung: „gerade weil wir hoffen, daß fortan bei der Würdigung einer hervorragenden Persön= lichkeit nimmer nach dem Zufälligen seiner Geburt in einer bestimmten Religionspartei gefragt wird, gerade deshalb möchte jetzt die Zeit sein, Erscheinungen zu zeichnen, die noch in den Reflex jener Betrachtungs= weise gefallen sind." Mit ähnlicher zweifelhafter Begründung hat Auer= bach nachmals seine Judenromane Spinoza, Moses Ephraim Kuh zu rechtfertigen gesucht. Für die Würdigung Riessers ist derartiges lieb= reiches Eingehen auf seine Familiengeschichte immerhin ergiebig.

Gabriel Riesser, bis auf die Gegenwart in allen Lagern, sogar von einem so harten Judenrichter wie Treitschke als Mustermensch aner= kannt, war der Enkel des gelehrten aus Polen stammenden Hamburger Rabbiners Cohen, der so starr am Hergebrachten hing, daß er Mendels= sohns Pentateuchübersetzung mit dem Bann belegte und seinen priester= lichen Machtkreis so wenig einschränken ließ, daß er sofort sein Amt aufgab, als die dänische Regierung in seine Rabbinatssphäre eingriff, denn ihm war „das Recht die Stütze von Gottes Thron". Sein Eidam, Gabriels Vater, ein namhafter Hebraist und Kenner des rabbi= nischen Rechts, nach seiner Heimat, dem Ries, Riesser genannt, war Kaufmann in Hamburg und Lübeck. Für den Sohn brachte er jedes Liebesopfer, der Briefwechsel der beiden ergreift durch reinen Herzens=

ton heute noch jeden Fühlenden. Gabriel studierte in Lübeck, Heidel=
berg, München und machte den Doctor juris summa cum laude.
Mit gleicher Gründlichkeit pflegte Gabriel bürgerliches und Staatsrecht.
Seine Arbeiten fanden Lob und Dank seiner Lehrer. Sein Wunsch,
als Privatdozent in Heidelberg eine akademische Laufbahn zu beginnen,
scheiterte jedoch am Widerstand des Ministeriums. Die venia wurde
Riesser unter haltlosen Vorwänden versagt, der einzige Grund der
Abweisung war, daß er Jude und nicht zu bewegen war, gegen seine
Überzeugung seinen Glauben abzulegen. Das gleiche Hindernis machte
sich geltend, als Riesser in seiner Vaterstadt Hamburg Advokat werden
wollte und die Umgehung des Gesetzes verschmähte, seine gerichtlichen
Eingaben, wie andere jüdische Leidensgenossen, unter dem concepi
christlicher Anwälte einzureichen. Sein persönliches Schicksal veran=
laßte ihn, deutsche Herzen für die Sache der Juden „mit den mächtigen
Tönen der Sprache Luthers und Ulrich Huttens zu gewinnen". Besseres,
Würdigeres, als in Riessers Denkschriften und Jüdischen Briefen ist
in und seit jenen Tagen über Mißhandlung und Befreiung der Juden
nicht gesagt worden. Einen himmlisch christlichen Juden hat ihn L a u b e,
einen Charakter, bei dem Recht und Gemüt eins geworden, hat ihn
T r e i t s c h k e genannt. Auf den Sieg des Rechtes baut er so fest, daß er,
vor die Wahl gestellt zwischen vorbehaltloser Judenemanzipation und
einem einigen Deutschland, sich nur für ein einiges Deutschland ent=
scheiden würde, weil dem feurigen deutschen Patrioten die Erfüllung
aller Gebote der Gerechtigkeit in einem starken deutschen Reich zweifellos
ist. Jammer über Zurücksetzung, Judenweh und Judenwehleidigkeit
weist er weit von sich. Selbstgefälligkeit ist ihm so fremd wie Recht=
haberei. Eine durch und durch gerade tüchtige Natur, läßt er sich von
Gegnern so wenig, wie von Gesinnungsgenossen umgarnen. Innerhalb
des Judentums steht er über allen Sekten. Weder orthodox, noch radikal
trägt er gelassen den Vorwurf, lieber der Sieyès als der O'Connell
der deutschen Juden zu sein. Frei von jeder Unduldsamkeit, hegt er
unbedingte Hochachtung vor Juden, die aus innerer Überzeugung
Christen werden, wie Neander. Seine Mißachtung trifft nur diejenigen,
die weltlicher Vorteile willen „den Leibzoll der Lüge leisten". Denn das
zähe Ausharren der Juden beim Glauben ihrer Väter trotz aller Leiden
und Verfolgungen ist ihm die stärkste Probe für den unzerstörbaren

Kern der Wahrhaftigkeit und Opferfreudigkeit dieses Stammes, sehr bedeutsam steht auf dem ersten Blatt seiner ersten Schrift der Vers Byrons:

> Were my bosom as false as thou deemst it to be
> I need not have wandered from far Galilee
> It was but abjuring my creed to efface
> The curse which thou sayst is the crime of my race.

Politische und religiöse Freiheit über den ganzen Erdkreis, bürgerliche Gleichstellung der Juden im ganzen deutschen Vaterlande bleibt
seiner Weisheit letzter Schluß. Im Innersten milde, geht er schonungslos
nur der Gemeinheit zu Leibe. Heines Angriffe gegen Börnes
Freundin Jeanette Wohl züchtigt er mit Prophetenzorn, und er
begnügt sich nicht mit Worten, er läßt Heine wissen, daß er bereit sei, sich
dem Gegner sofort in Paris zu jeder Genugtuung zu stellen. Vielbelesen
urteilt er über die Großen der Weltliteratur in Privatbriefen an seine
Heidelberger, bis an sein Lebensende ritterlich verehrten, christlichen
Jugendfreundinnen mit gesundem, von Modeworten völlig unbeein-
flußtem Geschmack. Muß er in seinen „Jüdischen Briefen" die Literatur
seiner Tage zur Sprache bringen, dann trifft er das Rechte meist sicherer
als die berufsmäßigen Kritiker der Zeit. Wie viel der junge Auerbach
in Riessers freier Schule zu lernen hatte, als er 1836 sein Bildnis zu
zeichnen begann, wußte er selbst nicht in vollem Umfang. Wohlberaten
nahm er Steinchen um Steinchen aus Riessers Schriften zu einem
Mosaikporträt. Besser als jedes fremde, zeugte Riessers eigenes Wort für
diesen. Es hat ihm zwölf Jahre später vom größten politischen Katheder
des deutschen Volkes, in der Paulskirche, den Ruf eines der ersten Redner
dieser Versammlung erobert. Und mehr noch als seine Rednergabe
ist seine Lebensführung ein Beispiel geworden. Die Vaterstadt, die
dem Jüngling nur wegen seiner Glaubenstreue die Zulassung zur
Advokatur verweigerte, hat Gabriel Riesser anfangs der Sechzigerjahre
zum Richter- und zwar gleich zum Oberrichteramt berufen. Er wurde
der erste deutsche Richter jüdischer Konfession.

Der aus Urquellen geholten Charakteristik Riessers, für die der
seltene Mann seinem ersten Biographen öffentlich schlichten Dank sagte,
ließ Auerbach eine durchweg aus abgeleiteten Quellen (Cohen, Gutzkow 2c.) geschöpfte Familiengeschichte der Rothschild folgen. An sich
sei es gleich, ob einer durch die Macht des Geistes, des Schwertes oder

des Goldes seinen Namen in der Geschichte feststelle, zu Dank und
Anerkennung berechtige nur die Art des Erwerbes und die Anwendung
der errungenen Schätze. Auerbach gebrach jeder tiefere Einblick und
wohl auch jeder tiefere Anteil, um die Entwicklung des Hauses Rothschild zu prüfen und darzustellen. Was er über Fluch und Segen der Geld-
herrschaft sagt, sind Redensarten; dieser kleine, wie so mancher andere
größere Versuch jener Tage nur ein weiterer Beweis, daß er zunächst
über den engen Kreis des Judentums nicht hinauskam. In demselben
Jahr 1836, in dem er Rießer, Rothschild und andere für die „Gallerie
der ausgezeichnetsten Israeliten" festhielt, erschien in der von Kühne geleiteten Zeitung für die elegante Welt Ephraim Moses Kuh. Ein
biographisches Gemälde. Eine kleine Farbenskizze, die drei Jahre
später in einem zwei Bände starken Werk „Dichter und Kaufmann"
als „Lebensgemälde" breiter ausgeführt wurde. Immer gebieterischer
aber drängte sich der größte Sohn (und der gewaltigste Gegner) des
Judentums der Diaspora vor: Spinoza. Der Plan zu einem biographischen Roman, die Darstellung des Lebens der portugiesischen
Juden um die Mitte des 17. Jahrhunderts, beschäftigte Auerbach Tag
und Nacht. Mitten in den Vorarbeiten wurde er durch das Urteil des
Kriminalgerichtes überrascht. Es war — von den Strafverschärfungen des
Ministers des Innern abgesehen — verhältnismäßig milde ausgefallen.

Die Anklage auf Hochverrat hatten gescheite, wahrheitsliebende Richter
(Wiest und Zirkler) mit scharfer, denkwürdiger Begründung abgewiesen:

„Was die Mitglieder der äußeren Verbindung betrifft, so ist es ein auf sie gemeinschaftlich sich beziehendes Faktum, daß ihnen bei der Aufnahme gesagt wurde,
die innere Verbindung würde eine Revolution unterstützen, welche durch Umsturz
der Verfassung veranlaßt würde. In der Teilnahme an einer solchen Verbindung
sieht Korreferent kein Staatsvergehen. Daß in dem vorausgesetzten Falle gewalt-
samer Widerstand des Volkes erlaubt wäre, wird mit dem Herrn Referenten jeder
zugeben, der sich nicht zu der niederträchtigen und für die Fürsten selbst verwerflichen
Lehre vom leidenden Gehorsam bekennt. Dagegen kann allerdings eine Ehrver-
letzung darin liegen, wenn eine Besorgnis der gedachten Art ausgesprochen wird,
weil darin die Erklärung liegt, daß die Regierung schlechte Handlungen vorhabe oder
wenigstens dazu fähig sei. Allein hier kommt fürs erste schon dies in Betracht, daß
man zu jener Zeit ziemlich allgemein davon sprach, daß die Aufhebung der süddeutschen Verfassungen zu befürchten sei, was von unseren Angeschuldigten hinsichtlich
jener ausgesprochenen Besorgnisse wenigstens den Vorwurf der Verleumdung und
des Leichtsinns entfernt. Fürs zweite ist noch mehr zu berücksichtigen, daß, wie

jedermann weiß, die gedachte Befürchtung keine Beziehung auf die persönlichen Absichten unseres Königs, sondern auf ein unerwartetes Machtgebot gewisser Höfe hatte, womit alles Injuriöse wegfallen dürfte." Anderseits „läßt sich nicht verkennen, daß Gefahren mancher Art entstehen können, wenn eine Verbindung, die aus lauter unerfahrenen und halbgebildeten jungen Leuten besteht, den Gedanken hegt und pflegt, man müsse sich gegen Gewaltstreiche, die von oben herab zu besorgen seien, vorsehen und einer dagegen entstehenden Volkserhebung beitreten."

Nur wegen Übertretung des Verbotes geheimer Studentenverbindungen und unter Hervorhebung aller mildernden Umstände für die Mitglieder der äußeren Verbindung beantragte der Korreferent für Berthold Auerbach Festungsarrest von zweieinhalb Monaten — ein Strafsatz, den das Gericht im Erkenntnis vom 12. Dezember auf zwei Monate herabsetzte. (Die Strafen der Mitglieder der engeren Verbindung gingen von ein- bis achtzehnmonatlichem Festungsarrest.) Am 3. Januar 1837 wurde Berthold Auerbach dieses Urteil verkündigt; er behielt sich die Bedenkzeit vor, trat aber schon am 18. Januar seine Strafe an.

Die grause Romantik der Schubartzeit hatte auf dem Hohenasperg mittlerweile recht prosaischen Geldfragen Platz gemacht. „Wenn ich nicht aus eigenen Mitteln Kost und Wohnung beschaffen konnte, mußte ich die Strafzeit in den Kasematten zubringen und die Gefangenenkost zu mir nehmen. Karl Weil brachte es dahin, daß die Buchhandlung von J. Scheible einen Vertrag über die Herausgabe des Romans „Spinoza" mit mir abschloß. Vierhundert Gulden Rheinisch waren für zwei Bände bestimmt, und ich erhielt zweihundert Gulden Vorschuß, womit ich während meiner Gefangenenzeit die Selbstverköstigung und die sogenannte Festungsfreiheit (die Erlaubnis, innerhalb der Festung frei umherzugehen) ebenso wie meine begüterten Kameraden genießen konnte."

So war Spinoza im eigentlichen Wortsinne sein Nährvater geworden. Zur Gelassenheit seines Meisters hat sich unser Dichter — wäre er sonst ein Poet? — damals freilich noch weniger als sonst erhoben. „Eines Tages kam der Besitzer der Scheibleschen Buchhandlung zu mir mit dem Verlangen, ich solle mich in eine Lebensversicherung einkaufen lassen; denn ich könnte ja sterben, dann wären die zweihundert Gulden verloren. Ich war damals fünfundzwanzig Jahre alt und hatte eine wahre Furcht vor Lebensversicherungen; es war etwas wie Gespensterfurcht. Ich ging indes auf eindringliches Zureden mit dem Bankier Adolf B.(enedict) durch die Königstraße in die Poststraße nach Diebolds

Bureau. Vor dem Hause aber überfiel mich wieder der seltsame Schreck — man ist doch auch, wenn man übermorgen ein Festungsgefangener sein soll, nicht in ruhiger Stimmung; ich sagte daher entschieden: ,Nein, ich tu's nicht.' Kein Zureden half, ich ließ mein Leben nicht versichern."

Jede Besorgnis für Gesundheit und Leben war glücklicherweise völlig unbegründet. Die Nachmittage, die David Friedrich Strauß bei seinem Freund Kauffmann auf dem Asperg zubrachte, gehörten zu seinen heitersten Erinnerungen. Kauffmann hatte sein Klavier bei sich und mehrere seiner schönsten Lieder wurden auf dem Asperg komponiert. Und wie mir ein Leidensgenosse Auerbachs, Dr. W. Fetzer in Stuttgart, mitteilte, hatte der Dichter nur die leichteste Strafe für politisch Anrüchige zu verbüßen; er durfte innerhalb der Festung überall hingehen und hatte ein gemietetes Zimmer zu bewohnen. Unter den Papieren, welche Auerbach selbst zur Erinnerung an seine „Festungszeit" aufbewahrt hat, befindet sich ein nur durch die Rechtschreibung des Herzens ausgezeichnetes Blättchen von Frauenhand: „zur Versüßung seiner Einsamkeit und Beweiß des Andenkens, in dem derselbe steht im Hause. . . . Dieses Schächtelein wird begleitet von einem Gefolge Grüße der herzlichsten Sorte. Stuttgart, 7. Februar."

Der Dichter selbst aber wollte für diese Sendung mit folgendem unvollendeten und vermutlich nicht abgeschickten Briefe danken:

„Hohenasperg, den 10. Februar. 1837.

Werteste Freundin! ,Lassen Sie auch etwas von sich hören,' das waren die Worte, die Sie an jenem Samstag abend den 7. Januar zu mir sagten und noch zweimal mit Akzent wiederholten. Während ich jene flüchtigen Worte hier mit Schriftzügen festbanne, sehe ich auch noch, wie ich, in die Ecke des Sofas zurückgedrängt, sie nur mit halber Aufmerksamkeit hörte. Die ganze Umgebung, die mich schon so oft von namenloser Freude erfüllt und von Kampf und Unmut zerrissen gesehen, alles tritt vor mich hin, und eines jener wehmütigen Gefühle beschleicht mich, die ich so gern niederkämpfe und hinwegscherze. Es ist Dämmerung, während ich dieses schreibe, und das ist der Segen der Ordnung, daß sie es Entfernten vergönnt, sich ein getreues Bild von dem Leben derjenigen, die man verlassen hat, zu jeder Stunde zu schaffen. Sophie sitzt noch auf dem Throne der Industrie und stickt emsig, trotz der hereinbrechenden Finsternis und trotz des Abwehrens ihrer Mutter. Jette oder besser Henriette ist gehorsam aus Neigung, sie hat die große Wahrheit des neuen Evangeliums begriffen, die da heißt: der Mensch lebt nicht vom Stricken allein, ein Handgemenge mit Adolf beschließt bei ihr des Tages Gestrick und Gesang, Gustel oder Justel geht in braunem Kleide, die Arme über der Brust straff übereinandergeschlagen, raschen Schritts die Stube auf und ab, sie wiegt hundert Gedanken im Herzen, lächelt bisweilen schmerzlich sein oder sucht mit ihrem Machtworte die streitenden Parteien zu trennen und wird dafür von beiden geliebkost; dort am Ofen, wo fünf kleine Katzen bis zum anderen Morgen des Milchmädchens harren, sitzt die Mutter und lächelt über den Übermut, der sie umtost, und ich? nun gehöre ich auch dazu? ich weiß es nicht, aber ich möchte gern hinter dem runden Tisch, dessen Teint etwas angegriffen ist, sitzen, still träumend oder meinem Herzen Luft machend, selbst auf die Gefahr hin, daß mich die Jette sentimental hieße. Ich bin es wahrhaftig nicht, in dem Sinne nicht, wie man das gewöhnlich so nennt; sähen Sie mich hier, Sie würden mich für einen lustigen Bruder halten, und doch gibt es Stunden, in denen mich tiefe Trauer erfüllt — Stunden, in denen ich hier oben, abgeschnitten von aller Welt, überrechne, wie wenig Menschen da unten für mich leben —

Ich will nicht in dem Tone fortfahren. Alles kann und mag ich nicht sagen, und wenig genügt nicht und zeigt die Sache aus falschem Gesichtspunkte. Glauben Sie mir, ich fühle Mut und Kraft genug, in mir ein Leben mit dem nötigen Zubehör zu ertrotzen und zu erreichen, darum weg jetzt von diesen Dingen, zu deren Berührung mir ein böser Dämon die Hand geführt. — ,Lassen Sie auch etwas von sich hören,' diese Worte klangen noch lange in mir nach, und schon mehr denn zehn Briefe habe ich in Gedanken an Sie geschrieben, Furcht vor der Zudringlichkeit auf der einen und vor falscher Beurteilung auf der anderen Seite hielten mich davon ab, nun aber ist dieses alles beseitigt, und frohen Mutes will ich Ihnen ein Bild meines jetzigen Lebens darstellen..."

Hier bricht der (halbe Liebes-)Brief leider ab und das folgende Schriftstück in unseres Dichters Hohenasperger Aktenbündel ist die vom Oberst Arlt schriftlich erteilte Entlassung des stud. theologiae Berthold Auerbach von der Festung, nachdem er nunmehr — 8. März 1837 — den gegen ihn erkannten Arrest erstanden hat.

Die Arbeit an seinem „Spinoza" hatte auf dem Hohenasperg nicht recht flecken wollen. Im Gefängnis lernt man wohl ein Handwerk zum Zeitvertreib, meint Reuter, „äwer sein dag nich kümmt ut en Gefängnis en Künstler herut oder en Gelihrter, de de Welt würklich watt nütt werd". Das hatte Auerbach auf dem Hohenasperg erfahren; das erfuhr er, als er nach seiner Enthaftung freiwillig mit all seinen Gedanken sich in das riesige, unvergleichlich härtere Gefängnis des Judenviertels bannte. Jahre und Jahre brauchte es, bis er erkannte, daß weder in Festungs-, noch in Ghetto-, sondern einzig und allein in freier Gottesluft seine poetische Welt zu suchen sei. Erst in und mit seiner Dichterheimat entdeckte er sich selbst: von jener Schicksalsstunde an aber sollte er, dankbar bewegt, erfahren, daß — trotz Goethe — die Muse ihre wahren Schützlinge nicht bloß zu begleiten, sondern leise, aber sicher zu den richtigen Zielen zu leiten versteht.

IV

Zwei historische Romane:
Spinoza. — Dichter und Kaufmann

Ich will doch auch einmal zeigen, wie ein jüdischer
Roman geschrieben sein muß
Auerbach an L. Seligmann, 8. Mai 1837

In der zweiten Märzwoche 1837 war Auerbach von der Festung in die Hauptstadt zurückgekehrt und schon am 29. September desselben Jahres konnte er das letzte Blatt seines ersten Buches, die Vorrede zu seinem historischen Romane Spinoza, in die Druckerei tragen. In nicht ganz sieben Monaten hatte der Anfänger das Werk zum Abschluß geführt, mit unbeugsamer Beharrlichkeit war er aller neuen Heimsuchungen Herr geworden. Nur auf die eigene Kraft angewiesen, mußte er für sich und einen Ankömmling aus Nordstetten, seinen jüngeren Bruder Julius, sorgen, den er bei sich wohnen ließ und im Lateinischen und Griechischen für das Gymnasium vorbereitete. Wochenlang hatte er keinen Heller in der Tasche. Tübinger, Heidelberger und Stuttgarter Gläubiger plagten ihn unaufhörlich mit Mahnungen und Klagen. Der Verleger verstand sich nur nach langem Widerstreben zu einem weiteren Vorschuß von hundert Gulden. Die Polizei machte dem politisch Verdächtigen das Leben sauer durch amtliche Überwachung. Das tiefe Herzeleid seiner „Liebeshatz" wollte nicht zur Ruhe kommen. Die Zukunft lag dunkel vor ihm. An eine Staatsanstellung war für den bestraften Burschenschafter so wenig zu denken wie an eine akademische Laufbahn für den mittellosen Juden; zu dem dazumal kläglich entlohnten Zeitungshandwerk hatte er weder Lust noch Geschick und eine auf freie Schriftstellerei gebaute Existenz schien nach dem Zeugnis des vorurteilslosen Hermann Kurz in jenen Tagen gewagter als Karl Moors Aufbruch in die böhmischen Wälder. Schubart und Stäublin, Conz und Hölderlin wurden nicht etwa nur von schwäbischen Spießbürgern als warnende Beispiele gezeigt, auf welchen Irr-

wegen begabte Leute durch poetische Allotria in Verkommenheit und
Wahnsinn getrieben wurden, ein Rechtslehrer und Staatsmann von
der Bedeutung Robert Mohls ging in seinen Denkwürdigkeiten streng
ins Gericht mit Uhland, weil der Dichter nach seinem notgedrungenen
Verzicht auf die Professur unbekümmert um regelrechten Erwerb seine
Tage als Forscher und Künstler beschloß. War nicht Lessing zuletzt
Bibliothekar, Goethe geheimer Rat, Herder Superintendent geworden?
und ging es den lebendigen Lieblingen der Lesewelt, Heine und
Gutzkow, die ohne den Rückhalt eines festen bürgerlichen Berufes
sich durchschlagen mußten, nicht grimmig schlecht in der Abhängigkeit
von knausernden unzuverlässigen Verlegern?

Solche Fragen konnten und durften den darbenden Auerbach nicht
lange aufhalten. Einstweilen blieb ihm keine andere Wahl. Frische
Schaffenslust half dem Fünfundzwanzigjährigen rasch über alle Widerwärtigkeiten hinweg und sein bester Tröster wurde sein Held, mit dem
er erst jetzt während der Arbeit gründlicher vertraut wurde. Wohl hatte
er sich schon als Gymnasiast zu Spinoza hingezogen gefühlt, zunächst
tiefer bewegt durch die Lebensführung als durch das Lebenswerk des
Philosophen, durch die Verbindung von Hand- und Denkarbeit beim
Brillenschleifer von Amsterdam. Dieselbe ziemlich äußerliche Anregung
blieb nicht auf Spinoza beschränkt, durch dieselbe Doppeltätigkeit
weckte späterhin noch ein anderer Weltweiser an der Werkbank, der
Schuster von Görlitz, seinen Anteil in so hohem Maße, daß er eine
Weile vorhatte, Jakob Böhme zum Helden seines Erstlingswerkes
zu machen. Nach kurzem Schwanken wandte er sich von dem mystisch
grübelnden Katholiken dem jüdischen Freidenker zu, dessen Größe den
Staunenden überwältigte: „was war mir mein Spinoza," so bekennt
er einem Jugendfreunde, „was ist er mir? Das kann ich dir nicht sagen,
eine heilige Scheu erfaßte mich, wenn ich an ihn dachte, ihn wieder-
dachte. Hast du gelesen, wie es Klopstock zu Mute war, als er seine
Messiade schrieb? So war es mir; so göttlich erhaben steht dieser heilige
Prophet über mir, daß ich oft mit Beben die Feder führte, weil ich
fürchtete, ihn zu menschlich zu zeichnen, und doch mußte ich mich wieder
ganz in die idyllische Innerlichkeit seines Lebens versenken." Andächtig
horchte er auf die sparsamen Selbstbekenntnisse in Spinozas Schriften
und Briefen; nur dem eigenen Wort dieses „Charaktergenies" glaubte

er, daß auch der Denker „nicht alle Habsucht und Sinnengier und allen
Ehrgeiz" abzulegen vermag; unverdrossen spürte er allen erreichbaren geschichtlichen und philosophischen Quellen nach. Als wohlwollender, wohl-
unterrichteter Helfer stand ihm der Stuttgarter Bibliothekar G f r ö r e r
zur Seite, der selbst Spinozas Opera omnia herausgegeben hatte. In dem
Bestreben, seinen Universitätskameraden zu beweisen, daß er kein luftiger
Belletrist sei, sondern auf fester wissenschaftlicher Grundlage baue, ver-
schaffte sich Berthold die damals noch nicht gedruckten, handschriftlich im
Besitz des vielberufenen Lindner befindlichen Aufzeichnungen von
Lucas, La vie et l'esprit de Mr. B. de Spinosa, durchforschte er die
entlegensten Gebiete der einschlägigen Literatur. Am unbequemsten
wurde sein Eifer dem hageren Bibliotheksdiener in der Neckarstraße,
der immer Geistergeschichten las und in seinem langen, blauen Amtsrock
selbst aussah wie ein uniformiertes Gespenst, das in seinen Lieblings-
gewohnheiten nicht gestört sein mochte. Der junge Dichter kümmerte
sich nicht um den Unwillen des Gereizten, der ihm tagtäglich neue
Bücherlasten herbeischleppen mußte. Auf der Suche nach echten Zügen
für Spinozas Verkehr mit den Kabbalisten nahm Auerbach einmal
einen schweren Pack von Zauberbüchern und Hexenprozessen heim.
In seinen Schlafrock gehüllt stand der Hungernde Mitternachts an seinem
Pult und las ungläubig und kopfschüttelnd Beschwörungsformeln.
Plötzlich zupft es ihn zur Rechten. Ein Schauer überläuft ihn, den er
niederkämpft: ein Jünger Spinozas muß doch frei sein von Gespensterfurcht. Gleich darauf zupft es ihn wieder zur Linken. Er fährt auf,
kann nicht von der Stelle, sein Schlafrock hat sich in die messingenen
Buckeln und Schließen von ein paar auf die Erde gestellten Folianten
verfangen, die dröhnend und polternd umfallen. Schwerer zu verscheuchen als diese schnell gebannten, in einem humoristischen Zwischenspiel des „Spinoza" nicht vergessenen vermeintlichen Höllengeister, die
Schedim, war ein leibhaftiger ungebetener Besucher, der sich in Auerbachs — eine Treppe über dem Schulzeschen Dampfbad gelegener —
Klause überoft einfand: der Badediener K o f f k a, von Geburt ein Böhme,
hager, mit scharf geschnittenem Gesicht, in dem der lange Schnurrbart
beständig triefte, weil er täglich mit zahlreichen Gästen das Bad durch-
zumachen hatte. Ein Geschäft, das ihn rechtschaffen durstig machte.
Hatte Koffka sein ungemessenes Quantum Alkohol vertilgt, dann kam

er Abends zu Auerbach, von dem er gehört, daß er ein Philosoph sei; das war nach Koffkas Vorstellung ein Mensch, dem gar nichts verborgen und sogar die Gabe der Weissagung verliehen sei. Koffka fragte nicht nur beiläufig, wie ein paar Jahre später der Frankfurter Bankier Gontard beim Mittagskaffee: „Sagen Sie, lieber Herr Doktor, was halten die neueren Philosophen von der Unsterblichkeit der Seele?" Koffka wollte die verzwicktesten Welträtsel gründlich gelöst wissen. Blieb Auerbach die Antwort schuldig, dann tröstete ihn Koffka: er sei, obgleich Katholik, Freigeist; die Hauptsache sei, daß der Mensch eine gute Lunge und ein Herz ohne Klappenfehler habe, um Dampfbäder nehmen zu können, denn das Herz habe ganz solche Klappen, wie die von Auerbach geblasene Flöte. War Koffka besonders gnädig, dann versicherte er Auerbach, daß er ihn, wenn er auch Jude sei, für seinesgleichen halte. Der alte Auerbach hatte recht, wenn er bei der Erzählung dieser Abenteuer launig meinte: „mir will scheinen, als ob wir zwei viel wunderlicher waren, als die geschichtlichen und fingierten Figuren, die ich dichterisch auszugestalten suchte." Damals fehlte ihm der Humor zu dieser Erkenntnis. Sah er doch nach seinem selbstgewählten Wort Spinoza als sein Va banque an. Überglücklichen Stunden während der Arbeit folgten quälende Zweifel vor der Veröffentlichung. Proben, die der Dichter in der „Europa" mitteilen ließ, ging die Redaktionsbemerkung voraus, das Buch sei nur der Anfang eines größeren Werkes, dem ein Abschluß in dramatischer Form „Spinozas Tod" folgen sollte. Damit deutete der Dichter unverhohlen an, daß er sein Werk künstlerisch und stofflich nicht für abgeschlossen halte. Noch bei der letzten Durchsicht konnte er sich nicht genugtun in Nachbesserungen, für die ihm der genaue Verleger vierzig Gulden abzog.

„Aber was tat's? Ich hatte eine Arbeit abgeschlossen, in der ich einem Erhabenen nachgehen und eigenes Leben und Empfinden darstellen durfte. Bangen und Zuversicht wirren durcheinander bei Herausgabe des ersten Buches in weit stärkerem Grade, als bei jedem folgenden. Als ich über die Straße ging, meinte ich, die Holzhauer, die vor den Häusern Holz sägen und spalten, müßten davon wissen, daß heute mein Buch erscheinen werde. Ich war auf dem Weg zum Buchhändler, ich hatte in meinem Kontrakt einen großen Mangel entdeckt, es stand nichts darin von einer neuen Auflage, und daß diese bald kommen würde, war mir kein Zweifel. Jedenfalls wollte ich sicher sein. Ich ging zu Scheible. Er lachte laut auf, als ich von einer zweiten Auflage sprach. Er nahm den Kontrakt und schrieb an die Seite: ‚Bei einer zweiten Auflage zahle ich dem Herrn Verfasser 10 000 Taler.' Die Buchhandlung von Scheible war damals an der bergigen Straße gegenüber der Stiftskirche. Als ich auf der Straße stand und nochmals las, was Scheible geschrieben hatte, kamen mir die Tränen. So wurde ich verhöhnt, und ich habe doch meine Hoffnung auf das Werk gesetzt."

Auerbachs Erstlingswerk hat mittlerweile nicht nur eine zweite, sondern die dreißigste Auflage erlebt; der Roman ist fast in alle Kultur- sprachen übertragen worden; Scheibles Hohn hat den Absatz des Buches nicht aufgehalten, der sich allerdings erst hob, als Auerbach diesem Güter- zug die Lokomotive der Schwarzwälder Dorfgeschichten vorspannen konnte. Früher brachte es der Spinoza nicht zu weiter Verbreitung und die Kritik begnügte sich mit achtungsvoller Begrüßung des Neulings. Heine, dem Lewald den Roman geschickt hatte, las ihn und bemerkte in seinem nächsten Privatbrief, der erste Band habe ihm ungemein gefallen, der zweite schon bedeutend weniger, der Verfasser habe viel Talent der Schilderung, viel Geist, wenig Poesie. David Friedrich Strauß widmete dem Werk seines Hörers in den Berliner Jahrbüchern für wissenschaftliche Kritik eine in Lob und Tadel wohlabgewogene Wür- digung, die diesen „Spinoza" dem Rumpf einer Bildsäule verglich, auf die der Schöpfer statt eines Kopfes die Gesammelten Werke des Philosophen gelegt habe. Was Auerbach selbst gewollt, sprach er in einleitenden Blättern aus, die er „Das Ghetto" überschrieb. „Das jüdische Leben zerfällt nach und nach, ein Stück nach dem anderen löst sich ab, darum scheint mir, daß es an der Zeit ist, Poesie und Geschichte und beide vereint seine Bewegungen im Bilde festhalten zu lassen." Im Gegensatz zu den verlogenen modischen Judenromanen wolle er eine Reihe historischer Zeit- und Sittenbilder aus dem Leben der Ghettos nach der Natur malen. „Spinoza" bilde die erste Abteilung des Zyklus. Gern hätte er das Werk an das Ende gestellt, da das Ghetto im höheren Sinne mit Spinoza aufhöre, aber unwiderstehlich habe gerade dieser Held ihn gepackt und überdies dauere das Ghetto bis auf die Gegenwart. Entscheidend war wohl der Glanz des Welt- namens, der Spinoza weit strahlender umleuchtete, als den von Gutzkow 1835 auserkorenen Sadduccäer von Amsterdam Uriel Acosta, der un- tadelige Lebenslauf, der in den Aufzeichnungen eines eifrigen Spinoza- gegners, des protestantischen Predigers Colerus, wie in einer Heiligen- legende sich offenbart. Von den kurzen fünfundvierzig Jahren, die

Spinoza zugemessen waren, umfaßt Auerbachs Roman nur fünfzehn, die Amsterdamer Werbezeit 1647—1661, und selbst für diese Anfänge gewinnt der Erzähler erst Raum, nachdem er die Vorgeschichte der aus Spanien flüchtigen Sippen Spinozas vorangeschickt hat. Am Grab des Selbstmörders Acosta wird der sechzehnjährige Baruch von einem Fremdling nach den Schicksalen des wie ein Unhold verscharrten Unglücklichen ausgeholt; der Ankömmling, Daniel Carceres, der dem Glaubenszwang der Inquisition entfloh, hört auf dem ersten Gang durch das Land religiöser Duldung vom Fanatismus herrschsüchtiger Rabbiner. Als alter Landsmann in Spinozas Vaterhaus wohl aufgenommen, berichtet Carceres von dem traurigen Ende, das Spinozas Ohm, der Mönch geworden, genommen; im Zwiespalt mit sich und seinem Glauben starb Fra Jeronimo in halbem Wahnwitz. Eine flüchtige Anspielung des Gastes auf die maurische Herkunft der Mutter Spinozas beschäftigt den Knaben so angelegentlich, daß er zum Lohn für früh errungene rabbinische Ehren vom Vater die Geschichte seiner Brautwahl hören will. Die weitverbreitete, haltlose Sage von Spinozas halb-heidnischem oder halb-christlichem Ursprung sollte seinen Ketzersinn aus seinem Ketzerblut erklären, auf seinen Zusammenstoß mit der Synagoge vorbereiten. Baruchs erste Bedenken gegen die Gemeingültigkeit der Satzungen melden sich in der Talmudschule; sie mehren sich bei seiner ersten Einführung in das Lateinische und finden neue Nahrung im Hause des lucianisch-atheistischen Arztes van den Ende, der in der Schädelkapsel eines Steletts als höchsten Weisheitsschatz das Büchlein de tribus impostoribus aufbewahrt. Tieferen Eindruck noch als der Glaubensspötter übt dessen Tochter Olympia auf Spinoza, der, nach kurzen Zweifeln, der Liebe des schönen und bedeutenden Mädchens gewiß, durch seinen Übertritt zum Christentum ihre Hand gewinnen könnte. Solcher Untreue gegen seine Überzeugung ist ein Mann nicht fähig, der die Widersprüche der Überlieferung, die Einseitigkeit des Judentums, den Irrglauben kabbalistischer Schwarmgeister nicht deshalb durchschaut und abgewiesen hat, um zu den Wundern des Neuen Testamentes sich zu bekennen. Er besteht die Versuchung der Liebesprobe so fest, wie Verfolgung und Bann der Judenschaft, die ihn ausstößt, weil er der Synagoge fernbleibt, und durch Bitten so wenig wie durch Drohungen oder Gold zur Umkehr oder auch nur zum Verschweigen der Wahrheit sich bestimmen läßt. Verraten von Olympia, gemieden von seinen Blutsverwandten, bewahrt er jene erhabene Gelassenheit, die der Weisheit letzter Schluß seiner Ethik ist. Und im Traum naht dem Selbstüberwinder Ahasver, das Urbild des in der Diaspora rast- und heimatlos umherirrenden Judenvolkes, von dem Spinoza als Erlöser den alten Fluch genommen.

Nicht das Lebenswerk Spinozas, nicht einmal die Genesis seiner Gedankenarbeit, geschweige le roman philosophique de sa vie, nur seine angeblichen Liebeleien und Liebhabereien wurden dem Erzähler unwillkürlich die Hauptsache. Kleine und große anekdotische Züge, die Colerus vom Haushalt, von den Hauswirten, von den Zeichenversuchen, vom Kriegsspiel Spinozas mit Fliegen und Spinnen überliefert, sind reichlich ausgeschöpft. Die talmudische Behauptung, daß aus Mischehen Abtrünnige hervorgehen müssen, hat zur romanhaften Ausschmückung von Spinozas halbmaurischer Abstammung und damit zur freierfundenen Manuela-Episode geführt; die (seither durch die Geburtsregister widerlegte) ebenso grundlose Fabel, daß Spinoza sich in die Tochter seines Lehrers verliebt habe, den Uranstoß zur ganzen Geschichte gegeben. Spinozas Beziehungen zu Condé, den de Witt und Leibniz, seine wuchtige Abwehr des katholischen Proselytenmachers de Burgh, die Widerwärtigkeiten nach der Veröffentlichung des theologisch-politischen Traktates, die Ablehnung des Rufes an die Heidelberger Hochschule, die letzten Jahre im stillen Stübchen der Paviljoensgracht im Haag läßt „der gemütliche Belletrist", wie ihn Kuno Fischer des Spinozaromans wegen nannte, beiseite. Und selbst in der Beschränkung auf Spinozas Jugendleben sieht man weit weniger seine allmähliche Befreiung von der Tradition, das Werden und Wachsen seiner Bibelkritik, sein Eingehen in, sein Fortschreiten über den Kartesianismus, als vielmehr Auerbachs Doppelgänger, den Vorläufer des Jvo der Schwarzwälder Dorfgeschichten, der auf dem Weg von Hechingen zum Tübinger Privatdozenten Strauß in den Zwiespalt zwischen der gemütlichen Anhänglichkeit an den Glauben der Väter und freier Forschung — nebenher wohl auch in Liebesnöte — gerät. In solchen Gedankenkämpfen furchtlos und durchgreifend mit dem Gleichmut Spinozas abzuschließen, blieb Auerbach zeitlebens versagt. Dem Heldentum Spinozas wird er denn auch mehr durch laute Worte, als durch

wahlverwandte, geometrische oder naturforschende „Methode" gerecht.
Mängel, die unabhängig von Strauß auch Gabriel Riesser unbefangen
angemerkt hat. Schärfer Aufmerkenden mußte dagegen schon in diesem
Erstlingswerk der eigentliche Beruf Auerbachs, seine Begabung für das
Zeit- und Sittenbild, auffallen. Die Poesie des Familienlebens an der
Gasttafel des Hausvaters Spinoza; die friedlichen und stürmischen Auf-
tritte in der Synagoge; Gottesdienst und Talmudschule; das Reinigungs-
bad des Kabbalisten und die Sterbezeremonien im Judenhause sind
von einem sicheren Kenner sicher wiedergegeben. Nicht minder kernig
als jüdisches ist niederländisches Volksleben behandelt, besonders geraten die Schilderung von Menschen und Dingen am Tag der Verkündigung des Westfälischen Friedens in Amsterdam. Lebenstreu
wirken die Leute aus den unteren Ständen: die Hauswirtin von
Spinozas erstem Magister, Frau Gertrud Ufmsand, wird ihr Urbild
vermutlich unter Bertholds Herbergsmüttern geholt haben und der
verkrüppelte Brillenschleifer, der sich in die Weltordnung geduldig und
heiter schickt, lobt seinen Meister. Persönlich gehalten sind alle Juden
der zweiten Reihe, der neidisch-rachsüchtige Chisdai, die alte Chaje,
Spinozas Schwester Mirjam, vor allem der zuletzt in einer berufenen
Gasse von sehr weltlichen Schedim eingefangene Kabbalist. Um die
Wortführer der höheren Lebenskreise ist es nicht so tröstlich bestellt.
Meyer und Oldenburg treten im Briefwechsel Spinozas kräftiger her-
vor, Olympia ist die erste, nicht die letzte, unzulänglich geschaute und
gemalte Auerbachsche Frauengestalt der gebildeten Gesellschaft, der
Romanheld Spinoza in seiner Schönrednerei nicht zu vergleichen mit
dem wie in schmuckloem Stahlharnisch einherwandernden streitbaren
Realisten des theologisch-politischen Traktates, dem Logiker der Briefe
und der am Macchiavell geschulten Abhandlung über Politik. Die
Krone des Werkes, Ahasvers Besuch bei Spinoza, ist aus einem schweren
Goldkorn Goethes getrieben.

Nach der Vollendung des „Spinoza" wurde Auerbach der Nachfolger von Gutzkow und Schlesier als literarischer Kritiker der „Europa". Die drei- bis vierhundert Gulden Jahresgehalt, die Lewald
bot, waren dem Bedrängten willkommen. Auerbach rezensierte aber nicht
des Brotes willen. Schon zuvor hatte er für das vom Tübinger Kollegen-
kreis, obenan Kausler und Kurz, gespeiste Blatt „Der Spiegel" Anzeigen

beigesteuert, zumeist über Orientalia. Die (niemals gesammelten) Aufsätze der „Europa" mieden zu seinem Heil immer mehr die „literarischen Judengassen". Er zieht die meisten Zeiterscheinungen von Belang in seinen Kreis. Und sein Geschmack entwickelt sich so gesund, sein Künstlersinn bildet sich so gelehrig an den richtigen alten und neuen Mustern, daß diese „literarischen Übersichten" nicht nur als Proben seiner kritischen Fähigkeiten in Betracht kommen. Bewußt und unbewußt deuten sie auf seine eigenen schöpferischen Absichten. Die Verkehrtheiten der Zeit fertigt er beherzt ab, sie verdunkeln keinen Augenblick seine Zuversicht auf die Zukunft der deutschen Dichtung, weil er der Heilkraft der Volksnatur vertraut und mit heller nie getäuschter Entdeckerfreude in mancher Neuigkeit der Jahre 1838 bis 1839 — wahrer Kometenjahre der deutschen Literatur — Unvergängliches, in manchen namenlosen Werdenden die kommenden Meister erkennt. Gleich sein erster Beitrag, über Titel und Vorreden in der neuesten schönen Literatur, zeigt Auerbachs Gegensatz zu den Tagesmoden. Der Mann, der später selbst für sich und andere (Simons „Annehmen oder Ablehnen?"; Hammers „Schau um Dich und schau in Dich"; Otto Ludwigs „Zwischen Himmel und Erde"; Kellers „Fähnlein der sieben Aufrechten"; Ebers' „Ägyptische Königstochter") so viel Titel prägen sollte, nennt den Titel das Antlitz, die Vorrede den Puls des Buches. Ein lavaterischer Physiognomiker vermöchte nur aus den Verschiedenheiten der Titel die Wandlungen des Geschmackes herauszulesen. Die alte Zeit, auf deren Gesichtern mit roter Fraktur geschrieben stand „Darinnen zu finden ist die grausame Historie 2c.", sei dahin. Die Büchergesichter der Gegenwart wetteifern mit der Unnatur der Reifrocksperiode, sie tragen Schminke und Schönpflästerchen. Seit dem „mythischen" Jahr 1830 jagte eine Titelmode die andere. Heine, der Abgott der commis-voyageurs, brachte die Reiseskizzen, Tableaus, die Bilder- und Reliefliteratur in Schwung. Börnes Briefe aus Paris hatten die Briefe eines Narren an eine Närrin, die Briefe eines Verstorbenen und andere Geckentitel zur Folge, „bengalisches Titelfeuer auf zusammengelesenen Artikeln" (z. B. Gutzkows „Götter, Helden und Don Quixote") die Papierschnitzelliteratur auf dem Gewissen. Unnatur des Titels, wie (die von Auerbach verworfene Aufschrift eines Romans von Willkomm) „Die Europamüden" verrate die Unnatur des Inhalts. Das Buch sei kein Lebensbild, sondern Darstellung von Ansichten und Tendenzen, wie sie nur unter einem kleinen Kreis von Literaten aufsteigen, deshalb seien fast alle modernen Charaktere Schriftsteller, deshalb führe die moderne Phraseologie zum Bombast Hoffmanswaldaus. Bardeloh, mit dem Orden des Weltschmerzes in der Brust, hat Nachts in seinem Studierzimmer als Lampe einen Schädel, in dem eine Spiritusflamme brennt, im Doppelkreuz darüber eine Menge glänzender Dolche. Der hypergeniale Dichter Casimir beschreibt, mit umgekehrten Lettern, Gottes Besuch in der Hölle. Den Ekel derartiger Romangestalten an der „verstandesschwachen Nachgeburt des überzivilisierten Europa" läßt Auerbach nicht gelten. „Weder für das Leben noch für die Kunst, auch nicht für die Aussöhnung und Vermittlung beider kann auf diese Weise Förderliches erzeugt werden."

Jeder, in dessen Herz die Ideen der Zeit Widerhall gefunden haben, muß eine Literatur willkommen heißen, die sich das Ringen und Kämpfen unserer Zeit zum Gegenstand gemacht hat. Hier muß dann eine reale oder poetische Wahrheit ihr Recht behaupten; mit dem Verzweifeln an der Gegenwart und dem Frohlocken für die Zukunft ist nichts getan. Eine Welttat zu vollbringen, ist nur wenigen Heroen der Menschengeschichte gelungen, die Nationen haben aufgehört, bloße Nullen zu sein, denen erst Heroen als Nenner Wert verleihen; darum ist die Völkergeschichte nicht erstorben, wenn auch ihre Momente nicht so in die Augen springen.

Den modernen Schmerzenreichen gegenüber behauptet Auerbach, die Zeit sei nicht zerrissener, nicht minder frisch und keimfähig als je irgendeine in der Weltgeschichte.

Sind auch ihre Springfedern niedergehalten, sie sind nicht zerknickt und erlahmt. Tausendfache Enttäuschungen dürfen uns den Glauben an die Jugendkraft Europas nicht nehmen, denn mit ihm haben wir uns selbst aufgegeben.

Hat es Auerbach nach seinem offenen Bekenntnis weh getan, Willkomm rügen zu müssen, so wird ihm doppelt wohl beim freundlichen Fürspruch für Hermann Kurz' „Genzianen", „Blumen, die auf der Neckarseite der schwäbischen Alb wachsen." Stört den Kritiker bisweilen auch mehr Genialitätssucht als Mut, im ganzen ist ihm Sinnigeres, Ansprechenderes, Zarteres seit langem nicht vorgekommen.

In der Einfachheit und poetischen Tiefe erinnert Kurz bisweilen an einen der lieblichsten Dichter Deutschlands, dessen Schaffenstrieb sich gewiß zu aller Lust und Freude von neuem regt. Ich meine Clemens Brentano, „Geschichte vom braven Kasperl und dem schönen Annerl. Berlin 1838." So lautet der Titel eines kleinen Büchelchens, das vor mir liegt. Es ist erfreulich, in unseren Tagen, wo sich die Poesie in dem schroffen Gegenüberstellen der Gegensätze, in dem Raffinement des Schreckens und der Zerrissenheit überbietet, solche e i n - f a c h g r o ß a r t i g e Bilder wieder erstehen zu sehen, die mehr als alles Wimmern und Winseln impotenter Wortführer das Wehe unserer Zeit vor Augen stellen. Manches in dem Brentanoschen Werkchen erinnert an früher Bekanntes und der Volkssage Entnommenes; aber dies ist zu einem solchen frischen Ganzen verarbeitet, so edel und schmucklos gehalten, daß niemand ohne tiefe Erschütterung diese wenigen Blätter gelesen haben wird. Daß nur ein leiser Humor mitunter daraus hervorlugt, ist als ein Vorzug dieses Produktes zu betrachten; wir haben so viele altkluge Humoristen, daß man wohl daran tut, einfach und ohne viel Selbstbespiegelung das, was man will, hinzustellen auch auf die Gefahr hin, von jenen Welthumoristen in eine niedere Sphäre rangiert zu werden.

Als Auerbach bewegten Herzens diesen Lobspruch niederschrieb, ahnte er nicht, daß er drei Jahre später die von Clemens Brentano betretenen Wege weiter verfolgen würde. Wie gründlich er sich schon dazumal unter den Volksschriftstellern umgesehen, bezeugt seine Würdigung eines Neudruckes der Werke von Claudius.

„C l a u d i u s ist einer jener Episodencharaktere, denen in einer fortlaufenden Literaturgeschichte selten ihre gehörige Stelle angewiesen werden kann, während sie doch für die Kulturgeschichte von nicht geringer Bedeutung sind. Noch heute ist er namentlich durch einige seiner Lieder und durch seine populären Briefe in weitesten Kreisen bekannt; er stellt eine Lichtseite jenes beschränkten, in sich vergnüglichen Philistertums dar, über das ein heiterer poetischer Schmelz ausgegossen ist; die absonderlichen Wendungen und Kapricen sprechen wohltuend an; die tiefe Religiosität und ungeschminkte Poesie, vor allem aber der natürliche gemütliche und gemeinverständliche Humor gewinnen ihm die Gunst des Lesers. Claudius hat zuerst jene Art von Humor in die Literatur eingeführt und sich dadurch ein günstiges Publikum erworben. Seitdem ist der Humor fast zum Gemeingut der Nation geworden, aber es ist nicht mehr jener ruhig lächelnde, hoffnungsreiche, sondern jener bittere, verzweifelnde, selbstverzehrende, der durch die ewigen Enttäuschungen am Mark unserer Nation zu zehren droht. Claudius ist Volksschriftsteller in dem Sinne, wie unsere Literatur nur wenige zählt; P e s t a l o z z i in Lienhard und Gertrud und Z s c h o k k e in seinem Goldmacherdorf und seiner neulich erschienenen Branntweinpest haben auf die dankenswerteste Weise das Volksbewußtsein zu berichtigen gewußt; S c h m i d behandelt derartige Themas zu sehr in der kindlichen naiven Weise; die meisten übrigen sind nur als Bauern verkleidete Professoren; der einzige, der Claudius an die Seite und wohl noch über ihn zu stellen wäre, ist H e b e l. So wenig ich sonst das triviale Thema von einem Unterschied zwischen Nord und Süd hervorheben möchte, so ist er doch hier zu augenfällig, als daß er übergangen werden könnte. Hebel als rheinländischer Hausfreund und Claudius als Wandsbecker Bote, wie verschiedenartig waren die Grüße und Mären, die sie mitbrachten, in Claudius ist das dialektische, in Hebel das gemütliche Element vorherrschend; i n b e i d e n e i n H e r z f ü r d a s V o l k , f ü r L i c h t u n d F r e u d e i n g ö t t l i c h e n u n d m e n s c h l i c h e n

D i n g e n: leider verfiel Claudius später von seiner erhabenen Ergießung über das Evangelium Johannis immer mehr in einen religiösen und politischen Mystizismus, während Hebel bis an sein Lebensende drollige Schwänke im Munde hat und mit ruhiger Freude und Bedachtsamkeit den großen Bewegungen der Zeit folgt; Claudius besang wohl auch in kräftigem Odenschwunge das Entzücken und die Freude an der Natur, aber im nebligen Norden wohnend sind es mehr die häuslichen Genüsse, die Winterfreuden im weiteren Sinne, die er verklärt, während Hebel in einem üppigen von Weinreben bekränzten Lande die Naturlaute seiner umfriedeten Heimat selbst in ihrem eigenen Idiom lieblich erklingen läßt. Aller Unterschied zwischen Nord und Süd ist jedoch nur ein relativer und zufällig bedingter; erst durch ihre gegenseitige Anerkennung und Durchdringung wird jene höhere Einheit erreicht, welche unsere Zeit anzustreben hat."

Dem koketten Weltschmerz ein unbeirrbarer Widersacher, verteidigt Auerbach dem zahmen und verwaschenen Philisterium gegenüber G r a b b e. „Hier war nun einmal," so schreibt er nach der Ausgabe der „Hermannsschlacht" und im Anschluß an Dullers Biographie, „der prometheische Troß, die Zerrissenheit, die Schwäche, die sonst bis zum Ekel affektiert worden waren, mahnend und ernst aus dem Buchstaben heraus ins Leben getreten und hatten sich der Stärksten einen zum Opfer erwählt. Grabbe ist wie Waiblinger in einer Mischung von Wut und Lethargie der Welt und dem besseren Ich gegenüber untergegangen, nur daß Grabbe moralisch und poetisch über Waiblinger erhaben ist." „Die Hermannsschlacht" rühmt der Kritiker als Riesenbau, die Kuppel prangt auf glänzender Höhe, das Gebälke steht mitunter noch kahl, die Treppen im Innern fehlen; in Charakter und Situationen offenbare sich Urkraft. In Grabbes „nicht bühnengerechten Dramen" seien Ansätze zu neuen Formen des deutschen Nationalepos. M o s e n s Ahasver scheint Auerbach in Einzelheiten rühmlich, F r e i l i g r a t h s Gedichte werden Blatt um Blatt gewürdigt, zutreffend gewürdigt. Das Neuartige seiner exotischen Stoffe, die Überlegenheit seiner Form läßt den Kritiker nicht übersehen, daß Freiligrath (in den Auswanderern, der Tanne, dem Tod des Führers 2c.) „ein Herz für das Volk und die zahllosen Bande, die uns ans Vaterland ketten, bekundet". Feinhörig spricht er Freiligrath die Fähigkeit ab, ein Volkslied, das in einer allgemeinen Empfindung sein Echo findet, zu schaffen, gleich Goethe und Uhland. Sein „Prinz Eugen" und vor allem die Geusenwacht ist Auerbach aber ein untrüglicher Beweis, daß Freiligrath Krieger- und historische Volkslieder gelingen können (eine Ahnung, die 1870 durch unvergängliche Schöpfungen erfüllt wurde). In demselben Jahr 1834 erschienen Mörikes Gedichte, von Auerbach begrüßt, wie es sich gebührt.

„Hier ist die echte Poesie, wie sie nur die Auserwählten zu reichen vermögen." „Eduard Mörike, von seinen Genossen stets als der Erste unter ihnen anerkannt, hat im Kampf mit der Romantik, wie er sie in Tiecks und Hoffmanns Dichtungen vorfand, die echte Romantik gefunden, die in allen großen Dichterwerken liegt, die uns schon im Homer entzückt, jene Anschauung der Welt, in der sie so seltsam, fremd, und doch so heimlich, so bekannt erscheint." „Das bare wirkliche Leben so anzusehen, daß es in seiner Wahrheit zugleich Poesie ist, ist die wahre Dichtergabe, die nur wenigen verliehen ist, unsere meisten Dichter leben von der Täuschung und Lüge und lassen sich nur bei geschlossenen Fensterläden lesen." „Mörike hat wie Goethe im Quell antiker Poesie seine Augen rein gewaschen, um klar in das moderne Leben zu schauen."

Viel Besseres, als diese 1838 geprägten Schlagsätze des jungen Auerbach, haben die berufensten Kenner Mörikes seither nicht zu sagen gehabt, und Besseres und Abschließenderes, als gleich nach dem Erscheinen des ersten Teils von Immermanns Münchhausen (Düsseldorf 1838) derselbe Kritiker äußerte, wird auch nicht leicht zu finden sein. Auerbach verehrte Immermann schon vorher als einen der Unabhängigen im Lande; seine Stellung im Staate gab ihm Halt. „Wir sehen viele sich in einer gemachten literarischen Welt bewegen, die (wie Mundts Komödie der Neigungen zeigt) auf Unnatur gebaut, nur Aberwitz erzeugen kann. Das literarische Leben soll die Blüte des jeweiligen Zeitlebens sein, nicht aber eine Treibhausblume oder gar eine Putzmacherblume." Immermanns letzte Tragödie „Die Opfer des Schweigens" läßt Auerbach nur bedingt gelten, über den Münchhausen spricht er feuriger.

„Mancher könnte sich durch die Absonderlichkeiten und das vorherrschende Literarisieren des ersten Buches in dem ruhigen Genusse dieses Werkes irren lassen, hat man sich aber in diese hineingefunden und ist man auf das zweite Buch gelangt, so wird man mit seltener Freude und stillem Behagen dem Dichter folgen. Für denjenigen, der die Erscheinungen der neuesten Literatur mit aufmerksamem Auge betrachtet hat, enthält auch das erste Buch des Interessanten und pikant Witzigen viel; ich muß indes gestehen und habe es in diesen Blättern schon mehrfach ausgesprochen, daß mir dieses immerwährende Literarisieren ein Abweg scheint, den die Besseren vermeiden sollten." „Faßt man nun gar die komische Seite der literarischen Zustände auf, so macht das auf mich den Eindruck, wie jene widerwärtigen Lustspiele, wo man das Theater auf das Theater bringt. Das literarische Element scheint indes bei dem vorliegenden Werke ein untergeordnetes zu sein, ein frisches und gesundes Leben entfaltet sich

vor uns in dem zweiten Buche; es ist, als ob wir plötzlich aus den Blättern für literarische Unterhaltung heraus, mit einem Ruck in ein schlichtes und markiges Landleben uns versetzt fühlten. Die Schilderung des westfälischen Bauernlebens ist kräftig
und schön, inwiefern sie getreu ist, mögen Landeskundige beurteilen. Den Charakter
Münchhausens läßt Immermann in dem Briefe eines jungen Schwaben, einer sehr
lebenswahren Figur, folgendermaßen schildern: ‚In diesem Erzwindbeutel hat Gott
der Herr einmal alle Winde des Zeitalters, den Spott ohne Gesinnung, die kalte Ironie,
die gemütlose Phantasterei, den schwärmenden Verstand einfangen wollen, um sie,
wenn der Kerl einmal krepiert, auf eine Zeitlang für seine Welt stille gemacht zu
haben.‘ Von diesem Gesichtspunkte aus erhält das Ganze eine weit tiefere, als eine
bloß literarische Bedeutung. Sehr schön und wahr ist es, daß der Dichter einen Diakonus
in einem verborgenen Winkel des Vaterlandes die tiefsten Interessen des Vaterlandes erörtern läßt, während der Geistliche mit dem jungen Schwaben hinter dem
Karren einhergeht, auf dem er seine Alimente eingesammelt hat. Besonders schön
ist, was der Diakonus über den Esprit der französischen Literatur, im Gegensatz zur
deutschen, das Verhältnis der französischen und der deutschen Aristokratie zur Literatur
sagt, überhaupt finden sich hier so kräftige und gesunde Ansichten und Charaktere, die
junge und gesunde Welt steht der veralteten, sowie der überschraubten mit solcher Frische
gegenüber, daß man mit Begierde der Fortsetzung dieses Werkes entgegensehen muß.“

Der Freudigkeit, mit der hier Auerbach der Förderung alles
Tüchtigen und Triebkräftigen das Wort redet, ist nirgends die arge
Bedrängnis anzumerken, in der er diese Anzeigen schrieb. In Stuttgart war, nachdem auch der Versuch fehlgeschlagen, eine Lehrerstelle
an einer privaten Erziehungsanstalt zu finden, seines Bleibens nicht
mehr. Weihnachten 1837 verbrachte er im Pfarrhaus von Buoch im
Remstal; dort war Kausler Vikar, Hermann Kurz schrieb im
Gastzimmer an seinem (nachmals „Schillers Heimatjahre“ genannten)
Roman „Heinrich Roller“ und Pfarrer Glück, der Komponist der Weise
zu Eichendorffs „In einem kühlen Grunde“, der Sänger von „Bert-
rands Abschied“ und „Schweizer Heimweh“, ließ eine Flasche guten
roten Vierunddreißiger nach der anderen aus dem Keller holen. Am
Tisch sangen sie zu vieren, mehr aber noch sang Pfarrer Glück, von
Angesicht und im Wesen seinem Landsmann Schubart sehr ähnlich,
allein am Klavier, besonders gern Horazische Oden, die er selbst in
Musik gesetzt hatte. „Dein Buch könnte mir gefallen,“ sagte er dem
Erzähler des „Spinoza“, während er ihn umarmte, „aber es sind mir
zu viel Juden darin. Ich kann halt die Juden nicht leiden.“ Ehedem
Garnisonspfarrer auf dem Hohenasperg, seiner ganzen Art und Natur
nach weit eher zum Soldaten oder Künstler, als zum Priester geschaffen,

ritt und fuhr Glück gern mit den Offizieren in der Gegend umher und lernte dabei die böse Zunft christlicher und jüdischer Roßtäuscher nur allzu gründlich auf seine Kosten kennen. Auerbach hat Glück gleich nachher als „weltbekanntem Unbekannten" im März 1838 und sechsunddreißig Jahre später im „Herbstblatt aus dem Remstal" ein Ehrenmal gesetzt: der Denkstein, den Auerbach für den Schöpfer der tief ins Volk gedrungenen Melodie „Herz, mein Herz, warum so traurig" forderte, ist dem Frühgeschiedenen versagt geblieben. Ungenannt lebt er durch seine Weisen im Munde deutscher Studenten und Zecher, im Bürgerhaus und in der Bauernschaft bis zur Stunde fort. Aus dem christlichen Pfarrhaus von Buoch begab sich Auerbach zum Rabbiner von Braunsbach, Naphtali Frankfurter; die Ortschaft ist im Schlußkapitel von Florian und Crescenz nicht vergessen; so billig der Aufenthalt in dem kleinen Marktflecken am Kocher war, zur dauernden Niederlassung taugte er nicht. Auerbach wandte sich deshalb nach Frankfurt, wo ihm trotz oder wegen seiner dürftigen Verhältnisse gemütlicher Verkehr mit lieben, zu gleicher Sparsamkeit gezwungenen Kameraden blühen sollte. In der Schäfergasse war ein Wirtshaus „zur Stadt Ulm", wo für vierundzwanzig Kreuzer Rheinisch ein genügendes, gutes Mittagessen zu haben war. Dort speiste Auerbach mit Rudolf Kausler, der an einer „Geschichte der Liebe" arbeitete. Dort trafen sie eine bunte, fröhliche Gesellschaft, die Maler Teichs, Peipers, Trost, Rethel und dessen Intimus, den nachmaligen Gymnasialprofessor Hechtel, ein Kastor und Pollux-Paar, das nur Rechtel und Hethel angerufen wurde. Mehrmals in der Woche kam auch der Mediziner Heinrich Hoffmann, seither durch seinen „Struwwelpeter" gleich dem Pfarrer Glück „ein weltbekannter Unbekannter". Dieser seelenvergnügte Humorist wurde von den Malern meist traurig begrüßt, sie wußten, daß sie zu lange sitzen bleiben, die hellen Nachmittagsstunden bei Hoffmanns Schnurren, statt bei der Arbeit verbringen würden. Auerbach war kein geringerer Erzähler, als Hoffmann; er hatte nur große Angst, dieselben Geschichten zweimal vorzutragen. Fragte er Hoffmann: „Hab' ich die und die Geschichte schon erzählt?" dann lautete die Antwort ausweichend; war Auerbach fertig, dann hieß es aber: „Das war hübsch und gut gesagt, aber wir bewundern das Gedächtnis unseres Freundes, wörtlich ebenso hat er das nämliche vor acht Tagen erzählt." Alle lachten, allen voran

Auerbach. Ebenso harmlos nahm er eine andere Neckerei Hoffmanns auf; seine Kleider waren abgetragen, sein Bart ziemlich ungepflegt; das veranlaßte Hoffmann zu der Scherzrede: „Hören Sie, Auerbach! Sie müssen jeden Morgen vor den Spiegel treten und sich fragen: ‚Berthold! Kannst du so lithographiert werden?' Sie können einmal über Nacht berühmt werden und wenn Sie dann so, wie Sie jetzt aussehen, porträtiert werden, so ist das ein Unglück fürs Leben." Ein Lachsturm brach los, der seinesgleichen nur ein anderes Mal fand, als ein Mitglied des Speisekollegiums, der preußische Exleutnant Corbin-Wrbitzky, der eine Jagdzeitung herausgab, seine Verlobung mit einer Frankfurterin anzeigte und trocken hinzufügte, er sei glücklich, einen Pfarrer gefunden zu haben, der allein den Redakteur einer Jagdzeitung trauen könne und dürfe: einen Prediger namens Rehbock. Corbin ließ sich wirklich im grünen Frack mit Jagdknöpfen von Rehbock trauen. Vieler guten Stücklein, die zuerst an dieser Mittagstafel zum besten gegeben wurden, hat sich Auerbach später für seinen „Gevattersmann" und „Volkskalender" erinnert, dem unversieglichen Hoffmann schon dazumal zugerufen: „Halten Sie Haus! Man kann ja Bücher daraus schreiben." Hoffmann erwiderte: „Gut, Auerbach! Machen Sie welche daraus. Ich kann das nicht!" Mehr als einmal zog er schon in Frankfurt mitten im Gespräch Papierblättchen heraus, notierte Witzworte, Anekdoten, Schwänke und steckte die Notizen wieder in die Westentasche: ein bedenkliches Gegenstück zu Jean Pauls Zettelkasten.

Reiche Anregung brachte Auerbach das große, von Gottfried Kellers Liebling Schnyder v. Wartensee zum Besten der Mozartstiftung veranstaltete große Sängerfest. Aus Hanau, Offenbach, Mainz kamen Sangesbrüder. Das Sachsenhauser Volk hatte seinen Spaß, als die Schiffe landeten, und nannte den „Weißkopf", Mozarts Gipsbüste, den Vater der Musik. Auerbach hörte als Berichterstatter der „Europa" andächtig in der Katharinenkirche zu; hernach machte er die reizend beschriebene Fahrt ins Wäldle, den Urschauplatz des Faustschen Osterganges, und das Festmahl in der Mainlust mit. Die Männerchöre gefielen ihm wohl. Aus dem Sängeralbum hob er mit sicherem Urteil das Gelungenste, Weismanns Deutsches Lied und Heinrich Hoffmanns Lyrica, heraus. Außer der unvermeidlichen Judenglosse sparte er nicht mit wohlgemeinten Mahnungen: man dürfe solche Feste nicht als Nationaleinigungen ansehen, durch allzuhohe Eintrittspreise die Massen nicht fernhalten, die Gesänge nur vierstimmig einfach, nicht wie Spohrs Vaterunser oratorienmäßig behandeln. Arndts (von Speyer vertontes) Lied „Was ist des Deutschen Vaterland" nennt er „ein echtdeutsches, denn es ist echtdeutsch, daß der Provinzialismus erst katechetisch überwunden werden muß und dann erst die tiefe Pietät für das Gesamtvaterland sich erschließt".

Wunderliche Heilige lernte Auerbach in den Frankfurter Journalisten kennen, den nachmals von Riehl so fein porträtierten Redakteur der Oberpostamtszeitung, B e r l y, der nur Champagner trank; Gutzkows Herolde, wie den Korrespondenten E b n e r, der sich seine Instruktionen aus dem Bundespalais holte, doch auch gern den Liberalen spielte und dabei ein reicher Mann wurde, eine äußerst bewegliche Natur, die sich von Gutzkow dazu benutzen ließ, siebenerlei Reklame für eine neue Arbeit zu machen; „wichtige" und unwichtige Redakteure, harmlose Gesellen und feile Gesinnungströdler. G a b r i e l R i e s s e r, der damals in Bockenheim wohnte, war bald auf du und du mit ihm; trotzdem erschien der recken-hafte Mann mit dem blonden Krauskopf Auerbach anfangs zu tribunen-haft abschließend, von einer zu gleichmäßigen Artigkeit gegen alle Welt, ein erster Eindruck, der sich im Laufe der Jahre wesentlich änderte. Desto besser verstand sich Auerbach mit dem im nahen Wiesbaden als Rabbiner ansässigen A b r a h a m G e i g e r, der ihm als Forscher und Charakter, durch seine freisinnigen Kultusreformen und seine bedeutenden Kanzelreden imponierte. Seiner Festigkeit und Zielbewußtheit gegen-über kam sich Auerbach recht zerfahren vor. Den Gedanken zu einer Tragödie „S a n d s T o d" gab er wohlberaten noch vor der Ausführung auf. Ein Gleiches geschah leider nicht mit dem einaktigen Lustspiel „U l t i m o", dem schlechtesten Ultimo, der nach dem Urteil der Witzbolde jemals in Frankfurt erlebt wurde. Börsenmakler und gewagte Kapitals-anlagen spielen mit dem Liebesglück eines armen Malers und der Nichte einer reichen Dame, dem Genius loci gemäß, à la baisse und à la hausse. Daß der Schauplatz einer Szene vor der Börse ist, nimmt in Frankfurt nicht wunder. Desto verblüffender ist in einer großen Gesellschaftsszene die Einführung eines genialen Grobians E b b a r g (offenbar umgekehrt zu lesen: G r a b b e), der zum Entsetzen aller Salondamen schreiend Rum begehrt und mit seinen Kraftmeiereien in ihre Nippesgespräche hineinplatzt, als ob „neben Pariser Chargen und chinesisches Porzellan das Straßburger Münster auf eine Etagere gestellt würde, die unter solcher Last zusammenbricht". Ebbarg-Grabbe spricht übrigens lange nicht das tollste Zeug. Der Liebhaber, Dr. Albrecht Dutelionowsky, Maler und Dichter, wird von seinem Freund, einem Notar, „Besitzer des gedruckten Nibelungenschatzes, des Fortunati Wünschhütlein und des salomonischen Siegelringes, Vereiniger der blauen Blume der Romantik und der Passionsblume der Modernik" genannt. Böse Redensarten, derengleichen auch „Variationen auf der G-Saite", einen Vortrag, den Auerbach am 8. Februar 1839 im Frankfurter Museum hielt, „Andeutungen über Geschichte und Geist der Gesellschaft", verunstalten.

Seine Hauptarbeit in diesen Frankfurter Jahren war aber der zweite Teil des „Ghetto", ein Judenroman aus dem 18. Jahrhundert. 1836 hatte eine Stuttgarter Dame Auerbach die aus dem Nachlaß des Breslauer Epigrammatikers Kuh herausgegebenen Gedichte mit dessen Biographie geliehen und sein Urteil erbeten; die Lektüre regte den Dichter gleich dazumal zu der bereits erwähnten, in Kühnes Zeitung für die elegante Welt gedruckten Lebensskizze an, in der er die biographischen Tatsachen frei umgestaltete. 1837 verpflichtete sich Auerbach für Metzler in Stuttgart zu einer Gesamtausgabe der Schriften von Moses Mendelssohn, der seine Biographie vorangehen sollte. Auch diese Studien über die Mendelssohnzeit kamen den Vorarbeiten zu dem neuen Roman zugute, der ursprünglich heißen sollte: „Der jüdische Dichter. Ein Tableau aus der Zeit Friedrichs des Großen" und 1840 herausgegeben wurde unter dem Titel: „Dichter und Kaufmann."

Der geschichtliche Kuh, als Sohn eines vermögenden Breslauer Handelsmannes von diesem zum Rabbiner bestimmt, wurde von seinem ersten Lehrer, einem dem Talmud entwachsenen, freigeistigen Polen, der Gottesgelehrtheit entfremdet. Mit Zustimmung des Vaters wendete sich Moses Ephraim Kuh nun dem Kaufmannsberuf zu, für den er bei Christen in deutscher Lehre herangebildet ward. An die Stelle des Hebräischen trat Deutsch, Englisch, Italienisch, Französisch; mit den Weltsprachen lernte er die Weltdichter kennen; hatte er sich als Knabe in hebräischen Kunstdichtungen versucht, so wagte er sich als Mann in Mußestunden an deutsche Verse. Nach dem Tod des Vaters erbte er

sechstausend Taler. Unabhängig, übersiedelte er nach Berlin, wohin ihn
sein Onkel Ephraim Veitel, der Münzpächter Friedrichs des Großen,
berief und mit dem ansehnlichen Jahresgehalt von tausend Talern an-
stellte. Dort verbrachte er im Verkehr mit Mendelssohn und seinem Kreis
die drei schönsten Jahre seines Lebens. Verschwenderisch fröhnte er
der Liebhaberei des Büchersammelns. Arg- und sorglos ließ er sich von
Bettlern und Schwindlern ausrauben, bis er mit seinem Oheim, der ihn
als Verräter seiner Geschäftsgeheimnisse verdächtigte, in Hader geriet,
deshalb Berlin verließ und auf weite Reisen ging. Verlottertes Leben
brachte ihn leiblich, die Vergeudung seiner Habe wirtschaftlich dermaßen
herunter, daß er, der „als Gelehrter" reiste und zur Vermeidung der
Leibzollplage seine Judenschaft verschwieg, in Sachsengotha angehalten
und als Landstreicher in die Heimat verbracht wurde. In Breslau
nahmen sich seine mittlerweile zum Protestantismus übergetretenen
Geschwister seiner an und sorgten für Brot und Taschengeld. In dem
durch Ausschweifungen zerrütteten Geist erwachte die Jugendneigung
zum Versemachen. Lessing, dem er seine Gedichte vorlegte, wies ihn an
Mendelssohn; dieser, mehr mit der logischen als der ästhetischen Brille
bewehrt, fand mit Unrecht größeres Gefallen an den Oden, als den
Riens und Dragées, den von Martial angeregten Stachelversen Kuhs,
bei dem lang vorbereiteter Verfolgungswahnsinn durch die Unduldsamkeit der Breslauer Rabbiner zum Ausbruch getrieben ward. Milde
Behandlung und allseitiges, sogar von der christlichen Kriegsbehörde
geübtes Entgegenkommen besänftigten den Irren, der „im Mittel-
zustand", in lichten Zwischenräumen seines Leidens die besten Einfälle
hatte und formte. Gervinus waren Kuhs Verse nur als Abbild
ihres Verfassers merkwürdig, obgleich er die Tändeleien und Madrigale
weit besser fand, als ähnliches bei Gleim. Kuh selbst prologiert sehr
bescheiden: „verschiedene Vögel sind die Dichter, verschieden ist die
Melodie, die Lerche Ramler singt im Steigen, der Hänfling Geßner
singt in Zweigen, ich sum' als kleiner Kolibri". Die letzten Fragen
fochten Kuh wenig an. Gottesgläubige, die sich der Mode zuliebe atheistisch stellen, höhnt er. Allein der Fromme ist kein
Frömmler, der Monotheist nicht konfessionell beschränkt. Über Christ
und Jud steht ihm das gute Volk, das ohne Glaubenssatzung mild
gegen Arme, selbst gegen Feinde so barmherzig ist, kein Pfeilgift zu

brauchen: die Wilden, die Indianer. Und wie in Glaubensfragen gilt
ihm auch in der Gesellschaft nur Kern, nicht Schein, nur Güte und
Seelengröße, nicht Rang und Ansehen. Ehrenämter verleihen an sich
ihrem Träger keinen Wert, wie oft ist nicht das Bildnis desto kleiner,
je höher das Fußgestell. Die Steinschmerzen des Ministers Durus
wundern ihn nicht, sein Herz fiel in die Blase. Nur dem Mann der
Tat zollt er Bewunderung, dem Helden und Dichter, der bei Roßbach,
d. h. im Deutschen Hippokrene, als Apoll siegen mußte. Sonst kümmert
sich Kuh selten um Politik, desto ausgiebiger predigt er epikureische und
cynische praktische Lebensweisheit. Das Leben ist eine Spanne kaum.
Drum fülle Lust den kleinen Raum. Zwar Gram und Freude sind
Träume beide. Doch besser ist ein schöner Traum. Deshalb ruft er
an seinem fünfzigsten Geburtstag nach Wein und Phrynen. Singend
wie die Heidelerche will er einst von dannen ziehen. Diese heitere
Weltweisheit wurzelt in trüber Welterfahrung. Er traut den Weibern
nicht, bis zum Überdruß und zur Geschmacklosigkeit gedenkt er ihrer
Falschheit, Putzsucht, Feilheit. In den vier Jahreszeiten der Liebe
ist ihm der Brautstand der Frühling, die Hochzeit der Sommer, die
Hochzeitsnacht schon der Herbst, die Ehe gar der Winter. Mätressen
weiß er nicht anzureden: wie willst du, daß ich schreibe, du Jungfer-
mittelbing, du Mittelbing vom Weibe? Ihren Reizen huldigt er, wenn
auch die Einsicht nicht fehlt: unsere Schönheiten sind ein Nichts vor
der Hottentotten-Venus. Nach solchen Ausfällen überrascht wohltuend die Zärtlichkeit für die Geliebte: „Mit nassen Augen fragest du,
wirst du mich lange lieben, Kuh? Du hoffst Bescheid aus meinem Munde,
weiß ich denn meine Sterbestunde?" Nicht so versöhnlich weist er
falsche Freunde von sich; mehr als einen tut er ab, wie Moses den Stab
von sich wirft, der zur Schlange ward. Fanatische Judenfeinde sind ihm
so widerwärtig wie zelotische Juden. Fragt er auch grollend angesichts
des Leibzolls: lehrt dies euch euer Christ? so verdammt er darum nicht
den polnischen Juden, der Christ wird; schneidig vergleicht er ihn mit
dem König von Sachsen: ein großer Kurfürst, dem kein Mangel droht,
verleugnet die Religion um einen neuen Titel, einen neuen Thron.
Weshalb tadelt ihr den Täufling, dem Brot und Dach fehlen?

Pasquill ist Knute, Satire Rute, meint Kuh. Der Weichmütige
übt nicht einmal diese mindere Strafgewalt. Strenge und Schärfe

sind seine Sache nicht. Nirgends verzerrt er die Grazien zu Furien, seine Rachegöttinnen gleichen Porzellanfigürchen. Vorzüge seines Gemütes werden Mängel seiner Sinngedichte. Nirgends merkt man seinen Versen die tragischen Wetter an, die sein Leben umdunkeln. Er dichtet, weil er dichten muß: nicht für den Nachruhm, im Grabe macht er wenig Freude. Ich mach' ein Lied, wie Seidenwürmer Seide, es quälet mich, es muß ans Licht! So dämmerte Kuh in seiner Krankenstube weiter, bis wenige Jahre vor seinem Tod Eiferer ihn vor das Rabbinatsgericht luden, weil er am Bußtag der Zerstörung Jerusalems nicht gefastet habe. Gereizt verlangte er seine Ankläger zu sehen, die duckten. Ebensowenig ließ er sich von christlichen Seelenfängern packen, die ihn „vom Vater zum Sohne" herüberziehen wollten. Immer stiller, immer leidender, verkehrte er nur mehr mit seinen Geschwistern, besonders zärtlich mit seiner christlichen Schwägerin, die den Gelähmten in seiner letzten Krankheit pflegte. Trotz allen Verfalls besaß der Sieche Willensstärke genug, von seinem Sterbelager ungebetene Tröster und jüdische Zeremonien fernzuhalten, so daß die Zeloten ihm ein rituelles Begräbnis versagen wollten, eine Unduldsamkeit, die durch den Einfluß reicher Angehöriger zu nichte wurde. Ein paar Jahre nach seinem Tod erschien die von Ramler besorgte Auswahl seiner Verse, zu der ein Landsmann, Hirschl, eine leibliche Biographie schrieb.

Nach seinen Schicksalen und Schöpfungen nur ein Episodist in der Geschichte des deutschen Judentums, hat Kuh in „Dichter und Kaufmann" eine ganz andere, keineswegs schärfere oder schönere Physiognomie erhalten. Auerbach verstand weder Kuh als Opfer der Übergangszeit, im Zwist zwischen unzulänglicher Aufklärung und unzulänglicher Toleranz, hinzustellen, noch die Frage zu bewältigen, ob der Poetenberuf mit der Prosa des Kaufmannslebens unverträglich, oder bei ganzen Männern, wie Freiligrath, zu vereinigen sei. Auerbachs Kuh ist kein gutes historisches Porträt, ebensowenig der freigeschaffene Typus eines jüdischen Timon. „Unklar und unstet," wie der Erzähler selbst nach späteren Bekenntnissen in der Frankfurter Zeit gewesen, ist sein Romanheld. Rat- und haltlos liebelt Kuh mit Schönen der verschiedensten Bildungs- und Gesellschaftsstufen; von einer Magd, der Tochter eines jüdischen Schnorrers, gerät er zur christlichen Tochter seines Schreiblehrers, weiter an einer Potiphar

von Schwägerin vorbei zur Schwester Mendelssohns, endlich gar zu
einer Dresdener Gräfin. Die schwächsten Gedichte Kuhs sind ein wahr-
haftigerer Ausdruck seiner Persönlichkeit, als Auerbachs Gedankensprünge, seine Stachelverse gegen falsche Freunde bissiger und indivi-
dueller als die breiten, selbstgefälligen Dialoge de amicitia im Mendels-
sohn-Kreise. In Auerbachs Roman paßt der Mann nirgends zu den
ihm wie Spruchbänder in den Mund gelegten Versen. Ebenso fragwürdig wie d i e s e r Kuh sind die auf ihren Ruhmeskredit eingeführten
Auerbachschen Namensträger M e n d e l s s o h n, L e s s i n g, G l e i m,
die K a r s c h i n, R o u s s e a u, C a s a n o v a. Der Erzähler faßt diese Gestalten nicht in ihrem eigenen Geist und Zeitkolorit, er schiebt sie willkürlich auf seinem Schachbrett her und hin; der Sekretär des Generals
Tauentzien läßt sich von Ephraims Schwester Veilchen anschmachten
und zu einem Kuß hinreißen, Recha Guggenheimer von Ephraim
Kuh Liebeserklärungen machen, Mendelssohn als Stegreifredner de
amicitia und im Riesser-Geigerschen Sinn über Gegenwart und Zukunft
des Judentums vernehmen. Unvergleichlich besser als die Lichtgestalten
sind die realistischen geraten. Meisterlich leuchtet Auerbach in die
schmutzigen Herbergen und schmutzigeren Gesinnungen der jüdischen
Landstreicher und Schnorrer vom Schlage Schnauzerles hinein. Un-
verhüllt zeigt er den Unfug der polnisch-jüdischen Chassidimwirtschaft,
deren Gegenwirkung — das Auftauchen von freilich etwas tatenscheuen
nicht sehr herzhaften Freidenkern wie Salomon Maimon und Kuhs
Talmudlehrer Chananel — nicht ausbleiben konnte. Mit der Kraft guter
Niederländer malt er die Heimlichkeiten jüdischen Familien- und Festlebens; die Feenbraut Sabbat, die Osterwonne und ihre arge Ver-
finsterung durch die Blutbeschuldigung lügenhafter Feinde — alle diese
aus Nordstetter Erinnerungen geholten Züge und Bilder weisen auf die
Gaben des geborenen Genremalers, der im rechten Kreise das rechte trifft.

Leider meldet sich in „Dichter und Kaufmann" schon eine Unart des
Auerbachschen Geistes, die sich in späteren Jahren bedenklich steigert:
die Neigung zum Lehrhaften, zum beständigen Kauen und Wiederkauen
der eigenen Weisheit, sozusagen das Begucken und Mikroskopieren des
eigenen Auswurfes. Eine Eigenheit, die er seinem Kuh nachsagt, ist
seine gefährlichste Krankheit: „sein ganzes Dichten und Trachten ging
dahin, das menschliche Herz mit seinem vielverzweigten Geäder genau

zu erforschen, darum ließ er auch sein eigenes Seelenleben zwischen tausend Reflexionsspiegeln sich bewegen." Eine gewisse „Reflexionswollust" zupft Kuh immer am Ärmel, so daß Casanova recht hat mit der spöttischen Vermutung, er reflektiere, wenn er das Fleisch im Munde habe, ob es recht und den Menschen erlaubt sei, ein Rebhuhn zu schießen und ob es nicht besser wäre, wenn man ohne Speisen leben könne. Seine „perspektivische Reflexion" hält ein Zimmer ohne Spiegel für blind, so daß sein Wahnsinnsausbruch vor einem Spiegel eher als gerechte Strafe maßloser Selbstgefälligkeit, denn als Ausbruch geistiger Überreizung scheint. Am meisten geredet, am unergiebigsten reflektiert wird über die Judenfrage. Jedes Hohnwort, jeder von scheltenden Bauern gemünzte Übername wird auf eine Stufe gestellt mit der Schande des Leibzolls. Kuh verlangt, daß die andern das Judsein vergessen, heißt es im Roman, und vergißt es selbst doch niemals. Ein religiöser Indifferentist, der starren jüdischen Rechtgläubigkeit nicht holder als Spinoza, wirft Kuh beiläufig die Frage auf, ob man gut tue, in einer umschlossenen Festung auszuharren oder ins Freie sich zu schlagen? Eine Lösung dieses Problems gibt er nirgends. Den Zwiespalt zwischen gemütlichen Familienüberlieferungen und schonungsloser Glaubenskritik schlichtet und richtet der Erzähler so wenig wie sein schwächlicher Held. So hat Auerbach im Grunde weder den echten Ghettoroman ausgeführt, noch den modernen Judenroman der Übergangszeit geahnt, der „Das entfesselte Ghetto" heißen und zeigen müßte. Zufrieden war Auerbach selbst nicht mit dem abgeschlossenen Werk. In einer nachsichtigen, bei allem feinen, verdienten Lobe der Einzelheiten die Hauptfehler der Komposition nicht verhüllenden Anzeige riet Kausler dem Erzähler, in seiner nächsten Arbeit den Anfang des Ghettos, das Leben der Juden im Mittelalter, zu behandeln. Dichterisch wäre dieser Aufgabe nur Heine, der Erzähler des „Rabbi von Bacharach", gewachsen gewesen — Auerbach spürte zu gut, wie viel ihm zum historischen Roman fehle. Das Selbstgefühl eingeborener Dichterkraft hatte ihm der „Spinoza" nicht gegeben. Nach „Dichter und Kaufmann" kam er sich in trübsinniger Gewissenserforschung gar wie ein Gescheiterter vor. Angstvoll und unsicher schaute er nach festem Grund für sein Schaffen aus, wehmütig und klagenreich, wie Odysseus, der ahnungslos schon in der Heimat gelandet ist, nach der er seufzt.

V

Die erften Schwarzwälder Dorfgeschichten

Erinnerung im einfachften wie im feinften Sinne des
Wortes ift die Markfäule künftlerischen Schaffens
Berthold Auerbach: Wieder unfer

Im Herbft 1843 erschienen bei Friedrich Baffermann (Mannheim) zwei Bände „Schwarzwälder Dorfgeschichten" von Berthold Auerbach. Der erfte Teil enthielt fieben Erzählungen (Der Tolpatfch. Die Kriegspfeife. Des Schloßbauern Vefele. Tonele mit der gebiffenen Wange. Befehlerles. Die feindlichen Brüder. Ivo der Hajrle). Der zweite Teil zwei Gefchichten (Florian und Crescenz. Der Lauterbacher). Ein Jahr vorher hatte der Dichter fein Werk dem Klaffikerverlag in folgendem Brief angeboten:

Der Wohllöbl. J. G. Cotta'fchen Buchhandlung in Stuttgart erlaube ich mir anmit einen Antrag in Betreff der übernahme eines Verlagswerkes zu ftellen, um deffen gütigft aufmerkfame Berückfichtigung ich höflichft erfuche. Anliegend überfende ich Ihnen als Probe zwei Schwarzwälder Dorfgeschichten, von denen die eine in Lewalds Europa, die andere in Mundts Freihafen abgedruckt war; ich habe außer den anliegenden noch zehn derartige Novellen verfaßt, die, innerhalb derfelben Region gehalten, das ganze häusliche, religiöfe, bürgerliche und politifche Leben der Bauern in beftimmten Geftaltungen zur Anfchauung bringen follen; Sie werden aus dem Anliegenden ermeffen, inwiefern mir das gelungen fein mag, und ob ich im ftande war, diefes neue Gebiet der vaterländifchen Literatur urbar zu machen. Da ich nun gefonnen bin, bis nach Neujahr diefe zwölf Novellen als e i n Werk unter dem Titel „Schwarzwälder Dorfgeschichten" herauszugeben, fo erlaube ich mir die Anfrage: ob Sie geneigt wären, den Verlag zu übernehmen. Das Ganze wird circa 20—25 Druckbogen in 8° füllen; fehr zweckmäßig fchiene es mir, wenn einige Holzfchnitte, von einem kundigen Zeichner entworfen, dem Texte eingedruckt würden, und ich wäre zu diefem Behufe bereit, das ganze Manuftript binnen kurzem einzufenden.

Sollten Sie nun, was mich höchlichft erfreuen würde, auf meinen Antrag eingehen, fo haben Sie die Güte, mir Ihre Anfätze über das Honorar, bogenweife oder insgefamt, mitzuteilen; andern Falls fenden Sie mir die anliegenden Proben möglichft bald wieder zurück.

Bei dieſer Gelegenheit wollen Sie mir dann auch den Sachverhalt über die Herausgabe der ſämtlichen Werke Engels (wovon mich Herr Bär in Ihrem Auftrage in Kenntnis ſetzte) mitteilen, da ich, wie Sie wiſſen, die Herausgabe der Werke und der Biographie Engels ſchon längſt beabſichtigte.

Indem ich Sie ſchließlich um baldigſte Antwort bitte, zeichne ich

Hochachtungsvoll ergebener

Mainz, 25. Sept. 1842.   Dr. Berthold Auerbach.

Cotta, der ein halbes Menſchenalter ſpäter alle Verlagsrechte ſämtlicher Schriften Auerbachs aufkaufte, nur um Einzel= und Geſamt=, Pracht= und Volksausgaben der „Schwarzwälder Dorfgeſchichten" veranſtalten zu dürfen, gab dazumal einen abſchlägigen Beſcheid. Ebenſo Brockhaus, Hallberger, Hoffmann, Macklot und ſieben weitere namhafte Verleger. Als ein Dutzend Abſagen voll war, über= gab der arg herabgemunterte Auerbach ſeine Handſchrift der kurz vorher, Neujahr 1843, gegründeten liberalen Baſſermannſchen Buchhandlung in Mannheim, deren Mitinhaber Karl Mathy war, und Mathys treffliche Hausfrau fühlte ſich, nach Treitſchkes Bericht in der „Deutſchen Geſchichte", „glückſelig, da ſie die Blätter zuerſt durch= muſterte und dies neue Kleinod deutſcher Dichtung entdeckte." Ihrem Urteil ſchloß ſich Karl Mathy ſelbſt, der, zumal in ſeiner Schweizer Flüchtlingszeit als Schulmeiſter von Grenchen, unverfälſchtes ale= manniſches Bauernleben von Grund aus kennen gelernt hatte, vor= behaltlos an. „Da haſt du was Rechtes gemacht," ſagte der ſeltene Mann dem Dichter, gleich nachdem er die erſten Proben der Erzählungen geleſen. Die junge Firma war gern bereit, den Verlag zu wagen. Das einzige Bedenken, das Mathy — gegen den Titel „Schwarz= wälder Dorfgeſchichten" — äußerte, fiel, als Auerbach dieſen ſelbſt= geprägten Namen als conditio sine qua non bezeichnete. Der Druck wurde raſch gefördert, der Doppelband vor Weihnachten in die Welt geſchickt mit einem Erfolge, den Baſſermann und Mathy ſo wenig wie Auerbach ſich hatten träumen laſſen. Die „Schwarzwälder Dorf= geſchichten" wurden nach dem Zeugnis von Mathys Biographen, Guſtav Freytag, auf viele Jahre ein Lieblingsbuch der Deutſchen, während des vierzehnjährigen Beſtandes der Firma kaufmänniſch der größte, wenn nicht geradezu der einzige Treffer des ſeine Gaben — Gervinus' „Preußiſche Verfaſſung", Nebtenbachers „Mechanik", David

Friedrich Strauß' „Romantiker auf dem Thron der Cäsaren", Weils „Geschichte der Kalifen", Röths „Geschichte der abendländischen Philosophie"
— mit heiklem Geschmack wählenden Verlages. Und für Auerbach entschied dieser Glückswurf über seine ganze Zukunft. Der Name seiner
Schöpfungen wurde mit dem ihres Schöpfers zum Wechselbegriff und
damit zum Weltnamen, niemandem überraschender als dem Dichter
selbst, der in der Zeit, in der die „Schwarzwälder Dorfgeschichten"
keimten und wuchsen, von Gläubigern gehetzt, von Blutsverwandten
um Beistand bedrängt, an seiner Lebensaufgabe irre geworden, seine
Rettung von ganz anderen Arbeiten und zuletzt von wunderlichen
Auswanderungsplänen erhofft hatte. Wieder war einer ausgezogen,
Eselinnen zu suchen, um ein Krönlein zu finden. Am Rhein, in den drei
leiden- und freudenreichen Jahren 1840—1842, wird Auerbach, wie
der Held eines Erziehungsromans, vom Schicksal in die Schule genommen; nach manchen unverschuldeten Heimsuchungen und verschuldeten Fehlschlägen schließen seine Lehrjahre mit der Vollendung
seines ersten Meisterbuches, mit der Erkenntnis seines eigensten
Berufes. — —

In „Spinoza" und in „Dichter und Kaufmann" hatte der Erzähler,
von Walter Scott angeregt, in lebenstreuen Bildern aus der Vergangenheit Art und Sitte seiner Vorfahren schildern wollen. Beide
Male hatte der Dichter absichtslos bezeichnenderweise zu Helden seiner
biographischen Romane Männer gewählt, die durch Gedankenarbeit
und Lebensführung mit dem rechtgläubigen Judentum in unheilbaren
Zwiespalt geraten waren; beide Male seine Hauptgestalten vielfach
zu Doppelgängern seiner eigenen Schicksale gewandelt. Der Amsterdamer
Brillenschleifer und der Breslauer Buchhalter denken und reden häufig
nicht nur, wie der ehemalige studiosus theologiae Berthold Auerbach:
ihre Liebesgeschichten decken sich auffallend mit seinen eigenen Erleb-
nissen und Enttäuschungen. Der Name der unbeständigen Stuttgarter
Freundin Auerbachs ist verschollen. In Frankfurt war es ein Fräulein
Pauline Gerson, das sich dem Dichter mit warmblütigem Lieder-
vortrag ins Herz sang und seine Neigung mit einer Innigkeit erwiderte,
wie sie nur Sonntagskindern zuteil wird. Paulinens Angehörige be-
günstigten anfangs die Schwärmerei des Dichters, machten dem Liebeshandel aber schleunigst ein Ende, als Auerbachs Bewerbung um die

Predigerstelle am Hamburger Tempel, vermutlich infolge seiner ehemaligen Verurteilung wegen burschenschaftlicher Umtriebe, scheiterte
und ein vermögender Kaufmann aus Birmingham als ernster Freier
sich meldete. Die Mutter beschied Auerbach auf ihren Landsitz nach
Sachsenhausen und überraschte ihn mit der halb mitleidigen, halb
grotesken Mahnung: „Fassen Sie sich. Pauline ist seit gestern Braut.
Nehmen Sie zur Beruhigung ein Brausepulver." Verzweifelnd stürmte
der aus allen Himmeln Gestürzte davon; stundenlang irrte er im Freien
umher, weit über Offenbach hinaus. Als er am nächsten Morgen erwacht,
weint er zum ersten Male in seinen Mannesjahren laut auf. In wildem
Schmerze glaubt er, nun sei es wie mit allen Liebes- und Lebens-
auch mit seinen Dichterfreuden vorbei. In glühenden Klagen ergoß
er sein Weh: ein junger Blütenbaum sei er gewesen, als er nach Frankfurt gekommen sei; nun hätten die bösen Leute gehörig geschüttelt
und die schönsten Zweige mit den Knospen, die Früchte werden wollten,
abgerissen. Weh- und weichmütig kann er sich in den Briefen an Jakob
nicht genugtun mit der trübseligen Voraussage, daß sein Glück nie
wiederkehren werde. Zu diesen Liebesnöten kamen Geldsorgen und
andere Verdrießlichkeiten, die ihm den Aufenthalt in der Mainstadt
völlig verleideten. Seine Stammkneipe, „die Sechzehner", in der er
früher mit Alfred Rethel, dem Struwwelpeter-Hoffmann und andern
munteren Gesellen, gern verkehrt hatte, gefiel ihm immer weniger, so
daß er sie gelegentlich sechzehnendig wünschte. Die Großmannssucht
der forcierten Talente widerte ihn mehr und mehr an; ihn verlangte
auch in der Literatur nach schlichten braven Männern, von denen die
Mode nichts hören mochte. Heines Börne-Buch mit seinen häßlichen
Ausfällen gegen Jeanette Wohl und ihren gehörnten Esel von Gemahl empörte ihn dermaßen, daß er mit einer biographischen Rettung
des Toten antworten wollte; um Gutzkow nicht ins Gehege zu kommen,
sah er von diesem Vorhaben ab und begnügte sich mit einer heftigen Abfertigung Heines in der „Braunschweigischen Morgenzeitung", die ihm
der Gereizte noch weniger verzieh, als die Verwerfung der Emanzipation
des Fleisches im „Judentum und der neuesten Literatur", und bei jeder
gehörigen oder ungehörigen Gelegenheit mit schnöden Bosheiten heimzahlte. Ebenso derb sagte Auerbach einem vorlauten, französelnden
Schwarmgeist, Alexander Weill, die Meinung wegen seiner hämi-

schen Verunglimpfung des Deutschtums; er kommt sich selbst komisch vor,
wenn er, „ein Stiefsohn des Vaterlandes", dessen Verteidigung übernimmt. „Sie kennen es nicht ganz, Sie wissen nicht, welch eine erquickende, gleichmäßig verteilte Temperatur der Bildung in Deutschland
herrscht; draußen auf dem Land," so heißt es in seinem Brief vom
12. Mai 1839, der ahnungslos prophetisch auf die eigene kommende
Sendung hindeutet, „in den kleinen Städten, die von Mundt'schem
Aberwitz und Kokettieren nichts wissen, dort hat die Bildung ihre
tiefsten Wurzeln."

Der Segen dieser Wahrheit kam Auerbach vollauf zugute, als er
sich im Sommer 1840 am Rhein niederließ. Nachdem er Frankfurts
überdrüssig geworden, hatte er zwischen Heidelberg und Mannheim
als künftigem Wohnort geschwankt, sich aber schließlich für B o n n entschieden, das für seine nächsten Arbeits- und Reisepläne gleich bequem
gelegen schien.   Er hatte vor, zwei Lieblingsgestalten seiner ersten
Romane, Spinoza und Moses Mendelssohn, ein weiteres Denkmal
aus ihren eigenen Werken zu errichten. J o s e p h (der in K o b l e n z
ansässige Sohn von Moses) M e n d e l s s o h n sollte ihm neue Quellen
zur Lebensgeschichte wie zur Gesamtausgabe erschließen.   Und einer
deutschen Übertragung sämtlicher Schriften Spinozas wollte er eine
Biographie des Denkers vorausschicken, für die er Forschungen in
Amsterdam, Rheinsburg und dem Haag so ernstlich ins Auge faßte,
daß er sich im Vertrag mit dem Buchhändler Scheible ein besonderes
Reisegeld ausbedang. Mit jünglinghaftem Eifer begann er die Verdeutschung des ganzen Spinoza, die vom Anfang des Jahres 1840 bis zum
August 1841 seine Hauptarbeit blieb. Trotz dieses angestrengten zehn-
und mehrstündigen Tagewerks war es seiner geselligen Natur unmöglich,
ein Einsiedlerleben zu führen.   Durch M o s e s H e ß hörte er zum
ersten Male von einem als Ausbund philosophischer Genialität geprie-
senen jungen Gelehrten, der sich in Bonn zu habilitieren gedachte —
K a r l M a r x. In dem Bonner Patrizierhaus K a u f m a n n war
er bald wohlgelitten bei alt und jung. H e i n r i c h K ö n i g, ein
redlicher Volksmann und guter Erzähler, der Wortführer der Judenemanzipation in der hessischen Kammer, der Auerbach von Frankfurt
her kannte, führte ihn in das Haus seiner Schwester ein, die in Mainz
an den Weinhändler A d a m D u p r é verheiratet war. Der emsige

Karl Andree, durch seine Beteiligung an der Jenenser Burschenschaft gleichfalls von der herkömmlichen Laufbahn zu dem in jener
Zeit noch ziemlich fragwürdigen Beruf des Zeitungsschreibers ab-
gedrängt, hatte Auerbach wegen seiner Erstlingsromane und mehr noch
als lieben Kameraden in sein Herz geschlossen; er zog ihn unablässig
in sein Haus und machte ihn auch mit der Familie Strecker bekannt. Einer freundschaftlichen Mitteilung Erich Schmidts
danke ich den Bericht der fünfundsiebzigjährigen Großmutter seiner
Gemahlin, der Frau Dr. Karoline Strecker, über Auerbachs
Einzug in ihren Kreis: „Ich weiß noch so gut, wie Auerbach das erste
Mal zu uns kam mit dem damaligen Redakteur Dr. Karl Andree.
Mitten hinein in die Familienstube, kaum bemerkt, da alle zusahen,
wie das jüngste Kind mit einer zahmen Schlange spielte, der die
Hauskatze zu Leibe wollte. Den Streckers als Schriftsteller noch wenig
bekannt, blieb er gleich behaglich zum Abend. Es war seine Persönlich-
keit, die uns, auch die Kinder, gleich so wohltuend einnahm. Als die
Herren fort waren, sagte mein Mann: ‚Das ist ein lieber Mensch, der
soll nur recht oft zu uns kommen'. Und dies geschah denn auch." Das
Mainzer Geschlecht der Strecker, mit den „permanent wohlgeheizten
Herzen", konnte den Prachtmenschen, lange bevor er ein berühmter
Mann geworden, um seiner selbst willen nicht oft genug bei sich sehen
und sorgte deshalb dafür, daß ihm die Rheindampfergesellschaft freie
Fahrt verwilligte. „Wie oft, wenn wir Abends vom Spaziergang
heimkehrten, fanden wir Auerbach bei den Kindern; manchmal mit
ihnen auf der Erde sitzend und ihnen im Kreise erzählend. Sie hatten
ihn alle lieb, und er verstand es so innig, sie zum Denken anzuregen.
Lieb war er uns ungebildeten Menschen allen durch sein Gemüt,
als wir über seinen eigentlichen Beruf noch im Zweifel waren." Seinen
Kunstgenossen gefiel er nicht weniger: „Auerbach stand damals," nach
dem Urteil von Heinrich König, „in der reinsten, vollsten Blüte
seiner Schwarzwälder Gemütlichkeit, die von dem Glück und den Früchten
seiner nachmaligen Dorfgeschichten noch unbeschwert war. Es geht den
Schriftstellern oft wie den Lerchen: ehe die Körner der Ernte ausfallen,
fliegen sie am höchsten; solange ihnen die Ackerfurche noch wenig bietet,
suchen sie es in den Lüften." Ein Überschuß von Begeisterungsfähigkeit,
ein unstillbarer Drang, sich mitzuteilen, kennzeichnet Auerbachs Wesen

bis an das Ende seiner Tage: niemals aber äußerten sich diese Gaben gewinnender als in jenen am Rhein verlebten Zeiten, niemandem gegenüber feuriger als einem halben Nachbar, dessen Gedichte er als einer der ersten in der „Europa" nach Gebühr gewürdigt hatte: Ferdinand Freiligrath. In Unkel suchte Auerbach den Sänger der Wüste, des Meeres, der exotischen Fernen auf, der gerade damals den Rolandsbogen neu aufbauen half und vom Drachenfels das Rheintal selbst mit seiner bunten Traubenzier einem Römer verglich, in dem die Minne, die Romantik schäumte. Beim ersten Schritte über die Schwelle von Freiligraths bescheidener Dichterherberge sah Auerbach blühende Blumen im gefüllten — Weinglas. Von dem Poeten hatte sich der Gast nach dessen Versen ein anderes Bild ausgeträumt: ein massiver Mulattenkopf saß auf einer mächtigen Gestalt mit breiter Brust und gedrungenem Bau. Das erste Befremden wich nach der ersten treuherzigen Begrüßung; nach einer einzigen Begegnung fühlten sich die beiden eng verbrüdert.

„Wie oft wandelten wir auf und ab, hüben und drüben am Rhein, und der Hühnerhund, genannt Strolch, wanderte mit uns. Wir gewannen eine zweite Jugend. In brausender Jugendlust saßen wir selbander und mit anderen guten Genossen in der Schenke und fuhren im Abendschimmer und im Mondesglanz auf dem Kahn dahin. Ich war in jener Nacht dabei, die Maßerath in einem Gedicht schilderte, da Freiligrath sich mit dem Glas in der Hand im Kahne erhob und dem alten Drachenfels Smollis zutrank.

Wunderfame Elemente bewegten sich damals in der Atmosphäre der Zeit. Der Saint-Simonismus, die Emanzipationsideen des jungen Deutschland, die politischen Forderungen und Erwartungen, welche die Thronbesteigung Friedrich Wilhelms IV. erweckte, und dazwischen eine neue Belebung, vielleicht eine letzte Fassung der Romantik.

Der Tod Immermanns traf uns wie ein Familienunglück.

Das „Rheinische Jahrbuch", das Maßerath, Freiligrath und Simrock — dieser zum Gleichklang Simrath genannt — herausgaben, brachte ein Gedicht, das zu einem geschichtlichen Ereignis wurde. Ich ging eines Abends in Köln mit Maßerath zum Besuche der Familie v. Binzer, da erzählte Maßerath, daß er von einem Manne, der hier eine kleine Anstellung habe, einen schönen Beitrag für das „Jahrbuch" erhalten, und er las das Gedicht von Nikolaus Becker:

Sie sollen ihn nicht haben
Den freien deutschen Rhein.

Als ich die Nachricht vom Tode meines Vaters erhielt, wanderte ich mehrere Tage einsam durch das Siebengebirge. Von tiefster Heimatsehnsucht erfaßt, schrieb

ich unter der großen Buche bei Plittersdorf die Entwürfe zu den ersten zwölf Dorfgeschichten. Ich kam zu Freiligrath. Ich mochte ihm sehr unklar erzählt haben, was
für Pläne mir im Kopfe schwirrten, waren sie mir ja selbst noch nicht klar.“

So lautet der erste gedruckte Bericht über die Entstehung der
„Schwarzwälder Dorfgeschichten“. Anlaß, Zeit und Ort der ersten
Niederschrift scheinen nach diesem eigenen Zeugnis des Dichters in seiner
siebenundzwanzig Jahre später, 1867, gehaltenen Rede auf Freiligrath
verbürgt, und Auerbachs Angaben werden in der Hauptsache bestätigt
und durch einen bemerkenswerten Zusatz ergänzt in der Biographie
des Bonner Oberbürgermeisters L e o p o l d K a u f m a n n : „Der
Dichter Berthold Auerbach verkehrte in den Jahren 1840—1841
häufig in der Familie. Er sang Abends mit den Kindern Volkslieder
und machte sie mit den ‚Alemannischen Gedichten‘ Hebels bekannt.
Während des Bonner Aufenthaltes starb sein Vater. Kaufmann erzählte oft von dem tiefen Schmerz, der Auerbach ergriffen und den er
durch lange Wanderungen im Siebengebirge zu stillen suchte. Damals
entstand auf die Anregung der Mutter Kaufmanns hin der Plan, das
Andenken an den Vater und die Heimat zu verewigen, was Auerbach
später in den ‚Schwarzwälder Dorfgeschichten‘ zur Ausführung
brachte.“

Da nun der Sterbetag von Auerbachs Vater sich genau bestimmen
läßt — der Brief des Nordstetter Volksschullehrers, in dem dieser
seinem früheren Schüler das Ereignis mitteilt, ist vom 30. August 1840
datiert —, müßte die Entstehung der „Schwarzwälder Dorfgeschichten“
in den September 1840 fallen. Im Nachlaß Auerbachs fand ich aber,
daß Wochen und Wochen vor der Nordstetter Traueranzeige unserem
Dichter der Einfall durch den Sinn ging, Gestalten und Schicksale aus
dem Bauernleben seines Geburtsortes als Erzähler festzuhalten. Diesen
Beweis erbringen die „B a u s t e i n e“ Berthold Auerbachs. Diese
Bezeichnung gab der Anfänger den festgebundenen Notizbüchern,
in die er seit Beginn seiner literarischen Wirksamkeit in winzigen
Schriftzügen und nicht immer vollständig zu enträtselnden Abkürzungen
viel und vielerlei, allgemeine Betrachtungen, Auszüge, Verse, Titel
und Stoffe zu geplanten Arbeiten eintrug. Bunt wechseln in diesen
„Bausteinen“ die Texte von Auerbachs Selbstgesprächen: im ersten Band
(1836—1840) hört man den Zwanziger in höchster Lebendigkeit mono-

logisieren über die Zukunft des Judentums, Utilitarier, Friedrich II., Parallelen zwischen Börne und Gutzkow, Ästhetisches, Sprichwörter der deutschen Juden, Spinoza und Ephraim Kuh, Hebel, Mendelssohn, Goethe und Hegel, Seume, Freiheit, Waiblinger, Fischart, Rahel. Ebenso weit voneinander, wie diese Themen und Namen, liegen die Vorwürfe ab, die er zu künftiger künstlerischer Behandlung vormerkt: Sabbathai Zewi, der jüdische Messias. Die Synagoge zu Worms. Im Irrenhaus. Christus ist wiedererstanden. Eine satirisch-ernste Zeitschilderung. Senckenberg. Eine Novelle. Proben eines Briefwechsels zwischen Adam und Eva. Ein Lustspiel-Vaudeville: Röhrle von Häfner-Neuhausen. Ein Volksbuch à la Münchhausen und Till Eulenspiegel. Eine Selbst-biographie im Ton von Simplicissimus und Robert Macaire. Eine Tragödie: Winckelmanns Tod. Der Unglücksvogel oder Daniel in der Löwengrube. Eine Tragödie: Alexander Puschkin. Ein historischer Roman: Giordano Bruno. Die Witwe von Fondi in Bülows Novellenbuch zu dramatisieren. Der König von Jerusalem. Eine traurige Geschichte.

Zur Ausführung ist kein einziger dieser Ansätze gelangt. Der angehende Künstler spielte mit allerhand Einfällen, ganz im Sinne von Freiligraths Versen, die sich ebenfalls in einer Sammlung von Motti der Bausteine finden: „Ein Weisel will ich schweifen, umschwärmt von meinem Hofstaat, den Gedanken."

- Auch das zweite „Bausteine 11. Febr. 1840" überschriebene Notizbuch weist mehr Gerölle, Geschiebe und Flugsand als ganze Quadern auf. Am Eingang stehen, für den jungen Auerbach ebenso belangreich wie für den alten, Erörterungen über die Schwierigkeit, in gleichem Maße Menschenliebe und Menschenkenntnis zu vereinigen. Reflexionen, die Jahrzehnte später großenteils unverändert in die „Tausend Gedanken des Collaborators" hinübergenommen wurden, folgen. Bemerkungen über Aufgaben der Zeit, Philosophie der Geschichte, Resignation und Lebenslust, deutsche Dialektsammlung, ein Katalog von Selbst-biographien schließt sich an, bis unversehens der (in seinem Durch-einander von Zusätzen eigentlich nur durch eine photographische Wiedergabe genau darstellbare) Eintrag folgt:[1]

---

[1] Vollständig abgedruckt in Beilage B: Urentwurf der Schwarzwälder Dorfgeschichten.

Bonn. Sonntag Morgens.

10. Juli 1840.

Dorfgeschichten.

1. Wie mein Nachbar Hansjörg vom Tabakrauchen entwöhnt worden ist.
2. Unruhige Köpfe.
3. Der Heirle oder des Wagners Konrads Bub.
4. Kätherle mit der gebissenen Wange.
5. Ein Opfer.
6. Der Hemdklunker. Eine traurige Geschichte.
7. Der Tannzapfenpeter (ein Märchen).
8. Die feindlichen Brüder.

Es ist somit — da das (auch später S. 161 in dem Brief an Freiligrath bezeugte) Datum 10. Juli schwerlich verschrieben sein dürfte —
kaum zu bezweifeln, daß Berthold Auerbach fast zwei Monate, bevor
er den Tod seines Vaters erfuhr, acht Entwürfe zu „Dorfgeschichten"
skizziert hat, von denen sechs in den Jahren 1841—1843 zur Ausarbeitung und in die erste Sammlung gelangt sind. Nr. 6 dieser
Urentwürfe, „Der Hemdklunker", wurde I der „Dorfgeschichten":
„Der Tolpatsch". Nr. 1, „Wie mein Nachbar Hansjörg vom Rauchen
entwöhnt worden ist", steht in den „Dorfgeschichten" als II, „Die
Kriegspfeife". Nr. 3, „Der Heirle oder des Wagners Konrads Bub",
entspricht VII, „Ivo der Hajrle". Nr. 4, „Kätherle mit der gebissenen
Wange", IV, „Tonele mit der gebissenen Wange". Nr. 5, „Ein Opfer",
erscheint in den „Dorfgeschichten" als III: „Des Schloßbauern Vefele".
Nr. 8 der Urentwürfe, „Die feindlichen Brüder", unter derselben
Überschrift als VI der „Schwarzwälder Dorfgeschichten".

Diese ziemlich roh behauenen ersten „Bausteine" der „Dorfgeschichten" beachtete der Werkmeister eine Zeitlang nicht mehr als ein
Dutzend anderer Pläne. Ganz ähnlich sammelte er Züge zu „Lebens-
bildern": 1. Der deutsche Stubengelehrte. 2. Der Hauderer. 3. Der
commis-voyageur. 4. Der Handwerksbursch. 5. Der Leutnant. 6. Der
Schauspieler. 7. Der Oberkellner. Und nach wie vor beschäftigten
ihn beständig neu aufsteigende Aufgaben und Einfälle: „Aus Herders
Leben 1771—1775. Eine Novelle." „Zu Gebhard Truchseß." „Du

sollst dir nicht nachgeben. Eine Erzählung." „Geschichten aus dem
Leben: 1. Das Glück durch die Wurst. 2. Der Urlump. 3. Versuche
die Geister nicht. 4. Der Bildstock." „Charlotte Corday. Trauerspiel."

Eine Weile verdunkelt durch die späteren Eingebungen, werden die
„Dorfgeschichten" unter dem Eindruck der Nordstetter Todesanzeige
jählings mit neuem Licht übergossen. Im tiefsten hat der Heimgang
des Vaters Berthold Auerbach bewegt. Seit seinem dreizehnten Jahr
in der Fremde, fühlte der Vereinsamte in diesen Stunden schmerzlichster
Einkehr doppelt und dreifach, was er am Elternhaus besessen, welchen
Schatz unzerstörbarer Kindheitserinnerungen die Heimat ihm übrig
gelassen. Auf seinen Leidensgängen durch das Siebengebirge mögen
ihm, nicht mehr so flüchtig wie zuvor im Juli, alle alten und neuen
selbsterlebten Dorfgeschichten genaht sein und weit mächtiger als im
Juli der Wunsch sich geregt haben, aus Nordstetter Bausteinen ein
dauerhaftes Denkmal zu Ehren der engeren Landsmannschaft aufzurichten. Immerhin währte es noch über Jahr und Tag, bis die erste
Dorfgeschichte, „Der Tolpatsch", fertig wurde, und reichlich drei Jahre,
bis die ganze Sammlung im Buchhandel erschien. Die Vollendung
des Werkes hemmten nicht nur Pflicht- und Brotarbeiten, die der
schlecht, mitunter auch gar nicht bezahlte Tagelöhner der Feder seinen
Liebhabereien vorangehen lassen mußte. Der Dichter war bis zum
Erscheinen der „Dorfgeschichten" in einer solchen Selbsttäuschung über
seine Art und Kunst befangen, daß er gleichzeitig mit dem Kernigsten
und Wirksamsten, was ihm zu schaffen beschieden war, seine Kraft
ausgab in fragwürdigen und mißratenen Leistungen. Ungefähr in
denselben Tagen, in denen er die Urentwürfe der „Dorfgeschichten"
niederschrieb, vollendete er in zwei Wochen, im Wahn etwas Rechtes,
jedenfalls etwas Größeres zu vollbringen, ein Trauerspiel in fünf
Aufzügen: „Alfred oder der Schwur". 1841—1843 bemühte
sich August Lewald redlich, das nachmals „Oskar" betitelte Stück im
Burgtheater durchzusetzen; der damalige Direktor Holbein erklärte
sich auch bereit, das Drama zu geben; der Dichter erhoffte noch
unmittelbar vor der Ausgabe der „Dorfgeschichten" Ruhm und
fünfzig Dukaten von der Wiener Darstellung, die vermutlich nicht
viel glücklicher ausgefallen wäre als die von Moritz im Stuttgarter
Hoftheater zum ersten und letzten Male versuchte Aufführung,

die dem armen Poeten 55 Gulden eintrug. In diese unter dem Zeichen von „Kabale und Liebe" stehende Gesellschafts- und Soldatentragödie spielen Auerbachs eigene Romane hinein; aller biographische Anteil genügt aber nicht, das Trauerspiel auch nur dem Forscher genießbarer zu machen; über das häßliche Grundmotiv — ein genialer, vom Vater der Geliebten abgedankter Artillerist schwört vor seinem Übertritt in die ägyptische Armee beim Abschiedsmahl im Kreise seiner Kameraden, jeden zu töten, der es wagen würde, seine Berta zu heiraten — über dieses törichte Gelübde mit seinen vieraktigen Folgeübeln kommt kein gesunder Geschmack hinaus.

Weitschichtige Vorarbeiten zu einem geschichtlichen Roman „K e p l e r" blieben liegen. Wohlbedacht wagte sich Auerbach an diesen engeren Landsmann — der unglückliche Astronom stammt aus Weil der Stadt im Neckarkreise — so wenig als an H e g e l, den er gern in einem neuen Phädon persönlich mit seinen bedeutendsten Jüngern, insbesondere G a n s und D a v i d F r i e d r i c h S t r a u ß, eingeführt hätte. Mit mehr Mut und Recht wählte er S p i n o z a zum Schutzheiligen philosophischer Dialoge, das Charaktergenie, wie ihn Auerbach in der Einleitung zur Verdeutschung seiner Schriften genannt hat, den Weisen, dessen Lehren er in einem Novellenzyklus zu veranschaulichen gedachte. 1842 erschien die erste Probe dieser Versuche „I n t e l l e k t u a l e L i e b e" in Mundts „Freihafen"; die zweite „W a s i s t G l ü c k ?" in den von Kuranda neubegründeten „Grenzboten". Sein Ziel war Umgestaltung, nicht Nachahmung der Kunstform des antiken Dialoges, der Auerbach keiner lebendigen Erneuerung fähig schien; doch auch in seinen philosophischen Novellen sollten weniger Ereignisse und Konflikte als Erörterungen der Kernpunkt sein. In der Tat gaben die Vorgänge beide Male dem Schreiber wie dem Leser nicht viel zu schaffen. In der „Intellektualen Liebe" verlobt sich ein durch Köln reisender ostpreußischer Gymnasiallehrer mit der Schwester seines hinter St. Marien am Kapitol wohnenden Universitätsfreundes. In der anderen Erzählung wird ein Feuergeist, der Advokat Edmund, am Morgen nach einer großen Gesellschaft und Liebeserklärung verhaftet, unter dem Verdacht politischer Zettelungen monatelang gefangen gehalten, endlich nach dem Thronwechsel amnestiert und auf die Frage nach der Geliebten an ihr Sterbebett geführt.

Die zwei- und mehrstimmigen Gespräche bringen manches Hübsche,
nirgends ein tiefes Wort, mehr Auerbach als Spinoza. Bedeutsam
für die Paten der Schwarzwälder Dorfgeschichten sind beide Geschichten
gleichwohl: der Gymnasiallehrer in der „Intellektualen Liebe" sieht
es als günstiges Vorzeichen an, daß das Mädchen seiner Wahl Elisabeth
heißt, wie die blonde Lisbeth in Immermanns „Münchhausen", in
dessen Lob er sich nicht genugtun kann. Und der vielumstrittenen Frage,
wer eigentlich der Glücklichste? (der Liebende? der Denker? Raffael?
Goethe? Franklin?), geht eine Vorlesung des nie genug zu preisenden
Büchleins von Clemens Brentano „Die Geschichte des schönen
Annerl und des braven Kasperl" voran. Auch des biederen
Claudius wird nicht vergessen: der Gymnasiallehrer möchte die einfache Statue des Wandsbecker Boten, der das Rheinweinlied gedichtet
hat, „nächst dem Lied vom Prinz Eugen wohl das einzige, das alle
Deutschen aller Gaue singen können", am Rhein aufgestellt sehen, „etwa
in dem leeren Säulentempel auf dem Niederwald, von wo man den
größten Teil des weinseligen Landes überschaut". Im geistigen Verkehr
mit solchen Vormännern, empfänglich für alle Naturschönheit der Rheinlande, überall gern zu Gaste, wo zwischen Köln und Mainz der muntere
Menschenschlag, der „Wein im Blut" hat, seine Feste feierte — heute
beim Puppenspiel von Henneschen, Bestevater und Marzibill, morgen
bei der Jubelfeier des Gürzenich, ein drittes Mal zum Gutenbergfest
geladen, wo Freiligrath die alte Fahne der Ulmer Meistersänger hätte
tragen sollen, in Bonn mit dabei, als Arndt wieder in Amt und Würden
eingesetzt, jauchzend im Garten an der Koblenzerstraße begrüßt wurde —
ließ er die wohlausgedachte Folge „Philosophischer Novellen" liegen,
fühlte er sich immer mächtiger getrieben, das Volksleben seiner Tage
künstlerisch zu fassen. Und seinem Meister Spinoza diente er besser,
als das durch Umschreibungen seiner Ideen in weiteren Gesprächen —
„Reich und arm", „Pietisten und Pantheisten" — hätte geschehen können,
durch die Verbreitung seines eigenen Wortes in deutscher Zunge, durch
die Übersetzung seiner sämtlichen, damals erreichbaren Schriften aus
dem Lateinischen. Eine Leistung, die Vischer in seiner Grabrede für
Auerbach „nicht den letzten Goldschmuck an seinem Ehrenkleid, nicht
das kleinste Blatt in seinem Lorbeerkranz" genannt hat.

Die erste fünfbändige 1841 in dreitausend Exemplaren gedruckte

Auflage ist in einem Menschenalter vergriffen worden; 1871 hat
Auerbach die Freude gehabt, bei Cotta eine zweite Auflage seiner
Übersetzung veranstalten zu dürfen; er konnte dort die von ihm selbst
als überjugendlich bezeichnete biographische Einleitung, nicht immer
zum Vorteil der Sache, im Ton mäßigen, Irrtümer, wie zumal die
unhaltbare Vermutung, einer der Urbiographen, der an gewinnenden
anekdotischen Überlieferungen reiche protestantische Prediger Colerus,
sei ein verkappter Anhänger Spinozas gewesen, aufgeben, die Funde
van Blotens berücksichtigen und sachkundige Helfer, insbesondere
Schaarschmidt und Ludwig Geiger, heranziehen. Mit Fug
und Recht durfte denn auch der sterbende David Friedrich Strauß
Auerbach seinen Gruß entbieten als carissimo syspinozistae et amico
suo. Dieses Verdienst um die Propaganda Spinozas wird nicht ge-
schmälert dadurch, daß die Forschungen des Holländers Meinsma
und des Deutschen Freudenthal in den letzten Jahrzehnten die
Angaben aller Vorgänger überholt haben. Auerbachs Blätter sind
heute noch lesenswert, nicht nur als Zeiturkunde; sie rühren in der
Unterscheidung zwischen genetischer Entwicklung der alltäglichen und
der darüber hinauswachsenden genialen Entfaltung außerordentlicher
Individualitäten an Fragen, die Goethe seit seiner Frühzeit bis ins
Greisenalter, von der Straßburger Shakespearerede bis zu den Gesprächen mit Eckermann über das Dämonische, beschäftigt haben.
Und in dem Satze „wir erkennen die geniale Entfaltung als die höchste
historische wie abstrakt rationelle Entwicklung", gibt der junge Auerbach einen wohl zu beherzigenden Wink für die Ergründung der
heikelsten Geheimnisse biographischer Kunst und Forschung.

Zunächst, 1841, brachte die Vollendung seiner ehrlichen tüchtigen
Spinozaarbeit Auerbach mehr Verdruß als Genugtuung. Öffentlich
mußte er sich zur Wehr setzen gegen die Verdächtigung des Plagiates:
ein Vergleich seines Deutsch mit älteren Übertragungen, der „Ethik"
durch Schmidt, des „Traktates" durch Conz, macht jede Widerlegung
überflüssig. Übel spielte ihm auch der Verleger mit; das vertrags-
mäßig zugebilligte Reisegeld versagte Scheible unter dem Vorwand
unpünktliche Textablieferung; die Wallfahrt zu Spinozas Wohnstätten
war erst dem Sechziger vergönnt. Und um den geringen, durch Vor-
schüsse noch nicht aufgezehrten Rest des Honorars mußte Auerbach

groschenweise mahnen. Immer enger und kümmerlicher wurde seine
Lage. Die Opferfähigkeit seiner alten Bekannten war erschöpft. Auch
Jakob Auerbach war mit seinen Mitteln zu Ende; mit bitterem Scherz
schrieb ihm Berthold, es sei ihm lieb, daß ihm der Getreue einen Brief
schulde: sei das doch das einzige, was man ihm schulden könne. Die Seinigen, des Ernährers beraubt, drängten mit immer neuen Bitten um
Zuschüsse, und es schnitt ihm in die Seele, wenn er der Mutter nicht
ausgiebig helfen konnte. Sein jüngerer Bruder Julius, den er zum
Studium der Medizin angeregt, kam nicht recht vorwärts und quälte
den selbst Schwerbedrängten mit unaufhörlichen, nicht immer sanften
Beschwerden, bis Berthold sein letztes hergab, um Julius in Amerika
eine Existenz zu gründen. In solchen Nöten heckt Auerbach immer
abenteuerlichere Pläne aus; nachdem sich das Projekt der Mendelssohn-
ausgabe zerschlagen, will er Ende Juli 1841 nach London reisen und im
Vertrauen auf Empfehlungen an den Prinzgemahl Albert von Koburg
dort eine Wochenschrift gründen: „Echo. Zur Kunde des deutschen Lebens in Wissenschaft, Poesie und Kunst", die
jeden Samstag ausgegeben werden soll, damit sie am folgenden Sonntag
in den Händen der Abnehmer sein kann. Der Preis soll zwei Pfund
jährlich sein. Er sucht deutsche Setzer, läßt sich Voranschläge machen,
wie viel bei einer Auflage von vierhundert bis zweitausend Exemplaren
Papier, Druck, Versand kosten. Wohlmeinende Freunde bezeichnen das
Vorhaben als aussichtslos. Und andere, mit Karl Andree ins Auge
gefaßte Unternehmungen, zunächst ein Kalender, kommen ebensowenig zu stande. In äußerster Verlegenheit übernimmt er im Mai 1843
für die von Karl Andree und August Lewald herausgegebene
Bürgerbibliothek einen Sagen- und Märchenschatz; ferner die Charakteristiken von Leibniz, Kant, Lessing, Mendelssohn, Kepler, Rahel,
endlich für die Blumenlese der Dichter und Prosaiker Lessing, Logau,
Hoffmannswaldau, Lohenstein, Gellert. Im Jahre 1843 erwirkt er
vom hessischen Ministerium die Konzession zur Herausgabe einer
Wochenschrift, „Der deutsche Hausfreund", ein Volksblatt,
dessen handschriftlich erhaltener Entwurf die Grundgedanken zu Auerbachs „Gevattersmann", „Schatzkästlein" und „Illustrierter Volkskalender" in frischem Volkston anschlägt. Zur Ausführung gelangte
von alledem nur eine Programmschrift für den denkenden Mittelstand:

„Der gebildete Bürger". Angeregt von Channing, teilweise mit Benutzung einer Rede dieses größten amerikanischen Predigers, äußerte „der gebildete Bürger" Wünsche, die heute großenteils durch unsere Volksbildungsvereine verwirklicht erscheinen: geistige und künstlerische Förderung der Massen in ihren Ruhetagen durch Lehre, Kunst, Kunstgewerbe, Liedertafeln, landwirtschaftliche Schulen und Theater. Dabei denkt Auerbach nicht an fremde, vielmehr nur an Selbsthilfe; er weist jedem einzelnen die volle Menschenwürde zu; jeder einzelne vermag die Naturanlage durch festen Willen zu entfalten: Selbsterkenntnis, Selbstschätzung sollen und können helfen. Nicht Fülle des Wissens und äußerer Rang verleihen die höchste Geltung, schlichte Leute leisten als Charaktergenies durch die Schule des Lebens, Erfahrung und Beobachtung mehr, treffen das Richtige sicherer als Büchergelehrte und Würdenträger. Unsere besten Männer danken ihr Bestes ihren Müttern, so daß mit einem bei Auerbach völlig vereinzelten Paradoxon behauptet wird, Napoleon habe geringeren Einfluß auf die Menschheit als ein völlig abgeschiedener, rechtschaffener, klarer Mann aus dem Volke, der tüchtige in die Breite und Weite fortwirkende Naturen erzogen. Niedere Arbeit gibt's in gewissem Sinne gar nicht, Zeuge dessen Jakob Böhme und Hans Sachs. Freie Presse, Vereins- und Versammlungsrecht, politische Schulung, Selbstverwaltung wird bestimmt gefordert. Am auffälligsten im „Gebildeten Bürger" ist, daß der Kenner und Maler der Bauern durchweg nur das Bürgertum als Kern und Krone der Nation, als Hoffnung und Bürgschaft der Zukunft preist. Gewiß ist, daß auch „der gebildete Bürger" wenig Gegenwart hatte und nicht mehr Zukunft verhieß. Es wäre kein Wunder, wenn Auerbach nach so viel Fehlschlägen Lebenslust und Lebensmut vollkommen abhanden käme. Statt solcher Anwandlungen überrascht in den Rückblicken, in denen er, wie Hebbel zu Silvester, am liebsten an seinem Geburtstage mit sich ins Gericht geht, die Milde seines Gemütes. Hat auch die Liebe zu einzelnen getrogen, er liebt darum doch die Gesamtheit. Hat Menschentücke ihm auch viel zuleide getan, so kennt er doch wieder gute heilige Menschen. Überrennt Kleinmut „die hochgetürmten Festungswerke der Philosophie und das Kartenhaus seiner Resignation", so hebt ihn doch wiederum seine Schöpferkraft über alles Gemeine hinaus. Das äußere Leben stellt er dem allwaltenden Geiste anheim, die Lehre Spinozas gewährt ihm vielleicht noch höhere Be= friedigung als dem Gläubigen seine Kirchenlehre. In Stunden der Weihe faßt er „seine Endlichkeit in die Unendlichkeit, und das Lebens= gebäude ruht ihm auf diamantenen Säulen durchsichtig und ewig wie das Weltgebäude". Dauernd vermag er so erhabene Stimmungen freilich nicht zu behaupten. Zur Überlegenheit von Spinozas Amor dei, zur Gelassenheit, die alles Zeitliche, Persönliche nur als Zufälliges im Schein der Ewigkeit sieht, kommt der ganz im Persönlichen, Gegen= wärtigen wurzelnde Auerbach nur in seltenen Augenblicken der Welt= entrücktheit. Wie eine Berglokomotive den Talbewohner aus Nebeln der Niederung in freie Höhenluft emporträgt, hebt ihn der Gedanken= flug Spinozas über Beklemmungen und Verdüsterungen in die Region trostreicher Sammlung. Und dieses eindringende Sichversenken in Spinozas Wort und Weisheit hat zeitlebens in dem Empfänglichen heilsam nachgewirkt — wesensgleich ist Auerbach dem kritiklos be= wunderten Meister trotzdem niemals gewesen oder geworden. Dazu fehlte dem Dichter die furchtlose, durchgreifende Tapferkeit Spinozas in Glaubens= und Staatsfragen, die Schärfe seiner Metaphysik, die nach Auerbachs Wort die Denksubstanz von Jahrhunderten wurde, Spinozas freiwillige Abkehr von Markt= und Weltgewühl, das der Maler des Volkslebens nicht missen mochte und durfte.

In den ersten Schwarzwälder Dorfgeschichten ist denn von dem auch später mehr behaupteten als bewiesenen Einfluß Spinozas nichts zu spüren. Die Bildner des jungen Poeten waren andere Lebensmächte: die leibhaftige Gegenwart, die zur selben Zeit auch Freiligraths Blick aus den Tropen zurücklenkte auf die Not der Heimat, auf ein arm Geschlecht, „Schiffszieher, Ferge, Bootsknecht und Ackersknecht". Das Volkslied, dessen frisches Fortquellen Auerbach auf Wanderungen im Taunus belauschte, die Einkehr in die Vergangenheit des eigenen Dorflebens und die Nachwirkung des Beispiels von Brentano und Immermann. Unablässig preist er den Münchhausen: zuerst als Kri= tiker in der „Europa", hernach in den „Philosophischen Novellen", endlich im Freundeskreis. Einmal fand er Karoline Strecker, wie sie im Münch= hausen las: „Das ist ein Buch," rief er. „Das wird Ihnen gefallen. Da werden Sie sagen, ‚dagegen ist der Auerbach ein Stümper'." — „Das hat er aber so lieb gesagt, so ganz aus Überzeugung und ohne

Neid." Den gelehrten Kram im Münchhausen hätte die prächtige Frau nicht verstanden, wenn ihr Auerbach nicht oft erklärend zu Hilfe gekommen wäre. Mächtiger noch hat Brentanos „Annerl und Kasperl" in Auerbach gezündet. Das Beste aber bescherte der eigene Genius. So viel er aus der Dorfwelt herübernahm, so gewissenhaft er, wie ein Gang durch seine Werkstätte und zumal sein Briefwechsel mit dem Nordstetter Schulmeister zeigt[1]), den verdämmernden Kindheits= erinnerungen durch neue Beobachtung und pedantisch genaue Umfrage nachhalf: den rechten Stoff, die rechte Form, seinen eigenen neuen Ton holte er aus der eigenen, reichen Natur.

Karoline Strecker entsann sich genau des Abends, an dem der kurz vorher nach Mainz übergesiedelte Auerbach zu ihnen kam und mit den Worten „heut' hab' ich euch was mitgebracht", ein sauberes Ma= nuskript aus der Tasche holte, den „Tolpatsch"; auch die älteren Kinder hörten seelenvergnügt zu. So las er ihnen nach und nach den ganzen ersten Band Dorfgeschichten vor. Frau Strecker erinnerte sich ebenso genau des letzten Abends, an dem er den fertigen Druck zeigte. Es war an seinem Geburtstag. Beim Nachtessen brachte Sophie, bald darauf die Braut Moleschotts, Auerbachs Gesundheit aus: „Unser Freund Auerbach und seine schönen Dorfgeschichten sollen leben!"

Die eigenhändige Reinschrift der ersten Dorfgeschichte hat sich er= halten: „Der Tolpatsch". Ein dünnes Oktavheft in einem Umschlag aus grünem Glanzpapier mit den Widmungszeilen: „Das ist die schöne mit Zukunft gesegnete Gegenwart, durch die und für welche man die Vergangenheit wieder auferweckt. So bringe ich denn dieses neu erschaffene Bild einer längst entschwundenen Zeit meinem Freunde Adam Dupré zu Weihnachten 1841. Mainz Mittwoch 1. Dez. 1841."

Durchaus „mundmäßig" erzählt, beginnt die Geschichte höchst be= zeichnend mit einem höchst persönlichen „Ich sehe dich vor mir, guter Tolpatsch", und sie findet für den alten tiefen Eindruck den Zug um Zug so deutlich veranschaulichenden Ausdruck, daß Aloys Schorer im ersten Satz wie vor dem Schreiber auch vor dem Leser steht „in seiner leibhaftigen Gestalt, mit seinen kurzgeschorenen Haaren, die nur im Nacken eine lange Schicht übrig hatten". Für alle Zeiten blieb er

---

[1]) Proben in Beilage C.

mit seinem breiten Gesicht, seinen großen blauen Glotzaugen und dem allweg halboffenen Mund Auerbach im Gedächtnis, wie er dem Knaben einen Lindenzweig abschnitt, um ihm eine Pfeife daraus zu schnitzen.

Sechsundsechzig Jahre sind verstrichen seit der Niederschrift des Tolpatsch, weltumwandelnde Ereignisse haben Deutschland geeinigt, ungezählte neue Erzähler und Schulen sind mittlerweile gekommen und geschwunden — bis zur Stunde glaubhaft und in aller Ungeschlachtheit herzbezwingend ist der Tolpatsch geblieben, dieser richtige Doppelgänger des deutschen Michel, der mit Recht den Reigen der Nordstetter Bauern führt. Bescheiden hat Auerbach in seiner Meisterzeit diesen Erstling als Einfigurenbild bezeichnet, allerdings mit dem wohlbegründeten Zusatz, daß er dazumal ein Geradezu besaß, das er späterhin nicht mehr hatte und haben konnte. Man gewinnt Maler und Modell gleicherweise lieb als kerngesunde zukunftsreiche Naturburschen. Man kann sein Urbild in den Urentwürfen (Nr. 6 „Der Hembklunker") vergleichen: sein Antlitz ist unverändert geblieben wie sein Schicksal, nur der Ton des Erzählers mit seinem vollen Herzensklang ist zum ersten Male laut geworden und seine liebreiche Art und Kunst bringt den Hörern Aloys Schorer als Lebensfreund nahe. Ein junger Bauer, dem Unbeholfenheit und Mundfaulheit den Übernamen Tolpatsch eingetragen, hängt sein Herz an die Tochter seiner Base. Für sie schafft und schanzt der gutmütige Gesell in wort- und willenloser Unterwürfigkeit. Ihr zu Gefallen bringt er es sogar über sich, einem zugewanderten Knecht, der sich als gewesener Kavallerist ganz anders auf Welt und Weiber versteht, bei Schlittenfahrten für Marannele willfährig zu sein. Mit der Zeit hofft er es dem Herenmeister gleichzutun, wenn er nur auch einmal den bunten Rock getragen. Deshalb wirft er auf dem Weg zum Losziehen Maranneles Glückskreuzer von sich in den Neckar, verschmäht alle dazumal bei der Stellung so leicht und oft geübte Bestechung, rückt in Stuttgart ein, legt in der Kaserne ein Stück seiner Blödigkeit ab, läuft als Urlauber sechzehn Stunden zur Kirchweih nach Nordstetten, um sich seinem Schatz im Glanz der neuen Uniform zu zeigen. Marannele, die dem Tolpatsch versprochen, bis zu seiner Rückkehr zu warten, ist inzwischen von dem keckeren Nebenbuhler betört worden. In der Kirche, wo die Namen des künftigen Ehepaares von der Kanzel geworfen

werden, erfährt der Tolpatsch sein Mißgeschick, und mit Urgewalt packt
der Schmerz den Schwergeprüften. Anwandlungen von Selbstmord-
und Ausreißergedanken schüttelt seinesgleichen bald ab. In einem
grimmigen Raufhandel mit dem falschen Jörg macht er sich Luft, hält
seine ordnungsgemäße Strafe aus, dann geht er geradeaus nach Amerika.
Dort gründet der Tolpatsch einen eigenen Hausstand in einem von ihm
urbar gemachten und so getauften neuen Nordstetten am Ohio, bleibt
ein Kernschwab in der neuen Welt, hat ohne Spur der früheren Schüch-
ternheit in freien Volksversammlungen zu rechter Stunde das rechte
Mundwerk, tut als Offizier seine Bürgerpflicht — ein Sinnbild aller
tüchtigen Deutschen, die der deutschen Heimat in der Fremde Treue
halten, zugleich der erste wirksamste Quartiermeister Auerbachs in der
neuen Welt.

Die einfache, musterhaft einfach vorgetragene Geschichte ist in
ihrer Knappheit, Wahrhaftigkeit und Wärme vollkommen; wie man
am Tolpatsch, da er unter das Militärmaß tritt, kein Untätele finden
kann, wird der Kenner am Naturwuchs dieser treuherzigen Erzählung
kein Fehl entdecken. In Liebe und Liebesleid grundehrlich, verdient
der Tolpatsch in Gedächtnis und Dichtung der Deutschen fortzudauern.
In dem täppischen jungen Riesen schlummern alle guten Geister.
Das Herz geht dem vermeintlichen Dümmling auf, da er zum ersten
Male Hauffs Reiterlied hört: vor innerer Freude beißt er knarrend die
Zähne aufeinander beim Vers:

<blockquote>
Lust du stolz mit deinen Wangen,
Die wie Milch und Purpur prangen ...
</blockquote>

Und so wenig der Kernmensch die Stimme der volksmäßigen Dichtung
überhört, überhört er, wenn's gilt, den Weckruf der Bürgerpflicht in
Krieg und Frieden. Niemals hätte Moltke seine Schlachten geschlagen,
niemals Bismarck seine Reichsgedanken verwirklicht, wäre nicht der
Heerbann hinter ihnen gestanden, dessen Kern Tausende und Hunderttausende vom Schlage des Tolpatsch waren.

Scharf wie die Rheinbundsarmee vom Volksheer des Jahres 70
unterscheidet sich der Held der geschichtlichen Anekdote „Die Kriegspfeife" vom Tolpatsch und seinen Leuten. In den Revolutions- und
napoleonischen Kriegen, als das heilige römische Reich in Scherben
ging, griffen die Nordstetter Burschen lieber zur Selbstverstümmelung

als zur Fahne. So schießt sich der Hansjörg 1796 einen Finger von der Rechten weg, um nicht mitmarschieren zu müssen. Sein Schatz verlangt zur Buße für solche Versündigung, der Frevler möge von der Pfeife lassen. Der Trotzkopf will sich indessen nicht einmal zu dem leichten Rauchopfer verstehen. Erst als marodierende Franzosen dem arglos Schmauchenden die Pfeife, ein Wunderwerk von Ulmer Maserkopf, aus den Zähnen reißen und Hansjörg nur durch das Heiratsversprechen des Kätherle von der Verfolgung der Übeltäter sich abbringen läßt, leistet er aus freiem Antrieb das Gelübde, von dem er nicht abgeht, auch als ihm die Braut zum Hochzeitsgeschenk eine der geraubten täuschend ähnliche Pfeife beschert. Mit glücklicher Laune ist dem anspruchslosen Liebeshandel ein welthistorischer Hintergrund gegeben: die kriegerischen Zeitläufe, die die Dorfeinsamkeit in ein aufgeregtes Heerlager umwandeln, die Durchmärsche von Truppen aus aller Herren Länder, die dem trägsten Bauer den Umsturz des Reichsregiments in ernstem und schnurrigem Anschauungsunterricht vor Augen stellen.

Vierzig Jahre später sind die Kriegsstürme vorbei; den bösen Korsen ist man los, tausend und abertausend Böse sind geblieben: die Vögte und Schreiber, die vom grünen Tisch aus „Befehlerles" spielen und dem Landvolk jede altererbte Freiheit und Lustbarkeit mißgönnen. Einer dieser Quälgeister begnügt sich nicht, die Barttracht zu überwachen, Kirchweih und Faßnacht, Hammeltanz und Maibaum zu verbieten. Amtmann Rellings überrascht die Gemeinde eines Tages mit einem Anschlag am schwarzen Rathausbrett, der den Mannen bei strenger Strafe untersagt, fortan ihr Handbeil über Feld zu tragen. An einem Vorwand fehlt es nicht; das Amt will angeblich Waldfreveln vorbeugen. Auf diesen Klotz setzt der aufrechte Buchmeier den rechten Keil. Unverzagt haut er mit der Axt in das schwarze Brett, und nach diesem Vormann halten's die anderen Nordstetter nicht anders mit der Schrift der törichten Verordnung. Im Amthaus stellen sich die Rebellen, alt und jung, hundert Mann stark, tapfer mit ihren Äxten ein, und als ihr Wortführer gibt der Buchmeier mutig und mutterwitzig Bescheid in einer Trutzrede, die zu den kernhaftesten Eingebungen deutschen Volkshumors gehört. Die Schreibersleute, so höhnt er, werden nächstens noch die Noten vorschreiben, nach denen die Hennen beim Eierlegen gackern sollen. Sie mögen nur gleich getrost auf ihren grünen Tischen hier pflügen und ernten, auch Wachen ausstellen, damit die Bäume nicht zu viel Händel mit dem Wind bekommen, oder zuviel Regenwasser trinken. Vergebens versucht der Oberamtmann den Sprecher der Rotte zu ducken. Auch der sechsundsiebzigjährige Altschultheiß will nicht von seiner Art lassen, bevor man ihn ins Grab legt. Der Beamte sei der Bauern wegen da, nicht umgekehrt. Ordnung muß sein, nicht Übermut und Leuteschinderei. Die spitzmäuligen Nordstetter geben nicht nach, und wenn sie mit ihren Äxten die Türen bis zum König aufbrechen müßten. Der Amtmann droht und wettert zum Schein eine Weile weiter. Seine Sache ist verloren. Er wird bald abberufen. Kein Staatsrechtslehrer des Vormärz, keine Größe der süddeutschen Kammern hat besser und bündiger abgerechnet mit dem Dünkel des Polizeistaates als der Buchmeier: sein wuchtiges Bauernwort in der Horber Oberamtsstube stimmte mit Uhlands Dichterwort in der Stuttgarter Landstube für das gute alte Volksrecht.

In denselben Kreis der anekdotisch behandelten Ortschronik gehört die Eifersuchtstragödie „Tonele mit der gebissenen Wange" und die Zankkomödie der „Feindlichen Brüder"; die, aus nichtigem Anlaß, einer Erbkiste wegen, entzweit, nach jahrelangem Hader sich finden, als der neue Friede stiftende Pfarrer ihnen gestattet, ihren Groll herauszusprudeln.

Für die anderen, umfangreicheren Kompositionen der ersten „Schwarzwälder Dorfgeschichten" kehrt der Erzähler zu der ihm von „Spinoza", „Dichter und Kaufmann" geläufigen Technik des biographischen Romans zurück. Wie im wirklichen Leben erscheinen die Schicksale des einzelnen und seiner Familie unmerklich und unlöslich verwachsen mit Weltfragen. Ivo, der Bauernsohn, der geistlich werden soll, wird der Größe und Grenze des katholischen Priesteramtes inne. Vefele, die Bauerntochter, die als Vorläuferin der Frau Professorin aus dem Dorf in städtische Kreise, der studierte Lehrer aus dem Städtchen Lauterbach, der ein Bauernmädchen heiraten soll, behandeln in Gegenstücken das von Auerbach zeitlebens immer wieder abgewandelte Verhältnis der Naturkinder zu den Gebildeten. „Florian und Crescenz" oder wie der Urtitel lautete „Verlorne Menschen" zeigen das Los der durch eigene und fremde Schuld herabgekommenen Auswürflinge des Bauernstandes.

Jbo, ein Hauptstück in Leben und Dichtung Berthold Auerbachs, ist zugleich ein Hauptstück in der Entwicklung der neueren deutschen Dorfgeschichte geworden. Die Primiz eines Nordstetter Kindes, die erste Messe und erste Predigt des neugeweihten Priesters, seine heilige Vermählung mit der Braut Kirche wird vom ganzen Dorf andächtig mitgefeiert. Diese mit allem Schauprunk des Katholizismus umleuchtete Verklärung des Priesterberufes weckt in einer Reihe von Bauernfamilien den Wunsch, die gleiche Himmelskrone zu gewinnen. Der Sohn des Zimmermanns Valentin Bock wäre vorher am liebsten Schmied geworden; auf die Frage des Vaters, der den „gut kopfeten" Jungen als Pfarrer am besten zu versorgen wähnt, erklärt sich nun der sechsjährige Jvo, berauscht von dem Kirchenfest der Primiz, freudig bereit, geistlich zu werden. Und auch die Mutter sagt in schwärmerischer Frömmigkeit selig Ja und Amen. Einstweilen sind Jvo köstliche Kinderzeiten mit einer Jugendgespielin und einem alten Knecht in Feld und Stall beschieden; als rechtes Dorfkind wird er mit allen grauen und rotangestrichenen Tagen des Bauernkalenders vertraut. Dann führt sein Weg durch die lateinische Schule von Horb in die Fremde, wo dem Ehinger Klösterling und Tübinger Konviktszögling die Erkenntnis aufgeht, daß ihm der eigentliche Beruf zum Priesteramt abgeht. Er kann nicht, nur hinter Büchern sitzend, von der Frömmigkeit leben. Ihn verlangt es, in freier Luft mit Hand anzulegen, und sein Herz zieht ihn zur Gefährtin seiner Kindheit. Er denkt an Umkehr; in diesem Entschluß bestärkt ihn das Beispiel mancher Kameraden, die in gleichen Anfechtungen geistig oder sittlich zu Grunde gehen. Allein er wird in seinem Vorhaben wieder wankend. Zunächst durch die Rücksicht auf die leidende Mutter, die eine schwere chirurgische Operation nur in Gegenwart des gottgeweihten Sohnes ertragen will. Dann durch die Härte des Vaters, der nicht für den Geldverlust, für die Entschädigung der geistlichen Anstalt aufkommen will. Jvo ist bereit, das bindende Gelübde abzulegen. Seiner Qual erbarmt sich nach schwerem Seelenkampf die Mutter. Ihre Selbstverleugnung und die Opferfreudigkeit der liebenden Magd, die von Nordstetten bis Tübingen in der damaligen eisenbahnlosen Zeit die Nacht durch läuft, nur um Jvo die Botschaft der Mutter zu bringen, retten den Unschlüssigen. Von der Leiche eines durch geheime Laster zu Grunde gerichteten Novizen geht Jvo, statt in

das Konvikt zurückzukehren, ziellos in die weite Welt. Nach kurzen
Irrwegen trifft er zufällig den alten Knecht Naz, der, mittlerweile
durch Erbgang Großbauer geworden, seinem lieben Ivo Zuflucht und
späterhin die Mittel gibt, Emmerenz zu heiraten.

Ivos Lebenslauf ist in der Frühzeit mit außerordentlicher Kraft
behandelt. Goethe schildert den Einzug Franz I. in Frankfurt nicht
angelegentlicher und glaubhafter, als Auerbach den Ehrenzug des
Primizianten von Altar und Feldkanzel auf der Hochburg über die
bedachte Treppe zum Nordstetter Kirchberg. Und nur eigenste Erinnerungen vergönnten ihm Treffer, wie Ivos Frage nach dem Eingange
zum Himmel im gegenüberliegenden Hochdorf; die Kinderspiele mit
Emmerenz; das idyllische Zusammenhausen mit Kühen und Enten; das
Feldleben mit Naz und die Natursymphonie, den gewaltig geschilderten,
Himmel und Erde in einen Kirchenchor aus fließendem Gold umwan-
delnden Sonnenuntergang, den Auerbach, während er in Weilbach am
Ivo schrieb, mit eigenen Augen schaute. Persönliche Erinnerungen spielen
offenbar auch in die ersten Lateinjahre, in die selbstgefälligen Regungen
beim Verkehr mit den Söhnen des Oberamtmanns hinein. Der
Nachhall eigener Vakanzfreuden und -schmerzen klingt an in Ivos
Heimatseligkeit bei den ersten, in seiner Beklommenheit bei späteren
Ferialzeiten, da er der Trübung der elterlichen Ehe gewahr, der eigenen
religiösen Zweifel bewußt wird. Ebenso wohlbewandert wie in Nordstetten zeigt sich Auerbach im Priesterseminar. Nirgends ist das damalige
Leben katholischer Pfarramtskandidaten in Schwaben, harmlose Toren-
streiche, Ausgelassenheiten, fanatische Teufelsbeschwörung und ek-
statische Verzückung glaubwürdiger festgehalten. Clemens, der aus
maßloser Freigeisterei in maßlosen Mystizismus umschlägt und Heiden-
missionar wird; Bartel, der stumpfe Bettelstudent; der verwogene,
bauernschlaue Constantin, der durch dreiste Mißhandlung des Oberen
auf dem „Herrentritt" die geistliche Anstalt prellt — er zwingt sie, ihn
strafweise, ohne Ersatz des Lehrgeldes, zu entlassen —, jeder eine andere
Spielart des Noviziats, alle Urschwaben in der Kutte. Die Nordstetter
Handwerker- und Bauersleute haben wiederum durchaus eigene Gesichter: der mürrische, selbst gewalttätige Vater Ivos und die glaubens-
starke Christine, eine Muttergestalt, die Züge Edel Auerbachs trägt.
Und wie die Menschen, stehen die rechten Volkslieder, Volksbräuche,

Volksfeste überall am rechten Platz. Widerspruch weckt nur die gar zu versöhnliche Lösung des Zwiespaltes. Ivo bleibt katholisch, obwohl er nicht Priester werden will. Immerhin; er heiratet, da er die Gelübde noch nicht abgelegt hat, wie etwa Mathys Vater, der Mönch war und während der Revolutionszeit zum Protestantismus überging. Ivo fällt die Welt, wie durch Stahl zerschnitten, in zwei Hälften auseinander; nicht der gekreuzigte, der lebende, lehrende Christus, der so allliebend war wie keiner vor ihm, ist sein Erlöser — er treibt Bibelkritik auf eigene Hand, bleibt aber, trotz aller Ketzereien vom Vorhandensein der Wunder überzeugt, auf dem Gebiet orthodoxen Kirchenglaubens. Hier regen sich schon stärkere Zweifel. Die meisten Bedenken steigen aber auf angesichts der Leichtigkeit, mit der Naz dem Flüchtling jeden Stein aus dem Weg räumt und großmütig eine ganze Sägemühle mit Äckern und Baumschlägen schenkt. In solchen Punkten bedeutet Anzengruber durch die Vertiefung der Probleme, durch die größere Strenge und Wahrhaftigkeit seiner Abschlüsse einen Fortschritt über Ivo, dem seine ansehnliche literarische Nachkommenschaft über den Kopf gewachsen ist. Ivo ist einer der Ahnherrn des Pfarrers von Kirchfeld geworden, wie vom alten Knecht Naz, dem kirchenfeindlichen Wildling mit seiner in einer langen Schaltgeschichte gebeichteten trüben Vergangenheit, der „Wurzelsepp" und seine Sippe ihren Ausgang genommen haben. Und noch Gerhart Hauptmann nannte dem Hajrle Auerbachs zu Ehren seinen erstgeborenen Sohn Ivo.

Ebenso fruchtbar als Ivo und sein Geschlecht ist der Nachwuchs des Dorflumpen Florian und des Sündkindes Crescenz geraten. Der schmucke · großtuerische, leichtlebige Metzgersohn Florian liebt auf seine Art die Crescenz, die vor der Welt als Tochter des Schneiders gilt, in Wahrheit aber das Kind eines katholischen Pfarrers ist. Zu arm, um mit Florian Hochzeit zu machen, versteht sich die Dirne dazu, nach dem Willen der Ihrigen die Braut eines staatlich angestellten Geometers zu werden, ein Verlöbnis, das nach Florians unvermuteter Heimkehr aus dem Elsaß einen Riß bekommt. Der Bursche sucht Händel mit dem Geometer, und Crescenz läßt nicht von dem ersten Schatz. Florian bleibt Sieger in jeder Rauferei, auf jedem Tanzboden. In seinem Handwerk fehlt es ihm nicht an Geschick, nur an Stetigkeit. Nebengewerbe — er versuchte sich als Schmuggler und verliert ge-

borgtes Geld am Würfeltisch — schlagen zu seinem Unheil aus. Wohl=
meinende Warnungen und hilfreiche Winke des Buchmeier weist er
hoffärtig von sich; sein schamloser Anschlag, den geistlichen Herrn, der
Creszenz' Vater ist, als Erpresser zu brandschatzen, wird zu Schanden
durch die Schneidigkeit der horchenden Haushälterin des schreckhaften
Pfarrherrn. Nun geht's immer schärfer bergab mit Florian. Er wird
zuerst Schuldner, dann Mitschuldiger des Dorfdiebes Schlunkel. Sein
Einbruch kommt auf. Er wird eingesperrt, entwischt, wird wieder
gefangen und muß zu seiner ärgsten Demütigung in Ketten auf dem
Weg ins Zuchthaus mitten durch Nordstetten mit dem Landjäger
marschieren. Creszenz hält auch in dieser tiefen Erniedrigung bei
ihm aus, sie eilt ihm als Trösterin entgegen, und bleibt ihm zur Seite
auf seinem Leidenswege. Sechs Jahre lang bewahrt sie dem Sträfling
ihre Neigung, und mit dem Freigelassenen — dem einzigen Nordstetter,
der nichts mehr von Nordstetten hören will — teilt sie die Fährlichkeiten
eines wüsten Landstreicherlebens. Als Gaukler, Spielhalter, Scheren=
schleifer zieht Florian herum. In ihrer grimmigen Not lassen sie sich
verleiten, ihren Knaben einem Bauern, der ein Kind annehmen will,
für hundert Gulden zu verkaufen. Im nächsten Augenblick rührt sich
ihr Gewissen. Sie holen ihr Kind und stoßen im Bauernstübchen un=
versehens auf den Vater der Creszenz. Diesmal wird der Pfarrer
mürbe. Er sorgt für Kind und Kindeskind. Als geschlossene Kompo=
sitionen sind die kleineren Dorfgeschichten „Florian und Creszenz" über=
legen. Auch in den „Verlornen Leuten" ist, wie in Jvo, der Abschluß
durch eine zufällige Begegnung eine Verlegenheitslösung. Die tra=
gischen Gewitter, die sich über Anzengrubers Sündkinder entladen
und im Einsam überdies den sündigen Vater mit rächendem Blitz
treffen, ziehen über Creszenz und ihren Vater nur als fernes Wetter=
leuchten auf. In allem Beiwerk zeigt sich wiederum die Meisterhand
des Genremalers: der mit Trutzliedeln anhebende Wirtshauskampf;
das Würfelspiel in Horb; die Heimsuchung des Pfarrherrn; die Straf=
eskorte des Gefesselten sind Sittenstücke, die der Beschauer nicht leicht
vergißt.

Auch das „Befele" legt Zeugnis dafür ab, daß Auerbach von
Anfang die Schäden und Schwächen der Bauernart in seinen Kreis
zog; an ihrem Lebensweg stehen „fast lauter böse, in die Tracht schwarzer

Leidenschaften gehüllte Menschen wie eine festgeschlossene Reihe". Schloßbauer, das heißt Eigentümer des damals gräflich Schleitheimschen Schloßgutes ist ein reicher Baisinger Bauer geworden. Durch seinen Kauf hat der Eingewanderte von vornherein die Mißgunst der Nordstetter herausgefordert, die nun und nimmer einem Ihresgleichen Patronatsrechte gönnen, die sie den früheren aristokratischen Schloßgutsbesitzern vorbehaltlos zubilligten. Der Schloßbauer vergilt diese Gehässigkeit mit Rechthaberei. Bäuerliche Hartnäckigkeit und habsüchtige Rechtsanwälte verärgern die Habernden dermaßen, daß der Schloßbauer und die Seinigen bald von den Nordstettern wie Aussätzige gemieden werden. Seine jüngste Tochter, Vesele, ein engelsmildes, leicht verletzliches, durch ein unbedeutendes Hinken doppelt scheues Mädchen gibt alle Schuld an dem erbarmungslosen Kampf der Nordstetter gegen ihr Haus der Roheit der Bauern, — ein Irrtum, in dem sie durch unglückliche Ehen ihrer Geschwister mit Bauersleuten aus den benachbarten Ortschaften bestärkt wird. Die Werbung eines verwitweten Schultheißen schlägt sie deshalb aus, und dem ersten städtisch Gekleideten, der ihr ein freundliches Wort gibt — einem zufällig Nordstetten besuchenden Chirurgen — vertraut sie unbedingt. Die Lieblosigkeit, unter der sie Jahre und Jahre gelitten, macht sie doppelt empfänglich für die gleißnerischen Worte des Windbeutels. Sie kann dem Verlobten nicht widerstehen, als der sie beredet, ihre Kammer zu öffnen. In derselben Nacht trifft den Schloßbauern der Schlag. In unbegrenztem Vertrauen wird Vesele noch einmal das Opfer des Betrügers, der mit ihrer Geldschatulle nach Amerika durchbrennt. In ihrer Pein wird die Schwangere durch die Tücke des rachsüchtigen, abgewiesenen Schultheißen aus ihrer letzten armseligen Zufluchtsstätte im Haus ihres Bruders getrieben: in den Tod, den die Verlassene freiwillig in dem aus den Ufern getretenen Neckar sucht.

„Der bekehrte Lehrer", wie „Der Lauterbacher" zuerst hieß, gelangt zu grundverschiedenem Urteil über die Bauern. Beim Eintritt in Nordstetten wird er wegen seines Geburtsortes mit dem Spottlied „Z' Lauterbach hab i mein Strumpf verlorn" geneckt. Auch er verargt den Bauern ihren Hohn, und seine ersten Begegnungen und Erfahrungen mehren seinen Widerwillen gegen die Rüpelhaftigkeit der Ungebildeten und vermeintlich Unbildsamen. Allgemach bringt

ihn eine grundgeſcheite greiſe Bäurin Maurita und mehr noch deren
Enkelin Hedwig von ſeiner vorſchnell gefaßten Meinung ab. Nach
wenigen raſch überwundenen Rückfällen in die erſte wechſelſeitige
Verkennung verſtehen ſich die Bauern mit dem Lauterbacher, der zuletzt
ſelbſt ein Bauernmädchen heiratet und im glücklichſten Eheſtand mit
Hedwig nicht vergißt, mit dem Buchmeier und anderen Geſinnungs-
genoſſen unter den jungen und alten Bauersleuten Volksbildung zu
pflegen, Leſekränzchen, Geſangvereine und ſo weiter zu gründen.
Beſele hat den beſonderen Anteil Jakob Grimms und Lenaus
gefunden. In aller Schlichtheit behauptet ſich die Geſtalt als eine der
in jedem Betracht erſten, rund durchgearbeiteten tragiſchen Charaktere
der „Schwarzwälder Dorfgeſchichten". Im Grundmotiv, dem unver-
ſtändigen Hinausſtreben aus dem Bauernkreis, leiſe und nicht unwürdig
erinnernd an den Meier Helmbrecht.

Nicht weniger bezeichnend für eine andere, nur weit unerfreulichere
Gruppe von Auerbachs Lieblingen iſt der Lauterbacher. Dieſer taſchen-
büchelnde Lehrer mit ſeiner Feldweisheit, in der er dicht neben Nutz-
und Heilpflanzen mit ſelbſtgefälligem Übereifer Unkraut ſäet, iſt der
Vorbote des halb humoriſtiſch gedachten, nicht immer humoriſtiſch
wirkenden Collaborators und Dr. Gſcheitle, die gelegentlich ernſthaft
den Wunſch äußern, das Gras wachſen ſehen und hören zu wollen.

Den letzten Federſtrich am „Lauterbacher" machte Auerbach noch
in Mainz, wie die Reinſchrift vermerkt „25. März 43 Morgens 11 Uhr",
doch das letzte Imprimatur gab der Dichter nicht mehr am Rhein.
Der betriebſame, für ſich und ſeine Freunde ſorgſam auf geſicherte feſte
Einnahmen bedachte Andree hatte nicht geruht, bis Auerbach außer
der Mitredaktion der „Bürgerbibliothek" die Leitung eines neugegründeten, von Andree auf fünftauſend Abnehmer gebrachten Unternehmens:
„Deutſches Familienbuch zur Belehrung und Unterhaltung" übernommen hatte; dieſe Bilderzeitung gab Auerbach
nicht viel Arbeit, ſie nötigte ihn nur, nach Karlsruhe zu überſiedeln.
Anfangs wollte ihm das Leben in der badiſchen Hauptſtadt gar nicht
munden, er ſehnte ſich nach den gar zu lieben Beziehungen in Mainz,
und er ſelbſt fehlte den rheiniſchen Freunden auf dem Spaziergang
und in der Kinderſtube, beim Schmaus und in tiefgehendem Geſpräch
unabläſſig. Bald aber war er auch in Karlsruhe allerorten ein will-

kommener Gast. Seine Verleger Bassermann und Mathy hät-
schelten ihn als Hausfreund und zogen ihn, hochangesehen, wie sie als Abgeordnete waren, auch in den Kreis ihrer politischen Gesinnungsgenossen.
Am 22. August 1843 veranlaßte Mathy zu Ehren des dreißigjährigen
Bestehens der badischen Verfassung in allen Gegenden des Unter-,
Mittel-, Oberrhein- und Seekreises volksmäßige Festakte; am Abend
wurden die Armen mit Wein und Brot bewirtet; am Gedenktag gab
es Festreden, Trinksprüche, Freudenfeuer, Böllerschüsse, türkische Musik.
Zur Zentralfeier in Bad Griesbach bei Oberkirch nahm Mathy seinen
lieben Auerbach mit; der Dichter fühlte sich in dem fröhlichen Volks-
treiben so vergnügt, wie Gottfried Keller im Getümmel eidge-
nössischer Massenfeste, wie der griesgrämige Grillparzer auf der
Brigittenauer Kirchweih. Wer heute die von Karl Mathy herausgegebenen „Vaterländischen Hefte" durchblättert, in denen der Treffliche
die Berichte über den großen Tag aus allen Ecken und Enden des
Ländchens vollständig sammelte, kann sich eines Lächelns über manche
ganz ernsthaft gebuchte Zeichen konstitutionellen Sinnes nicht erwehren;
in einem Schulzimmer ist z. B. als Schaustück ein Zeitungsdruck der
badischen Landesverfassung eingerahmt neben der — Rettungstafel für
Scheintote. Der süddeutsche Liberalismus jener Frühzeit ist nicht zu
denken ohne derartige Schwabenstreiche und Aufzüge. Und Auerbach, der
mit Itzstein, Hecker, Soiron, Heinrich König, Dr. Strecker
unter Triumphbogen einzog, war in seinem Element, als den Volks-
männern ein Fackelzug gebracht wurde und die Militärkorps von
Oppenau und Peterstal in schöner Haltung und Uniform ausrückten,
als die Bauernschaft in alter Volkstracht bei der Tafel mit vierhundert
Gedecken sich einstellte. Noch dreißig Jahre später, als er von Allerheiligen zu den Wasserfällen bequem hinabspazierte, dachte er fröhlich
an das Verfassungsfest zurück, an dem er mit den Abgeordneten denselben Ausflug bedeutend beschwerlicher gefunden hatte — 1843 mußte
man noch an Leitern zur Aussicht klettern.

Nach der Heimkehr schrieb er für das „Familienbuch" Stücklein im
Sinn des „Rheinländischen Hausfreundes". „Den Kindern im Hinterstübchen" erzählte er ein anderes Mal ein gar nicht übles, jüdischen Legenden nachgebildetes Märchen „Der Schlüsselgeist": die Entführung des schwerreichen Emirs Jussuf ben Suleiman in das Reich

Plutos, wo er beim Erstgeborenen Proserpinas Gevatter stehen soll und zu seinem Entsetzen seinen wie den Schlüsselbund vieler anderer Geizteufel an Schlangen aufgehängt findet. Ein Traumgesicht, das ihn bekehrt, doch über Nacht eisgrau macht. Während der Dichter diese und andere Beiträge (die Beschreibung des Baseler Bundesschießens von 1844; den ersten Besuch des Wiesetales und der Hebelstätten) für das „Familienbuch" fertig brachte, hörte er Tag um Tag von anderer Seite, in anderen Tönen, daß die „Schwarzwälder Dorfgeschichten" unbefangenen Lesern und berufenen Kennern gleicherweise gefielen.

Noch vor dem Erscheinen der Buchausgabe, nur unter dem Eindruck der ersten Proben in Zeitschriften, veröffentlichte J. E. Braun in der „Europa" einen bis zur Stunde in der Hauptsache zutreffenden Aufsatz: „Ein Phänomen in der neuesten Literatur", der die Notwendigkeit einer Umkehr der Unterhaltungsliteratur begründet, Immermanns Münchhausen als Beginn dieser Wandlung und die „Dorfgeschichten" als die ersten Blüten aus dem Samen rühmt, den Immermann in die deutschen Herzen gestreut hat. Der junge Goedeke stellte die „Dorfgeschichten" über den Münchhausen. Duller nannte sie Poesie der Volksgesundheit. Wolfgang Menzel, den Auerbach in seiner allerersten Flugschrift „Das Judentum und die neueste Literatur" heftig angegriffen hatte, wünschte und hoffte nach einer warmen Würdigung der „Dorfgeschichten" im „Literaturblatt", daß „manchem überreizten Gaumen diese doch gesunde Kost munden möge, wo die Seele, müde der mannigfachen Unnatur der Konvenienz und Poesie, wahrhafte Natur finden und sich dadurch gekräftigt fühlen wird". Venedey begrüßte den ihm völlig unbekannten Dichter in einem offenen Sendschreiben aus Havre als Tröster in aller patriotischen Sorge: seit er als Flüchtling in Frankreich gelebt, sei ihm nicht wieder so wohl gewesen als die paar Tage, die er in Nordstetten mit Auerbach zugebracht. „Die Herzen sind groß und gesund, und darauf kommt am Ende alles an. Das Holz, aus dem diese Kinder, diese Weiber, diese Mannen gewachsen sind, ist von dem grünen, und daraus läßt sich vieles machen." Hermann Marggraff ging in den „Blättern für literarische Unterhaltung" den Vorläufern der „Schwarzwälder Dorfgeschichten", E. Willkomms Lausitzern, Immermanns Westfalen,

Joseph Ranks Deutschböhmen, Alexander Weills Elsässern, Spindlers Tirolern im „Vogelhändler von Imst" nach und kam zu dem Urteil, daß Auerbach die Vorzüge seiner Vormänner vereinige. Marggraff schien es leichter, mit Klopstock eine ausgedehnte Himmelswirtschaft als mit Jean Paul eine beschränkte Familienwirtschaft poetisch und anschaulich zugleich zu schildern. Nach seiner Ansicht „bieten solche einfach gesunde Darstellungen aus dem Bauern- und Volksleben jene Erquickung, um die wir vergebens die fremdartigen Riechwasser und Essenzen unserer Salonromantik in ganzen Fluten an unsere Stirn verschwenden".

So hell, laut und weit der Chor dieser Stimmen durch ganz Deutschland scholl, an Reiz, Wert und Wirkung konnte sich keine mit dem Gedicht „Dorfgeschichten" vergleichen, das Freiligrath im November 1843 aus Sankt Goar an die „Kölnische Zeitung" einsandte. Der Eigentümer des Blattes, Du Mont, überraschte selbst den neuen Leiter der „Kölnischen Zeitung", den treuen Karl Andree, mit der Veröffentlichung der zwölf Strophen, die, bald nachher im „Glaubensbekenntnis" wiederholt, ein dauerndes Ehrenmal für den Sänger und für den Besungenen geworden sind. Auch Freiligrath beginnt mit dem Stammbaum der Dorfgeschichten. In den vier ersten Strophen gedenkt er Jung Stillings „Jugendgeschichte", Pestalozzis „Lienhard und Gertrud", Immermanns „Münchhausen" und Brentanos: „der — in ‚Annerl und Kasperl' — warf zuerst aus grauer Bücherwolke den prächtigen Blitz ‚die Leidenschaft im Volke'". Diesen Meistern stellt Freiligrath, der selbst mit dem Dichter des „Münchhausen" befreundet und von Brentano zumal seiner „Sandlieder" halber als stärkste Begabung der Jungen gegrüßt worden war, Auerbach gleich. In lapidaren Zügen hält er — wie zuvor in den gewaltigen Gelegenheitsgedichten „Bei Grabbes Tod", „Zu Immermanns Gedächtnis", „Ein Flecken am Rhein" („nennt für Brentano es ein Totenamt") — das Wesen des Werkes und des Werkmeisters fest:

> Als Fünfter nun gesellst du dich zu diesen,
> Die treu geschildert einfach kräft'ge Sitten;
> Aus deines Schwarzwalds tannendunkeln Wiesen,
> Mit seinen Kindern kommst du froh geschritten
> Und setzest ein das Tuchwams und die Flechte
> In ihre alten dichterischen Rechte!

Das ist ein Buch! Ich kann es dir nicht sagen,
Wie mich's gepackt hat recht in tiefer Seele;
Wie mir das Herz bei diesem Blatt geschlagen
Und wie mir jenes zugeschnürt die Kehle;
Wie ich bei dem die Lippen hab' gebissen
Und wieder dann hellauf hab' lachen müssen.

Das alles aber ist dir nur gelungen,
Weil du dein Werk am Leben ließest reifen;
Was aus dem Leben frisch hervorgesprungen,
Wird wie das Leben selber auch ergreifen,
Und rechts und links mit Wonnen und mit Schmerzen
Sturmschritts erobern warme Menschenherzen.

Und feuriger noch als den Dichtern des Volkes huldigt Freiligrath dem Nährboden ihrer Dichterkraft:

So geht es dir, so geht es jenen Vieren!
Wie schön ihr dasteht in geschloss'ner Reihe,
Für ein Jahrhundert den Beweis zu führen,
Daß immer jung bleibt deutsche Sitt' und Treue: —
Derb schaut mich an dasselbe Volksgesichte
Aus deinen Blättern wie aus Jungs Geschichte!

Am Neckar, Ruhr, in Bayern, Schweiz und Siegen,
Ob hundert Jahre sich durchs Land auch drängten,
Dasselbe Antlitz mit denselben Zügen!
Und überall noch, was sie auch verhängten,
Gedrücktsein, Armut, Kriegesnot und Trübeln —
Dasselbe Lachen, Weinen, Zürnen, Jubeln!

Und frohmütig baut der Dichter, der gerade dazumal über die Machthaber alle Schalen seines Zornes ergoß, seine Zuversicht für die Zukunft Deutschlands auf diese unzerstörbaren Grundmächte der Nation:

O, das erhebt! Wer mag ihn unterdrücken,
Den Kern im Volk, den ewig tücht'gen, derben?
So laß uns frisch denn auf und vorwärts blicken:
Ein Keim wie der wird nimmermehr verderben!
Der fängt erst an, in Pracht sich zu entfalten —
Mag Gott die Hände segnend drüber halten!

In solcher Hoffnung biet' ich dir die Rechte! —
Wär' ich der Schwarzwald, meine Wipfel ballt' ich,
Und schüttelte der Äste Wucht und brächte

Ein Ständchen dir, wildrauschend und gewaltig!
Ich hoff', er tut's! Mag dir auf weitern Flügen
Indes mein Handschlag und dies Lied genügen!

Bis zum letzten Atemzug hat Auerbach Freiligrath seinen neidlosen,
großherzigen Fürspruch nicht vergessen. Noch in seiner Freiligrathrede
sagt er, das Gedicht sei eines seiner schönsten Lebensereignisse gewesen.
Wie mächtig die Verse aber nach ihrer Veröffentlichung bei ihm ein-
schlugen, zeigt sein Dankbrief aus Karlsruhe (24. November 1843),
dessen Mitteilung ich der Güte von Wilhelm Buchner und der
Familie Freiligrath zu danken habe:

Dein Gedicht. Ich kann es dir nicht sagen,
Wie mich's gepackt hat recht in tiefer Seele.

Mein lieber, lieber Freiligrath!

Schon seit Montag gehe ich damit um, Dir aus ganzem Herzen zu schreiben,
und nun erhalt' ich gestern noch Deinen Brief! Ich bin zwar unwohl, ich leide an
einem überaus heftigen Katarrh, ich wollte immer eine gute Stunde abwarten, um
Dir so vieles zu sagen, jetzt aber muß und will ich schreiben. Ich war Montags hier
auf meinem Zimmer, unwohl und über manches mißgestimmt; ich wartete eben
auf mein Mittagessen, das ich nun wie ein Gefangener allein verzehre, da kam
Dr. Giehne und sagte: ich hab' Ihnen was zu geben, und brachte mir Dein Gedicht.
Ich wußte mir vor Freude gar nicht zu helfen; ich wünschte jetzt bei Dir zu sein
und bei meinen Mainzer Freunden, meine Seele war so voll. Sieh, Lieber, Guter,
Du darfst froh sein, Du hast mir einen hellen glänzenden Sonnenblick ins Leben
geworfen, das ist ja das beste, daß wir unserem Innersten genügend, andern Glück
bereiten. Ich sah Dich vor mir, wie ein Gedanke nach dem andern in Dir aufstieg,
wie Du ihn in schönen Versen aufreihtest, ich sah Dich vor mir, wie Du dann mit
dem Blatte in der Hand zu Deiner Frau kamst und wie Ihr Euch beide freutet.
Es tat mir unendlich wohl, daß Du so ganz aus Dir selbst Dich zu diesen Aus-
sprüchen gedrungen fühltest. Ich glaube, ich habe Dir's schon gesagt, die Stunden,
in denen ich diese Bauerngeschichten schrieb, gehörten zu den seligsten meines Lebens,
ich war dabei wie in einer heiteren Andacht, ich konnte ganz tief in mich hinab-
schauen, und oft war mir's, als ob der Volksgeist auf mir ruhe, so leicht und von
selbst machte sich vieles, ich darf Dir das alles sagen, Du mißdeutest es nicht! Du
weißt, ich bin ein grübelnder Philosoph und hab' gar viel an mir herumgeposs't,
jetzt war mir's auf einmal, wie wenn es gar keine Literatur in der Welt gäbe, und
von Vorbildern konnte da natürlich gar keine Rede sein. Brentanos Annerl hat
allerdings auf mich einen Eindruck gemacht, wie sonst fast kein Buch. Immermann
steht doch noch bisweilen so wie ein Städter, der sich in das Landleben hinein begibt,
dann aber bald wieder zur „guten Gesellschaft", wo man humoristisch und alles das
sein kann. Dir darf ich das sagen, öffentlich möchte ich es nicht aussprechen, denn

groß und ehrwürdig bleibt Immermanns Schaffen. Ich hatte eine ganz andere Stellung, ich wollte durchaus in der Gegenwart und unter den Bauern bleiben. Sonderbar ist mir's, wenn mich die Leute oft fragen, ob dieses oder jenes wahr sei. Ich bin jetzt bald zwanzig Jahre von Nordstetten weg, und alles lebt vor mir hell und klar. Viele Tatsachen sind aus dämmernden Erinnerungen genommen und selbständig neu geschaffen, hatte ich einmal begonnen, ging die Geschichte fast von selber fort!

Merkwürdig (wie der Herr Vitzthum sagt) muß Dir auch besonders sein. In meinem Notizbuche, wo die ersten Entwürfe zu acht Dorfgeschichten stehen, ist beigemerkt: „Bonn Sonntag Morgens 10. Juli 1840". Es war um die Zeit, als mein Vater starb, da war es, als ob meine Kindheit neu auferstehen wollte, Du weißt, ich war damals sehr unglücklich und hatte auch noch die mühselige Arbeit der Spinozaübersetzung.

Ich werde die Dorfgeschichten fortsetzen und dann den Bauernkrieg im Schwarzwald bearbeiten. Wir sprechen noch darüber. — —

Deine Prophezeiung vom Schwarzwaldständchen wird wohl nicht erfüllt werden. Die Nordstetter Bauern sind fuchsteufelswild über mich, sie sind eher geneigt, mich durchzuprügeln, wenn ich hinkomme, weil ich sie lächerlich gemacht und über sie gelogen hätte. Ich hoffe, die schwäbische Kritik, die sich bis jetzt nicht hören ließ, benimmt ihnen das Vorurteil, indem sie auch Dein Gedicht abdruckt.

Abends 7 Uhr.

Ich wurde heut' morgen gestört und schreibe jetzt weiter. Es ist mir, als müßte ich Dir recht viel sagen, als müßte ich Dir alle die Gedanken, die die Entstehung und Vollendung der Dorfgeschichten begleiteten, mitteilen, denn Dir sind sie ganz und voll in der Seele wieder aufgegangen. Es ist mir auch besonders lieb, daß dieses öffentliche Verständnis von Dir ausging. Ich habe treu und redlich an Dir gehalten und habe mich nie irren lassen, will's Gott, bleiben wir uns fürs Leben. Wir sind einig in der Liebe. Wir haben nicht nötig, irgend eine Kameraderie (schwäbisch: Vetterles und Bäsles) zu machen, es tut aber wahrlich not, daß auch wieder ein herzlicher Ton in die Literatur kommt, wenn man heute in die Bücher und Blätter sieht, meint man, alle Freundschaft und Liebe sei verschwunden.

Ich muß Dir auch noch sagen, daß es mir besondere Freude macht, daß es mir, einem Juden, gelungen ist, etwas aus dem Innersten des deutschen Volksgeistes zu offenbaren. Du weißt, lieber Freund, was ich vom Judentum halte, aber jede innere und äußere Gehässigkeit gegen die Juden tut mir in tiefster Seele weh. Es ist mir daher besonders lieb, Dir sag' ich es frei, daß die Gehässigkeit die Juden nicht mehr so leicht Fremde heißen kann. Ich glaube, ich bin ein Deutscher, ich glaube es bewiesen zu haben, wer mich einen Fremden heißt, mordet mich zehnfach. Ich komme oft auf dieses Thema, aber Du weißt nicht, I. Freiligrath, was ein Judenkind auf der Welt zu dulden hat; auch ich habe viel, viel geduldet, und gottlob, die reine Menschenliebe hat den Sieg davongetragen und soll ihn behalten. Ich habe hier einen kleinen Vetter, der ins Lyzeum geht. Die Knaben haben dort als Verstandesübungen Sätze aus dem Kopf an die Tafel zu schreiben, da geht ein dreizehnjähriger Junge heraus und schreibt: die Juden betrügen alle anderen Menschen. Der Lehrer sagte gar nichts darauf. Die zitternde Stimme und die Tränen, mit denen mein kleiner Vetter das erzählte, das schnitt mir tief durch die Seele. O, es ist schrecklich, in ein jugendliches Herz den Haß und die Zwietracht säen. — In meinem Innersten sagte mir eine Stimme: Nie, nie will ich mich durch die Häßlichkeiten der Juden von ihrem Schmerze trennen lassen, und was ich vermag und tue, möge auch ihnen zu Gute kommen. — Hier in diesem Schand-Karlsruhe wäre ich nie zu jener Friedensstimmung gekommen, die mich mein Herz für mein deutsches Vaterland offenbaren ließ. Wie ich in meinem ganzen Leben eine Vorsehung erkenne, so sehe ich sie auch besonders darin, daß ich nach Mainz zu eblen, echten Menschen, die geborene Christen sind, kam, dort war mir's wohl und frei, und ich konnte einen Klang aus mir rein und ungetrübt erklingen lassen. Jetzt, glaube ich, werde ich stets frei bleiben, keine Bitterkeit will ich in mir aufkommen lassen. Ich weiß es, wenn ich hinaustrete unter die Bauern, eine Seele voll Wohlwollen auf den Lippen, das einzige Wort Jud! würde sie von mir verscheuchen. Immer war es aber so, daß die Liebe nicht erkannt und gekreuzigt wurde, ich habe Doppeltes zu besiegen, ich will mir die Kraft dazu bewahren, und meine Freunde werden mir dazu helfen.

Ich will fortan auch für das sogenannte niedere Volk schreiben, unmittelbar für die Bauern; es fehlt ihnen ein Mann, der ihrem Herzen Luft macht, bei unserer sonst so reichen Literatur hat man das eigentliche sogenannte Volk den Pietisten und anderen dergleichen überlassen, ich will einmal sehen, was ich vermag, ich will die Religion, dieses Grundwesen des deutschen Volkes, nach Kräften in ihr markiges Recht einsetzen. Auf die sogenannten Liberalen ist dabei nicht zu rechnen, die haben's stets bloß auf unmittelbare Zwecke, Wahlen, Opposition und dergleichen abgesehen, gar viele wollen nur einen Wechsel der regierenden Personen, von Veredlung und Selbständigkeit, von wahrer Freiheit der Menschen wollen sie nichts.

Es geht mir wie meinem guten Tolpatsch, ich schreibe da auch so in einem Trumm fort. Nun muß ich Dir noch sagen: Zu Weihnachten komme ich nach Mainz, geht es, so besuche ich auch Dich, schreibe Dir aber noch vorher.

Grüße mir von Herzen Deine Frau.

Aufrichtig und getreulich

Dein

Berthold Auerbach.

Auch dem ersten Herold der „Schwarzwälder Dorfgeschichten", F. E. Braun, dankte der Dichter. In einem offenen Brief an die „Europa" bekannte er, daß Brauns Studie, „Ein Phänomen in der neuesten Literatur", ihn bestimmt habe, sein bereitliegendes Vorwort nicht in die Buchausgabe aufzunehmen. Immermann habe ihn ermutigt, nicht zuerst angeregt, das Volksleben in seiner Selbständigkeit zu erfassen. Diese Aufgabe sei aus dem Beruf unserer Zeit erwachsen, die Massen in selbständige Individualitäten aufzulösen. Das Pulver hat mit dem Rittertum, das Maschinenwesen mit der Handgeschicklichkeit einzelner

aufgeräumt; nun tritt die allgemein menschliche Bildung ein und
hebt den Rest der Bevorzugung auf. Im 18. Jahrhundert hatte sich
die Bildung der höheren Stände so weit vom eigentlichen Volksleben
entfernt, daß Friedrich der Große seiner Akademie die Frage vorlegen
konnte: Doit-on tromper le peuple? Eine Frage, die 1843 in solcher
Form nicht einmal diejenigen aufwerfen würden, die das Volk dauernd
in Unmündigkeit halten wollen. In Dichtung und Wahrheit muß das
sogenannte niedere Volksleben immer tiefer ergründet, Kunst und
Wissenschaft immer volkstümlicher und nationaler, der Fortschritt ein-
heitlich werden. Solcher Zukunft wollten auch die „Schwarzwälder
Dorfgeschichten" vorarbeiten: ihre Endabsichten entwickelt Auerbach
in der 1843 zuerst in der „Europa", seit 1857 auch in allen Gesamt-
ausgaben gedruckten Erklärung: „Vorreden spart Nachreden".

Jeder Absatz dieses Programms hat in den seither verstrichenen
zwei Menschenaltern seine Erfüllung, in einigen Kernpunkten auch
seinen Widerspruch in der Entwicklung der deutschen und europäischen
Bauerngeschichten gefunden. Niemand bestreitet heutzutage das von
Auerbach beanspruchte Dichterrecht, sich — wie andere in der Phantasiewelt oder in fernen Zeiten und bei fremden Völkern — seine Stoffe
aus der engsten Heimat, aus der Gegenwart zu holen. Kein Unbefangener
hält es auch für notwendig, ihn gegen die übrigens rasch verflogene
Gereiztheit seiner Nordstetter Landsmannschaft zu verteidigen: je
besser die Urbilder wiedergegeben sind, desto empfindlicher werden
sie, nicht nur einem Satiriker wie Dickens, unglaublicherweise selbst
einem milden Humoristen gegenüber wie Hebel, der in dem
Vorwort zur vierten Auflage der „Alemannischen Gedichte" bemerkt: „Fast nur durch ein Wunder könnte bei aller Vorsicht ein
Schriftsteller, der den engen Kreis, aus dem er seine Gegenstände
heraushebt, selber angibt oder verrätt, und das Leben, das sich in
ihm bewegt, mit Treue darzustellen sucht, vor dem Unglück verwahrt
bleiben, zu treffen, was er nicht treffen wollte. In mehreren Stellen
ist mir dies widerfahren. Personen, die ich nicht kenne, glaubten da
und dort sich, ihre Schicksale und persönlichen Eigenheiten angedeutet
zu sehen und fanden sich dadurch betrübt oder beleidigt." Unbedingt
recht hat Auerbach auch mit der Behauptung behalten, daß englische
und französische Erzähler, Kinder von Ländern der Zentralisation,

leichter großstädtische Nationaltypen aufstellen können als deutsche, die, 1843 ganz anders als im neuen Reich „durch die Geschichte getrennt, weit mehr die Ausbildung des Provinziallebens darstellen". Pflege jedes örtlich umgrenzten Volkslebens hat Auerbach deshalb gleichfalls schon 1843, lange vor dem Aufkommen des müßigen Schlagwortes „Heimatkunst", gepredigt, in seiner Lehre und Kunstübung indessen solchen poetischen Partikularismus nur unter einer entscheidenden Voraussetzung gelten lassen: „Einheit in der Mannigfaltigkeit, das Bewußtsein der Vereinigung und Einheit muß hindurchgehen und ein in sich gegliedertes Leben herausstellen." Auch dieser Forderung Auerbachs haben seine Zeitgenossen und Nachfolger Genüge geleistet: in aller Besonderheit ihres Stammes sind die Schweizer von Gotthelf und Keller, Reuters Mecklenburger, Otto Ludwigs Thüringer Naturen, Anzengrubers Wiener und Älpler, Roseggers Steirer kerndeutsche geblieben, Zeugen für den vielgestaltigen Reichtum, nicht für die Zersplitterung deutscher Volksart.

Weise beraten war Auerbach ebenso, als er den Ton mündlicher Erzählung anschlug. Weniger vorbildlich wurde seine sparsame Anwendung der Mundart: in dieser Hinsicht haben Gotthelf und Reuter, Anzengruber und Rosegger zum Heil der Kunst andere Wege einschlagen. Am heikelsten für jeden Volksschriftsteller und am gefährlichsten für Auerbach wurde Theorie und Praxis des Belehrens, des Besserns und des Bekehrens. Er ließ es sich als frei sprechender Erzähler nicht nehmen, an treu berichtete Begebenheiten Lebensregeln und allgemeine Bemerkungen zu knüpfen. Er wies den Gedanken bewußter Tendenzmacherei weit von sich: die wahrhaftige Wiedergabe „aller Seiten des jetzigen Bauernlebens" sollte nur naturgemäß so viele Schäden und Schwächen in Kirche und Staat, in Wirtschaft und Rechtsleben aufdecken, daß der Ruf, heilend einzugreifen, desto lauter werden mußte, je rücksichtsloser der Arzt an die Wunde rührte. Weniger wehleidig, wenn's not tat, auch weniger bekümmert um künstlerische Form und gesellschaftlichen Anstand als Auerbach haben Gotthelf und Anzengruber Ursachen und Wirkungen tiefsitzender Volkskrankheiten beherzter zur Sprache gebracht. Häufig, wie zum Segen der Sache zugleich auch zum Segen einer Erweiterung der Grenzen ihres Kunstgebietes.

Zn den erſten Schwarzwälder Dorfgeſchichten hat Auerbach ſein ſelbſtgeſtecktes Ziel vollkommen erreicht; ſeine Zeitbilder ſind Geſchichtsbilder geworden; patriarchaliſche Willkür, Franzoſenzeit, neuwürttembergiſches Schreiberregiment, joſephiniſche und weniger preiswürdige Pfarrer, Bauerngeſtalten aller Arten und Abſtufungen, Trotzköpfe und Selbſthelfer, Ganze und Halbe, Spitzbuben und Gerechte, eine Muſterkarte alt und neumodiſcher, chriſtlicher und jüdiſcher Schulmeiſter; ſtark und weichmütige Familienmütter, Frauen als Erzieherinnen, als Vorſehung ganzer Geſchlechter; Bauernmädchen, der ſelbſtloſeſten, zartfühlendſten Liebesempfindung fähig, dicht neben heißblütigen und leichtfertigen — eine ſolche Fülle von Nordſtetter Landsleuten ſchickte der Dichter in die Welt mit dem in Mainz zunächſt nur für ſein Schreibpult beſtimmten Geleitbrief:

„Neunzehn Jahre ſind es, ſeitdem ich dich verlaſſen, du ſtiller Heimatort, um Bahnen zu wandeln, die weit über deine umfriedete Gemarkung hinausführen; der ſtille Zug der kindlichen Liebe hat meinen Geiſt wieder zu dir zurückgelenkt, und mit namenloſen Bewegungen ließ ich die faſt verklungenen Töne wieder erſtehen. Vor meinem Fenſter wallt der mächtige Rhein, dieſe Pulsader Deutſchlands; ein glänzender Lichtſtreif zieht ſich, wie ein ſilbernes Band von jenſeits herüber, die Wellen zittern und glitzern im Mondlicht. Die Wellen des Neckars, die dort oben an meinem Heimatsort vorbeirauſchen, der große Strom hat ſie freudig aufgenommen und trägt ſie hinab ins Meer. So mögen auch dieſe Gebilde, die ich hinausſende ins Vaterland, aufgehen in dem Strom deutſchen Lebens, als eine beſcheidene Welle, den heimiſchen Bergen entſprungen.‟

Auch dieſer Wunſch des Dichters iſt weit über Erwarten in Erfüllung gegangen. Die Welle der Dorfgeſchichten iſt längſt zum Strom angeſchwollen, zur Überſchwemmung geworden. „Nordſtetten und ſeine Einwohner‟ — wie der holländiſche Überſetzer die „Schwarzwälder Dorfgeſchichten‟ zutreffend umtaufte — haben weit über Deutſchlands Grenzen hinaus Heimatrecht gefunden in den Ländern der Weltſprachen Engliſch, Franzöſiſch, Italieniſch, Ruſſiſch und im engeren Sprachgebiet von Polen, Tſchechen und Magyaren. Und noch ganz andere Übertragungen mußten die Leute von Nordſtetten über ſich ergehen laſſen: es gab bald keine Bauerntracht und keinen Erdenwinkel Deutſchlands, die nicht von ihren Doppelgängern und Nachtretern wären heimgeſucht worden. Wetteifer haben ſie auch im Auslande in überlegenen Talenten geweckt. George Sand ſoll durch den deutſchen

Flüchtling Müller-Strübing auf die „Schwarzwälder Dorfgeschichten"
aufmerksam gemacht und von ihrem Vorbild angeregt worden sein
zu den Jdyllen aus ihrer engsten Heimat: „François le Champi", „La
petite Fadette", „La mare au diable". Und Leo Tolstoi verkündet bis zur Stunde das Verdienst Berthold Auerbachs, der ihm als
Künstler in jungen Jahren lieb geworden und in seiner Greisenzeit
als Apostel der Menschlichkeit lieb geblieben ist. Die größte Genugtuung für den Dichter war aber die Billigung der „Schwarzwälder
Dorfgeschichten" durch die Stimmführer des schwäbischen Stammes.
Was Uhland (nach seinen in Auerbachs Papieren erhaltenen Briefen)
„an diesen lebenswahren Darstellungen festhielt, ist nicht allein die tiefe
Beobachtung des Menschenherzens, die Feinheit einzelner kurz gefaßter
Bemerkungen und poetischer Züge, sondern wesentlich auch das rein
menschliche Wohlwollen des Dichters, der selbst da, wo die Nachtseite
der Charaktere und ihrer Verwicklungen in den finstersten Schatten
geschildert ist, wie ein milder Stern hervorblickt". Dem kritischen Ein-
wand gegenüber, daß Auerbach die Gefühlsweise der gebildeten Gesellschaft auf das Bauerndorf übertrage, steht Uhland „im allgemeinen
die Betrachtung fest, daß im Herzen des Landvolkes oft unter harter
Schale und herber Hülse der milde Kern geborgen ist, selbst die Empfindsamkeit liegt diesen Kreisen keineswegs fern. Ich nehme vielleicht
noch einmal Anlaß, dies in Beziehung auf das deutsche Volkslied
hervorzuheben, denn ich müßte, um anders zu urteilen, nicht den echten
Volksliedern so lange nachgegangen sein, nicht den Grundton und die
einzelnen Weisen unseres Volksgesanges vernommen haben." Eines
Sinnes mit Uhland waren David Friedrich Strauß, Märklin
und Friedrich Theodor Vischer; in seinem Nachruf am Grabe
Auerbachs nannte ihn Vischer den „Schöpfer der lebenswahren Jdylle.
Du hattest Vorläufer, vereinzelt ist diese Form vor dir dagewesen,
aber Schöpfer heißt, wer eine Form reichlich entwickelt und als
bleibende Gattung aufstellt im Saale der Dichtkunst."

Zwei andere große Kenner und Erzieher deutscher Volksart unter
seinen Zeitgenossen, Jakob Grimm und Gustav Freytag,
sind seinem Wirken mit gleichem Anteil gefolgt. Der junge Freytag
hat 1849 die Fortbildung, welche die Poesie unserer Übergangsperiode
durch Auerbach und seine Schule erfuhr, als eine dreifache bezeichnet:

„Die Stoffe werden vaterländische, die Darstellung des Details wird genauer und objektiver, die Sprache wird charakterisierende Prosa. Alles dies ist ein Fortschritt." Und der alte Freytag bezeichnete noch 1886 in seinen „Erinnerungen" die beiden ersten Bände der „Schwarzwälder Dorfgeschichten" als „bei weitem das Wirksamste, was Auerbach geschaffen hat, für Deutschland ein literarisches Ereignis. Sie erschienen als eine Erlösung von der öden Salonliteratur, die französischen Vorbildern nacheiferte, sie brachten Schilderungen aus dem deutschen Volksleben zu Ehren, Charaktere und Sitten, die auf unserem Boden gewachsen waren."

Die Gunst der Leser hat die „Schwarzwälder Dorfgeschichten" gleichfalls getragen. Der ersten Auflage von zweitausend Exemplaren folgten noch vor dem Jahre 1848 eine zweite und dritte von je fünftausend, 1849 eine illustrierte vierte von zehntausend und bis zur Liquidation des Verlages Bassermann und Mathy weitere sieben Auflagen, insgesamt siebenunddreißigtausend Exemplare. Im Cottaschen Verlage wuchsen diese Ziffern bis zum Jahre 1870 neuerdings um zweiunddreißigtausendfünfhundert, heute ist die Zahl hunderttausend überschritten. Die Mitwelt hat es mit Auerbach so gut gemeint wie er mit ihr.

Wird ein gleiches auch von der Nachwelt gelten? Auerbach selbst hat angesichts der ungeheuren durch Politik und Technik bewirkten Umwandlung der heimischen Zustände in seiner letzten Lebenszeit bedenklich gemeint, in hundert Jahren werde man seine Dorfgeschichten lesen wie Indianergeschichten, wie Zeugnisse von ausgestorbenen Menschen und verschollenen Zeiten ansehen. Er fühlte, daß die Weltgeschichte die Dorfgeschichte abgelöst hatte, und in einer neuen Folge „Nach dreißig Jahren" versuchte er mit sinkender Kraft zu zeigen, wie anders sich 1876 im Urteil des aus Amerika nach Deutschland kommenden Sohnes von Aloys Schorer Nordstetten und seine Leute spiegeln, als in der Erinnerung des 1820 auswandernden „Tolpatsch". Auerbach begriff, daß neue Zeiten neue Bauernschilderungen bedingen und bestimmen, und er wäre der letzte gewesen, die Notwendigkeit von Volksstudien zu bezweifeln, wie sie Zola im „Assommoir", „La Terre", „Germinal", und die Jünger der heutigen Volkswirtschaft betreiben. Der geschichtlichen Bedeutung der „Schwarzwälder Dorfgeschichten" tut das keinen Eintrag. Der Anstoß, den sie zur künstlerischen Erfassung des Volkslebens gegeben haben, wirkt bis zur Stunde fort. Sie bilden einen Markstein in der europäischen Erzählungskunst des neunzehnten Jahrhunderts. Und sie strahlen so viel Eigenwärme aus, daß sie nicht etwa nur als museumsreife Schaustücke wirken, wie der Pflug Kaiser Josephs neben dem Dampfpflug, wie die ersten kindlichen Schwarzwälder Uhren neben den Präzisionsapparaten unserer Sternwarten, die alle Weltzeiten aufweisen. Was Auerbach in seinem Vortrag über den Vicar of Wakefield gesagt hat, dessen Genesis ungesuchte Parallelen zum Werden und Wachsen der ersten Dorfgeschichten bietet, trifft auf ihn ebenso zu wie auf Goldsmith: „er gräbt die verschüttete klassische Vorzeit des Individuums, die Kindererinnerung auf und heißt sie leuchtend stehen im Lichte des heutigen Tages; er schafft das Werk, durch das ein beruhigend milder Flötenton klingt, und noch heute erhält der Dichter dafür Herberge in der Herzkammer eines jeden Lesers."

VI

Erſte und zweite Ehe

Es gibt taurifche Quellen, die nie zufrieren, vielmehr in
jedem Witterungswechfel die gleiche Temperatur bewahren,
mag es auch einmal darüber dampfen und gewittern
Berthold Auerbach: Nikolaus Lenau und der Weltfchmerz 1856

Die Jahre von der Vollendung der erſten Schwarzwälder
Dorfgeſchichten bis zur Heirat Auerbachs und der Geburt
ſeines älteſten Sohnes 1843—48 ſind die ſonnigſten ſeines
Lebens. Neue Schöpfungen „Sträflinge", „Die Frau
Profeſſorin", „Lucifer" befeſtigen und erhöhen das Anſehen des
Künſtlers. Sein raſch anſteigender Ruhm leuchtet in alle Winkel
der Heimat und weit über die deutſchen Grenzen hinaus. Der Ernſt
des Erzählers und die launigen Stücklein des Kalendermannes
wecken den Wunſch, den Dichter leibhaftig kennen zu lernen und der
wanderluſtige, frohgemute, in der Urbedeutung des Wortes leutſelige
„Gevattersmann" verſagt ſich nicht leicht einem Ruf. Willig folgt er
gaſtlichen Ladungen nach Heſſen, Thüringen, Preußen, Sachſen,
Öſterreich, Schleſien. Und überall gewinnt er durch Herzensgüte,
Natürlichkeit, Empfindſamkeit, Humor nicht nur die Frauenwelt.
Im Süden wie im Norden geben ſich grundverſchiedene bedeutende
Männer, Poeten und Politiker, Maler und Bildhauer, Volks- und
Schulmänner dem Reiz ſeines Weſens gleicherweiſe gefangen. Zunächſt Nikolaus Lenau, den Auerbach Oſtern 1844 während
eines kurzen Aufenthaltes in Stuttgart bei ſeinem früheren Gymna-
ſialprofeſſor Reinbeck kennen lernte. „Er war ſo freundlich mich auf-
zuſuchen", ſo berichtete dazumal Lenau nach Wien an Sophie Löwenthal. „Ich empfing ihn, wohl hauptſächlich weil ſein Buch Ihnen,
liebe Sophie, gefallen hat, auf das Beſte. Er iſt ein angenehmer Mann.
Durch ein langes und ſorgfältiges Studium Spinozas, deſſen Werke
er verdeutſcht, deſſen Biographie er geſchrieben hat, iſt Auerbach milb,
klar und ſehr human geworden. Beſonders gefiel mir an ihm, daß er
einen ſo netten und reinlichen logiſchen Haushalt in ſeinem Kopf hat,

ohne daß sein Herz darüber erkaltet wäre." Gleich nach der ersten
Begrüßung forderte Lenau seinen Besucher zum Spaziergang auf.
Lenau hing bei dem mäßig warmen Mittag den rostfarbenen wattierten
Rock auf den Arm, nahm das spanische Rohr mit dem bronzenen
Hundekopf und drückte den Hut etwas tief in die Stirn. In lebhaftem
Gespräch schritt das ungleiche Paar aus. Als die Rede auf Spinoza
kam, gedachte Auerbach bewundernd der Selbstüberwindung des Weisen,
der so früh den Todeskeim in sich gespürt und gleichwohl gelehrt hatte:
„Der freie Mensch denkt an nichts weniger als an den Tod, denn unser
Wissen ist ein Wissen vom Leben, nicht vom Tode." „Hm, hm," meinte
Lenau nachdenklich. „Sagt das Spinoza?" Das kühne, von Auerbach
absichtslos wiederholte Wort stand und steht im schärfsten Widerspruch
zum ganzen Dichten und Denken Lenaus, das mit dämonischer Gewalt
das Wissen vom Tode ergründen wollte. Bis dahin hatte der tief in
Mystik und Naturphilosophie verstrickte Sänger der „Albigenser" Spinoza
nicht viel mehr als vom Hörensagen gekannt; der mächtige Eindruck, den
sein unversehens vorgetragener Satz auf Lenau machte, kam seinem
Jünger doppelt zu gute, weil ihn Lenau vorher für einen Anhänger
des ihm gründlich verhaßten jungen Deutschland gehalten hatte. Der
Irrtum war zu beider Genugtuung im Lauf der Unterhaltung be=
seitigt, noch bevor sie im Koppenhöferschen Bierhaus einkehrten.
Beim Aufbruch nach stundenlangem Verweilen vermißte Auerbach
das spanische Rohr, das einst sein Vater getragen; ein Verlust, den
Lenau schwerer nahm und länger im Gedächtnis behielt als Auerbach.
Bei Auerbachs Abreise gab ihm Lenau eine Empfehlung an Moritz
v. Schwind nach Frankfurt mit und für den Sommer bestellten sie sich
als gute Kameraden zusammen nach Baden=Baden.

Zunächst kehrte Auerbach nach Karlsruhe zurück, wo er das Deutsche
Familienbuch fortführte, eine Reihe weiterer Dorfgeschichten entwarf
und den „Gevattersmann", einen neuen Kalender für Stadt= und
Landbürger, vom ersten bis zum letzten Blatt selbst schrieb. An Stoff aus
der Vergangenheit hätte es ihm damals nicht gefehlt, auch wenn er nach
seinem Wort drei Köpfe und zehn Hände gehabt hätte, und in der Gegen=
wart brachte jeder Tag frische Anregung. Am 11. Mai war er Morgens
Zeuge der Landtagssitzung, in der Mathy mit seinen Leuten für die
Abschaffung der Zensur stritt, Abends fand er bei einem Gang durch

den Schloßgarten Hebels Büste frisch bekränzt. Verehrer des Sängers der alemannischen Gedichte hatten seines Geburtstages gedacht. Auerbach faßte die Huldigung noch anders, als späte Sühne für die Vergewaltigung, die dem Rheinländischen Hausfreund widerfahren war. Im „Frommen Rat" hatte der aufrechte Protestant von einem katholischen Jüngling erzählt, der auf der Brücke zwei Patres mit dem hochwürdigen Gut begegnet; unschlüssig zweifelt er, vor welchem der beiden er niederknieen soll, bis ihn der eine Priester mit erhobenem Zeigefinger auf den Himmel weist. Diese von nathanischem Geist durchtränkte Geschichte hatte die Zionswächter dermaßen gereizt, daß der Rheinländische Hausfreund auf das Jahr 1814 von der Zensur verboten und Hebel derart das Kalenderschreiben ein für allemal verleidet wurde. So sinnlos störte der Polizeistaat das Lebenswerk eines Meisters, der das patriarchalische Regiment des Markgrafen Karl Friedrich aus Überzeugung verherrlicht hatte, wie kein zweiter, und als fügsamer Untertan eines Rheinbundfürsten für den Volkshelden Andreas Hofer nur spöttische Geringschätzung übrig hatte. Jedem Urteil über öffentliche Zustände war Hebel sonst behutsam ausgewichen, dem in Herrenfurcht Erwachsenen hatte es genügt, buchstäblich nur als Hausfreund dem Volkswohl zu dienen, Verträglichkeit zu predigen, den gemeinen Nutzen heiter und weise zu fördern. Als der Friedfertige seine guten Absichten sogar auf diesem engumgrenzten Gebiet verkannt, seine Duldsamkeit unduldsam angefeindet sah, verstummte er. Im Gedächtnis seiner Bewunderer blieb die von ihm schweigend getragene Unbill unvergessen und die fähigsten unter seinen Nachfolgern, Volksschriftsteller aller Lager, der strenggläubige Gotthelf und der freigläubige Auerbach, machten vollen Ernst mit Hebels halb humoristisch hingeworfenem Ausspruch: Ein wohlgezogener Kalender soll sein ein Spiegel der Welt. Ausgiebig wie das Weltbild hatte sich auch sein Spiegelbild wandeln müssen. Zu Beginn des Jahrhunderts rührte der Rheinländische Hausfreund kaum an Staats- und Glaubensfragen: 1844 standen sie bei den gewecktesten Lesern, bei den berufensten Schreibern von Volkskalendern obenan.

Seit dem Leben Jesu von Strauß, dem Wesen des Christentums von Feuerbach war die religiöse Bewegung nicht mehr zur Ruhe gekommen; sie täuschte sonst kühle Köpfe wie Gervinus und

Mathy über Johannes Ronge dermaßen, daß sie wähnten, sein
Austritt aus der katholischen Geistlichkeit werde die Bildung einer Na-
tionalkirche zur Folge haben. Ein Traum, dem auch Auerbach unter
dem Einfluß Mathys und durch spätere Begegnungen mit Ronge und
dessen Anhängern im Tiefsten aufgewühlt, eine Zeitlang nachhing.

Heißer noch als die Einheitskirche ersehnte er den Einheitsstaat.
Unterwegs nach den Hebel-Stätten hatte er, um Peter und Paul 1844,
in Straßburg Halt gemacht, das noch unverkennbar das Gepräge der
alten deutschen Reichsstadt hatte. Der Quartiergeber, bei dem er,
wohl auf Mathys Empfehlung, abstieg, angeblich ein Hr. Wolf, in Wahrheit der unter dem Spitznamen der gesträubte Kater vielberufene schick-
salreiche Flüchtling Rauschenplatt, war Feuer und Flamme für den
Rückfall des Elsaß an Deutschland; die Reden des ungestümen, juristisch
und historisch gründlich gebildeten Propheten stimmten zu Auerbachs
Kindheits- und Universitätseindrücken; Nordstetter Handwerker ar-
beiteten zur Sommerszeit im Elsaß, das sie als deutsches Nachbarland
ansahen, und von seiner Heidelberger Kanzel hatte Schlosser heftig
gegen den frechen Raub Straßburgs gewettert. Auch der Geschichtschreiber Strobel und der Theologe Wyß, mit denen Auerbach 1844
zusammentraf, waren kerndeutsch gesinnt. Wyß' Kinder wollten freilich
nicht mehr Deutsch mit dem Vater sprechen und alle waren einig,
daß Deutschland keine Zeit mehr im Elsaß zu verlieren habe. Für
solche patriotische Phantasien war indessen nirgends weniger Raum
als bei den damaligen deutschen Staatslenkern. Ohnmächtig nach
außen, im Innern jede selbständige Regung niederhaltend, konnte
der deutsche Bund nur den Gram und Groll, nicht die leiseste Hoffnung
der Vaterlandsfreunde wecken. Noch verdrossener als sonst über die
unwürdigen, unfreien heimischen Zustände fuhr Auerbach von Straßburg nach Basel zum Freischießen der Eidgenossen. Dort war am
400. Gedenktag der Schlacht wider die Armagnaken tüchtiges, durch
Polizei nicht belästigtes alemannisches Volksleben zu sehen, dort auch
manches markige, durch Bevormundung nicht gehemmte Schützenwort
zu hören. Zumal der Trinkspruch des Landammanns Brosi — den
Heuchlern und Volksverführern zum Trotz die helle Flamme der
Volksbildung über Ebenen und Täler bis auf die höchsten Felsengipfel
leuchten zu lassen — sein Aufruf zum Bündnis aller Edlen, Gutgesinnten,

wahre Humanität, Gesittung und reine Religion zu verbreiten, gefiel
Auerbach ausnehmend. Daß es in Deutschland anders werden müsse,
war ihm lang vor diesem Ausflug gewiß. Auch für das rechte Heilmittel
wußte der alte Burschenschafter Rat. Beim ersten Schritt über die
Schwelle machte sein „Gevattersmann" kein Hehl aus dem
Geheimnis:

Besinnst dich hin und her, lieber Leser, was das für ein Gevattersmann ist, der
da zu dir ins Haus kommt, und was ihm ein Recht gibt, sich so zu heißen. Es lassen
sich siebenerlei Gründe dafür denken. Fünf kannst du dir selber machen. ; Also siebtens
will ich auch noch einmal Gevatter bei dir sein bei dem schönsten, besten Kind, das
schwerlich mehr lang auf sich warten läßt. Und weißt du, wie es heißt? Die deutsche
Einheit. Laß du dem Gevattersmann nur die Freude, ein paar ganz kleine Zipfel-
chen von seinem Kaisermantel zu halten und ihm etwas Gutes in die Kissen zu binden.

Im kleinen und großen, in ernsten und launigen Abwandlungen
kam der Gevattersmann auf dies eine zurück, was als erstes und letztes
not tat, ein Staat, ein Recht, freies Wort, gleiche Pflichten und gleiche
Befugnisse für alle Reichsbürger.

Lenau, mit dem Auerbach vom Juni ab beständig in Baden-Baden
beisammen war, begriff nicht, daß Auerbach so lebhaft politisierte.
An Freiheitsdrang stand der Sänger der Albigenser, den Schwärmerei
für die Republik über das Meer getrieben hatte, keinem nach und verwegener als Lenau hat keiner seiner Zeitgenossen die österreichische
Zensur in offenem Zusammenstoß herausgefordert und zum Rückzug
gezwungen. Dieser Teil des Gedankens, wie ihn Auerbach genannt hat,
mochte nur mit lautem, oft leerem Lippenfechten nichts zu schaffen
haben. Seinem auf das Ewige gerichteten Sinn war der Tagesdienst
für die Sache des Volkswohles, Auerbachs lehrhafte, auf das Gemein-
nützige in Staat und Gemeinde bedachte Kalenderschreiberei gleich-
gültig. Er hatte, wie er Auerbach nicht verschwieg, im Grunde nicht viel
mehr übrig für die Dorfgeschichten: „Die Gegenstände dieser Idyllen
sind mir zu unerheblich, zu wenig anziehend, so daß es dem Verfasser
nur selten gelingt, mit allem Aufwand liebenswürdigen Geschickes
meine Sympathien dafür zu erobern." Dem Grübler, der gerade über
seinem Don Juan brütete, konnten Erzählungen aus dem Bauernleben nur wenig zusagen, wenn sie nicht, wie das auch von ihm hochgehaltene Vefele, an den Jammer der Menschheit rührten. Desto
besser gefiel ihm der Erzähler. „Von Bekannten traf ich hier Auerbach),

die treue, unerschütterlich freundliche Seele. Daß mir, wie ich ihm sagen mußte, seine Dorfgeschichten nicht gefallen, hat nicht die geringste Störung in seine Neigung gebracht." Das vergaß ihm Lenau nicht. „Ich hab' immer mit du an dich gedacht," so begrüßte er ihn gleich nach der Wiederbegegnung, „deshalb wollen wir auch du zueinander sagen." Als Ersatz für das im Stuttgarter Bierhaus verlorene spanische Rohr schenkte er ihm einen Stechpalmenstock. „Schau das Gesicht, das darauf ausgeschnitzt ist. Eine solche Fratze machte ich, als ich die Albigenser schrieb." Aus Lichtenthal, wo es Lenau bei den alten Reinbecks zu still und einförmig herging, zog er auf Auerbachs Antrieb nach Baden-Baden. Dort hatten sie gute Ansprache von August Lewald und dem durchreisenden Heinrich König. Auch seltsame Zusammenstöße mit einem halbverrückten, hernach in Amerika verschollenen duellwütigen Bruder von Karl Braun-Wiesbaden und eine drollige Begegnung mit Frankfurter Protzen, die Lenau „famillionär" herablassend, achselklopfend nach seinen Arbeiten ausholen wollten, alsbald aber durch einen einzigen majestätisch stummberedten, strafenden Blick des Dichters ein für allemal zurückgescheucht wurden. Am liebsten war Lenau im Hotelzimmer oder auf Waldgängen stundenlang allein mit Auerbach. Frei von irgendwelchem Götzendienst, war Auerbach aufrichtig durchdrungen von der Überlegenheit des neugewonnenen Freundes. Aufmerksam sorgte er für manche kleine Bequemlichkeit, die dem hilflosen Lenau sonst gefehlt hätte. Solcher stetigen Güte gegenüber schloß sich Lenau mehr und mehr auf. Andere, so scherzte Auerbach, glichen den Öfen aus Sturzblech, in denen gebe ein Span rasch verfliegende Hitze. Lenau sei wie ein altschwäbischer Kachelofen. Tagelang müsse man da heizen, ein Stück Wald hineinstecken, bis er Feuer fange. Das halte dann aber auch gehörig an. Auerbach trug sich gerade mit dem Plan eines Auswandererromans und ließ sich von Lenaus Amerikafahrt erzählen. Wie der Dichter auf dem Rheindampfer nach Rotterdam über einen betrügerischen Agenten ein freies Volksgericht abhalten ließ, dann auf hoher See den Bauern vorgeigte. Wie lange bevor Land zu sehen war, ein alter Bauer ausrief „ich rieche Wald" und allen Spöttern zum Trotz recht behielt. Auerbach drängte Lenau, lieber diese eigenen Abenteuer als den Don Juan-Stoff auszugestalten, wildes Fleisch zu erjagen, statt schon gekochtes zu schmoren und zu braten.

Vergebens. Es ergötzte ihn weit mehr, zu hören, daß ihn Auerbach als Gegenstück zum ausgewanderten Dichter Freiligraths zum Urbild wählen und als mythische Figur unter den in Amerika angesiedelten Bauern fortleben lassen wollte. Eine Absicht, die Lenau in pantomimischen Schnurren heiter weiterspann. Gute Stunden bescherte beiden auch die Musik. Lenau konnte sich nicht satt hören, wenn die Kurkapelle Ländler von Strauß und Lanner aufspielte. Mit Arm und Bein den Takt schlagend, summte Lenau die Melodie mit, der er den mundartlichen Text unterlegte: Holt's Enk z'samm. Zu Hause geigte er den Rakoczymarsch und wilde Zigeunerweisen, bisweilen auch freierfundene Tanzrhythmen, darunter eine Walzerpartie, die er auf Auerbachs Bitte niederschreiben und „Holt's-Enk-z'samm" beteiln wollte.

Über solchem Zeitvertreib kamen tiefgehende Kunstgespräche nicht zu kurz. Unbefangen durfte sich Auerbach über Lenaus Dichtungen äußern. Die jüngst entstandenen „Waldlieder" pries er mit ungeteiltem Entzücken. Die „Albigenser" hatte er in der „Europa" gewürdigt, im ganzen mit hohem Lobe, im einzelnen Bedenken nicht zurückgehalten, insbesondere die vielbewunderten Schlußverse (den Albigensern folgten die Hussiten, auf Hus und Ziska Luther Hutten, die dreißig Jahre und Cevennenstreiter und so weiter und so weiter) mit ihren unabsehbaren Geschichtsperspektiven aus ähnlichen Gründen angezweifelt, wie ähnliche Gedankenreihen in Mosens „Ahasver". Auf Spaziergängen tadelte er an Lenau wie an den übrigen jungösterreichischen Lyrikern ihren Abfall von Goethe, das Übermaß von Bildern, den Mangel an Gliederung und Einheit, die sprunghafte, in jeder Strophe mit neuen Gleichnissen überraschende Manier. In den herrlichen „Heidelberger Schloßruinen" rügte er den Ausdruck das steinern stille Hohngelächter der Zeit. „Hast recht, hast tausendmal recht, brauchst gar nichts mehr zu sagen, Brüderl," erwiderte Lenau. Andere Male wies er Ausstellungen mit dem Machtspruch ab: „Red nichts, red nichts, kannst tausendmal recht haben, bleibt doch so." Am eindringlichsten unterhielten sie sich über das Werk, das Lenau damals vor allem am Herzen lag, „Don Juan". Einzelne Gesänge las er Auerbach vor, den der Waldritt begeisterte. Der Ausgang gab dem Dichter zu schaffen. Geheimnisvoll sprach er davon, Don Juan sich zu Tode frieren zu lassen. Ein Schluß, den Auerbach als pathologisch ablehnte und durch eine vermeintlich neue ethische

Wendung ersetzt haben wollte: Don Juan, der nie echte Liebe gekannt, sollte von einer reinigenden Liebesglut verzehrt werden. Ein Motiv, das sich mit E. T. A. Hoffmanns Umdeutung des Don Juan-Stoffes berührt, dem Wesen Lenaus aber durchaus zuwiderlief. Nach Lenaus Naturanlage konnte sein Don Juan, die Verkörperung der kosmischen Sinnlichkeit, nur in Welt- und Lebensekel umschlagen; Lenaus Don Juan geht nicht im Zusammenstoß mit dem steinernen Gast, sondern an und durch sich selbst zu Grunde. Als überlegener Fechter besiegt er im Zweikampf den Sohn des Gouverneurs, bietet dem Überwundenen zuletzt aber freiwillig die Brust zum Todesstoß.

Die Dichtung blieb unvollendet, in ihren Ausbau fuhr leuchtend und verheerend die letzte jäh aufblitzende Liebesleidenschaft Lenaus. Auerbach war der erste, dem Lenau unter der Linde im großen Schloßgarten erzählte, daß er an der Abendtafel des Gasthofes als Zufallsnachbar die Neigung eines Mädchens gewonnen, das ihn nicht einmal dem Namen nach kenne. „Bruder, das ist ein Mädl, das ist ein Mädl!" in diesem Ausruf, wie er wortkarger keinem Bauernburschen auf die Lippen getreten wäre, erschöpfte sich seine Charakteristik der neuen Geliebten. Auerbach war sein Begleiter, als er in die Buchhandlung ging und in einen Band seiner Gedichte die Widmung schrieb an sie, „die schön bis ans Herz hinan". Auerbach blieb nun weiter der Vertraute Lenaus in der sich überstürzenden Entwicklung der Liebestragödie. Auf seinen Rat fuhr Lenau nach Rippoldsau zu einer entscheidenden Aussprache mit Tante Jäger. Auf Lenaus Wunsch sollte er ihn als „Gespiel" zur förmlichen Verlobung nach Frankfurt begleiten; als Auerbach, im letzten Augenblick in Karlsruhe durch Berufsgeschäfte festgehalten, nicht mitreisen konnte, rannen Lenau stromweise die Tränen über die Wangen. Nach Lenaus Rückkehr wurde er Zeuge seiner Sorgen über die wirtschaftliche Zukunft des Hausstandes, sein Beichtiger über den alten Bund mit Sophie Löwenthal. Eine Weile war die Rede davon, Auerbach als Boten Lenaus nach Wien zu Sophie gehen zu lassen. Es kam so wenig dazu, wie zu den neuen Symposien, bei denen Lenau in seiner neuen Heidelberger Häuslichkeit Meister aller Wissenschaften vereinigen wollte. Ahnungslos, daß sie einander niemals wieder sehen würden, nahm Auerbach an einem Herbsttag Abschied von dem Freunde. Während des Sommers waren ihm nie krankhafte Züge im Wesen Lenaus

aufgefallen. In der Erregung über den Brautstand in Frankfurt
und die leidenschaftlichen Wiener Klagebriefe Sophiens hatte Lenau
„die Hände zwischen die Knice geklemmt, das furchtbare Wort gesagt:
Brüderl, 's Licht geht aus," im nächsten Augenblick aber dem betroffen
Aufhorchenden beschwichtigend zugerufen: „Vergiß es, es war nichts."
Am 28. Oktober schrieb Auerbach in sein Tagebuch:

> Vorgestern erfuhr ich plötzlich das Schicksal Lenaus. R. sagte mir: weißt du schon,
> daß der Lenau wahnsinnig ist? Ich las den Stuttgarter Verkündiger ganz zerschmettert,
> ganz betäubt, erst später konnte ich weinen. Seitdem ist mir oft, als ob die ganze Welt
> nicht mehr feststünde. Tiefe Trauer. Oft, wenn ich so vergesse und arbeiten will,
> fällt mir's plötzlich ein, wie kannst du so sein, während der edelste Geist begraben in
> einer Zelle, und Nachts, wenn ich im Schlaf bin, schreckt mich der Gedanke auf: der
> Arme, wie liegt er jetzt, was denkt er, was ist um ihn? Das Schicksal Lenaus gehört
> zu meinen größten Schmerzen. Wie haben wir miteinander gelebt!

In der ersten Aufwallung erbot er sich, den Geisteskranken als
Wärter in Winnenden zu pflegen. Ein Verlangen, das die Ärzte nicht
gewähren konnten; auch bei Auerbachs erstem Aufenthalt in Wien 1848
gönnte man ihm keinen Zutritt in die Döblinger Irrenanstalt. So hat
Lenau, wie nach dem Wort Anastasius Grüns in das Leben all
seiner Freunde, auch in das Leben Auerbachs einen schwarzen Faden
geschlungen, in seinem Gedächtnis allerdings überdies eine bis an das
Ende seiner Tage fortlaufende Spur zurückgelassen. So viel neue
Beziehungen ihm gleich die nächsten Monate und weiterhin der un-
absehbar anwachsende Kreis seiner Leser brachten, das Andenken
Lenaus haben sie nie verdunkelt. 1850 hat er den letzten lichten Sommer
Lenaus geschildert, 1856 in einer tiefgreifenden Studie über Lenau
und den Weltschmerz gehandelt, 1876 bei seinem letzten Besuch in Wien
gedanken- und liebreich Erinnerung und Betrachtung auf den Unvergeß-
baren zurückgelenkt.

Schon vor der Katastrophe Lenaus hatte sich Auerbach entschlossen,
Karlsruhe zu verlassen und die Leitung des Deutschen Familienbuches
aufzugeben, in der auf seine freundschaftliche Fürsprache Hermann
Kurz sein Nachfolger wurde. Der Wandertrieb steckte ihm vom Vater
und mütterlichen Großvater her im Blut. Bisher war er kaum über
die Mainlinie, vom Neckar bis zur Isar, vom Nesenbach an den Rhein
gekommen. Nun scholl ihm aus dem als kühl verrufenen Norden so
mannigfach aufmunternder Zuruf entgegen, daß er sich auf den Weg

machte. Das war damals, nach Laubes Zeugnis, nichts Alltägliches,
der Verkehr mit Süddeutschland noch gering. Der frische treuherzige
Geselle, der den Norddeutschen selbst wie eine Gestalt aus den Dorfgeschichten entgegentrat, ward, nach Freytags „Erinnerungen", wohin
er kam, mit Begeisterung aufgenommen und als Verkünder einer neuen
Art von Poesie gefeiert. Gutzkow verglich Auerbachs damalige Reise
dem Triumphzug, der Herwegh kurz vorher nach der Veröffentlichung
der Gedichte eines Lebendigen durch Norddeutschland geführt hatte.

Den ersten Halt machte er um Neujahr 1845 bei König in Fulda,
ein paar Februarwochen verbrachte er in Weimar, dem Jerusalem des
deutschen Geistes, wie er es in seinen handschriftlichen Erinnerungen
nennt. Kanzler Müller nahm ihn als alten Bekannten freundschaftlich
auf und lud ihn zu Tisch, wo er Adolf Schöll traf, „eine frische, ein-
sichtige, wissenschaftliche Natur mit einem schönen Ebenmaß des süd-
lichen Jugendlebens und norddeutscher gesellschaftlicher. Gewandtheit.
In Österreich geboren, in Schwaben erzogen, vollendete er seine Bildung
in Norddeutschland. So scheint er mir in mancher Weise die Vorzüge
süddeutscher Innerlichkeit und norddeutscher Schärfe und Beweglichkeit nach außen zu vereinigen." Lenaus Schicksal, Freiligraths Glaubensbekenntnis, Ronges Absage an Rom kamen bei Tisch zur Sprache.
Schöll geleitete den Gast in das Schloß. Die Bibliothek machte mit
ihrem Reichtum an schönen Büsten einen tempelartigen Eindruck,
im Museum gefielen ihm besonders die Sachen von Carstens. Der
Enkel Herders, Stichling, Ullmann, Maltitz, eine imposante und
doch zutrauliche Erscheinung, Froriep, ein wetterscharfer und gehäm-
merter Kopf, Peucer, Frau v. Ahlefeld kamen ihm nahe. Der Erb-
prinz wollte Auerbach kennen lernen, Kanzler Müller holte den Dichter
am 16. Februar Mittags und führte ihn in den Empfangssaal. Der Prinz
kam, „eine jugendliche Erscheinung mit etwas befangenem Benehmen
und Reden. Herzlich wohlwollende Teilnahme an Literatur und Volksbildung insbesondere mit eigenen Gedanken und getreuem Verständnis
fremder Gedanken. Ich sprach ganz unbefangen, mit warmem Händedruck
verabschiedet. Es ist mir jetzt nichts Schweres mehr, mit fürstlichen Personen umzugehen." Vom Erbprinzen ging's zu Tisch in den Russischen Hof,
wo ein Fest zu Auerbachs Ehren bereitet war, ein Abschiedsmahl, nach
dem man ihn nur gegen das Versprechen baldiger Rückkehr ziehen ließ.

In Halle brachten die Studenten dem bei Max Duncker Geladenen am 1. März ein Gesangsständchen; sein Dank klang in die Worte aus, die deutsche Jugend brauche mehr Freiheit als Wissenschaft; die Äußerung gab dem Universitätsgericht den Vorwand, die Studenten und mehr noch den mißliebigen Duncker zu belangen, weil vor der Ovation nicht die Zustimmung der akademischen Behörden eingeholt worden sei. Unter dem Eindruck dieses kläglichen Vorfalls trat Auerbach über diese „Vorschwelle Berlins" in die preußische Hauptstadt, wo er im März und April 1845 reiche Anregung gab und empfing. Arglos und zutraulich, mitunter auch formlos wie ein Kind, fiel er Gleichalterigen, Gleichstehenden und Geringeren ohne weiteres unangemeldet ins Haus. So wurde Nachts neun Uhr zu einer im damaligen kleinbürgerlichen Berlin ungebührlich vorgerückten Stunde die Familie Lewald nicht wenig überrascht durch einen ungebetenen Gast, der im Flur fragte: wohnt hier Fanny Lewald? und auf das ziemlich barsche Ja des Bruders in süddeutscher Mundart beschwichtigend erklärte: „Also richtig! Das ist mir lieb. Ich bin der Berthold Auerbach. Ich hatte mir heute früh das Wort gegeben, daß ich heute noch auf jeden Fall die Verfasserin der Jenny sehen wollte. Darüber ist's aber, weil ich in Gesellschaft war, spät geworden, ich bin aber doch gekommen, weil ich mir's schon die ganze Woche vorgenommen hatte." Der Fremdling, der unangesagt wie der heilige Nikolaus sich eingestellt, hatte auch alle Taschen voll Herrlichkeiten wie Sankt Nikolaus, die er zur dauernden Freude der Hausleute verschwenderisch um sich warf. .

Ehrfürchtiger nahte der Ankömmling den Altmeistern der Dichtung und Forschung: Jakob Grimm (der ihn durch den Ausspruch beglückte, Auerbach habe ihn von einem Vorurteil bekehrt, er hätte nicht geglaubt, daß ein Jude so tief in deutsches Wesen eindringen könne); Varnhagen (dem Auerbachs Warmherzigkeit wohlgefiel, die Gefahr ihres künftigen Umschlagens in Selbstgefälligkeit nicht entging); Tieck, der Auerbach auf den 8. April zu einer Vorlesung lud und bedeuten ließ, er möge etwas früher kommen, damit sie einander noch sprechen könnten. Beim Empfang scherzte Tieck, nun habe er die Dorfgeschichten gelesen und darin viel Anziehendes gefunden, man lerne daraus eine bisher unbekannte Gegend ganz neu kennen. „Wie gebrechlich sah er aus! er erhob den Blick gar nicht. In dieser Art vor sich hinzusprechen und den Leuten gar nicht ins

Gesicht zu sehen wie in einem gewissen schalkhaft neckischen Zuge glich
ihm Gutzkow ganz. Beide sind echte Berliner." Später stellten sich
Schelling, Vater und Sohn, ein. Als endlich alle, etwa fünfundzwanzig,
Geladenen beisammen waren, setzte man sich. Eine stille Hoffnung Auerbachs erfüllte sich, Tieck hatte Heinrich IV. gewählt. Anfangs fand
Auerbach nichts Besonderes, alles war ruhig, durchsichtig, nicht bedeutend, Tiecks Organ schön und klar, aber nicht sehr modulations-
fähig, das Gebärdenspiel gering und doch bezeichnend, wenn er die
Hand auf das Buch legte oder sie abwehrend hob.

Heute las er besonders die komischen Szenen. Da war's die übermütigste Schel-
merei, das breite Behagen an der Schalkhaftigkeit, das sich besonders in dem gespitzten
Munde kundgab. Die andächtigen Zuhörer konnten sich des Lachens nicht enthalten.
Die Frauenrollen las er mit wenig veränderter Stimme und doch kenntlich. Er las
ohne Unterbrechung das ganze Stück, nicht die kleinste Pause wurde gemacht, und
die Kraft und Lust des Vorlesers steigerte sich stets. Ich saß neben Schelling, der mit
aufmerksamen Blicken horchte. Der Monolog über die Ehre war das vollendetste
Meisterstück des Vortrags, und die Art, wie er das Gespräch mit dem „Gleich, Herr,"
vortrug, so rasch, so lebendig, daß alles sich vorwärts beugte. Er las, wie mir schien,
alles, nur die Stelle von den Flöhen im Wirtshause und ihrer Entstehung hatte er
ausgelassen. Die Szene mit der Wirtin las er ganz unbefangen. Als Falstaff den
König spielte, sprach er absichtlich pathetisch falsch gehenn, stehenn rc. Er vermochte
viel mit geringen Handbewegungen, und nur den Kupfernasigen las er mit schnarrend
philisterhafter Stimme. Der Eindruck des Ganzen war ein großartiger harmonischer.
Das bekundete sich in allem, und die alten und jungen Herren und Damen kamen
her und dankten ihm. Er stand auf und setzte sich zum Gespräch nieder. Jetzt war
er wieder der gebückte hinfällige Mann.

Es war nicht die einzige Vorlesung, die Auerbach in Berlin mitmachte: schon zuvor am 30. März war er in der Singakademie in einer
der vom Berliner Witz sogenannten Pfenningvorlesungen gewesen:

Als ich mit Rubo die Treppe hinaufstieg, hieß es plötzlich, der König kommt.
Er kam hinter uns drein mit seinem Adjutanten; ich betrachtete ihn genau, namentlich
um den Mund liegt ein großer Zug von Weichheit, sonst ist er ein schöner, tüchtiger
Mann. Es geht einem bisweilen so, daß man auf einem schwindelnden Berge oder
Turm die Furcht bekommt, man könnte plötzlich seine selbständige Willensbestimmung
verlieren und sich unwillkürlich hinabstürzen — so erging's auch mir, ich hatte eigentlich
Angst, ich vergriffe mich in Wort oder Tat an dem König. Wie sonderbar ist das, und
doch war mir wohler, als er vorüber war. Der Saal der Singakademie ist groß und
geräumig, aber über was wurde gelesen? (Man erfährt das nie vorher. Das Komitee
hat es wohlweislich so eingerichtet.) Der Professor Lichtenstein las über den Professor Beireis in Helmstedt, einen sonderbaren Originalmenschen, eine ganze Stunde

lang das kunterbunteste Zeug, ohne dadurch eine feste Gestalt oder eine tiefergehende Charakterisierung und Parallele mit der Gegenwart zu geben. Und das sind populäre Vorlesungen? Ich gehöre doch auch zu den Gebildeten und hörte hier den Namen des Professors Beireis zum ersten Male. Hat dieser sonderbare Kauz so viele Ansprüche zu machen, daß Tausende von Menschen eine ganze Stunde lang ihre Aufmerksamkeit auf ihn richten?

Bei der Niederschrift dieser Tagebuchblätter hätte Auerbach es sich nicht träumen lassen, daß er zwanzig Jahre hernach einer der gesuchtesten Redner dieser Vorlesungen in der Singakademie werden würde. Wohler fühlte er sich an einem Huldigungsabend des Handwerkervereins, an dem ihn der Buchdrucker (nachmals politischer Flüchtling und Schweizer Professor) Stephan Born mit Versen begrüßte. Warm ums Herz wurde Auerbach ebenso im Verkehr mit Diesterweg und seinen Lehrern. Auch im Hause mancher kernhafter Menschen wurde ihm leicht und frei zu Mute, wie „wenn er etwas Gutes getan hätte, und bewirkt es nicht etwas Gutes in uns und in den anderen, wenn wir uns vor edel gesinnten Menschen erschließen, uns harmlos von dem Strom der Unterhaltung tragen lassen und bald wieder uns mit Kraft fortbewegen? Da steigt Welle auf Welle heran und wir verlassen die Gesellschaft, wie wenn wir aus einem kräftigen Bade steigen". So lautet eine der ersten vergnügten Aufzeichnungen seiner Berliner Reiseeindrücke, denen bald mißmutigere folgen. Von Hitzig in die literarische Gesellschaft eingeführt, die in einem kleinen Zimmer im Hintergebäude eines Bierhauses sich zusammenfand, traf er Franz Kugler, Willibald Häring, der ihm „gar wohl gefiel, eine kernhafte und doch sinnige Erscheinung", Raupach, „eine unangenehme Erscheinung, ein Gesicht steif wie Blech, die Haare aufgesträubt, wohl eine Perücke". Kugler las ein herziges duftiges Märchen von Gisela v. Arnim, der Tochter Bettinens. „Ich sprach noch mancherlei und ging bald weg. Da ist kein frisches Leben, der Geist der Gegenwart fehlt in dieser Gesellschaft." Eine echte Schwäbin, wie Frau Froriep, gefiel ihm besser als alle schöngeistigen Berliner Damen und den Badenser Mathy stellte er oft den Berlinern als Gegenbild auf: zu ihrer vielfach angefaulten Sophistenbildung, zu ihrem ledermäuligen geistigen Eklektizismus, der sich zuletzt entweder am Kommunismus vollfrißt oder am Pietismus ablungert. Zwischen solchen Gegensätzen bewegt sich die Berliner Welt, und es muß eine furchtbare Kalamität kommen, um sie zu purgieren. Das einfach Wahre, das kein brillantes Pfauenrad schlägt und nicht zu einem Bonmot zugespitzt ist, das reizt sie nicht. So muß es zur Zeit des Verfalles des römischen Staates gewesen sein. Eine Sängerin und ein guter oder schlechter Witz von oben gibt den Konversationsmäulern auf ein paar Tage was zu verarbeiten, und dann muß wieder Neues herbei. „Sollten Sie es vermuten," so begann er diesen Brief an Mathy, „daß ich die meiste gesunde politische Bildung unter den Beamten mittlerer Stellung und mittleren Alters gefunden habe? Ein Bürgerstand im süddeutschen Sinne ist nicht da. Vornehme und Pöbel. Darum haben sie auch keine mittlere im Leben fußende Bildung. Die Verachtung des Witzelns und der Geistreichigkeit hat sich bei mir noch fester gesetzt. Namentlich hoffe ich gar nichts von der Kraft der Selbstverspottung. Diese Berliner mokieren sich stets über sich selbst, aber sie lassen es dabei bewenden."

Fanny Lewald klagte der Vielgeladene, Vielgefeierte, er komme sich vor wie ein Mauerstein, der von Hand zu Hand gereicht werde. Lächelnd mahnte die seine Frische bewundernde neue Bekannte, sich geistig nicht so maßlos zu verausgaben. Er versprach, ihren Rat zu beherzigen, und sündigte im nächsten Augenblick als alter unermüdlicher Plaudergeist, dessen Gespräche die Lewald witzig den geschickt gemalten Veilchensträußen der Bonapartisten verglich, aus deren Blättern überall — wie dort das Antlitz Napoleons — der eigene Kopf Auerbachs hervorguckte. Schließlich verspürte selbst dieser Unermüdliche eine ihm unerklärliche Abspannung, die Fanny Lewald als Folge übermäßiger gesellschaftlicher Anforderungen deutete und diesmal wirksamer durch den einsichtig erfüllten Befehl sofortiger Abfahrt heilte.

In Leipzig, wo er im Frühling 1845 eintraf, war er bald allerorten wohlgelitten; die Herausgeber der Zeitung für die elegante Welt und der Grenzboten, Laube, Kühne, Kuranda, die vormals dem Anfänger aufmunternd begegnet waren, kamen dem anerkannten Künstler kameradschaftlich entgegen. Die Frauen verhätschelten ihn. Professoren und Stadtverordnete, Bürgermeister Koch und Robert Blum, suchten seinen Umgang. Die Buchhändler wetteiferten in Honoraranträgen. Brockhaus bot für den Bogen vierzig Taler und hatte diesen Honorarsatz nicht zu bereuen, sein in zweitausendfünfhundert Exemplaren gedrucktes Taschenbuch Urania auf das Jahr 1846 konnte „Sträflinge", der nächste Jahrgang „Die Frau Professorin" bringen, zwei der größten Treffer des Dichters. Gesellschaftlich gab er sich wie er war; Laube, der auch in seinen Denkwürdigkeiten den geborenen Theatermenschen nicht verleugnet, schilderte als Greis Auerbachs Einzug in den Schrift-

stellerverein vergnügt, wie das erfolgreiche Auftreten eines beim ersten
Wort durch einen gelungenen Einfall triumphierenden Episodisten.

„Der junge Schwabe beteiligte sich an der Debatte. Er begann mit den Worten:
,Ich bin noch nicht meiner Meinung.' Diese Redewendung war neu und gefiel uns;
er war sehr willkommen. Er hatte große Augen, welche sich aus den Höhlen hervor-
drängten, schwarzen dünnen Haar- und Bartwuchs und eine dünne Tenorstimme.
Seine Rede war breit, immer zur Beweisführung neigend und zu heiteren Ein-
streuungen. Der Grundton derselben war schwäbisch ohne eigentlichen Dialekt."
Robert Heller rief beim ersten Anblick des kurzstämmigen Gastes: „Sieh da, eine
kleine Blumengestalt, nur nicht ganz so dick, oder richtiger nicht ganz so viereckig,
aber knochiger in dem niedrigen Wuchse."

Beider Personsbeschreibung berichtigt und ergänzt Joseph Rank,
der, zur Ostermesse in Leipzig angelangt, bei dem großen Fremden-
zudrang keine Unterkunft gefunden hätte ohne Moritz Hartmanns
Beistand; auf sein Fürwort wurde er Auerbachs Zimmernachbar,
der ihm von seinen Gelassen ein Kabinett abtrat.

„Ich sehe Auerbach noch vor mir, wie er damals erschien, die Gestalt klein, wohl-
genährt, das Gesicht rund und blühend, in den blaßblauen, etwas vortretenden Augen
freundliche Munterkeit, die Oberlippe mit einem kurzgehaltenen dunklen Schnurr-
bärtchen geziert, das Haupt von dichtem schwarzen Kraushaar umwallt, das, wenn
er ausging, stramm gebürstet bis in den Nacken hinabreichte. Die herzlichste Annäherung war das Werk der ersten Stunde, und das brüderliche Du besiegelte bald
den innigsten Freundschaftsbund." „Ganz eigen und weihevoll war die Art, wie
Auerbach seine Stoffe in sich trug und verarbeitete; wie er nur stoßweise einzelne
Szenen niederschrieb, Gedanken und Redefragmente sammelte, die er an der und jener
Stelle verwenden konnte; erst wenn alles reif und lebendig vor ihm stand und die
richtige Stimmung sich einstellte, ging er an die peinlich sorgfältige Ausarbeitung
des Stoffes. Von den ,Sträflingen' waren die ersten Kapitel bereits fertig. Er
las sie mir vor und zeigte mir dann die sprunghaft zu Papier gebrachten Notizen für
die Fortsetzung. Es geht mir eigens, sagte er. Ich weiß alles, was kommen wird,
aber es in der bestimmten Ordnung niederzuschreiben, bin ich lange nicht im stande.
Mir wird das Schreiben unerquicklich, darum diktiere ich gern, was Konzept sein
soll. Heute zum Beispiel möchte ich endlich eine Szene der Sträflinge zu Papier
bringen, bin aber nicht im stande, die Feder zu führen."

Rank erklärte sich liebenswürdig bereit, sich diktieren zu lassen.
Er hatte Mühe nachzukommen, erstaunt merkte er, wie alles, Schilderungen, Sentenzen, Gespräche, fast überreif zu Tage kam in dem Abschluß des Kapitels: „Der rechte Mann." Zur Vollendung der Geschichte
war es Auerbach auf die Dauer in Leipzig zu unruhig; dringend geladen,
zog er nach Dölitz in das Landhaus der anmutigen Frau Gustav

Kühne, geborene Harkort. „Wie wert und lieb er uns als Mensch
in diesen sieben Wochen geworden, brauch' ich Ihnen nicht zu schildern"
schrieb der Hausherr einer gemeinsamen Weimaraner Freundin. „Ich
rechne zu meinen guten Lebensereignissen, den prächtigen Menschen
so lang bei uns haben zu können." Unerschöpflich in Einfällen und
Anekdoten, empfänglich für die kleinste Freundlichkeit, wie für das
geringste Löbelein, war er am liebsten bereit, seine neu entstehenden
Arbeiten vorzulesen, ihre Wirkung auf Kenner und Gründlinge zu
prüfen. So gab er Harkorts den Brief seines schwäbischen Bäckergesellen über seinen Aufenthalt in Berlin zum besten, die volksmäßige
Fassung seiner eigenen Eindrücke, mit am leichtesten zum Lachen zu
bringen über jeden Spaß, auch wenn Wohlgesinnte ihren Witz an
seinen Schwächen übten. Ernst- und scherzhaft redete ihm Kühne
zu einer Brunnenkur zu, „aber der lustige Mensch mit seinem schleppigen
Humor und seiner ergötzlichen Behaglichkeit kann sich nicht zum Früh-
aufstehen entschließen". Als die letzte Seite der „Sträflinge" und
Jahrgang 1846 des Gevattersmannes fertig war, mußte sich
Auerbach zur Reise in die böhmischen Bäder bequemen, wo er von Mitte
August bis September blieb. In Marienbad überhäuften ihn seine —
„wie soll ich sagen — Glaubensgenossen mit Zuvorkommenheiten" und
gaben ihm ein Bankett. Am wohlsten war ihm auf weiten Gängen
durch die heimatlich gemutenden Wälder. Mißfälliger wirkte die Muster-
karte der Badegäste „von der pietistelnden Berliner Geheimrätin bis zum
geweihten katholischen Freßsack". Mit Ekel und Neugier schaute er
fribolen Wiener und Berliner Weltkindern zu. „Das jagt nach Liebes-
abenteuern, kokettiert, girrt und scharwenzelt alles durcheinander."
Dazu die Polen mit ihrer lärmenden gemachten Lustigkeit, die Juden
mit ihren ewigen „Reform"- und „Emanzipations"-Gesprächen. Oft
kam er sich wie in einem Strudel vor, in dem er aber doch ein paar
Fische einfing, die er einmal ausnehmen und auftischen wollte. Die
himmelschreiende Not in den Dörfern neben dem überreichen Besitz
der Tepler Stiftsherrn rührte wilde Anklagen wider göttliche und
menschliche Weltordnung in ihm auf.

„Die Bauern haben keinen eigenen Besitz. Haberbrot ist ein Leckerbissen. Jungen
von zwölf bis fünfzehn Jahren können nicht lesen und schreiben. Ich werde nie den
Mann vergessen, den ich Sonntag Morgens tief im Walde traf. Er arbeitete für den

Bau der Kirche und lag jetzt im Walde am frühen Morgen, und die Sonne schien so hell und er weinte; er hat sechs Kinder und der Winter kommt bald und er hat nichts zu essen. Er wünschte, daß er sich mitsamt seinen Kindern hier am Baume aufhängen könnte. Sobald man wieder dem Leben nahe tritt, ergreift uns tiefes Wehe. Darf das so sein? Wie soll das enden? Ich dachte hier oft an G o e t h e, er war viele Jahre hier, aber er hatte keinen Blick für die wirkliche Not des Lebens. Ein Wort von ihm, wieviel hätte das gefruchtet."

Auerbach äußerte sich 1845 in diesem Stoßseufzer über Goethes Haltung ungefähr ebenso, wie das Jahr zuvor bei seiner Wallfahrt in das Wiesetal angesichts des strohgedeckten Hauses, in dem Hebel als Sohn einer armen Hintersassenwitwe aufgewachsen war, über den alemannischen Sänger: „Jeder ist nur zu dem verpflichtet, wozu Natur und Geschichte ihn berufen. Jede Zeit steckt neue Strebeziele auf und sucht sich dafür ihre persönlichen Träger aus", schrieb er dazumal 1844 im Deutschen Familienbuch. Und ebendort erklärte er nach dem Baseler Freischießen: „Alle modernen Völker sind über die Vorstufe der Naivität, der Idylle hinaus, die Glückseligkeit der sogenannten Naturmenschen ist dahin." Er ließ sich trotz aller Schmeichel- und Hetzreden von Moses Heß und Genossen nicht in den Wirbel kommunistischer Sekten reißen. Im Sinn seiner selbstgewählten Sendung lag es aber, das Volk auch in seinen Leiden aufzusuchen, durch das wahrhaftige Bild seiner Krankheiten zu wirken. Das hatte er schon in den ersten Dorfgeschichten versucht, für die ihn die Schwaben nach dem Wort Schellings, dem er auf der Heimfahrt in Karlsbad begegnete, hätten krönen müssen. Noch deutlicher melden sich solche Absichten in mehreren der zwölf Karlsruher Entwürfe zu Neuen Dorfgeschichten (1. Der Aehni. Die Werber. Buchmeier. Jüdischer Lehrer. 2. Bei den fünf Gräbern. 3. Die Egelstaler Mühle. 4. Das erste Grab auf dem Kirchhof. 5. Der Einsteher. 6. Tierarzt oder wie Ivo fürderhin lebte. 7. Der Knecht und die Magd oder die Züchtlinge. Sträflinge. 8. Kindesmörderin. 9. Ein aufrührerisches Dorf. 10. Patriarchalische Familie. 11. Die Leichtäther. 12. Ein Priester).

Am sinnfälligsten zeigt sich das in den „S t r ä f l i n g e n", die er im September 1845 den Leipziger Freunden K u r a n d a, B i e d e r - m a n n, L a u b e 2c. vorlas. Die Erzählung ist die Ausgestaltung des siebenten der Karlsruher Entwürfe: „E i n K n e c h t u n d e i n e M a g d. Vielleicht hier die Folge des Schweigsystems anzuwenden." Un-

bekümmert um den Vorwurf der Tendenzschriftstellerei, der auch Dickens
nicht geschreckt hat, bekämpfte er die Härte des geheimen Gerichtsver-
fahrens, die Grausamkeit der Einzelhaft, das Pharisäertum gegen
die Abgeurteilten. Auerbachs gesprächiger Natur war der Erste, der
dem Sträfling das Reden verbot, ein Unmensch, dem der Herrgott
die Sonne nur zweimal die Woche scheinen lassen sollte. Die Barbarei des pennsylvanischen Schweigsystems schilt Auerbach schwäbisch-
bäurisch „Schweigstumm“ und ein zu der neumodischen Folter Ver-
dammter weist den Trostspruch des Gefängnisgeistlichen ab mit dem
Fingerzeig auf den Text der Bibel: Im Anfang war das Wort. Die
Buße trifft doppelt und dreifach einen von Natur wohlbeschaffenen
Kern- und Kraftmenschen, der kein anderes Vergehen begangen,
als daß er den Lockungen einer Potiphar erlegen, dann auf einer
nächtlichen Waldfahrt als Postillon den trunken vorbeitaumelnden
verächtlichen Mann des verbuhlten Weibes mit einem leichten Peit-
schenhieb gestreift und im darauffolgenden Raufhandel in den Bach
geworfen hat. Wochenlang nachher stirbt der Schuster an einer Gehirn-
entzündung. Jakob wird nun als Totschläger der Prozeß gemacht,
mit Kontumazprügeln ein Geständnis abgepreßt. Im Kerker kommt
der Verurteilte durch den Schweigezwang halb von Sinnen. Nach
fünfjähriger Haft ist er leutscheu, scheinbar unrettbar verloren für
die menschliche Gemeinschaft. Der Verein für entlassene Sträflinge
bringt Jakob als Fuhrknecht zum gutmütigen Adlerwirt nach Nordstetten. In demselben Dorf findet eine wegen Diebstahl bestrafte
Magd Unterstand bei der zänkischen Bäckerin. Die beiden gehen anfangs fremd nebeneinander her. Allmählich beichten sie sich ihre Schicksale. Aus den Leidensgefährten wird ein Liebespaar. Magdalene
war unschuldig. Vor die Wahl gestellt, den Vater zu verraten oder
selbst verdächtigt zu werden, hat sie Schuld und Sühne auf sich genommen. Nun hoffen sie zusammen auf ein neues Leben der Liebe
und Arbeit. Ein Glückstraum, dem der Büttel rasch ein Ende macht.
Beim Bäcker wurde eingebrochen. Nach den Inzichten kann der Verbrecher nur Jakob — beim Einsteigen in Magdalenens Kammer — gewesen sein. In Wirklichkeit hat sich Magdalenens Vater an Jakobs Statt
in das Haus geschlichen. Der neue Zwiespalt, diesmal zwischen Kindes-
und Liebespflicht, wirft Magdalene in ein hitziges Fieber. Wiederum

wären die beiden verloren, wenn die Wahrheit nicht durch den Selbst-
verrat des volltrunkenen Alten offenbar würde. Die Sträflinge
finden durch ihren alten Beschützer, den Wortführer der „politischen
Freisinnigkeit, die sich in ihrem ursprünglichen Kern, der Humanität,
zeigt", eine dazumal urmoderne Zufluchtsstätte, sie kommen auf
ein Wächterhäuschen der neuerbauten Eisenbahn. Auerbach hatte
bei der Niederschrift der Sträflinge ebensosehr ein Kunstwerk als eine
Tat der Menschenliebe vor Augen. Daß bei der Leipziger Vorlesung
alle stimmfähigen Hörer ungemessenen Beifall spendeten, überraschte
ihn, der sich mancher Lücken und Schwächen bewußt war. Der heutige
Leser hält sich mehr an solche Mängel und Längen, als an den sittlichen
Kern der lang und weit nachwirkenden, in der Hauptsache guterzählten
Geschichte. Noch 1846 zu Mittermaiers Genugtuung in das Italienische und Schwedische übertragen, haben „Sträflinge" bis auf Anzengrubers „Einsam", Wilbrandts „Fabricius", Sudermanns
„Stein unter Steinen" eine kaum übersehbare Nachkommenschaft
gehabt und wie das Los des Hauptmanns von Köpenick zeigt, bis zur
Stunde Polizei und Richter, Staat und Gesellschaft nicht entfernt zu
voller Einsicht oder Erfüllung ihrer Pflichten gegen die Besserungs-
fähigen bestimmen können. 1845 gehörte Wagemut dazu, „Apollo
zum Lazarus voll Wunden und Beulen zu machen". In allem redlichen Bemühen, wahrhaftig und furchtlos die Schäden und Schwächen
einer verkehrten Gerichts- und Gesellschafts-Ordnung aufzudecken, ist
Auerbach Künstler geblieben. Er malt nicht zu dunkel. Gerecht gegen
die Gerechten, vergißt er seine Dichterpflicht nicht in Stimmungs-,
Landschafts- und Menschenbildern.

Drei Tage nach der Leipziger Vorlesung der „Sträflinge" reiste
Auerbach nach Weimar. Aus den vierzehn Tagen, die er anfangs
bleiben wollte, wurden über vier Monate. So fest hielten ihn alle,
die im dortigen Leben zählten, Schöll, Sauppe, Froriep, Kanzler Müller und der erste Hof, den er, vom Erbprinzen zu stundenlangen Unterhaltungen herangezogen, gründlich und für seine kommenden Geschichten nicht folgenlos kennen lernte. Seine Frische wirkte so
belebend, daß ernstlich die Rede davon war, ihm die durch Riemers
Tod erledigte Oberbibliothekarstelle zu geben, um ihn dauernd für
Weimar zu gewinnen. Er wies den besonders von Kanzler Müller

gehegten Plan nicht sofort von sich, sah aber bald die Gefahren, die seiner freien Meinungsäußerung durch höfische Rücksichten drohen könnten. Und gerade damals bewegten religiöse Kämpfe sein Gemüt bis zum Fanatismus. Schon auf dem Leipziger Schriftstellertag hatte er einen atheistischen Trinkspruch Wilhelm Jordans mit hitziger Gegenrede abgewehrt. Nun erregten ihn die Gottesdienste der freireligiösen deutschkatholischen Gemeinde, die buchstäblich zum Fenster des (Lukas Cranach=Hauses) hinaus gehaltene Rede Ronges, die an die Kreuzzugslosung gemahnenden Zurufe der auf dem Weimaraner Markt dichtgescharten Menge: Das wolle Gott. Ein Schlagwort, das der Österreicher Rollett, von Auerbach deshalb rauh zurechtgewiesen, mit dem noch brausender wiederholten Kampfruf überbot: Das wollen w i r! Eine Weile hoffte Auerbach, die neue Humanitätskirche würde Christen und Juden gleicherweise Heil und Erlösung bringen. Drollige Zwischenfälle bei der neuen Glaubensgründung fochten den Schwärmer nicht an. Er sah ernsthaft zu, als der Österreicher Schuselka nach Ronges in einem Gasthaus abgehaltenen Gottesdienst zum Deutschkatholizismus übertrat und diesen feierlichen Akt, weil ihm ein eigener Frack fehlte, in dem ihm bereitwillig geliehenen, viel zu weiten Schwalbenschwanz Auerbachs vollzog. Die unbewußte Komik von Kirchenstürmern, die einer jahrtausendalten Hierarchie so kühn Fehde ansagten, ohne den Mut aufzubringen, im entscheidenden Moment mit einer lächerlichen Modetracht aufzuräumen, kam dem verzückten Auerbach gar nicht zum Bewußtsein. Ihm war's oft, als ob eine Decke von ihm genommen wäre, „ich kann alles sagen, wenn auch stotternd, ich schäme und scheue mich gar nicht mehr, ich bekenne den Gott in mir ohne Furcht. Ich bin oft ganz fromm. Ich gehe über diese Welt weg, als wenn ich sie überwunden hätte", so beichtete er Jakob fast im Ton eines ekstatischen Einsiedlers. Aus solchen erdentrückten Visionen erwuchsen freilich unversehens irdische Zukunftswünsche: „vielleicht ist das die rechte Sinnesart, ein neues Leben zu gründen, ein gemeinsames mit einem Wesen, das uns beschieden ist." Seit seinem dreizehnten Jahr dem Elternhause entfremdet, mit beständiger Sehnsucht nach familienhafter Zusammengehörigkeit zu. beständigem Junggesellendasein verdammt, verlangte ihn immer mächtiger nach einem eigenen Herd. Und es lag nach lustigen und ernsthaften Andeutungen in Freundesbriefen kaum an Auerbach, daß seine Gefährtin bei der Begründung einer Häuslichkeit nicht eine Weimaranerin, ein Fräulein Ullmann, nachmals die Frau von Eduard Boas, wurde. Mitte Januar begab er sich wiederum nach Leipzig, obwohl die Großherzogin und das erbgroßherzogliche Paar ihn noch beim Abschied bereden wollten, zu bleiben. Er kam auch an der Pleiße nicht zu dauerndem Verweilen, „ich bin wie ein Vogel flatterig und sehne mich nach Ruhe". So ging er nach Dresden, wo er schon im Herbst 1845 auf der Durchreise von Künstlern (Hübner, Bendemann 2c.) und Deputierten (Todt, Braun 2c.) ungemein warm begrüßt worden und nun als neuer Ansiedler von den Besten brüderlich aufgenommen war.

Es war ein Kreis vortrefflicher Freunde, in den ich mich bald eingeschlossen fühlte. Ich weiß nicht, wie es kam, schon in der ersten Zeit hatte ich ein ganz besonders vertrauliches Verhältnis zu Rietschel. Ich traf ihn eines Nachmittags bei Robert Reinick, und dieser sagte, es kommt mir widersprechend vor, daß man Sie zu dir sagt. Und mir auch, stimmte Rietschel bei. Wir umarmten uns alle, und der gute Reinick war so voll von dieser Stunde, daß er sagte, wir können jetzt nicht in der Stube bleiben, wir müssen ins Freie. Wir gingen hinaus in den hellen Frühlingsabend, dort den Weg nach Blasewitz am weiten Kirchhof vorbei, wo jetzt Reinick ruht, nach dem Birkenwäldchen und dann an der Elbe entlang nach der Stadt zurück. Die Sonne ging prächtig unter über den Lößnitzer Höhen, und ich weiß nicht mehr, wer von uns es sagte: „Das sind Stunden, das sind Blicke ins Leben, um derentwillen es sich verlohnt, auf der Welt zu sein." Bis spät in die Nacht kneipten wir drei zusammen im „Italienischen Dörfchen" an der Elbe

in gefühlvollen Reden wider die blasierte Welt, die jedes heiße Empfinden mit dem Ketzerwort „sentimental" brandmarken möchte. Rietschel sagte, daß er Auerbachs Relief modellieren wolle. Der Dichter arbeitete an der „Frau Professorin", vollendete „Schrift und Volk" und den dritten Jahrgang des „Gevattersmannes", für den Ramberg Zeichnungen machte. Die Nachmittagsstunden verbrachte er meist in Rietschels Atelier, dann im Schatten der Linden auf der Brühlschen Terrasse. Beide erzählten einander von ihren harten Anfängen, die Ähnlichkeit der Jugendschicksale führte sie immer näher zusammen; die Bitternisse ihres Leidensweges hatten ihnen böse Stunden bereitet, beschämende Erinnerungen zurückgelassen.

Aber Armut und Not gibt auch Besseres und Höheres. Man lernt die Wahrheit, die Güte und Opferwilligkeit und freundliche Hegung der Menschen kennen, wie ein auf sich Gestellter in geschützten Verhältnissen Aufgewachsener sie nie erfährt.

Es bildete jetzt und später oft den Gegenstand unseres Gespräches, daß wir es nie verstehen könnten, wie Menschen leben mögen, die nicht an die wahrhafte Güte, den
Edelsinn und die Reinheit in der Welt glauben, und noch mehr, wie es Künstler geben
kann, die das Schöne, das Wahre, das Höhere bilden und schaffen und doch der Überzeugung sind, daß es in Wahrheit nicht in der Welt besteht.

Das eigene Haus in der Langengasse, das Rietschel damals bewohnte,
beherbergte zu ebener Erde J. Hübner, im ersten Stock Bendemann, im zweiten Rietschel. Es ging fröhlich zu in diesem Künstler-
heim, am lustigsten, als der alte Gottfried Schadow einmal zu Besuch kam, der gern gute Geschichten zum besten gab; so zum Beispiel,
daß er auf Friedrich Wilhelm IV. Begrüßung Voilà, göttlicher Schadow!
erwidert habe: Pas encore! Auerbach rückte er launig vor, daß er
noch wenig so humane Geistliche gefunden habe, wie in den „Sträflingen". Seinen Hauptspaß hatte und trieb Schadow mit dem Säch-
seln, er speiste oft im Gasthof, nur um sich über die für sein Ohr im
Mund der Erwachsenen kindische Mundart tüchtig auslachen zu können.

Um sich dem großen Dresdener Freundeskreis in etwas dankbar zu
zeigen, las Auerbach im Hause Ferdinand Hillers aus der Handschrift „Die Frau Professorin" vor. Die Liste der Geladenen hat
sich erhalten: Hübner, Rietschel, Eduard Devrient, Bendemann, Carus, Pecht, Klara Wieck, Graf Baudissin, Bürk-
ner, Reißiger, Max v. Weber, der junge Alfred Meißner.
Auerbach hatte auf 12 Uhr Mittags eingeladen, im Glauben, die Vorlesung würde vor 2 Uhr zu Ende sein; er hatte sich arg verrechnet, sie
dauerte bis nach 4 Uhr. Als er Rietschel hinausbegleitete, rief Hillers alte
Frankfurter Köchin zu Rietschels höchster Belustigung dem Dichter zu:
„Die Kreuzdonnerwetter, die heute von allen Köchinnen auf Ihren
Kopf heruntergewunschen worden sind, die möcht' ich nicht haben."
Die Flüche der Dresdener Köchinnen scheinen Folgen gehabt zu haben —
fast unmittelbar nach ihrer Geburt, noch bevor die „Frau Professorin"
ihren Siegeszug durch die europäische Lesewelt antrat, verfiel die Er-
zählung der großen Garköchin der deutschen Bühnen. Charlotte
Birch-Pfeiffer schlachtete die Geschichte für alle schwäbelnden
Naiven aus und tischte sie mundgerecht, so weit man deutsch kocht, allen
Spießbürgern in „Dorf und Stadt" auf. In ihrer Urgestalt und
in ihrer derben Dramatisierung ist „Die Frau Professorin" volkstümlich

geworden, um ihr niemals vorhandenes Urbild im Lindenwirtshaus von
Weiſſenbach an der Murg hat ſich ein Sagenkreis gebildet. Das
Lorle iſt mit ſeiner Art und Unart aus der Erzählungs- und Schau-
ſpielkunſt des neunzehnten Jahrhunderts nicht wegzudenken.

Kurz vor ſeinem Tode hat Auerbach auf die Frage nach der Ent-
ſtehung dieſer Geſchichte Georg Brandes am 10. März 1879 mitgeteilt: 1. In Leipzig, in Kurandas Wohnung ſitzend und auf dieſen
wartend, lieſt er in einer Novelle, in welcher folgende Worte vorkamen:
die Hirten[1]) pflegten ſich mit den Köhlermädchen zu verheiraten. Er
dachte nach, wie dies weiter ging. 2. Er erfuhr in Karlsruhe, daß ſich
der Obergerichtsrat Baader in ein Bauernmädchen verliebt und ſie
geheiratet hatte, daß ſie ſo lange glücklich waren, als ſie ihre Bauern-
haube trug, welche mit ihrem Band ihr Angeſicht wie mit einem Rahmen
umgab, ſpäter wurden ſie nie zuſammen geſehen, er ging immer allein
aus. 3. In Dresden traf er den Maler Hildebrand, der ihm erzählte,
wie er, nachdem er ſich verheiratet hatte, einen Teller mit dem Ausruf
in Stücke zerſchlagen habe: Jetzt kann ich ihn entzweiſchlagen, ohne
ihn bezahlen zu müſſen. „Dies waren die drei feſten Punkte, aus
denen ſich das Buch geſtaltete", für Brandes hinſichtlich der Frage der
Ideenverbindungen in der ſchaffenden Phantaſie von höchſtem Intereſſe.

Brandes' Mitteilungen gewähren über die äußeren Anläſſe glaubwürdigen Aufſchluß; da Auerbach 1844 in Karlsruhe und erſt 1845 in
Leipzig ſich aufhielt, kommt als erſte Anregung zweifellos eine wahre
Begebenheit — die Ehe eines höheren Gerichtsbeamten und eines
Bauernmädchens — und erſt in zweiter Reihe das angeleſene Motiv
von der Heirat des Fürſten und der Köhlerstochter in Betracht. Innerlich hat ſich Auerbach ſchon viel früher im Veſele und im Lauterbacher
gedrungen gefühlt, dem Bund von Herkommen und Ungebundenheit,
dem Zwieſpalt und der Verſöhnung von einfältiger Natur und anſpruchs-
voller Bildung künſtleriſch nachzugehen. Und lang bevor er an Dorfgeſchichten und Erzählerkunſt dachte, hat er in den „Bauſteinen" Ideen
über den ſagenhaften Urmenſchen Adam Kadmon angedeutet, die in der

---

[1]) In beiden deutſchen Ausgaben von Brandes' Aufſatz: „Berthold
Auerbach" ſteht „Hirten". Einer brieflichen Mitteilung von Profeſſor Alois
Brandl entnehme ich, daß ihm Auerbach auf dieſelbe Frage dieſelbe Geſchichte
in der Form erzählt hat, daß in der betreffenden Novelle ein König ein Hirten-
mädchen heimführte.

„Frau Professorin" als Hauptabschnitt der Kampfschrift des Kollaborators wider die Religionsheuchelei und die Versteinerungen im
Moralienkabinett reichlicher entwickelt erscheinen.

„Ein Kapitel Adam Kadmon oder die Urmenschen an der Spitze der Geschichts-
epochen, worin der Verfasser seine Ansichten von der Erlösung darlegte, wurde
von den Oberflächlichen als mystisch bezeichnet, weil darin die Wiedergeburt der Menschheit durch reine Natur erklärt wurde." „Lorle war dem Kollaborator der Typus
des Urmenschlichen, des ursprünglich Vollkommenen, an sich Vollendeten, Unberührten
von den Zwiespältigkeiten der Geschichte und Bildung; es deuchte ihm eine Versündigung, sie durch alle die Labyrinthe zu quälen, ohne sicher zu sein, daß sie den
jenseitigen Ausgang finde, der wiederum zur freien Natur führt, sie stand ja von
selber darin, Anfang und Ende sind eins. Er behauptete, daß zu allen Zeiten das
ursprünglich Vollkommene des Urmenschen, der nichts will und nichts hat von dem
ganzen Tröbel, den die Menschheit nachschleppt, dieser ein Greuel sein muß, und
doch muß die Geschichte von Zeit zu Zeit wiederum von solchen Menschen erfrischt
und begonnen werden, die aus dem Urquell des Lebens vollendet erstehen."

Wären der Kollaborator und Auerbach weniger dialektisch, als historisch gerichtet, so würden sie Lorles Stammbaum in Dichtung und
Sage weit über Simplizissimus und Siegfried zurückverfolgen können.
Zum Glück hat sich der Erzähler bei der Ausgestaltung des Stoffes nicht
an den Kollaborator, sondern selbständig, an sein Ich, gehalten. Ein
vielleicht durch seinen Verkehr mit den Dresdener Künstlern veran-
laßter guter Griff war es, daß er an Stelle des Karlsruher Obergerichts-
rates oder des Fürsten der Novelle einen Maler setzte, den Träger
eines freien Berufes, der allen Ständen nahekommt und dessengleichen
mehr als einmal sein Modell zu seinem Weib machte. Unter den zahlreichen Abwandlungen dieses Vorfalles in Kunst und Leben behauptet
der Bund Lorles mit Reinhard die Ausnahmstellung, die der Kernnatur
der Weissenbacher Wirtstochter gebührt. Der Kollaborator nennt sie
weder geschmackvoll noch zutreffend „marienhaft". Ihr Wesen ist weder
empfindsam, noch religiös verzückt. Sie ist, wie Freunde Auerbachs sofort gewahr wurden, sein leibliches Ebenbild, die schwäbische Ur-Eva des
schwäbischen Bauern-Adam-Kadmon.

Aus ihrem unscheinbaren Keim erwächst die Geschichte zu ansehnlicher tragischer Höhe. Maler Reinhard kommt auf einer Studienfahrt
nach Weissenbach; eine kleine „Grundel", wie Bauersleute ihre Backfische
nennen, das Töchterlein des Lindenwirtes, gefällt ihm so sehr, daß er übers
Jahr mit seinem übergelehrten Freund, dem Bibliothekar Reihenmeyer,

wiederkehrt. Die Grundel ist mittlerweile herangewachsen, zu einem Prachtgeschöpf, wie's landauf landab kein besseres gibt. Reinhard malt sie als Madonna und zeichnet ihr Bild dabei so tief in das eigene Herz, daß er seine Ungebundenheit hingibt, Galerieinspektor und Professor wird, nur um sie heiraten zu können. Nicht wie Goethes Friederike aus Sesenheim v o r h e r zu verhängnisvollem Besuch nach Straßburg, gleich als Reinhards Weib kommt Lorle in die Stadt. Instinktiv hält ihr Mann sie von der großen Welt fern, der nicht zu verschleiernde Gegensatz ländlicher und städtischer Sitte wird gleichwohl immer merklicher. Der Maler, der seines Amtes und seiner Künstleraufgaben wegen die Gesellschaft nicht meiden kann, wird anfangs befremdet, später gereizt und erbittert durch Derbheiten, Mangel an Weltläufigkeit, Züge von scheinbarer Beschränktheit, die dem Unbefangenen Lorles Reiz und Wert erst recht offenbaren. So verletzt sie bei einem vom Prinzen anbefohlenen Zusammentreffen die Hofetikette, von der sie keine Ahnung hat, fast durch jede Silbe und Gebärde, reißt aber gerade durch ihren Kindersinn und Mutterwitz, die Unmittelbarkeit ihres Ausdrucks, die Wärme ihres Gemütswesens den Fürsten zur Bewunderung hin. Reinhard ist dieser Triumph Lorles kein dauernder Trost. Ihn ereilt vermeintlich das Verhängnis der Hebelschen Bauernehe: „Du buursch mi, mit 'm Wibe hascht du's nit troffe."

Schönheiten des Hofadels, vornehme auf der Höhe der Bildung stehende Damen, die sich ihm mit Anteil nähern, ihn mit Auszeichnung behandeln, verdunkeln Lorles schlichte Größe. Fest und stark und schweigend sieht sie seine Entfremdung. Fest und stark und schweigend verläßt sie aus freiem Entschluß auf Nimmerwiederkehr den Mann, dem sie ihr ganzes Herz geschenkt und dem sie bis an das Ende ihrer Tage Treue halten wird. Nur Zeuge seiner Entwürdigung, gewaltsamen Bruches konnte und wollte sie nicht werden. Eine kinderlose Vorläuferin Noras, die weder die Unverstandene, noch die Trotzige spielt, nur mutig und wahrhaftig einem innerlich unhaltbaren Bund äußerlich Einhalt tut.

Die Liebes- und Leidensgeschichte des ungleichen Paares wird nur selten von der Unart des (Auerbach engverwandten) Kollaborators überwuchert, jedem Vorgang, jedem Kernwort ein Schulzeugnis I^a auszustellen. Lorles Schicksal ist wie Lorles Wesen naturnotwendig, überzeugend, herzbewegend. Lorle beherrscht wie billig beide Kreise; die Bauerngruppe verdunkelt, was weniger billig, die Stadtleute. Lorles Vater, der Wadeleswirt, ihre treulich in die Stadt mitgehende Hausmagd Bärbel sind besser geglückt als die Karlsruher Kleinbürger, die Hofleute und selbst der Hausstand des Kollaborators. In diesem Bücherkastenmann, der in Mußestunden Volksliedsammler und jederzeit Exeget aller ihm durch den Sinn ziehenden Einfälle ist; in diesem Stilleben=Enthusiasten, der sich unversehens in einen kampf= und opfer= bereiten Pamphletisten gegen Regierung und Klerisei verwandelt; als Geologe pflichtgemäß den tiefsten Erdgeheimnissen, als Psycholog und Ethnolog zugleich angeblich den Mysterien der Urmenschheit nachspürt; in diesem am kleinsten Grashalm und rasch aufgesaugten Tautropfen sich versinnenden und im selben Augenblick das Weltall bekomplimentierenden Sonderling hat Auerbach die seltsamsten Wider= sprüche seines Wesens, die unleidliche Wichtigtuerei dem geringsten Wort gegenüber parodiert. In der Frau Professorin hält sich Auerbach zu seinem Heil mehr an die Eingebungen seiner Lorle=Art, als an die Gedankensprünge seiner Kollaborator=Unart.

Das Umgekehrte gilt von dem Buch, das gleichzeitig mit der Er= zählung in der „Urania" als selbständiger Band im Verlag von Brockhaus erschien: „Schrift und Volk. Grundzüge der volks= tümlichen Literatur angeschlossen an eine Charakteristik Hebels. Leipzig 1846." Wir haben — S. 115/116 — gehört, wie der Kritiker der Europa 1838 über Hebel urteilte. 1844 schlug Auerbach im Deutschen Familienbuch in seiner Schilderung der Hebelstätten die gleichen Töne an. Ihm war Hebel das Muster aller Volksschrift= stellerei. Er zog ihn Möser, Pestalozzi, Claudius, deren Verdienste er nicht verkannte, vor, weil keiner wie Hebel

alle Seiten des Volksgemütes und alle seine Tiefen so anspruchslos, so unabsichtlich erregt, so daß seine Geschichten oft ohne seinen Namen im Munde des Volkes leben wie eine alte Überlieferung. Hebel kannte den zartfühlenden Punkt in der rauhen Außenseite des Volkscharakters, während andere dagegen sozusagen dem Volke seine natürliche Haut abziehen und es in eine andere auf abstrakt moralischem Weg gegerbte stecken möchten. Mit einem Worte: nur ein D i c h t e r, der die Menschen wie sie sind und in ihnen ihre tiefere Seite zu fassen und zu gestalten vermag, nur ein Dichter ist ein Volksschriftsteller, nicht ein Prediger, ein Lehrer, ein abstrakter Philosoph. Und Hebel war ein Dichter. Er ist bescheiden und demutsvoll. In seinen

Darstellungen läßt er eigentlich nie merken, daß er noch etwas mehr wisse, daß er eigentlich über diesen Geschichten stehe, sie objektiv behandle, er stellt sich ganz und treuherzig in die Reihen des Volkes. Er wollte in diesen Geschichten nicht mehr sein, und ist in diesen Geschichten in der Tat nicht mehr, als ein h e i t e r e r, w e i s e r Mann aus dem Volke.

Die Huldigung dieser kurzen, kernigen Sätze im Deutschen Familienbuch genügte Auerbach nicht. Er wollte die Entwicklung des Einzigen näher ergründen, der als Kind von Leuten der dienenden Klasse in kleinen, armseligen und doch beglückten Verhältnissen aufwuchs, die Schule des Heimatdorfes besuchte, hernach als Geistlicher und Gymnasiallehrer jahrelang in der Stadt wirkte, bis er in reifen Jahren sehnsüchtig und kraftvoll in die früheste Kindheit sich zurückversetzt, Leben und Liebe, Tragik und Komik der Leute im Umkreis des Feldberges zuerst nur zum eigenen Behagen und ahnungslos zugleich zum Jubel von ganz Deutschland verfestigt hatte. Die selbstgewählte Aufgabe konnte den Aufstrebenden reizen, dessen Schicksal so manche äußere Ähnlichkeiten mit dem Lebensgang Hebels offenbarte; sie ließ ihn auch des Unterschiedes der Zeiten und Persönlichkeiten, der Wandlung des patriarchalischen Regiments, des Aufsteigens einer anderen Ordnung der Dinge in Staat und Kunst inne werden.

Was ursprünglich als Statue gedacht war, wurde zur Studie, statt einer Bildsäule Hebels zeichnete Auerbach Arabesken über Anfänge und Ziele der Dichtung aus dem Volk und für das Volk. Exkurse, die weit abführten von Hebels Leben und Wirken, wurden, wie er ein Dutzend Jahre später selbst aussprach, eine Bekenntnisschrift, mit der er eine Bürgerpflicht zu erfüllen vorhatte. Dieses wunderliche Wachstum der Arbeit hat ihre künstlerische Abrundung nicht gefördert. Das Buch ist weder eine Gelehrtenleistung, noch ein abgeschlossenes künstlerisches Programm; der Forscher vermißt Aufzeigung der geschichtlichen Zusammenhänge, der Laie schlichte volksmäßige Darstellung von Hebels Leben und Schaffen. Homer und die Bibel werden kaum gestreift, die flüchtige Übersicht des Bildungsganges der modernen Welt ist allzuflüchtig, der Horizont, der nicht einmal bis zu Burns und Béranger reicht, zu eng. Das Einfachste wird durch weitwendige verworrene Allgemeinheiten häufiger verfinstert als aufgehellt. Abenteuerlichkeiten des Vortrags verdrossen auch wohlwollende Leser; H e r m a n n K u r z, der brieflich zugab, daß goldene Sachen in dem Buch ständen, ging „der A-propos-Stil" gegen den Mann; Kausler stieß sich gleichfalls an der „seltsamen Mischung von jungdeutschländisch-hegelischem und Jahnischem Kraftstil; Sachen, wie du sie in diesem Büchlein vorbringst — schrieb er Auerbach — sollte man, meine ich, in der einfachsten ordinärsten Prosa sagen".

Durch schöpferische Leistungen hat Auerbach für die Sache der Volksbildung vielfach so Vortreffliches, Mustergebendes geboten, daß er berufenen und unberufenen Jüngern durch lebendiges Beispiel mehr genützt hat, als er durch die gelungenste Kritik und Selbstkritik der Volksschriftstellerei hätte Gutes stiften können. Gleichwohl wäre es unklug und ungerecht, „Schrift und Volk" nur mit verwerfendem Tadel abzutun. Für die Kenntnis und Erkenntnis von Auerbachs Absichten lehrreich, gibt die Arbeit überdies Zeugnis für die Gesinnungen des Patrioten und Sozialpolitikers, der sich zum ersten Male selbst in Fragen orientiert, die bis zur Stunde in Dichtung und Wirklichkeit Lager bilden und scheiden.

Redlich und selbständig nahm Auerbach vor sechzig Jahren Stellung, in der Hauptsache richtig Stellung zum Radikalismus in Kunst und Leben. Hebels Persönlichkeit würdigt er mit wärmster Liebe. Der Sänger der alemannischen Gedichte, der Humorist des „Schatzkästlein", die friedliche, schalkhafte Überlegenheit des Poeten, des Seelsorgers, des Popularschriftstellers, kommt zu rechter Geltung. Selbst die Grenzen und Sünden des in Herren- und Napoleonsfurcht Aufgewachsenen finden einen aufrichtigen und doch schonungsvollen Richter. Die Künstlerschaft Hebels, die Goethe und Jean Paul, Gervinus und Jakob Grimm wetteifernd gepriesen haben, ist niemals überzeugter, selten feiner und beredter verherrlicht worden. So kennt nur ein Landsmann den Landsmann, so erkennt nur ein Dichter den Dichter. Aber die neue Zeit stellt neue Aufgaben. Die Befriedung jener idyllischen Abschließung ist undenkbar in einem durch politischen Druck verstörten Bürgertum, in einem durch vollkommen veränderte Verkehrs- und Wirtschaftszustände von Grund aus aufgewühlten Bauern- und Arbeiterstand. Haben die Zweifler und Nergler recht, die gänzlichen Umsturz erwarten? Heischt die Not nicht neue Töne? Ist nicht alles künstlerische Wirken in Frage gestellt, muß Nihilismus und Skeptizismus, Heinescher Weltspott und kommunistische Vergantung der ganzen alten Weltordnung die Lösung sein? Gilt es nicht, die Massen zu reizen, zur Selbstbefreiung aufzustacheln, Haß und Hohn zu säen, zur Erkenntnis der Verzweiflung und damit zum Straßenkampf zu treiben? Es gereicht Auerbach, der solche Lehren von Marx, Heß und ihrem Kreise wiederholt gehört und selbst in bitterem Elend gedarbt, zur Ehre, daß er diese Probleme durchgedacht, durchempfunden und mit ungewöhnlicher Kraft zu bewältigen gesucht hat. Ihm ist wohl bewußt, wie schwer die arbeitenden Stände geplagt sind und er vertröstet knurrende Magen nicht auf die Sphärenmusik. Den Darbenden, nicht den Königen will er den Wein des Lebens reichen und er verschweigt nicht, daß hier die Lebensfrage der neuen Ordnung des Jahrhunderts liege. „Himmel und Erde sind uns gestohlen worden, wozu den Beraubten schlagen?" Unverzagt hielt er aber an der Zuversicht fest, in Deutschland sei noch so viel religiöse und sittliche Kraft, daß mit der rechten Entschlossenheit sowohl die Einigung des Vaterlandes als die Überwindung der sozialen Gefahr denkbar, daß von den rechten Leuten eine Brücke über den Abgrund zu schlagen sei. In diesen Blättern paart sich Herzenswärme mit Weltklugheit. Hier spricht kein Phantast und kein Schönfärber.

Ebenso gescheit und heute noch zeitgerecht ist, was er gegen ein Übermaß von Nützlichkeits- und Tendenzpoesie vorbringt. Trefflich sagt er der einseitigen Romantik die Meinung, die gleichsam nur einen historischen Liebhaberkult des Volkes im Dienste des Rückschrittes gelten ließ, tapfer wahrt er dem Pegasus, der mit vier Beinen auf der Erde steht, das Recht, sich seines Flügelpaares zu bedienen. Nicht subjektive Ironie, objektive Liebe ist Aufgabe der Kunst. Sie hat dem Leben nachzugehen, nicht in Fusel zu ertrinken. Mit Hebel will er dem Volk ein Helfer und Tröster, kein Unruhstifter sein. Versöhnung sucht er durch ethische Bestrebungen, durch das Walten sittlicher Ideen, als deren Herold er den idealsten volkstümlichsten aller Dichter, S c h i l l e r, wie ein heiliges Vorbild feiert.

Hat er in diesen großen Fragen Recht behalten, so hat die Erfahrung seine Vorbehalte gegen die Mundart widerlegt. Er sieht die Berechtigung des lokalen und provinzialen Elementes ein, ahnt indessen nicht, daß Hebel gerade durch den Gebrauch des Dialektes Entscheidendes getan und bewirkt hat. Auch sonst hätte er Hebels Maß und Selbstbeschränkung sich mehr zur Lehre dienen lassen sollen. Niemals hätte Hebel den Satz unterschrieben, daß die Volksschrift alles und jedes in ihr Bereich zu ziehen habe, nun und nimmer so viel, zu viel geschrieben. Nun und nimmer hätte der auf das Geschichtliche und Greifbare in Natur- und Volksleben, in Vergangenheit und Gegenwart gerichtete Hebel die verworrenen abstrakten Unterscheidungen zwischen Dichtung aus dem Volk und Dichtung für das Volk versucht. Die Meisterschöpfungen Hebels umspannen weite Gebiete des Lebens, nur lassen sie mit sicherem Takt nirgends die Fassungskraft des Durchschnittes außer acht; sie rühren an das Tragische, schaffen in Friedrich dem Großen und Joseph II. Volksheilige der historischen Anekdote, ergötzen durch Schelmenstreiche und Rätselpoesie, belehren über den Bau des Himmelsgewölbes und natürlich aufzuklärende Wunder (Blutregen 2c.), geben durch moralistische „Merke" der Kalendergeschichten eine Alltagsphilosophie und Religionsweisheit, die die Armen im Geiste erleuchtet und bedeutende Denker zu weiterem Nachdenken führt. So wirkt Hebel als Volksschriftsteller durchaus wie das Christusbild der Legende, das stets, mochte der Höchst- oder Kleinstgewachsene hinzutreten, ihn um Haupteslänge überragte. So bleibt Hebel der vorbildliche Volksschriftsteller, der so wenig als irgend ein anderer in der unabsehbaren Entwicklung der Menschheit das letzte Wort gesprochen und sprechen konnte, dennoch aber der Meister, dem nahezukommen das reinste Glück jedes künstlerischen Volkserziehers bleibt.

Wie Text und Motivenbericht eines Gesetzentwurfs verhalten sich die Volksbücher des Gevattersmannes (1845—48) zu „Schrift und Volk". Von Anfang bis zu Ende von Auerbach geschrieben, wollen sie seine Theorien der Schrift für das Volk verwirklichen. Schnurriges und Lehrhaftes, der Trumpf und Treff, den gesunder Mutterwitz der Hoffart der Hochgeborenen, dem Dünkel der Aberweisen erteilt, kommt zur Geltung in meist dem Leben nacherzählten Begebenheiten (der Jude am Pranger, die Gelbwurst). Modische Französelei in Gasthofs- und Frauenkreisen wird in Lorles Art, mehr im Naturton, als satirisch gehänselt. Die patriotischen Schmerzen des Gevattersmannes werden laut. Sein Stichblatt ist die Zensur, die er sogar einmal als eiserne Maske deutet, der als bester Spion die freie Presse gegenübertritt. Kleinstaaterei, Beamtenzwang, Lotterieunfug kommen übel davon.

Die Versöhnung von Nord und Süd bringt er, bald das Lalenbuch parodierend, bald in (zumal anfangs gut getroffenen) Briefen eines nach Mainz verschlagenen preußischen Soldaten, dann wiederum eines in Berlin eingewanderten schwäbischen Bäckergesellen zur Sprache.

Traurige soziale Schäden werden rauher, als man es sonst bei Auerbach gewohnt ist, gefaßt: so in der (von Schwind illustrierten) Geschichte der Amme, die nach dem Tod ihres Kindes im Milchfieber den ihr anvertrauten Säugling reicher Leute zur Erde wirft und mordet.

Moralisierende Kalendergeschichten, wie sie später Anzengruber reich ausbildete, Pflichtenkonflikte, Gewissensfragen fehlen nicht (die Kontrastfigur des zweiten Auswanderungsluftigen zum Herzog Lumbus im „Kampf auf Leben und Tod" hat sichtlich Gevatter gestanden beim Helden einer der frühesten Dorfgeschichten Anzengrubers „Die Polizze").

Auerbachs Vertrauen auf Preußen als führende Macht, seine Überzeugung auf gütliche Schlichtung der sozialen Wirren findet verschiedene Töne. Die meisten jener Zeitpredigten sind durch neue politische und wirtschaftliche Kämpfe überholt und außer ein paar immergültigen schlagfertigen Einfällen und Antworten nur mehr von biographischem Interesse.

An Vielgestaltigkeit der Vortragsweise vermag er sich als Kalendermann nicht mit Hebel zu messen; Hebels Geschichtchen haben sich schon durch das Salz seines Witzes frischer erhalten; die Anmut, mit der Hebel das Unbedeutendste, bis auf die beste Art Kniebänder zu knüpfen, vorbringt, mangelt Auerbach. Ebensowenig kann er sich im Gevattersmann 1845—49 und im Deutschen Volkskalender 1858—69 mit Hebels Überlegenheit in der Kenntnis fernabliegender geschichtlicher und naheliegender Natur-Vorgänge vergleichen.

In den Dresdener Arbeitswochen überraschte ihn Saint-René Taillandiers' Würdigung der Schwarzwälder Dorfgeschichten in der Revue des deux mondes. Elegant verkündete der dazumal beste französische Kenner deutscher Dinge Auerbachs Ruhm und Verdienst. Fein und eigen hob er von anderen bisher nicht erkannte oder anerkannte Züge, z. B. die erziehende Gewalt der Frauencharaktere in den Nordstetter Idyllen, heraus (Kriegspfeife; Lauterbacher); die geringen unzutreffenden Einwürfe gegen tragische Wendungen (im Befele, im Tonele mit der gebissenen Wange, wo der Kritiker melo-

dramatischen Abschluß wittert) wirkten nur als unerläßliche Schatten
des Lichtbildes. Näher zu Herzen noch, als die Pariser Dichterkrönung,
gingen Berthold treue Briefe der Mutter. Ihr Wort labte ihn wie
Heimatluft. Wohl durfte er Jakob sagen, daß er in allen Städten,
in denen er gewesen, die besten und tüchtigsten Männer zu seinen
neuerworbenen Freunden zähle, sein Jugendleben, das Elternhaus
blieb doch das Asyl, zu dem sein Dichten und Denken am liebsten
zurückkehrte. —

Qualvolle Hämorrhoidalzustände, Folgen seiner Überanstrengung,
veranlaßten ihn nach vierzehntägigem Krankenlager im Oktober zu
einer Erholungsreise. Ursprünglich hatte er vor, nach Breslau, Berlin
und Hamburg zu gehen. Er wanderte zu Fuß durch die Lausitz, fuhr
dann weiter nach Schlesien und traf am 30. Oktober in Breslau ein.
Am nächsten Morgen ging er in den Tempel, wo er seinen alten Freund
Abraham Geiger predigen hören wollte. Mit einem fremden Mann
las er gemeinschaftlich den Gesang vor der Predigt. Nach der Predigt
verließ er die Synagoge und auf der Straße sah er ein gleichfalls aus
dem Gotteshaus tretendes Mädchen. Die beiden blickten sich zweimal
unwillkürlich nacheinander um. Die junge Dame, der er bald nachher
im Hause Geigers begegnete, war zufälligerweise die Tochter des
Mannes, mit dem er zuvor in dasselbe Gesangbuch gesehen: Auguste
Schreiber, die drei Wochen später Auerbachs Braut und am 30. Mai
seine Frau wurde. Moritz Schreiber, ein wohlbegüterter Lotterie=
kollekteur, gab den rasch und heiß füreinander Erglühenden nach harter
Prüfung seinen Segen und Auerbach feierte sein Liebesglück in hymni=
scher Begeisterung. Sein neues Leben war ihm wie die Erfüllung
von Spinozas Wort: was wir aus der innersten Harmonie mit unserem
Wesen tun und was solche erhöht, ist gut. Eine beständige, wochen=
andauernde Erhebung kam über ihn, wie er sie sonst nur in den besten
Stunden künstlerischen Schaffens empfunden hatte. Seine Braut war —
nach Freytags Urteil, der sie früher bei der kränklichen Samariterin
und Kinderbücher=Schreiberin Agnes Franz gesehen hatte — ein
liebenswertes, zartes Mädchen. Fernerstehenden schien sie kühl und
abwehrend. Ihr Verlobter mußte das besser: „sie ist ein starker
Charakter und nur diesem ist es zu verdanken, daß sie sich und mir
sich erhalten konnte". In reinster Neigung dem Dichter zugetan,

empfänglich für seine Künstlergaben, war Auguste zugleich „lebens=
verständig, und da sie seit vielen Jahren als mutterlos die Wirtschaft
verwaltet, praktisch in der tüchtigen Bedeutung des Wortes". „So
bin ich nun, der oft irre Wandervogel, in ein Nest geflogen, das auf
blühendem, gesunden Baum ruht," schreibt er jubelnd an Jakob,
der um dieselbe Zeit in Frankfurt sein Hauswesen begründen durfte.

Sonntag, 30. Mai 1847 fand die Trauung statt. Weil niemand von
Auerbachs Verwandten in Breslau war, bat er Gustav Freytag, den
er bald nach seiner Ankunft besucht und zum Lebensfreund gewonnen
hatte, zum Trauzeugen. „Gut, wie hab' ich mich zu verhalten?"
„Komm nur zu der und der Stunde in das Gotteshaus." Freytag
war pünktlich zur Stelle; beim Eintritt wiesen ihn zwei Türsteher un=
willig zurecht: „So setzen Sie doch auf!" Freytag fügte sich dem
aus dem Orient stammenden Brauch und ward Zeuge, wie Auerbach
würdig unter dem Trauhimmel stand und nach einer sehr guten Rede
des Einzigen, von dem außer Jakob und Kausler in solchem Augenblick
eine Ansprache ihn nicht nur nicht störte, sondern erquickte, von dem=
selben Prediger Abraham Geiger getraut wurde.

Am Hochzeitstag um halb sechs reisten die Neuvermählten ins Riesen=
gebirge. Von dort sollte die Fahrt über Salzbrunn, Dresden, Leipzig,
Weimar, Frankfurt, Nordstetten, Badenweiler nach Heidelberg gehen,
wo sich Auerbach niederzulassen gedachte. Noch am Abend des Hochzeits=
tages ging an den Schwiegervater nach Breslau Bertholds erster Brief,
dem fast tagebuchartig weitere Berichte folgten. In den Stuben des
kleinen schlesischen Badeortes, in die nur die Berge schauten, lebte das
Paar wie auf einer seligen weltverlassenen Insel. „Niemand kennt uns
als nur die Blüten=Bäume, die uns grüßen, die aber stören uns nicht,
wie wir so ganz in uns leben und der Unserigen, d. h. Euer aller mit
tiefer Erquickung gedenken."

Augusten war Salzbrunn nie zuvor so lieblich erschienen. Bald
folgte sie Berthold, der sie am liebsten auf die Weltkugel gesetzt
hätte, um alle guten Menschen die Seligkeit ihres Anblickes ge=
nießen zu lassen, nach Dresden und Leipzig, nach Frankfurt in die neue
Wirtschaft von Jakob Auerbach, nach Fulda zu König, an den Rhein
zu Streckers und Duprés und überall ließen es sich die Freunde
angelegen sein, die Frau ihres alten Lieblings mit triumphalen Ehren

aufzunehmen. Frisch und aufnahmsfähig durchwanderte sie die Dresdener Künstlerwerkstätten. Rietschel, der Berthold als Braut-geschenk sein Relief nach Breslau gesandt, schuf, trotz der tiefen Trauer über die schwere Erkrankung seiner Frau, emsig an seiner Pietà. In ruhigeren Abendstunden machte Berthold seine Auguste „mit früheren, längst verhallten Ideen und Empfindungen bekannt, die er damals ge-schrieben, so daß ich," wie es in einem P. S. der andächtig zum Gatten Aufblickenden heißt, „ich möchte sagen, die Größe seines Geistes jetzt nachträglich kann entstehen sehen". Andere Male diktierte er ihr, ver-mutlich noch lieber als ehedem Joseph Rank, neue Eingebungen in die Feder. Hiller und Eduard Devrient gaben dem Paar zu Ehren Gesellschaften, Bendemann, Rietschel, Klara Wieck und viele andere wetteiferten in Aufmerksamkeiten. Von der Sächsischen Schweiz sahen sie nur die Bastei, da sie einen Ausflug in die wirkliche Schweiz vorhatten. In Leipzig feierten Harkort-Kühnes, Laube, die Ver-leger Brockhaus und Wigand, Professor v. d. Pfordten und die „Maikäfer" die Ankömmlinge. „Freudengesättigte Tage" folgten in Weimar. „So durch Deutschland ziehen, wo die echtesten Menschen rechts und links eine Gasse bilden," tat den beiden aufrichtig wohl. „Manch-mal denken wir wieder dran, daß wir Juden sind und wir wünschen, daß alle Leute solche Tage wie wir, so frei und unbedingt aufgenommen, verleben könnten, der Dämon des Schmerzes müßte von ihnen weichen."

In Fulda blieben sie zwei Tage bei König und seiner Frau, die nach der ersten Bekanntschaft mit Augusten Auerbachs Wahl ehrlich gut-hießen. „Keine strahlende Erscheinung blendete sie, Augustens Vorzüge lagen vielmehr bei gutem Körperbau in dem seelenvollen Ausdruck ihres ganzen Wesens, in unverkennbarer Bildung des Geistes und Herzens bei echt weiblichem Sinn und einer Zugabe jener schönen Besonnenheit, die dem Leben Maß und Anmut, allen leidenschaftlichen Begegnissen Schranken und dem Trachten des Herzens würdige Ziele setzt," urteilte noch Jahrzehnte später Heinrich König. Gleich günstigen Eindruck machte und empfing Berthold in Jakob Auerbachs Frankfurter Heim. Gerührt sah Auguste die schon damals wie Reliquien hochge-haltenen Jugendbriefe des Achtzehnjährigen. Auch Berthold fühlte sich sehr behaglich, er besorgte nur mit Unrecht, daß ausschließlicher Verkehr mit Juden, zumal in bestimmten Kreisen, „deren Bildung mit Gänse-

schmalz gefirnißt einen häßlichen Hautgout hat", den liebsten Jugend-
kameraden in seiner Entwicklung einengen könnte. In Mainz hielten
Duprés und Streckers die Hochzeitsreisenden, wie die nächsten Blutsverwandten sie nicht treuer und wärmer halten konnten. In Nordstetten
hatte Lehrer Frankfurter für einen ländlichen Triumphbogen und
landsmannschaftlichen Empfang gesorgt; unbeschreiblich war die Er-
griffenheit der Mutter, als die Lebensgefährtin ihres wie ein Joseph
der Familie heimkehrenden Berthold der Greisin ehrerbietig die Hand
küßte. „Gott soll mir's verzeihen," rief die Vierundsiebzigjährige, „Jakob
sagte, nun will ich gern sterben, nachdem ich dein Antlitz geschaut.
Ich sage, jetzt will ich erst recht leben!" Ein Memento vivere, das durchaus zur Lebensfreudigkeit Bertholds in allen Lagen und Altersstufen
stimmt.

Einige Wochen rasteten nun die Glücklichen in Badenweiler, wohin Mittermaier kam mit der Mahnung, eifrig an der neugegründeten,
von Gervinus geleiteten, von Bassermann und Mathy verlegten
Deutschen Zeitung mitzuarbeiten. Auerbachs politische Liebhabereien
rührten sich, das gemäßigt liberale badische Ministerium Beckh war
ohnmächtig der Bundesgewalt gegenüber, der rednerische Erfolg der
Liberalen im preußischen vereinigten Landtag schien wirkungslos zu
bleiben.   Bilder und Geleitworte hatten schon in Auerbachs Gevattersmann auf Vincke, Beckerath, Mevissen, Johann Jacoby und
andere parlamentarische Kämpfer der Linken als Träger gedeihlicher
Zukunft hingewiesen und in leidenschaftlichem Anteil folgte er in den
kommenden Zeiten dem öffentlichen Leben.

Im September bezog das Paar das Heidelberger Heim.   Sie
wohnten in demselben Haus mit Gervinus. Nach den ersten Antritts-
besuchen wurden sie zu solennen Mittagessen bei Hagen, Henle,
Leonhardi und Schlosser eingeladen. Besonders erhoben hatte
Berthold die Gastlichkeit Schlossers. Er konnte sich einer gewissen andächtigen Verehrung nicht erwehren angesichts des alten tapferen Helden.
„Ich möchte ihn immer noch höher als mit Sie anreden. So muß es
einem alten Royalisten zu Mute sein, wenn er bei seinem König ist.
Es hat mich gerührt, wie der alte Degen Auguste in den oberen Stock
in sein Studierzimmer führte und ihr ein dort befindliches Bild Dantes
zeigte.   Das war alles so kindlich gut und zeigte sein Bestreben, ihr

recht viel Freude zu machen." „Solch eine Tafelrunde, lieber Vater
(zu Schlosser waren Henle, Pfeufer, Gervinus und deren Frauen
mitgeladen) setzt man nicht so leicht wieder zusammen." Ihre Teilnehmer verbanden sich zu regelmäßigen Abendzirkeln für den Winter.
Jüngere Kräfte, die Privatdozenten Moleschott und Hettner befreundeten sich nahe mit Auerbach. Auch Johanna Kapp und ein etwas
linkischer, wenig gekannter Schweizer Dichter namens Gottfried
Keller fanden sich in Bertholds Häuslichkeit ein. „Alles voll rüstiger
Spannkraft, da ist's nicht möglich lässig zu sein." Lebhaft angeregt hörte
Auerbach Henles Vorlesung über Anthropologie, die, wie im Grünen
Heinrich zu lesen, auch auf Keller so bestimmend wirkte. Bertholds
politische Interessen steigerten sich beständig. Im Gespräch mit Hettner
belehrte er den jungen, noch im Bann der Hallischen Jahrbücher
stehenden Gelehrten von allzugroßer Vorliebe für politische Tendenz-
dichtung. Dem Kreis der Deutschen Zeitung, mit dem er in der
Hauptsache eines Sinnes war, warf er nur professorale Schwer-
fälligkeit vor. Seinen Unwillen erregte Heinzen, den er einen ins
Radikale übersetzten preußischen Unteroffizier nannte; wie dieser
schnurrbartstreichend über einen Rekruten, so kommandiert der nun
über Entgegengesetztes. Im Haushalt war nach mühsamen Tagen
des Hammerklopfens Ruhe eingekehrt.

„Wie andere Erstlinge in das Heiligtum brachten, möchte er" dem Schwiegervater „besten Sonnenschein, der da herzieht über Berg und Strom in meine ein-
gefriedete Häuslichkeit, daguerrotypisch festhalten auf diesem weißen Blatte. Auguste
hat sich immer wieder als Held gezeigt. Die tausend kleinen Zeremonien, die der
Aufbau solch eines neuen Seins mit sich bringt, hat sie kerngesund mit heiterem Sinn
bezwungen und zurechtgesetzt. Ihr war diese neue Häuslichkeit nur die veränderte
Wiederkehr einer gewesenen, sie wußte alles so praktisch und sinnig zu gestalten." Auerbach
war der eigene Herd fast dem ersehnten Jenseits zu vergleichen. „Ich kannte es nie
aus der Wirklichkeit. Seit meiner Kindheit bin ich auf der Wanderung. Wer kann
da sagen, inwieweit ich mich freiwillig bewegte oder getrieben wurde. Wenn ich
die Tage der weichlichen Sentimentalität auch längst hinter mir habe, so weiß ich doch
noch, wie oft ich nach den abendlich erleuchteten Fenstern sah und da trauernd dachte:
alles hat sein Daheim. Mir ist's, als ob ich jetzt eigentlich zum ersten Male in
meinem Leben mich ruhig niedergesetzt. Ich packe jetzt zum ersten Male alle meine
Sachen aus, und die Schränke sind mir wie eine anhaftende große Tasche, die aber
nicht an mir herumbaumeln. Ich schreibe Dir von einem eigenen Pulte, und alles um
mich her gehört zu mir. Du siehst, lieber Vater, ich bin weit entfernt, ein Kommunist
zu sein, ich freue mich des Eigenen. Und als wir zum ersten Male am eigenen Tisch

saßen, da ward es mir zum hohen Feste. Wir feiern jetzt die schönsten Hochzeits-
tage, wir fühlen uns so wohl und traulich eingehegt, daß wir in seligem Vergessen
der ganzen Welt kaum inne werden. Es wäre ungerecht zu sagen, daß wir selbst in
den ersten Tagen unseres geeinten Lebens kaum so selig waren, als jetzt, aber dieses
vom innigsten ruhigen Glück durchwärmte Behagen, das ist wieder ein neues Dasein."

Am Jahrestag der ersten Begegnung mit Auguste, am 31. Oktober,
sendet er dem Schwiegervater die frohe Botschaft:

Ich bin jetzt erst recht zu Hause in der Welt. Wenn ich Abends vom Lesemuseum
heimkehre und mir aus unserer Wohnung Licht entgegenschimmert, da ist mir's zu
Mute, so muß es einem Seligen zu Mute sein, wie er sich nach alter Vorstellung
den Pforten des Paradieses naht. Da drinnen ist meine Auguste, und heiliges eigenes
Leben begegnet mir. Noch messe ich mein jetziges Sein oft mit der Vereinsamung
meiner Vergangenheit, es bedarf dessen nicht, um mich die überströmende Fülle des
Heute fühlen zu lassen, denn ich fühle mich wie getragen von höherer Kraft. Und,
lieber Vater, mir ist's, als stünde ich im Allerheiligsten des Erdentempels, wo der
Herzschlag des lebendigen Weltalls pulsiert, und ich fasse Dich und sage Dir, wir sehen
der seligsten Hoffnung entgegen. Ich möchte weinend niederknien und alle Schauer
des Ewigen mich überströmen lassen.

Solche Wonnestimmungen vermochten verdrießliche Händel kaum
eine Weile zu verderben. Schon im Juli hatte Laube dem auf der
Hochzeitsreise durch Leipzig reisenden Auerbach gesagt, die Wiener
Burgschauspielerin Luise Neumann habe ihm geschrieben, sie
wünsche, daß „Die Frau Professorin" dramatisiert würde, da
sie das Lorle spielen wolle. Im Herbste desselben Jahres übergab
Bassermann, damals auch Intendant des Mannheimer Theaters,
Auerbach ein Bühnenmanuskript: „Dorf und Stadt. Schauspiel
in fünf Aufzügen und zwei Abteilungen mit freier Benutzung der Erzählung „Die Frau Professorin" von Berthold Auerbach von Charlotte Birch-Pfeiffer." Verblüfft
und gereizt durch diese Eigenmächtigkeit riet er seinem Verleger,
die Erzählung und das Stück sofort in einem besonderen Bande
nebeneinander drucken zu lassen, denn mit demselben Rechte als Frau
Birch-Pfeiffer ohne Auerbachs Mitwissen seine Geschichte bearbeitet
hätte, könnte er ihre Bearbeitung abdrucken lassen. Auerbach wollte,
daß die Birch-Pfeiffer gegen ihn klage und das Publikum vergleiche.
Bassermann ging auf den Vorschlag nicht ein und Auerbach, dem
zu Mute war wie Eltern, die ein geraubtes Kind unter Seiltänzern
wiedersehen, ließ die Sache auf sich beruhen, weil er von jeher Feind

aller literarischen Fehde war. Andere brachten den Fall aber in der Öffentlichkeit zur Sprache, am einsichtigsten Karl Gutzkow. Wie in einem Schulbeispiel ließ sich hier der Mangel jeglichen Rechtsschutzes in der Literatur aufzeigen; ohne Zuziehung von Schriftstellern hatte der deutsche Bund ein Gesetz über literarisches Eigentum feststellen lassen mit der fast unglaublich scheinenden Klausel, daß ein gedrucktes Drama für alle Theater freigegeben sei. Nachdem Theodor Mundt einen scharfen Aufsatz hatte drucken lassen, meldete sich Auerbach in der „Europa" vom 25. Dezember 1847 zum Wort über den Birch=Pfeifferschen Handel. Die juristische Frage gedachte er nach dieser Erklärung den Gerichten zur Entscheidung anheimzustellen; die Verzerrung seiner Absichten, die Roheit der Mache, das Birch= Pfeiffersche Lorle, „dem gleich von Anfang die Gräfin Hahn=Hahn souffliert," die Willkür der versöhnlichen Schlußwendung verdammte er schroff trotz des Beifalls, den die Komödie als Zugstück vieler Bühnen gefunden. Die Birch=Pfeiffer und ihr Gatte stellten sich mit sackgroben Entgegnungen auf dem Kampfplatz und Auerbachs Berliner Advokat Volkmar mußte wahrheitsgemäß seinem Klienten eröffnen: daß nach dem damaligen Stande des Urheberrechtes die Sache sehr zweifelhaft sei. Der einzige Haken, an den die Klage an= geheftet werden könne, sei Nachdruck. Hätte Frau Birch=Pfeiffer volle Zweidrittel des Wortlautes der Erzählung in ihr Stück herüber= genommen, dann wäre sie sachfällig. Die Auszählung erreichte diese Wortzahl nicht. Dennoch wollte der Advokat den Prozeß führen. Monatelang wurde die Angelegenheit wie eine Haupt= und Staats= aktion betrachtet, es gab bald keine Stadt, in der das Lorle der Birch= Pfeiffer nicht die angeblich beste Darstellerin und volle Kassen gefunden hätte; nach der Februarrevolution ließ die Birch=Pfeiffer Auerbach den Vergleich anbieten, sie wolle, falls er die Klage zurückziehe, die Kosten des Rechtsstreites tragen und er ging darauf ein: „wer hätte damals, wo so große Dinge zum Austrag kommen sollten, noch mit einer so kleinen und vereinzelten Sache sich herumschleppen wollen?" Ungezählte Male — sogar von Julian Schmidt — mußte der Dichter hören, daß diese Bühnenbearbeitung ihm gar nicht geschadet, im Gegenteil seiner Volkstümlichkeit nur genützt habe.

„Ich will nun keineswegs leugnen," so heißt es in einem handschriftlichen, zwanzig

Jahre später verfaßten Beitrag zu Paragraph 6 der Verfassung des Norddeutschen Bundes, „daß Lorle durch die Darstellung auf der Bühne gewissermaßen ein Typus wurde, aber ich muß rundweg bestreiten, daß die Dichtung als solche nicht beeinträchtigt wurde. Ich habe kein Recht zu bestimmen, ob und wieweit es mir gelungen ist, den Gegensatz von Naivität und Genialität, die beide doch wieder etwas Gemeinsames haben und nicht sich selbst überwinden können, in meiner Erzählung auszugestalten zu haben, das aber weiß ich, daß in der dramatischen Bearbeitung der Akzent alteriert und verlegt ist; es ist, ich kann es nicht anders sagen, wie schon der Titel bezeichnet, der rohe Gegensatz von Dorf und Stadt, der mehr Costum als psychische Unterlage ist, allein und in zudringlicher Weise zur Anschauung gebracht.

Ich habe vielfach gefunden, daß das Drama weit mehr bekannt ist als die Erzählung, denn viele haben es nicht mehr für nötig gehalten, nach Anschauung des Dramas auch die Erzählung kennen zu lernen. Und da die körperliche Anschauung weit mehr wirkt, haben noch viele, die die Erzählung kennen, das Theater-Lorle in Erinnerung.

Nicht ohne Berechtigung hat man auch ein neues Stück ‚Das Lorle im Schwarzwald‘ mit guter komischer Wirkung auf die Bühne gebracht. Da reist ein gutmütiger Wohlparfümierter in den Schwarzwald mit der Frage: gibt's hier keine Lorles kennen zu lernen? Das ist die ganz richtige Gestalt für die oft gestellte Anmutung, daß auf einer Sommerreise oder bei einem kurzen Landaufenthalte sich die Psyche des Volkes wie ein beim Wirt bestelltes Gericht frischer Forellen dargeben soll.

Wie oft wird man gefragt: Sind Ihre Gestalten auch wirklich wahr? Was nützt da alle Auseinandersetzung von Wirklichkeit und Wahrheit? Die meisten Menschen stehen nach solcher Darlegung ganz genau auf demselben Punkte, auf dem sie zuerst die Frage aufwarfen.

Genug. Ich will nur noch in Bezug auf die dramatisierte Erzählung schließlich sagen, daß der alte Gubitz mich ersuchte, den Abdruck des Dramas ‚Dorf und Stadt‘ in sein ‚Jahrbuch deutscher Bühnenspiele‘ aufnehmen zu dürfen. Ich gewährte das, da ich keinen Grund habe, feindselig gegen Frau Birch-Pfeiffer zu sein und die ganze Sache nur im Interesse der Feststellung literarischer Rechtsverhältnisse aufgenommen hatte. Hoffentlich kommen wir jetzt, da Derartiges in das Bereich der neuen deutschen Verfassung gehört, zu dem entsprechenden Rechtsschutze, und hoffentlich werden bei der Gesetzesschöpfung auch diejenigen zu Rate gezogen, deren Lebens- und Berufsinteresse dabei vor allem beteiligt ist."

Geduldig, geduldiger als Goethe und Schiller gegen den Unfug räuberischer Nachdrucker, hat sich Auerbach nach der ersten Aufwallung in das Unabänderliche gefügt und niemals ein Wort darüber verloren, daß er aus seinen sämtlichen Schriften nicht annähernd einen Ertrag bezog, der den Einnahmen der deutschen Bühnen aus „Dorf und Stadt" in einem einzigen der seither verstrichenen sechs Jahrzehnte 1847 bis 1907 gleichgekommen wäre.

Die Weltereignisse, Geselligkeit und rege Schaffenslust ließen ihn

ben häßlichen Hader rasch vergessen. Auguste wunderte sich, an norb-
beutsche Zurückhaltung gewohnt, über die südbeutsche Zutraulichkeit
unb die Fülle von Bekannten Bertholds. Die Besuche bei Bassermann unb Eller in Mannheim hatten Gegenbesuche zur Folge.
Der Österreicher Alfred Meißner reiste burch unb wurde freundlich
bewirtet. Berthold mußte als Beschützer mit einer Tochter von
Strecker, zwei Töchtern Welckers unb einer Nichte Kapps auf
ben Museumsball. Wiederholt fuhr er nach Karlsruhe, wo die Ab-
georbneten ihm ihre Sorgen beichteten. Der Großherzog wäre
bereit, Preßfreiheit zu geben, der Bund, der eiserne Zaun, hemme bas.
In die Abresse burfte das Wort Geschworener nicht kommen, weil der
Großherzog bas für einen republikanischen Ausbruck halte. Fürst unb
Lanbboten ahnten nicht, wie nah die Windsbraut, die all bas wie Keh-
richt wegblasen würde.

In Auerbachs Hauptarbeit dieser Monate wehte freilich schon
schärfere Luft. Noch immer beschäftigte ihn der mit Lenau berebete
Auswandererroman, er bereitete die (erst 1856 zu stande gekommene)
Buchausgabe der Gaben des Gevattersmanns als „Schatzkästlein"
unb den gar nicht mehr gebruckten Kalenderjahrgang 1849 vor. Fast
zum Abschluß gebieh eine neue Erzählung: Lucifer. Sie trug
biesen Teufelstitel, weil Auerbach, wie er bem Schwiegervater
schrieb, barin einen schlichten Bauern schilbern wollte, der sich in ben
Kampf gegen die Kirche wagte, „eine Art religiöser Buchmeier, aber
natürlich viel innerlicher". Die erste Anregung stammte aus einer
Kindheitserinnerung, die er schon 1842 während der Niederschrift
der ersten Dorfgeschichten vom Nordstetter Lehrer hatte auffrischen
lassen. Er fragte nach Anfang, Verlauf unb Ausgang des Streites,
den der ehemalige Schullehrer Schöner mit bem Pfarrer hatte, ein
verhängnisvoller Hader, an bessen Ausgang Schöner enblich, seines
Amtes entsetzt, armselig von Ort zu Ort wanderte. Zu biesem äußerlichen Motiv war Auerbachs eigene religiöse Krisis und der Kirchen-
kampf Ronges um deutschkatholische Gemeinden gekommen. Unbeirrt
burch Anfeindungen, die nach Auerbachs Ansicht nicht ausbleiben
konnten, griff er beherzt in das Wespennest. Für den Vormärz 1848
eine Tat, ist Lucifer für Anzengrubers Bauernstücke und Dorf-
gänge noch belangreicher geworden als der Ivo.

Lucian, ein Musterbauer, hält sich zum Ärger des neuen eifervoll
verbissenen Pfarrers der Kirche fern.   Lucian hatte sich gegen die
Abberufung des alten Pfarrers, eines toleranten Verkünders der Liebe,
gewehrt, nachher auf Priesterwahl durch die Gemeinde gedrungen.
Durch eine Zufallsbekanntschaft mit Thomasius' Schriften gegen
Hexenglauben ist (wie beim jungen Berthold durch die erste Lektüre
von Goethes Zwo biblischen Fragen) Lucians Bibelglauben ins Wanken
geraten. Nur seiner hochgehaltenen Schwiegermutter zuliebe geht er
nach einem schweren Hagelsturm ins Gotteshaus. Als ihn der rachsüchtige
Pfarrer aber von der Kanzel als Frevler verdammt, der durch seine
Ketzerei das Strafgericht des Himmels über das Dorf herabbeschworen,
fällt Lucian dem Prediger ins Wort mit dem Zuruf: er lüge.   Die
Anhänger des Freimütigen geben ihn und seinen Versuch einer freien
schismatischen Glaubensbrüderschaft bald preis. Der künftige Schwiegervater von Lucians Tochter verbietet seinem Sohne, nach diesem
Ärgernis das Mädchen zu heiraten. Gemieden, fast gebannt bleibt
Lucian aufrecht. Die Schwiegermutter, die Kaiser Joseph als Schutzheiligen verehrt und behauptet, die Jesuiten hätten ihn vergiftet,
steht treu zu dem Streiter. Und auch Lucians Tochter besinnt sich nach
kurzem Schwanken auf ihre Kindespflicht.   Der gleisnerische Orts-
pfarrer will scheinbar einlenken. Lucian gibt nicht nach. Immer tiefer
ist er in Zweifel geraten. Vom Totenbett der Ahne sucht er zwar den
Weg zum Pfarrer, um ihn zur Einsegnung zu vermögen. Der Priester
stellt aber Bedingungen, denen sich Lucian nicht beugen will. Als er
auf einem Waldgang zufällig hört, wie der Pfarrer Lucians Fleisch
und Blut gegen ihn aufhetzt, vergreift er sich an ihm. Es kommt zur
Amtshandlung gegen Lucian.   Wegen Religionsstörung durch die
Unterbrechung des Gottesdienstes wird er polizeilich zu einer mehr-
wöchentlichen Haft verurteilt. Er sitzt die Strafe ab und wandert dann
mit den Seinigen, denen sich der frühere Bräutigam der Tochter
anschließt, nach Amerika aus. Vorher hielt um das Mädchen ein aus
der Kutte gesprungener Pfarrer Rollenkopf an, der anonym gegen
den Zeloten in Zeitungen auftrat und das evangelische Recht der Ge-
meindemitglieder auf freie Meinungsäußerung in der Kirche verteidigte,
bis er nach seiner Entdeckung innerhalb der Hierarchie unmöglich geworden war. Es ist außer Zweifel, daß Lucians Glaubensbekenntnis,

die einem vertrauten Freund erzählte Geschichte seiner Loslösung von Überlieferung und Autorität, die selbstgefundene neue Weltanschauung „Ich bin, der ich bin" auf die „extraige Offenbarung" des Stein-klopferhanns hinübergewirkt hat. Es ist auch die Ähnlichkeit zwischen Lucians und des Wurzelsepp notgedrungenem Gang zu einem töblich beleidigten Pfarrer aus dem gleichen Beweggrund besonderer Pietät für die tote Ahne unverkennbar. Beide Male hat Anzengruber das Motiv mit solcher Überlegenheit umgestaltet, daß es als Ureigenes, Neues, Küh-neres wirkt. Das Verdienst Auerbachs, den über ihn hinausschreitenden Jüngeren den Weg gebrochen zu haben, hat Anzengruber selbst, lang bevor derartige Analogien bemerkt wurden, in dem ersten, 1876 an Julius Duboc gerichteten Sendschreiben über seinen Werdegang groß-sinnig anerkannt. Lucian bleibt im Innersten Theist. Ihm ist es un-faßbar, daß ihn der freidenkende Oberamtmann aus einem (wohl der Familie Mohl nahestehenden) Geschlecht, dessen Mitglieder als Geheim-räte zur Welt kommen, als atheistischen Gesinnungsgenossen ansieht. Die Grübler Anzengrubers, von denen so mancher wie „der fleisch-gewordene Zweifel" aussieht, wären weniger befremdet durch die Meinungen des Oberamtmanns über die letzten Dinge. Als Humorist und Weltweiser ist der Steinklopferhanns dem Lucifer überlegen. Die Zusammengehörigkeit der beiden zu einer Sippe bleibt gleichwohl bestehen. Separatisten ihres Schlages wuchsen und wachsen immer in Dorfgemeinden und in Bergeinsamkeit: ein paar Jahre nach der Veröffentlichung des „Lucifer" hörte Auerbach, daß der Richbuur bei Suggental als Urbild seines Lucian galt. So genau stimmte das Schicksal des (Auerbach bis dahin unbekannten) Bauern mit dem frei-erfundenen Lebenslauf seines Lucian.

Der Lucifer war bis auf die letzten Kapitel zu Ende geschrieben, der Sturm der Februarrevolution fegte über die badische Grenze und wirbelte zunächst Unrat auf, als Auguste am 4. März verfrüht niederkam.

Ein Sohn! O mein lieber Vater! Soeben Nachts elf Uhr ist Auguste von einem Prachtbuben entbunden worden. O mein Vater, ich kann kaum schreiben vor innerster Erschütterung. Ein junges Leben lege ich an dein Herz, und ich möchte mich selber an dich lehnen und dir in einem Blick sagen, wie über die Welt beseligt ich bin und meine Auguste. O mein Vater! Der Blick, mit dem mich meine Auguste ansah, nachdem der Knabe zur Welt gekommen war, dieser Blick wird mir leuchten durch mein ganzes Leben.

Jauchzend, wie nach Breslau, verkündigte Berthold die frohe Botschaft auch Jakob; dem Freund in Frankfurt meldete er allerdings
noch, daß Auguste zwei Tage und zwei Nächte in schweren Schmerzen
gerungen hatte, und die volle Wahrheit war, daß die ersten Heidelberger Unruhen sich in Judenkrawallen ausgelöst hatten. Darüber
hatte sich Auguste so sehr erschrocken, daß sie einige Tage zu früh entbunden wurde, danach trat gleich heftiges Fieber mit Lähmung des
Gehörs und zeitweiliger Störung des Bewußtseins ein. Berthold
ahnte anfangs nichts von einer Gefahr. Der erste Geburtshelfer von
Heidelberg, Geheimrat Nägele, schonte den Vater, der wiederum dem
Schwiegervater nicht unnütze Besorgnis bereiten wollte. Am 5. früh
schreibt er, „der Bursche hätte von der französischen Revolution und
der großen Bewegung in Deutschland vernommen, er wollte auch auf
dem Platz sein und kam um mehrere Tage zu früh, ist aber vollkommen
reif und stark". Einen vollen Monat schwankt Augustens Zustand.
In der Krankenstube, die Berthold kaum auf eine Viertelstunde verläßt, kommt er sich angesichts des nun auch das Vaterland durchbrausen-
den Weltsturms wie in einem Luftballon vor. Sein Anteil an der
Neugestaltung der deutschen Dinge läßt sich durch seine persönliche
Heimsuchung nicht zum Schweigen bringen. In denselben Zeilen, in
denen er Vater Schreiber beruhigend meldet, daß Frau Henle und
eine andere freiwillige Pflegerin Augusten nicht von der Seite weichen,
spricht er von den politischen Ereignissen:

Eigentümlich ist mir's, daß ich gerade jetzt in diesen bewegten Tagen stille sitzen
sollte und nicht tätige Teilnahme an all den Versammlungen, Agitationen 2c. nehmen
konnte, auch selten die Wirkung der raschen Ereignisse in Baden ersah. Das ist das
Freudige, wie man sich so kennt und hält wie wir einander, daß man weiß, man feiere
auch in der Entfernung die großen Festtage der Weltrechnung, die kein Kalendermann voraus rot anstreichen kann. Wir opfern am selben Altare demselben Geist.
Und so weiß ich im voraus, daß du mit mir dich des großen Umschwunges erfreust,
der uns noch bei lebendigem Auge eine Zeit sehen läßt, die wir stets glaubten, als
Erbe den Unsrigen zuschieben zu müssen, und die wir nur im fernenden Flore der
Reflexion und Hoffnung zu schauen vermochten. Freilich erzittert jetzt die ganze
Weltordnung, und wenn jetzt Übergriffe in ewig Unantastbares geschehen, so sind
daran die Regierungen schuld, die keine Fessel lösen, nichts nachgeben wollten, bis
sie endlich mußten. Wenn die Preußen sich so benehmen wie die süddeutschen Staaten,
so gelangen wir ans Ziel der wesentlichsten, wenn auch nicht aller Wünsche, ohne Revolution. Mit Bangen sieht man auf Preußen. Wir hier in Baden unter der größten

politischen Regsamkeit und an der französischen Grenze empfinden die Regungen und Zuckungen mit elektromagnetischer Schnelle. Die revolutionäre Partei ist hier zu Lande für den Augenblick der konstitutionellen unterlegen und wird es bleiben, wenn nicht Revolution eintritt. Einzelne Tölpeleien der deutschen Michels gegen Juden müssen aus größeren Gesichtspunkten angesehen werden, diese ekelhaften Ausbrüche sind rasch gedämmt von den Liberalen vor allem, der Umschwung im ganzen bleibt erhaben und erhebend. Auch wer der Börse zu sehr vertraut hat, wird leiden (ich bitte dich, lieber Vater, mir zu sagen, ob du namhafte Verluste erleidest, ich glaube es kaum und weiß gewiß, du trägst es leichten Herzens). Die Franzosen haben sich eine Rute auf den Buckel gebunden mit der Garantie auf Arbeit, das ist eine Phrase, die sich auf dem Papier leicht ausspricht, aber in der Tat unendlich schwer, für jetzt wohl unmöglich auszuführen ist.

Eine Woche nach der Entbindung verdunkeln Wolken den Sonnenschein. Auguste litt an Milchfieber. Wohl steht ihm der Arzt Pfeufer hilfreich bei. In Angst und Not ruft er Jakob. Allein mit unfaßlichen Schmerzen, ist er wie ein furchtsames Kind, das man im Finstern läßt. Wie einer, der den Abgrund hinabrollt, hält er sich an jedem Strauch und er reißt mit ihm aus. Frau Dupré läßt ihre Wirtschaft im Stich und kommt am 16. März. Zeitweilig trat Besserung ein, so daß Auerbach dem Festakt in der Heidelberger Aula zu Ehren der nach Frankfurt als Abgeordnete gewählten Anastasius Grün, Giskra, Buchhändler Gerold beiwohnte, die „nach dem Einreißen der chinesischen Mauer" der Universität den ersten österreichischen Studenten übergeben. Er hielt eine Rede, die mit den Worten begann: „Die Idealisten bekommen Recht." Und am 3. April reiste er sogar auf ein paar Stunden nach Frankfurt zum Vorparlament. Am 4. April war Augustens Schicksal entschieden. Die Ärzte gaben keine Hoffnung mehr. Berthold läßt den Schwiegervater durch A. Geiger auf das Äußerste vorbereiten. Am selben Tag meldet Frau Dupré tiefbetrübt nach Breslau, daß Auguste diesen Morgen dreiviertelzwölf verschieden ist. Die Krankheit, die zu aller Freude sich zum Besseren gewandt, hatte plötzlich wieder umgeschlagen. Eine Herzlähmung brachte das Ende. Frau Dupré wagt nicht von Auerbachs Schmerz eine Schilderung zu machen, er ist so unglücklich durch den Verlust seiner Auguste, wie er einst durch ihren Besitz glücklich gewesen. Der Knabe soll August heißen. „Sie liegt nun, ein holder Engel, auf ihrem Ruhebett — Blumen, die sie kurz vorher verlangt, und sich daran erfreut hatte, liegen auf ihrer Brust, die nun so kalt und leblos ist und ein so warmes Herz im Leben trug." „Was soll ich Dir sagen, lieber Vater und all den Unseren?" lautet Bertholds Nachschrift. „Ich kann den Gedanken noch nicht fassen, ich bin selbst getötet und muß doch leben für unser Kind. Wie oft habe ich Dich hergewünscht zu Augustens Trost, von meinem Halt an Dir durfte ich kaum reden. O Vater! Du, Du weißt es, was ich, was wir verloren. Ich kann nicht mehr schreiben. Dein unfaßlich unglücklicher Berthold."

Die Teilnahme der Freunde war außerordentlich, angesichts der Zeitläufe doppelt erstaunlich. Berthold trotz alledem verlassen, verloren, allein mit seinem Schmerze. Wieder unstet und flüchtig in der Welt, in der er eine so himmlische Heimat in seiner Auguste gehabt. Sein Hausstand war vernichtet, sein ganzes Sein wieder in Frage gestellt, ärger, als in den Tagen jugendlichen Sturmes und elendester Verlassenheit. Er war sechsunddreißig Jahre alt, als er Auguste verlor. Sein halbes Leben war um. —

Ein halbes Menschenalter später meinte Berthold, im Sommer 1848 sei er durch die Welt gezogen wie in einem Nervenfieber, „ich sah und hörte, aber wie durch sieben Schleier!" In Wirklichkeit war die Schnellkraft seines Wesens so erstaunlich, daß er elf Tage nach Augustens Tod nach Stuttgart ging: „Meine Freunde wollen," so schrieb er dem Schwiegervater, „ich solle mich als Mitglied in das Parlament wählen lassen und allerdings wäre das das einzige, was mich durch seine Größe über meinen unendlichen Schmerz hinausheben könnte." Er gedachte, sich um ein Mandat in Herrenberg-Horb zu bewerben, trat aber, da seine Aussichten gering waren, zurück. Ein Teil des Textes seiner in Nagold gehaltenen Ansprache steht im „Schatzkästlein des Gevattersmannes" unter der Aufschrift: Drei Säcke, und ein vierter und der ist der größte. Zuerst, so sagte der Mandatwerber Auerbach, durfte nur der mitreden, der studiert hat. Nach diesem Regiment des gelehrten Schulsackes kam die Zeit des Geldsackes. Beide Säcke stritten miteinander bis auf den Tag des Wahlkampfes, an dem weder Wissen noch Besitz gelten und nur mehr herrschen sollte der Bettelsack. Wird er Einsicht annehmen und erkennen, daß er so wenig als der Geld- und Schulsack allein wahlberechtigt sind in der Ordnung der menschlichen Dinge? Oder wird er verblendet die Zeit heraufführen, da ein anderer kommt, bewehrt mit

Schwert und Kugel und er wird alle Streitenden eintun und ſich allein
gelten laſſen und das iſt der größte von allen Säcken, des Soldaten
ſein Schnappſack. Weniger derbdraſtiſch als in dieſem volksmäßigen
Prophetenſtücklein hat ſich Auerbach über Dahlmanns Verfaſſungs=
entwurf vernehmen laſſen. Mit Heidelberger Freunden wurde das
Für und Wider dieſes bedeutenden, folgenreichen Vorſchlages zur
Neugeſtaltung eines einheitlichen deutſchen Staatsweſens erörtert.
Schloſſer rief Auerbach übereifrig zu: „Wenn Dahlmanns Entwurf
Geſetz wird, laß ich mich gleich unter die Senſenmänner aufnehmen.“
Die Gedanken, die Auerbach über Dahlmanns Entwurf und Vorwort
ſich gebildet, äußerte er auf einer Fahrt, die er mit Johann Jacoby
und Moleſchott nach Neckarſteinach unternahm; auf Verlangen
Jacobys ſchrieb er dieſe Meinungen nieder, die gleich nachher in einer
kurzlebigen, von Robert Blum herausgegebenen Reichstagszeitung, auf
Jacobys Veranlaſſung, mit einer bezeichnenden Auslaſſung gedruckt
wurden. Auerbachs alte Burſchenſchafterſehnſucht nach einem Kaiſer
als Reichsoberhaupt wurde von Jacoby oder Blum eigenmächtig
niedergeſchwiegen. Seine ſonſtigen Bemerkungen ſind der Erguß
eines durchaus wohlmeinenden, in Einzelheiten wohlberatenen, im
ganzen nicht durch Weitblick ausgezeichneten Volksmannes[1]). Zum
Staatsmann und nun gar zum Staatsbaumeiſter war Auerbach nicht
geſchaffen. Aller Vorausſicht nach hätte er ſich im Fall ſeiner Wahl
den Freunden Mathy, Baſſermann, Rieſſer und Laube angeſchloſſen,
für den König von Preußen als Erbkaiſer von Deutſchland geſtimmt.

Da er nicht als Reichsbote nach Frankfurt berufen wurde, hielt ihn
nichts mehr in Heidelberg zurück. Im Mai 1848 löſte der Witwer
ſeinen Hausſtand auf und reiſte mit dem neugeborenen Sohn nach
Breslau. Dort wußte er den Knaben wohl aufgehoben und ſich ſelbſt
in ſeinem Kummer vom Schwiegervater verſtanden. Lasker, der ſich
dem Dichter dazumal als Student näherte, berichtet, daß Auerbach
im Sommer 1848 ſich an Verſammlungen beteiligt habe, „vom Streben
nach der Aufrichtung Deutſchlands durchglüht, zu gemäßigten Mitteln
und Wegen geneigt und mahnend, und erſt angeſichts reaktionärer
Beſtrebungen“ kräftiger der Oppoſition zugekehrt. Mit außerordent=

---

[1]) Siehe Beilage D Näheres über Auerbachs Kandidatur für die Paulskirche
und ſeinen längſt verſchollenen Artikel über Dahlmanns Verfaſſungsentwurf.

licher Willenskraft ging er auch an die Schlußkapitel des „Lucifer".
In seiner kurzen Ehe hatte er sich daran gewöhnt, „selbst halbfertige
Gedanken und Empfindungen auszusprechen, für alles ein Doppel-
leben zu haben", nun fühlte er sich in Breslau während der revo-
lutionären Wirren doppelt vereinsamt und verlassen. Vater Schreiber
und Abraham Geiger waren die einzigen, die sich um den Trauernden
liebreich bemühten; die verlorene Gefährtin zu ersetzen waren sie
nicht im stande; zum Eingehen auf seine künstlerischen und politischen
Träumereien fehlte es den beiden, in ihrem Beruf überbeschäftigten
Männern schon an Muße. Die Notwendigkeit, sich seinem Kinde zu
erhalten und zu widmen, verkannte der Trostlose nicht. Immer schwerer
drückte ihn aber sein Leid und mehr als einmal trat der Wehruf auf
seine Lippen, daß er die Last seines trostlosen Zustandes auf die Dauer
nicht aushalten könne: „Soll ich weiterleben, und nicht in mir vergehen, muß sich mein Zustand ändern."

Im Herbst raffte er sich zu einer Reise nach Österreich auf, „um sich
zu zerstreuen, um zu vergessen". Einzelne Blätter des Tagebuches, das
er vom 18. September bis 8. November 1848 führte, ließ er Anfangs
Dezember drucken; es trägt den Untertitel „Von Latour bis auf
Windischgrätz", zwei Namen, die scharf das Ansteigen der Revolution
und Reaktion bezeichnen. Biographisch von Belang, ist das Tagebuch
aus Wien als kritisch nachzuprüfende Zeugenaussage eines nach Auerbachs eigenem Urteil „aufgeregten Zuschauers" nicht ohne Wert für die
geschichtliche Kenntnis der damaligen österreichischen Kämpfe. Schärfe
des historischen Urteils, unbefangenes Erfassen der Parteien und
Parteiführer, die Überlegenheit des politischen Sinnes war 1848 so
wenig als früher oder später Auerbachs Sache. Warm ums Herz wird
ihm und seinen Lesern erst, wenn er Volksleben sieht und festhält.
Gleich an der Grenze heimelt es ihn fast sinnbildlich an, daß in Österreich der Wein nicht wie im Norden in verkorkten Flaschen, sondern
frisch vom Fasse gereicht wird; ihm tut es wohl, daß ein gemütlicher
Wiener, den er fragt, wie der Trunk munde, ihm sein Glas zum Ver-
kosten anbietet. Unter dem bier- und weintrinkenden Menschenschlag
des Südens gewahrt er nirgends ein Proletariat, wie es seines Erachtens nur im schnapstrinkenden Norden gedeiht. Als er in Wien an-
langt, führt ihn sein erster Weg zum Denkmal Kaiser Josephs und von

dort aus in die kaiserliche Reitschule, in den ersten österreichischen
Reichstag. Hier trifft er unter den Abgeordneten liebe, alte Bekannte, vor allem Schuselka; freilich entging ihm auf den ersten Blick
nicht, welche seltsame Vettern die Deutschen der Ostmark an ruthenischen
und walachischen Bauern haben. Beim ersten Schritt in die Reichsver-
sammlung vernahm er Riegers Ruf: nur solange die Slawen wollen,
besteht der Staat Österreich. Als Retter aus diesen nationalen Gegensätzen mochte Auerbach die Gesinnungskorporale der zuchtlosen radikalen Presse so wenig gelten lassen, wie die Studentenschaft mit ihren
lebensmutigen Gesichtern unter den Kalabresern mit wallenden
Farben. Die Überfülle von schwarzrotgoldenen Bändern täuschte
Auerbach keinen Augenblick darüber, daß von den Unzähligen, die die
deutschen Farben trugen, die wenigsten zu klaren Vorstellungen über
festen Anschluß Deutschösterreichs an Deutschland durchgedrungen
waren. Aus der Hauptstadt lockten ihn helle Herbsttage nach der
Steiermark. Unterwegs traf er auf Kreise des geflüchteten Geldadels;
sie überraschten ihn durch Frivolität, durch selbstgefällige Wiederholung des Nestroyschen Possenscherzes: ich soll was für die Nachwelt tun? was hat denn die Nachwelt für mich getan? Widerwillig
wandte er sich ab von diesen „Stallbuben in Glacéhandschuhen", die
nur das Talent haben zu erben und nun die Freiheit ebenso mühelos
erben wollten, wie bisher bare Münze. Nicht minder erbärmlich
erschienen ihm ein paar Familien des Geburtsadels. Die einen beherrschte blasse Furcht, die anderen fragten, ob ihre jüngeren Söhne
auch künftig in Heer, Kirche, Beamtenschaft bevorzugt werden könnten.
Eine lebenslustige Baronin nahm als Sicherheitswache einen hübschen
Studenten mit altdeutschem Waffenrock, Federhut, Schleppsäbel und
schwarzrotgoldenem Band ins Haus, einen Schutzgeist, der allgemein
für den Sohn des katholischen Pfarrers im Nachbardorf gehalten wurde.
Angesichts solcher Verderbnis setzte er seine Hoffnung auf neue Schichten
des Volkstums, die Erdarbeiter, die am Semmering emsig gruben
und schaufelten und sich im Gespräch offen und gutmütig gaben.
Die steirischen Bauern wollten von der Fürsorge des Reichstages
wenig wissen: „schaun's, wir haben die Robot nicht g'habt, uns geht
das nix an" meinte der eine. Ein anderer mochte nichts hören von den
Studenten, den „unversuchten" Menschen, nur der dürfe eigentlich

in der Welt dreinreden, der verheiratet sei und eigenen Hausstand habe. Die meisten folgten blindlings ihren Geistlichen. Ein grauhaariger Pfarrer in steifen Rohrstiefeln, „ein Postillon Gottes", den Auerbach auf der Fußwanderung bei Gambs im Walde begegnete, schob alles Unglück auf die Religionsphilosophie, die von dem Rousseau in Frankreich herstamme; dem hatten seine Leute einmal gesagt, wir haben keine Trommeln mehr, da hat er ihnen geantwortet, zieht den Menschen die Haut ab und macht Trommeln daraus. Das ist die Religionsphilosophie, und die stammt von dem Rousseau, der anno fünf gestorben ist. Allen Einreden zum Trotz beharrte der Pfarrer auf dieser Ansicht, die er selbst im Kloster aus einem Buch geholt haben wollte. Holzknechte, zu denen der Pfarrer seinen Reisegefährten brachte, zechten am Feierabend fröhlich in der Wirtsstube, bis um das unverstandene Wort „Preßfreiheit" eine gewaltige Schlägerei ausbrach, bei der zuletzt der Hauptkrakehler, ein Tscheche, blutig geprügelt und als er weiter lärmte, vom Wirt hinausgeworfen wurde. Tröstlicher als diese Rauferei wirkte, als wieder Ruhe war, das „Wollatzen", ein Wettjodeln von Mägden und Knechten, das Auerbach entzückt und entzückend beschreibt. In Graz herrschte dieselbe unkritische Begeisterung für ein Großdeutschland wie in Wien, es ging damit bei vielen wie mit dem transzendenten Jenseits, bei dem man nicht gern nach dem Wie fragt. Den Mangel an tüchtigen Volksschullehrern merkt Auerbach so richtig, wie den geringen Anhang, den der Reichsverweser hinter sich hatte; die Nachrede der Steirer lautete, daß Erzherzog Johann ein kecker Gemsjäger sei, mit dem sich's traulich verkehren ließe, „all das zieht aber keine Länder nach sich". Auch an den Wiener Aufstand kehrte sich die Provinz wenig: wie die Funktionen des Körpers beim Einzelmenschen unberührt von einem einzelnen großen Affekt von selber ihren Gang gehen, folgten Hirten und Winzer, Jäger und Bergknappen unbeirrt durch die Kämpfe der Hauptstadt ihrem Tagewerk. Die Ureinwohner von Nordamerika hatten den Glauben, die Erde sei eine im Äther schwebende Tellerfläche, und ihre Weisen sagten, darum müßten die einzelnen verschiedene Wege gehen, damit das Gleichgewicht erhalten werde und die Erde nicht überschnappe. Solcher Betrachtungen voll, bestieg Auerbach das Dampfschiff, das ihn donauabwärts trug; in der Reisegesellschaft traf er eine Schwägerin

des Ministers Bach und eine Hauptmannswitwe, die mit einem Empfehlungsschreiben eine Gunst beim Kriegsminister Latour auswirken
wollte. Ein alter Mann ließ die alte Frau ruhig ausreden, dann
meinte er nur: Ja, es wird lange dauern, bis man bei uns in Österreich
nicht alles durch Empfehlungsschreiben erlangen muß. An den nächsten
Landestellen wurden aufregende Gerüchte laut, in Wien seien Unruhen ausgebrochen, es werde noch fort und fort kanoniert. Alles
war in höchster Spannung, bis endlich das aus Wien kommende Dampfschiff die Schreckensnachricht brachte: Latour sei an einen Laternen-
pfahl gehängt, Bach und Wessenberg würden vom wütenden Pöbel
gesucht, das Zeughaus sei erobert. Bachs Schwägerin und die Dame
mit dem Empfehlungsbrief fielen in Ohnmacht. Auerbach fuhr in
größter Aufregung Abends von Nußdorf nach Wien, auf den Platz
„am Hof" vor dem Kriegsministerium. An dem Kandelaber hing
noch der weiße Säbelgurt, an dem Latour aufgeknüpft worden war.
Auerbach sah von Anfang an die Bluttat nur als Ausbruch mißleiteter
Volkswut, nicht als Vorbote einer Schreckenszeit an. Dennoch wurde
der 6. Oktober den Wortführern einer maßvollen Reform verhängnis-
voll. Am Hofe, der durch die magyarischen aus ganz anderem Stoffe
geformten Rebellen ganz anders bedrängt wurde, drang die tatkräftige
Erzherzogin Sophie durch. Kaiser Ferdinand, der mit eigener Hand
in Schönbrunn die schwarzrotgoldene Fahne aufgepflanzt hatte, floh aus
Wien. Die Kaiserlichen unter Windischgrätz rückten gegen die Reichshauptstadt. Der Widerstand der Wiener Nationalgarde war mit den
Kämpfen der Ungarn so wenig zu vergleichen, wie der Feuergeist
Kossuth mit dem matten Schöngeist Messenhauser. Im November
folgte die Beschießung und rasche Einnahme Wiens, die Hinrichtung von
Messenhauser, Robert Blum und anderen Opfern des Stand-
rechtes.

Auerbach hatte diese stürmischen Zeiten, in denen Wien einem Heerlager glich, mitgemacht. Er berichtet von Werbeszenen, in denen bei
Tanz und Becherklang Rekruten für die Aufrührerischen den Handschlag leisten. Er sieht in der Aula gefangene Kroaten, porträtiert im
Reichstag den formgewandten polnischen Präsidenten Smolka, den
geschwätzigen Feldpater Füster, den gespreizten Fortschrittsmann
und ehemaligen Zensor Umlauft, malt auch einige Charakterköpfe der

Radikalen, die im Gasthof zur Ente wirten, rettet einen ungerecht als
Spion verdächtigten furchtsamen Schneider vor der Lynchjustiz, führt
auf der Turmstube von Sankt Stephan mit dem Oberkommandanten
Meſſenhauſer Gespräche, die bald den Aussichten der Belagerten,
bald den ironischen Urteilen Freytags über Meſſenhauſers dilet=
tantische Stücke galten und sieht endlich den kläglichen Niedergang der
Revolution.   Die Radikalen sind fast durchweg so mittellos, daß sie
Reisegeld zusammenbetteln müssen, damit sie fliehen können. Die breite
Maſſe der Bevölkerung jubelt den einziehenden Kroaten und Seres=
ſanern noch lauter zu, als vorher den akademischen Legionären. Ein
weichmütiger Urwiener heißt den Abschluß der Unruhen freudig will=
kommen, weil er nun wieder ungestört wird — musizieren dürfen.
Irregeleitete jugendliche Brauseköpfe werden in Strafkompagnien
gesteckt und die Rotmäntel des Banus Jellachich haben auf jede Frage
nur die eintönige Erwiderung: Nix daitſch!
    Ihr Wort wird Auerbach zur Vorbedeutung. Trüb blickt er in die
Zukunft.   Zweifel beschleichen ihn, ob nicht Deutschösterreich und Wien
die Gefahr drohe, ein slawisches Elsaß, ein slawisches Straßburg zu
werden.   Manche dieser Gedankenreihen sind nur zu ausgiebig durch
spätere Ereignisse bekräftigt worden, andere stören durch Verstiegenheit.
Ausbrüche wilden Wehes nach der Hinrichtung Robert Blums, deſſen
prahlerische Volksreden ein früherer Tagebucheintrag rügte, sind voll=
kommen begreiflich und begründet; die Einmischung in die Beratungen
der Verteidiger Wiens, an sich überflüssig und ungehörig, ist zugleich
bezeichnend für den Mangel der einfachsten Regeln und Voraussetzungen
soldatischer Zucht im Lager der Aufständischen. Als künstlerische Leistung
will und kann das ganz improvisierte „Tagebuch aus Wien" nicht mit
Fontanes Bildern der Berliner Märztage und Laubes „Erstem
deutschen Parlament" verglichen werden, in Überlegenheit des Urteils
nicht in einem Atem genannt sein mit den gleichfalls unter dem Ein=
druck des Augenblicks niedergeschriebenen Briefen und Aufsätzen von
Jakob Kaufmann, Gustav Freytag, Rümelin, Bodenstedt,
Haym, Tocqueville. 1848 in Wien so wenig als 1870 vor Straß=
burg wurde der Genremaler Auerbach ein Schlachtenmaler, der Prediger
ein Feldprediger.   In der fliegenden Hitze des aufgeregten Zuschauers
war er mit seiner demokratischen Gesinnung ebenso untauglich zum

unparteiischen Richter wie Hebbel mit seiner spröden Selbstherrlichkeit. Beiden fehlte die tiefe Kenntnis des österreichischen Menschenschlages, der Zorn der Liebe, der Grillparzers Erinnerungen und Verse aus dem Jahre 1848 hoch emporhebt über alle anderen Dichterzeugnisse aus jenen Tagen. Auerbach traf in den bewegten Oktobertagen mehrmals mit Hebbel zusammen:

Wir berührten uns nicht sympathisch, ich sehe ihn vor mir in seiner strengen, etwas herben Erscheinung und höre seinen orakulösen Ton, der sich zu niederen Sterblichen herabläßt. Ich weiß noch, daß er mich da fragte: „Haben Sie schon über die Ertragsfähigkeit unseres Planeten nachgedacht?" Ich erwiderte, daß ich von meinem Meister Spinoza gelernt habe, mir die Fragestellung zuerst präzisieren zu lassen, bevor ich eine Antwort gebe, und Hebbel ließ sich nun herbei, mir das bekannte Problem zu erklären, wie es dann werden solle, wenn bei stetiger Vermehrung der Menschheit die Erde die Menschenkinder nicht mehr ernähren könne. Ich konnte ihm nur erwidern, ich freue mich, darauf ganz entschieden erwidern zu können und zwar mit einer Geschichte. In der Dorfschule in Nordstetten saß neben mir mein Vetter Aron Frank, der nachmals als Kaffeewirt in Philadelphia gestorben ist. Er war ein beschränkter und träger Kopf. Wenn nun eine Rechnungsaufgabe gegeben wurde, sagte er zu mir: „Du, Berthold, ich fang' die Rechnung gar nicht an, ich krieg' sie doch nicht heraus." Hebbel schüttelte natürlich großtrotzig den Kopf über diese, wie ihm scheinen mußte, triviale Antwort. Ich begegnete dann Hebbel noch einmal auf der Straße während der Belagerung Wiens. Wir plauderten lange unter einem Hoftor, und Hebbel sagte von einem Fürsten in seiner das Krasse liebenden Weise: „Der Mann wird die Verfassung nicht halten, wenn man ihm nicht leibhaftig die rechte Hand auf die Verfassungsurkunde nagelt." Ich erinnere mich nicht, daß ich weiter in Beziehung zu Hebbel gekommen wäre, und bei meinem zehnjährigen Verkehr mit Otto Ludwig befestigte sich immer mehr in mir ein Widerspruch gegen das Wesen und die Dichtungen Hebbels, die erst durch seine Nibelungendramen eine Berichtigung erhielten.

Noch andere literarische Bekanntschaften machte Auerbach im damaligen Wien. Bodenstedt war von Minister Bruck zuerst nach Triest, dann nach Wien berufen worden, um für dessen Ideen im Lloyd, einem großgedachten, ernsten Blatt, tätig zu sein. Bodenstedt verkehrte gern und viel mit Burgschauspielern und traf bei dem berühmtesten und zweifellos besten Lorle, Luise Neumann, zum ersten Male Berthold Auerbach.

Ich hatte Auerbach schon aus seinen Schriften liebgewonnen und freute mich nun aufrichtig, ihn persönlich kennen zu lernen. Die Art, wie ich das ausdrückte, schien ihm wohlzutun. Sein Gesicht heiterte sich merklich auf. „Wie freue ich mich, daß Sie gekommen sind! Sie müssen mir helfen, den armen Gevattersmann zu trösten. Hören

Sie nur, was die Olmützer Zeitung über ihn meldet!" Nach diesen von bedeutsamen Blicken begleiteten Begrüßungsworten las Luise Neumann folgende Notiz vor: „Unter den zur Zeit in Wien anwesenden namhaften Fremden befindet sich auch der durch seinen Prozeß mit der dramatischen Dichterin Frau Charlotte Birch-Pfeiffer berühmt gewordene Dr. Berthold Auerbach." Sie las das mit einem unnachahmlichen Ausdruck, der mir ein herzliches Lachen entlockte, in welches sie sofort und bald auch der zuerst etwas verblüfft schauende Auerbach einstimmte.

Bodenstedt befreundete sich rasch mit Auerbach; sie sahen sich nicht nur in Bodenstedts Tischgesellschaft im Gasthof „Zum heiligen Geist", wo Eduard Wessel, Karl Beck, Pröhle zusammenkamen; Auerbach führte Bodenstedt auch in der Familie von Hieronymus Lorm ein; als er Bodenstedt abholte und ihn beim Studium der Hamburgischen Dramaturgie und zwar gerade bei dem neunzehnten Stück betraf, das davon handelt, wie weit sich der tragische Dichter um die geschichtliche Wahrheit zu bekümmern habe, ruhte er nicht, bis Bodenstedt ihm in seine Wohnung folgte und den Nachweis ermöglichte, daß er, der jeden Morgen ein Stück der Dramaturgie las, unmittelbar zuvor bei demselben Punkte gehalten habe: Auerbach trug sich nämlich mit dem Gedanken zu einem historischen Trauerspiel Andree Hofer.

Nicht minder lebhaft als von diesem seltsamen Zusammentreffen berichtete er Bodenstedt vom Hause Hieronymus Lorms (Heinrich Landesmann), in dem Betty Paoli, Hebbel, Max Schlesinger und andere Künstler und Literaten von den Eltern und zwei ungewöhnlich schönen Töchtern, Nina und Berta, liebenswürdig aufgenommen wurden. Bodenstedt fand großes Wohlgefallen an Auerbachs Gastfreunden. Hieronymus Lorm hatte sich durch sein gutes Buch „Wiens poetische Schwingen und Federn" hervorgetan, Nina war eine vortreffliche Klavierspielerin. Im Elternhaus und bei gemeinsamen Freunden begegnete Nina, die zwei Jahre vorher einen kurzen, übereilt geschlossenen, jählings beendeten Brautstand durchlebt hatte, dem selbst in jenen stürmischen Zeiten im schöngeistigen Wien viel gefeierten Dichter mit großem Anteil. Ihr Wesen machte Auerbach ungewöhnlichen Eindruck. Als er Wien im November verließ, hatte sich Nina Landesmann seinem Gedächtnis unaustilgbar eingeprägt. Breslauer Pläne, den Witwer mit einer nahen Verwandten seiner ersten Frau zu verheiraten, wies er milde, doch entschieden ab. Nächtelang weinte er der Verlorenen nach. Die

lebensgefährliche Erkrankung seines Sohnes hielt ihn vierzehn Tage
hindurch in höchster Besorgnis am Leidenslager fest. Nach Augusts
Genesung meldete sich immer kräftiger der Wunsch, dem Knaben
eine zweite Mutter, sich selbst eine neue Lebensgefährtin zu gewinnen.

Bald nach der Veröffentlichung des „Tagebuches aus Wien" kam
Auerbach wieder nach Wien. Neuer Ruhm umstrahlte ihn. Der dritte
Band der Dorfgeschichten war in fünftausend Exemplaren in wenigen
Wochen vergriffen, „Lucifer" wirkte als Widerhall der religiösen Be-
wegung in weiten Kreisen. Vor allem aber wuchs die Beliebtheit
der Frau Professorin und ihrer Dramatisierung unablässig. In Ham-
burg jagten zwei Bühnen einander in zwei gleicherweise schlechten,
unberechtigten Bearbeitungen den fetten Bissen ab, und trotz der
Revolution machten beide Theater mit Dorf und Stadt ausverkaufte
Häuser. In Wien, wo die eigentliche Anregerin der Birch-Pfeifferschen
Komödie, Luise Neumann, der Liebling von Schwarzgelben und Roten,
neben ihrer Mutter Amalie Haizinger, der besten Bärbel der deutschen
Bühnen, am Burgtheater als Lorle den Dichter, trotz allem Widerwillen gegen die Verstümmelung seiner Geschichte, zur Bewunderung
hinriß, war Auerbachs Name in den Kreisen der besten Bildung und
Gesittung, in Bürgerschaft und Hochadel auf aller Lippen. Kuranda,
Bodenstedt, Kürnberger, L. A. Frankl freuten sich des umgäng-
lichen Kameraden. Wie zuvor in Berlin und Leipzig wurde der prächtige
Gesellschafter von einem Haus in das andere gezogen, wo immer er sich
zeigte, das Hätschelkind der Frauen. Mit seinen feurigen Augen und
seiner Lockenfülle, der hohen Stirn und dem Wangenrot hätte der
kleine stämmige Mann nur um seiner selbst willen manchem wackeren
Mädchen gefallen können. Am begehrenswertesten erschien er dem
Weltkind Nina, das durch die Wahl eines so weitberufenen Dichters
ihre vornehmsten Jugendfreundinnen überglänzen sollte. Berthold
begegnete der weltläufigen Wienerin immer wieder; sie horchte auf,
wenn er seine weisen und aberweisen Reden und allbelachten Schnurren
vorbrachte; sie war geschmeichelt, wenn er beim Heimweg aus einer
Gesellschaft ihren Arm nahm. Der Schmerz um Auguste war von
Auerbach nicht gewichen. Untrügliche Gewährsmänner bezeugen, daß
ihm, wenn er von ihr sprach, die Tränen über die Backen liefen. Be-

kannte, die neben ihm wohnten, wurden Zeugen seiner ungestümen Verzweiflungsausbrüche.

Wunderlicherweise sah gerade derjenige, der Auerbachs Jammer am besten ermessen konnte, sein Schwiegervater, am frühesten voraus, daß er sich bald wieder verheiraten würde. Schreiber sprach das fragwürdige Wort, das später im „Forstmeister" wiederholt wird: Je glücklicher die erste Ehe war, desto rascher wird die zweite geschlossen. Zu einem bindenden Verlöbnis kam es noch nicht; als Berthold aber Wien im Februar verließ, waren offenbar schon Liebesworte zwischen ihm und Nina getauscht worden und mit Vorwissen und Billigung der Eltern gingen bald unter der Adresse von Bruder Heinrich Briefe Bertholds an Nina, die von der Möglichkeit eines neuen Lebensbundes sprechen. Der Inhalt seiner ersten, an Hieronymus Lorm gerichteten Zeilen, in denen er der Verklärten gedachte, und Nina bat, in weiterer brieflicher Verbindung mit ihr bleiben zu dürfen, um hernach durch erneute persönliche Begegnung ihre Herzen zu prüfen, ist ungefähr aus der ersten erhaltenen Antwort Ninas zu entnehmen. Sie erwidert seine Beichte mit der Beichte ihres eigenen ersten Romans und findet Töne, die das Herz des Witwers und Vaters rühren mußten.

Es treibt ihn abermals nach Österreich, diesmal nach Mähren, wo die Familie Landesmann in Lundenburg Sommeraufenthalt genommen hatte. Eine entscheidende Aussprache folgt. Berthold fühlt sich gebunden, Nina gibt ihm das Geleite zum Bahnhof und eine Briefreihe des Dichters beginnt, die zum Wärmsten und Unmittelbarsten gehört, was je aus seiner Feder geflossen. Noch will er die Ahnung eines möglichen kommenden Lebensglückes nicht in alle Welt hinausrufen, denn er hat, obwohl Schwiegervater Schreiber sein Vorhaben kennt und billigt, Empfindlichkeiten der anderen Angehörigen Augustens zu schonen. Seine Behutsamkeit wird vereitelt durch den Übereifer von Berliner Verwandten Ninas, die Berthold Auerbachs Verlobung mit Fräulein Landesmann in einer Zeitungsanzeige vorzeitig bekannt machen und durch die Form der an sich unwillkommenen Meldung den Groll der Geschwister, Vettern, Schwäger, Onkel und Tanten Augustens verstärken. Es kommt in Breslau zu harten unverdienten Kränkungen Auerbachs. Schreiber selbst steht nach wie vor treu zu Berthold; der

Bruder Augustens reicht ihm fortan nur lau und ablehnend die Linke; eine besonders gereizte Muhme schickt ihm sogar ohne Begleitwort auf den Bahnhof das Porträt zurück, das einst mit seinen freundlichen Widmungszeilen wie ein Schatz des Hauses hochgehalten wurde. Seine Brautfahrt wird durch solche Gehässigkeiten nicht aufgehalten. Wie wandellos er Auguste zugetan blieb, hat er am ersten Jahrestag ihres Todes in einem heißen Gefühlserguß ihrer „Schwester" Nina geschrieben und die zu seiner neuen Lebensgefährtin Auserwählte hatte das Einlangen dieses Briefes nicht abgewartet, um Berthold zur Wiederkehr des traurigen Gedenktages Worte mitfühlenden Trostes zu senden. Nicht trennend, einigend sollte der Schatten zwischen ihnen stehen, versöhnt und beruhigt durch die Gewißheit, daß Augustens Kind eine echte Mutter finden werde. Aus Verdüsterung und Zerstörung hebt sich die gesunde Natur Bertholds zu neuer starker Lebensfreudigkeit. Im Mai besucht er Nina Landesmann, nunmehr vor aller Welt seine erklärte Braut, in Eisgrub, glückselig durch ihre Neigung, auf Spaziergängen zu jugendlichem Übermut bereit; einmal stellt er sich bei einem unvermuteten Zusammentreffen zu allgemeiner Belustigung, als ob er sie nicht kennen würde; andere Male singt er ihr schwäbische Volkslieder vor, die sie kunstfertig auf dem Flügel wiederholt und umgestaltet. Als endlich die Abschiedsstunde zur Kurreise nach Kissingen schlägt, ist schon der Tag des Wiedersehens bestimmt, die Trauung auf den 1. Juli 1849 festgesetzt.

In dieser kurzen Zeitspanne berichtet er der Braut fast Tag um Tag. Seinem innigen Sicheinfühlen in alle Heimlichkeiten von Feld- und Waldleben entstammen allerliebste Naturbilder. Mit kindlicher Freude spürt er Grasmücken- und andere Vogelnester auf; sie muten ihn als Vorbedeutungen neuer Lebenswendungen mindestens ebenso herzstärkend an wie seine Begegnungen mit der Königin von Württemberg. Die schwäbische Landesmutter äußert den Wunsch, den Erzähler der Schwarzwälder Dorfgeschichten kennen zu lernen. Und das große Kind, das seinen Wein schoppenweise jedem gibt, der ihm in den Weg läuft, der Gevattersmann, der jeden ihm zufällig entgegenkommenden Unbekannten anspricht und in stundenlangen Wanderungen zu allerhand Burgen mit Reden und Geschichten unterhält, macht anfangs Miene, Männerstolz vor Königsthronen zu zeigen, die Artigkeit einer milden Frau nicht zu beachten. Lang hält diese Torheit nicht vor. Er besucht die Fürstin und ihr Empfang ist so schlicht und freundlich, die Prinzessinnen sind so anspruchslos und gesprächig, daß er sich aufrichtig wohl fühlt. Besondere Geistesschärfe kann er der Königin nicht nachrühmen. Sein Herz gewinnt sie aber sofort durch die im besten Wortsinn weibliche Frage nach Auerbachs Mutter, der sie später durch einen in der Nähe von Nordstetten begüterten altadeligen Grundbesitzer persönlich einen Gruß bestellen ließ. Ein andermal spricht sie allem Zeremoniell zuwider Auerbach, der in seiner grünen Mütze durch die Wandelhalle geht, an und zieht ihn in ein langwährendes Gespräch. Der als Revolutionär verschriene Dichter gefällt der hohen Frau so gut, daß sie ihn zur Tafel ladet. Dort läßt er es sich, als die Rede auf die verflossene Sturmzeit kommt, nicht nehmen, der Fürstin seine politischen Lehrmeinungen vorzutragen: ein Kursus, zu dem die Königin bemerkt, so seien ihr die Dinge noch niemals dargestellt worden. Bekehrt dürften Fürstin und Dichter einander auf die Dauer nicht haben. Rechtschaffenes Behagen bereiteten ihm aber die gemeinsam verbrachten Stunden und manches spätere „Hof"-kapitel des Romans „Auf der Höhe" hat aus solcher unmittelbaren Anschauung Farbe und Stimmung bekommen. Ebenso genau wie seine Besuche im Königshaus schildert Auerbach seiner Braut die zurückgebliebene Judenschaft der Gegend und die bunte Badegesellschaft. Nichts ist ihm zu geringfügig. Wie sich nach seinem Wort über Saatengrün und Ackerfurchen die Himmelsfeste wölbt, steht über allem unscheinbaren Tagestreiben das Firmament seiner Liebesempfindung. Der Dank Ninas für seine von Leben und Herzlichkeit durchsättigten Briefe tut ihm wohl; die Bescheidenheit ihrer Antworten läßt er nicht gelten; nur eines fehlte ihm in ihren Antworten, ein auf das Kleinste und Unbedeutendste eingehendes Bild ihrer Existenz, er möchte von jeder Stunde wissen, wie Nina sie verbringt, und unmutig äußert er sich nur einmal, als die junge Wienerin ihm umständlich das Gepränge der Fronleichnamsprozession beschreibt, die 1849 nach der Thronbesteigung des jungen Kaisers zur Heerschau der siegreichen Reaktion werden sollte.

Sehnsüchtig harrten beide der Ordnung der Formalitäten. Endlich sind alle Papiere aus Württemberg und Breslau zur Stelle. Ende

Juni verließ Berthold Kissingen und noch von den letzten Stationen
Nürnberg und Regensburg schickte er Nina liebreiche gehaltvolle Briefe.

Die Trauung fand am 1. Juli nicht in Wien, sondern nach dem Wunsch
der Braut in Eisgrub, einer kleinen mährischen durch ein Lustschloß
des Fürsten Liechtenstein weitbekannten Ortschaft statt. Nach der Vermählung nahm das Paar Abschied von Österreich. In Wien wollte
sich Auerbach nicht ansiedeln. Heidelberg und Breslau waren durch
trübe Erinnerungen ausgeschlossen. Frankfurt hätte er gewählt, wenn
es Sitz einer deutschen Volksvertretung geworden wäre. Nach den in
der Sächsischen Schweiz verlebten Flitterwochen wendete sich Berthold
nach Dresden, das ihm aus dem Jahr 1846 durch den Reiz seiner Lage,
durch das Gelingen der „Frau Professorin" und den schönen Kreis
seltener Künstler und Freunde in angenehmem Andenken stand. Die
Greuel der letzten Barrikadenkämpfe, die Flucht hochbedeutender Bekannter, Gottfried Semper und Richard Wagner, verdunkelten
ihm wohl einen Augenblick die Fernsicht in eine sonnige Zukunft; bald
bemeisterte er diese Mißstimmung und getröstete sich mit seinem stets
bewährten Heilmittel aller Leiden, mit ausdauernder Arbeit. Die Anforderungen der neuen Häuslichkeit duldeten kein Feiern.

Nina Landesmann hatte wohl eine verhältnismäßig ansehnliche
Mitgift erhalten. Für den Sohn seiner Auguste war teilweise durch
Muttergut vorgesorgt. Allein all das reichte nicht zur Bestreitung der
beständig wachsenden Anforderungen der Wirtschaft und der freiwillig
übernommenen Pflichten, für seine Nordstetter Blutsverwandten aufzu-
kommen. In unverdrossener Schaffenslust lernte Auerbach alle Gefahren einer nur auf die eigene Kraft gegründeten Schriftstellertätigkeit
kennen. Mißwachs wollte in den ersten Jahren nicht weichen. Wetter-
tücken verhagelten manche Aussaat. Seine Zähigkeit besiegte alle Heimsuchungen. Gesegnete Ernten legten Zeugnis, wie sich auch bei Auerbach
Verdienst und Glück verkettete.

VII

Zehn Jahre Dresden

Ich lebe jetzt wie ein Geselle, der frei geworden und nun bei den Meistern, bei verschiedenen Planen herumläuft um Arbeit zu suchen. Ich hoffe ich komme vor die rechte Schmiede

Berthold an Jakob Auerbach, 7. Mai 1850

Als die Neuvermählten im Hochsommer 1849 nach Dresden kamen, zeigten noch manche Gebäude, darunter der Zwinger mit der Gemäldesammlung, Kugelspuren von den letzten Straßenkämpfen. Jede selbständige Meinungsäußerung wurde von den siegreichen Gewalthabern niedergehalten, die Gemüter der Vaterlandsfreunde waren durch Sorgen um die Zukunft Deutschlands so tief bekümmert, daß selbst der Goetheschwärmer Auerbach überrascht war, als ihn sein Antrittsbesuch bei Eduard Devrient am 28. August unversehens eine stille häusliche Goethefeier zum hundertsten Jahrestag seiner Geburt miterleben ließ. Die alte Tafelrunde im Böhmischen Bahnhof war arg gelichtet, Semper nach London, Richard Wagner in die Schweiz, Fröbel nach Amerika geflohen. Desto herzlicher nahmen die Zurückgebliebenen den Dichter auf. Rietschel, der nicht mehr drei Treppen steigen konnte, war es besonders lieb, daß Auerbach späterhin seine bisherige Wohnung Strubegasse 9 mietete. Im zweiten Stock waren Reinick und seine anmutige Frau, im ersten Stock Hübner, zu ebener Erde Bendemann seine Nachbarn. Zum schwarzen Kaffee ging Auerbach fast täglich zu Reinick, der ihm jeden für die Gesamtausgabe seiner Gedichte bestimmten Vers zur Beurteilung vorlegte. Häufig sah man sich auch im gemeinsamen Garten. Anspruchslose Gastlichkeit wurde jede Woche bei einer anderen Familie geübt. Und zu tröstlicher ungebundener Aussprache war die Montagsgesellschaft aufrecht geblieben, die selbst in den trübsten Tagen sich die Laune nicht dauernd verderben ließ. Eine Bilderposse „Wem gebührt ein Denkmal?" trieb ihren Schabernack mit allen Mitgliedern dieses Künstlerkreises. In bissigen

Worten wurde angekündigt, daß zur Hebung der Bildhauerei die Errichtung eines Monumentes beschlossen worden sei. Der Vorhang erhob sich und nun begründete der Reihe nach jeder Träger eines großen Namens, Auerbach, Gutzkow, Hähnel, Rietschel 2c. — von Pecht und Ramberg in erbarmungslosen Spottbildern als Hampelmann vorgeführt — den parodistisch gepfefferten Anspruch, sein Haupt von dem Rumpfdenkmal leuchten zu lassen. Der eine und der andere der so witzig Gehänselten, zumal der beständig mißvergnügte, mißtrauische Gutzkow, lächelte nur gezwungen zu der Schnurre, die sein Spitzmaus= profil bös mitnahm. Auerbach fühlte sich höchlich belustigt. In vollem Behagen über diese Anfänge schrieb er wahrheitsgemäß in seinem ersten Brief an Jakob: „Ich habe hier eine schöne Häuslichkeit, einen Kreis gehobener Menschen und über alles, ich arbeite fleißig."

Die erste Frucht dieses Fleißes war Andree Hofer. Geschicht= liches Trauerspiel in fünf Akten. Schon in den Wirren der Wiener Oktoberrevolution, wo die Belagerten begreiflicherweise nach einem befreienden Volkshelden ausschauten, hatte ihn der Stoff be= schäftigt. Während Windischgrätz die Kaiserstadt bombardierte, voll= endete — urdeutsch — Hebbel „Herodes und Mariamne", überraschten, wie vorhin berichtet wurde, nicht minder urdeutsch, Bodenstedt und Auerbach einander beim Studium desselben Hauptstückes der Lessing= schen Dramaturgie, wie weit der Dichter an die geschichtliche Über= lieferung gebunden bleibe. Seither hatte sich Auerbach gläubig, allzu gläubig in Hormayrs fragwürdiges Buch über den Freiheitskampf in Tirol versenkt, gründlich, allzu gründlich an diesen Gewährsmann ge= halten. Der erste, dem er sein Drama vorlas, Eduard Devrient, hörte geduldig fünfeinhalb Stunden zu, forderte aber, noch vor Be= rührung irgendwelcher Zensur= und künstlerischen Bedenken, vor allem das Stück um die Hälfte kürzer zu machen. Auerbach folgte, strich die Figur eines als Kollaborator Chorus durch alle fünf Akte wandelnden Studenten und zog dann noch Gustav Freytag zu Rate, der sich in Leipzig volle vier Tage keine Mühe verdrießen ließ, dem von Geburt siechen Kindlein aufzuhelfen. Bleich und vergrämt beherzigte Auerbach alle Winke auch dieses zweiten Theaterarztes — heil wurde sein Andree Hofer durch keine dieser Kuren.

Der verführerische Versuch, die letzte große Heldengestalt der deutschen

Bauernschaft auf die Bretter zu bringen, ist Auerbach so wenig geglückt wie vor ihm Immermann, wie nach ihm Otto Ludwig und weit Geringeren. Mit dem schlichten Verlauf von Hofers Leben und Leiden hat bis zur Stunde kein Sänger und Erzähler siegreich gewetteifert. Nun gar im Drama wird sich Hofer bestenfalls nur als Episodist behaupten: „Der Grundfehler liegt", wie Strauß in seiner Kritik des Immermannschen Trauerspiels in Tirol bemerkt hat, „im Stoffe. Der Tiroler Aufstand ist ein für sich unverständliches Geschichtsfragment. Seine Helden übersehen nicht den Zusammenhang des Handelns, in den sie eingreifen, sie tragen mithin auch nicht in sich ihr Schicksal, das sich vielmehr außerhalb ihres Kreises entscheidet und sie von außen erdrückt." Die unwandelbare Glaubens- und Kaisertreue des Sandwirts mag ihn nach dem Wort Franz Josephs I. als die edelste Verkörperung der tirolischen Volksseele erscheinen lassen. Ein Befreier wie Tell war er nicht, konnte er nicht werden. Ebensowenig, wozu ihn Auerbach vom Richter Senn ausrufen läßt, ein Leidensgefährte Kaiser Josephs, ein geflissentlich zu Tode gehetztes Opfer der Hofpolitik und Jesuitenpartei. Zum Widerspiel des Märtyrers hat Auerbach den „Reichsjobler" gemacht, und dieser in „Andree Hofer" persönlich auftretende Erzherzog Johann hat in einem an Beda Weber gerichteten, 1850 von der Frankfurter Oberpostamts-Zeitung veröffentlichten Brief schärfste Einsprache erhoben gegen diese Verkennung seiner Haltung und Gesinnung. Bewußte Hinterlist hat der nachmalige Reichsverweser 1809 sicherlich nicht gegen Hofer gebraucht. Aus der Anklage Auerbachs spricht genau so wie aus dem Schlußwort des Trauerspiels: „Mögest du der Letzte sein, der für fremde Hoheit gestorben! Deutsches Volk opfere dich nur dir selbst" — allzu vernehmlich der enttäuschte Achtundvierziger.

Politisch falsch gedacht, ist Auerbachs Hofer auch künstlerisch verfehlt, weder Tragödie noch Historie. Die Ursache des Mißlingens sah Devrient in Auerbachs Mangel an Ausdauer. In Wirklichkeit hat sich der Dichter mit wenigen seiner besten Schöpfungen so gemüht, wie mit diesem Schmerzenskind. Gewissenhaft hat er nach der Überlieferung Hofers Leben vom Tag an der Voldersbrücke, der Schlacht am Berg Isel bis zum Einzug in Innsbruck, Raffls Verrat und dem Ende in Mantua in großen Umrißlinien und kleinen anekdotischen Zügen festgehalten. Sorgfältig war er bemüht, nach dem Vorbild des Egmont und Tell, Aufständische und Zwingherrn nach Herkunft und Stand zu scheiden, Emporkömmlinge und Überläufer, Hormayr und den elsässischen Müllerssohn Lefebvre, Amtmann und Spitzel, Wirt und Jäger, Hirten und Mönche, Rekruten und Eidbrüchige, Selbsthelfer und Heilige zu malen. Nach dem Maß seiner Kraft hat er mit dem spröden Stoff gerungen, in Einzelheiten das verdiente Lob eines guten Kenners tirolischer Zustände, Ludwig Steub, gefunden, von Hettner überdies die weniger verdiente Anerkennung seines Berufes zum Dramatiker empfangen. Daß und warum es seiner Erzählernatur versagt geblieben, der Schwierigkeiten Herr zu werden, hat er selbst in einer Reihe von schlagenden Gleichnissen ausgesprochen, einen Wald habe er gegeben statt eines einzigen Baumes und selbst an diesem müsse die dramatische Ökonomie stutzen; das Zuviel rechnete er sich nicht als Vorzug an, man muß am Weinstock das Laub abschneiden, damit der Saft in die Traube schieße. Auch die Gewaltsamkeiten der Sprache befremdeten ihn späterhin; alles Jambenpathos, alle Engelerscheinungen des Immermannschen Trauerspiels in Tirol versinken in der Tat neben der Ungeheuerlichkeit von Auerbachs Hofermonolog:

„Du bist gefangen, mein Kaiser, sie haben dich gezwungen, falsch zu schwören, ich muß dich retten und erlösen (mit steigender Aufregung): Der heilige Geist selbst steigt hernieder und löst die Eidschwüre. Gott der Herr" — Spinozas Deus sive natura? — „hat meine Seele in sich genommen, eine Weile gewärmt und wieder in mich gehaucht."

Lange bevor Auerbach selbst ins Gericht ging mit seinem Hofer, besorgten das andere. Die ersten scharfen Kritiken taten ihm weh, so weh, daß er Kühnes sachliche Einwendungen persönlich zum Anlaß eines nie wieder ganz ausgeheilten Bruches nahm. Rasch, wie er aufgebraust, besänftigte sich der Dichter, voll Zuversicht auf den Entwurf eines Zeitromans, in dem er, wie Gutzkow in den „Rittern vom Geist", Gotthelf im „Zeitgeist und Berner Geist", der gärenden Gegenwart ihre Geheimnisse abzufragen gedachte.

Zuvor gab es Tagespflichten zu erfüllen. Die Beschaffung der Geldmittel für Rietschels Lessingstatue machte Schwierigkeiten. Der Intendant des Hoftheaters verweigerte eine Vorstellung zum Besten dieses Zweckes. Kurz entschlossen plante Gutzkow mit Auerbach und anderen eine Trutzvorstellung von Emilia Galotti, zu der sie die Rollen unter sich verteilten. Der königliche Leibarzt Carus verwarf eine der-

artige Dilettantenvorstellung zur nicht geringen Entrüstung Gußkows,
der von seinen Schauspielergaben eine hohe Meinung hatte, als un=
würdige Stümperei. Mit Eduard Devrient bestimmte Carus den
Intendanten Lüttichau, das Stück mit Hoffschauspielern zu besetzen.
Auerbach schrieb einen Epilog, der, obwohl Emil Devrient die
Verse sprach, wirkungslos blieb, wie alles, was der gute Prosaiker
in gebundener Rede versuchte.

Im Juli kam das erste Kind Ninas, ein Töchterchen, Ottilie, zur
Welt und im selben Monat verreiste der Dichter, zunächst zur Familie
Schreiber, dann, mit der ausgesprochenen Absicht, seinem nächsten Werke
zuliebe „Menschen zu botanisieren“, die Nachwirkungen des Aufstandes
an Ort und Stelle zu studieren, nach Schwaben und Baden. Mit tiefster
innerer Sättigung dachte er unterwegs an sein Heimwesen. Breslau
kam ihm neben der permanenten Sonntagsstadt Dresden wie eine
tröbelbunte Werkeltagsstadt vor. Desto wohler wurde ihm, als auf
seiner — ersten — Fahrt durch das Ries die Trachten der Menschen
immer heimatlicher wurden, als er den ersten Bauern mit dreieckigem
Hut und roter Weste sah. Saftiges süddeutsches Volksleben, katho=
lische Kirchenfeste, zu denen die Leute mit geweihten Blumenbüscheln
aus und nach den Gotteshäusern zogen, die unverfälschte Mundart
gab ihm erneutes Heimatgefühl. Vollkommene Übersiedelung nach
Schwaben schlug er sich nach kurzer Umschau vorläufig aus dem Sinn:
„es ist viel gesunder Kern da, unbefangen Frisches, aber doch wieder
viel Enges, Kneipenverjessens“. Beim Landwirt Horn in Ochsen=
hausen, einem früheren Kameraden, dem er nachmals für den Gideon
Kronauer in „Neues Leben“ einzelne Züge absah, fand der Wißbegierige
volles Entgegenkommen. Die ansehnliche Wirtschaft, inbegriffen der
Stall mit achtunddreißig Kühen, hatte bald keine Geheimnisse für ihn.
Horn und die Seinigen luden den lieben Gast, nächstens mit Frau und
Kindern wiederzukommen. In der Abschiedsstunde ging der Haus=
vater ganz aus sich heraus, „in solchen Augenblicken tritt die reine Psyche
ins Auge, auf die Lippen, in den Druck der Hand“. Zufall und Absicht
brachten dem Dichter auf Schritt und Tritt lehrreiche Begegnungen.
Einmal begleitete ihn der protestantische Geistliche, ein roter Demokrat,
zur Bahn, ein andermal suchte er einen von den Kirchlichen nach dem
Sturmjahr gemaßregelten Schulmeister auf. In Ulm traf er den

greifen Prälaten Osiander, der seinen ehemaligen Schüler, den „welt-
bereamten" Auerbach jauchzend umarmte, am Bodensee ging sein alter
Zeitungsleiter August Lewald, der nun als ausrangierter Belletrist
ein ultramontanes Kampfblatt herausgab, mit scheuem Gruß an ihm
vorüber. Wo immer Auerbach hinkam, wurde er mit großer Aufmerksamkeit behandelt: „ich weiß, wie wenig das zu bedeuten hat und wie
bald das abfällt, wenn man nicht neue Trümpfe auszuspielen hat",
schrieb er seiner Frau. Lieb war ihm doch, daß sein Name daheim
guten Klang hatte. Zu Wagen und im Dampfboot fuhr er die Gelände
des Bodensees entlang. Wo er hinhörte, in Beamten- und Bürger-
kreisen, im Gespräch mit dem sehr lebendigen Pfarrer Reuchlin und den
„kraftgedrängten Naturen der Schiffsmannschaft" fand er „die Gemüter
in Belagerungszustand". Jesuitischen Missionspredigern ließ er, trotz
persönlicher Gegenmeinung, genau so, wie das Gotthelf getan, gerechte
Anerkennung ihrer Redegabe widerfahren; er hat die gefährliche Wirkung ihrer Predigten auf Frauengemüter im Schlußabsatz des „Diethelm von Buchenberg" nicht vergessen. In Schaffhausen, wo ihn
Sealsfield erwartete, machte er kehrt. Von der Stichlinger Höhe
sah er zum letzten Male nach den Schweizer Bergen, ganz ohne Verlangen, so wundersam heimisch wurde ihm in den tannenbegrenzten
Wiesen, in den harzduftigen Tälern des Schwarzwaldes.

Ich schalt mich oft, daß ich hier nicht zu Fuß wanderte, aber erstlich ist mein Augen-
merk nicht mehr auf das Kleinleben der Menschen gerichtet, dann sehe ich auch, daß
sich die furchtbare Geschichte dieses Landes nicht so im Fluge erhaschen läßt. Dabei
rief mir eine innere Stimme fast in Worten zu: Du hast die echte Kraft und Größe
dieses Landes noch nicht ganz erfaßt und dargestellt, vielleicht wirst du es einst können,
aber die Wirkungen auf das Haus aus den vergangenen Jahren lassen sich nur von
dem erkunden, der das miterlebt. Und als ich so die preußischen Soldaten in Stich-
lingen, Lenzkirch ꝛc. sah, da schloß sich mir wieder ein neues Erkennen auf, und von
vielen Steigen, die ich zu Fuß hinwanderte, bildete sich mir eine Geschichte aus, die
einen lebendigen Ausschnitt aus der jüngsten Vergangenheit bilden soll, wenn ich gleich
weiß, daß ich das Ganze, Gewaltige dieses innerlich bewegten Seins nicht werde be-
meistern können. Da, meine gute Nina, ward mir mitten in der Trauer um die Geschicke des Vaterlandes doch wieder wundersam leicht und frei, denn das ist der Segen
des freien Bildens, daß alles davor zurücktritt und sozusagen scheu den Atem anhält.
Ich kam, als es schon Nacht war, an dem Höllsteig an, da ist die Schmiede aus dem
Ibo, dort unten blinkt das Licht aus der Sägemühle und dort vom Beeßtebuur, wohin
ich diese Menschen versetzte, und da war mir's so eigen, daß ich selbst daran glaubte
und meinte, ich müßte die gute Seele hier sehen und grüßen.

In Emmendingen besuchte er Jakobs Bruder: „meine Schwester ist eine rüstige tapfere Frau und mein Schwager einer der feinfühligsten edelsten Menschen und darum herum ein halbes Dutzend pausbackiger Kinder, scheu wie Waldvögel und ebenso ausgelassen unter sich". Zuguterletzt gings nach Nordstetten zur Mutter, die wie vorahnend auf immer Abschied von ihm nahm — sie starb ein Jahr später.

Nach der Heimkehr schrieb er für Prutz' Deutsches Museum „Erinnerung und Betrachtung: Lenaus Letzter Sommer". Die Sammlung seiner philosophischen Novellen kam in einem Sammelbändchen „Deutsche Abende" bei Bassermann heraus. Dann warf er sich mit aller Kraft auf seine „Erzählung: Neues Leben", die zum größten Teil in Dresden ausgearbeitet, in Harzburg vollendet wurde, wohin sich Auerbach aus dem allzuregen Fremdenverkehr in seiner neuen Wirtschaft zurückzog.

Revolution und Reaktion, Wildwasser und Hagelschlag hatten die Aussaat der Burschenschaft, die Erntehoffnungen des ersten deutschen Parlamentes heillos geschädigt. Von den Großmächten war die Lösung der deutschen Frage so wenig zu erwarten wie von den Mittel- und Kleinstaaten. Die Verwirrung der Geister, Angeberei und Parteiwut wuchs unablässig. Feurige Patrioten, kühle Staatsmänner verzagten an der Zukunft. Das leicht bewegliche Gemüt Auerbachs verschloß sich ihren Schmerzen nicht. Nur Menschenhaß, Menschenverachtung ließ er nicht aufkommen. In allen Anfechtungen blieb ihm ein fester Halt, seine letzte Hoffnung ruhte auf der Volksschicht, die nie verzweifelt. Diese Volksschicht, den auch von Goethe des Höchsten fähig gehaltenen gemeinen Mann, heranzubilden, von klein auf zu erziehen, mit ihm, für ihn und durch ihn das Werk des Aufbaues zu beginnen, war Auerbachs Lieblingsgedanke. Seine Verwirklichung sollte der Held des „Neuen Lebens" versuchen. Wiederum ein Dorfschulmeister. Nur diesmal kein Zögling einer Lehrerbildungsanstalt wie der Lauterbacher. Graf Eugen Falkenberg, ein Mann fürstlicher Abkunft, steigt freiwillig mit Gefahr seines Lebens in die Beschränkung der Bauernwelt nieder. Als Bastard eines Prinzen hat er nach einer abenteuerlichen, in Mainz als Betteljunge verlebten Kindheit die Jesuitenschule, das Leben der vornehmen Welt als Offizier die Armee kennen gelernt. 1848 wurde er in Schleswig-Holstein irre an der monarchischen Ordnung und schlug sich zu den badischen Freischaren. Kriegsgefangen, entsprang er vor seiner Verurteilung zum Tode aus dem Kerker. Mit Geld und falschen Pässen ausgerüstet, will er nach Amerika entfliehen. Auf Schleichwegen zum nächsten Hafen trifft er im Wald einen in ein weltfremdes Dorf versetzten, europamüden Schulmeister, Eugen Baumann, dem er die Mittel gibt, auszuwandern, indessen der Graf als Baumanns „Tauschmann" in Europa bleibt, „sein Nest in die Mündung einer Kanone baut". Er will ein neues Geschlecht erziehen, zugleich sich selbst in unscheinbarer mühseliger Tagesarbeit zum Kenner und Sprecher des Volkes erziehen lassen. Eine schwere Aufgabe für einen tüchtigen Mann. Eine schwere Aufgabe für einen solche Schicksale gestaltenden Künstler. Auerbachs Verleger Karl Mathy hatte als Flüchtling in den Vierzigerjahren im Kanton Solothurn die Bauernkinder des Kurortes Grenchen als autodidaktischer Schulmeister unterrichtet und sich zu Lebensfreunden gewonnen. Wohl möglich, daß Mathys wirkliche Erlebnisse den ersten Anstoß zur phantastisch ausgeschmückten Lehrgeschichte Auerbachs gaben. Gewiß ist, daß Mathy die beiden ersten Bände in Auerbachs Handschrift mit einer Begeisterung aufnahm, die nur ein einziger späterer Leser teilte.

Zehn Jahre nach der Veröffentlichung von „Neues Leben" trat eines Tages ein Fremdling in Auerbachs Zimmer mit den Worten: Ich bin Eugen Baumann. Der Gast sprach mit solchem Ungestüm, und sah so wild aus, daß Auerbach ein wenig erschrak in der Besorgnis, ein Mann, der im bürgerlichen Leben wirklich Eugen Baumann hieß, wolle ihn wegen Namensmißbrauch vor Gericht laden. Der seltsame Besucher, ein Russe, führte indessen den grundverschiedenen, 1860 in Westeuropa fast unbekannten Namen Graf Leo Tolstoi. Als Doppelgänger Eugen Baumanns sah sich Leo Tolstoi deshalb an, weil er, von Auerbachs Lehrgeschichte im Innersten gepackt, auf seinem Gute eine freie Volksschule gegründet und selbst, wie Eugen Baumann oder eigentlich Graf Eugen Falkenberg, als Lehrer die Bauernkinder von Jasna-Poljana so lange unterrichtet hatte, als ihm die russische Polizei das nicht gewaltsam verwehrte.

Mathys verfrühtes und Tolstois verspätetes Lob halfen dem „Neuen Leben" nicht auf. Noch während der Ausarbeitung klagte der Dichter, daß seine beherrschende Kraft der Ausführung nicht fest genug sei, daß ihm

jedes Werk unter der Feder ein anderes werde, als er ursprünglich vor-
gehabt. Und als der Rausch des Schaffens vorüber, als der dreibändige
Roman zur Weihnacht 1851 erschienen war, verhehlte sich der Er-
nüchterte nicht, daß er zu viel auf einmal gewollt habe. Derselbe
Vorwurf trifft seinen Helden. Es genügt dem Grafen Falkenberg
nicht, seiner selbstgewählten Sendung gerecht zu werden, er sucht überdies seine verschollene Mutter, und befaßt sich mit der Lösung un-
gezählter Zeit- und Weltfragen. Großes und Kleines, die beste Buch-
stabiermethode und der ewige Friede, Ackerbauschulen und freireligiöse
Gemeinden, Bekämpfung des Weltschmerzes und Abschaffung des
Adels gehen ihm gleicherweise zu Herzen. Oder genauer: da der
Charakter des Helden von Anfang nur in seiner Zunge sitzt, Menschen
und Dinge geben dem quallenhaften Grafen nur das Stichwort zu
Zwei- und Selbstgesprächen, zum Hervorkramen von Sentiments, für
die er, wie das der Stiftsdame Theorosa spöttisch nachgesagt wird,
stets den Taschenspiegel bei sich hat. Wie sein Vorläufer, der Lauter-
bacher, und sein Nachfolger, der Erich im Landhaus am Rhein, sollte
dieser Erzieher in der Einbildung mit seiner Selbsterziehung beginnen,
seine „geistigen Ballettsprünge" sich abgewöhnen, lernen, Schritt vor
Schritt zu gehen, in Schule und Leben bei der Sache zu bleiben. Ein
Schön- und Vielredner, wie der Graf, der später Ratsschreiber und
zuletzt Schultheiß wird, taugt schwerlich zum Schulmeister, Landmann,
Hausvater und sicherlich nicht zum Abgeordneten oder Retter des
Vaterlandes.

Da die Bauernschaft von Erlenmoos weder fähig, noch würdig wäre,
für sich allein alle Weisheit ihres Schullehrers zu genießen und zu
verdauen, vergönnt ihm „Neues Leben" Hörer auch auf der Höhe der
Gesellschaft. Er kommt in das Herrenschloß, in dem die Weltdame
Baronin Stephanie Hunold in dem Bärenhäuter sofort den Märchen-
prinzen wittert und hätschelt. Unter falschem Adelsprädikat, als „Baron
Baumann" führt sie ihn ihren Gästen zu, die, den verschiedensten
Parteien zugehörig, Junker und Gothaer, Freikonservative und Frei-
geister, sofort mit ihm ein Redeturnier anheben und auskämpfen über
alles, was Deutschland und der Welt, dem Volk und der Zeit nottut.

Eine andere Korona findet der gräfliche Schullehrer bei seinen
Berufsgenossen. Ein paar Meilen in der Runde und bei der all-

gemeinen Lehrerkonferenz trifft er Jünger Pestalozzis und Diester-
wegs, Neuerer und Pedanten, charakterfeste Musterknaben, wie
Deeger, ernsthafte Hanswurste, wie Schnörkel und den lange vor
Wippchen Zitate und Sprichworte drollig durcheinander mengenden
Narren Lutz, Schulmeister aller Spielarten und Methoden, einer wie
der andere jederzeit bereit, sich gründlich anschwatzen zu lassen über
alle Dinge Himmels und der Erde.

Müßige Gespräche führt Eugen auch mit dem Großgrundbesitzer
Gideon Kronauer, der 1848 seinen Adel ablegte und eine frühere
Magd heimführt, eine Ehegeschichte, die der Heirat des Physiologen
Henle mit einem Dienstmädchen so treu nachgebildet war, daß
Henle, Moleschott und ihre Kreise Anstoß nahmen, insbesondere
Schöll, der bei ganz anderem Anlaß, nach Uhlands Tod, maßlose und
ungegründete Angriffe gegen Auerbach richtete.

Selbst über seine gräfliche Vergangenheit darf und muß sich Eugen
aussprechen. Sein Vertrauter ist ein Leidensgefährte, ein verdorbener
Student, dessen Urbild Mathy sofort in einem Bediensteten seines
Landtagsblattes erkannte; Bartelmä hat sich als Großknecht verdungen,
um den Polizisten zu entwischen; plötzlich kommt er dahinter, daß ein
angeblich als Volksliederforscher in der Gegend umherstreifender
Doktor eigentlich ein Lockspitzel ist, der zahlreiche Familienväter ins
Zuchthaus bringt. Ergrimmt sorgt Bartelmä für ein den Landregen
der allgemeinen Redseligkeit gewitterhaft unterbrechendes tragisches
Zwischenspiel. Er hält über den verräterischen „Fragsamenhändler"
ein Volksgericht im Walde, das zu unvermeidlichen, niederdrückenden
Vergleichen mit dem Freigericht im „Münchhausen" herausfordert. Nach
einem äußerst formlosen Schuldig der Erlenmooser erdrosselt Bartelmä
den Schurken und macht sich dann selbst den Garaus. Gemahnt dieses
Femgericht im Walde an das Schauerstück, so wirkt das an das Ende ge-
rückte Wiederfinden der Mutter — sie ist zugleich die Stiefmutter seiner
Braut, der Bachmüllerstochter Vittore — wie eine Rührkomödie.

Das böse Beispiel, das Gutzkows Roman das Nebeneinander gegeben, ist im „Neuen Leben" zum Roman des Durcheinander aus-
geartet. Gustav Freytag, der nur auf wiederholtes Drängen von
Auerbach und Mathy das Buch in den Grenzboten anzeigte, gab
das Musterstück einer trotz schonungsloser Ablehnung ermutigen-

den, zur Selbsteinkehr aufrüttelnden Freundesrüge. Theodor Mommsen goß im Literarischen Zentralblatt alle Schalen tödlichen Hohnes über die Mißgeburt aus, so daß ängstliche Anhänger des Dichters zweifeln mochten, ob er sich von zwei so schweren Niederlagen, wie Andree Hofer und Neues Leben, jemals wieder erholen würde. Zum Glück erging es Auerbach wie dem deutschen Adler, der sich nach einer Sentenz des Neuen Lebens damals gerade mauserte. Der Schwungfedern beraubt, hatte er den Flug gewagt und um den Spott wegen des kläglichen Aufzuges und Absturzes nicht zu sorgen. Still und rasch wuchsen indes bald stärkere nach, so daß Auerbach schon im nächsten Jahr die größten Freunde seiner Gaben überraschte durch ungeahnte Kraft und Höhe des Aufstieges im „Diethelm von Buchenberg".

Als er den letzten Federzug an dieser seiner gewaltigsten Erzählung machte, wurde ihm Ninas erster Sohn geschenkt, den er nach dem Helden von Neues Leben Eugen nannte. Die Zugehörigkeit zu einer staatlich anerkannten Glaubensgenossenschaft schien dem noch in der Stimmung seines „Lucifer" befangenen Vater so fragwürdig, daß er von jeder religiösen Zeremonie absah und einen Kreis von Bekannten zu sich lud, um angesichts der bekränzten Sixtina „die Menschenerklärung" des Neugeborenen vorzunehmen. Anton Springer, der unter den Gästen war, machte sich in seinen Erinnerungen weidlich lustig über diese väterliche freireligiöse Priesterweihe. Gutzkow, mit dem Auerbach so wenig wie ein anderer vorher oder nachher in ein dauernd gutes Einvernehmen gelangte, war dagegen dermaßen bewegt von der Feier, bei der es an Speis und Trank nicht fehlte, daß er Auerbach gerührt in die Arme schloß, und — „wir waren alle weich gestimmt, da Tags vorher der herzgute Reinick so plötzlich gestorben war" — zum Smollieren aufforderte. Bestand war der neuen Brüderschaft nicht beschieden. Der krankhaft Gereizte, in dem sich vielleicht schon damals eine Spur von Verfolgungswahn regte, war nicht nur bitterböse auf die beharrlichen kritischen Gegner seiner Werke. Er vertrug Anerkennung fremder Schöpfungen so wenig, daß in Dresden das Witzwort umging, man dürfe in Gutzkows Gegenwart nicht einmal Gott Lob sagen.

Die zeitlebens gehegte Sehnsucht Auerbachs nach einem Kameraden, dem er alle Geheimnisse seines Lebens und Schaffens anvertrauen dürfe, hätte vollkommen nur ein zweiter Auerbach stillen können. Soweit sein Wunsch indessen überhaupt erfüllbar war, vergönnte ihm das die Gunst des Schicksals durch die Bekanntschaft mit Otto Ludwig. Eduard Devrients hohes Verdienst bleibt, den „Erbförster" in Dresden zur Geltung gebracht zu haben. Auerbach pries das Trauerspiel im Neuen Dresdener Journal 1850 als „ein Stück echter Poesie, ja das einzige aus neuer Produktion, das der vergangene Winter brachte". Im Erbförster erschließe sich der tieftragische Konflikt zwischen Naturrecht und Gewohnheitsrecht; in seinen Gestalten liege eine Macht und Fülle ähnlich der in den ersten Stücken von Schiller; in der wetterharten Starrheit und Konsequenz stelle sich der Erbförster neben Gestalten, wie Kleists Kohlhaas. Solche Figuren würden Nationaleigentum. Sie stiegen aus den Büchern heraus ins unmittelbare Leben und würden lebendige Erinnerungen. Dabei sei in der Sprache solche Frische, daß man mit Jakob Grimm sagen könne, die Sprache habe noch die scharfen Sinne der Menschen, die in der freien Natur leben und die wesentlichen Laute und Merkmale den Dingen ablauschten.

Menschlich und künstlerisch kam Auerbach dem Dichter des Erbförster immer näher. Er durfte „Die Makkabäerin" in der Urform lesen, mit dem über den rechten Stil der dramatischen und Erzählungskunst brütenden Ludwig jeden flüchtigen Einfall und jeden großen Entwurf durchsprechen. Einer Meinung über das Ziel, prüften beide miteinander die Wege, wie „Naturwahrheit zu stilisieren, Realistik folgerecht in die reine Kunsthaltung zu heben sei", machten sie die Probe auf ihre auch von den Stimmführern der damaligen Kritik, Bischer und Julian Schmidt, gepredigten Lehren durch die Tat. Die neue Reihe der in den Fünfzigerjahren mit dem Diethelm von Buchenberg einsetzenden Dorfgeschichten geht in ihren gelungensten Leistungen nicht nur, wie die ersten Schwarzwälder Dorfgeschichten, zunächst auf mundmäßiges Erzählen, auf sachliche Schilderung von Landleuten aus. Der Dichter strebt über Anekdote und Sittenstück, über Ein- und Zweifigurenbild zum Charakterstück, zur Nachfolge Shakespeares. Die Krisis, in die nach Auerbachs Selbstbekenntnis sein Schaffen in der ersten Dresdener Zeit sich zugespitzt hatte, führte zur Ausscheidung des Krankheitsstoffes, zu vollkommener Heilung und Kräftigung. Freytag hatte seine Diagnose des Übels

mit dem Freundeswunsch geschlossen: Auerbach möge sein Talent zunächst an einem Stoffe bewähren, bei dem es ihm unmöglich sei, seiner
gefährlichen Vorliebe für epigrammatisch zugespitzte Konversationen
nachzugeben, wo er gezwungen sei, Begebenheiten in künstlerischem
Zusammenhange einfach zu erzählen und seine Menschen zu schildern,
nicht wie sie die Welt ansehen, sondern wie sie in der Welt handeln.

Einfachheit in der Sprache, einfache Wahrheit in der Darstellung einer zu-
sammenhängenden, verständig angelegten und nach festem Plan angelegten Begebenheit ist, was ihn heilen kann. Es begegnet auch einem kräftigen Mann, daß er
auf falsche Wege kommt und ihm deshalb einzelnes vollständig mißlingt; seine
Kraft beweist er dadurch, daß er die rauhe Stimme der Kritik nicht von sich ab-
hält, sondern die ungenügenden Andeutungen, welche ihm ein anderer geben kann,
dazu benützt, die eigene Kritik gegen sich selbst wachzurufen und durch Selbsterkenntnis sich den Fortschritt möglich zu machen.

Kein Lobspruch hat Auerbach vor- und nachher besser bekommen,
als Freytags wohlverdiente, wohlgemeinte Zurechtweisung. Sicher
hatte der Arzt den Sitz des Leidens, sicher das richtige Heilmittel angegeben, ebenso sicher auf den Heiltrieb der gesunden Natur Auerbachs
vertraut. Sein schmerzhafter, der Wehleidigkeit des Erkrankten nicht
achtender Eingriff war ein Liebesdienst, der ihm unvergessen bleiben
soll. Wie ein Jahrzehnt zuvor der Umgang mit rheinischen urdeutschen
Bürgersleuten Auerbach aus dem Bann des Judenromans befreit hatte,
bewirkte Freytags Anruf in den Fünfzigerjahren Auerbachs Umkehr
von den Irrwegen des Zeitromans. Deutschen Kennern und deutscher
Volksart gebührt also ein Hauptanteil an allem Besten, was Auerbach
für die deutsche Dichtung schaffen durfte. Im dritten Januarheft der
„Grenzboten" wurden 1852 Freytags Mahnungen gedruckt, am 27. Februar begann er die Dorfgeschichte, die jeden Satz des Leipziger Freundes-
rates beherzigte und bewahrheitete. Der Kritiker Freytag wurde der
Geburtshelfer des „Diethelm von Buchenberg".

„Die Geschichte des Diethelm von Buchenberg" (oder wie
der Untertitel der Handschrift lautet: Schäfer und Schafhalter
oder Das Haus Diethelm) ist die Charaktertragödie eines ruhm-
süchtigen Emporkömmlings. Als blutarmer Bauernknecht ist er vor
zweiundzwanzig Jahren in den Dienst der Großbäurin gekommen, als
schmucker Bursch der Haustochter so lieb geworden, daß er um sie an-
halten darf. Allein die verwitwete Großbäurin will ihn nicht zum

Schwiegersohn, nur zum Mann haben. Und Diethelm, der aus Letzweiler nach Buchenberg nichts mitbrachte, als einen Stock und sieben Kreuzer, heiratet ohne Besinnen die zwölf Jahre ältere Grobbäurin. Ehrgeiz, nicht Liebe, ist sein Lebensnerv. Arbeitsam und tatkräftig bringt er die Wirtschaft vorwärts. Kindersegen stellt sich ein. Zank und Zwiespalt kommt erst in die Ehe, als Diethelm aus Gutmütigkeit und Prahlsucht die Vorsehung seiner Letzweiler Verwandten spielt, als umschmeichelter Familienfürst mit dem Geld seines Weibes zu freigebig umherwirft. Der Hader im Haus treibt ihn zu eigenen Unternehmungen. Aus einem Bauer wird Diethelm ein Viehhändler und Spekulant. Sein Wagemut wächst mit seinem Spielerglück. Bei Beginn der Erzählung fährt er wie ein Sieger auf den mit seltener Lebensfülle geschilderten Schafmarkt der Kreisstadt ein, „nach dem Maß der niedrigen Bauernstube ein großer Mann", der in seiner Hoffart am liebsten auf dem Bernerwägelein vierspännig in das Gastzimmer kutschieren möchte. Kann er, wie er rechnet, an diesem Lostag seine Herden leiblich losschlagen, dann behält sein anschläger Kopf recht gegen den Kleinmut seines Weibes, gegen die Zweifel seines Schäfers Medard, eines durchtriebenen alten Zuchthäuslers, dem die Schliche seines Herrn schon lang verdächtig vorkommen. Im Handel mit dem „vermauerten" Steinbauern zieht Diethelm den Kürzeren. Und nun kauft er, statt zu verkaufen, kauft in wachsendem Taumel ohne Maß und Besinnung alles, was ihm von geriebenen Maklern aufgeredet wird. Diethelm, den die Gaffer für märchenhaft reich halten, kann seine hochangewachsenen Marktschulden nur durch Wechsel decken. Den richtigen Augenblick, mit kleinem Gewinn loszuschlagen, versäumt er. In einer kurzen Spanne Zeit droht ihm Zusammenbruch, Vergantung. Eine Schmach, die mit jedem Mittel abgewehrt werden muß. Außer Weib und Kind würde durch seinen Sturz seine ganze Letzweiler Sippe zu Grunde gehen. Er ist halb von Sinnen bei dem Gedanken, in Armut, schlimmer noch, in Verachtung zu verkommen, wie die abgehausten, von der Kundschaft schnöde herumgestoßenen Viehmakler. Ratlos dem unabwendbaren Verhängnis gegenüber, wird er von dem arglosen Antrag des Ortskaufmanns überrascht, seine Wirtschaft in der neugegründeten Staatsbrandkasse zu versichern. Eine Versuchung, die den starken Mann buchstäblich zu Boden wirft. Soll er, muß er auch „Schwarzkünstler"

werden, Selbstanzünder, wie der Wirt in der kalten Herberge und
manch anderer im Lande, der frei von Gewissensbissen behaglich die
Frucht seines Frevels verzehrt? Anfangs weist Diethelm das Drängen
des Kaufmanns ab. Bald sieht er keinen anderen Ausweg. Halb
unbewußt rafft er im Wald Kienholz zusammen. Immer bewußter,
bedachter schreitet er nach dieser ersten unwillkürlichen Vorbereitung
zur Tat. Einen Tag nach seiner Abreise sollen Schafställe und Woll-
speicher aufbrennen, wenn geweihte, zwölf volle Stunden aus-
haltende Kirchenkerzen bis auf das kleinste Stümpfchen verflackert sind.
Jedem Verdacht baut seine Bauernschlauheit vor. Verschlagen sorgt
er für Zeugen seines Alibi. Bei den letzten Zurüstungen trifft er zu
seinem Entsetzen Medard, der sich als Hausdieb auf den Heuboden geschlichen hat. Der Gauner versteht das Erpressen noch besser als das
Stehlen. Willfährig hilft er Diethelm bei der Brandstiftung. Zum
Lohn für seinen Beistand und für sein Schweigen begehrt Medard die
Hand von Diethelms Tochter für seinen Bruder Munde, durch Hohn
und Drohungen treibt er Diethelm zum Äußersten, der Brandleger
wird zum Mörder, Diethelm schlägt seinen Helfershelfer nieder, bindet
ihn und überläßt es den Flammen, Medard aus der Welt zu schaffen.
In der Kriminaluntersuchung behauptet der Mann, der Verbrecher
geworden, um seine Weltehre zu wahren, überlegene Haltung vor
Richter und Zeugen, vor bestechlichen Häschern und Schließern. Die
Sicherheit, mit der er Anschuldigungen und Lockfragen abwehrt, die
falsche Rührung, mit der er den Ton des gekränkten Biedermanns
anschlägt, das Liebesopfer, mit dem sein Weib falsches Zeugnis für
ihn ablegt, führen zu seiner Lossprechung. Diethelm kehrt wie ein
Triumphator nach Buchenberg zurück. Sein Vermögen hat sich durch
die Vergütung der Brandkasse und das Erbe seiner Stieftochter ver-
doppelt. Sein kraftbewußtes Auftreten, sein scharfer Verstand, sein
Anhang in der Ortschaft sichern ihm das Schultheißenamt. In stolzer
Anwandlung vergleicht er sich selbst mit trotzigen Gewaltmenschen, mit
alten Rittern, mit Napoleon, verwegenen Selbsthelfern, die skrupellos
mit allen Widersachern fertig wurden. Es währt nicht lange, und er
wird inne, daß er ein Scheinleben führt, gräßlicher als Scheintod.
In seinem Innern frißt das ungesühnte Verbrechen fort, wie das
Feuer in einem Kohlenschacht. Medards Vater bleibt unversöhnlich.

Medards Bruder, eine „Schafseele", voll Zärtlichkeit für Diethelms
Tochter, löst nach kurzer stürmischer Brautschaft das Verlöbnis mit
Fränz. Diese Tochter, „ein Nückel", ist am überzeugtesten von Diethelms
Schuld. Diethelm und sein Weib erfahren ein Macbethschicksal. Die
steifen, halberstarrten Schwurfinger der Frau werden durch kein Sym-
pathiemittel heil, Diethelm hilft kein Wildbad von seinem beständigen
Frieren. Äußerlich läßt sich der Eisenschädel nichts anmerken. Aufrecht
gibt er sich bei der Begegnung mit der Landesfürstin am Gesundbrunnen,
mit gemessenem Bauernstolz läßt er sich einen Staatsanwalt, seinen
früheren Untersuchungsrichter, als Freier seiner Fränz gefallen. Mit
Menschenmaß übersteigender Selbstbeherrschung übt er das Ge-
schworenenamt. Da er als Obmann den Wahrspruch über einen
„Schwarzkünstler" verkünden soll, hört er plötzlich Mundes Ruf: Ich
will doch sehen, wie der Diethelm einen Brandstifter schuldig spricht,
sieht er den Sprecher im rotausgeschlagenen Schäferrock Medards vor
sich. Diesem Schreckbild hält der tiefe Heuchler nicht mehr stand.
In ausbrechendem Wahnsinn schreit Diethelm: „Du der Medard? Ja,
ja, ich bin schuldig, hab' dich verbrannt, ich bin schuldig." Im Irrenhaus der Unheilbaren findet — nach der ersten Fassung — Diethelm
sein Ende. Nach der zweiten (gedruckten) Fassung endet Diethelm
im Zuchthaus. Dort bittet sich der ewig Frierende die Gnade aus,
Holz fällen zu dürfen, um einmal warm zu bekommen; nach den ersten
Axthieben reckt sich die zusammengeschnurrte Gestalt zu alter Höhe.
Das war wieder der Diethelm von Buchenberg, der sich mit dem Aufschrei: „Heraus, heraus will ich!" das Beil in den Schädel haut.

Auerbach ist kein zweites Mal eine tragische Gestalt von der Glaubwürdigkeit des Diethelm gelungen. Sonst erinnern, nach Diethelms
Wort, die armen Sünder bei der Gerichtsverhandlung an die auf-
geschnittenen Leiber auf der Anatomie. In dieser Meisterschöpfung
ist ein liebreich gestaltender, mitfühlender Mensch dem Werden und
Wachsen der Versuchung, der Bildung und Umbildung einer ursprünglich
edler Regungen empfänglichen Natur nachgegangen. Diethelm ist
kein kleiner Spitzbube, wie Medard, Diethelm ist ein fehlbarer Mensch,
den das Schicksal auf den Scheideweg gestellt hat. Man kennt ihn,
wenn der Erzähler endet, bis in alle Heimlichkeiten seines Wesens,
obwohl oder weil die Wucht der Ereignisse Auerbach niemals zu ver-

weilenden Betrachtungen und Erklärungen kommen läßt. Nicht Reden des Erzählers, Diethelms Charakter, Diethelms Erlebnisse wirken das Wunder, daß aus toten Buchstaben ein leibhaftiger Mensch, als für alle Folge unvergeßbarer Bekannter, vor dem Leser aufersteht. Diethelm ebenbürtig ist sein Weib. Ein Paar, das seinesgleichen in der deutschen Erzählungskunst sucht. Meisterköpfe sind auch die Bildnisse des Nickels Fränz, der Schäferfamilie, des Wirtes auf der kalten Herberge. Reich, rund, sauber, lebenstreu, niederländisch sind die Schilderungen des Wollmarktes und Schneesturmes, der Gerichtsstuben und Schmausereien. Auerbachs gutes Auge für die Wirklichkeit, geschärft durch gewissenhafte Erforschung der tatsächlichen Zustände, sichert diesen Bildern nebenher die Bedeutung sittengeschichtlicher Urkunden. Man fühlt die Liebe, mit der jedes dieser Gemälde geschaffen wurde, und teilt die Lust, mit der die Hand des Künstlers an der Arbeit war. Ungesucht begleiten musikalische Zwischenspiele die Hauptakte dieser Bauerntragödie. Wie tönendes Abendrot wird anfangs der Choral laut, den nach Väterbrauch die Zinkenisten vom Stadtturm blasen. Ganz anders schlägt ihre Weise in verhängnisschweren Stunden an das Ohr des Gefangenen. Und derselbe Diethelm, der Witz und Weisheit der Richter über Leib und Leben mit List und Trotz zum besten hält, wirft sich in seiner Zelle in tiefster Reumütigkeit todesbereit zu Boden, von den Kirchenliedern der Stadtmusikanten jählings erschüttert, wie von der Posaune des jüngsten Gerichts.

Vergnügt hatte Mathy vernommen, daß Auerbach durch das Mißgeschick seines Romans sich nicht hatte beugen lassen. Noch willkommener war ihm der Dichter, der zur Erholung mit Frau und Kindern nach Schwaben kam, den Cannstatter Brunnen trank, in der Heimat „wahre Kalifornien von Poesie entdeckte" und von Untertürkheim aus seine Verleger in Mannheim besuchte. Nach Auerbachs Abreise fand die Druckerei, daß „Diethelm" trotz der Zugabe der Kleinigkeit „Hopfen und Gerste" selbst bei der Wahl größerer Lettern keinen Band vom Umfang der früheren Dorfgeschichten fülle. Kurz entschlossen machte der Dichter dieser Verlegenheit ein Ende. Binnen sechs Wochen schrieb er „Brosi und Moni", wie der handschriftliche Untertitel lautet: ein Idyll. Nach dem Posaunenschall des Weltgerichts über den Brandstifter der Widerhall von Geigen und Klarinetten. Und trotz aller

Gegensätze schießt die Tragödie wie das Idyll aus derselben Grund-
wurzel auf: aus der Selbstgefälligkeit des Helden. Der Leibspruch des
lobsüchtigen Dorfpatriarchen Brosi: „Mei Moan ischt koaner" könnte mit
Fug und Recht die Losung Diethelms sein. Der Lebenslauf des Mord-
brenners durch ungemessenen Ehrgeiz ist ein absteigender, das Schicksal
des selbstzufriedenen Brosi aufsteigend. Als blutarmer Handwerker
heiratet Brosi die noch ärmere Monika, die Tochter des als Hexe verrufenen Apothekerrösle. Von unverwüstlicher Weltfreude, der lustigste
Vortänzer der Ortschaften Endringen und Haldenbrunn, läßt er keine
Kirchweih aus, verbreitet er Heiterkeit, wo immer er sich zeigt, verliert
er in keiner Not und Anfechtung Laune und Gottvertrauen. Mit seiner
weitaus gescheiteren Lebensgefährtin — die wieder einmal, wie andere
Frauen der Dorfgeschichten, die Erzieherin des Mannes wird — über-
steht er von den napoleonischen Kriegszeiten bis zur Achtundvierziger-
revolution arge Hungerjahre. Regsam und widerstandsfähig verschmäht er keinen ehrlichen, noch so mühseligen Erwerb. Als Maurer
übersommert er im Elsaß, im Winter verdient er sauer genug, oft mit
Gefahr seines Lebens, als Holzknecht ein paar Bissen Brot. Als bei
einer derartigen Schlittenfahrt durch die vereisten Berge sein Kamerad
verunglückt, wird Brosi durch die Diplomatie seiner Moni Nachtwächter,
der seinen nassen Dienst so frohmütig versieht, daß ein zufällig in
Brosis Dorf eingekehrter Reisender durch dessen Sangesfreude zu eigenen Liedern erweckt wird: Johann Peter Hebel. Von Jahrzehnt
zu Jahrzehnt, von der silbernen bis zur goldenen Hochzeit werden
Brosi und Moni, wenn sie von Liebe auch kein Wort reden, einander
immer unentbehrlicher. Aus einem vielbelächelten Lustigmacher wird
Brosi der Liebling, das Wahrzeichen des Dorfes. Prüfungen, die
sogar diesem Muster der laeta paupertas nicht erspart bleiben, schlagen
zu seinem Segen aus. Den Übernamen „Gäßlesbrosi", den ihm böse
Leute wegen böserer, vergeblich bestrittener Wegservituten anhingen,
macht er zum Ehrennamen. Einen trotzköpfigen, rechthaberischen
Sprößling, in dem sich der Geist der neuen Generation rührt, sieht
er nach langer Verfremdung als erfinderischen Oberbaurat heimkehren.
Den Schmerz, daß dieser verloren geglaubte Sohn eine englische
Ketzerin, eine Protestantin, heimgeführt hat, verwindet Brosi, duldsam
wie Hebel, mit dem Trostgedanken, daß alle Vögel in den verschieden-

sten Weisen doch nur das Lob desselben Herrgotts singen. Im Rummel
des Franzosenlärms, im Sturmjahr 48 wird er Gemeinderat. Und
obwohl im allgemeinen Umsturz die Bauernschaft streng am alten Herkommen hängt, dem Häusler am Wirtstisch nach unerschütterlich
starrer Sitte nur glatte, dagegen einzig und allein dem Großbauer
gerippte Gläser vergönnt, kommt Brosi durch sein persönliches Verdienst obenauf, gewinnt er auf der Kirchenbank und im Herrenstübel
einen Ehrenplatz. Reicher als durch alle äußere Auszeichnung ist der
Immervergnügte, Nimmermüde durch sein Naturell. Mit seiner
Monika dem Verständnislosen ein Paar knochendürre, abgerackerte
Greisengestalten, sind die beiden dem Sehenden Urbilder der sich
immer verjüngenden alemannischen Volksart. Milder Sonnenschein
ruht auf dem Idyll, das dem Dichter nach Laskers Zeugnis das liebste
Stück unter den Dorfgeschichten war. Dem Brosi zumal hat er manches
eigenste Lebensgeheimnis anvertraut. Wie Brosi war Auerbach „ein
Schaffmann", der sich aus ärgster Not emporrang und doch in jeder noch
so schlimmen Stunde und Plage frohmütig sein konnte; wie Brosi zum
Tanzen und Singen, war Auerbach zum beständigen Festreden geneigt;
und wie Brosi war Auerbach der Ansicht: das Sterben sollt' nicht sein.
Oder, wenn es schon unvermeidlich sein muß, nicht bevor man Brosis
oder, wie Auerbach zuversichtlich hoffte, Goethes Jahre erreicht hat.

Wie „Neues Leben" 1851, kam wiederum zur Weihnacht 1852
Diethelm mit Brosi und Moni als dritter Band der Dorfgeschichten. Das
Buch machte ungewöhnlichen Eindruck. Gutzkow nannte Diethelm ein
Meisterstück, musterhaft in Anlage und Ausführung und die beiden
standen so zueinander, daß sie sich die Wahrheit sagten. Robert Prutz,
der Neues Leben arg gezaust hatte, erklärte: dein Diethelm über-
trifft alles, was du selbst bisher und alle unsere Zeitgenossen geschrieben
haben. Heinrich König urteilte ebenso warm. Mathy teilte dem
Freunde mit, daß die Schwarzwälder Dorfgeschichten die Lieblings-
lektüre der Prinzessin von Preußen (nachmals Kaiserin
Augusta) seien. Und ein Menschenalter später, als Heyse den
„Diethelm" im Deutschen Novellenschatz als Auerbachs Meisterstück
mitteilte, fand die Geschichte gleiche Zustimmung bei Mörike und
Brahms. Nur Hebbel las „den Diethelm mit Ekel. Eine Verruchtheit, wie sie kaum in französischen Kriminalromanen vorkommt, so

spitzfindig unter Bauern gar nicht vorkommen kann, die zuletzt durch
einen moralischen Salto mortale, der noch unmöglicher ist wie alles
übrige, geendet werden soll". Ein Ausspruch, der nicht einmal den
Empfänger dieses brieflichen Ergusses, Emil Kuh, überzeugte.

Am 10. Januar 1853 begann und am 7. März „bei hellem Schnee-
wetter" beendigte der Dichter eine neue tragische Dorfgeschichte „Der
Lehnhold". In einem Zuge las der Verleger die Handschrift
und ich mußte mir sagen, das ist noch mehr als der Diethelm. Mag das große
Publikum durch den einfachen Abgrund, in welchen die aus Furchenbauernholz ge-
schnitzten Brüder fallen müssen, um sterben zu können, weniger befriedigt werden,
als durch die schöne Brandstiftung nebst Mordtat, mag ihm auch das stille Verscheiden
der Bäurin, der dunkle glanzlose Tod des Bauern die Nerven weniger kitzeln als die
lange Seelenmarter und ihr Durchbruch im Diethelm, — der Feilenhauer ist doch
mehr. Da lernen wir einen Bauernhof und einen Hofbauern kennen an der Mark-
scheide ihrer Geschichte, bevor wir noch wissen, wie sich diese künftig gestalten wird,
einer großen sozialen Frage gegenüber, ehe uns noch klar ist, wie diese sich lösen wird.
Die Erzählung steht mitten in der Gegenwart, und sie mutet uns doch an wie eine
Sage aus der alten Zeit, die nicht bleiben konnte und nicht wiederkehren kann. Sie
weist uns nach Amerika wie nach unserer Zukunft, die hierlands noch nicht werden
konnte. Sie schließt mit einer einstweilen befriedigenden Lösung, das Höchste, was
dermalen unter deutschen und europäischen Verhältnissen zu erreichen ist. Der Ober-
knecht heiratet die Tochter des Bauern und wird Furchenbauer; aber er hat das
Prinzip der Unteilbarkeit aufgegeben, die Größe des einen auf Kosten der vielen;
er wird teilen, soweit es angeht. In der zweiten Generation geht dies noch, in der
dritten und folgenden — wird sich zeigen, wie es geht.

Die Gestalten sind meisterhaft gezeichnet und durchgeführt, die Erzählung bewährt
eine gesteigerte Kunst, die in ihren Mitteln nur von wenigen verfolgt, in ihren Wirkungen von vielen empfunden werden wird. Der zarte Duft, welcher den Erzählungen
des ersten Bandes ihre eigentümliche Weihe gibt, ist zwar seit dem zweiten Bande
allmählich abgestreift und kann nie mehr wiederkehren. Aber — laß den Kindern
die holde Unschuld, der Jugend ihren Liebreiz: Mann und Frau sind auch nicht zu
verachten, und die Kämpfe in und mit dem Leben sind doch großartiger in ihren
Zügen und Trieben als Harmlosigkeit und unbestimmtes Sehnen. Die Dorfgeschichten
haben ihren naturgemäßen Entwicklungsgang; sie stehen jetzt in ihren reiferen Jahren.

Ich lobe Dich nicht für den Lehnhold, lieber Berthold; dies wäre wenig — ich
drücke Dir im Geiste die Hand mit warmer Freundschaft.

Über die Frage der Güterzerteilung werde ich Dir keine Abhandlung liefern.
Du hast sie in Deinem speziellen Falle gelöst, soweit es die Verhältnisse forderten und
gestatteten. Mehr läßt sich im allgemeinen auch nicht tun, und ich bin überzeugt,
daß jedes Eingreifen der Gesetzgebung weit mehr Gutes als Schlimmes verhindert
und weit mehr Schlimmes als Gutes bewirkt. Nimmt unser europäischer Übergang
auch in agrarischen Dingen eine amerikanische Wendung, nun, dann darf es einen

Bauernstand ebensowenig mehr geben als irgend einen anderen; dann sind die eigentümlichen Gewohnheiten und Vorurteile der Bauern ebenso ein Hindernis der vorteil-
haftesten Ausbeutung des Bodens, wie die Verordnungsblätter der Bureaukratie
ein Hindernis des self-government; dann darf es nur noch Geschäftsleute geben, von
denen die einen den Boden, die anderen die Industrie, noch andere den Handel, noch
andere die unvergängliche Dummheit der Menschen ausbeuten, wo keiner mehr Zeit
hat, einen Blick rückwärts zu werfen auf das Haus der Eltern, auf die Stätte, wo seine
Wiege stand; wo alles vorwärts schaut und rennt nach improvement und rent. Nach
dieser amerikanischen Perspektive, die keine Hofbauern mehr hat wie England in
seinen Lords und Deutschland auf seinen Ritter- und Bauergütern, ist Dein Furchenbauer wirklich ein letzter Mohikaner, der jenseits (der Atlantis) etwa wieder aufersteht
als old hickory, Papiergeld und Staatsbanken abschafft, englische Soldtruppen mit
seinen bewaffneten „Gehilfen" schlägt, seine Milizen totschießen läßt, wenn sie nicht
parieren, und jedem hundertfünfzig Acres Land schenkt, der seine Schuldigkeit tut.
Mein „Schwärzle" will mir durchgehen, ohne Preis; ich halte es zurück, um Dir zu
sagen, daß die nächtliche Fahrt des Dominik mit dem Schwärzle durch den Wald
nach meiner Meinung zu dem Schönsten gehört, was Du an solchen Bildern je geliefert hast, und das will viel sagen.

Davison, der große Charakterspieler des Dresdener Hoftheaters,
hätte den Furchenbauer gern auf die Bretter gebracht; Fritz Reuter
schrieb Auerbach, daß er im Lehnhold, den er dreimal las, etwas sehr
Schönes gemacht; Anzengruber empfing von der Dichtung starke Eindrücke, die deutlich im „Sternsteinhof", im Ringkampf des „Schandfleck" und in Einzelheiten des „Meineidbauer" nachwirken. Diesem geschichtlichen Verdienst der heute noch stofflich lebendigen Erzählung
tut es keinen Eintrag, daß der Charakter des Helden fragwürdiger ist als
Immermanns Hofschulze und Ludwigs Erbförster, die vermutlich
Auerbach vor Augen standen, als er seinen Bauernmagnaten schuf.
Einer mächtigen Tanne verglich er ihn, die in ihrer Wurzelausbrei-
tung Felsstücke in sich einkrallt „und wie dieses Wurzelgeäste lichter-
loh brennen kann, so ist auch der Furchenbauer unbewegt, einen
Gedanken, wie einen Felsen mit den Wurzeln festhaltend und helle
Flammen in sich bergend". Das prachtvolle Naturbild deckt sich nicht
mit dem Menschenbild des Lehnhold. Er handelt nicht, wie der Erbförster, aus einer unerschütterlichen Grundansicht, daß Recht doch Recht
bleibt, daß er, wie Ludwigs Held den Wald, sein Bauerngut zum
Heil der Gesamtheit gegen jeden unberufenen Eingriff schützen, Gewalt mit Gewalt abwehren müsse. Wiederholt schwankt der Furchenbauer im Verlauf der Erzählung, welchem seiner beiden Söhne der

Hof zufallen solle, dem älteren Alban nach Urväterbrauch oder dem jüngeren Vinzenz, dem der Lehnhold einmal im Jähzorn das Auge ausgeschlagen. Innerlich unsicher durch diesen Zwiespalt, denkt der Lehnhold unklar, widerspricht er sich in seinen Reden, wird er in seinen Handlungen untreu gegen seine vermeintliche Pflicht, gegen sein auf die Hostie abgelegtes Gelübde, Vinzenz zur Sühne für seine Verstümmlung zum Alleinbesitzer des Furchengutes zu machen. Immermanns Hofschulze stützt sich auf das Schwert Karls des Großen, um gutes, altes, heiliges Recht durchzusetzen; der Lehnhold verschanzt sich auf ein Herkommen, um selbstverschuldetes Unrecht durch willkürliche Enterbung seines Ältesten aus der Welt zu schaffen. Der Hofschulze ist ein gewaltiger Mensch, der Lehnhold ein Gewaltmensch, der Erbförster ein Märtyrer seines „Rechtswahnsinns", der „Lehnhold" ein rechthaberischer Tyrann. Sein von Achtundvierziger Ideen berauschter Sohn Alban ist haltlos, der jüngere Sohn Vinzenz bricht den dem Vater geleisteten Eid, heillosere Charakterfehler der Hauptgestalten, als die von Hermann Kurz in seiner Parodie der Feudalbauerngeschichte gehänselten Unarten des Erzählers, die „Blicke ins All", die von Auerbach selbst getadelte habituelle „Reflexionsreiterei".

Nach der Vollendung des „Lehnhold" begab sich der Dichter in die Heimat, wo er zunächst mit seinen Verlegern Wichtiges zum Abschluß brachte. Schon 1852 hatte er eine Gesamtausgabe seiner Schriften in die Welt schicken wollen. Nach dem halben Mißerfolg der Deutschen Abende und dem Fehlschlag von „Neues Leben" riet Mathy ab, weil der Zeitpunkt nicht leicht ungünstiger hätte gewählt werden können. Der Sieg des Diethelm bestimmte Auerbach, seinen Lieblingsgedanken wieder aufzunehmen. Ein angesehener Verlag, so schrieb er Mathy, habe ihm für zehn Bände zehntausend Taler geboten, ein Honorar, das nach Gottfried Kellers Angaben ein Berliner Verleger Jeremias Gotthelf schon bei Lebzeiten für das Verlagsrecht seiner sämtlichen Schriften angetragen hatte. Abermals konnte Mathy den Wünschen Auerbachs nicht willfahren. Er zweifelte nicht, daß der Erzähler nicht weiter als nach Stuttgart zu gehen habe, um seinen Plan zu verwirklichen. Nur war seine Rechnung unwiderleglich, daß von zehn Bänden einzig und allein die drei Bände Dorfgeschichten gehen, die Vorräte der unverkauften Auflagen, die Ablösung von

Bassermanns und Mathys Rechten so viel kosten würde, daß durch ein
Wagnis derart wie beim unbedachten Versuch einer Gesamtstaatsidee
die allgemeine Zerrüttung vorbereitet würde, wie nach Mathys scherz-
hafter Exemplifikation bei Alexander dem Großen. Ernsthafter fügte
der Wackere hinzu, Auerbach möge mit seiner Frau zu Rate gehen
wegen Fortdauer einer Verbindung, die für Mathy mehr als geschäftlichen Wert habe. Der Dichter ließ sich vom Herzenston des redlichen
sachkundigen Freundes überzeugen. In Mannheim einigten sie sich,
den neuen Band der Dorfgeschichten als vierten einer neuen, stereo-
typierten Auflage der ganzen Reihe zu bringen; als Honorar wurden
für je fünftausend Exemplare eintausendsechshundert Taler festgesetzt;
überdies verpflichtete sich der Verlag, Umarbeitungen von „Spinoza"
und „Dichter und Kaufmann", endlich eine Sammlung der in Buchform bisher nicht veröffentlichten Kalendergeschichten und in Zeitschriften zerstreuten Stücklein als „Schatzkästlein des Gevattersmannes"
herauszugeben. Nach Erledigung seiner Geschäfte machte Auerbach einen
Ausflug in die Uhrmacherdörfer des badischen Schwarzwaldes, u. a.
nach Furtwangen, wo er späterhin wiederholte, für „Edelweiß" folgenreiche Gänge in Werkstätten und Hütten unternahm, eifrige Gespräche
mit dem Schildermaler L a u l e , mit Händlern und Erfindern hatte.
Der Mai sah Auerbach wieder am Schreibtisch, in Dresden. Im
Sommer mit Frau und Kindern bei den Schwiegereltern Landesmann
in Baden bei Wien arbeitete er an den beiden Dorfgeschichten, die neben
dem „Lehnhold" Band IV füllen sollten: „E r d m u t h e", eine betrogene
Auswanderungslustige, in deren Schicksal Motive aus Romeo und Julia
und dem Buch Ruth sich kreuzen. Und „E i n e i g e n H a u s". Ein fast
mit Mord und Selbstmord ausgehender ländlicher Ehezwist. Vefele
und Lorle folgt, der Anna von „Edelweiß" und der Königin des Romans
„Auf der Höhe" geht voraus das Weib des Maurers, den ihr Zetern
wegen seines mißlungenen Hausbaues in die Ferne getrieben. Während
seiner siebenjährigen Verschollenheit gerät Zilge so tief in Elend, daß
sie sich mit ihrem Kind als Lumpensammlerin durchschlagen muß.
Und als er, der ehedem „zwischen Himmel und Erde" als Dachdecker
der Kirche an Selbsthilfe gedacht hat, reich aus Amerika heimkommt,
will sie ihm nicht folgen, bis er den als verkörperten Haßgedanken auf-
gezogenen, in den Neckar springenden Knaben mit .Gefahr seines

Lebens rettet. Mathy hätte mit Recht diesem versöhnlichen einen tragischen Ausgang vorgezogen.

„Ein eigen Haus" und manche spätere, kranken und zerfallenden Ehen nachspürende Dichtung Auerbachs scheint in Selbsterlebtem und Erlittenem zu wurzeln. Nina und Berthold, zwei starke Temperamente, waren auf grundverschiedenem Boden erwachsen. Die Großstadt und der Wiener Salon hatten das Weltkind, das als virtuose Klavierspielerin und Meisterin übermütiger, spottlustiger Plauderei viel gefeiert worden war, anders gewöhnt und gebildet, als Nordstetten und die harten Hungerjahre den harmlosen, leicht ungestüm aufbrausenden Berthold. Sein Sinn für Feierlichkeit reizte, wie Anton Springer bei der „Menschenerklärung" eines Kindes deutlich sah, ihre Ungeduld. Manche kleinstädtische Bekannte, die Berthold ans Herz gewachsen waren, langweilten Nina. Nachgiebigkeit, Milde, rechtzeitiges Schweigen ·war nur selten ihre, noch seltener die Sache ihrer Angehörigen. Berthold verstand und vertrug sich mit Ninas Brüdern, dem in Berlin ansässigen Sigmund so wenig wie mit Heinrich (Hieronymus Lorm). Sein Pathos befremdete sie, wie ihn ihre witzige und witzelnde Manier. Verstimmungen und Weiterungen blieben nicht aus, so daß Berthold Baden bei Wien verließ und mit Karl Andree nach Mailand reiste. Auf der Heimfahrt erkrankte er in Augsburg lebensgefährlich an Nervenfieber. Nina, die Berthold heiß liebte, fuhr sofort zu ihm und der klugen Behandlung des alten, aus München herbeigeeilten Freundes Pfeufer im Verein mit ihrer Pflege gelang es, die Krise zu beschwören. In neuer Zärtlichkeit wandte sich der Genesene Nina zu. Die ersten Monate des Jahres 1854 vergingen beiden auch in Eintracht und Zufriedenheit. In jeder Ehe, hatte schon Auerbachs Hofer gemeint, darf es dann und wann gewittern, nur Erdbeben soll es nicht geben. Im Juli brach abermals Sturm aus. Nina ging gegen Bertholds Willen mit den Kindern zu ihren Eltern nach Wien und der schwergekränkte Mann eiferte in heißblütigen Briefen über die „Seelenverwüstung". Zwei Monate Bedenkzeit gab er ihr, die er in Schwaben verbrachte.

Doppelt wohl tat ihm in so schweren Stunden die Friedensinsel Kauslers, das Pfarrhaus in Stetten auf der Alb; „wir liegen miteinander im Walde oder schauen von Höhen in das Berggewimmel"; „schon das Dasein eines solchen Friedenshauses in einem Dorfe ist die beste Kirche und Heilslehre". Kauslers Wirtschaft führte seine verwitwete Schwester, Caspert. Die mitteilsame Schwäbin frühstückte mit dem Gast, da Kausler jede Nacht bis ein und zwei Uhr las und erst spät aufstand. Eines Tages erzählte sie: in La Pérouse, der früheren Pfarre Kauslers, sei einmal was Wunderliches geschehen. Schnell nacheinander seien die Eltern von zwei kleinen Kindern gestorben. Die Kinder hätten's nicht glauben wollen und nicht verstehen können, daß die Eltern tot seien; jeden Morgen seien sie nach dem Elternhaus gezogen und hätten dort geklopft. Als Frau Caspert das gesagt hatte, fuhr es Auerbach wie ein Blitz durch die Seele, was wird aus den Kindern? Ihr Leben wäre auszuphantasieren. Er nahm seine Tasse und ging auf sein Zimmer; an jenem Morgen schrieb er fast den ganzen Plan zum Barfüßele.

Auch die Grabschrift, die Kausler in dem hugenottischen Dorf La Pérouse für ein erfrorenes Kind gedichtet, hörte Auerbach in Stetten: sie wurde die Keimzelle von „Joseph im Schnee". Von Kausler ging Auerbach nach Nordstetten. Dort erreichten ihn einlenkende Briefe Ninas. Das Gerücht hatte nicht gefeiert. Gottfried Keller hatte während seines Besuches in Dresden von argen Zerwürfnissen gehört und Freiligrath gemeldet. In Stuttgart fragte Mörike, in Frankfurt am Main B. H. Goldschmidt den Dichter, ob er vor der Scheidung stehe? Auerbach konnte die Wohlgesinnten beruhigen. Berthold und Nina fanden sich, vollkommen versöhnt, in neu hervorbrechender Zärtlichkeit Ende Oktober 1854 in Dresden.

Die Neubearbeitungen von „Spinoza" und „Dichter und Kaufmann" machten dem Dichter viel Mühe. Deutlich sah er, wo es dem Anfänger gefehlt hatte. Sorgsam und selbstquälerisch besserte er nach. Nicht zum Heil der beiden Romane. Die Energie des ersten jugendlichen Wurfes wurde geschädigt, die Reise der höheren Alters- und Kunststufe nicht erreicht.

Ein neues Werk, das Auerbach in fünf Novembertagen wie im Fieber fertig brachte, war das fünfaktige Schauspiel „Der Wahrspruch". Es hat niemals auf deutschen Bühnen Fuß gefaßt, obwohl es, unter seinen Dramen das beste, zugleich an sich Beachtung verdient in der Geschichte des deutschen Bauernstückes. Durchweg hochdeutsch geschrieben, verleugnet es in Charakteristik und Bau nicht den Einfluß des „Erbförster". Die

Mutter und der Herzensbruder eines Verbrechers aus verlorener Ehre
werden fast kasuistisch vor die Gewissensfrage gestellt, ob sie zur Rettung
des durch fremden Frevel in Unheil Gehetzten sein Alibi durch falsche
Zeugenaussage bekräftigen sollen. Durch rücksichts- und gewissenlose
Dorfgewaltige ist der Unselige zuerst zu einer unbedachten Unbot-
mäßigkeit gegen den Schultheiß und nach Verbüßung einer mehr-
monatlichen Haft durch dieselben „Seelenbrandstifter", die die Frauen-
ehre seiner Mutter beschimpften, zum Racheakt einer Brandstiftung
fortgerissen worden. Die Schuld, die der Leidenschaftliche, von erbarmungslosen Widersachern zum Äußersten gebracht, begangen, ist
gering, gemessen an den Nichtswürdigkeiten, die ihm und den Seinigen
— zur Verhinderung der Ehe seiner Schwester mit dem Sohn eines
Großbauern — angetan wurden. Soll der Mann, an dem mehr
gesündigt wurde, als er gesündigt hat, nach dem Buchstaben des Gesetzes aus der Reihe der Lebenden gestrichen werden? Oder darf zur
Abwehr von maßloser Tücke der Kreis seiner Nächsten, die Mutter,
der Freund eine Notlüge gebrauchen, irdische Gerechtigkeit verletzen,
um ihn nach dem Gebot höherer Menschlichkeit zu befreien? Die
Mutter, nach furchtbarem Seelenkampf zum Meineid bereit, stirbt vor
der Gerichtsverhandlung mit der Selbstanklage, ihr Seelenheil verloren zu haben. Der Freund, nahe daran, vor den Geschworenen
falsch auszusagen, wird davor bewahrt durch das Liebesopfer des An-
geklagten, der sich selbst den Wahrspruch fällt — und menschliche Richter
wollen für Gnade sorgen. Es fehlt dem „Wahrspruch" nicht an einem
starken Grundmotiv, ebensowenig an ernsten und heiteren Spielrollen.
Die grundsätzliche Vermeidung der Mundart und die für Bauernkreise
zu spitzfindige Erörterung des Zwiespaltes zwischen zweierlei Gerechtigkeit haben die Einbürgerung des „Wahrspruch" auf den Bühnen ihrer
und unserer Tage gehindert. Das Verdienst, den Weg in das gelobte
Land des bäuerlichen Charakterstückes nach und mit dem Erbförster gewiesen zu haben, bleibt diesem Schauspiel und mehr noch den tragischen
und komischen Vorbildern der Schwarzwälder Dorfgeschichten.

Mathy war Anfangs Oktober 1854 aus dem Buchhandel, der für
ihn und die Seinigen keine gesicherte Zukunft verhieß, ausgeschieden
und einem Rufe Mevissens nach Köln gefolgt. Bassermann, der
trotz schwerer Mißstimmungen und Augenleiden die Geschäfte des Ver-

tages leitete, stand trotz oder wegen aufrichtigen persönlichen Wohlwollens dem Dichter strenger gegenüber. Den „Wahlbruder" — so
lautete der Untertitel des „Wahrspruchs" — den ihm Auerbach wohl
auch für das Mannheimer Theater zur Beurteilung vorlegte, wies er
zurück. Die Umarbeitung der Ghettoromane mißfiel ihm und geradezu
betroffen war Bassermann durch das Manuskript des „Schatzkästlein
des Gevattersmannes". Als ehrlicher Freund riet ihm Bassermann
eindringlich, das Buch ungedruckt zu lassen. Er befinde sich mit dieser
Sammlung älterer, allzu breiter, vielfach völlig pointenloser, der Zeit
entwachsener Schnurren und Predigten dermaßen auf dem Holzwege,
daß er durch ihre Veröffentlichung seinem Ruf einen unheilbaren
Stoß, sicher noch härteren Schaden zufügen werde, als durch die
Selbsttäuschung, in der er sich über „Andree Hofer" und „Wahrspruch"
befunden. Wohlmeinend riet er dem Dichter, der vorübergehend mit
dem Gedanken an eine Amerikareise gespielt hatte, den Sommer nicht
in Dresden zu versitzen, sondern frische große Eindrücke aus dem Hoch-
gebirge, zumal aus Partenkirchen zu holen.

Auerbach folgte dem Wink und verbrachte frohe Tage am Schliersee, von dem er der Augsburger Allgemeinen Zeitung „Bergbriefe
aus dem bayrischen Hochland", Schilderungen der Wallfahrt zum
Kirchlein des heiligen Leonhard, Augenblicksbilder aus dem Alm- und
Großbauernleben schickte, die der Dichter ein Jahrzehnt später breiter
und künstlerischer im Roman „Auf der Höhe" wieder aufnehmen
sollte. „Ich bin hier in einer Welt voll quellenreichen poetischen Lebens,"
so schrieb er am 1. August 1855 an Nina. „Hätte ich das vor Jahren
erschaut, mit reiner ungeteilter Seele, ich glaube, ich hätte Gestalten
erobert, bergesfrisch und von Jauchzenjodeln durchzogen, aber auch jetzt
fasse ich mich nach Kräften und suche zu bannen, was ich vermag." Am
nächsten Sonntag kam Auerbach von einem Waldgang heim, trank
seinen Kaffee in einer Laube am Wirtshaus, sah in die Zeitung und
las, daß sich Bassermann erschossen hatte.

„Du kannst Dir denken," schreibt er an seine Frau, „wie mich das erschütterte, ich
wurde eiskalt und bin den ganzen Tag so krank und matt gewesen, daß ich nur wenig
ging, auch das Seebad half nicht, und ich ging Abends schon um halb neun zu Bett,
und erst heute fühle ich mich fähig, schreibend zu denken. B. wurde nur vierundvierzig
Jahre alt. Du hast ihn ja auch gesehen in der Fülle häuslichen Glückes, und jetzt
konnte er die Zerstörung seiner vaterländischen Wünsche und die dadurch herbeigeführte

Zerrüttung seiner Nerven nicht ertragen. Besonders das quälte ihn, daß seine Frau so viel ertragen mußte, und er konnte ihr es doch nicht abwenden. Wie muß er gekämpft haben um dieser äußersten Tat willen. Er war ein Mann von mustergültiger Sittenreinheit, schroff gegen sich und darum auch schroff gegen andere, ohne Nachgiebigkeit gegen Weichmütiges, und doch ist er erlegen und so fürchterlich. Ich lag gestern mittag am Waldesrand und dachte mich hinein in den Weltzusammenhang, und es war mir unsäglich schwer. Ich habe mit B. nie die innere sympathische Zusammengehörigkeit gehabt, wie zu dem treuherzigen Mathy — er war eine formell kalte, liberal aristokratische Natur, aber wir hielten uns gegenseitig wert, er mußte, daß ich sein in großem Schnitte nobles Naturell erkannte, und im Jahre 48, während wir am Landtage täglich verkehrten, haben wir uns vollauf verständigt. Wie ist sein letzter Brief, der jetzt vor mir liegt, so ganz aus seinem Naturell, und jetzt ist er nur noch ein Klang."

Bassermanns Tod hatte die Ablösung der Verträge durch Auerbach zur Folge, da Cotta seine Schriften „sehr in Verlag wünschte, um, wie er sagte, sich auch der neuen Klassiker zu versichern und überhaupt unendlich lobvoll und freundlich war." Die Verhandlungen nahmen raschen Verlauf, Auerbach glaubte „auf einem Wege zu sein, der unser äußeres Wohl wohlbegründet feststellt". Am 30. August war die Schlußberatung seines Kontraktes, der seine alten und neuen Werke dem Hause Cotta sicherte und dem Dichter die von Bassermann und Mathy vergebens gewünschte Gesamtausgabe in nahe Aussicht stellte. „Will's Gott," so schrieb er seiner Frau, „datiert von heute an auch äußerlich für uns und unsere Kinder eine neue Ära." „Was dich betrifft, lieber Berthold," so meinte Mathy, „so habe ich erfahren, daß du mit Sack und Pack in das Cottasche Lager übergegangen bist, und ich zweifle nicht, daß du Ursache hast, mit diesem Schritte zufrieden zu sein. Für die Unsterblichkeit hast du selbst gesorgt, aber es gibt auch eine beschränkte Gattung neben der an sich unbeschränkten, für welche Cotta besser sorgen kann als andere; es ist jene, welche ein geistreicher französischer Feuilletonist unlängst dem Ponsard vindizierte, als er von demselben sagte: désormais il est sûr d'être immortel pendant toute sa vie."

Die erste neue Dichtung, die Auerbach im Cottaschen Verlag erscheinen ließ, war Barfüßele. Der Urtitel in der Handschrift lautete: „Das neue Aschenputtel". Brieflich nannte er es bezeichnender ein realistisches Aschenbrödel. Kein Königssohn führt Barfüßele heim, kein Zauberbaum schmückt Auerbachs Amrei mit goldenen Gewändern zum Hoffest, nur die kerngesunde Natur Amreis hilft ihr in und aus aller Not. Wie das La Péroujer Waisenkind, von dem die Schwester Kauslers erzählt hatte, klopft die siebenjährige Amrei vergebens an die verschlossene Tür der verstorbenen Eltern. Ginge es nach der gleichgültigen Ortsobrigkeit, dann würde der Weg der Verlassenen, wie bei modernen Elendmalern, ins Zuchthaus oder Spital führen, da die Pfleger den Jungen nichts Rechtes lernen, vielmehr gegen den Verzicht auf sein Heimatrecht schleunigst nach Amerika auswandern und Amrei Ganshirtin werden lassen. Nur der Arbeits= und Lebens= mut Amreis bewahrt beide vor dem Verkommen. Der Härte der anderen setzt sie unerschöpfliche Samariterlust entgegen; mag's draußen noch so kalt und finster werden, in ihrem Innern bleibt es hell und warm. In bitterer Armut ist sie, das Urbild der laeta paupertas, überreich durch angeborene Wundergaben. Die mißachtete Gans= hirtin genießt alle Heimlichkeiten und Herrlichkeiten von Wald und Flur, jeder Käfer und jeder Grashalm gibt ihr zu rätseln und zu raten, wie einem alten Einsiedel; an ihrem derben Mutterwitz wird fremde Torheit, an ihrer Güte und Gebuld Bosheit und Gemeinheit zu schanden. Wie ein geratenes Kind dem Vater, gleicht Barfüßele Berthold Auer= bach in großen und kleinen Zügen, in dem irdischen Vergnügen an Gott, in der endlosen Gedankenspinnerei, in der Naturschwärmerei, in der unverdrossenen Hingabe für den nach Amerika auswandernden Bruder, in dem flinken Mundwerk. Zu dieser Familienähnlichkeit stimmt die Ähnlichkeit ihrer Geschicke. Auerbach und Barfüßele tragen alle Mühen, Sorgen und Klagen ihrer Anfänge langmütig und heiter, bis sie unversehens verdientes Glück auf ungeahnte Höhen hebt. Auf einer Bauernhochzeit fällt Barfüßele, die von den Heimischen nur als lebendiger Kleiderstock betrachtet und behandelt wird, dem aus der Ferne zur Brautschau zugewanderten Stammhalter des geizigen, schwerreichen Landfriedensbauern auf. „Nur ein einziger Tanz" ent= scheidet über die Zukunft Barfüßeles. So gut Barfüßele dem Sohn des Landfriedensbauern gefällt — sobald er gehört, daß sie Magd ist und Ganshirtin gewesen, gewinnt er es nicht über sich, Amrei zum Schatz zu wählen. Erst nachdem er über Jahr und Tag daheim mit sich gekämpft und, als Freiwerber nochmals in Barfüßeles Heimat verschlagen, zufällig ihr Retter aus roher Mißhandlung wird, macht er sie zu seiner Braut. Im Haus seiner Eltern muß sich Amrei wiederum

durch eigene Kraft ihren Platz am Herd erkämpfen. Und sie tut das
so beherzt und beredt, daß der Alte sagt: „Du kannst ja predigen wie
ein Pfarrer," worauf die Mutter die wundervolle Wahrheit verkündet:
„Warum nicht? Die Pfarrer haben auch nicht mehr als e i n Hirn
und e i n Herz."

Der Eindruck, den „Barfüßele" machte, war außerordentlich. In
wenigen Monaten wurden siebzehntausend Exemplare abgesetzt,
B a u t i e r zeichnete späterhin aus freiem Antrieb eine Reihe von
Blättern zu der Dichtung, der Bildhauer C a u e r modellierte eine
Statuette Barfüßeles. R i e t s c h e l schrieb dem Freund begeistert,
R ü c k e r t stellte den Waldritt dem Besten in der deutschen Dichtung
zur Seite, H e r m a n n H e t t n e r, dem Auerbach zu dessen größter
Dankbarkeit durch herzliche Fürsprache die Berufung nach Dresden
als Vorstand des Museums vermittelt hatte, nannte den Schöpfer des
Barfüßele den einzigen Dichter der Zeit und O t t o L u d w i g urteilte:

„Die Geschichte ist äußerst einfach, der große Reiz, den die Erzählung ausübt,
liegt im Schmelze ihrer Gedankenhaftigkeit, ich möchte sagen in der Schönheit, in der
Melodie ihrer Reflexionen. Auch recht schöne und treffende psychologische Reflexionen sind darin, aber weniger als Momente eigentlicher Charakterdarstellung in
die Folge einer Entwicklung organisch eingewachsen, sondern mehr als gelegentliche Bemerkungen. Eine vorzügliche Schönheit des Inhaltes ist, daß die naive Materie ebenso
naive Form darin gewonnen hat. Da ist keine Spur von äußerlichen Spannungs-
kunststücken, solche hätten aber auch das Substanzhafte, das Gediegene des Ganzen
gehindert; was an Auerbachs Stoffen und an seiner Darstellung schön, das verträgt
sich nicht mit jener Treib- und Filigranarbeit. Darin erinnert er auch an Tizian. Ich
weiß nicht, ob Kellers Leute von Seldwyla älter sind oder das Barfüßele, so viel aber
scheint mir gewiß, daß die Tanzszenen und die Brautreise in beiden Novellen wie
Mutter und Tochter sich verhalten. — Ich glaube, es wäre nützlich, wenn ich mich
daran gewöhnte, auch meinen psychologischen, selbst meinen technischen Reflexionen
jene blühende Bildlichkeit und jenen Schmelz der Melodie zu geben." „Ich weiß
nicht, ob ich wünschen soll, Auerbach möge des Romans mächtig werden." „Ich
glaube kaum; in Auerbach ist dazu zu wenig vom technischen Kopfe. In seinen Novellen ist er häufig ganz vortrefflich; nicht wenige davon sind in ihrer Art Kunstwerke
ersten Ranges durch Geschlossenheit, Poesie und Diskretion." „Im Barfüßele ist ein
ungemein einfacher Stoff mit reizendem Reflexionsdetail umgrünt. Es ist weniger
Handlung und Situation darin, als Reflexionen über Momente des Handelns und von
Situation, weniger eigentliche Charakterdarstellung als Reflexion über charakteristische
Momente; bei Shakespeare ist es ähnlich: weniger dargestelltes Denken, Träumen,
überhaupt Ausleben der Menschen, als Reflexionen über alles das. Seine Hauptstärke ist nur, wie mannigfach er diese Reflexionen zu wenden, umzukleiden und mit

dem Ganzen in Haltung zu bringen weiß. Noch ein Vorzug des Barfüßele ist die ethische Gesundheit." „Es sind Reden im Barfüßele trotz Shakespeare, zum Beispiel ‚ich habe meine Eltern nicht gekannt, ich kann mich ihrer nicht mehr erinnern, ich habe sie nur lieb, wie man Gott lieb hat, ohne daß man ihn je gesehen hat.' Die einfachen primitiven Motive, die Grundmotive aller Gesellschaft, die wunderbare Diskretion, mit der das Lockendste nicht bis auf die Spitze verfolgt ist. Ein solches Buch kann ein Kind lesen — wenn man nicht durch die träumerische Ausmalung der Liebe Frühreife zu wecken fürchtet. Die einzelnen Gelenke der Kausalität könnte man motivierter wünschen, zum Beispiel die sehr plötzliche Umstimmung des Landfriedbauers, ohne irgend einen Rückfall in seine Zähigkeit und so noch manches andere. Da aber der Autor darin dem Wunsche des Lesers eine Konzession macht, kann er erwarten, daß man seine Motive nicht zu scharf wäge. Weniger die Sprache, als die Gedanken sind schön, die Schönheit aber, wie bei Shakespeare, mehr eine geistige. Der Gehalt ist derart und so reich, daß man nicht an die äußere Form denkt und die eigentliche Kunstfertigkeit nicht vermißt oder besser gesagt: sehr gern vermißt, lieber vermißt, als findet."

Nur G u t z k o w grollte in den Unterhaltungen am häuslichen Herd. Auerbach hatte Freytags S o l l u n d H a b e n im Winter 1855 aus freiem Antrieb in der Augsburger Allgemeinen Zeitung nach Verdienst gerühmt. Gutzkow sah diesen warmen, wirksamen Fürspruch als gegen ihn gerichtetes Manifest an und grüßte kaum mehr. Im April 1856 zeigte Auerbach K e l l e r s Leute von Seldwyla wiederum in der Allgemeinen Zeitung an als „ein helles Sommerbuch, wohl geeignet, in grüner Laube an heiteren Tagen gelesen zu werden". Und abermals fühlte sich Gutzkow verletzt. Während eines kurzen Dresdener Aufenthaltes hatte Keller den Mißgünstigen eine Ratte gescholten. Jedenfalls war der seit der folgenschweren Verdammung seiner Wally durch M e n z e l bis auf die beharrlichen Angriffe J u l i a n S c h m i d t s in den „Grenzboten" Gehetzte, Gereizte, vielleicht Gemütskranke, halb unzurechnungsfähig angesichts fremder Erfolge. Neid hat ein Anhänger Gutzkows die Pfahlwurzel seines Wesens genannt. Den harmlosen redlichen O t t o R o q u e t t e, der, als Gymnasiallehrer nach Dresden berufen, Gutzkow besuchte, verdächtigte er als mutmaßlichen Herausgeber einer neuen Zeitschrift und verwundete den Arglosen geflissentlich durch einen „Skorpionstich", indem er sein „Urbild des Tartüffe", den Abbé La R o q u e t t e, nicht nur als Namensvetter Otto Roquettes bezeichnete. Ganz anders, mit größter Hilfsbereitschaft, nahm Auerbach den Ankömmling auf. Er führte Roquette bei

Otto Ludwig und sonstigen Bekannten ein. Nach der Veröffentlichung
des Barfüßele traf Roquette den Erzähler auf der Brühlschen Terrasse
und hielt ihn an, um seine Freude über das Werk auszusprechen.
Auerbach hörte mit strahlenden Augen eine Weile zu, bis er überselig
ausrief: Ich könnt' Euch umarmen, ich könnt' Euch vor den Leuten
abküssen, daß Ihr mir das gesagt habt. Wer beim ersten wohlwollenden
Wort so hell aufjauchzt, sündigt nicht durch Hoffart. Auerbach fehlte
die Selbstsicherheit, die nach dem Urteil Dritter nicht fragt. Nach
jeder neuen Arbeit harrte er ängstlich, von anderen zu hören, ob er
das Rechte getroffen oder verfehlt, wie ein Schüler, den nach der Prüfung der Fleißzettel der Lehrer, das aufmunternde Lob der Honoratioren über seine Fortschritte beruhigen müssen.

Herbsttage, die er im Weimaraner Freundeskreis zubrachte,
beschieden ihm überraschende Gewißheit, wie weit und hoch sein
Schaffen wirkte:

Ich hatte mich vorgestern — so schrieb er Ende September 1856 aus Weimar
an seine Frau — auf Anraten der Freunde einfach beim Hofmarschall dadurch an-
gemeldet, daß ich meine Karte abgab. Spät Abends erhielt ich von demselben einen
sehr verbindlichen Brief mit der Einladung des Großherzogs auf gestern mittag zwölf
Uhr zum Frühstück nach Ettersburg. Dies wurde wieder auf zwei Uhr abgeändert,
und ich fuhr hin unter gräßlichem Windsturm. Der Marschall Beust empfing mich,
und ich blieb bei ihm und Herr v. Zeblitz, den Du von Tolkewitz her kennst, auch Staatsrat Grimm aus Dresden mit allerlei Orden behangen war da. Nesselrode war noch
beim Großherzog. Ich wurde gerufen, in das wie mit Wohlgerüchen durchwärmte Ar-
beitszimmer geführt, wo die herrlichste Aussicht auf Wald und Park, und nun kam der
Großherzog mit wahrer Herzlichkeit mir entgegen, reichte mir beide Hände und hieß
mich als alten Freund willkommen. Wir sprachen viel und allerlei über die letzten
neun Jahre, die wir uns nicht gesehen. Leider muß ich sagen, der Großherzog, so
gut er's meint, ist Dilettant geblieben, ein Schaumschlürfen von allerlei und kein
arbeitskräftiges Denken. Dabei hat er aber einen schönen Ehrgeiz, und er bat mich,
ihm zu helfen, etwas für die neue Erweckung deutschen Geistes zu tun, Männer an sich
zu ziehen 2c. Dabei wiederholte er mehrmals: einer der liebsten wäre mir, wenn ich den
Hofrat Auerbach mir nahe hätte, fragen Sie doch einmal den Hofrat A., und sagen
Sie doch, was er dazu antwortet und warum er nicht hier wohnen will. Ich antwortete ausweichend und sagte auch, daß Du als Großstädterin Dich hier nicht befriedigt fühlen würdest, da sagte er, daß ich Dich einmal bringen solle, er und alle
würden gewiß alles tun, um Dich zu belehren. Es war halb fünf geworden, da
sagte er: Meine Schwester wünscht sehr, Sie kennen zu lernen, wollen Sie nicht
bei Tische bleiben? Ich erwiderte: Ja. Er sagte: Ich muß mich noch umkleiden.
Ich verabschiedete mich also, ging in den Park und ein Stück durch das Dorf, wo in

einer Scheune gedroschen wurde. Ich muß mich da etwas versäumt haben in meinen Gedanken, wie so seltsam das Weltleben zusammengewirkt ist, dort alle Bedürfnisse gekocht und alles Sinnen nur auf Schmuck und Poesie gerichtet und hier —. Als ich zurückkam, suchte mich bereits ein schweißtriefender Lakai, die Herrschaften waren bereits versammelt. Auch die Großherzogin begrüßte mich herzlich, fragte mich nach Dir und den Kindern, und der Großherzog nahm mich an der Hand und stellte mich seiner Schwester, der Prinzessin von Preußen, vor. Ich kann Dir nicht sagen, wie liebenswürdig sie sich alsbald benahm. Ich muß Dir doch zu Deiner Freude wiederholen, daß sie sagte: ihr Bruder erfülle ihr einen ihrer liebsten Wünsche, indem er mich ihr zuführe, gerade weil man aus meinen Schriften einen noch tieferen Hintergrund der Persönlichkeit sehe, der sich in den Gegenständen bescheide, habe man das besondere Verlangen, mich kennen zu lernen. Sie sagte, sie habe mir viele schöne Stunden zu danken, aber nach Tisch wolle sie ausführlich mit mir reden. Wir setzten uns. Auch Prinz Aschanti aus Java war bei Tische. Der Speisesaal hoch mit Stukkaturen, die Tafel brillant. Ich saß dem Großherzog und der Prinzessin von Preußen gegenüber, und wir drei führten bei Tische das Gespräch über falschen und wahren Naturenthusiasmus, über Blasiertheit und dergleichen. In allem, was die Prinzessin von Preußen sagte, fühlte sich die selbständige Grundlage des Denkens heraus. Nach Tische rief mich die Prinzessin von Preußen zu sich, und nun sprach sie mit mir über meine Schriften und über die Zeit und deren Ausdruck überhaupt. Sie sagte, daß ihr meine Schriften wie Lebensereignisse geworden wären. So sehe sie zum Beispiel fast nie eines der schönen badischen Bahnhäuschen, ohne an den Schluß der Sträflinge erinnert zu werden, und in Bezug auf mein Schatzkästlein sagte sie, man habe das Volk lesen gelehrt, ihm aber nicht zum Lesen Passendes gegeben, darum sei das so dankenswerter ꝛc.

Sie sprach nun mit Begeisterung vom badischen Lande und daß ich ihre Tochter, die sich eben in dieser Woche verheiratete, auch in Karlsruhe einmal besuchen müsse, sie werde mich ankündigen. Es war ein wirklich schönes Entzücken, als sie mir sagte: wie glücklich sie sei, solch ein Kind, so rein und fähig zu allem Glück und aller Beglückung erhalten zu haben. Auch auf Jer. Gotthelf kam sie zu reden, und sie tadelte sein Predigen, wo sich ein Moment darbiete. Unsere Zeit nannte sie die der Kontraste, und sie bezeichnete es als ein Glück für mich, daß ich noch ein Optimist sei, dieser innere Glaube an die Möglichkeit des Guten lasse uns auch das Gute wirklich machen. Und als ich ihr unter anderem einmal sagte, daß wir realistischen Poeten auch für die auf die Lebenshöhe Gestellten, die das Leben nie zu Fuß durchschritten und unbelauscht gesehen haben, dasselbe porträtkenntlich fassen müssen — sagte sie, daß sie das Leben sich oft nahe angesehen habe, und erzählte viel vom Rhein. Sie verspätete sich so mit Sprechen, daß, als sie den Kammerherrn bat, um halb sieben anspannen zu lassen, dieser sagte: Königliche Hoheit, es ist bereits halb acht. Nun sagte sie nochmals, daß sie heute eine freudige Erfüllung mitnehme. Der Großherzog brachte mich noch einmal nach Entfernung seiner Schwester zur Großherzogin, und beide drangen in mich, daß ich hierherziehen solle. Ich dankte sehr für die Freundlichkeit, und nun ging's ans Adieu, und ich fuhr zurück.

Da haſt Du einen Hoftag von mir. Ich muß ſagen, daß, als ich allein im Park
ging, ich oft daran dachte: O Gott! woher biſt du gekommen? Von Nordſtetten, und
wenn du dich in die Jugend zurückdenkſt, iſt alles wie ein Traum. Und wie oft bin
ich dann wieder verunehrt worden, und hier wird mir nun die wärmſte Ehrenbezeigung!

Ich faßte mich aber in allem wieder, und dieſes Hin- und Herſchicken, dieſes
Melden, Eintreten ꝛc., das den Beſucher in eine Art von Rauſch verſetzen kann, ſchüttelte
ich ab. Und bei Tiſch dachte ich oft: wenn nur Du baſäßeſt, es täte Dir noch wohler
als mir, und täte auch mir gut, daß aus der Ehrerbietung anderer mir auch meine
Ehre würde. Aber ich hoffe, es iſt nicht mehr nötig. Ich ſchöpfe aus dieſer Reiſe
mancherlei Zuverſicht.

S t i c h l i n g , S c h ö l l , S a u p p e , die ſind mir wie Jugendfreunde, und
überhaupt ſpricht mich von hier etwas an wie aus dem Atem meiner Jugendzeit,
und alte Friſche will ſich erneuen. Ich ſehe wieder grüne Lebensoaſen, und es war
mir alles ſo verhagelt und in Wüſtenſand begraben. Ich bin vielleicht zu ſchwach,
daß ich der Menſchenliebe ſo bedürftig bin, aber ich weiß, daß ich eben dadurch auch
den Menſchen viel bin, und ich erfahre hier aus allerlei Rückerinnerungen, was ich
ihnen war in der Zeit harmloſer Hingebung, und eben dadurch fraß es mir das innerſte
Herz an, daß ich denen, die mir ganz zu eigen ſein ſollten, nicht das war, was ich ſo
ſchwärmeriſch erſehnt und erhofft hatte. Will's Gott, ſo bringe ich es noch dahin, daß
meinem innerſten Herzensdrange ſein Recht und ſeine Befriedigung wird.

Ich wiederhole Dir, daß ich neugeſtärkt und ermutigt heimkehre. Hilf auch Du
mir, danach zu trachten und daran zu arbeiten, den neuen Lebensmut tagtäglich
zu bewähren und ihn unangetaſtet zu erhalten.

Frohgemut kehrte der Dichter nach Dresden zurück. Frohgemut
rüſtete er zum Deutſchen Familienkalender auf das Jahr 1858, dem
in neuerer, beſſerer Form auflebenden Gevattersmann, der im Cotta-
ſchen Verlag, mit Monatsbildern von K a u l b a c h und Zeichnungen von
L u d w i g R i c h t e r und R a m b e r g zu Auerbachs Geſchichten („Gellerts
Letzte Weihnachten", „Die Stiefmutter" u. ſ. w.), erſcheinen ſollte. Da
widerfuhr ihm eine Zurückſetzung, die zunächſt ſeinen Bruch mit
H e t t n e r und ſpäterhin ſeinen Abſchied von Dresden zur Folge hatte.

Am fünfzigſten Jahrestag von Schillers Tod, am 9. Mai 1855,
wurde auf J u l i u s H a m m e r s Anregung am Körnerhaus in
Loſchwitz eine Gedenktafel angebracht. Als Feſtredner waren W o l f -
ſ o h n , G u t z k o w und Auerbach geladen worden. Die Feier darf
als Geburtstag der Deutſchen Schillerſtiftung angeſehen werden, denn
bei dieſem Anlaß wurde der Gedanke, deutſchen Dichtern in wirtſchaft-
licher Bedrängnis durch Ehrengaben beizuſtehen, ausgeſprochen, aufgegriffen und nicht zum wenigſten von Berthold Auerbach, der allen

Beratungen zugezogen worden war, wirksam gefördert. Dem ersten Ausschuß wurde Auerbach nicht beigezogen, nach dem Tod von Hofrat Winkler als Ersatzmann Hettner gewählt. Als Auerbach diese Umgehung aus den Blättern erfuhr, verlangte er von Hettner die Gründe zu hören, aus denen er übergangen wurde. Hettner erwiderte: 1. Major Serre perhorresziere Auerbach wegen seiner bei dem Loschwitzer Fest gehaltenen Rede, während Hettner im Beisein des Justizrates Kohlschütter erklärt hatte, daß er eben diese Rede wörtlich unterschreibe. 2. Geheimrat Carus könne infolge einer sozialen Differenz seine Teilnahme am Komitee nicht zugeben. Ein Motiv, das Auerbach gleichfalls als nicht stichhaltig zurückweisen konnte, weil Carus bei den ersten Besprechungen Auerbach wie Gutzkow gesagt hatte: „Die Herren werden ja in das Komitee eintreten." Auerbach verlangte deshalb, daß Hettner dem Komitee erkläre: 1. wenn Auerbach aus politischen oder ethischen Anschauungen, namentlich in Bezug auf die Loschwitzer Rede umgangen sei, so stehe Hettner mit ihm auf denselben Grundsätzen. Dies könne somit kein Anlaß zu seiner Umgehung sein. Sei aber das Motiv 2. ein sozialpersönliches, so könne ein solches in einer Sache, die eine national allgemeine sei, nicht maßgebend sein. Der folgende Brief, den Hettner in dieser Angelegenheit an Carus richtete, mußte Auerbach schmerzlich enttäuschen, als Freund und Mann kränken:

Als der Vorstand der Schillerstiftung mir die Ehre erwies, mich zum Mitglied zu erwählen, ahnte ich sogleich, daß dies mich mit Auerbach in ein Mißverhältnis bringen würde. Ich achtete darauf nicht, weil ich auf verletzte Eitelkeit nicht Rücksicht nehmen zu dürfen glaubte. Nichtsdestoweniger ging bei Auerbach der Riß tiefer, als ich vermutete. Gestern erklärte er mir entschieden, daß ich entweder aus der Schillerstiftung austreten oder sein Freundschaftsverhältnis zu mir als gelöst betrachten müsse.

Ich halte dies Benehmen für eigensinnig und — sit venia verbo — für kindisch und habe daraus kein Hehl gemacht. Ich habe ihm besonders auch die Taktlosigkeit der Schillerrede vorgehalten. Trotzdem bestimmt mich eine gewisse Rücksicht, meinen Austritt aus der Schillerstiftung zu erklären, so schmerzlich ich auch bedaure, diesen Schritt tun zu müssen.

Auerbach fühlt, daß er durch seine häuslichen Verhältnisse in eine schiefe gesellschaftliche Stellung gekommen ist. Er ist daher reizbar und argwöhnisch, wie das böse Gewissen immer reizbar und argwöhnisch zu sein pflegt. Er nimmt es doppelt und dreifach schwer, wenn sich, wie in jüngster Zeit mehrfach erleben mußte, ein früherer Freund von ihm zurückzieht. Ich weiß daher, wie tief ihm der Bruch mit mir gehen würde, und möchte ihm gern diesen Schmerz ersparen, da er seit zehn Jahren mir jederzeit als treuer und sogar aufopfernder Freund sich bewährt hat. Dies ist der Grund, warum ich ihm in einer Laune nachgebe, die ich als kindisch betrachte und als durchaus ungerechtfertigt. Sie Ihrerseits mögen mir glauben, daß es mir schwer fällt, aus einem Kreise zu scheiden, welchem anzugehören ich mir zur höchsten Ehre schätzte. Weiß ich doch von Ihnen, daß Sie nicht bloß mit dem Verstande, sondern mehr noch mit dem Gemüt urteilen. Mein Verstand verdammt die Forderung Auerbachs, mein Gemüt gibt ihm nach, weil es mir sagt, daß der arme Mensch zerrüttet ist und daher selbst in seinen Schwächen von seinen Freunden geschont werden muß.

In diesem bisher ungedruckten Brief wird e i n wesentlicher Umstand nicht erwähnt: Hettners Biograph vermutet, daß auch die Judenfrage mitspielte. Anderthalb Jahre später hatte Auerbach die Genugtuung, auf Gußkows Antrag einstimmig in den Ausschuß der Dresdener Schillerstiftung berufen zu werden. Hettner suchte in einem am zweiten Jahrestag des Todes seiner Frau, einer geborenen v o n S t o c k m a r, geschriebenen ergreifenden Briefe den Zürnenden zu versöhnen: der sonst so Nachgiebige blieb diesmal unbeugsam. Was Auerbach Hettners „Verrat" nannte, hat er niemals vergeben.

Der Sache Schillers diente er nach wie vor mit jüngerhafter Hingebung. In der Werkstatt R i e t s c h e l s hatte er das Werden und Wachsen des S c h i l l e r - G o e t h e d e n k m a l s seit seinen frühesten Anfängen, vom ersten einen Schuh hohen Modell bis zu der Kolossalstatue in allen Entwicklungsstufen verfolgt. Er war Augenzeuge, als der schlanke, hagere Eduard D e v r i e n t für die Gestalt Schillers, ein anderer Schauspieler, der breitbrustige W a l t e r, für die Figur Goethes dem Bildner in der Tracht der Dichterfürsten nach seinem Wunsch „Stellungen machten". Er wurde der Vertraute Rietschels in allen Mühen und Sorgen seiner unverdrossenen Arbeit. Er war am 28. Mai 1857 in der Münchener Erzgießerei zugegen, als aus sechzig Zentnern türkischer bei Navarino erbeuteter Kanonen in Gegenwart des Meisters der Guß gelang. Und er schilderte diese zwei ersten Stationen des Goethe-Schillerdenkmals feurig und anschaulich. Er widmete „F r i e d r i c h d e m G r o ß e n v o n S c h w a b e n", der Geburt Schillers, in seinem Deutschen Volkskalender auf das Jahr 1859 überdies eine in eine förmliche Schillerreligion getauchte, von L u d w i g R i c h t e r mit gleicher Andacht illustrierte Historie. Von München, wo er bei seinem Liebling P a u l H e y s e mit einem gemeinsamen jüngeren Freund, dem Neffen

Vischers, **Wilhelm Hemsen**, urgemütlich tafelte, ging's nach Stuttgart, wo mit **Cotta** Großes abgemacht wurde, wie er aus Kauslers Pfarrhaus seiner Frau berichtete:

Stetten auf der Rauhen Alb, den 13. Juni 1857, Morgens elf Uhr, bei regenbezogenem Himmel.

Da bin ich nun, meine liebe Nina, und habe zum ersten Male auf meiner Reise wirkliche Ruhe, und da will ich Dir alsbald ordentlich schreiben. Ich habe die Brust voll frischer Berg- und Feldluft, und meine ganze Seele ist voll innerer Sättigung, denn ein Abend und ein Morgen mit meinem Kausler tut mir in allen Gelenken der Seele wohl. Das ist ein Friedenshauch und eine Liebe, die fast jedes Ausdruckes entbehren kann, und jedes Wort ist eine gute Handreichung und ein trauliches Geleite. Wie haben sie gestern noch alle an mir gezerrt, ich solle bei dem unfreundlichen Wetter doch noch in Stuttgart bleiben, aber sobald ich mit dem unablässigen schrecklichen Rechnen fertig war, duldete es mich nicht länger, ich mußte zum Freunde auf den Berg. Ich wußte es, daß ich hier erst frei aufatme, und so ist es. Als ich gegen sechs Uhr den steilen Waldberg hier herauflistieg, war der erste schwäbische Bauer, der mir begegnete und mit dem ich sprach, selbander, das heißt er hatte einen Rausch bei sich, mit dem er laut verhandelte. Wir gingen miteinander, und ich erkannte ihn als den Nachbar Kauslers, einen zu Ruhe gesetzten Bauern-Lear. Und wieder als ich auf der Höhe war und dachte: dort in jenem Hause neben der Kirche lebt der herrliche Mensch, ich kann nicht sagen, wie mir's war. Wer im Frieden mit sich und der Welt, ist auf dem kleinsten Fleck im weiten All. Der Jubel, der im Pfarrhause war, als ich klingelte und die Professorin zum Fenster heraussah und mich erkannte und vom Nachbarhause die Magd mit Milch atemlos gesprungen kam und mich begrüßte! Und nun kamen alle die Treppe herab, die Professorin, die Marie, die sich seit dem Tode ihres Bräutigams wieder erholt hat und ein äußerst zierliches Wesen ist, der Vikar, ihr Bruder, der jetzt zu Besuch hier ist, und endlich mein Rudolf im Schlafrock. **Was ist alle Ehrenbezeigung, was ist alles Weltgetue gegen solche eingeheimste Liebe!** Von allen den Menschen, die sich mir freundschaftlich zugeneigt, ist keiner, der bei jedem Wiedersehen wie beim innersten Gedenken meine Seele so tief speist und mich so wunschlos macht wie Kausler. Ich will nun mehrere Tage hier bleiben, ich muß ja ohnedies auf meinen Badeaufenthalt verzichten, da mich Cotta vierzehn Tage herumzog. Hier endlich hab' ich wirkliche Rast, ungestörtes Alleinsein und reinstes Beisammensein. Auch muß ich für Cotta noch Prospekt und allerlei besorgen. **Hemsen** und **Kausler** werden nun den Prospekt für die Gesamtausgabe machen, die nun in zwanzig Bänden erscheint. Es hat schwer gehalten, das, was ich verlangen muß, bei Cotta durchzubringen, da er äußerst genau ist und die vorgelegten, oft erneuerten Berechnungen ihm zur Seite standen. Endlich gelang es durch die Einteilung des Vorhandenen in zwanzig Bände und durch Erhöhung des Preises. Ich habe nun für die ersten dreitausend Exemplare ebensoviel Taler erhalten, die ich Rud. Paulla zur Anlegung übergeben habe. Von je weiter über dreitausend erhalte ich von jedem Exemplar anderthalb Taler, wie ich das forderte. Gelingt es, daß wir viertausend Abnehmer bekommen, so bin ich geborgen. Über den Kalender habe ich ganz wie ich beabsichtigte abgeschlossen. Und so ist die schwere Mühe, die ich in Stuttgart hatte, wesentlich guten Erfolges. Ich habe viel Erhebendes auch in Stuttgart erfahren. Noch hat kein Buch von mir diese durchschlagende Wirkung gehabt wie Barfüßele. Mörike war ganz außer sich darüber, und Cotta war besonders glücklich, da ihm auf dem letzten Hofballe die Königin und die Olga ihr Entzücken darüber aussprachen. Cotta hat etwas äußerst Geschraubtes und Malvoliohaftes in seiner Art, ist aber dabei doch wieder zutulich, und wir sind uns wieder näher gekommen. Ein vortrefflicher kernhafter Mann ist Roth, der Geschäftsführer.

Über Tübingen und Nordstetten ging Auerbach nach Freiburg, um Lokalstudien für seine dorthin verlegte Kalendergeschichte „Thabbäa" („Die Stiefmutter") zu machen. Ein Bäckerhaus, genau so, wie er es sich ausphantasiert, fand er am Münster, junge Bäckersleute, die ihm hätten Modell sitzen können, auf der Kaiserstraße, „hier öffnet sich mir leicht jedes Haus und jedes innere Sinnen, ich glaube den musikalischen Schlüssel für die innere Melodie zu haben," schrieb er der Frau. Ein Abenteuer im Walde, das er am nächsten Tag in Suggental hatte, verschwieg er aber aller Welt, selbst Jakob.

Ich habe doch noch den Vogelsang im Wald erhascht, das war mein erster Gedanke und mein Danken, als ich im heißen Mittage über die Bergwiese, wo der wilde Thymian unter meinen Füßen duftete, in den Wald eintrat. Wie war ich gefangen in den Stadtmauern, umschwirrt von allerlei Lärm und Gerede, und tief in mir lechzte es nach dem Walde. Jetzt bin ich da. Tief und frei atmet sich's auf, drunten rauscht der Bach und die Bäume wiegen ihre Gipfel unhörbar, der Stamm steht unbewegt, die Tannzapfen liegen abgeschuppt umher, da hatten Eichhörnchen und Vögel und allerlei Getier gute Nahrung. Der Fink schlägt hell, und die Amsel mit ihrem breiten Getöne singt drein, auch ein Rabe schreit; kein Vogel meistert den anderen, ein jeder singt für sich seinen Ton und kümmert sich nicht, was ein anderer dreinredet, und die Bäume stehen still, und der Vogel verlangt keine Antwort von dir. So mit geschlossener Lippe durch den Wald schreitend, nichts wollend, nur lebend, kaum mit Willen den Fuß hebend, das ist glückseliges Dasein.

Ich pflückte mir Erdbeeren wie einst als Knabe, das Bücken wird mir nicht schwer, das mir sonst alles Blut zu Kopf treibt. Die Erdbeeren halten gute Genossenschaft mit der Himbeerstaude, deren Ranken hin und her laufen, und sie blühen jetzt, und zahllose Schmetterlinge fliegen darauf hin und her, da ist noch eine Blüte, derweil draußen das Gras abgemäht ist, und in den überrankten Büschen grillt das Heimchen. Ich habe mir auch die Finger verbrannt an einer kleinen blätterigen Pflanze, die ich nicht kenne, und die eingesenkten kleinen Pfeile stehen aufrecht fest und wollen sich nicht ausreißen lassen. In einer kleinen Rinne wasche ich sie aus. Das quillt und rieselt hoch vom Berge und gurgelt ganz leise wie in zwei Wagengeleisen und in der Mitte ist trockene Erhöhung.

O wie warm ist die Sonne! Wie ist alles voll Glanz und Licht und lindem Atem!

Ich legte mich in einem Erdbeerschlage nieder. Erst mitten drin liegend und sitzend, sieht man, wie viele es gibt. Die Erdbeere ist das Veilchen unter den Früchten. Ein junger Vogel, ich weiß nicht, was für einer, er sah grünlich aus und war kaum flügge, hüpfte neben mir auf in der Rinnse am Gebüsche fast wie ein Frosch sich bewegend, ich wollte ihn haschen und wieder fliegen lassen, ich rannte ihm nach, aber da ich die Nässe vermeiden wollte, gewann er leicht den Vorsprung, und ich ließ ihn. Wieder legte ich mich nieder. Ich bin wohl der erste Mensch, der diesem Vogel erschienen. Die Furcht ist eine Schutzwaffe des wehrlosen Vogels.

Ich lag lange still, aber mein Herz, so voll, so glücklich, sehnte sich doch nach dem Herzen der Natur, ich wollte den Wald, das Sonnenlicht, die Luft, alles ganz haben, ganz.

War's eine Berauschung, die über mich kam? Ich weiß es nicht. Nur so viel erinnere ich mich, daß ich dunkel dachte: gibt es denn nicht eine Kulmination, in der du das Alles des All lebendig erfassest? Vielleicht dachte ich das nicht ganz, ich weiß es nicht, es drängte mich zitternd und bebend. Ich feierte das höchste Mysterium des Waldes.

Ich weiß nicht, wie es gekommen, aber es ist geworden. Ich weiß nicht, ob je ein Mensch, aber es ist nun.

Ich konnte es nicht mehr aushalten, ich zog mich aus. Ich saß zuerst mit entblößtem Oberkörper. Die Sonne schien so warm, so wonnig atmete es um mich. Mit einer Art Gier riß ich endlich die Kleider alle ab und stand nackt in der Sonne, in der Luft. Ich erinnerte mich, daß ich aufatmete wie noch nie. Welt! Ich habe dich und du mich! Niemand sah mich als die Sonne, die Bäume und die Vögel, die ungehindert fortsangen. Ich hatte keine Furcht, daß Menschen kommen könnten. Ich war allein auf der Welt, im Paradiese. Ich ging hin und her. Ich war zum ersten Male auf der Welt. Ein Gefühl der Wollust, wie es die alten schwärmerischen Kulte kennen mußten, durchdrang mich. Alles in Lebenswonne. War es nicht vielleicht auch das, was in schwärmerischen Zeiten wie bei den Hussiten die Adamiten erzeugte, weil sie ein Gefühl, einen Drang hatten, die Welt zu erneuen, sie voll zu fassen und sich abzulösen von allem Hergebrachten? Ich dachte wohl auch etwas Derartiges, aber deutlich denke ich es erst jetzt. Ich schwamm ganz in Wonne, ich badete mich im Äther, und ein Glücksgefühl durchströmte mich und reckte mich unsagbar. Und wieder fürchtete ich, ich werde närrisch, ich verliere die Macht über mich und laufe unwillkürlich so nackt hinunter ins Dorf, aber besinne dich, dort liegt dein Hemd, dort deine Kleider. Halte fest, du lebst, du lebst im Glück wie noch nie, wie nie mehr. So ging ich hin und her, lang, lang. Der Wald stand still, nur von fern rauschte der Bach, und die Sonne glänzte und mein Schatten, der auf den Boden fiel, war so fest, und ich stand lange mit verschränkten Armen, mich haltend und die ganze Welt. Das Leben ist da, ohne Vergangenheit, ohne Zukunft, es lebt.

Und wieder dachte ich: die Doktoren sagen ja auch, ein Luftbad sei gesund. Was Luftbad! Nun kann ich sterben. Ich habe gelebt, ewig, eine Minute Ewigkeit, Dasein. Und auf deinem Totenbette wirst du es wissen. Was Tod! Nein, ich lebe. Da bin ich und du, du Welt, du Sonne, du Luft, du Wald.

Ich mußte mich doch endlich ankleiden. Ich war so selig, wie es einem Alten sein mußte, der sich im Tempel gebadet. Ich fühlte mich so frisch geboren. Keine Fliege hatte mich gestochen, nur an meinen Füßen, die voll Harz waren, merkte ich, daß ich gegangen war. Ich schämte mich, daß ich mich ankleidete. Warum tust du das? Warum kannst du nicht bleiben, lange, lange? Warum brichst du selber ab? Was soll ich nun unter Menschen? Was reden? Was bewegt mich noch von all ihrem Treiben? Muß ich jetzt nicht sterben? Was kann ich noch leben? Und muß ich sterben, so legt mich nackt in die Erde, wie ich auf ihr war. O! So sterben können! Wie glückselig ist das Tier im Tode. Es kriecht in eine Schluft, und der Tod streckt es ...

Gepriesen seist du, Zigarre, du brachtest mich wieder in die gewohnte Welt zurück, du sammeltest mich wieder in die Gemeinschaft der Menschen, aber nie, nie werde ich vergessen diesen Samstag den 27. Juni 1857, Nachmittags von drei bis fünf, wie mir meine Uhr zeigte, dort hoch im Wald bei Suggental.

Ich saß noch lange, der Vogel kam auch wieder. Ich sah ihn nur einmal deutlich, ich folgte ihm nicht mehr, und ich merkte nur sein Hüpfen am Bewegen dieses und jenes kleinen Zweiges an der Rinnse.

Es sollte Nacht sein, wenn ich heimkehre, aber ich kann nicht so lange warten, ich muß wieder unter die Menschen.

Ich schnitt meinen Namen ein in die Buche an der Rinnse, und bei dem A tränte sie. Jenseits der Rinnse fand ich einen reichen Erdbeerschlag. Ich aß mir eine Stelle frei und kniete nieder und rutschte immer so weiter. Eine einzelne Beere zu essen, war mir zu mühsam, ich esse sie nur noch handvoll, die besten sind die, die gleich abfallen hinein ins Binsengras, an dem wir sie als Kinder aufreihten, sie sind im Vergleich mit den kleinen spitzen fast wie die Hummeln unter den Bienen.

Auf jedem Schritt der Heimkehr ward mir's schwerer. Mir war, als wäre ich durch den Wald bekleidet, zugedeckt, und draußen in der Welt bin ich nackt, und wie ist mir's unter Menschen, da ich weiß, wie ich war. Aber ich muß wieder unter Menschen heim, unter Menschen ist meine Heimat.

Ich wandere zögernden Schrittes und draußen auf der Waldwiese liege ich nochmals und fasse mich. Der Hahn kräht jetzt am Abend im Dorfe, nicht in abgesetzten, sondern in gezogenen Tönen. Ich schaute unwillkürlich in den Wald hinauf, ich meinte, es wäre ein Waldvogel von seltsamem Tone.

Wie hat sich mir die Welt verändert, aber in mir trage ich ein stilles unverlierbares Glück, ein Heiligtum Segens voll, so gesättigt, so ganz erfüllt.

„Sie haben einen weiten Spaziergang gemacht," sagte mir der Wirt unter der Haustür.

„Jawohl, weit, sehr, sehr weit. Wer weiß, wie weit."

Und noch heute früh, da ich dieses alles wahrheitsgetreu ohne jegliche Ausschmückung und Zutat für mich niederschreibe, fühle ich mich voll innerer Andacht und Glückseligkeit.

Zu ewigem Gedenken!

Schon im Juli 1857 begann die Veröffentlichung der Gesamtausgabe, die 1858 abgeschlossen vorlag. Die ersten neun Bände, die Schwarzwälder Dorfgeschichten vom Tolpatsch bis zum Barfüßele, schlugen und trugen alle sonstigen Gaben. Vier Bände waren den Ghettoromanen, drei dem „Neuen Leben" gewidmet, dessen Umarbeitung dem Dichter saure, wiederum ungelohnte Plage bereitete, zwei Bände füllte das Schatzkästlein, den Abschluß machten „Deutsche Abende", denen „Schrift und Volk" folgte. Streng ging Auerbach bei der Prüfung seiner bisherigen Leistungen mit sich ins Gericht. Die Mängel schwächerer Schöpfungen verschwieg er sich so wenig, wie das Grundgebrechen seiner Art und Kunst.

„Soll ich Dir sagen," so berichtete er Jakob, „was ich als Resultat der Selbsterkenntnis in meinem literarischen und persönlichen Leben faßte? Mir fehlt es in meinem Schaffen wie in meinem Leben an strenger Methode. Es gelingt mir dadurch dort das Sympathische, hier das beglückende Moment mit allen seinen Wonnen, ein begünstigtes Naturell hat mich noch immer über alles hinweggehoben, aber das Naturell darf doch nimmer und namentlich im vorgerückten Leben so alleinherrschend vorwalten, die Ruhe und Sicherheit, die die Methode allein gibt, muß jetzt immer mehr mein werden."

An seinem siebenundvierzigsten Geburtstage war er glücklich, in verhältnismäßig so jungen Jahren in seinen gesammelten Schriften ein möglichst sauberes Dokument seines bisherigen Sinnes und Trachtens abschließen zu dürfen. Er gelobte sich in einer neuen Epoche des Lebens und Schaffens andere Aufgaben mit besser gesammelter, gewissenhafter, geübter Kraft zu bewältigen.

Im September 1857 begleitete er als geladener Ehrengast R i e t s c h e l zur Enthüllung des Schiller-Goethedenkmals nach Weimar. „Ton ist Leben, Gips ist Tod, Marmor und Erz ist Auferstehung." Er stand neben dem Meister, als ihn der Großherzog anrief: „Rietschel, kommen Sie doch herauf." Er vernahm den Jubelruf der Menge, da der Großherzog dem Künstler die eine Hand auf die Schulter legte und mit der anderen die Hand faßte, die das edle Werk geschaffen. Er vergaß auch zeitlebens nicht die Klage, in die Rietschel auf dem Heimweg ausbrach: „o Lieber! wenn ich nur noch einmal da hinaufsteigen, da und dort drücken könnte! Ich hab's noch nicht unter freiem Himmel gesehen und jetzt ist nichts mehr zu machen!" Auerbach sagte dem Freund, daß ihn nur noch eines höher heben könne: das Lutherdenkmal. In echter Feststimmung fuhren sie zusammen zur Wartburg, im Kämmerlein neben dem Lutherzimmer schrieben sich

die beiden in das Stammbuch des Schloßhauptmanns Arnswald
ein. Bewegt sprach Rietschel: „Du hast mich gestern darauf hingewiesen.
Ja, das möchte ich vollenden, das Lutherdenkmal, dann hab' ich genug
gelebt." Auf dem Waldweg zogen sie den Berg hinab, steckten frische
Buchenzweige auf den Hut und sahen und hörten, wie das Lied, das
Auerbach auf die Weise von Prinz Eugenius dem edlen Ritter für
eine Dresdener Künstlerkneipe zu Ehren Rietschels umgedichtet hatte,
verteilt und gesungen wurde.

Das Jahr 1858 brachte nur wenig Unterbrechungen der angestrengten Tätigkeit für die Gesamtausgabe. Im Februar sah der Dichter
eine Aufführung des „Wahrspruch" in Stettin, bei der
Auerbach mehr profitierte als sein Hörerkreis. Im August wurde
er von Kösen zum Herzog von Gotha gebeten:

„Am Bahnhof," so berichtete er am 8. August 1858 seiner Frau aus Reinhardsbrunn, „erwartete mich Freytag mit einem Hofwagen. Wir aßen bei Mathy.
Nach Tisch traf ich Bayard Taylor, der unendlich glücklich ist, vor acht Tagen
wurde ihm ein Töchterchen geboren. Ich war bei seinen Freunden schnell heimisch,
und der Großvater (Schreiber) war ganz glücklich, zu sehen, wie sich mir überall so
leicht Haus und Herz der Menschen öffnet.

Um fünf Uhr fuhr ich mit Freytag allein hieher. Er ist ein tief ansprechender
und dabei frei mit dem Leben schaltender und es souverän beherrschender Mensch.
Der Herzog wünscht, daß ich längere Zeit als sein Gast bleibe. Wir machten aus, daß
ich zwei Tage Aufenthalt zusage und dann exakt dabei bleibe, so daß ich gleich in fester
Position stehe. Ich kann nicht länger bleiben und auch nicht weniger zugestehen.
Unterwegs schilderte mir Freytag den Hofkreis frei und doch wohlwollend und dabei
nageltreffend charakteristisch. Das mit dem Leben Spielen, das Freytag hat, seine
Kenntnis des Schnürbodens auf der Bühne und doch dabei eine oberschlesisch
chevareske Wärme, alles das gab Charakteristiken, die ebenso sauber als keck. Am
Gasthaus trafen wir den Fürsten Hatzfeld und den Oberhofmeister. Freytag behandelte die Grammatik des Hoflebens mit sicherer Gewandtheit, und das Schälernde,
das er hat, hilft ihm über alle Schwerfälligkeiten weg.

Wir fuhren nach dem Schloß. Zwei prächtige Zimmer sind für mich eingerichtet
und ein Lakai ganz für mich zur Disposition. Ich wohne über den Zimmern der Herzogin, die Aussicht nach dem Park und den Waldbergen. Ich mußte mich schnell
umkleiden und Besuche machen. Der Dichter des Heinrich von Schwerin, Kabinettsrat
v. Meyern besuchte mich sogleich auf meinem Zimmer. Nachdem ich die Besuche
gemacht — der Herzog war noch auf der Jagd und kam eben heim — ließ ich mir im
Zimmer servieren und wurde zum Herzog gerufen. Er empfing mich mit Wärme.
Er ist ein stattlicher, prächtiger Mann. Alles geht hier zivil. Es knüpfte sich gleich
ein handliches Gespräch, ob durch persönliche Annäherung des schaffenden Geistes

eine tiefere Einwirkung aufeinander möglich wäre. Der Herzog, mit organisatorischem Triebe, glaubte an Einwirkung, ich bestritt sie offen. Meißners Sansara, die schön gebunden auf dem Tische lag und worüber Meißner ein Urteil vom Herzog wünscht, gab Anlaß zu wesenhafter Besprechung, hier jäh abgeschnitten, der Fürst Haßfeld wurde gemeldet. Ich ging mit Freytag. Auf dem Korridor wurde ich der Herzogin vorgestellt. Einige landsmannschaftliche Beziehungen gaben leichten und schnellen Verkehr. Nun ging es in den Saal zum Tee."

Auerbach war nicht gleich „im Rhythmus seiner selbst", es ging ihm — so bekannte er seiner Frau — wie einem Eilwagenreisenden im Winter, er kommt steif in die Stube, wo die Stammgäste sitzen und ist ungeschickt in allen Handhabungen, während die Heimischen sich behaglich fühlen, aber ist der Reisepelz von der Seele, bewegt man sich schon frei. Welt- und menschenkundige Beobachter, die mit Auerbach damals zusammentrafen, hätten seine Zweifel zerstreuen können. Theodor v. Bernhardi schrieb in sein Tagebuch: „Berthold Auerbach feiert hier wahre Triumphe, er hat einen ungemeinen succès, seine kleine Gestalt ist längst vergessen, die Herren tragen ihn auf Händen. Die Damen schwärmen für ihn. Das ist auch ganz natürlich, denn er ist wirklich einer der liebenswürdigsten Menschen, die mir je begegnet sind." Er hatte ein so gutes Andenken zurückgelassen, daß ihn der Herzog ein halbes Jahr später von Weimar, wo er der Aufführung seines „Wahrspruch" beiwohnte, mit Frau Nina zum Galadiner und Hofball nach Gotha lud und das Paar mit größter Auszeichnung behandelte.

Ein paar Wochen nach der Rückkehr von den thüringischen Höfen verließ er Dresden für immer. Zunächst zog er mit den Seinigen nach Schandau, wo sich liebe Gäste einstellten. Zuerst Vischer. Die beiden hatten nie eigentlich schmolliert, und doch sagten sie wie von selbst du zueinander und reichten sich auf einem Waldgang die Hand mit den Worten, so ist's recht, es bleibt bei du. Der nächste Hauptbesuch war Dingelstedt, der vier Wochen mit Frau und Kind in Schandau blieb. Auerbach hatte Lewald seinerzeit auf Dingelstedts Einsendungen aufmerksam gemacht und den langen Franz bei allen seinen Schrullen lieb behalten. „Die verteufelte Kavaliersucht, dieses permanente auf dem Anstand stehen, dieses Hantieren mit den Menschen wie mit Theaterrequisiten, alles das ist (wie Auerbach Hemsen schrieb) nur ein Außenwerk. Ich sehe immer wieder eigentlich

das Kind und den Dichter in ihm, seine Hauptunruhe besteht aber
doch darin, daß der Dichter in ihm nicht mehr recht zu Worte kommt.
Dabei hat er aber eine echte Teilnahme für fremdes Schaffen und
Wirken und Sein." Nicht minder willkommen war B o d e n s t e d t,
der von seinen Reisen erzählte. Der italienische Krieg beunruhigte
Auerbach, obgleich oder weil er nichts für die Einheit Deutschlands
bringen sollte.

Die Vorboten der S c h i l l e r f e i e r und der Jahrhunderttag selbst
beseligte ihn. In der ersten konstituierenden Vorberatung der Schiller-
Stiftung schürte G u t z k o w gegen Auerbach: „Ich verließ den Saal, da
Gutzkow mit einer Erbitterung und heuchlerischen Freundschaft ohnegleichen die Gültigkeit meines Mandates angriff. Als ich wieder herein-
gerufen wurde, erhob sich die ganze Versammlung als Zeichen der
Anerkennung." Er griff so glücklich in die Verhandlungen ein, daß er
von der Versammlung den Auftrag erhielt, den Aufruf an die deutsche
Nation ganz allein abzufassen. Auerbachs Entwurf wurde mit einem
praktischen Zusatz von B r o c k h a u s vorbehaltlos mit Zuruf angenommen, das erste Wort beim Festmahl des Schillerjubiläums in
Dresden gleichfalls Auerbach zugeteilt.

Hoch über diese persönlichen Ehren, die Auerbach nicht darüber
täuschten, daß seine Festrede glücklicher gefaßt und wirksamer, freier
hätte vorgetragen sein müssen, hob ihn der Kultus des Genius.
Er jubelte über die Tage, „wo unser eigener Kultus einmal auf
Erden erschien, wo wir mitfeiern und Priester sein durften, öffentlich, vor allem Volk". So fromm gestimmt war er, daß es ihm als
Sünde erschien, einen Feind bei Tisch oder auf der Welt überhaupt zu
haben. Er ging deshalb in die Nähe Gutzkows. Der sah ihn wohl,
wandte sich aber nicht um. Auch „Hettners Verrat" nagte an ihm. Die
Unmöglichkeit, in dem engen Dresdener Kreise Hettner auszuweichen,
gab den Ausschlag, die sächsische Hauptstadt endgültig zu verlassen.

Es tat Auerbach weh, von Otto L u d w i g, R i e t s c h e l, W o l f-
s o h n und K o h l s c h ü t t e r zu scheiden, es war ihm nicht wohl bei der
Notwendigkeit, nach einem anderen Wohnsitz auszuschauen. Er hatte
als Künstler neue Geltung gefunden — die „Wurzelruhe" einer festen
Häuslichkeit sollte der Unstete bis an sein Lebensende nicht finden.

VIII

Auf der Höhe

Es ist in mir jetzt, wie die Sommertriebe an den
Bäumen, mein Leben bekommt auch noch eine frische
Belaubung des Sommers

Berthold an Jakob Auerbach, 4. Juni 1861

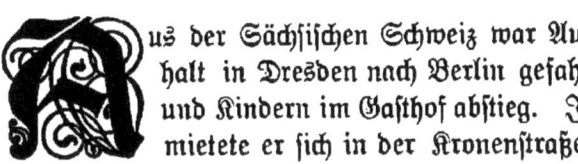

Aus der Sächsischen Schweiz war Auerbach ohne Aufenthalt in Dresden nach Berlin gefahren, wo er mit Frau
und Kindern im Gasthof abstieg. In den nächsten Tagen
mietete er sich in der Kronenstraße ein, von alten und
neuen Bekannten mit Auszeichnung aufgenommen. Die Gemahlin
des Prinzregenten, nachmals K a i s e r i n A u g u s t a, ließ den ihr
seit langem werten, 1856 in Weimar persönlich auf ihren besonderen
Wunsch vorgestellten Dichter wiederholt zu Hofe laden, wo er aus
seinen Werken vorlas. Der P r i n z r e g e n t unterhielt sich nach
dem Tee längere Zeit mit Auerbach über Volksbildung: „er scheint
viel und eingehend darüber gedacht zu haben, ist gehalten und knapp
in seinen Erwiderungen und bezeigte sich sehr wohlwollend." Der
F ü r s t v o n H o h e n z o l l e r n, der K r o n p r i n z und die
K r o n p r i n z e s s i n behandelten den Dichter liebreich. Die Minister
A u e r s w a l d und P a t o w sprachen aus freien Stücken von einer
Staatsanstellung, die Auerbach dauernd in Berlin festhalten sollte und
der um seine wirtschaftliche Zukunft nicht unbekümmerte Mann versagte sich der lockenden Ladung nicht unter der Bedingung, seiner Kunst
auch weiterhin vollkommen unabhängig dienen zu dürfen. Ein Wunsch,
der mit der schmeichelhaften Wendung erwidert wurde, man würde
es als Raub an der Nation ansehen, seine dichterische Tätigkeit einzu-
schränken.

J a k o b G r i m m, obwohl schwer gebeugt durch den Tod W i l -
h e l m s, empfing Auerbach sofort mit alter Güte und freundlichem
Urteil über Barfüßele und Friedrich den Großen von Schwaben.
M a x D u n c k e r bat ihn mit mehreren Abgeordneten zum Abendessen. Bei Dr. V e i t war „nur Männergesellschaft, aber auch wirk-

liche Männer, nicht hosentragende Teeklatscher, die sich um D e b r i e n t
und D a w i s o n abgesellschaftern; da war B e n n i g s e n, D r o y s e n,
M o m m s e n, S i m s o n, B i n c k e, Z a b e l und dreißig, vierzig
andere, das war ein schöner Wald von Männern und das Rauschen
mächtig". Wenn er bei ganz verschiedenen Naturen, A d o l f
M e n z e l und D i e s t e r w e g, B i r c h o w und dem Statistiker
E n g e l sah und hörte, wie sie arbeiten und dann auf der Straße
den Holzhauern zuschaute, wie sie behender als sonstwo zugriffen,
bestärkten ihn alle in der Zuversicht: „ein Volk, wo jeder so stramm
und mit vollem Einsatz seiner Aufgabe sich hingibt, ein solches Volk
hat eine große Zukunft für die Welt und für Deutschland insbesondere."
Das stete Wachsein und Wachrufen der Geister imponierte ihm. Großes
und Kleines in den Straßen überraschte ihn, die Schneidigkeit und
Gewecktheit der Leute, ihr straffes Gehen, die frischen Gesichter fielen
ihm auf. „Alles ist hier in Fluß und Bewegung, alles fühlt sich im
Werden, zukunftsvoll, ja man könnte das alte griechische Wort πάντα
ρεἵ als Aufschrift für das Haupttor Berlins wählen." Wie Gerbstoff
lag es in der Luft. Selbst die Physiognomien hatten etwas von einem
permanenten Appell, als wäre eben erst Tagwacht geblasen worden.
Gewisses Gefühl der Großheit, eine zukunftssichere, amerikanische Be-
triebsamkeit und Selbstschätzung ging durch alle Lebensäußerungen.
Nach dem ästhetisch Verhockten, das er so lang in Dresden mitangesehen,
tat ihm diese allseitige Regsamkeit doppelt wohl. „Mit der Übersiedelung nach Berlin an sich," so schrieb er an W o l f s o h n, „wäre ich
leicht entschieden, ich tue weiter nichts, als ich greife einigermaßen
der Zeit vor, da jeder Deutsche, der auf das große Ganze wirken will,
sich nach der deutschen Hauptstadt wird wenden müssen." Immerhin
besann er sich, ob Berlin der rechte Boden für ihn sei. O t t o L u d w i g,
der im Leben und Schaffen den hilfreichen Kameraden schwer vermißte, prophezeite: Der Sand der Spree ist nicht gemacht, deine
Heimat zu sein, so wenig als meine. Noch monatelang schwankte
Auerbachs Wahl zwischen Stuttgart, das ihm bei späteren Besuchen
zu klein vorkam, und einem stillen Winkel, wie Schandau, zu dem
seine Familie sich nicht verstanden hätte. Nur Dresden war endgültig
abgetan, kaum mehr als Fremdenstadt für einen Fremdensonntag erträglich. In Berlin war mittlerweile dem ersten Rausch durch den

„Festwein des Lebens" manche Ernüchterung gefolgt. Von Anfang hatte er selbst im Übermaß der Ehren sich vorgehalten, wie viel „Höflichkeitsrabatt" im gesellschaftlichen Verkehr abzurechnen wäre, nur allzurasch sollte er merken, daß von den Anträgen der Minister nach Abstrich dieses Höflichkeitsrabattes gar nichts übrig blieb. Die Bibliothekarstelle beim Prinzregenten fiel ihm so wenig zu, wie ein Amt in der Verwaltung der Museen, über das er auf Anregung von A u e r s w a l d mit O l f e r s sich hätte besprechen sollen. Die Hand, die man ihm freiwillig entgegengestreckt, wurde zurückgezogen, als er Miene machte, sie zu fassen. Zu diesen Enttäuschungen kamen wachsende Bedenken gegen das Berliner „Feldlagerleben". Hier ist alles auf Wachsein gerichtet, so klagte er, und ich muß träumen können. Berlin war ihm zu laut, zu unruhig, zu großstädtisch für den geborenen Kleinstädter. Man atmet Salzluft ein wie am Meer, aber das Wellengebrause übertönt jedes eigene und fremde Wort. Stille, Sammlung, Behagen war leichter begehrt als gewährt. Und was die Stadt versagte, fand er ebensowenig in der Umgebung. Nirgends konnte der Sohn der Berge hier Kniee machen beim Gehen. In Dresden gab's Waldwege, in denen er jeden Baum kannte. In Berlin kamen ihm nach seiner Behauptung Hühner, Gänse, Schweine nur gebraten, auf dem Tisch, vor Augen. Er mußte stundenlang wandern, wenn er eine Lerche hören oder aus der Ackerfurche aufsteigen sehen wollte. Jetzt erst begriff er, weshalb nach dem Gesetz des Gegensatzes die verstiegensten Naturschwärmereien von märkischen Romantikern herrührten. Bei der Abfahrt vom „Sandboden ohne Bindung" kam ihm schon die nächste Frühlingsreise nach Schandau wie Erlösung vor. Die langentbehrte Lust des Wanderns über Berg und Tal labte ihn, in den Forsten an der Elbe war ihm zu Mute wie dem Seemann, der nach langer Meerfahrt wieder Wald riecht. Wie ein Student auf Ferien gab er sich den Freuden des Landlebens in bescheidenem Sommerquartier hin. Lyrische Naturseligkeit zog in unausgesprochenen Dichtungen durch sein Gemüt. Wochenlang brachte er nichts anderes zu Papier, als überschwengliche Herzensergießungen an nahe Freunde. Endlich mahnte die Arbeitspflicht. In sechs Wochen bewältigte er einen aus dem Jahr 1847 stammenden, 1853 beim ersten Aufenthalt in den schwarzwäldischen Uhrmacherdörfern weiter ausgedachten Plan

„Die Verschütteten" im ersten Entwurf der Erzählung:
„Edelweiß". Wie gesegnet strömten ihm die Gedanken auf einsamen Waldgängen zu und neue Erquickung ward ihm auf einer Herbst-
reise nach Schwaben und Baden. Über Nordstetten ging und fuhr er
neckaraufwärts. In Oberndorf brachte man ihm ein Ständchen.
Auf Schritt und Tritt traf er Gestalten, die ihm leibhaftige Zeugen
wurden, daß er seine Landsleute nicht schönfärbe. Der Postillon
Jakob und die Sephele in der Post zu Oberndorf waren Menschen
„so voll Kern und von jener eigentümlichen alemannisch-schwäbischen
Schämigkeit", daß er sich vorwerfen mußte, der Tiefe solcher Naturen
habe er noch gar nicht genug getan. Im alten schwäbischen Reichs-
städtchen Rottweil arbeitete er in der gutgeheizten Erkerstube des
Gasthofes „zum wilden Mann", der nur von einer handlichen Witfrau
besessen war, emsig an der Korrektur von „Joseph im Schnee".
Jedes Gespräch, jede Begegnung bescherte ihm neue Motive für die
Zukunft, das eine Mal mit der Frau des Geschworenen, der am Morgen
ein Todesurteil verkündet hatte, die Anregung zur gleichnamigen
Kalendergeschichte. Bei weiteren Ausflügen zum Ursprung von Neckar
und Donau, in die Uhrmacherdörfer Schwenningen und Furtwangen studierte er neuerdings Urbilder von Händlern, Erfindern,
Lehrern, derengleichen er im Edelweiß vorgeahnt und nun beruhigt
und befriedigt an der Wirklichkeit zu messen hatte. Mitte Oktober
konnte er das druckreife Manuskript von „Joseph im Schnee" an Cotta
schicken. Es war ihm, wie er seiner Frau schrieb, nicht anders, als da
er 1856 mit ihr „Barfüßele" zur Post gebracht hatte, schwerer, kaum
faßbarer Abschied von Zugehörigen, mit denen er lange wie mit wirklichen, ihm noch ans Herz gewachsenen Wesen gelebt, geliebt, gebangt
und gejubelt hatte. Frohe Stunden waren ihm noch in Donaueschingen beschieden. Die Schätze der dortigen fürstenbergischen
Bibliothek gaben ihm manches Schmuckstück für einen immer ernster
geplanten geschichtlichen Roman, „Der Raub Straßburgs".
Huldigungen im Museum konnte er sich nicht entziehen. Das Städtchen war auf mit dem berühmten Gast. Ein Kranz, den die Tochter
des Domänenrates „dem Vater des Barfüßele" gewidmet hatte, ließ
Auerbach nicht vergessen, daß er auch andere beschuhte Kinder habe;
launig sorgte er dafür, daß „die Verehrung nicht zur Versehrung"

würde. Frohbewegt segnete er seinen Beruf, der ihn den Menschen
so nahe brachte, überall Beweise herzlichen Entgegenkommens bescherte. Von Dorf zu Dorf, von Städtchen zu Städtchen wandelte
er, wie er seiner Frau schrieb, als wäre alles, was er je erlebt und noch
erlebte, nur ein Traum und dabei fühlte er sich wie von frischen Quellen
gespeist. Arbeitsledig, nur auf die Korrekturen des „Joseph im Schnee"
wartend, tat er sich in seinem ureigensten Heimats- und Stoffgebiet
um. Gelegentlich machte ihn das Ausstöbern von Menschen und
Dingen müder als ehedem. Im ganzen trat er die Heimreise höchlich
erfrischt und angeregt an und als er, von Jakob in Frankfurt gefördert,
den Joseph mit dem letzten Revisionsvermerk an die Stuttgarter
Druckerei einpackte, schrieb er vergnügt an die Seinigen: „ich bin in
etwas zu dem Ausdruck dessen gekommen, was, wie ich glaube, der
reinen Kunst sich nähert, noch ist's nicht das rechte, aber mir ist's, als
hätte ich's jetzt leibhaftig in der Hand, zum rechten zu kommen".

Vor Weihnachten, fast gleichzeitig mit der Buchausgabe von „Joseph
im Schnee", traf der Dichter in Berlin ein, wo seine Familie mittlerweile doch ihren Wohnsitz für längere Zeit in der Potsdamerstraße 124
aufgeschlagen hatte. Der Erzähler und sein Werk fanden allseitig
freundlichen Willkomm. Der Pfarrer, der die Grabschrift für ein in
La Pérouse im Winterfrost erstarrtes Knäblein gedichtet und mit diesen
Versen Auerbach die erste, durchaus selbständig umgebildete Anregung
zum „Joseph im Schnee" gegeben, der feine strenge Kenner R u d o l f
K a u s l e r, nannte die Dichtung geradezu das Muster einer deutschen
Erzählung, ein wohlverdienter Lobspruch dieser tragisch beginnenden,
versöhnlich ausklingenden Volks- und Weihnachtsgeschichte. Wiederum
heiratet, wie im Barfüßele, der Sohn reicher Hofbesitzer eine Magd.
Diesmal aber führt der Weg der beiden über schwere Verfehlung,
durch finstere Schicksale. Der reckenhafte Adam hat die Tochter des
Bibelgrüblers David, Martella, zur Mutter gemacht. Er würde sie
heimführen ohne den erbarmungslosen Widerspruch seiner hexenhaften
Mutter, der Röttmännin. Sein uneheliches Büblein, der vierjährige
Joseph, harrt am Christtag Stunden und Stunden auf den Besuch
des Vaters, dem er endlich arglos in die Bergwildnis entgegengeht.
Zur Rettung des Vermißten ziehen die Dörfler, dem Schneesturm
trotzend, in die Winternacht. Adam und Martella halten den Kleinen

für verloren. Nachdem sie ihn endlich wohlgeborgen in der Mühle gefunden, in die er kindlichen Weihnachtsspielern gefolgt war, treten sie, von
dem milden, festen Pfarrherrn gegen den Unhold von Adams Mutter
beschirmt, in der Christnacht vor den Traualtar. Die Geschichte ist eine
der wohlgefügtesten Auerbachs. Das (offenbar Kauslers Hausstand
nachgebildete) Pfarrhaus, so lebenstreu, wie die Dorfnäherin Legard,
deren Irrgang im Sommerwald zu den launigsten und anschaulichsten
Eingebungen Auerbachs gehört. Die alte Röttmännin eine der wenigen
glaubhaften grundschlechten, unverbesserlich bösen Charaktere in Auerbachs Dichterwelt. Bergwildnis und Schneesturm, das vermeintliche
Muottisheer der mit Hussa und Hörnerschall durch die Nacht fort-
jagenden Retterschar sind eine neue Beglaubigung seiner Kraft der
Naturschilderung. Der dramatische Zug des Ganzen bestimmte
D i n g e l s t e d t , sofort ein Szenarium zu entwerfen. Auerbach selbst
wagte ein Gleiches. Sein Versuch schlug ebenso fehl, wie Dingelstedts
Absicht und ein (mit Auerbachs Billigung) gezimmertes und gespieltes
Volksstück: „D i e W a l d k ö n i g i n" von K e r n: eine Pfuscher-
arbeit, so roh, daß „D o r f u n d S t a d t" daneben wie ein Kunstwerk gemutet.

Gleich nach der Ankunft in Berlin erhielt und erfüllte er den Ruf,
zum Besten des Goethedenkmals eine öffentliche Vorlesung zu halten.
Sein Vortrag „G o e t h e u n d d i e E r z ä h l u n g s k u n s t" förderte Auerbach ausgiebiger als seine Hörer und Leser. Seine Bemerkungen über
die Technik von Werther, Meister, Wahlverwandtschaften, Dichtung
und Wahrheit sind zu wenig durchgebildet, der Ton der Mitteilung ist
bald zu hastig, bald zu gespreizt, der Wert der einzelnen Gedanken zu
ungleich, Mängel, die Auerbach selbst bei der Umarbeitung der Rede
für den Druck tadelte und doch nicht zu beseitigen im stande war.

Als Hauptaufgabe beschäftigte ihn der S t r a ß b u r g p l a n, zu dem er
eifrig geschichtliche Vorarbeiten trieb und eine Studienreise nach dem
Elsaß rüstete. Die Erkrankung der Kinder hielt ihn bis in den Hunds-
tagen in Berlin fest. Erst im Juli konnte er sich „frisch und flügge
wie eine geheizte Lokomotive" auf den Weg machen. Nach kurzem
Aufenthalt in G o t h a, wo er als Gast des Herzogs und vielgefeierter
Redner das Schützenfest mitmachte, begab er sich zur Kur nach K i s-
s i n g e n. Dann über F r a n k f u r t und K a r l s r u h e nach

Baden-Baden, wo ihn beim Frühstück im Garten zum Bären Königin Augusta zu sich rief mit den Worten: „Wie geht's Ihnen, lieber Auerbach? Ich habe Sie nicht erkannt (mit dem Finger drohend), warum sind Sie nicht früher gekommen? Meine Tochter ist jetzt nicht hier, sie hatte sich sehr auf Sie gefreut." Nachdem Auerbach sich mit seiner Kissinger Kur entschuldigt hatte, meinte die Königin: „Ich muß Sie noch sehen und lasse es Ihnen noch sagen."

Drei Tage später, am 16. August, war Auerbach über zwei Stunden bei der Großfürstin Helene von Rußland, der Tochter des Prinzen Paul von Württemberg. Ihre Ehe mit dem Großfürsten Michael Pawlowitsch, einem derben Soldaten, der die sehr begabte, schöne Prinzessin auf Befehl seines kaiserlichen Bruders zur Gemahlin genommen, war nicht glücklich. Kaiser Nikolaus schätzte die von ihrem Gatten vernachlässigte Großfürstin Helene als Zierde des Zarenhofes und die bedeutende Frau ließ sich die Förderung von Wissenschaft und Kunst angelegen sein. Sie begründete das Petersburger Konservatorium für Musik, zog Meister wie Anton Rubinstein und Turgenjew in ihren Kreis, setzte sich unter Alexander II. für die Aufhebung der Leibeigenschaft ein und bewährte in und außerhalb Rußland ihren hohen Sinn für alles Echte und Große. Von seltener Schönheit in ihrer Jugend, entzückte sie den dazumal noch unvermählten Prinzen von Preußen (den späteren Kaiser Wilhelm) dermaßen, daß er dem Kaiser Nikolaus unter der Hand vergeblich nahelegen ließ, ihm vor dem Großfürsten Michael den Vorrang zu lassen. In älteren Jahren blieb der Großfürstin unverwelklicher Liebreiz eigen; „das blonde Haar war silberweiß geworden, aber ihr zartes Profil bewahrte die Regelmäßigkeit einer Kamee und ihre schimmernd zarte Hautfarbe verlieh ihr noch spät den Zauber der Jugendlichkeit. Sie trug immer eine besondere, ihr eigene Tracht, eine mit Spitzen besetzte lange Jacke, deren Schnitt niemals, die Farbe aber stets wechselte. Die losen Ärmel ließen einen Teil der schönen Arme frei und die Hände waren von seltener Vollendung."

Großfürstin Helene kam Auerbach als einem Landsmann mit warmer Herzlichkeit entgegen. „Sie fragte mich nach meinem ganzen Verhältnis zum preußischen Hof, ich erzählte alles historisch getreu und es ergab sich auf ihre Aufforderung, daß ich das Fernere in ihre

Hand legte. Sie erzählte mir Sachen, die ich nicht niederschreibe, weil sie nicht fixiert sein sollen und schließlich kam sie dahin, daß der König etwas nur tue, wenn die Sache von ihm ausgehe. Sie fährt jetzt mit dem König nach dem alten Schloß und da wird sie ihm nach ihren Worten ans Herz legen, welches Glück es für ihn ist, einem solchen Mann, der dazu noch ein Süddeutscher ist, eine freie Stellung zu geben." Die Großfürstin lud Auerbach am nächsten Abend zum Tee. Nach Mitternacht — der Dichter hatte seine Goetheschrift vorgelesen und sich lebhaft am Gespräch beteiligt — ging es zum Aufbruch. Die Großfürstin ließ ihn zurückrufen und sagte: „Ich habe noch allein mit Ihnen zu reden. Ich habe also gestern mit dem König gesprochen, er ist Ihnen sehr gut und spricht sehr gut von Ihnen. Es kommt jetzt nur darauf an, daß ein Minister, etwa Auerswald, einen Vorschlag für Sie macht und der König wird gern einwilligen. Es freut ihn sehr, daß Sie für immer in Berlin bleiben wollen." Wir sprachen noch mancherlei und sie sagte, sie werde auch der Königin wegen meiner Vorwürfe machen, man lege nicht genug Gewicht darauf, daß ich mich aus freier Entschließung prinzipiell den Aufgaben Preußens anschließe.

Am folgenden Tag ließ Königin Augusta den Dichter durch den Grafen Boos zu sich bescheiden. „Ich gehe hin, der König ist Samstag früh abgereist, nachdem ich ihm noch die Goetheschrift mit einer Widmung geschickt, und noch nie war ich so inmitten der freiesten Gedankenhandhabung bei der Königin. Sie entschuldigte sich, daß sie mich nicht früher kommen ließ und ich mußte versprechen, in der zweiten Hälfte des September, wenn der König wieder hier ist und die Großherzogin, wieder hier zu sein. ‚Meine Tochter freut sich so sehr darauf, Sie einmal längere ruhige Zeit kennen zu lernen und wenn sie hier ist, habe ich auch oben auf dem Schlosse mehr Raum und Zeit und die schon herbstlicher werdenden Abende wollen wir dann lesen und Sie müssen kommen.‘ Ich versprach's natürlich und es müßte doch unbegreiflich zugehen, wenn da nicht eine definitive und genehme Entscheidung endlich sich feststellte. Wir sprachen noch über das Attentat und die Königin und Graf Boos, der dabei war, waren überaus glücklich über meine Auffassung, daß sich in überraschenden, erschreckenden Momenten die ganze Haltung des Charakters ausspräche, daß der König so männlich fest sich hielt, seiner Frau den

Schrecken abzulenken suchte, und politisch und sittlich sich nicht turbieren ließ, das ist von großer Bedeutung und es gilt, das Leben in der gefesteten Haltung des Momentes fortzuführen. Die Königin sagte: ‚Sie sind immer so glücklich, einem alles in einem Bilde veranschaulichen zu können‘, denn ich erklärte: Wie man die Bodenbeschaffenheit bestimmen kann aus den Pflanzen, die daraus erwachsen, so sind Worte und Aussprüche eines überraschenden Momentes Blumen und Pflanzen eines festen Charakterbodens u. s. w.“ In gehobenster Stimmung fuhr Auerbach mit Lazarus nach diesem Sonntagsgespräch zum Schloß Eberstein: „ich schaute in meinen Schwarzwald hinein, als sähe ich ihn zum ersten Male und ich fuhr auch zum ersten Male in weißer Halsbinde und schwarzem Frack in die Wälder hinein.“

Am 19. August will er acht bis zehn Tage in die Schweiz, um dort still seinem Straßburgroman nachzusinnen. Über Freiburg, wo ihm in herrlicher Mondnacht bei einem einsamen Gang in das Münster die glücklichsten Gedanken, das sind Arbeitsgedanken, kommen, fährt er nach Rigi-Kaltbad. Dort traf er Bendemann, Klara Schumann, Bethmann-Hollweg, „alles recht schön und erfreulich, aber die Ruhe, die ich will, gibt das nicht und so setze ich meinen Wanderstab weiter.“ Nach Rigi-Kulm. Auf freier Höhe hauste er da in einem einfachen Zimmer mit Tisch, Stuhl, Bett aus Tannenholz. Offenen Blickes für jede Bauerngestalt, unter anderem den großen Schweiger, der hat, was alle suchen, fragte er Bettlern, Händlern, Liedersängern ihre Schicksale ab, fühlte er sich als Bürger einer Idealkolonie, schwärmte er in verzückter Naturandacht. Hunderttausende gehen jahraus jahrein gleichmütig über dieselben Schweizer Wege. Den Fünfzigjährigen überkamen angesichts der Landschaftspracht jugendlich begeisterte Stimmungen wie Saint-Preux und Werther. „Die Berge sind frei, es ist ein Blick, wie von einem auf der Erde ruhenden Himmel. Wer das nicht gesehen, nicht in sich genommen, hat nicht vollauf gelebt, kennt die Größe des Erdenlebens nicht, bewegt sich wie ein Käfer im Halmenwald und hält das für den großen Wald.“ Auf weltabgeschiedenen Höhen jauchzt und jodelt er hell auf. Am Gießbach schläft er wie auf Tönen, selbst das Farbenspiel der künstlichen Beleuchtung des Wasserfalles scheint ihm Wetteifern, nicht Theatergaukelei mit der Natur.

Das ist Leben, ist Dasein, nun fahr hin, Welt, ich hab' dich einmal ganz und voll empfunden und gehabt. Du berauschende Lust des Daseins und aller Reichtum, alle Ämter und der ganze Krimskrams sind verflogen.

Vom tiefen Rohrstuhl, so bequem, daß man ihn zum Muster im Paradies nehmen kann, schaut er in Nähe und Weite:

Der Himmel ist eine einzige reine Bläue, nur der weiße Halbmond steht gerade oben, die hellgrünen Wiesen rauschen so voll und stetig, als spräche die Vollsaftigkeit der Erde: siehe, ich quille und stürme mich ewig aus und erschöpfe mich nie, von Fels zu Fels stürzt es in den See und bricht nimmer ab, und kommt nur, ihr Geschlechter alle, in Ewigkeit ströme ich euch Frische zu. Und unten glitzert der See so still und groß, als müßten da Wundergestalten auftauchen, und doch fährt oben das Dampfschiff dahin und zieht ein langes dunkles Geleise nach sich, und an den Bergen hinan schwimmen leichte weiße Nebelwolken, haften eine Weile am Grate und verflackern und zerfließen in die blaue Luft, und ich weiß mir nicht zu helfen, mir ist, als badete ich in lauter Wonne des Daseins und müßte nun auch etwas anderes werden, aus diesem Meer der Lebensempfindung auftauchen als ein ganz anderes Wesen. Ich habe keine Tat, kein Gebilde, das ich fassen möchte, ich bin wie von unsichtbaren Flügeln in der Schwebe gehalten und kann nicht mehr nieder, und ich meine, ich befreie mich durch Schreiben und komme immer mehr ins Unbegrenzte in die Höhe, in die Tiefe endlos, ich meine, nur die höchste Musik, das ungebundenste Tonreich könnte ahnend ausdrücken, was jetzt in mir auf und nieder wogt; noch nie, meine ich, habe ich so gefühlt, was Leben ist, Atmen in Licht und tauiger Luft. Das soll nie mehr aus der Seele schwinden, ich bin ein glücklicher Mensch, daß ich einmal diese adlerfreie Höhe des Daseins erschwungen, ich fühle nichts mehr von der Erdenschwere, ich bin im Bräutigamszustande der ewig umworbenen Natur, die in der Tat die heilige Mutter Gottes ist, ewig Jungfrau und Mutter zugleich.

Beim Abschied ist ihm zu Mute wie dem Propheten, der nach vierzigtägiger Bergeinsamkeit wieder unter das Volk geht. Vom Rigi steigt er hinab in das Land, das er nur von fern wie ein Inhaltsverzeichnis geschaut. Angesichts der Gletscher glaubt er das erste Aufgehen der Sonne über der frischen Schöpfung zu sehen. Wenn er hier einen Arbeitsplan ausdenken wollte, müßte der groß und durchsonnt werden, elementarisch wie das Empfinden, das ihn beglückt. „Wenn ich es nur festhalten kann, was mir die Seele bewegt," ruft er sehnsüchtig aus. Noch immer im Wahne, daß der Segen dieser Eindrücke dem Straßgroman zu gute kommen werde, träumt er dessen Zukunftsgestalten aus, läßt er die rätselhafte mythische Figur eines Sängers aufsteigen, von der das Straßburglied ausgehen soll. Nicht ohne Bangen begibt er sich ins Elsaß. Das Straßburger Münster, größer

als das Gebirge, packt ihn mit ungeahnter Gewalt. Es soll im Mittelpunkt der Dichtung stehen. Alle Winkel des Wunderbaues streift er ab.
Auf der Plattform über der großen Rose geht ihm auf, daß ein Stein-
metz, nicht mehr ein Student der Held sein soll. Beim Türmer schaut
er in die Ferne über den Rhein. Mit Hirtz und anderen Geschichts-
und Landeskundigen blättert er in gedruckten und ungedruckten Orts-
chroniken. Durchtränkt von allem, was er gesehen und gelesen, zieht
er sich in die Schwarzwaldbucht Erlenbad bei Achern zurück.
„Der Schwarzwald und die Vogesen" — so heißt der am 22. September 1861 niedergeschriebene Leitspruch seines Romans — „das sind
die beiden Bergufer des Rheins und mitten drin steht das Denkmal
deutscher Andacht, das Münster." Ein Ulmer Steinmetzgesell, Eberhard Stoß, soll von der Donau zum Rhein wandern. Unterwegs
begegnet er anderen Gesellen, einem Straßburger, einem Branden-
burger, einem Thüringer. Vom Werkmeister des Dombaues wird er
auf harte Proben gestellt, die er alle besteht. Die Heldin sollte die
Tochter eines geheimnisvollen Türmers sein, dessen Lebensgeschichte
in den Dreißigjährigen Krieg zurückreicht. Zu diesen und anderen frei
erfundenen Gestalten sollten geschichtlich überlieferte Persönlichkeiten
treten: Ludwig XIV. und Kardinal Fürstenberg; die käuflichen, auch
zum Katholischwerden bereiten Adeligen und der Ratschreiber Günzer,
der „Tagebüchler", eine Art Josephus Flavius und der landesverwiesene
Boißheim. Paris und die Reunionskammer, den Einzug der Franzosen
und die Geheimnisse der Maurerei, Zeit- und Sittenbild, Historie und
Zukunftsblicke in eine bessere Zeit der rächenden Vergeltung: das und
anderes mehr sollte der Straßburgroman zeigen. Eine Saat, aus der
dem Dichter noch weniger Keime reiften, als Scheffel aus dem Entwurf des Wartburgromans.

Unbeirrt durch die Vorbereitungen zum Straßburgplan, arbeitete
er in Erlenbad den Feuilletondruck von „Edelweiß" für die wiederum
zur Weihnacht bestimmte Buchausgabe um. Wiederum führte der Erzähler, wie im „Joseph im Schnee", in die rauhere Berglandschaft des
badischen Schwarzwaldes. Wiederum griffen elementare Natur-
gewalten in Leidensgeschichten ein. Diesmal zwingt ein Lawinen-
sturz ein Ehepaar, das in scheinbar unheilbarem, lebenvergiftenden
Zerfall mit- und gegeneinander wütet, zur Besinnung, Einkehr und

Versöhnung. Den erfindungsreichen Meister der Uhrmachergilde ereilt
das Verhängnis einer Künstlerehe. Der weichmütige Lenz heiratet
die bildschöne, herzensharte Tochter des schwindelhaften Löwenwirts.
Nicht ihre Untreue, nur die Unverträglichkeit der Charaktere, wechsel-
seitige Verkennung macht, wie in der „Frau Professorin", „Ein eigen
Haus", „Viereckig", „Benigna" das Nebeneinanderleben zur Hölle.
Meisterhaft in Grundlage und Aufbau, wohlgeraten in Haupt- und
Nebengestalten, sündigt Edelweiß durch allzu milden Abschluß, wie
das in einem Vorzüge und Fehler mit gleicher Unbefangenheit ab-
wägenden Brief schon S t r a u ß einsichtig ausgesprochen hat:

Lieber Freund! Daß ich Ihnen für Ihr freundliches Geschenk nicht früher
danke, daran ist die Ursache, daß ich das Buch erst lesen wollte; und daß ich mit dem
Lesen nicht eher zu Ende kam, kommt daher, daß ich es mit meinen Kindern lesen
wollte. So erhalten Sie nun statt des einfachen einen dreifachen Dank, zu dem
aus einem alten Herzen den zweier jungen. Ihre schöne Dichtung hat uns die Abende,
die wir über dem Genuß derselben zubrachten, recht warm gehalten und von Anfang
bis zu Ende gespannt und interessiert. Die volle Rundung, die satte Realität, die
Sie Ihren Figuren zu geben wissen, habe ich von jeher besonders hochgeschätzt, und
davon haben Sie auch diesmal in einer Gruppe von Charakteren glänzende Proben
abgelegt. Die Lebenswahrheit Ihrer Schilderungen beurkundet sich auch dadurch, daß
man so häufig an Personen der eigenen Bekanntschaft erinnert wird, wie denn bei
den Reden Ihrer Franzl meine Kinder immer wieder den Namen eines ähnlichen
höchst schätzbaren Originals in unserer Familie ausriefen. Was den Hauptpunkt,
um den sich alles dreht, das eheliche Mißverhältnis, betrifft, so kann ich Ihnen als
hierin leider expertus und expertissimus, bezeugen, daß Sie es mit furchtbarer Wahrheit dargestellt haben. Eben in dieser pathologischen Beteiligung aber hat es seinen
Grund, daß ich in diesem Stück zum feinen ästhetischen Beurteiler verdorben sein werde.
Alle anderen Personen Ihrer Dichtung bis auf den (wie mir scheint ganz besonders
vortrefflich gezeichneten) Petrowitsch hinaus, haben mich jede in ihrer Art angesprochen
und sympathisch gestimmt; das Annele hingegen — wenigstens von dem Punkte an,
wo sie um Lenz zu werben anfängt — nur abgestoßen — wie gesagt, es ist möglich,
ja wahrscheinlich, daß dies in einer Unterschiebung seinen Grund hat, für die der
Dichter so wenig verantwortlich ist, als der Wirt, der seinem Gast eine trefflich vorbereitete Speise vorsetzt, daran schuld ist, daß jenem dabei ein Grausen ankommt,
da er sich an eben dieser Speise vor kurzem krank gegessen. So auch, wenn ich Ihnen
in Bezug auf die genannte Figur den Zweifel nicht verhehle, ob es wahrscheinlich,
ja nur möglich sei, daß eine so äußerliche, fertige und selbstzufriedene Natur sich so
schnell und dabei nachhaltig bekehre, werden Sie am besten tun, meinen Zweifel mit
auf Rechnung meiner stoffartigen Befangenheit zu schreiben. Dazu hingegen habe
ich glücklicherweise das Herz frei genug gehabt, um all die tiefen Töne häuslicher Sitte
und Sittlichkeit, echter, dem Lichte sich nicht verschließender Frömmigkeit, die Sie in

Ihrer Dichtung so vielfach anschlagen, zu vernehmen und zu empfinden und Ihnen dafür im Namen des deutschen Volkes den verdienten Dank dafür zu wissen. Nichts macht mich freudiger, ein Deutscher zu sein, als wenn ich in deutschen Dichtungen so wie hier auch den sittlichen Familiengrund des deutschen Lebens zu sehen bekomme. Das können sie uns doch nicht nachtun, die Franzosen, denn woher nehmen und nicht stehlen? und wir wenigstens wollen's uns nicht stehlen lassen. —

— Nun leben Sie wohl und halten sich frisch für das deutsche Volk und für Ihre Freunde!

Heilbronn, 4. Juni 1862. Von Herzen der Ihrige
D. F. Strauß.

Der Dichter arbeitete zeitweilig in Erlenbad so scharf, daß er sich jede Ansprache versagte. Eine Kasteiung, die seine gesellige Natur nicht lange aushielt. Aus einem lieben Gesellschafter wurde ihm Major Müller bald ein naher Freund, nachmals das Urbild des Oberst Bronnen im Roman „Auf der Höhe". Nach Abschluß des „Edelweiß" mußte Auerbach das der Königin von Preußen gegebene Wort ein- lösen und sich nach Baden-Baden aufmachen. Unterwegs hielt er in Karlsruhe, wo er als Gast seines alten Dresdener Bekannten, des Intendanten Eduard Devrient, Nathan den Weisen sah. Schon 1858 hatte er im „Morgenblatt" und vollständiger in der Gesamtaus- gabe Studien und Anmerkungen über dieses „Drama der Weisheit" veröffentlicht, Lessing als einen der Auserlesenen bewundert, die „die Welt mit ihrem Gemenge von Grausamkeit und Liebe, von Albernheit und Hoheit, mit allen ihren Widersprüchen und einheitlichen Gesetzen erkennen, und doch fest und warm lieben". In Devrients Loge ging ihm noch ein Neues auf: „Das ist nicht ein Evangelium der Toleranz, Toleranz ist nichts Positives; was dieses Stück und Lessing überhaupt lehrt, ist der Glaube an die Menschen, ihre Güte und Reinheit. Davon ist jedes Wort erfüllt. Das zeigt schon „Minna von Barnhelm". Nur „Emilia Galotti", die — wie der „Hamlet" in Wilhelm Meister — ein Hebel und Grundmotiv von Auerbachs Roman „Auf der Höhe" werden sollte, „ist ein Produkt der Erbitterung, des Kampfes mit der Ruchlosigkeit". „Kein zweiter Dichter vertritt so den Glauben an die Menschen, wie Lessing," selbst ein Schwärmer, wie Posa, kann umschlagen, ver- zweifeln, „Tellheim und Nathan verzweifeln nie," „in jedem kann der Erlöser von der Endlichkeit und Gebundenheit noch auferstehen und er regt sich in jedem, wenn er angerufen wird."

Dieselben Gedankenreihen entwickelte der Dichter dem Minister v. Roggenbach, der ihn zu sich bitten ließ. In stundenlangen Erörterungen, in denen Roggenbach auch die Emanzipation der Schule von der Kirche zur Sprache brachte, fanden sich die beiden im Tiefsten einig. Ihr Menschenglaube verbündete sie. Roggenbachs Vertrauen und Freundschaft wuchs bei jedem neuen Zusammentreffen mit Auerbach, der in dem badischen Minister sein Ideal eines liberalen deutschen Staatsmannes verkörpert sah.

In den nächsten Septembertagen war Auerbach in Baden-Baden. Am Teeabend im Kreise des Großherzogs, des Kronprinzen Friedrich Wilhelm und der Kronprinzessin Viktoria erzählte er von seinem Straßburgplan. Auch bei diesem Anlaß bekannte er seine Zuversicht auf den Sieg der guten, gerechten, humanen Sache. Seine Studien über das siebzehnte Jahrhundert, so sagte er, hätten ihm die Gewißheit gebracht, daß ein Volk, das die Not des Dreißigjährigen Krieges und den Raub des Elsaß überwunden, nie untergehen könne.

König Wilhelm sah Auerbach diesmal nur in der Lichtentaler Allee. Der König grüßte freundlich und fragte: Wie geht's? Nach einem Besuch bei der Königin erhielt der Dichter einen Brief, in dem ihm sehr verbindlich gesagt wurde, daß man ihn jetzt nicht empfangen könne. Von vornherein war Auerbach mit seiner Frau vollkommen einig, daß er seine Freiheit unter keinen Umständen gefährden lassen dürfe; die Fürstlichkeiten blieben Auerbach nach wie vor wohlgesinnt und ließen ihm bald nachher neue Anerbietungen für eine halbe Sinekure stellen. Die Lebenssorge, die Auerbach wie die meistgenannten anderen Schriftsteller seiner Tage bedrängte, nahm kein großer oder kleiner Hof von ihm. Von Anbeginn bis zum Ausgang seines künstlerischen Schaffens blieb, zum Heil seines Lebenswerkes, Auerbach einzig und allein auf die eigene Kraft gestellt. Es hat das Dorfkind immer gelockt, das Hofleben aus nächster Nähe mitanzusehen, noch auf der Heimfahrt, im Dezember 1861, war er abermals Gast des Herzogs, der ihn am Bahnhof in Koburg von seinem Mohren abholen, in der Hofkutsche in das Schloß fahren ließ. Der Hofmarschall wies ihm einen prächtigen Ecksalon an, bei der Heimkehr von der Jagd war der Herzog der liebenswürdigste Tafelgenosse. „Es ist ein klein Stück Paradies, in dem ich

hier sitze," schrieb Auerbach seiner Frau, „aber ich bin doch wieder
lieber mit meiner Eva draußen bei Arbeit und Gemeinsamkeit."

Unmittelbar vor der Rückkehr nach Berlin hatte der Dichter einen
gehörigen Schreck: im Frankfurter Buchladen sah er H e r i b e r t
R a u 's Roman „Der erste Raub an Deutschland"; sein Straßburgstoff
war, wenn auch von unberufener Hand, vor ihm bearbeitet. Und
mehr noch als dieser äußere Grund hemmte Auerbachs innerste Natur
seine Fortführung des weitgediehenen Planes zu einem großen geschichtlichen Roman. Die Gegenwart, keine noch so bedeutende Vergangenheit, war sein Element.

Im Berliner Winterquartier eingerückt, von hausväterlichen Sorgen,
drängenden Kalenderarbeiten und literarischen Ehrenpflichten in Anspruch genommen, wurde er gleich nach seiner Ankunft zum Minister
A u e r s w a l d berufen. Die Regierung fühle die Verpflichtung, ihm
ein Zeichen der Anerkennung zu geben. Nach mancherlei Erwägungen,
welches Staatsamt in Betracht kommen könne, ergab sich die Um-
grenzung auf Kunst und Wissenschaft. Der Minister hatte vor, Auerbach zum Direktor der dem Staat von Bankier W a g n e r vermachten
Galerie zu ernennen: ein Antrag, der den Dichter stutzig machte. Er
traute sich nicht zu, eine Liebhaberei berufsmäßig zu treiben, aus einem
Sonntagsjäger ein Förster zu werden. Neue Gnadenbeweise folgten.
Er wurde zum Tee ins Schloß geladen, las die Petrowitsch-Episode aus
Edelweiß allen Anwesenden, nicht zum wenigsten K ö n i g W i l h e l m
und dem P r i n z e n v o n B a d e n zu Dank.

König Wilhelm kam auch in Auerbachs Vortrag über den Weltschmerz in die Singakademie; wenige Tage nachher redete der König
auf dem Ball beim G r a f e n S c h w e r i n den Dichter an mit dem
(seither von F r i e d j u n g für den Begründer des Deutschen Reiches als
besonders bezeichnend angesehenen) Ausspruch, er habe bei dieser Gelegenheit erst erfahren, was das Wort bedeute; er habe nicht gewußt,
daß es so etwas gebe, in sich auch nie etwas davon erlebt. Auerbach erwiderte (nach T h e o d o r v. B e r n h a r d i's Bericht): „Eure Majestät
dürfen den Weltschmerz auch nicht empfinden, denn Sie sollen ihn
heilen und wer eine Krankheit heilen soll, muß selbst gesund sein."

Der persönlichen Auszeichnung schloß sich die ordensmäßige an. Der
Dichter, dessen Knopfloch sich zuerst dem Hausorden des Koburgers hatte

öffnen müssen, erhielt den Roten Adlerorden vierter Klasse, den er mit einer allerliebsten, halb ernsthaften, halb launigen Schilderung des Ordensfestes, einer Vorahnung mancher parodistischer Hofszenen im Roman „Auf der Höhe" vergalt. Neugierig und feierlich, wie ein Kind bei der ersten Preisverteilung in der Schule, erfüllt und beschreibt er alle Förmlichkeiten. Offenen Auges für die künstlerische und disziplinierende Macht der Hofsitte freut er sich des festlichen Aufzuges der Ordens- ritter, sieht er in der Herrscherin, der Pagen die Schleppe nachtragen, die leibhaftige Verkörperung des WJR der amtlichen Kundgebungen. Fröhlich belächelt er dagegen den Widerspruch zwischen christlicher Demut und weltlicher Eitelkeit, die Orden auf Talare heftet, und als lebendige Ironie auf alles Mandarinentum der goldenen Knöpfe und gelben Jacken deutet er einen echten, mit der Räucherpfanne die Säle durchwandelnden, noch von Friedrich Wilhelm IV. in königlichen Dienst genommenen Chinesen.

Vertrauter noch als mit dem Hofzeremoniell wurde der Dichter mit dem von ihm seit jeher gepredigten Kultus des Genius. Es gab bald keinen belangreicheren literarischen Kalender-, zumal Säkular- tag, zu dem er nicht als geborener und gekorener Festredner geladen wurde. Am 22. Januar 1862 preist er vor ein paar hundert Hörern L e s s i n g, am 15. Mai, dem hundertsten Jahrestag von F i c h t e s Geburt, fällt ihm vor viertausend Hörern das einleitende Wort zu. Nicht immer hat Auerbach bei diesen und anderen großen Gelegen- heiten die deckende oder gar abschließende Charakteristik gesucht und gefunden, immer aber den Eingebungen seiner Missionärsnatur gehorcht, mit dem Aufbrennen seines ganzen Wesens für Vaterland und Humanität zu wirken, der Wahrheit zu dienen sich gemüht. Bis- weilen ist ihm Hinreißendes gelungen. Schon seine Persönlichkeit wirkte wie ein Wahrzeichen. Griff der Sprecher des Volkes einmal fehl durch Überschwang im Ton, durch Verkennen von Ort und Zeit, dann tröstete er sich leicht, allzuleicht mit der bequemen Selbstkritik: Was dem einen Andacht, ist dem anderen Konzert, oder mit der Selbstverteidigung, er habe keine kleine Münze für so große Herren.

Wie wenig er solche Gelegenheitsleistungen als Taten gelten ließ, zeigen seine Klagen in diesen Übergangszeiten von 1862—1864. Er verschweigt dem mit Bedenken gegen ein Übermaß von öffentlichen

Reden nicht zurückhaltenden Jakob nicht, daß er unzufrieden mit der eigenen Kraft, daß etwas Stumpfes in seinen neuen Kalendergeschichten, daß er nicht in besonderer Schöpferstimmung sei. In der richtigen Empfindung, daß ihm eine Zeit der Brache nötig und heilsam wäre, macht er Gastbesuche am Rhein und in Schwaben. Der Anblick der Städte, die vor ihm großgewachsen, weckte mit frühen Jugenderinnerungen den Wunsch, sich als Selbstbiograph zu versuchen. Naher, eng verbindender Verkehr mit R o g g e n b a c h in Baden, mit der Familie des F ü r s t e n v o n H o h e n z o l l e r n in Düsseldorf, frohe Stunden mit Altbefreundeten — H o l l a n d s, S t r e c k e r s, H i l l e r s — hoben den streng über sich Gericht Haltenden nur zeitweilig über die betrübende Tatsache hinaus, daß sein Schaffen stockte. Er fühlte den Fluch eines einzig und allein auf die Feder angewiesenen Schriftstellerdaseins. Auch dieser unermüdliche Arbeiter erfuhr, daß zuzeiten nichts unfreier mache, als ein sogenannter freier Beruf. Sein Geist hätte Sammlung, Erholung gebraucht, die Einnahmen eines der meistgefeierten Lieblinge der damaligen deutschen Lesewelt reichten nicht hin, die recht bescheidenen Bedürfnisse seines Haushaltes ohne beständiges neues Produzieren zu decken. Der Absatz der Gesamtausgabe ging nur langsam vorwärts. Ein Buch wie „Joseph im Schnee" trug tausend Taler. Im achtzehnten Jahrhundert suchten die Schöpfer der neuen großen Dichtung Zuflucht an Fürstenhöfen. Anfangs der Sechzigerjahre des neunzehnten Jahrhunderts mußte eine „lokomotivenstarke Arbeitskraft" wie G u t z k o w froh sein, als Generalsekretär der Schillerstiftung in Weimar mit einem sehr bescheidenen Jahresgehalt unterzukommen, H e b b e l, der ohne seine Frau zeitlebens hätte hungern müssen, war nahe daran, sich mit einer noch bescheideneren Stelle in demselben Weimar zu begnügen. Die Namen der beiden begegnen uns in demselben Briefe, in dem Auerbach seiner Nina von den kläglich verlaufenden Bemühungen der Königin Augusta und der Großfürstin Helene zu seinen Gunsten Kunde gibt. Auch der letzte Plan A u e r s w a l d s, Auerbach als Galeriedirektor ein festes Jahreseinkommen zu verhelfen, schlug fehl.

Der anerkannte Meister der Dorfgeschichte, der Liebling der damaligen Mode konnte nicht Schicht machen; die Erziehung von vier Kindern, seine bescheidenen Reisen, ein schlicht bürgerlich geführter

Haushalt kostete so viel, daß der Hausvater halb oder völlig Mißratenes nicht zurückhalten oder vernichten durfte. Inmitten solcher Verlegenheit bekam Auerbach den untrüglichen Beweis, daß er im Jahre 1862 als beliebtester Volksschriftsteller galt. Ein kühler, marktkundiger Geschäftsmann, der Begründer der Gartenlaube, Ernst Keil, hatte, da Cotta den Volkskalender als nicht „großdeutsch" nicht mehr drucken mochte, dieses Unternehmen Auerbachs verlegt. Er zahlte dem Herausgeber fünfhundert Taler und die Hälfte des allfälligen Reingewinns, die für Auerbach ein einziges Mal weitere dreihundert Taler, in der Regel nichts abwarf. Außerordentlich betriebsam, verstand es Keil, die Auflage des Kalenders in manchem Jahr auf zwanzigtausend Exemplare zu steigern.

Dieser ansehnliche Erfolg bestimmte Keil, Auerbach aufzufordern, eine selbständige Beilage zu dem schon dazumal über hunderttausend Abnehmer zählenden Familienblatt „Die Gartenlaube" herauszugeben. Hier schien, obwohl Keil auf keine Form des Miteigentums sich einließ, zum mindesten eine von Staat und Hof niemals erbetene, trotz freiwilligem Angebot niemals bewilligte regelmäßige Jahresrente von vornherein gesichert. Keil bot einen Jahresgehalt von zwölfhundert Talern, ein weiteres wöchentliches Honorar von fünfundzwanzig Talern pro Nummer (jährlich dreizehnhundert Taler), von dem Auerbach drei Spalten fremder Beiträge zu bestreiten hatte. „Ihre reine Einnahme würde sich also — nach Abzug der von Ihnen zu zahlenden Honorare — auf jährlich zweitausendzweihundertundfünfzig Taler stellen, ein Anerbieten, wie es Ihnen sicher von keiner zweiten Verlagshandlung gemacht werden wird." Die Möglichkeit, in so gesicherter Stellung als Volkserzieher auf die Massen zu wirken, war eine starke Versuchung. Gleichwohl verkannte der Dichter keinen Augenblick, wie viel Schaffensfreude und Schaffensfreiheit er werde preisgeben müssen, wenn er Keils Ruf Folge leiste. Zweifel an seinem Beruf zum Tagesschriftsteller verbarg er sich nicht. Wenn er trotzdem nach kurzem Schwanken ja sagte, geschah das nur, weil er selbst keinen anderen Ausweg sah, ehrenhaft für Gegenwart und Zukunft der Seinigen vorzusorgen.

Vom Oktober 1862 bis März 1864 gab der Dichter als Beilage zur Gartenlaube die Wochenschrift „Deutsche Blätter" heraus; nach seiner Ankündigung sollte sie

„volkstümlich, freisinnig, in einfacher und dabei doch künstlerisch gefaßter Form die Fragen und Aufgaben der Zeit zu klarer Erkenntnis fördern, Mittel und Wege zur Selbstbildung eines jeden angeben, die Vorgänge des Völkerlebens, die Erscheinungen der Wissenschaft, der dichtenden und bildenden Kunst, der Schule, der Werkstatt und der Familie zu gerechter, allgemein verständlicher Würdigung bringen, Verkehrtes abwehren, Bewährtes eindringlich machen, die Denkkraft wecken und üben, das Herz läutern und durch alles dies die rein sittliche Bildung und aus ihr die Freiheit immer fester und tiefer gründen.“ Mit solchen Absichten trat er „vor das größte Publikum, das bis jetzt das deutsche Wort versammelt hat, um so mit allen zu Gast geladenen Freunden vaterländischer und rein menschlicher Bildung die geistige, sittliche und ökonomische Wohlfahrt der gesamten Nation fördern zu helfen.“

Gegen diese löblichen Vorsätze würde der nüchterne Keil wenig eingewendet haben, wenn Auerbach nur mehr Geschick zu ihrer Erfüllung oder Verdunkelung mitgebracht hätte. Schon im ersten Vierteljahr mußte sich Auerbach in den Deutschen Blättern gegen die Anklage rechtfertigen, daß er zu ernst, nicht genug packend und unterhaltend sei, daß er zu viel auf einmal wolle und dergleichen mehr. Solchen auch von Wohlmeinenden geäußerten Bedenken hielt er das Gebot S c h i l l e r s entgegen: Lebe deinem Jahrhundert, aber sei nicht sein Geschöpf. Leiste deinen Zeitgenossen, aber was sie bedürfen, nicht was sie loben. Und zugleich mit diesem Wappenspruch verkündet er den Wunsch, die patriotischen Phantasien zum Vorbild zu wählen:

Ein Mann wie Justus Möser konnte, mit vielseitiger Begabung ausgestattet, geschichtliche, nationalökonomische, philosophische und in gewisser Weise auch poetische Klärung aus sich allein bringen. Er stand in einem bestimmten Kreise, für den er sich in steter Wachsamkeit erhielt. Die Gliederung des Lebens und seiner Formen waren zu seiner Zeit noch fester, und es war dem seltenen Mann gegeben, seine heiter starke Individualität immer und wie von selbst in die nachhaltigste Wirkung zu setzen.

Bei Auerbach blieb diese Wirkung aus, obwohl er selbst redlich und rastlos tätig war und obwohl ihm Mitarbeiter wie D a v i d F r i e d r i c h S t r a u ß, D i e s t e r w e g, R u d o l f K a u s l e r, L o r e n t z e n ꝛc. beistanden. In den Briefen an Jakob gab er einem unlöslichen Zwiespalt Schuld an dem Mißlingen. Er fand unvergeßliche zornige und witzige Wendungen für den Widerspruch zwischen seiner Künstlerart und Handwerkspflicht. Er verglich sich mit dem Manne, der einen Ruheposten verlangte und Botendienst leisten mußte; er verwünschte den Zwang, seinen Hippogryphen, und wär' der nur ein Pony, vor den Lastkarren

zu spannen; erging sich in guten und bösen Ausfällen gegen Keils
Geschäftsprinzip, den Geschmack der Kundschaft auszuforschen und
willfährig zu bedienen. In alledem hatte er recht und tausendmal
recht, soweit der Beruf seiner Persönlichkeit, Zeitungsleiter und zugleich freischaffender Künstler zu sein, zur Frage stand, nur tat er unrecht, seine schiefe Stellung als Beweis für die Unverträglichkeit von
Poesie und Publizistik anzusehen. In demselben Leipzig wirkte neben
ihm als Journalist großen Stils G u s t a v   F r e y t a g; zu einem
Zeitungsschreiber dieser Bedeutung, der gleicherweise Bescheid wußte
in Altertumskunde, Literatur, Theater, Wirtschafts- und Tagespolitik,
fehlte Auerbach das Wissen, der Weitblick, der Reichtum der Tonarten, die
Beweglichkeit, die Schlagfertigkeit, die Gabe, sich selbst im Dienste der
Sache zu vergessen; zur Anspruchslosigkeit des W a n d s b e c k e r B o t e n
die patriarchalische Unbefangenheit; zur Erneuerung der Patriotischen
Phantasien der geschichtliche Sinn von Goethes und Grillparzers Liebling J u s t u s M ö s e r; zur fröhlichen Plaudersucht des Heimgärtners,
R o s e g g e r, das leichte Blut. Er war nicht der Mann, vom Arbeits-
zimmer überlegen auf das Marktgewühl zu schauen; bei jedem Blick
und nun gar bei jedem Gang auf die Straße wurde er mit sich und
den eigenen Einfällen nicht fertig. Er verstand als Publizist nicht,
wann er zu seinen Lesern hinabsteigen, wann er sie zu sich emporheben
sollte; verfehlte den Ton für die Kenner, ohne das Ohr der Menge
zu gewinnen — an dem Mißerfolg seiner Deutschen Blätter trifft ihn
größere Schuld als seine Leser.

Die Aufgaben der Zeitung blieben dem ewigen Monologisten so
fern, wie die Forderungen der Bühne, ein Mangel, den Theater-
gänger und Zeitungskäufer rasch herausfühlten und herausfühlen ließen.

Die Klage, daß er seine Leser nicht verstehe, durften die Leser aus
triftigeren Gründen dem Schreiber zurückgeben. Gleich der Ein-
gangsartikel „Die Fahnenweihe" ist ein Muster, wie ein Volksblatt
nicht sein soll. Er ist zu Gast bei einem Liederkranz im Odenwald.
Von einem launigen Freund „im Namen und Auftrag der Menschheit"
zu einer Rede an die Sangesbrüder ermuntert, beginnt er mit einer
Huldigung für G o e t h e, dessen Geburtstag gerade ist; mit seinem
großen Namen mögen sie ihren Verein schmücken:

„So sei euer Verein G o e t h e der Baum im Odenwalde, der immer grüne Blätter hat. Ich grüße die stillen Winterabende, da ihr in euern Häusern sitzt und euch im Liebe vergnügt, ich grüße die lauen Sommernächte, da ihr auf der nußbaumbepflanzten Straße und zwischen den grünen Zäunen der Gärten dahinwandelt und singt. Und wenn ihr hier singt, so singt's in Tausenden von Städten und Dörfern, und es ist ein singender Sternenhimmel auf Erden." „Es lebe die Bruderschaft zum deutschen Herzen, geweiht und gesegnet durch das deutsche Lied."

Wär' es Keil zu verargen, wenn ihn, wie Bassermann beim „Schatzkästlein", so unerbaulicher Ausdruck des vermeintlich Erbaulichen verdrossen hätte? Muß nicht der bestgesinnte Leser der Deutschen Blätter, der zu selten mit Auerbach lachen kann, über so verstiegene Unnatur lachen? Derartige nicht vereinzelte Sünden gegen den guten Geschmack sind umso erstaunlicher, als Auerbach zur selben Zeit in seinen Einwürfen gegen Viktor Hugos Misérables ein sehr verletzliches Ohr zeigte für „das Prozzen mit Großphrasentum" und in seinen Hinweisen auf die Kritischen Gänge von Vischer, Freytags Bilder aus der deutschen Vergangenheit, die Tirolensia Steubs, die Frau Aventiure von Scheffel, die Uhlandrede von Treitschke, Reuters Festungstid, in seinen Lobsprüchen für Beitzke, Häusser, Kapp und andere mit sicherem Kennerwort sich einsetzte für bewährte Alte und zukunftsreiche Neue. Hier, wie auf anderen Schaffensgebieten Auerbachs überrascht Mustergültiges dicht neben unbegreiflich Verfehltem.

Als Politiker steht er auf einem Boden mit Sybel. Er hofft auf Preußen als die führende Macht in Deutschland und bekämpft zugleich den dazumal einmütig verketzerten Bismarck als Ausbund junkerlicher Hoffart. Sein Herz gehört Roggenbach und dem konstitutionellen Musterländchen Baden. In altem Bürgersinn steht er gegen Lassalle zu Schulze-Delitzsch. Die Form seiner politischen Äußerungen wechselt. Knappe Erörterung wird von offenen Briefen des Bürgermeisters Eberhard von Waldhausen an die Machthaber (Franz Joseph 2c.), aufsteigende und sinkende Parteiführer (Löwe, Calbe, Gagern) abgelöst. Ironische und pathetische Mahnreden finden sich mit der Schleswig-Holsteinfrage, dem Frankfurter Fürstentag, dem fünfzigsten Jahrestag der Schlacht von Leipzig ab und die gebührende satirische Abfertigung ereilt den Reichsjodler Wildauer.

Die Not des Vaterlandes schmerzt ihn tief. Immer wieder siegt aber die Zuversicht auf die unzerstörbare Volkskraft der Deutschen. Mit am ergreifendsten in den Nachrufen für Uhland und Jakob Grimm.

Es sind nicht die einzigen Weltheiligen, denen die Deutschen Blätter Denksteine setzen. Für Rietschel und Heinrich Simon findet er Worte warmer Freundeserinnerung. Der Tod Gabriel Riessers gibt Anlaß, der tiefgreifenden, folgenreichen Wandlung des deutschen Judentums vom Humanismus Mendelssohns zu nationalem patriotischen Staatsbürgertum nachzugehen. Dem frühgeschiedenen Friedrich Hebbel wird Auerbach im Nekrolog der Deutschen Blätter gerechter als sonst jemals vor- oder nachher. In der bildenden Kunst ist er der Fürsprecher von Rietschel und Maler Lessing.

Am glücklichsten ist er in Anregungen. Anekdotisch erweist er die Notwendigkeit gleicher Wärme für Fahrgäste aller Klassen. Für die Pestalozzistiftung und die Not des Schriftstellerstandes findet er die rechten Worte. Die Abhängigkeit des Beamten malt genrehaft der Quartalsmorgen eines Subalternen. Die Aufgabe der Volkstheater würdigt er prophetisch. Den Verderb durch die Spielbanken züchtigt er schonungslos. Gegen die Todesstrafe eifert er ohne Vorbehalt. Als Hausvater gibt er, unter anfechtbarer Aufschrift, „pädagogische Winke und Blicke in Kinderherzen". Überall ist er der Anwalt des Tüchtigen, Menschenwürdigen, nicht immer mit dem rechten Maß und Takt, durchweg aus einer gesunden Grundstimmung, die gelegentlich, unscheinbar und unvergänglich, in einer Gegenüberstellung von Uhland und Metternich den Sieg der Humanität, den Triumph des Menschenglaubens weissagt in einem Gefühlsausbruch, der als Glaubens- und Lebensbekenntnis Auerbachs gelten kann:

Wenn die sittenlose Herrschaft zuletzt zu dem Ausspruche gedrängt wird, „nach uns die Sündflut", so hat anderseits diejenige Macht, die auf die ewigen Grundsätze der Gerechtigkeit, des Gemeinwohls, mit einem Wort der Tugend baut, den anderen Spruch, „Nach der Sündflut wir", das heißt nicht wir als Personen, nein, wir mögen dahingerafft werden, aber das, was wir sind, unsere Ideen und Ziele, das wird jenseits der Sündflut in anderen Menschen, die das gleiche mit uns in der Seele tragen, zur Herrschaft gelangen und jeden Widerstand besiegen.

Auf denselben Grundton gestimmt war Auerbachs Rede zum Gedenkfest Uhlands am 31. Januar 1863 im Berliner Viktoriatheater. Er hatte zudem einen Text untergelegt für den Chor aus Beethovens Phantasie; der junge Alfred Dove sang im Sternschen Chor mit. Knaus und andere hatten lebende Bilder aus den Balladen gestellt. Es war, wie mir Dove 1891 schrieb, die schönste Feier der Art, die er je gesehen. Auerbach sorgte mit Hilfe des Bruders von Leopold, Ferdinand Ranke, noch dafür, daß auf dem Schulhof des von Ranke geleiteten Friedrich Wilhelm-Gymnasiums eine Uhland-linde gepflanzt wurde. Böser Dank wurde dem treuen Anhänger des Tübinger Meisters. Der Verfasser des Prologes lohnte Auerbach mit herben Verstimmungen für freundliche Förderung.

Und kränkender noch war ein grundloser, häßlicher Ausfall von Adolf Schöll im neugegründeten „Orion": Auerbach prahle mit berühmten Bekanntschaften. Gleich nach Uhlands Tode hatte die Kölnische Zeitung in einem Nachruf erzählt, der Tübinger Poet habe den Platenschen Ausdruck „bediademt" im Gespräch mit dem von ihm geduzten Auer-bach bespöttelt und gemeint, man könnte mit gleichem Recht sagen: bediadufelt. Auerbach konnte, nachdem er den „Orion" gelesen, vor Kummer und Wehe die ganze Nacht nicht schlafen. Der Herausgeber des „Orion" gönnte Auerbach Raum zu sachlicher Abwehr[1]). Zur größten Genugtuung und Rechtfertigung Auerbachs erließen überdies in der Kölnischen Zeitung der Chefredakteur Kruse, Müller aus Königswinter und andere unanfechtbare Zeugen die wahrheitsgemäße Erklärung, daß ohne Vorwissen, geschweige Zutun Auerbachs die von ihm Jahre vorher im Bekanntenkreise erzählte Uhland-Anekdote nach des Dichters Tod von Kruse in freier Form wiedergegeben worden sei. Ebenso unstichhaltig waren Schölls Anwürfe, als ob Auerbach in seinen (von der Gartenlaube erbetenen) Erinnerungen an Rietschel sich unbefugt mit freundschaftlichen Beziehungen zu diesem Künstler ge-brüstet hätte. Proben aus Rietschels ersten und letzten Briefen an Auerbach bestimmten Schöll, diese Beschuldigung zurückzunehmen. Was Schöll zu diesem jähen Überfall des früheren Freundes bestimmt hat, ist unaufgeklärt. Vielleicht hat Heyles Verstimmung wegen der künstlerischen Umbildung seiner (übrigens auch von Gottfried Keller in „Regine" benützten) Liebes- und Heiratsgeschichte mit

---

[1]) Siehe Beilage E.

einer Magd nachgewirkt, möglicherweise persönliche Empfindlichkeit oder Verhetzung durch G u t z k o w und dessen Leute.

Sicher ist, daß Auerbach unter dieser Gehässigkeit schwer und lang gelitten hat. Stärker noch als 1848/1849 durch den Birch=Pfeiffer=Handel wurde er gewahr, wie viel Schadenfreude bei diesem voll=kommen zu seinen Gunsten aufgeklärten Zwischenfall sich geregt hatte. Zumal in Berlin lernte er den Satz begreifen: homo homini lupus. Mit Grauen wendete er sich von der „permanenten Aufsätzigkeit", dem beständigen gegenseitigen Aufeinanderhacken und Ellbogendrängen ab, um keine Verbitterung und Versäuerung des Gemütes aufkommen zu lassen.

Ein neuer Schmerz suchte ihn heim. Pfingstsonntag 1863 stand er am Schmerzenslager O t t o   L u d w i g s. Silvester 1862 hatte er gehört, daß der Todkranke wiederum in ärgster Bedrängnis sei. 1856 hatte er mit G e i b e l s Beistand vom bayrischen König eine Ehren=gabe von vierhundert Talern für Ludwig erwirkt, der ihm mit einem erschütternden Brief für diese und andere Liebesdienste „Z w i s c h e n   H i m m e l u n d E r d e" zueignete: „Du hast mir's möglich gemacht, das Ding hervorzubringen, drum hat es Recht und Pflicht, Deinen Namen auf seiner Stirn zu tragen." An Auerbach lag es nicht, daß B a s s e r=m a n n, C o t t a, K e i l die „Thüringer Naturen", Ludwigs Erzäh=lungen, nicht verlegten. Auerbachs unermüdlichem Drängen war es zu danken, daß Ludwig „eine völlige innere Umbildung seines Talentes" durchsetzte. Ludwig wurde wiederum das künstlerische Gewissen Auer=bachs in dessen bester Dresdener Zeit. Ludwigs Shakespearestudien liefen die „Dramatischen Eindrücke" parallel, in denen Auerbach nur zu seiner eigenen Belehrung seit dem Jahre 1855 dramaturgische Urteile, Kritiken, Analysen niederschrieb. Ludwig wurde der Klosenaêre, der Auerbach bei der Mitteilung neuer Entwürfe und abgeschlossener Kapitel sokratisch fragte: „was kommt jetzt?" „Von einem Einflusse Ludwigs auf mich," antwortete Auerbach seinem Jakob wohl 1861, „kann gar keine Rede sein, eher umgekehrt." In Wirklichkeit schlug das lebendige Beispiel der Kunstübung und Kunsterforschung Ludwigs Auerbach zu dauerndem Heil aus. In späteren Zeiten hat Berthold immer deutlicher eingesehen und ausgesprochen, daß der Segen eines Kameraden von der Kraft und Bedeutung Ludwigs ihm nur einmal im Leben beschieden war. Seine brüderliche Liebe für den von allen, die ihm näherkamen, Freytag, Devrient, Julian Schmidt, seiner Künstler- und Charaktergaben willen gleicherweise hochgehaltenen Thüringer konnte sich nicht genugtun in Fürsorge. Gleich nachdem er von der Verschlechterung im Befinden Ludwigs erfahren, setzte er Freytag und Keil in Kenntnis von dem Jammer in der Dresdener Krankenstube, richtete er zwei in den Akten der Schillerstiftung erhaltene Briefe nach Weimar:

Dingelstedt! Otto Ludwig liegt krank, vielleicht hoffnungslos darnieder, und er und seine Familie darbt, und daneben, in der nächsten Straße ist der reich angesammelte Quell der Schillerstiftung. Ist das nicht entsetzlich? Soll der Welt wieder ein elendes Schauspiel gegeben werden, wie ein deutscher Dichter von ganzer Seele wieder verkümmert und in Klagen seinen Atem aushaucht? Die Tiedgestiftung mit Ehren-Kühne an der Spitze, dessen sämtliche Schriften nicht zwei Zeilen von Ludwig aufwiegen, hat dem kranken Dichter mit (öffentlicher Anzeige) sechzig Taler geschenkt. Ist das nicht zum Zermalmen? Du mußt sofort alles aufbieten, daß die Schillerstiftung hier großartig eintritt. Ich weiß, daß auch Gutzkow, obgleich er weder mir noch Ludwig sympathisch zugewendet ist, doch in seinem Gerechtigkeitssinn mit Dir wirken wird. Ich kann Dir nicht weiter schreiben, ich will nach anderer Seite mich wenden. Diese Nachricht, die ich soeben neun Uhr früh am letzten Tage des alten Jahres erhalte, macht mich zittern, daß ich kaum ruhig sitzen und die Feder führen kann. Ich möchte nach Dresden zu dem herrlichen Freunde und kann doch nicht fort. — — Laß die eifrige Fürsorge für Ludwig Deine erste Jahrestat sein. Ich sehe Dich morgen früh schreibend und vermahnend vor mir. Ich weiß, Du tust alles. Getreulich

Berlin, 31. Dezember 1862.   Dein Berthold Auerbach.

· Ich verstehe Dich nicht, lieber Dingelstedt! Mich verläßt das Denken an das jammervolle Schicksal Otto Ludwigs keine Minute, und ich erwarte daher jede Stunde Brief von Dir, und warum schreibst Du nicht? Ich habe gewiß meine Sorgen und Nöten so schwer wie irgendeiner, aber ich kann die Sache nicht ruhen oder auf dem langsamen Weg gehen lassen. Es wäre ein Skandal ohnegleichen, wenn die Schillerstiftung da nicht sofort und grundmäßig Hilfe brächte. Schon um der Sache der Schillerstiftung willen darf da nicht gezögert und hingehalten werden. Für die dringendste Not des Tages haben Freunde gesorgt, aber die dauernde Hilfe ist Pflicht der Schillerstiftung, der Dresdener wie der gesamten. Ich bitte Dich, sofort Nachricht zu geben   Deinem Freund

Berlin, 5. Januar 1863.   Berthold Auerbach,
                                                  Schöneberger Ufer 33.

Pfingsten 1863 hatte Auerbach durch neue Sammlungen für den Herzbruder gesorgt und brachte ihm die Gabe mit einem großen

schlanken Birkenstamm als Maien, mit eingemachten Früchten und
Blumen. Otto Ludwig weinte, zum ersten Male vor einem anderen.
Stundenlang saß Auerbach am Krankenlager des Freundes, das bald
zum Sterbelager werden sollte. Mit staunenswerter Ruhe erzählte
er Auerbach seine Leidensgeschichte, wie bei ihm eine Krankheit der
anderen in den Schwanz beiße. Auerbach mahnte vergeblich, Ludwig
möge diktieren. Wenn Ludwig diktieren sollte, war ihm, als wenn er
„in der Luft läge, gar nicht mehr auf etwas Festem". Dabei sprach
er oft in Gleichnissen, wie sie nur dem Dichter von angeborener Natur-
anschauung glücken: Ludwig faßte ein Blatt des von Auerbach gebrachten Maien: „Das einzelne Birkenblatt riecht nicht, aber der ganze
Stamm riecht gut, da mach einmal einen Vers drauf. Du, guter
Alter, bist mein Wald und bringst mir den Wald." —

Es war nicht die letzte Freundespflicht, die Auerbach gegen Ludwig
und die Seinigen erfüllte. Am 7. November 1863 beschloß die Deutsche
Schillerstiftung, Auerbach eine Ehrengabe von fünfhundert Talern
zu verleihen; am 19. März 1864 erschien im Inseratenteil der Dresdener
Nachrichten die Anfrage: „Ist es wahr, was man sich mit Indig-
nation im Publikum erzählt, daß der Schriftsteller A. in B., der eine
reiche Frau besitzt und jährlich eine Einnahme von viertausend Talern
hat, noch von der Schillerstiftung eine Gratifikation von fünfhundert
Talern erhält? Wofür?" Auerbach bereitete eine Erklärung vor, in
der er ausführte, daß jeder die Ehrenpflicht habe, den Ärmeren zu
bezeugen, daß sie nicht auf die Bettelbank gehörten; Uhland selbst
hätte deshalb eine solche Ehrengabe annehmen müssen. Heutzutage, wo
Schiller-, Grillparzer- und Nobelpreis ohne Rücksicht auf persönliche Bedürftigkeit dem Verdienst als solchem zugebilligt werden sollen,
wäre die Hitze und Hetze, mit der gegen diese — Auerbach zu dessen
größter Überraschung zugesprochene — Gabe losgefahren wurde, unbegreiflich. Die Stiftung, der Auerbach die fünfhundert Taler wieder
zu Gebote stellte, nahm sie aus prinzipiellen Gründen nicht zurück.
Nach dem Tod und Begräbnis des Freundes ließ er indessen die
fünfhundert Taler den Hinterbliebenen Otto Ludwigs zugehen.

Der erste, der Auerbach von dem widerwärtigen Zeitungskrieg
Nachricht gab, war Keil, mit dem er wegen der Deutschen Blätter
unabläßigen Ärger hatte. Erzählungen, die Hauptstärke Auerbachs,

schloß der Herausgeber der „Gartenlaube" von den Deutschen Blättern aus. Troß des gemeinsamen geschäftlichen Interesses wurde Keil Eifersüchteleien auf das selbständige Gedeihen der Beilage nicht los. Beständig brachte er Auerbach jedes abfällige Urteil, jede hämische Gegenstimme zu Gehör. Und Auerbach, der selbst seine Unzulänglichkeit als Journalist fühlte, hätte am liebsten schon nach Jahresfrist die Deutschen Blätter aufgegeben. Allein die ersten Anläufe, sich durch freies Schaffen zu retten, mißlangen. Verschiedene Versuche, allerlei poetische Plane auszuführen, wurden durch die Herausgabe des Blattes, das er fast allein von Anfang bis zum Schluß schreiben mußte, durchschnitten. Die erste Ungeduld, im journalistischen Beruf wie ein Droschkenpferd das Geschirr gar nicht mehr vom Leibe zu kriegen, bald traben, bald warten zu müssen, wich bald der Erkenntnis, daß er Zweckessen ernsthaft nahm, daß er für den Tag wirken sollte und doch nur für die Dauer wirken wollte. Müßiger Jammer, daß Deutschland noch keinem Dichter vollen Unterhalt gegeben, daß alle Poeten in Frondienste sich schicken müssen, hielt ihn nicht auf. Längst war ihm klar, daß er mit der Übernahme der Deutschen Blätter einen Fehler begangen, daß Geigenspiel gegen Trommelwirbel nicht aufkomme.

Mitte Februar 1864 erklärte ihm Keil, daß der Gesamtabsaß der Deutschen Blätter, die zuerst auf 18,000 Exemplare gestiegen waren, nur mehr 11,800 Exemplare betrage; dabei könne Keil nichts gewinnen; er wollte Auerbach daher fortan wohl zwölfhundert Taler Redaktionshonorar und (einschließlich der Honorare für fremde Mitarbeiter) nur weitere sechshundert Taler zu Gebote stellen. Keil drängte wiederholt, auf seine Vorschläge einzugehen, sonst müßte er annehmen, daß es Auerbach bei allen schönen Versicherungen, „Freiheit und Edelsinn im deutschen Volke zu fördern", mehr um das hohe Honorar zu tun war. Auerbachs Antwort lautete:

„Ich bin jeßt fast dreißig Jahre Schriftsteller und habe in meinem ganzen Leben keine Zeile geschrieben um des Honorars willen, sondern um meine Anschauungen und Überzeugungen, weil ich sie für gerecht und wahr hielt, zu allgemeinen zu machen. Daß ich Honorar bezog, ist, weil mir das Schicksal kein Erbe gab. So wenig ein Abgeordneter für seine drei Taler Diäten spricht und stimmt, so wenig kann man gerechterweise sagen, daß ein Mann, der seine Überzeugungen schriftlich kundgibt, sie um des Honorars willen ausspreche."

Im übrigen nahm Auerbach seine Tatkraft zusammen. Was ihm Fürstlichkeiten und Zeitungsgewaltige nicht hatten geben können, eroberte er sich durch höchste eigene Anstrengung: Unabhängigkeit. Die Hoffnung, die ihn auf den Schweizer Bergen getröstet hatte, wurde Wirklichkeit. Es war ihm vergönnt, noch einmal eine Dichtung auszuträumen. Eine Begegnung, die er 1855 in Schliersee gehabt, wurde die Keimzelle, aus der 1863 unversehens ein Romanplan aufschoß, der so rasch gedieh, daß Auerbach Mitte März 1864 die Zeitungsfron abschüttelte, Keil kündigte, in einem Abschiedswort an die Leser der Deutschen Blätter sich auf freies dichterisches Schaffen zurückzog und Pfingstsonntag 1864, wie er einer Freundin schrieb, schon den Maien auf den fertigen Rohbau setzen und an die Schlosser- und Zimmermannsarbeit im Inneren gehen konnte.

Eine Schlierseer Bauernfrau wurde zur Amme eines Prinzen gewählt. Das war die erste, dazumal kaum beachtete Anregung zum Roman „Auf der Höhe". Im Spätherbst 1863, wo Auerbach fast täglich mit dem ihm kürzlich nähergetretenen Julius Rodenberg verkehrte, ging er eines Tages im Zimmer des Freundes am Schöneberger Ufer auf und ab, blieb vor einem alten Frauenporträt, einer Hofschönheit des achtzehnten Jahrhunderts von etwas zweifelhafter Vergangenheit, stehen, fragte nach ihren Schicksalen, wurde immer lebendiger und aufgeregter und eilte plötzlich fort, Rodenbergs und das Abendessen im Stiche lassend. Am anderen Tag sagte er Rodenberg, daß er die halbe Nacht geschrieben habe, es war der Anfang und erste Entwurf des Romans Auf der Höhe. Bis Ende März 1864 arbeitete und diktierte der Dichter an dem Buch in Berlin, am 1. April übersiedelte er nach Potsdam. Dort verlebte die ihm sehr befreundete Familie des Rechtsanwaltes Otto Lewald den Sommer. Lewalds hatten die erste Etage der Zimmermannschen Villa gemietet und zogen am 19. Mai hinaus, Lewald hatte dem Dichter indessen schon vom 1. April ab ein paar Zimmer eingeräumt. Es war ein schöner Wohnsitz, der große Saal mit großem Balkon, von dem man weite Aussicht auf die Hügel mit ihren Schlössern und die Seen hatte; den Vordergrund bildete der Garten mit stattlichen Bäumen, Turngerät und Kegelbahn, der, wie der anschließende Wald, der Schauplatz ländlicher Freuden wurde. Dem Leben des Sommers wurde

durch den großen Polenprozeß, in dem Lewald einer der Hauptver-
teidiger war, erhöhter Pulsschlag gegeben, Auerbach hauste mit seinem
Schreiber Lüdecke glücklich in der Zimmermannschen Villa, die Einsamkeit und der schöne Frühling förderten seine Arbeit. Einmal besuchten ihn Lewalds mit dem Polizeidirektor v. D r y g a l s k i. Der
Chefredakteur der Nationalzeitung, Dr. Z a b e l, saß damals auf dem
Molkenmarkt gefangen, Lewalds hatten ihn öfters in Fedor v. Dry-
galskis Zimmer besucht, dessen Entgegenkommen sie gastlich erwidern
wollten. Es war ein äußerst fröhlich angeregter Nachmittag auf der
glasbedeckten Veranda und Auerbach so sprudelnd, daß Herr v. Dry-
galski sagte: „Bester Herr Doktor, könnten Sie nicht auch einmal etwas
schreiben, das Sie zu mir brächte? Wenn auch nur auf einen Monat.
Ich wär' schon damit zufrieden." Mit ausgelassenem Lachen wurde
der Vorschlag aufgenommen und Auerbach versprach, das Mögliche
zu tun.

Lewalds Frau, Enkelin und Tochter protestantischer Theologen,
nach Auerbachs Bemerkung nicht umsonst die Namensschwester von
Goethes und Schillers Mutter, Elisabeth Lewald, geborene Althaus, die hilfreiche Freundin von D. F. S t r a u ß, wurde die vielfach
befragte, hochgehaltene Beraterin des Dichters bei diesem Werk. Als
er das Buch unter Dach gebracht, war er so über sich hinausgehoben,
daß er nicht im stande war, Zeitung zu lesen. Bei Tisch war es ihm
wie Geistergruß, als ein blinder Regierungsrat Goethesche Gedichte
rezitierte. Nach Tisch ging er durch die Stadt, durch duftige, rings
von Blütenbäumen besetzte Wege in die Sommerwohnung von
S c h u l z e = D e l i t z s ch, der gern nach seiner Art mit einem guten
Trunke feierte. Sie wanderten auf den Pfingstberg, tranken spät
Abends noch in Freude und Freundschaft ein paar Flaschen, Auerbach,
sonst kein Zecher, konnte gar nicht genug des Weines bekommen. Als
er sich im Mondschein heimfahren ließ, hätte er am liebsten die ganze
Nacht in der blühenden Maienwelt verbracht. Er war aber doch älter
und bequemer geworden. Eine Grasmücke, die sich am nächsten
Morgen auf einen Baum ganz nahe bei seinem Balkon setzte, tat ihm
wohl. Sein Herz war so voll, daß er in eine Kirche hätte gehen mögen,
wenn es nur eine für seine Stimmung und sein Wesen gegeben hätte.
Zur Pfingstfeier las er Goethe. Das Wort der Zueignung „Erkenne

dich, leb mit der Welt in Frieden", ergriff ihn wie ein unmittelbarer
Anruf. „Es ist mein", schrieb er an Jakob. Aus Wirren und Wider-
wärtigkeiten hatte er Glücks- und Friedensstimmung gewonnen, aus
Nebel und Niederungen sich selbst die Bahn gebrochen zur freien Höhe.

Zwei Frauenschicksale verflochten sich ineinander. Eine Bauernfrau wird, wie das mit der Amme des Prinzen geschah, vom
Alpendorf in das Königsschloß geholt. Als Gegengestalt stieg Auerbach im Haus von Rodenberg vor dem Bildnis von Lady Grace
Dalrymple (die Rodenberg zur Heldin seines Romans „Die neue
Sündflut" wählte) eine Dame des höchsten Geburts- und Geistesadels
auf, die, als büßende Magdalena, weltflüchtig wird, ihre Tage in Bergeinsamkeit beschließt. Beide Male griff Auerbach auf alte Lieblings-
motive zurück. Als humoristisches Widerspiel des Lorle wird das Land-
kind Walpurga in das frembartige Hofleben der Residenz versetzt. Und
wie Graf Falkenberg im Lebens- und Revolutionssturm keinen besseren
Ausweg weiß, als unter falschem Namen Dorfschullehrer zu werden,
geht Gräfin Irma Wildenort als reuige Geliebte des Königs ins Volk
und beginnt als unbekannte Holzschnitzerin „Neues Leben" auf einem
abgeschiedenen Bauernhof. Trotz dieser äußeren Ähnlichkeit unterscheiden sich die Doppelgänger innerlich unverkennbar. Der makellose
Graf Falkenberg bedarf mancherlei fremden Beistandes, einer ländlichen Braut, einer wiedergefundenen Mutter, bevor er Welt und Zeit
besser begreift, mit seinem Ich leiblicher fertig wird; Gräfin Irma,
sündiger, deshalb auch glaubhafter und interessanter als der Held des
„Neuen Lebens" fordert und findet eigene Sühne der eigenen Schuld
durch Einkehr in sich selbst, durch ihrer Hände Arbeit, durch sittliche und
geistige Wiedergeburt. Walpurga wiederum, aus weit gröberem Stoff
als Lorle, wird vom Dichter nicht entfernt so zartfühlend angefaßt,
wie die Frau Professorin. Auerbach findet und macht sie mitunter
lächerlich. Ihre Fehler und Schlacken gehen durch das Reinigungsfeuer
des Humors. Was erlebt, was denkt und fühlt und sagt ein Land-
kind, das sich plötzlich aus der Einöde in die Münchener Residenz als
Nährmutter versetzt sieht? Wird sie besser oder schlechter, gewitzter oder
törichter, menschenfreundlich oder menschenfeindlich, zuerst wie ein
Leckerbissen willkommen geheißen, zuletzt wie eine ausgegessene
Schüssel weggestellt werden? Wie wird sie nach der Heimkehr sich in

ihren früheren Kreis finden? So mochte sich Auerbach 1855 in Schlier=
see gefragt und mittlerweile manchen Bescheid an den Höfen von
Weimar, Koburg, Berlin, Karlsruhe, Gotha, Baden=Baden geholt
haben. Der Gegensatz von Königshof und Bauernhof, von Court and
Cottage, wie der Auerbach wohlgefälligere Titel der englischen Über=
setzung lautet, war durch die Wirklichkeit gegeben — der Dichter hat
sich seiner mit glücklichem Griff bemächtigt.

Die lianenhafte, bis zur Überspanntheit empfindsame Königin —
ganz gleich der Mutter des Prinzen die protestantische Gemahlin
eines katholischen Fürsten — spricht vor ihrer Niederkunft dem Leibarzt
die Absicht aus, gegen alles Herkommen ihr Kind selbst zu stillen. Da
ihrem Wunsch nicht willfahrt werden kann, begibt sich der zweite Arzt
Sixtus auf Ammensuche ins Gebirge. Die Frau des Holzknechtes
Hansei läßt sich nach kurzem Besinnen bereitfinden zu dem Dienst in
der Hoffnung, ihrem Hausstand dauernd aufzuhelfen. Im Hofwagen
fährt sie in die illuminierte Stadt, in den Palast, der ihr auf Schritt
und Tritt Anlaß zu wunderlichen Überraschungen und wunderlicherem
Klugreden bietet. Der Gegensatz von Hof= und Volksbrauch bei
Niederkunft und Taufgang, Wesen und Benehmen des Königs und
der Königin, Alltägliches und Fremdartiges beguckt und beschwatzt sie.
Nur eines, das Entscheidende, entgeht ihrem gesunden Auge, weil es
ihrem gesunden Sinn entgeht; sie merkt nicht oder doch nicht arg=
wöhnisch genug, daß der König sich mehr und mehr von seiner Frau
abkehrt. Das phantastische Liebesopfer der Königin, dem Gemahl zu=
liebe ihren Glauben zu wechseln, weist er als Überspanntheit, ihre
Umkehr als Schwäche zurück. Verstärkt wird diese Ehestandskrise durch
die wachsende Neigung des hohen Herrn zur glänzendsten Erscheinung
seines Kreises: die Hofdame der Königin, Gräfin Irma Wildenort, eine
majestätische Schönheit, das Kind eines republikanisch gesinnten Reichs=
grafen, feurig, kühn und frei in ihrem Gedankenflug, eine geborene
Herrschernatur, wäre die rechte Lebensgefährtin des Königs. Die
beiden begegnen und verstehen, finden und lieben sich wie durch Natur=
gewalt. Wahlverwandtschaft, Leidenschaft führt sie zueinander. Ihre
Seelen gehörten einander, lang bevor ihre Sinne nach einem glänzenden
Maskenfest ausrasen. Der Liebeshandel des Königs und der Gräfin
ist aller Welt eher bekannt, als den Nächstbetroffenen. Ahnungslos

lebt die Königin auf ihrem Residenzschloß, ahnungslos Irmas Vater
auf seinem Herrensitz, bis unversehens die Kunde des Treubruchs zu
ihnen bringt. In einer großen politischen Krise wird Graf Eberhard
als Wortführer der Volksrechte gegen höfische Übergriffe zum Abgeordneten kandidiert. In der Wahlversammlung werden unverstandene
Zwischenrufe vom wilden Schwiegervater laut; die Erklärung des
Schimpfes bringt ihm ein anonymer Brief so grell, daß ihn ein Schlaganfall niederwirft. Irma, die an sein Sterbelager eilt, wird von dem
Sprachlosen gerichtet; nicht mit Flüchen kann er sie züchtigen; mit der
Hand zeichnet er in biblischer Wahrhaftigkeit das Wort auf ihre Stirn,
das ihr Gewissen aufrüttelt. Als Ehebrecherin und Vatermörderin
will sie in den Tod gehen. In einem Abschiedsbrief an die Fürstin
bekennt sie ihre Schuld, die sie durch jähen Selbstmord sühnen will.
Als sie in den See springen will, wird sie Augenzeugin des Selbst-
mordes einer Verlorenen, der schwarzen Esther, die Irmas Bruder
verführt und verlassen hat. In demselben Augenblick wird Irmas zugleich Walpurga gewahr, die mit den Ihrigen in ein neugekauftes
Anwesen über den See steuert. Ihrem und mehr noch dem Zuspruch
von Walpurgas Mutter Beate, gelingt es, die Verzweifelnde vom
freiwilligen Tode zurückzuhalten. In ein Kloster, die Zufluchtsstätte
einer vom Schicksal hart heimgesuchten Jugendfreundin Irmas, kann
sich ihre stolze Seele nicht retten. In selbstgewählter Verschollenheit,
in der Enge eines weltfernen Bauernhofes lebt sie nun Jahre und
Jahre; als Holzschnitzerin nur auf sich angewiesen, aus ihren Erinnerungen, Leidenschaften sich tapfer emporringend; als freie Büßerin
mit dem Leben abschließend, gleich dem hektischen Spinoza am Ende
ihrer Tage die Worte des Amsterdamer Weisen durch die Tat bewährend;
versöhnt und das entzweite Königspaar versöhnend, stirbt sie in Walpurgas Sennhütte auf der Höhe des Gebirges, eine erdentrückte Heilige —
auf der Höhe weltüberwindender Größe des Gedankens, der Herzens-
reinheit, der Selbstverleugnung.

Unter allen von Auerbach geschaffenen Frauenbildern der großen
Welt ist Irma die einzige, die sich in gehörigem Abstand neben seinen
Bäuerinnen behauptet. Die reichsfreie Gräfin, die durch ein tra-
gisches Verhängnis aus einer überheizten Kulturwelt zu bäurischen
Naturmenschen verschlagen wird, besteht die Probe dieses Schicksals-

wechsels würdiger, als die Prinzenamme, der ein Glücksfall den
entgegengesetzten Weg gewiesen hat. Beide Male sollen und müssen
grundstürzende Änderungen der Lebensführung Wandlungen der
Hauptcharaktere bewirken. Walpurga wird in der Schule der großen
Welt eine halbe Närrin, Irma in der Schule der Arbeit eine
ganze Heldin. Das sagt der Erzähler nicht lehrhaft, das will er
künstlerisch anschaulich machen. Für Walpurgas Verbildung am
Hofe, für ihre Hanswurststreiche und ihre scharfe Bekehrungskur
in der Bergheimat findet Auerbach die richtigen, ergötzlichen und
ernsten Töne. Parodistisch übermütig und doch nicht übertrieben
hänselt er durch Walpurgas Mund und Auge die Lächerlichkeit des
Hofzeremoniells, die Verlogenheit und Nichtigkeit der Schranzen.
Mindestens ein Jahr, so scherzte das hochgeborene Fräulein v. Preen,
müsse Auerbach selbst Hoffräulein gewesen sein; so treu nach der Natur
fand sie im Roman alle Unarten der kriechenden, medisierenden, nach
jedem Windhauch sich drehenden Kavaliere und Gesellschaftsdamen, die
Strenge der formalistischen Oberhofmeisterin, die Heuchelei der Huldi-
gungskundgebungen, den Wankelmut und die Klatschlust am Königshof
beobachtet. Und ganz in seinem Element war Auerbach, als er Walpurga, just so wie ihm selbst der Schnabel gewachsen war, mundfertig
und mutterwitzig ihre Gedanken und Schnurren zum besten geben ließ
über Wochenbett und Taufgang daheim und in der Residenz, über
die unveränderliche Wesensgleichheit von Adam und Eva in Bauerntracht und Königspurpur.

Gelehrig und empfänglich für die Art nimmt Walpurga bewußt und unbewußt auch die Unart des Hoflebens an. Brav und
unbefangen bei der Ankunft, kommt sie bald in die Versuchung,
ihrer Urnatur und ihrem Mann untreu zu werden. Das Wohlgefallen, das sie zuerst arglos weckt, macht sie selbstgefällig und eitel;
die ursprüngliche Naivität wird berechnende Vordringlichkeit, die
angeborene Gesprächigkeit nicht zu bändigende Geschwätzigkeit. Bei
der Rückkehr in die Heimat fühlt und gibt sie sich wie ein General
in Zivil, trägt sie das Prinzenbild so aufdringlich zur Schau, daß ihr
Mann sie zurechtweist, ihn nicht mit ihren Schloßgedanken zu belasten.
Die milde Mahnung hilft mäßig. Ein schimpflicher Verdacht, daß sie
Sündengeld bekommen als Gelegenheitsmacherin des Königs und der

Gräfin, bringt ihr Unehre unter den neidischen Bauern, Verkennung und Ungnade der Königin: das schnöde Unrecht, das ihr angetan wird, hilft ausgiebiger. Ihr Tun und Lassen ist nicht mehr abhängig von Lob und Tadel der anderen.

Ebenso geraten ist die Erziehungsgeschichte von Walpurgas Mann. Ganz beiläufig hören wir, aus welch harter Jugend der arme Holz-knecht sich hinaufgearbeitet, wie wortlos Hansei seine Werbung durch Tatkraft vorgebracht hat. Walpurgas jähes Glück verführt ihn zu Prahlerei, Müßiggang, Untreue, Großmannssucht; wie manch andere am Scheideweg stehende junge und alte Bauern Auerbachs wird er durch weibliche Bedächtigkeit und Geduld, zuerst durch Mutter Beate, dann durch Walpurga auf die rechte Bahn zurückgelenkt. Und als vollends, wie bei G o t t h e l f des U l i, ein überlegener Großbauer sich seiner als Ratgeber annimmt, wird aus dem mundfaulen, fehlbaren Naturburschen ein ganzer Mann, der als Hausvater und Gastfreund Irmas jede Probe besteht. In der Sennhütte und im Wald, beim Aus- und Einzug seines Hausstandes über den See in dem Boot, das wie die Arche Noah die Seinigen, Weiber und Kinder, mit allem Hausrat und Getier aufnimmt, gefiel er F r i e d r i c h T h e o d o r V i s c h e r — in der unübertroffenen Würdigung von Auerbachs bestem Roman — wie ein homerischer Held.

Gleiches Lob können nicht alle Charaktere der Hofwelt ansprechen. Die Komik des höfischen Kleinlebens sah der Dichter lustig aus der Bauern-perspektive. Die heroische Größe im königlichen Kreise dagegen schlägt leicht in Auerbachs gefährlichstes Pathos um. Der König ist Maske geblieben. Die Königin, die nach jeanpaulisierenden Anfängen zu Spinoza bekehrt werden soll, benimmt sich trotz aller großen Worte bisweilen wie ein gereiztes Pensionatsgänschen. Irmas Lebenslauf sieht man von der Stunde ihrer Geburt, in der Vater Eberhard einen Apfelbaum pflanzt, bis zu ihrer Bestattung auf freier Bergeshöhe; wir erfahren, daß sie ohne Mutter aufwuchs; vom Vater angeblich sich selbst, in Wahrheit der Klostererziehung überlassen, hernach am Hofe mit Gewaltsam-keiten spielend, Beute nicht wildschweifender Gelüste, doch überschwäng-licher Anbetung eines vermeintlichen Fürstenideals wurde. Man be-greift ihren Liebesrausch, wie ihren Himmelssturz nach dem Straf-gericht und Tod ihres Vaters. Minder glaubhaft ist, bei der Tochter

aus solchem Heldengeschlecht, daß sie den einmal beschlossenen freiwilligen Tod nicht, unbeirrbar durch noch so wohlgemeinte Trostreden,
zur Wahrheit macht oder sich selbstherrlich über das Urteil der Welt
hinwegsetzt. Minder glaubhaft, daß sie wie vor dem Selbstmordversuch
in den langen Jahren freiwilliger Buße auf und ab schwankt zwischen
aszetischer Flucht aus der Welt und phantastischer Flucht in die Welt
der Abenteuer, Reisen u. s. w. Rätselhaft bleibt, daß keine der beiden
Frauen geistlichen Beistand begehrt, noch rätselhafter die Haltung der
beiden ihrem weltlichen Beichtvater gegenüber. Die Königin, die im
ersten Schmerz an Domherrn und Oberhofprediger gedacht hat, rettet
sich mit eins zu ihrem Leibarzt, dem Hofspinozisten Günther. Der
Wackere, der nach einem treffenden Witzwort der Höflinge stets Parade
über Gefühle und Weltideen hält, ist hoffentlich ein besserer Mediziner
als Seelenrat, sonst würde er einer durch den Verrat ihres Mannes
und ihrer liebsten Freundin tief getroffenen Frau nicht mit Heilmitteln
aus der Apotheke des Weisen von Amsterdam aufwarten. Romeo
antwortet in gleich verzweifelter Stimmung dem Bruder Lorenzo:
Hol der Teufel die Philosophie! Die Königin ist artiger, äußerlich
gelassener dem spinozistischen Prediger gegenüber, dafür desto maßloser, megärenhafter angesichts des Ehebrechers, dem sie trotz Krone
und Zepter ganz unspinozistisch, ganz menschlich ihre Verachtung ins
Antlitz schleudert.

Irma wiederum gedenkt in ihren Tagebuchblättern wohl Jesu
vorbildlicher Gestalt. Nirgends aber sieht man einen zureichenden
Grund, aus dem sie, die den König zum autoritären klosterfreund-
lichen Regiment herüberzog, außerhalb der Kirche sich stellt. Nirgends sieht man, welcher Lehre sie sich zuneigt. In ihren äußerlich,
zu äußerlich an Ottiliens Tagebuch erinnernden Aufzeichnungen, in
denen sie ihren Passionsweg aus tiefster Erniedrigung bis zur Verklärung beschreibt, äußert sie die fragwürdige Hoffnung, daß sie ein Liebling
ling Goethes geworden wäre. Mit der Königin scheint auch Irma
Günther für einen Weisen zu halten. Der Leser seiner Reden muß
diese Anpreisung des Arztes genau so auf seinen Ruhmeskredit hin-
nehmen, wie die Versicherung, daß er der berufenste Akademiepräsident
und Kultusminister wäre. Denn ein klarer Kanon spinozistischer oder
nachspinozistischer Ethik wird von Günther nicht gegeben, nur die Er-

klärung, weshalb er trotz bitterer einzelner Erfahrungen an die unzerstörbare Güte der menschlichen Natur glaubt. Noch bedenklicher ist Eberhards Vermächtnis „Selbsterlösung". Wohl wägt, laut und wiederkaut Eberhard wie Günther Wort um Wort seiner selbstgefundenen Weisheit, als ob sie der Text zu neuen ewigen Evangelien zur Erziehung des Menschengeschlechtes wäre. Der nachdenkliche Leser wird hinter all dem Wortgepränge in dem Verständlichen wenig Neues, in dem Neuen wenig Verständliches finden.

Neben Eberhards überschraubter „Selbsterlösung" steht zum Glück die schlichte Bauernweisheit der alten Beate, neben den verfehlten Figuren von König, Königin, Günther und Eberhard eine der besten selbständigsten Schilderungen deutschen Hoflebens im neunzehnten Jahrhundert. In derselben Zeit, in der Freytag deutsche Gelehrte seines Schlages Cäsarenwahnsinn an einem Duodezhof erleben ließ, verpflanzte Auerbach Dörfler seiner Art in eine königliche Residenz. Anders als der Bürgerstolz Freytags, nicht so boshaft, wie Vehse und Varnhagen, nicht so harmlos wie Reuter in „Dörchläuchting", spielt sein frisches Naturburschentum mit allen Widersprüchen, Torheiten und Notwendigkeiten der Etikette. Ein Phantasiehof, soweit König und Königin in Betracht kommen, ist der Hof von „Auf der Höhe" sonst durchweg ein lebenstreues Bild von Auerbachs eigenen Schloßeindrücken. Hoftheatertreiben, Manöver, Spiel, Rennen, Jagd, Kammer, Marschallstafel, Mätressenwirtschaft der alten Tänzerin, die sich für ihre Tochter zuletzt Irmas verschuldeten Bruder, den Grafen Bruno Wildenort, kaufen kann, hat der Erzähler ohne Verzerrung und Schönfärberei festgehalten als ehrlicher Zuschauer, der dem Leser zeigt: so ging's damals dort oben zu. Selbst der Blick für Faules und Frivoles fehlt nicht. Schade nur, daß er das Häßliche und Widerwärtige nicht bloß ironisch abfertigt. Mit dem Pathos meldet sich sein Erbfeind. Im Genrehaften und Gemütlichen, in Bauern- und Höflingsszenen das Ideal seiner selbst, wird er die Karikatur seiner selbst, wenn er als Hoherpriester auftritt und mit Eberhard ausruft: jetzt haben wir wieder Jahrtausende gelebt. Oder den verliebten König seiner Irma vom „Ewigkeitskuß" vorphantasieren läßt.

Alle Flecken und Schatten der weit ausgreifenden, weit wirkenden

Schöpfung überglänzt die Gemütssonne des Erzählers. Wo der Redner fehlgreift, siegt der Mensch durch die Wärme seiner Natur. Wo der pathetische Darsteller gewaltiger Liebestragödien strauchelt, erhebt sich der niederländische Maler des Kleinlebens. Wo der vermeintliche Weltweise seinen Anker, wie der Karlsruher Versuchsprediger, „in das reine Himmelsblau" schleudert, faßt der gesunde Hausverstand des Kenners von Alltagsdingen und -Menschen Wurzel „im Erdenschlamm". Wo kurz gesagt der Don Quichote in Auerbachs Künstlernaturell seiner Dichtung Böses zufügt, rettet ihn der Sancho Pansa seines Doppelwesens.

Nimmermüde hatte er den Roman gefördert, bei Umarbeitungen außer Elisabeth Lewald, Lazarus und D. F. Strauß als Nothelfer angerufen. In der Technik bedeutet „Auf der Höhe" einen ansehnlichen Fortschritt Auerbachs. Die biographische Manier der Erstlingsromane aus dem Ghetto, das Ein- und Zweifigurenbild der ersten Dorfgeschichten, die Zerfahrenheit von „Neuem Leben", die geschlossenere Komposition der realistischen, dramatischem Bau nacheifernden Charaktertragödien im Diethelm, Lehnhold, Joseph im Schnee und Edelweiß ist abgelöst durch bewußte Nachfolge der Goetheschen Erzählungskunst. Nicht nur äußerlich gliederte er „Auf der Höhe" in Bücher und Kapitel nach dem Vorbild des Wilhelm Meister. Die Einführung des „Hamlet" findet ein gutes Gegenstück in der Art, wie „Emilia Galotti", ihre Aufführung und Exegese zum Hebel der Handlung wird. Und Ottiliens Tagebuch wirkt in dem Tagebuch des einsamen Weltkindes Irma nach.

Von Anfang stand ein günstiger Stern über der Dichtung. Am 24. Juli schloß er mit der neubegründeten Wiener Neuen Freien Presse einen Vertrag, der dem Blatt den Roman „Auf der Höhe" zum ersten Abdruck gegen ein Honorar von fünftausendzweihundertfünfzig Talern überließ. Da das Werk in der Probenummer des Abendblattes vom 1. September 1864 zu erscheinen beginnen sollte, hatte der Dichter während der Sommermonate seine noch lange nicht druckreife Handschrift eilig und ausgiebig durchzupflügen. Er ging in die Berge und suchte am Schliersee die Amme des Prinzen Otto auf; die 1855 von Kirner gemalte schöne Frau war mittlerweile sehr herabgekommen; ihr Sohn Otto war gestorben, ihr

Mann hatte keinen Freihof kaufen können, wie Walpurgas Hansei —
er mußte für sein Weib und seine fünf Kinder im nahen Kohlen-
bergwerk arbeiten.

Von Berchtesgaden wanderte Auerbach auf die Alm Scharitz-
kehl, wo er noch manche für die Schlußabschnitte des Romans wichtige, heilsame Bekanntschaften machte. Am Goethetag 1864 schickte
er die erste Druckrevision nach Wien. „Auf der Höhe" warb nach dem
brieflichen und gedruckten Zeugnis der Begründer der Neuen Freien
Presse, Max Friedländer und Adolf Werthner, ungemein wirksam mit für das österreichische Blatt.

Der erste Zeitungsdruck wurde für die drei Monate später freie
Buchausgabe vom Dichter mit außerordentlicher Sorgfalt gründlich
umgestaltet. Der Erfolg des Buches war überraschend. In kurzer
Zeit wurden drei Auflagen vergriffen. Schon nach dem Abschluß
mit der Neuen Freien Presse hatte der Dichter an Elisabeth Lewald
geschrieben: „Dies Ereignis macht Wendung in meinem Leben." „Auf
der Höhe" gefiel der Menge, Karl Werder kam aus freien Stücken
zum Dichter, um ihm seine Begeisterung auszusprechen. Friedrich
Theodor Vischer widmete dem Werk in der Augsburger Allgemeinen Zeitung eine Anzeige, die Auerbach in ihrer Bedeutung dem
Freiligrathschen Begrüßungsgedicht der ersten Schwarzwälder Dorfgeschichten gleichstellte. Dem Dichter war ein Wurf gelungen, an
dem Kenner und Weltkinder Freude hatten.

IX

Das Landhaus am Rhein

Es ist etwas Überheiztes in Stimmung und Ausdruck bei mir. Woher es kommt, weiß ich, es entsteht
aus dem ständigen Gegensatz von Leben und Arbeit.
Das erklärt, aber entschuldigt nicht
Berthold an Jakob Auerbach, 1869

Sorgenfreier als je zuvor konnte der Dichter durch den
Siegeszug, der „Auf der Höhe" beschieden war, in die
Zukunft blicken. Halbe, widerwillige Lobreden, mäkelnde
und mißgünstige Stimmen übten nach den für Auerbach maßgebenden Urteilen von Werder und Vischer keinen
Eindruck auf den sonst leicht Bestimmbaren und Verstimmbaren.
Gemeinsame Kurzeit, die er 1865 mit Gervinus, mit dem ihn
stets frisch anmutenden, nach Auerbachs Empfindung mit Unrecht als
mürrisch verrufenen Laube und den ihn umdrängenden Größen
der russischen Kolonie hatte, tat ihm wohl. Auf der Rückfahrt überraschte er Strauß, zur echten Freude des alten Lehrers, in Darmstadt. Jede dieser zufälligen und absichtlichen Begegnungen hielt
er in Briefen an Jakob, Elisabeth Lewald, Hemsen
fest. Wo er sich zeigte, in Stachelbad bei der Großfürstin Hé-
lene, auf dem Rigi, im Freiburger Kasino oder am großherzoglichen
Hof in Karlsruhe, in Waldwinkeln von Schwarzwälder Sommer-
frischen oder an den Havelseen, wurde sein Umgang gepflegt, seine
Persönlichkeit von Neugierigen, Modemenschen und aufrichtigen Anhängern gesucht. Sein Reisetrieb ließ ihn mit eigenen Augen sehen,
wie weit sein Ruhm gedrungen war und sein unverhohlenes Behagen
an dieser buchstäblich in allen Kreisen wurzelnden Beliebtheit mehrte
die äußerlichen Kundgebungen solchen Anteils. Maß und Geschmack,
den heiklere Naturen, nergelnde Sittenrichter, hoffärtige Neider an
dieser unbefangenen Empfänglichkeit Auerbachs für Lob und Dank
vermißten, blieb dem Dichter in seinen selbstkritischen Zweifeln nicht
versagt. Er überhob sich nie. Selbstbespiegelung, die Wohl- und Übel-

wollende seinem Leben und Schaffen mit Recht vorwarfen, hinderte
ihn nie, im Spiegel fremder Größe der eigenen Grenzen gewahr zu
werden. Die Ängstlichkeit, mit der er wie ein bescheidener Anfänger
auf die Richtersprüche von Vischer, Strauß, Gervinus
horchte, die Beflissenheit, mit der er Blatt um Blatt seiner Handschriften Kennern und selbstgewählten Ratgebern mit der Bitte um
rücksichtslose Winke, Striche, Zusätze vorlegte, wären Beweis genug
einer tiefsitzenden Bescheidenheit.

Eine Sammlung kritischer Studien, die er als Neue Folge
„Deutscher Abende" der Großfürstin Helene 1866 widmete,
brachte neue Belege seiner andächtigen fruchtbaren Beschäftigung
mit Meistern und Mustern, denen er sich demütig beugte. Goethe-
reif, das Wort, das er bei erneutem Studium der Gespräche mit
Eckermann geprägt und in den Zeilen des Zueignungsbriefes wiederholt hatte, war der höchste Ausdruck für seine Ziele in Kunst und Leben.
Wie treu er sich zu Schiller gestellt, wie eigen er Hebel, Mo-
lière, Goldsmith, Bernardin de St. Pierre, Jean
Paul, die Gebrüder Grimm, das deutsche Volkslied,
die Poesie von Weltlust und Weltleid sich angeschaut,
offenbarten diese Vorträge, Abhandlungen, Gelegenheitsarbeiten in
Auerbachs besonderer Art.

Theorien, Systeme, methodische Kritiken waren Auerbachs Sache
nicht. Das merkte er selbst und gab seinen ungleichwertigen, aphoristischen
Betrachtungen als schirmendes Geleitwort den in den Briefen an Goethe
vorkommenden Ausspruch Schillers mit: „Gerade dieses schöpferische
Konstruieren der Werke und der Köpfe und dieses treffende Hinweisen
auf die Wirkungspunkte fehlt in allen Kritiken und ist doch das einzige,
was zu etwas führen kann." Wo Auerbach, wie bei der Entstehungs-
geschichte des Vicar of Wakefield, aus innerer Wesensverwandtschaft
mit den Schicksalen des Dichters Ähnliches unternimmt, ist er vortrefflich. Sonst fast immer anregend, selten abschließend, mitunter, wenn
er weihevoll werden will, schwer erträglich.

Diese an die kleine Gemeinde der Wissenden gerichteten Reden
über Kunst und Künstler ließen ihn seine für die Massen gedachten
und gemachten Volkskalender nicht vernachlässigen. Auch jetzt kehrte
die Frage wieder, die Lenau 1844 verwundert an den Gevatters-

mann gestellt hatte, wie er so viel Zeit und Mühe an so Geringfügiges
wenden könne? Die Antwort Auerbachs war unveränderlich dieselbe:
dem Verderb durch schlechte Volksschriften vermöchten nur gediegenere
Leistungen auf demselben Gebiet Einhalt zu tun. Wie die vier Jahr-
gänge des Gevattersmanns 1844—1848, hatte Auerbach 1858 und
1859 die Hefte seines Deutschen Volkskalenders von Anfang bis zu
Ende allein geschrieben, nach dem Maß seiner Kraft und Einsicht das
Werk des Rheinländischen Hausfreundes zu erneuern gesucht, dem
Text statt der sonst üblichen stümperhaften Bilder Zeichnungen von
Meistern wie Kaulbach, Ludwig Richter, Ramberg, Adolf
Menzel, Thumann, Meyerheim ꝛc. beigegeben, deren Leistungen ein Sachverständiger wie Woltmann als unvergleichbar
mit allem bisher Gebotenen pries. Als Ernst Keil den Verlag des
Auerbachschen Kalenders übernahm, riet der erfahrene Thüringer,
fortan noch für andere Texte zu sorgen. Der Dichter gab sich auch gesegnete Mühe, außer seinen eigenen Geschichten, Anekdoten, belehr-
samen Erörterungen der Zeitereignisse und Naturerscheinungen Beiträge der ersten deutschen Erzähler und Forscher seiner Tage zu bringen.
Es gelang ihm als unermüdlicher Anreger Gottfried Keller mit der
beim Staatsschreiber von Zürich unerläßlichen Geduld zur Niederschrift
von zwei Geschichten zu bewegen, von denen „Das Fähnlein der
sieben Aufrechten" seither mit Fug und Recht den Züricher Novellen
eingereiht wurde, während „Der Wahltag" erst wieder in den
Nachgelassenen Schriften auftauchte. Der Briefwechsel, den Keller mit
seinem bald launig, bald brummig als Arbeitgeber angeredeten Herausgeber des Volkskalenders führte, ist seinen Erzählungen ebenbürtig.
Der schalkhaft umkleidete Ernst, mit dem er seine Pläne entwickelt,
die sachliche Klarheit, mit der er von Auerbach zur Sprache gebrachte
scheinbare Nebendinge, Interpunktion u. s. w., erwägt und erledigt,
machen diese Episteln zu Perlen in seinem Briefschatz. Er hatte trotz
allem Spott, daß er „Auerbachs Keller" sei, die allererste Anzeige der
Leute von Seldwyla in gutem Gedächtnis gehalten, das „Schatzkästlein des Gevattersmannes" holder gegrüßt, als man hätte vermuten
können. Und so manches ihm an dem Übermaß altkluger Didaktik
in Auerbachs Tagesweisheit zuwider geworden, so kühl ihn viele seiner
späteren Arbeiten ließen, dem guten Kameraden versagte er sich nie,

sobald sie persönlich zusammenkamen; er kneipte nicht nur mit dem alten Freund und späteren Duzbruder, Keller hielt ihn auch für so vertrauenswert, daß er ihm 1865 von sehr ernsten, durch das Schicksal jählings vereitelten Verlobungsplänen erzählte.

Kellers Geschichten stehen über allen anderen Gaben der sonst von Auerbach geladenen Erzähler. Gleichwohl waren die Beiträge von Gerstäcker und Moritz Hartmann beträchtlich besser als die anderwärts in Volkskalendern aufgetischten Gerichte. Und was Auerbach an wissenschaftlichen und politischen Wortführern um sich versammelte, war durchwegs erster Güte. Justus v. Liebig beschenkte den Deutschen Volkskalender mit einer klassischen Abhandlung über Nahrungsmittel, Max v. Weber überraschte mit einer der ersten und größten seiner Meisterproben, „Eine Winternacht auf der Lokomotive", Löwe-Calbe sprach vortrefflich über deutsche Auswanderung, Andree über deutsches Bier in Amerika, Kurz, Reitlinger, Sigismund hielten sich solcher Vormänner nicht unwert, Virchow meldete sich zum Wort. In der Politik wollte Auerbach nichts wissen von Hebels Rezept, eine Übersicht der Weltbegebenheiten schalkhaft vorzutragen, ohne Partei zu nehmen. Weil Cotta nur Großdeutsches drucken wollte, mußte der Kalender einen anderen Verlag suchen: so fest stand Auerbach zur Fahne der preußischen Führung Deutschlands. Freilich kam seine Friedfertigkeit in heillosen Zwiespalt, als Bismarcks Blut- und Eisenpolitik zum Krieg zwischen Österreich und Preußen führte. Den Niederschlag jener aufgeregten, vor den Entscheidungskämpfen auf und nieder wogenden Stimmungen gibt ein Tagebuch im Volkskalender auf das Jahr 1867, das, wie H. B. Oppenheims in demselben Jahrgang gebrachter Briefwechsel, heute höchstens persönlich, nicht mehr sachlich interessiert. Als die Schlacht von Königgrätz geschlagen, der Norddeutsche Bund und das Zollparlament fertig war, fand sich Auerbach nach der ersten Verblüffung zufrieden in diesen Abschluß und hoffte nach wie vor auf die Zukunft eines durch Preußens Kraft geeinigten Deutschland.

Ein lästiger Zwischenfall bestärkte ihn in diesem Gedanken mehr, als er ihn hätte verdrießen mögen. Der Jahrgang 1867 des Kalenders wurde plötzlich von der Berliner Staatsanwaltschaft mit Beschlag belegt, eine strafgerichtliche Untersuchung war im Anzuge, weil

Auerbach in einer Tendenzgeschichte gegen die Todesstrafe arglos eine nur von Unverstand oder Böswilligkeit mißzuverstehende Wendung gebraucht hatte. Die Möglichkeit eines öffentlichen Preßprozesses brachte den am Rhein in neue Romanpläne verstrickten Auerbach dermaßen in Aufregung, daß er nach Bonn zu S y b e l fuhr, um sich mit ihm zu beraten und für kommende Verteidigungsreden die Mahnung an Preußen vorzumerken, die Parteigänger seines großen Berufes nicht durch kleinlichen Polizeigeist zu verärgern, seine damals noch in ganz Süddeutschland zahlreichen Widersacher nicht zu schadenfrohen Hetzereien zu veranlassen. Zur Genugtuung aller Teile wurden derartige Mahnungen überflüssig. Nach dem klugen Vorschlag von Auerbachs Anwalt Otto Lewald in Berlin und im Einvernehmen mit dem früheren Minister Patow wurde der Text der Geschichte „A u f L e b e n u n d T o d" an einer einzigen Stelle im Ton gemildert, ohne die Sache preiszugeben, das beanstandete Blatt wurde kartoniert und die Welt erfuhr nichts von der Konfiskation, die dem Dichter ein paar schlaflose Nächte bereitet hatte.

So ernsthaft Auerbach Volkskalender und Deutsche Abende genommen hatte, sie waren Nebenarbeiten für den unablässig nach Größerem Strebenden. Über seine nächste Lebensaufgabe war er allerdings noch geraume Zeit unklar. Abermals dachte er an die Geschichte seines Lebens, an einen Abenteuerroman, an ein Kinderbuch, bis ein mehrjähriger Aufenthalt am Rhein seine Wahl dieses Schauplatzes für die folgende Dichtung entschied. Von 1866—69 war er im Rheingau, auf dem Rochusberg in B i n g e n , dann am Niederrhein, wo er zu seiner Freude fast nach einem Vierteljahrhundert F r e i l i g r a t h und seine Frau in D ü s s e l d o r f unvermutet wiedersah. In B o n n unterhielt er engen Verkehr mit den Größen der Hochschule. Die priesterliche stille Würde von W e l c k e r imponierte ihm. Der Botaniker H a n s e n , der Schwiegersohn Ehrenbergs, gab ihm gute Fingerzeige für die Gartenkunst S o n n e n k a m p s , eines Hauptcharakters seines neuen Romans. Die abgeschlossene Lebensführung von J a k o b B e r n a y s war ihm wie die leibhaftige Wiederholung von Spinozas Wesen und Wandel in der Klause der Haager Paviljoensgracht. Daß dieser tiefe Kenner griechischer Dichter und Denker streng rechtgläubig am Judentum festhielt, gefiel Auerbach so sehr, daß

er das Paſſahfeſt im Hauſe von Bernays' Schweſter mitfeierte und als
Vorſänger die Lieder vom Auszug aus Ägypten, die er vom Vater
in Nordſtetten gehört hatte, zum allgemeinen Ergötzen prächtig an-
ſtimmte.

Wenige Wochen nach dieſer Wiedererweckung köſtlicher Jugenderinnerungen ereilte ihn eine Trauernachricht um die andere. Raſch
nacheinander waren Bruder Mendel und Schweſter Eſther in Nordſtetten von einem epidemiſchen Nervenfieber hinweggerafft worden. In
Stuttgart ſtarb ſein Schulkamerad, der Arzt Emil Auerbach, an den
Folgen einer Verletzung, die er ſich bei einer Operation geholt. Dawi-
ſon war irrſinnig, Mathy aus einer reichen Wirkſamkeit als Miniſter
weggeriſſen worden. Die Meldungen trafen Auerbach wie Hammer-
ſchläge. Der Tod war dieſem Jünger Spinozas eine Brutalität, in die
er ſich nie ſchicken mochte. Der erſte Aufſchrei wirklichen wilden
Schmerzes wurde von Tränen abgelöſt und nach heißen Gefühls-
ergüſſen in Briefen an Jakob tröſtete ihn die unverwüſtliche Kinder-
natur, die ihm nach ſeinem Wort auch körperlich eigen war — er
weinte ſich buchſtäblich in ſorgenbrechenden Schlaf. So haftete ſchein-
bar das, was ihn im erſten Augenblick in allen Tiefen aufwühlte, nicht
lang. In Wirklichkeit rettete er ſich nach elementarem Ausbruch ſeines
Wehs in neue Arbeit, ſein beſtes, ſtets bewährtes Heilmittel gegen
jede Hemmung ſeines häuslichen und ſeines Seelenfriedens.

Wiederum hatte er ſich zu einem Zeitroman entſchloſſen. Die
Geldmacht wollte Auerbach in den Mittelpunkt ſtellen, ihre Träger,
wie ſie dem Poeten in Berlin und auf dem Rigi nähergetreten waren,
als Urbilder benützen. Seinem gern pädagogiſch gerichteten Sinn ent-
ſprach es, dieſen Vorwurf mit Erziehungsfragen zu verknüpfen, die
Kinder eines Nabobs „aus dem Burgfrieden des Reichtums" auf-
ſcheuchen, die Charakterprobe beſtehen zu laſſen. Sohn und Tochter
eines am Rhein angeſiedelten millionenreichen Fremdlings ſollten in
ihrem Genußleben plötzlich erfahren, daß alle Schätze des Vaters aus
ſchmachvollem Sklavenhandel ſtammten. Bewirkt wird dieſer Um-
ſchlag durch die Rache eines Zeitungſchreibers, der die ſchmutzige Vergangenheit des Kröſus enthüllt, um in zwölfter Stunde die Verleihung
eines mit anſehnlichem Aufwand von Geduld, Heuchelei und Be-
ſtechung erſtrebten Barontitels an den Abenteurer Sonnenkamp zu

vereiteln. Diese öffentliche Brandmarkung ist nicht die Hauptstrafe Sonnenkamps. Sie verschärft und beschleunigt nur den Zerfall in seiner Familie. Seine Tochter, die längst mit sich gerungen, ob sie für seine Frevel nicht als Nonne büßen müsse, verschmäht den ihr vom Vater angesonnenen Freier, einen satisfaktionsfähigen Junker, Baron v. Pranken. Sein Sohn Roland, den sein Lehrer, späterhin sein Schwager Erich Dournay zum schwärmerischen Menschenfreund heran- gebildet hat, zieht übers Meer und kämpft gegen die Südstaaten für die Befreiung der Schwarzen. Große häusliche Katastrophen sollten in Weltbegebenheiten übergreifen, was Theodor Parker und Friedrich Kapp als Geschichtschreiber und Mahnredner, was Lincoln und die südamerikanischen Sklavenbarone als politische Gegner bewegte, sein Spiegelbild im „Landhaus am Rhein" finden. Neben die Negerfrage trat, schon durch die Rheinlande, des alten Reiches Pfaffengasse, gegeben, die Kirchenfrage. Findet der reuige Mensch nur hinter Klostermauern Entsühnung? Kann eine moderne Iphigenie die Schuld ihres Geschlechtes nicht auch in freiem tätigen Leben wettmachen? Und als ob es an diesen Weltfragen für einen Roman noch nicht genug wäre, sollte auch die Bedeutung des Adels in der heutigen Gesellschaft, das Für und Wider der Standes- erhöhung der Bürgerlichen — ein zu gleicher Zeit von Herman Grimm in den „Unüberwindlichen Mächten", von Freytag in den „Grenzboten" erörterter Streitfall — zur Sprache kommen.

Kaum übersehbar, wie die Motive, waren die Gestalten und Schau- plätze des neuen Romans. In alle Schichten der Gesellschaft sollten die Ereignisse führen. Vom Fürstenhof eines rheinischen Zwergstaates zum Negersklaven, vom Millionär zum bettelarmen Taglöhner und Flurschützen der Rebengelände, vom alten reichsunmittelbaren Hochadel zum adelslüsternen Emporkömmling, einem goldschweren „Weingrafen", von den in Tempelstille sich abschließenden Weisen der rheinischen Hoch- schule zu den Spielern der adeligen Sippen; von Freimaurern zu Kirchenfürsten und Klosterfrauen der Rheinlande; von den Glücks- rittern des modernen Geld- und Raubadels zu den Hitzköpfen der utopistischen Menschheitsbeglücker. Eine Welt von Gedanken und Charakteren wollte der Erzähler auferwecken; eine unermeßliche Fülle von Zeitfragen bewältigen, Riesenaufgaben, die bis zur Stunde mehr

noch Moralisten, Volkswirte, Geschichtschreiber, als die Erzähler aller
Kulturvölker beschäftigen, in den Rahmen e i n e s Romans zwingen.

„Das Landhaus am Rhein" sprengte deshalb schon räumlich mit
seinen drei Teilen und fünfzehn Büchern die herkömmlichen Grenzen und
es war dem wohlgemeinten Werk nicht beschieden, diesen Grundmangel
künstlerischen Ebenmaßes durch Geistesschärfe oder Schaltgeschichten
auszugleichen.   Was Auerbach wollte, hat vor ihm B a l z a c, nach
ihm Z o l a in Sitten- und Charakterschilderungen als Stimmführer
ganzer Geschlechter von Erzählern ergründen und zeigen wollen: die
Wirkungen der Geldwirtschaft auf alle, Kleine und Große, Mächtige
und Ohnmächtige.   Die erste Voraussetzung derartiger Darstellungen
ist Vertrautsein mit tatsächlichen Zuständen, technisches Studium technischer Berufe, Betrachtung von Handel und Wandel. Allein Leben und
Treiben der Händler mit schwarzem Elfenbein lernt man im „Landhaus am Rhein" so wenig kennen, wie den Einfluß der Großbanken
auf Grundbesitz und Gewerbe.   Zu den Vorstellungen, die Auerbach
vom Einfluß der Geldmacht auf Durchschnittsmenschen hegt und gibt,
haben schon V i s c h e r und S t r a u ß den Kopf geschüttelt.

Sonnenkamp sucht — erstaunlicherweise durch ein Zeitungsinserat —
einen Erzieher für seinen einzigen Sohn Roland. Die Frage der Wahl
des geeignetsten Hofmeisters wird volle vier Bücher hindurch mit einer
Wichtigkeit abgehandelt, als ob ein neuer Aristoteles für einen neuen
Alexander entdeckt werden müßte. Der junge Mann, dem dies heiß-
umstrittene Amt endlich durch einen eigenmächtigen Streich Rolands
zufällt, ist der Sohn eines Gelehrten, der höfische Beziehungen hatte,
nach einer kurzen Soldatenlaufbahn den Hauptmannsrock ablegte, voll
philanthropischer Träumereien anfangs gesonnen, Gehilfe in einem
Männerstrafhaus zu werden. Dort hielt es Erich Dournay auf die
Dauer nicht aus. Die Möglichkeit, als Leiter einer Pulverfabrik Vermögen und Unabhängigkeit zu erringen, verschmähte er angesichts der von
ihm wie eine Sendung betrachteten Aufgabe, aus dem Sohn Sonnenkamps einen Mustermenschen zu machen. Eben deshalb achtet Erich auch
nicht auf die Ladung des (nach den Urbildern von W e l c k e r und J a k o b
B e r n a y s geschaffenen) Professor Einsiedel, sich als akademischer
Lehrer oder freier Schriftsteller zu betätigen. Und doch hätte Auerbach mit eigenen Augen sehen können, daß an der Bonner Hochschule

Lernbegierige aus allen Landen, darunter Prinzen und Millionärs-
söhne, zusammenströmten, um zu den Füßen von S y b e l, R i t s ch l,
J a h n bestimmende Eindrücke für ihr politisches Denken und soziales
Wirken zu empfangen. Die Zähigkeit, mit der Erich im Hause Sonnenkamp ausharrt, wäre begreiflich, wenn ein Weltenschicksal, die Bergung
des Nibelungenhortes, in Frage käme; sie wird unverständlich — da
dieser Erzieher nicht halbhumoristisch wie T u r g e n j e w s Rudin
oder problematisch vermeint ist, wie S p i e l h a g e n s Oswald Stein
— inmitten fortgesetzter Demütigungen, tiefgehender Enttäuschungen.
Kaum entschuldbar für seine Person, wird Erichs Haltung rätselhaft,
sobald er seine Mutter, diese als Ideal ausgerufene Dame, im Hause
Sonnenkamp als eine Art Zeremonienmeisterin einführt, die halb-
verrückte Frau vertreten und mit ihren höfischen Beziehungen Sonnenkamp auf seinen krummen Wegen vorwärts bringen läßt. Geradezu sträflich wird Erichs Ausdauer endlich, nachdem Sonnenkamps
schimpfliche Vergangenheit offenkundig wird. Selbstverständlich soll
dieser Tugend- und Zungenheld, der stets „auf unsichtbaren Kathe-
dern durch die Welt kutschiert", seinen Zögling nicht hilflos preisgeben, als der Hohn der Welt über das Haus des Vaters herein-
bricht. Hätte Erich nicht Zuckerwasser statt Stahl im Blute, dann
müßte er selbst das Haus der Frevel verlassen, dem Jüngling als Beispiel voranleuchten, in gelehrtem oder gemeinem Tagewerk Brot für
sich und die Seinigen verdienen. Seine große Tat ist indessen, wie
er in einem lichten Augenblick sagt, Nichtstun.

Haltlos, wie in jeder Erzieher-, ist Erich auch in jeder Liebesfrage.
Eine Weile ist er nahe daran, die verführerische, unverstandene Frau
eines alternden Grafen, seines besten Gönners, ans Herz zu drücken;
eine Versuchung, vor der ihn mehr die Gefälligkeit des Erzählers, als
eigene Festigkeit bewahrt. Hernach wird er der Ritter von Sonnenkamps
Tochter Manna; dieses Mädchen, das lange vor dem öffentlichen Skandal
das nichtswürdige Geschäft des Vaters durch einen Zornausbruch der
Mutter erfahren, bleibt uns fast acht Bücher fern und fremd. Als sie, eine
gläubige Katholikin, von der Oberin des Klosters aus ihrer Novizenzelle
für ein Jahr in das Weltleben geschickt wird, soll sie nach dem Willen des
Vaters die Werbung des Junkers v. Prancken anhören. Allein die
Schuld des Vaters drückt Manna dermaßen nieder, daß sie wähnt, sich

und ihr Lebensglück opfern zu müssen. Es wäre eine bedeutende Aufgabe für einen Seelenkenner, ein so frommes, lauteres Wesen in seiner
Gewissenserforschung entweder zum Ordensgelübde oder wie die
Schicksalsschwester in Bourgets Cosmopolis zum Selbstmord oder am
besten auf die Höhe der Erkenntnis zu führen, daß die Kinder für die
Versündigung der Eltern nicht zu büßen haben, wenn sie die Frucht
ihrer Frevel nicht genießen. Die ungeheure Frage, ob hilfsbedürftige,
ratlose Seelen, zumal Frauenseelen, anderen besseren Trost als
Himmelstrost im Glauben wünschen und finden können, bleibt un-
geschlichtet: zu dieser tiefsten Quelle des Zwiespalts in unserer heutigen
Welt dringt Auerbach nur einmal, im Gespräch zwischen Erich und dem
Pfarrer, vor. Der Heide Goethe versteht sich in den Bekenntnissen
einer schönen Seele anders auf das religiöse Bedürfnis einer Frauen-
natur, als Erich und Einsiedel auf die Herzensbedrängnis Mannas.
Kirchenberaubt, sollen die neuen Menschen von festen Grundsätzen zu
sicherer Lebensführung sich leiten lassen. Erichs, Einsiedels oder eigentlich Auerbachs Kredo zu erfassen, hält aber schwer: Menschenwürde,
Menschenliebe, Menschenglaube, Bürgerstolz, unbedingte Verachtung
jedes Adels, Nachsicht gegen die ärgsten Gauner, Spitzbuben und
Missetäter, die nur als Verirrte, nicht unheilbar Verworfene zu erklären sind — viel mehr läßt sich aus den endlosen Redereien nicht
herauslesen, obwohl die Wortführer dieser Ideen von Auerbach, sogar
zum Verdruß des Freidenkers D. F. S t r a u ß, im „Landhaus am
Rhein" mit ungemessenen Lobsprüchen als Orakel ausgeschrien werden.
In Wirklichkeit sind Graf Wolfskron, Professor Einsiedel, Erich und
sein Frauenanhang tatenscheue Schatten, die nichts, somit auch keine
neue Sittenlehre zu begründen und bewähren vermöchten.

Nicht besser geraten sind die Kontrastfiguren. Sonnenkamp, der
als Gewaltmensch vorurteilslos nach einem verwogen einbekannten
Abenteurerleben in weite Fernen stürmt, um einen Herrschersitz in
Südamerika zu erobern, nachdem er vorher mit kleinen Kniffen um
die Baronie eines kleinen deutschen Fürsten gebettelt, ist ein neuer
Zeuge für Auerbachs Unvermögen, grundschlechte, dämonische Naturen
zu schaffen. Am glaubhaftesten ist der schnoddrige Offizier Pranken,
den fromme und frömmelnde Wallungen nicht abhalten, ein Genußleben mit fremden Millionen zu erjagen. Prankens Schwester Bella

dagegen ist ein Zwitter, halb Anna (im „Edelweiß"), halb Irma, ein
unerträglicher Eheteufel, eine valandinne, die im Verlauf der fünfzehn Bücher fünfzehnmal ihr Wesen ändert, von boshaften zu koketten
liebedurstigen Anwandlungen übergeht und am Ende völlig unver-
mittelt sich in jeder Bedeutung des Wortes in Sonnenkamps Lager
schlägt. Medusa und Viktoria zugleich soll sie sein. In der Tat ist sie
eine keifende, unausstehliche Närrin, die, wie der Erzähler selbst, nicht
weiß, was man aus ihr machen soll. Mißraten wie Sonnenkamp sind
dem Dichter Sonnenkamps Kinder. Nicht ein Blutstropfen in ihnen
weist auf die Verbrechernatur dieses Vaters, nicht eine Schwäche auf
die zwischen Putz- und Schlafsucht hindämmernde Mama Ceres-
Crocodilia; ihr Stammbaum erweist sie vielmehr als Abkömmlinge der
unmöglichen Menschen im Neuen Leben. Verfehlt wie diese Haupt-
sind Nebendinge. „Bruder" Greßler (nach einem Potsdamer Original
vom Tambour der Befreiungskriege zum Major aufgestiegen) und die
„geheime" Jüdin Fräulein Milch haben keinen Humor. Die Wald-
romantik am Rhein ist so mager wie die Schilderung des Karlsbader
B8badelebens. Die Briefe aus Amerika, die mühselig das Buch zum
Abschluß schleppen, sind in dem Ton gehalten, der „das Momentane
monumental macht", „in großen Augenblicken Jahrhunderte und Jahrtausende erlebt". Viele Dialoge sind durch ihre Geistrenommagen dermaßen überladen, daß der gedulbigste Leser nach solchen Proben der
Elliott nicht verdenken kann, daß sie dem deutschen Roman die
Palme des schlechtesten zuteilen wollte.

Verdeckt Auerbach sonst Mängel, Gebrechen seiner heroischen,
hochtragischen Darstellung durch die Meisterschaft, mit der er Bauern
und Kleinbürger, Anekdotisches und Genrehaftes vor Augen stellt, —
im Landhaus am Rhein fehlt sogar dieser Lichtblick. Nur ein Anlauf,
die durch die Geldwirtschaft viel gewandelte Welt in ihrer Weite
und Breite zu fassen, wurde versucht: das soziale Problem, die Wichtigkeit des Lebens von Land- und Fabrikarbeitern, das Auf- und Ab-
steigen ganzer Stände, die Aufsaugung und Zerreibung ganzer Klassen
der Gesellschaft haben vor ihm Immermann und Freiligrath,
Dickens und Reuter, nach ihm Zola, Rosegger,
Polenz, Hauptmann zornig, wehmütig und satirisch, anders
und überlegener geschaut und gestaltet.

Es zeugt für das Ansehen und die Herrscherstellung, die Auerbach durch seine früheren Schöpfungen festbegründet hatte, daß ihm ein so wunderliches Werk von der Kritik nicht allzustreng angerechnet, von großen Leserkreisen sogar mit alter Anhänglichkeit gedankt wurde. Dem Dichter selbst war bange, als im September 1868 das von der Wiener „Presse" für mehr als zehntausend Taler zum ersten Abdruck erworbene, noch vor dem Erscheinen bei Cotta in sechstausend Exemplaren festbestellte Werk in die Öffentlichkeit sollte. Während der Arbeit hatte er sich selbst angefeuert, Kugeln und Patronen in den Lauf gestoßen, bis losgeschossen werden mußte. Knall auf Knall, eine Art Schlachtenmut spannte vermeintlich jeden Nerv, jeden Muskel. Bald aber hatte er selbst die richtige Witterung, wo und was alles nicht stimmte. Beim ersten Feuilletondruck merkte er, daß der epische Strom fehlte. Dann verdroß ihn die philosophisch-didaktische Tendenz. Bei der letzten Umarbeitung gestand er unumwunden: „ich werde mir alle Mühe geben, Einfachheit und Gesundheit in dem Buche herzustellen, aber ich glaube nicht, daß es mir ganz gelingen wird. Es ist so lang hin und her geladen worden, daß es die Spuren trägt, wie ein zerrissener Koffer, den man mit allerlei Stricken zusammenbindet."

Turgenjew, mit dem sich Auerbach in Baden-Baden rasch und eng befreundet hatte, schrieb für die russische Ausgabe eine wohlwollende Würdigung des Werkes, die zugleich eine bedeutende Charakteristik von Auerbachs Art und Kunst gab. Vischer und Strauß hielten mit hartem Tadel nicht zurück, den der Dichter so gläubig und dankbar hinnahm, wie zuvor das „Auf der Höhe" gegönnte Lob.

Während und nach der Vollendung des neuen Romans beschäftigten ihn Freundespflichten und Humanitätsaufgaben. Für Ferdinand Freiligrath, dem ein Nationalgeschenk dargebracht werden sollte, hielt er einen Vortrag, der ihm das viel zu hohe Kompliment des Ministers Dalwigk eintrug: die Rede hätte dem Sakramenthäuschen des heiligen Sebaldus geglichen, bei dem man mehr an den Bildner Peter Vischer, als an den gefeierten Heiligen denke.

Die Not der rumänischen Juden entflammte ihn dermaßen, daß er mit Montefiore nach Bukarest gehen wollte. Im Übereifer war er so unbedacht, daß er einen freundschaftlich an ihn gerichteten Brief des Fürsten von Hohenzollern an die Neue Freie

Presse schickte, bevor er die Zustimmung des Fürsten erbeten hatte. Die Veröffentlichung machte großen Lärm, der Wortlaut des Briefes gab auch den Offiziösen Bismarcks viel zu schreiben:

Verehrter Freund! Schon längst würde ich Ihre inhaltschweren Briefe beantwortet haben, wenn ich nicht in der Zwischenzeit eingehende Recherchen gepflogen hätte, um über die sehr alarmierenden Gerüchte wegen Judenverfolgung in der Moldau u. s. w. mit Gewißheit zu verschaffen. Diese Gewißheit liegt mir in vollem Maße jetzt vor. Mein Sohn ist tief verletzt über die Tatsache, daß ihm solche Willkürakte im entferntesten nur zugemutet werden konnten. Er und seine Regierung leugnen auf das bestimmteste, daß irgendwo ein so schändlicher Mißbrauch der Amtsgewalt gegen die Juden vorgewaltet habe, und sie führen die Entstehung und Verbreitung solcher gehässiger, aller Zivilisation hohnsprechender Ausstreuungen auf außerhalb Rumäniens liegende, sehr feindselige, mit Absichtlichkeit gepflegte Intrigen zurück.

Da es nun aber doch in der Möglichkeit liegen könnte, daß terroristische Maßregeln von untergeordneten Organen platzgegriffen haben, so hat sich mein Sohn entschlossen, eventuelle Vorkommnisse an Ort und Stelle persönlich zu untersuchen und die vielleicht irgend einem Parteiinteresse dienstbaren Schuldigen mit rücksichtslosester Strenge behandeln zu lassen. Durch diesen Akt identifiziert er sich mit den Anschauungen der Humanität und zeigt öffentlich, daß er die Niedertracht, wo sie sich auch finden möge, entschieden zu bekämpfen und auszurotten bestrebt ist. Seine Geistes- und Herzensbildung, sowie sein ganzer Erziehungslauf sind mir Bürge dafür.

An Rumänien darf überhaupt jetzt noch nicht der Maßstab europäischer Kultur gelegt werden. Alle Bestandteile der dortigen Bevölkerung, inklusive der Juden, befinden sich heute noch in einer Verfassung, die durch jene Grenzländer naturgemäß bedingt ist. Es ist einerseits der dieses Land von etwas frischen siebenbürgischen Elementen scheidende Karpathenwall, anderseits ist es der unvermeidliche Kontakt mit tiefgesunkenen russischen und türkischen Zuständen, was einer nach unseren Begriffen kräftig moralischen Aufraffung hindernd im Wege steht. Ein Menschenleben wird nicht ausreichen, die Besserung zu ermöglichen; aber es kann doch meinem Sohne beschieden bleiben, den Keimen einer hoffnungsvolleren Entwicklung nicht fern geblieben zu sein.

Diese Betrachtung führt mich direkt zur Anknüpfung an ein mit Ihnen gehabtes Gespräch. Wir haben nämlich während unserer jüngsten Begegnung, deren Wirkung auf Herz und Kopf ich wie erfrischenden Tau empfunden habe, auch der österreichischen Wiedergeburt gedacht und unter anderem die „Neue Freie Presse" besprochen. Es hat mich die Gemeinsamkeit unserer Auffassung über Inhalt, Geist und Tendenz dieser Zeitung gefreut. Es gehört aber wohl ein großer Grad von Objektivität dazu, ein Blatt zu verherrlichen, das beinahe täglich mir weh tut. Ich meine damit die Art und Weise der Besprechung rumänischer Zustände, die von dem Schaffen und Wirken meines Sohnes unzertrennlich sind.

Die unrichtigste aller Voraussetzungen gipfelt in der Annahme, daß meines

Sohnes Regierungsergreifung in den Donaufürstentümern im Zusammenhang mit der Waffnung Preußens gegen Österreich gestanden. Meines Sohnes Ankunft auf rumänischem Boden fand statt, nicht w e i l die Kriegseinleitungen schon im vollen Zuge waren, sondern o b g l e i ch dieselben im Stadium des Beginnes sich befanden. Die so scharf und so oft hervorgehobene und lächerlich gemachte Inkognitoreise durch Österreich lag in der Natur der Sache, und daß sie gelungen, beweist, daß sie mit Geschick vollführt worden. Die Veranlassung derselben war nicht in Österreich zu suchen, sondern in Rumänien, da es galt, ein fait accompli zu schaffen. Hiebei ist ein jeder sich selbst der Nächste. Meines Sohnes politisches Glaubensbekenntnis ist durchaus nicht gegen Österreich gerichtet, von welchem allein — niemals aber von Rußland und der Türkei — zivilisatorische Einflüsse zu erwarten sind. Will ihm aber der Drang der österreichischen Rumänen nach einer nationalen Stammeseinigung vorgeworfen werden, so beweist dies nichts anderes, als absichtliche Verkennung. Mein Sohn hat mit der inneren Ordnung und Kräftigung genug zu schaffen — er wird sich gewiß leichtsinnigerweise keine auswärtige Komplikation auf den Hals laden.

Daß die „Neue Freie Presse" überhaupt für das Bojarentum plädieren kann, ist der auffallendste Widerspruch in ihrer politischen Haltung; daß sie aber an Preußen kein gutes Haar läßt, darin liegt ein von mir verstandenes und nicht verurteiltes System.

Das ist, verehrter Freund, eine recht lange Epistel geworden — ein Attentat auf Ihre so kostbare Zeit. Die schönste Rache, die Sie nehmen könnten, wäre die, daß Sie mir einen doppelt so langen Brief schrieben.

Von Oster- und Frühlingsempfindung will ich schweigen, nur so viel will ich sagen, daß es mich hinausdrängt, und zwar zunächst wegen meines lahmen Fußes in ein Bad. Trotz aller schwäbischen Preußenfresserei zieht es mich nach Wildbad in den Schwarzwald. Nun Gott befohlen.

In alter Freundschaft und inniger Hochachtung stets Ihr treuergebener Freund Düsseldorf, 18. April 1868.   H o h e n z o l l e r n.

N a ch s ch r i f t. A propos „Neue Freie Presse" fällt mir eben noch bei: Hat jemand im Winter 1868 der österreichischen Regierung einen Vorwurf aus der exzessiven sehr gewalttätigen Verfolgung der Juden gemacht? Niemand. — Wohl aber waren diese wilden Exzesse ein Maßstab für den Bildungsstandpunkt der tschechischen Bevölkerung. Es dauerte ziemlich lange, bis die Regierung dieser Ausschreitungen Herr wurde. — Und Böhmen ist doch ein anders politisch organisiertes Land, als es die Moldau ist. Nur überall g l e i ch e s Maß, und ich gebe mich zufrieden.

Berlin war unserem Wiedersehen nicht günstig; für mich eine reine Unmöglichkeit, aus der Tagesaufgabe ein Stückchen Zeit herauszuschneiden, das ich Ihnen hätte widmen können. Am Rhein geht es besser!!!

Der Fürst war begreiflicherweise nichts weniger als erbaut von der Veröffentlichung seiner Zuschrift; die „Norddeutsche Allgemeine Zeitung" erklärte, daß die Fassung, in welcher das Wiener Blatt den Brief mitteile, nicht recht verständlich sei. „Bezieht sich wahrschein-

lich," wie der Fürst an Auerbach schrieb, auf den „von mir nicht
verurteilten Preußenhaß dieses Blattes, was natürlich nur in
dem Sinn zu nehmen ist, daß ich den Standpunkt eines österreichischen
Journals gegenüber Preußen de abstracto zu würdigen weiß." Die
Wendung betreffs der Bojaren mußte wieder in Rumänien ver=
stimmen. Auerbach äußerte seine Bestürzung über das „Martyrium"
des Fürsten indessen so bekümmert, daß der große Herr am 28. April
1868 nicht nur in vornehmster Form Ablaß erteilte, sondern den
Dichter der Fortdauer seiner guten Gesinnungen versicherte:

Verehrter Freund! — — Ich konnte diesen Brief unmöglich für die Öffent=
lichkeit geschrieben haben — unter solcher Voraussetzung hätte ich eine ganz andere
Ausdrucksweise gewählt. Meine Philosophie lehrt mich indessen, nicht zu ändernde
und vollendete Tatsachen kalten Blutes zu tragen und darauf mit Sicherheit zu zählen,
daß im Gedränge wichtiger Ereignisse und in der rastlosen Arbeit der Weltgeschichte
solche Zwischenfälle verschwinden und keiner weiteren Beachtung mehr wert gehalten
werden. Es sind nur die Eindrücke des Momentes, welche hier umso peinlicher be=
rühren, als eine Provokation im entferntesten nicht in meiner Absicht gelegen war. —
So viel von dieser Sache, die ich hiemit als abgeschlossen betrachte. Wenigstens
bin ich um eine Erfahrung reicher geworden. Ihrer Diskretion diese Zeilen anver=
trauend, kann ich hinzufügen, daß diese kleine Episode, die für mich nur Dimensionen
der Unbequemlichkeit angenommen hat, unseren freundschaftlichen Beziehungen und
Übereinstimmungen keinen Eintrag tun soll. — Stets Ihr treuergebener

Hohenzollern.

Arbeit und Leben, nach wie vor eins in ihm, gingen weiter fort,
nur den Kalender gab er auf. Von neuen Planen meldete sich ein
Roman „Sodom", zu dem ihm nicht der Text, wohl aber Kraft
und Prophetenzorn fehlten. Auch an Sittenschilderungen „Wir
Juden" und an Neue Dorfgeschichten nach Eröffnung
der an Nordstetten vorbeiführenden Eisenbahn dachte er, vor allem
aber an Denkwürdigkeiten des eigenen Lebens. So begann das
Jahr Siebzig, das zu seiner höchsten Lebensfreude märchenhafte, jede
Erfindung beschämende weltgeschichtliche Wandlungen brachte, die noch
mit ganz anderen Dingen aufräumten, als mit den nächsten Ent=
würfen unseres Erzählers.

X

Im neuen Reich

Das individuelle Leben tritt vor der großen Massen-
bewegung zurück und wer will etwas erfinnen, was
einer Gemütsbewegung mit dem Tag von Sedan nur
irgendwie Ähnliches bieten könnte
Berthold an Jakob Auerbach, 26. März 1871

Behaglich begann und begrüßte der Dichter das Neujahr
Siebzig in Berlin. „Das Landhaus am Rhein" hatte
seiner Ansicht nach seine künstlerische Geltung nicht gemehrt, doch auch nicht gemindert und die Gunst der
Leser hielt so beständig bei seinen alten und neuen Schöpfungen
aus, daß er ruhig Stimmung für größere Arbeiten abwarten konnte.
Leergehen freilich ließ er die Mühle niemals. Der „Gartenlaube"
gab er den „Fels der Ehrenlegion", eine „in Wasserfarben
gemalte" Miniatur, in ihrer Anspruchslosigkeit besser, als seine Fresken:
die Verlobung einer alternden reichen Erbin, der „Tochter des Parlamentes", die mißtrauisch gegen jeden Freier zuletzt nur den Verlobten
und Gatten anderer unbefangen gegenübertritt. Ausgiebiger als
Schreiben beschäftigte ihn eindringendes Lesen. Freytags bedeutende,
den tiefsten sittlichen Ernst mit freier Künstlerlaune paarende Mathy-
Biographie und Vorstudien zur neuen Ausgabe seiner Spinoza-
Verdeutschung führten ihn tief in vergangene Zeiten, steigerten
stärker als je zuvor seine Sehnsucht, die eigenen Denkwürdigkeiten
aufzuzeichnen. Ein Ideal biographischer Kunst stand ihm vor Augen;
die Notwendigkeit, zur Belebung und Erweckung der Jugendeindrücke
die Stätten der Kindheit wieder zu besuchen, war unabweislich und
der Wunsch, im Juli diese Gänge auf gemeinsamer Fußwanderung
mit Jakob zu machen, leicht erfüllbar. Schon im Mai machte er
deshalb die Kur in Karlsbad ab; stundenlang wanderte er bei jedem
Wetter über Berg und Tal, durch die Schäden, die der Borkenkäfer
anrichtete und mehr noch durch das gedanken- und gewissenlose Ab-
holzen so betroffen, daß er in der Allgemeinen Zeitung als Warner

„Vom kranken Wald" in Karlsbad erzählte. Der konservativen Chirurgie sollte nach seinem Verlangen eine konservative Forstwirtschaft nacheifern. Auf seinen Spaziergängen war dem Naturkenner mancherlei aufgefallen:

„In ungewöhnlichen Abständen ist der lustig schmetternde Buchfink noch vertreten, Zeisig und Plattmönch schon spärlich, und bei Wanderungen kreuz und quer habe ich nur ein einziges Mal einen Waldspecht gehört. Die dünne Bevölkerung der Vogelwelt rührt offenbar von dem durchgängigen Mangel an Unterholz und Gestrüpp her, zumal an den Waldrändern. Da muß einmal eine unvernünftige Heppe gehaust haben. Der früh sich begrünende Stachelbeerbusch, die Haselstaube, Hartriegel, Maßholder und Brombeergesträuch u. s. w. sind fast gar nicht zu finden. Es fehlen die gedeckten Nistplätze. Dazu ist der Teplfluß oft ganze Strecken weit gar nicht und dann nur dürftig mit Weiden bepflanzt. Die Wasseramsel wird nicht gehört, auch die Bachstelze nicht in der Menge, wie es natürlich sein müßte. Die Nachtigall ist hier ein mythischer Vogel, und doch wäre der Laubwald am Berggelände und der frischsprudelnde Strom im Tal eine wohlig ausgestattete Heimat für sie." Nicht als Fachmann, nur als Laie wagt Auerbach ein paar Vorschläge. „Der Wald mit seinem Rauschen und Klingen, mit seiner wonnigen Kühle und seinem erfrischenden Atem ist nicht nur von poetischem Duft umflossen, er stellt auch eine Idealität des Rechtes dar, die über das gemeine Besitzrecht hinausragt. Der Waldesgrund und der Forstbestand gehören dem Eigentümer, die Umgebung aber hat einen Rechtsanspruch auf die Segnung, die vom Wald ausgeht."

In solche Gedanken eingesponnen, war Auerbach nicht wenig verwundert, als ihn Kronprinz Friedrich Wilhelm plötzlich auf der Promenade anrief: „Was macht der deutsche Wald?" Der große Herr spielte scherzhaft auf eine Stelle im „Landhaus am Rhein", das er gerade las, auf die Begegnung von Roland und Lilian (IV. Buch, 12. Kapitel) an. Auerbach hatte die Worte längst vergessen, er dachte vielleicht schon an Charaktere des viel später zur Reise gediehenen Romans „Der Forstmeister", der hart ins Gericht geht mit den „Bergschindern", Raubbau treibenden Waldfrevlern, denen der Dichter auch im bürgerlichen Leben alle Laster zutraute.

Nach erquicklichem Umgang hatte Auerbach nicht weit zu suchen, eher lästige Zudringlichkeit abzuwehren. Der gelehrte Offizier Max v. Jähns hatte mit Mißvergnügen bemerkt, in wie aufdringlicher Weise sich die Badegäste an Auerbach drängten. Und obwohl Jähns den Dichter früher flüchtig bei Frau Helene v. Hülsen in Berlin getroffen hatte, hielt er sich rücksichtsvoll fern, bis der Zufall sie zusammenführte. Jähns machte mit dem Oberst und dem Hauptmann Niendorff,

zwei Brüdern, einen Ausflug nach Schloß Aich. Am Heilingfelsen
begegneten sie einer Jähns durchweg bekannten Gesellschaft, R i ch a r d
W a g n e r s Nichte F r a u J a ch m a n n, F r a u v. R a v e n é,
Oberst v. S ch m e l i n g und A u e r b a ch. Auf dem gemeinsamen Heimweg ließen die beiden Damen mit ihren mächtigen schönen
Stimmen Volkslieder ertönen, die vom Felsenufer jenseits der Eger
herrlich widerhallten. Von nun an war Jähns viel mit Auerbach zusammen, der ihn nur abkanzelte, daß er sich so lang ferngehalten. Der
dritte im Bunde war der urgemütliche Lustspieldichter G u s t a v
v. M o s e r. Wenn Jähns einmal die Gesellschaft des Bildhauers
D r a k e, der sich ziemlich einsam fühlte, vorzog, konnte Auerbach
fast eifersüchtig werden. Am ergiebigsten war die gemeinsame Wagen-
fahrt von Karlsbad nach Eger. Troß Wind und Kälte verrannen die
sechs Stunden schnell und vergnügt. Von den vielen guten Einfällen
Auerbachs blieb Jähns besonders einer im Gedächtnis, weil die Weltgeschichte epilogierte. Beide sprachen vom Elsaß und ob es wohl
wieder deutsch werden könne? „Jetzt nicht mehr,“ meinte Auerbach,
„im vorigen Jahrhundert wär’s noch möglich gewesen.“ Lange könne
man, nachdem der Main in den Rhein gemündet, die beiden Flüsse
im selben Bett unterscheiden. Nachdem sie das Binger Loch durch-
strömt, nicht mehr. Das Binger Loch sei für Frankreich und Elsaß die
große Revolution gewesen. Jähns stimmte, so gut ihm das Gleichnis
an sich gefiel, nicht bei. Auerbach erkannte auch dankbar an, daß ihm
Jähns auf dieser Fahrt ganz neue Aufschlüsse über Heer- und Kriegs-
wesen gegeben. Auf dem Bahnhof in Eger wurde Champagner getrunken und Auerbach verabschiedete sich gerührt mit Umarmung
und Kuß.

Zur Nachkur begab sich der Dichter in sein heißgeliebtes Murgtal,
nach G e r n s b a ch. Dort dachte er sich anzukaufen. Bei jedem Nußbaum fragte er sich, ob das sein Nußbaum sein werde? Blieben diese
Herzenswünsche auch unerfüllt, es bedurfte keiner bürgerlichen Besitz-
ergreifung, damit Auerbach jeden Fußbreit dieser Gegend als sein
eigen ansah. Milde sonnige Tage taten ihm wohl. Wie ein junger
Lyriker gab er sich dem Glücksgefühl des Daseins hin. Mit dem Arzt
fuhr er auf Praxis, dem Schullehrer war er ein gesprächiger Gefährte,
mit jedem Bauern pflegte er willkommene Unterhaltung, von fremden

Lippen hörte er, daß in Weissenbach ein ihm völlig unbekannter Gasthof als Lindenwirtshaus und in einem benachbarten Dorf ein ihm
niemals vor Augen gekommener Alter als Urbild des Brosi gelte. In
Schloß Eberstein traf er am 14. Juni den mit seiner Frau von einer
Schweizerreise heimkehrenden M a x   J ä h n s , der sich telegraphisch
angesagt hatte. Wohlgemut gingen die drei zum Bad hinab, wo Auerbach wohnte; die Forellen mundeten vortrefflich; dann begleitete er
das Ehepaar in den „Stern" von Gernsbach. Als er hörte, daß Jähns'
sich für den folgenden Tag ein Stelldichein mit S c h e f f e l gegeben
hätten, sprach er den Wunsch aus, mit dem Erzähler des „Ekkehard"
bekannt zu werden. Am 15. Nachmittags führte Jähns S c h e f f e l
zu Berthold in den Badgarten. Scheffels Wesen war Auerbach
tief sympathisch; „die Gestalt fest gebaut, derb, wie für den Harnisch
gebildet, und dabei doch wieder geschmeidig und mild im Wesen
und Ausdruck, wie ein Einsiedler gewordener Bischof, als welcher er
seine Bergpsalmen dichtete." Die Begegnung behagte beiden Poeten
ausnehmend, so daß ihr im Lauf der Jahre manche andere, immer
vertrautere folgte.

In aller Ferienlust feierten Auerbachs Gedanken nicht. Die
Wandlungen des Bauernlebens beschäftigten ihn, die wachsende Ar-
beiterbewegung hatte ihn schon in Berlin, wo die Sozialdemokraten
mit J o h a n n   J a c o b y nicht glimpflich verfahren waren, und in
Stuttgart auf neue, nicht immer ansprechende Formen des Volkslebens merken lassen. Schon dazumal trug er sich mit Entwürfen,
die — wie die leider nicht vollendete „I n g e n i e u s e oder die Cy-
k l o p e n b ä u r i n" — der Umbildung ländlicher Zustände durch die
neue Macht der Technik nachgehen sollten. Vor allem aber sollte zur
S e l b s t b i o g r a p h i e gerüstet werden.

Als der ungeduldig erwartete Jakob endlich am 9. Juli nach
Gernsbach kam, ging's über den Kniebis und Freudenstadt nach Nordstetten. Schon beim Aufbruch und mehr noch unterwegs war von
der drohenden Kriegsgefahr die Rede. Am 15. Juli sah Jakob zum
ersten Male Bertholds Heimatdorf. Zwei Tage später mußte er
heim nach Frankfurt. So bestimmt besorgten alle einen Überfall
durch die Franzosen. So ängstlich lauteten die Mahnungen der
Bahnbeamten, daß ihr Wagenvorrat bald nur mehr für Soldaten-

transporte bereit und zureichend sein werde. Berthold begleitete den
Freund nach Imnau, dann kehrte er nach Nordstetten zurück. Offenen
Blicks sah er das Auf und Ab der Volksstimmung. Zweifel an der
Zukunft, Unsicherheit über die Haltung Bayerns, die nach dem Jahre
1866 noch immer sich regende Gereiztheit gegen Preußen wurde laut.
Auerbach war vom ersten Augenblick der weltgeschichtliche Ausgang
klar. Fortan keine Mainlinie, kein Großpreußen mehr. Als dauernder
Gewinn die Wiedereroberung des Elsaß. Aus solcher Gewißheit gestalteten sich in diesen „zum Hieb ausholenden Tagen" die Sätze seines
Flugblattes „Was will der Deutsche und was will der Franzos?" Ein zumal im Eingang den Volkston sicher anschlagender und in
aller Heißblütigkeit maßvoller Weckruf und Trostspruch, daß der Kampf
frevelhaft aufgedrungen, deshalb unabwendbar und gerecht sei. Auf
die Dauer hielt er es im Dorf nicht aus. Dritter Klasse fuhr er bis
Plochingen. Eine Bauernfrau, deren Sohn, ein Trainsoldat, von
einem Pferdedieb war erstochen worden, klagte (ipsissima verba!):
„Wäre er im Feld gefallen für das Vaterland, ich hätt' es ertragen
müssen, aber so! aber so!" In Tübingen und Reutlingen gedachte er
Uhlands und Friedrich Lists, der Märtyrer, die die große
neue Zeit, die sie mit heraufgeführt, nicht miterleben sollten. In
Stuttgart sah er Vischer, Billroth, Freiligrath, der ihm
zuerst sein Kriegsgedicht „Hurra, Germania!" vorlas und einzelne
Änderungen willig verstattete. In Cannstatt wurde ihm zum Dank für
sein Flugblatt ein Fackelständchen gebracht, er antwortete mit einer Ansprache, die das Flugblatt noch übertraf. Sein geschriebenes und sein
gesprochenes Wort wirkte gewaltig. Prophetisch verkündigte er, daß
Nord und Süd, im Reich der Geister längst geeint durch Kant und
Schiller, Humboldt und Kepler, Lessing und Goethe,
fortan auch im Staat eins sein werden.

Der Großherzog von Baden berief ihn in sein Feldlager, wie Kronprinz Friedrich Wilhelm Gustav
Freytag kurz vorher in sein Hauptquartier geladen hatte.
Augenzeugen, die Auerbach damals im Karlsruher Englischen Hof
sahen, schildern ihn, wie er in burschenschaftlicher Gehobenheit mit
leuchtenden Augen begeistert und begeisternd Kaiser und Reich, den
Gewinn von Elsaß und Lothringen voraussagte. Dem Redakteur der

Badischen Landeszeitung danken wir die Mitteilungen des von ihm erbetenen Empfehlungsbriefes an

„Herrn Dr. Gustav Freytag im Feldlager.

Karlsruhe, 12. August 1870. In dieser großen Zeit, was hätte man da alles einander zu sagen! Aber wie gut ist es, daß wir auch fern voneinander in gleichem Schritt und Tritt gehen. Du, lieber Freund, stehst an allgemein gesehener Stelle auf dem Posten und ich an minder beachtetem und wirke nach Kräften. Kamerad, bist du da? rufen in Friedenszeiten die Wachen auf den Festungswällen einander zu.

Wir wissen, wir sind da, und freuen uns, die Zeit der Erfüllung zu erleben. Ich schreibe Dir aber heute nur, um den Überbringer dieses, Herrn Cloß, Redakteur der Badischen Landeszeitung, nahe zuzuführen." „Laß dir von Herrn Cloß auch von mir erzählen. Ich habe das Glück, durch gesprochenes und geschriebenes Wort im Umkreise meiner Heimat auch erwecklich zu wirken. Ich hoffe, noch weiter so zu arbeiten. Wenn wir uns wiedersehen, sind wir im wieder geeinten und freien Vaterlande die Alten und wollen uns dessen wohl sein lassen. Hier in Karlsruhe muß ich immer denken: wenn nur unser herrlicher Freund Mathy das auch noch erlebt hätte, und gestern, als ich bei Frau Mathy war, die vor der Büste ihres Mannes Verbandzeug für die Verwundeten nähte, war das natürlich unser Gespräch, und wir gedachten auch Deiner.   Dein alter

Berthold Auerbach."

Kaum drei Wochen, von Mitte bis Ende August, war Auerbach im badischen Hauptquartier, indessen Freytag den ganzen ersten Abschnitt des Krieges vom Einmarsch bis zum Tage von Sedan und der Besetzung von Reims mitmachte. Die vierzehn Briefe, die Auerbach damals in der Augsburger Allgemeinen Zeitung drucken ließ, halten auch nicht entfernt den Vergleich aus mit den zwanzig Aufsätzen, die Freytag vom Ausbruch des Krieges bis zur Heimfahrt im Kaiserzuge in den Grenzboten und der neugegründeten Zeitschrift „Im neuen Reich" veröffentlichte. Der weichherzige Idylliker war nirgends weniger am Platz, als in einem Heerlager. Streitbar war an Auerbach nur die martialische Soldatenmütze, mit der er sein friedliches Haupt bedeckt hatte; „sein sonstiges irdisches Gefäß war (nach dem Bericht eines gutgesinnten Gewährsmannes) in ein rostgelbes Gewand gehüllt; von dem obersten Knopfloch seines kurzen Jaketts erstreckte sich gegen die linke Brusttasche eine feine goldene Kette, an der eine Anzahl Orden in Miniaturformat hing". Er war in einem Bauernhaus in Lampertsheim untergebracht, mit großer Auszeichnung aufgenommen worden; einzelne Proklamationen flossen aus seiner Feder, die das Elsäßer

Landvolk so stumpf ließen, wie sein nach der Melodie „Ich hatt' einen Kameraden" zu singender, als Flugblatt verbreiteter Volksliedtext:

> Im Elsaß über dem Rheine,
> Da wohnt ein Bruder mein.
> Wie tut's das Herz mir pressen,
> Er hat es schier vergessen,
> Was wir einander sein.

Der Dichter merkte bald, daß es unmöglich war, auf das Gemüt der Bauern zu wirken, solange die Kanonen donnerten. Ihm selbst aber wurde weh ums Herz, wenn im Kriegsrat das Wort fiel: „Diese beiden Dörfer müssen abgeräumt werden!" „Eine chirurgische Operation," so hieß es im Nachwort seiner Briefe an die Allgemeine Zeitung, „kann notwendig sein, wer aber nicht Mediziner von Beruf, ist nicht verpflichtet, das mit anzusehen." Cloß kam zufällig in Auerbachs Lampertsheimer Stube, als seine Koffer gepackt wurden. Auf die Frage, was ihn denn bestimme, seinen Posten zu verlassen, lautete die Antwort: „Wisset Se, i baß ebe net doher, so a kleiner Jud onder dene mächtig große Offizier ond geschtern ... geschtern Abends bin i mit 'em Großherzog 'nausg'fahra ond do hent se en Dode an mer vorbeitraga ond dees kann i amol net verbutza."

Bei späterem Anlaß hat Auerbach geradezu gemeint: „ein Dichter gehört nicht in den Krieg, selbst ein Goethe konnte den Krieg nicht verstehen und es gibt nichts Seltsameres, als seine Schilderungen aus der Campagne." Auf Auerbachs „Gedenkblätter zur Geschichte dieser Tage" paßt dieses Urteil zweifellos. Lebendig nur in wenigen Kleinbildern, wird er, genau so wie im 1848er Tagebuch aus Wien, unzulänglich, sobald der von Freytag überlegen gebrauchte historische Stil am Ort gewesen wäre. Die Beschießung von Straßburg, der Brand des Münsters nahmen dem „aufgeregten Zuschauer" alle Fassung. Dem Volkskrieg war dieser Volksdichter nicht gewachsen.

Von Straßburg fuhr er über Baden-Baden nach Gmunden am Traunsee zum Besuch seiner Frau und Kinder, dann begab er sich nach Heidelberg, wo er in Wattenbach, Treitschke, Helmholtz, Hemsen Gleichgesinnte, in Gervinus einen Mißvergnügten traf. Im Oktober zog es ihn nach der Kapitulation wieder nach Straßburg: der Anblick der „zum Krüppel geschossenen Stadt" erschütterte ihn. Ehrliches Mitgefühl mit den Martern der Belagerten hielt ihn nicht ab, auf künftige moralische Eroberungen sicher zu bauen, wie ihn sein jäher Abschied aus dem Hauptquartier nicht gehindert hatte, Mitte September Victor Hugos Bannflüchen gegen die barbarischen Bedränger von Paris „Die Antwort eines Deutschen" entgegenzusetzen, das Beste, was Auerbach 1870 schrieb, in seiner Art ebenso bedeutsam, wie David Friedrich Strauß' Briefe an Renan. Mit den anderen Flugblättern, den Briefen an die Allgemeine Zeitung, wiederholte er auch diesen Kampfartikel in dem 1871 veröffentlichten Bändchen: „Wieder unser". Sein anfängliches Vorhaben, das idyllische Tagebuch aus Weilbach und das Tagebuch aus Wien vorangehen und das Ganze unter dem Obertitel „Drei Tagebücher" in die Welt gehen zu lassen, gab er wohlberaten auf.

Als er nach neunmonatlicher Abwesenheit in Berlin eintraf, verwunderte ihn die Nüchternheit der Bevölkerung. Die künftige Reichshauptstadt schien im Gegensatz zur Vergnügungsstadt Wien die alte Arbeitsstadt geblieben zu sein. Dieser erste Eindruck änderte sich, als er, vielgesucht, bald zur Einweihung des Rathauses, ein andermal von Bennigsen zu einem Abgeordnetenbankett geladen, ein drittes Mal auf der Reichstagsgalerie Hörer von Bismarcks und Treitschkes Elsaßreden wurde. Seine Bekehrung vollendete der Siegeseinzug, als dessen Augenzeuge er sagte, er habe Weltgeschichte von Angesicht gesehen. Schon während des Feldzuges hatte er an einen großen zeitgeschichtlichen Roman „Zwischen Schwarzwald und Vogesen" gedacht. Beim Anblick der jauchzend begrüßten Krieger und ihrer Führer, beim Einritt von Kaiser Wilhelm, Bismarck, Moltke und Roon gelobte er sich, diese Schöpfung als seine nächste Lebensaufgabe zu vollenden.

In scharfer, von Ludwig Geiger geförderter Arbeit brachte er in Berlin noch die Neuausgabe seiner Spinozaübersetzung fertig, dann zog er in sein Murgtal, um Farbe, Stimmung, Ermutigung zum „Bürgermeister von Waldhausen", der Urform des „Waldfried", zu gewinnen. Im Oktober besuchte er in gleicher Absicht nochmals Straßburg. Bis Neujahr blieb er in Freiburg, wo ihm die Arbeit flink von der Hand ging. „Ich habe hier," so schrieb er Hemsen, „alles, was ich brauche, erfrischende Landschaft und freundliche Ansprache bei den Menschen; bei den meisten jungen Professoren bin ich der alte Herr und das ist mir noch immer überraschend, daß ich wirklich schon in wenigen Monaten sechzig Jahre alt werde. Auch bei den höheren Beamten und Offizieren bin ich gut heimisch. Es ist hier das rechte Gleichgewicht zwischen Gelehrten, Soldaten, Beamten, Bürgern, wie vielleicht nirgends so, dazu der freilebige alemannische Charakter. Dazu habe ich vortreffliche Hauswirte, Professor S e n g ler und Frau."

Neujahr 1872 mußte er nach Berlin, wiederum zuerst angefremdet, bis warme Feier seines sechzigsten Geburtstages, Gastmahle bei Del brück, beständige gesellschaftliche Auszeichnung seine Mißstimmung milderten, wenn sie gleich nicht völlig verschwand.

Gern mietete er das ihm von Angehörigen R o g g e n b a c h s zu Gebote gestellte Schloß Ebnet bei Freiburg für sich und seine Familie. Der Edelsitz wäre das Paradies für Auerbach gewesen, ohne eine nahe Knochenstampfmühle, die den für angenehme und unangenehme Ge räusche gleicherweise Empfindlichen um alle Ruhe brachte.

Als Ehrengast ging er zur Eröffnung der neugegründeten Uni versität Straßburg, über deren Lehrkanzeln und Bibliotheken der erste Kurator Roggenbach ihn gelegentlich befragt hatte. Die Feier frischte ihn auf, er sah S c h e f f e l traumverloren am Münstertor stehen, hatte unzählige Begegnungen, die willkommensten mit F e r dinand Hiller und Mundolsheimer Bauern, die er im badischen Hauptquartier 1870 kennen gelernt hatte, kommersierte tapfer, hielt auf dem Odilienberg eine vielumjubelte Ansprache und improvisierte ein halb erlebtes, halb erfundenes Gespräch „Z w i s c h e n S t r a ß b u r g u n d A p p e n w e i e r" für die Allgemeine Zeitung. Jedes dieser Zwischen spiele warf neue Lichter auf die Blätter seines Romanentwurfes. Die Schwierigkeiten, Welt- und Familiengeschichte zu verschmelzen, häuften sich. Gleichwohl ging es vorwärts, bis eine jähe schwere Erkrankung den Rastlosen niederwarf, vermutlich dauernd im Kern seiner Schaffens kraft beschädigte. Die Strapazen des Kriegsjahres, sein unablässiges Hin- und Herwandern, dem niemals ausgiebige Erholung folgte, hätten für sich allein den schweren Anfall erklären können. Ein tiefer Familien kummer — seine Tochter hatte sich verlobt und bald nachher in Ebnet entlobt — kam hinzu. Heftiger Blutandrang zum Kopf führte zu einer

Hirnhautentzündung. Kußmaul, dazumal der Arzt Auerbachs, schrieb mir, der Dichter habe keinen Schlaganfall erlitten. Mit der Harmlosigkeit des Daseins war es gleichwohl nach Auerbachs Empfindung seitdem vorbei.

Nach einigen Wochen durfte er zur Kur nach Tarasp, unterwegs fühlte er sich noch so angegriffen, daß ihm der schäumende Inn wie ein leibhaftiges, lindwurmartiges Ungeheuer vorkam. Im Engadin und nachher am Comersee hoben sich seine Kräfte. Die Arbeit am Waldfried mußte aber, obwohl sich Auerbach genesen glaubte, ruhen. „Der alte und der neue Glaube" von D. F. Strauß war dem Rekonvaleszenten wie eine Offenbarung, die er als neue Heilslehre zuerst maßlos feierte, ernstlich gesonnen, öffentlich die Sache des Freundes zu verteidigen. Eine Absicht, die er trotz mancher drängenden Aufforderung am Ende doch nicht verwirklichte, weil er sich nicht anmaßte, Strauß' erste Frage: Sind wir noch Christen? zu beantworten.

Den Anfang des Jahres 1873 verdarb sich Auerbach durch die unbedachte Herausgabe eines anonymen Büchleins, dem er den gespreizten Titel „Erlebnisse einer Mannesseele" vorsetzte, den die Berliner sofort mit dem Untertitel versahen: „Oder: die Kunst, ewig ein Junggeselle zu bleiben." Kaum weniger als die Aufschrift reizte Auerbachs Geleitwort Kritik und Spottlust: „Gediegen und knapp in der Form, edel und reif im Gehalt, werden diese Blätter nach meiner Überzeugung von dauerndem Wert in der deutschen Literatur sein." Ohne diesen Trompetenstoß Bertholds wäre das harmlose Heft, Bekenntnisse eines redlichen, nur gar nicht poetischen Gemütes, von niemanden beachtet worden. Trotz aller Geheimtuerei war aber der geborene Onkel, der erzählt, weshalb er trotz eifrigem Bemühen mehrmals keinen eigenen Hausstand begründen konnte, bald entdeckt: es war Eduard Lasker, der Auerbach als Student kennen und seither immer aufrichtiger lieben und verehren gelernt hatte. So mancher, der Lasker als Politiker und Redner nichts anhaben konnte, wetzte seinen Witz an der schwachen Erzählung. Während Lasker, durch bösartige Wahl-, Zeitungs- und Parlamentskämpfe abgehärtet, die Angriffe schweigend, äußerlich unbewegt hinnahm, vergifteten sie dem Wehrlosen, gegen Witz und Spott doppelt Widerstandsunfähigen monatelang die Laune. Lange Zeit schalt Auerbach die Bosheit der unbilligen Richter. Außer K a u ß l e r, so schrieb er Vertrauten, hätte kein zweiter etwas, wie die „Erlebnisse" dichten können. Späterhin gab er zu, daß der Geschichte die spezifische Schwere fehlte. Das gemeinsame Leid verbündete Lasker und Auerbach womöglich noch inniger, als zuvor. Inmitten der aufreibendsten parlamentarischen Tätigkeit fand Lasker Lust und Zeit, Auerbachs neue Manuskripte durchzulesen und zu glossieren. Berthold sah in dem Führer der Nationalliberalen die Verkörperung des selbstlosen Volksmannes. Und Lasker bewies Auerbach bis über das Grab hinaus treue Freundesgesinnung: seine Gedächtnisrede auf Berthold Auerbach ist ein Meisterstück liebreicher Wahrhaftigkeit.

Der ·Berliner Winter verging dem noch immer von Schwindelanfällen Heimgesuchten in halber Arbeitsunfähigkeit. Er kam mit S p i e l h a g e n in nähere künstlerische Beziehung, freute sich jeder tüchtigen Leistung Befreundeter, der H e y s e schen „Kinder der Welt", F r e y t a g s „Ingo und Ingraban", der Sieben Legenden von K e l l e r, des Auszüglers von L u d w i g K n a u s, den er sich als Bauern-Lear zurechtlegte, war beim Kronprinzenpaar und dem in altem Zutrauen zugewandten Fürsten von Hohenzollern gut aufgenommen.

Ostern reiste er über Heidelberg nach G e r n s b a ch; dort schrieb er für den New York Herald zur Eröffnung der Wiener Weltausstellung übermäßig anspruchsvolle Betrachtungen über die Weihe der Arbeit. Für alle Salbung und den Irrglauben, als einziger Prophet geladen zu sein, grausam bestraft durch die Nachbarschaft von L o u i s e M ü h l b a ch. Die Unsitte der Rund- und Lockfragen, die nur zum „Bluffen" Antworten von Shakespeare und Saphir in demselben „Saukübel" auftischen würden, war damals noch neu.

Auf einem Ausflug hielt er bei dem marastischen K a u ß l e r, besuchte in Stuttgart M ö r i k e und V i s c h e r, in Ludwigsburg den kranken S t r a u ß, der Vischer grollte, weil der Tapfere den „Alten und den neuen Glauben" aus innerlichem Widerspruch bisher nicht öffentlich kritisiert hatte. In Gernsbach dachte er, wieder eingerückt, nochmals daran, sich anzukaufen; das Hartmannsche Landhaus war um sechzehntausend Gulden zu haben, bei einem Sonntagsgang nach Schloß Eberstein, angesichts der kartelnden Männer und schwatzenden Kleinbürgerinnen, besann er sich anders; es war ihm klar geworden, daß er ohne Verkehr mit Männern der Kunst und Wissenschaft nicht leben könne.

Mitte Juni war die erste Niederschrift des „Waldfried" fertig. Wiederholte Mahnungen seines Leidens hatte er während der Arbeit nicht beachtet, nun wanderte er zur Erholung mit seinem Sekretär Dr. Ehrlich quer durch den Schwarzwald. Er hoffte, noch echtere Farben für die letzte Übermalung zu finden. Erst jetzt wähnte er, seine Kunst und das Land seiner Wahl von Grund aus kennen zu lernen. Wo er Rast hielt, meldeten sich alte und neue Freunde. Der Mummelsee weckte ahnungs- und geheimnisreiche Kindheitserinnerungen, in Allerheiligen erneute sich das Andenken der Mathyschen Verfassungsfeier von 1843. Am wohlsten tat ihm, bei dem Ausflug zu erfahren, daß er noch fünf Stunden tüchtig marschieren konnte. Im Vertrauen auf diese Kraftprobe wollte er sich Tarasp ersparen und seine Kur in Imnau abmachen. Kußmaul, den er in Freiburg konsultierte, war mit Auerbachs Zustand nicht unzufrieden, bestand aber auf Höhenluft und Tarasp. So begab sich der Dichter wiederum ins Engadin.

Die Badedirektion überraschte den Dichter mit einer anmutigen Huldigung; in der Mittagshitze wanderte ein ansehnlicher Zug von Badegästen und Einheimischen nach Vulpera. Bei der Biegung, wo sich der freieste Blick auf die Bergkette bietet, war eine grüne Bank aufgestellt. Die Gesellschaft lagerte sich am Waldrain, die Champagnerpfropfen knallten und Herr v. Planta verkündete, daß die Badeleitung mit Zustimmung des Kantons beschlossen habe, diesem Platz den Namen „Auerbachshöhe" zu geben. Die anspruchslose Feier beglückte den Poeten, der im Umgang mit Löwe-Calbe nach ein paar Wochen seine Kur im Inntal erledigte.

Auf der Heimfahrt besuchte er Orte, die er in Kindertagen oft hatte nennen und niemals erreichen können, Tuttlingen und das Nordstetten gegenüberliegende Hochdorf, das der Knabe für die Himmelspforte gehalten hatte. Von Imnau fuhr er auch nach Hechingen, wo er unsäglich viel Altes belebte.

In Ludwigsburg trat er an das Schmerzenslager von Strauß. Der Ungläubige trug sein unabwendbares Schicksal mit ruhiger Selbstbeherrschung. Als Auerbach sagte, der Sohn von Strauß, ein Arzt, habe wahrheitsgemäß versichert, es sei noch Hoffnung, richtete sich der

Kranke auf und faßte die Hand Auerbachs mit den Worten: Wozu das? Ich war fertig und es war gut; aber wenn es sein muß, so mag es kommen! Auf seine Frage mußte ihm Auerbach vom „Waldfried" berichten. Im Eifer entfiel ihm das Wort, bei jeder neuen Aufgabe sage sich der Erzähler, „wir sind dazu da, um verbraucht zu werden." Strauß wendete sein großes Auge und Auerbach sah den feuchten Glanz darin. In der Stadt kaufte der Dichter Reseden und brachte sie Strauß zum Abschied. Der Dulder dankte und sagte, Auerbach ließe ihm in jeder Weise einen Resedenduft zurück. Er sollte den geliebten Meister nicht wiedersehen. Anfangs Februar 1874 erhielt Auerbach die Todeskunde; unzählige Erinnerungen von den Tübinger Lehrjahren bis zu der letzten Begegnung in Ludwigsburg stiegen in ihm auf; gemeinsame reiche Stunden auf dem Rochusberg bei Bingen, mit dem Denker, der „so klar, nur im Abgeklärten lebend und dabei so sinnenoffen für alles kleine Begegnis war"; die stumme Wonne, mit der beide zusammen im Berliner Opernhaus Mozarts Entführung hörten; Strauß kannte jede Note der von ihm in Sonetten besungenen Tondichtung; er stieß Auerbach an und blickte mit seinem wunderbaren großen, innigen und sinnigen Auge nach dem Freund, um ihn das und jenes besonders genießen zu lassen.

Die Nachricht traf den Dichter in Berlin, wo ihn nach halbjähriger Abwesenheit gesellschaftliche Pflichten und Freuden übermäßig in Anspruch nahmen. Zufällige, anregende Begegnungen führten ihn mit A d o l f M e n z e l und J u l i a n S ch m i d t, Mittags- und Abendfeste mit Helmholtz, Gneist, Zeller, dem Bildhauer Sußmann-Hellborn und Anderen zusammen, deren Gastlichkeit das Haus Auerbach geziemend erwiderte. Darüber versäumte er große Sitzungen des Reichstages nicht. Er war auf der Galerie, als der Straßburger Bischof Räß nach der Kampfrede des Elsässer Abgeordneten T e u t s ch erklärte, daß die elsässischen Katholiken den Frankfurter Frieden anerkennen. Er hatte auf einer Soiree beim Kronprinzen die Freude, daß Leopold v. Ranke — „das kleine Männchen, er ist so freundlich noch kleiner zu sein, als ich" — ihm sagte, daß er von je seine Sachen gern lese. Der Kronprinz begrüßte den Dichter wiederum mit den Worten: „Ja, lieber Auerbach, wie ist's im deutschen Wald?" „Ich habe die Antwort schon drucken lassen; es ist Friede; denn mein neues Buch heißt W a l d f r i e d."

„Eine vaterländische Familiengeschichte", nach dem Untertitel, wollte Waldfried den Zeitenlauf von 1817—1870 in den
Schicksalen eines süddeutschen Bürgergeschlechtes aufzeigen. Von
dem 1800 geborenen, 1871 gestorbenen Urgroßvater bis zum Ur-
enkel, der am Tag des Siegeseinzuges in Berlin zur Welt kommt, werden alle Mitglieder des Hauses in nähere oder fernere Beziehung zu
wichtigeren Begebenheiten der deutschen Zeitgeschichte vom Wartburg-
fest und den Demagogenverfolgungen bis zum Jahr 1848 und den
Kriegen von 1866 und 1870 gebracht. War der Plan der neuen Erzählung wenn möglich noch umfassender als der Vorwurf des Landhaus am Rhein, so hielt sich Auerbach diesmal, gewitzigt durch die
Warnungen seiner Merker, bedeutend kürzer, bisweilen so kurz,
daß der gedruckte Text nur mehr den Eindruck eines mit Schlagworten arbeitenden Entwurfes macht. Waldfried, ein Altliberaler,
hat als Burschenschafter Festungshaft bestanden, hernach in einem
Schwarzwaldort an der Elsässer Grenze einen mit einer Musterfrau
und zahlreichen Kindern gesegneten Hausstand gegründet. Seiner
politischen Vergangenheit und seiner Haltung in der Gegenwart hatte
er die Wahl in die Paulskirche, in den Landtag seiner Heimat, endlich
in das Zollparlament zu danken. Er ist das Urbild eines guten frei-
gesinnten Deutschen, der nur durch die unleidlichen Zustände des
Bundestages und der Kleinstaaterei in Opposition getrieben wurde.
Im Kern seines Wesens ist er eine bejahende, zur Stütze und Stärkung
eines mächtigen Staatswesens geschaffene Natur, selig, nach den Siegen
von 1870 seine Jugendsehnsucht erfüllt, sich selbst von Verneinung und
Gehässigkeit erlöst zu sehen. Diesem Biedermann erwuchsen zwei
Söhne, jeder von gleicher Vaterlandsliebe erfüllt, wie Waldfried, beide
durch den Zwiespalt der Zeit in kampflustigen Zwiespalt mit den herrschenden Gewalten getrieben. Der Ältere griff im badischen Aufstand
zu den Waffen und mußte nach Niederwerfung der Freischaren übers
Meer flüchten, indessen der Jüngere nach der preußischen Kriegs-
erklärung 1866 fahnenflüchtig wird, wunderlicherweise nur, um bei
der französischen Fremdenlegion in Algier sich anwerben zu lassen.
Dem Vater Heinrich und den Söhnen Ludwig und Ernst Waldfried
gesellen sich in anderen Kindern und Enkelkindern, in der Schwäger-
schaft, im Freundes- und Bekanntenkreise Vertreter und Wortführer

der meisten Stände und Berufe zu. Ein (wiederum an Auerbachs Freund Major M ü l l e r erinnernder) Schwiegersohn Waldfrieds ist Offizier, ein anderer Pfarrer. Forstmänner und Anwälte, Schulmeister und Tagelöhner, Abgeordnete verschiedener Farben und Spielarten, Hofwürdenträger und der Landesfürst, „Preußenspeichler" und Preußenfresser, Großdeutsche und angeheiratete Tschechinnen, deutsch- und welschgesinnte Elsässer, Deutschamerikaner und Turkos, deutschnationale Juden und getaufte Jüdinnen, Katholiken und Protestanten: sie alle und andere mehr drängen sich im Kreise Waldfrieds, im Rahmen der fünf Jahre 1866—1871. Denn wenn die Erzählung in Rückblicken auch in frühere Zeiten zurückgreift, die Hauptereignisse fallen in die Tage von Bismarcks kühnsten diplomatischen, von Moltkes wichtigsten militärischen Feldzügen.

Die Wahl eines so ungeheuren, vielgestaltigen Stoffes gibt dem Künstler vielgestaltige Möglichkeiten der Behandlung. Auerbachs Anlage wäre eine Reihe von Zeit- und Sittenbildern, die wahrhaftige Darstellung des eigenen Lebens am gemäßesten gewesen, das ihn in Hütten und Paläste, zu Gelehrten und Analphabeten, mit Geistlichen, Künstlern, Kaufleuten, Händlern, Soldaten, Politikern, mit Frauen und Männern aller Stämme, Klassen, Bekenntnisse zusammengeführt hatte. Mit seinem „Patriarchen" Waldfried ist Auerbach andere Wege gewandelt. F r e y t a g war, als er „mit der deutschen Wetterwolke von Speier über Weißenburg, Wörth, Sedan bis zur Krönungskirche von Reims fuhr", der Gedanke gekommen, seinen Stammbaum durch alle Jahrhunderte deutscher Geschichte, von den Uranfängen bis zum deutschen Krieg und damit die ganze deutsche Vergangenheit, in den „A h n e n" die Wechselwirkungen des Einzelnen und seines Volkes — den Hauptgedanken seines Forschens und Schaffens — zu verfolgen. Auerbach, dessen Horizont nicht über L e s s i n g und F r i e d r i c h d e n G r o ß e n zurückreicht, hätte es genügt, mit seinem Doppelgänger Waldfried die Zeitgenossen seines Jahrhunderts zu zeigen. In der Hauschronik einer Familie sollte mit und neben Aufzeichnungen von Geburten und Todesfällen, Verlobungen und Vermählungen der Zusammenhang mit der deutschen Politik nirgends fehlen, im Mikrokosmus des einen Hauses Irrung und Errettung, gesunde und kranke Züge, die Wandlungen der Gesinnungen und Ge-

schlechter-Folgen deutscher Volksart sich offenbaren. Die Lösung dieser
Rätsel beschäftigt bis zur Stunde die Geschichtschreiber unserer Zeit.
Es wäre unbillig, gerade von dem einen Erzähler die vollkommen
befriedigende Bewältigung einer Riesenaufgabe zu fordern, die Auerbachs Kraft auch vor seiner Heimsuchung durch schwere Krankheit über-
stiegen hätte. Als Zeugenaussage, als „Bild aus der deutschen Vergangenheit" mögen milde Leser den einen und den anderen Abschnitt
des „Waldfried" neben „Wieder unser" mit gleichem Vorbehalt wie
sein Kriegstagebuch gelten lassen.

Auerbachs „Waldfried" ist, wie der Dichter selbst, „der Spion des
Guten". Die Schwäche und Schlechtigkeit der Menschen, die, wie ihre
Größe und Tapferkeit, in der Bestialität des Krieges sinnfälliger und
von Gustav Freytag in seinen Briefen für die Grenzboten und im
Neuen Reich (zumal dem gewaltigen Mahnruf „Vom Retten und
Rollen") ungescheut beredet wird, gesteht sich Waldfried nirgends
ein. Dieselbe Wehleidigkeit macht den Genremaler Auerbach untauglich zum Schlachtenmaler. Waldfrieds Weg führt über Schlachtfelder
durch Lazarette. Sein verlorener Sohn flieht von den Turkos in das
deutsche Lager, wo er zur Sühne seiner Desertion den Heldentod sucht
und findet; sein Schwiegersohn erhält eine schwere Schußwunde; von der
Höhe seines Schwarzwaldsitzes beim „Zeitungsbaum" hört der Alte die
Beschießung Straßburgs: am Leser und Schreiber zieht das alles nur
im Nebel vorbei. Hier gebricht es an Kraft oder Mut oder an beidem,
der Wirklichkeit ins Auge zu schauen. Ebenso nebelhaft sind die Verhandlungen in der Kammer, die geheimnisvolle Unterredung Waldfrieds mit dem Landesfürsten vor der entscheidenden, die Einhaltung
der preußischen Militärkonvention bezweckenden Landtagssitzung.
Waldfried behauptet, Tatsachen zu wissen, Mysterien zu kennen, die,
von der Geschichte nicht gebucht, leicht verflattern könnten. Was Waldfried seinem durch den drohenden Verlust seiner Souveränität un-
wirschen Landesherrn zur Nachtzeit sagt, und die Beurteilung von
Waldfrieds Ministerprogramm durch diesen Fürsten, wird aber keinem
nachgeborenen Staatsmann und Historiker belangreich erscheinen. Der
Gutgläubige erfährt übrigens hinterdrein, daß der Fürst ihn nur als
„Kugelfang" aufgestellt, nur als Verlegenheits-, nicht als Vertrauensmann angesehen hat. Der Händedruck, dessen Kaiser Wilhelm beim

Empfang des ersten deutschen Reichstages Waldfried würdigt, ist nicht viel bedeutungsvoller.

Unzulänglich als Beitrag zur Zeitgeschichte, ist Waldfried verfehlt als Kunstwerk. So viel äußerlich zwischen Schwarzwald und Vogesen, dies- und jenseits des Atlantischen Ozeans in so bewegten Zeiten vorgeht, innerlich verläuft alles dürftig. Das einzige Mal, wo die Fabel zum Romantisch-Phantastischen sich aufschwingen will — die Braut des Deserteurs, eine armselige Schicksalsschwester der Mignon, entpuppt sich als Kind einer Tänzerin und eines ahnungslos zum Spion Metternichs herabgewürdigten früheren Offiziers und späteren Menschenfeindes — wird sie abenteuerlich, wie die kuriosesten Zwischenspiele in „Neues Leben". Waldfrieds Sohn Richard, ein nationalliberaler Professor, der nach anfänglicher wohlbegründeter Abneigung eine reiche getaufte Jüdin heiratet, die sich aus einer alle Welt „behulbigenden" „Bäderwitwe" in eine Mustersamariterin wandelt und selbst in scharfe Hungerkur gegen ihre unausstehliche Geistreichtuerei nimmt, dieser angebliche Mustergelehrte wird nicht glaubhafter als die meisten anderen Vertreter der höheren Bildung. Unter den Volkstypen, Forstmännern, Profitjägern, Schulmeistern sind einzelne kenntlicher, am leidlichsten geraten der rücksichtslose Volksverhetzer Funk, der Meineidkrämer Lerz. Zwei Dienergestalten, der süddeutsche mehr zum gemütlichen Revoluzer, als zum pflichtgetreuen Soldaten geschaffene Rothfuß und sein Widerspiel, der norddeutsch stramme, mehr slawisch als deutsch gemutende It-warte sind schwache Possen-, keine vollsaftigen Volksfiguren.

Mißlich ist auch, daß die tiefreligiöse Bewegung jener Tage in Waldfried gar nicht oder nur in kirchenberaubten freireligiösen Charakteren zu Worte kommt. So gereichte Waldfried dem patriotischen Sinn, dem guten Willen des Erzählers zu größerer Genugtuung als dem unbefangenen Leser. Das Eingreifen grundstürzender weltgeschichtlicher Umwälzungen in den abgeschiedensten Erdenwinkel, in das schlichteste Familienleben wird — von Hermann und Dorothea völlig abgesehen — in der „Kriegspfeife" und anderen Anekdoten der ersten Schwarzwälder Dorfgeschichten anschaulicher als im Waldfried.

Leider ließ sich Auerbach überdies verleiten, Späne aus der Werkstatt des Waldfried mit älteren Sentenzen, mehr Abfälle als

Einfälle, in einem besonderen Bande „Tausend Gedanken des Kollaborators" herauszugeben. Form- und wahllos, wirkt diese Krümchensammlerei des Kollaborators als wenig kurzweilige Selbstparodie. Auerbach war vor der Herausgabe nicht sicher, ob er sich nicht verhebe, Bausteine aufzuschichten glaube und nur Pappe aufgreife. Nachdem die erste Schaffensglut ausgekühlt war, dämmerte ihm auch der Hauptfehler des Waldfried auf: „er ist, wie wenn man einen Spiegel mit Spiegelstücken einrahmt. Der Erzähler darf selber keinen Reflex haben, er darf nur Rahmen sein, der das Bild abschließt." Auch vor anderen fand Waldfried nicht viel Gnade. S p i e l h a g e n zersetzte das Werk im „Athenäum"; F r e i l i g r a t h wies schonend, M o m m s e n nachsichtiger als beim „Neuen Leben" auf die Gebrechen der vaterländischen Familiengeschichte hin; G o t t f r i e d K e l l e r schalt das Buch langweilig wie drei Bände Volkskalender und warf es mit lautem Gemurre auf den Tisch, was ihm seine Schwester in ihrer ersten, erstaunlich beherzigenswerten literarischen Gegenbemerkung mit dem weisen Spruche verwies: so ginge es eben jedem, der alt würde. Nur D i n g e l s t e d t inszenierte mit allen, Mephisto in der Kaiserpfalz abgeguckten, Regisseurkünsten eine Verherrlichung Waldfrieds und des Erzählers, in einem — nach dem Bänkchen in Vulpera — „Auerbachs Höhe" getauften Prunkblatt seines „Literarischen Bilderbuches"; er rühmte Waldfried dort als ein großartiges Werk, das mit F r e y t a g s Ahnen und S p i e l h a g e n s Zeitromanen Schiller und Goethe stofflich kühn und weit überflügle. J u l i a n S c h m i d t sprach aus freien Stücken bei Auerbach vor und ließ, da er nicht zu Hause war, einen Zettel zurück: „Ihr Opus ist ganz ausgezeichnet und ich werde mir ein Vergnügen machen, es in der Allgemeinen Zeitung anzuzeigen." Der Kritiker blieb bei diesem ersten Vorhaben nicht stehen, er nahm Waldfried zum Ausgangspunkt einer umfassenden, 1875 in den C h a r a k t e r b i l d e r n a u s d e r z e i t g e n ö s s i s c h e n L i t e r a t u r wiederholten Würdigung des ganzen bisherigen Schaffens von Berthold Auerbach).

Schon 1853 hatte Julian Schmidt der Schwarzwälder Dorfgeschichten mit wohlwollender Herablassung gedacht; in den einander rasch folgenden neuen Auflagen seiner Geschichte der deutschen Nationalliteratur im neunzehnten Jahrhundert waren seine Urteile über Auer-

bachs frühere und spätere Leistungen zusehends wärmer geworden.
Und als er nun das Lebenswerk des Dichters prüfte — „er g e st a n d
mir" — so berichtete Auerbach in unfreiwillig komischer Überschätzung
der Lesepflichten eines Berufskritikers wie von einem spät gesühnten
Omissivdelikt, daß Schmidt bei diesem Anlaß manches, unter anderem
„Schrift und Volk", zum ersten Male vornahm — „imponierte ihm die
Summe seiner literarischen Existenz, der Reichtum an Blumen und Früchten, den er uns geschenkt, aufs Äußerste." Schmidt stellte Auerbach in
Parallele mit J e a n P a u l und begründete diesen Versuch durch Goethes
und Bertholds Äußerungen über den Dichter des „Titan". Beide gingen
vom Ethischen aus, beide seien, wie die Romantiker von Jean Paul
gesagt hätten, „ernsthafte Bestien". Die Dorfgeschichten, so hoch sie
Julian Schmidt einschätzte, waren ihm nur eine Stufe der Entwicklung
Auerbachs, dessen kritischen Arbeiten, „Schrift und Volk", der Studie
über den Weltschmerz 2c. er besondere Beachtung schenkte. Von
den Ghettoromanen meinte Schmidt, mit fünfundzwanzig Jahren
könne man wohl einen Werther, nicht aber einen Spinoza schreiben;
einzelne Bilder und Charaktere aus dem jüdischen Familienleben, zumal den Vater von Moses Ephraim Kuh (für den Helden selbst hatte
Schmidt wenig übrig), dessen ersten Lehrer Chananel und den Schnorrer
Heymann, zählte er indessen nicht nur dem Besten bei, was Auerbach
geschrieben, er sprach ihnen dauernden Wert zu. Die folgenden Romane
kamen schlechter weg. Über „Neues Leben" wiederholte er vollinhalt-
lich die Zensur Freytags. Das Hofleben von „Auf der Höhe" sei lange
nicht so glaubwürdig, wie Jean Pauls Schilderungen der Kleinfürsten-
welt. Das „Landhaus am Rhein" lehnte er ziemlich unumwunden ab;
„Waldfried" wies er einen besonders hohen Rang an.

„Seine eigentliche Bedeutung," so lautete sein Schlußwort über Auerbach, „liegt
nicht in dem einzelnen, was er geschaffen, sondern in dem großen Zug seines ganzen
dichterischen Lebens. Seine Werke sind zugleich geistreiche und gemütvolle Rand-
glossen zu der Geschichte seines Zeitalters und wie groß dieses ist, fühlt man auch aus
ihnen lebhaft heraus. In allem, was er geträumt und gewirkt, ist er der warme
Apostel der Humanität, und die Humanität ist in der Poesie mehr als je am Platz,
seitdem sie in den öffentlichen Interessen nicht mehr das große Wort führt."

Alles in allem war der Dichter wohlzufrieden mit der überraschend
warmen Charakteristik des wählerischen Stimmführers der norddeutschen
Kritik. Er gab Schmidt darin recht, daß ihn zunächst das ethische

Moment bewege. Die Analogien mit Jean Paul gingen ihm freilich gegen den Mann. Der Folgerichtigkeit, die sich der Literarhistoriker in seinem Schaffen und Reflektieren aufzuzeigen müßte, war er sich nicht im entferntesten bewußt. Sein Ziel war unverrückt dasselbe: nach dem Maß seiner Kraft für das Volk und auf das Volk als Künstler zu wirken. Dieses Streben kam dem Zeitbedürfnis und Zeitgeschmack so glücklich entgegen, daß die Zeitgenossen ihn kaum anders denken und wünschen mochten, als er war, mit seinen großen Gaben und Mängeln.

Diese Schwächen seiner Art und Kunst hat Auerbach besser als irgendwer gekannt. Ängstlich hat er jedes freundliche und gehässige Urteil beherzigt, im ehrlichen Eifer, seine Fehler abzulegen, allerdings erfahren müssen, daß kein Arzt gegen Krankheiten gefeit ist, er mag ihren Sitz und Verlauf noch so genau geprüft haben. So redlich er an sich arbeitete, er vermochte sich nicht anders, nicht größer zu machen, als er war. Alles Titanische, Phantastische, Dämonische ist bei Auerbach so wenig zu finden, wie Palmen und Gletscher in Nordstetten. Das Rasen der Elemente, wie es G o t t h e l f in der „Wassernot im Emmental" entfesselt, die Kiltgänge in den Volkserzählungen desselben größten Kenners und Malers der deutschen Bauern im vorigen Jahrhundert, die Branntweinsäufer und -Säuferinnen, wie sie Gotthelf sinnfälliger und furchtloser als irgend ein späterer Greuelmaler bis auf Z o l a und H a u p t m a n n zur Heilung verheerender Volkskrankheiten vor Augen stellt, sucht man in den Schwarzwälder Dorfgeschichten vergebens. Durchweg ist der Schweizer wuchtiger, wilder, verwegener. Als Mann der Tat kämpfte Gotthelf gegen Not und Nichtswürdigkeit, alle Leiden und Laster des Volkes gingen ihm unvergleichlich näher zu Herzen als den anderen, weil er unvergleichlich schärfere Augen mitbrachte für Pfarre und Schulstube, Bauernhof und Wirtshaus, Hetzer und Wühler. Dem festen Willen, die Menschen zu bessern und zu bekehren, gesellte sich der Freimut des Eidgenossen, der Prophetenzorn eines Gottesmannes, dem zur Abwehr von Falschheit, Lüge, Verruchtheit kein Wort zu scharf und ungeschlacht ist. A l b e r t B i t z i u s war fast vierzig Jahre alt, als er seinen „Bauernspiegel" aufstellte. Schriftstellerischer Ehrgeiz war das letzte, was ihn zum Bücherschreiben trieb. Es war nach seinem Wort wie das Hervorbrechen eines Bergsees, der mit Urgewalt in seinen Fluten „Dreck und Steine in wildem Graus" mit sich reißt. Ein andermal vergleicht er sein Wirken dem Schälpflug, der schonungslos über wüste Äcker geht und die Wurzeln des Unkrauts himmelwärts kehrt, damit sie durch Winterfrost und Sonnenglut völlig ausgetilgt werden. Er will die Gewissen aufrütteln; die Halben, wie seinen Uli, gibt er in die wirksame Vorschule derber Bauernfäuste und in die wirksamere Erziehung demütiger Frauenliebe; heillose Lumpen läßt er verganten und verkommen. Als hilfreicher Moralist will er die sittlichen und wirtschaftlichen Zustände veredeln, die Seelen verwahrloster Kinder möchte er, dem von ihm hochverehrten Pestalozzi nacheifernd, zu „lebendigen Münstern" umschaffen, gegen Armennot schrieb er nicht bloß Bücher, er übte im Armenhaus von Trachselwald praktische Sozialpolitik zu Zeiten, da dieses Wort noch gar nicht geprägt war. Zornmütig und eifervoll mischte er sich in die Kämpfe des Tages; wie ein mittelalterlicher Mönch zetert und poltert er wider Vorhölle und Antichrist und überwältigt am Ende selbst die Gegner seiner Glaubens und Weltansicht durch die Wunder einer angeborenen gestaltenden Kraft, durch einen Reichtum lebenstreuer ländlicher Sitten und Menschenschilderungen, mit denen kein zweiter deutscher Erzähler sich messen kann. In seinem Nachruf auf Gotthelf hat ihn Gottfried Keller 1855 ein großes episches Genie genannt, sieben Jahre vorher Berthold Auerbach mit dem Pfarrer von Lützelflüh verglichen:

Wenn man gegenwärtig (1849) von Volksschriftstellern spricht, so stehen Berthold Auerbach und Jeremias Gotthelf obenan. Auerbach ist von der Höhe der jetzigen Bildung aus zu der Volksschrift gelangt. Er hatte einen philosophischen Roman geschrieben, ehe er an seine Dorfgeschichten geriet, und auch von diesen vermag ich nicht zu berichten, ob ihn ein bewußter Beruf, für das Volk zu schreiben, dazu trieb, oder ob es mehr ein glücklicher Wurf des Künstlers war, welchen Lust und Talent auf dies Gebiet führten, wie etwa ein frischer Morgenwind eine heitere Wolke am Himmel dahintreibt. Sei dem, wie ihm wolle, die Dorfgeschichten sind mit Ausname des miserablen Reinhard in der Frau Professorin alle frisch und gesund und ein festtägliches Weißbrot für das Volk. Sie sind schön gerundet und gearbeitet; der Stoff wird veredelt, ohne unwahr zu werden, wie in einem guten Genrebilde, etwa von Ludwig Robert; und wenn sie auch ein wenig lyrisch, oder wie ich es nennen soll, gehalten sind, so tut das meines Erachtens der Sache keinen Eintrag. Nicht so verhält es sich mit Gotthelf. Dieser besitzt die gleiche Intensität des Talents, den Sinn für Haushalt und Leben des Volkes, für die Durchdringung besonders ländlicher Zu

ſtände; er vermag noch tiefer herabzuſteigen in die Technik und Taktik des Bauernlebens, gibt dasſelbe mit allem Schmuße des Koſtüms und der Sprache mit der
größten Treue wieder und gleicht hierin einem Niederländer. Aber er iſt dabei ohne
äſthetiſche Zucht geblieben, und wenn er als Pfarrer über ſeinem Publikum ſteht,
ſo ſteckt er wieder als Naturdichter mitten unter demſelben und ſcheint ohne Nachdenken und Mäßigung zu arbeiten.

Kellers Schlußwort über Gotthelf lautet vollkommen überein-
ſtimmend mit Auerbachs Meinung über H e b e l im Familienbuch
von 1844: „Er war nur darum ein guter Volksſchriftſteller, weil er
ein guter, von innen heraus produktiver Dichter war." Ein Urteil,
das auch auf Auerbach zutrifft. Aus der eigenen Natur hat er ſein
Beſtes — nach Keller „die lieblichen Dichtungen", bei denen „Herz
und Gemüt die erſte Rolle ſpielen" — geſchöpft. Der Urſprung ſeines
Schaffens war Selbſterlebtes, Selbſtgeſchautes, nicht Angelerntes, An-
geleſenes. Er hat für ſeine Ghettoromane Anregungen von Walter
Scott, für die erſten Dorfgeſchichten entſcheidende Anſtöße von Brentanos Annerl und Kaſperl, von Immermanns Münchhauſen empfangen; dieſer Zuſammenhang ſeiner Erſtlinge mit Vorgängern und
Vorbildern, die ſelbſt wiederum nur Glieder einer bis auf das Buch
Ruth, Theokrit und andere zurückreichenden Entwicklung ſind, hat
manchen Studiengang durch die Weltliteratur veranlaßt, auf den die
Feldweisheit des Lauterbacher gemünzt ſcheint:·

„Jeder Acker hat ſeine Geſchichte. Wüßte man die Wandlungen, die ihn aus der
einen Hand in die andere gebracht, die Schickſale und Gefühle derer, die ihn bearbeitet,
es wäre die Geſchichte des Menſchengeſchlechtes, ſo wie ſeine geologiſche Bildung
tief hinab bis zum Mittelpunkt der Erde aufgedeckt, die Geſchichte des Erdballs auf-
zeigte." „Eine Heilquelle" — ſo lautet ein anderer, Segen und Schaden ähnlicher
Unterſuchungen richtig umſchreibender Satz in Auerbachs T e l l ſ t u d i e n — „fließt
unterirdiſch über verſchiedene Erdlagerungen, Erzſchichten, Schwefelſtufen, durch heiße
Feuer und nimmt vom Erdmagnetismus — der Chemiker findet das alles heraus,
ſetzt auch ein Ähnliches zuſammen, aber ein gewiſſes Etwas bringt er nicht vollkommen
heraus, und das Waſſer, das ſo fremde Stoffe aufnahm und in ſich einigte, hatte bereits
eigentümliche Elemente in ſich, vermittels denen das Aufgenommene ein ganz
anderes wird."

Unbewußt hat Auerbach genau ſo wie Gotthelf aus dem Alten
Teſtament, aus der Lateinſchule, von der Univerſität und aus freier
Lektüre zeitlebens nachwirkende Eindrücke aufgenommen. Bewußte
Nachahmer von Toten und Lebendigen ſind beide niemals geweſen.
Sie unterſcheiden ſich von älteren Bauerngeſchichten-Schreibern und

voneinander durch das Neue, Besondere, das sie im Guten und Bösen aus persönlichen Erfahrungen und Empfindungen, aus eigenen Ansichten und Absichten der Welt zu verkünden haben. Der alemannische Pfarrherr sieht Schweizer Dinge und Menschen, der Nordstetter Sohn kleiner Landjuden katholische Schwaben des Mittelgebirges am Neckar. Zu diesen starken Gegensätzen der Urbilder kommen die Ungleichheiten der Temperamente und Töne. Tief erschüttert durch den Tod Gotthelfs hat Auerbach 1854 in einem Brief an Jakob das Einigende und Trennende in ihren Bestrebungen bezeichnet:

"Wenn wir auch beide zu anderen Zielen ausschauten, wir gingen doch vielfach den gleichen Weg oder suchten ihn jeder ehrlich. Er hatte es leichter, weil er auf Belebung und Vertiefung des Positiven hinarbeitete, und ich suche noch ein Flüssiges und vielfach Chaotisches fest zu formen."

Zahmer und zaghafter in politischen und wirtschaftlichen Streitfragen, ist Auerbach unbefangener als der Schweizer Pfarrer in kirchlichen Dingen. Von Anbeginn hatte der Erzähler der Schwarzwälder Dorfgeschichten erklärt:

"Das religiöse Leben, hier zunächst als kirchliches, bildet ein Grundelement im deutschen Volkstum; es ist das historische Bewußtsein des Unendlichen, in seiner Ganzheit feststehend, den Charakter erfüllend. Macht sich hier auch bereits das individuelle Leben geltend, erheben sich einzelne über die gegebenen Formen, so geben diese doch noch im allgemeinen den Charakteren das wesentliche Gepräge. Frivol ist es daher, im Bauernleben den religiösen Grundzug zu ignorieren, und poetisch unwahr obendrein."

Die Poesie des Glaubens, die Trostmittel, die Gottesdienst, Gotteshaus, Gebet dem Gedrücktesten, Geistigarmen zu geben vermögen, hat Auerbach im Jvo und in den Briefen an Jakob ergreifend zur Sprache gebracht. Ein protestantischer Seelsorger von der Hoheit Kauslers hat sein treues Ebenbild in "Joseph im Schnee" gefunden. Die Bedeutung von katholischen, ihrer Aufgabe gewachsenen Priestern hat Auerbach niemals verkannt. "Daß Mißstände im katholischen Klerus berührt wurden, liegt einzig in der Örtlichkeit", hieß es in der Rechtfertigung der ersten Schwarzwälder Dorfgeschichten. "Ich verwahre mich ausdrücklich dagegen, als ob solche nur im katholischen Klerus stattfänden; in protestantischen Gegenden finden sich andere in anderen Erscheinungen." Jüdische Eiferer, die unduldsamen Hetzer und Rabbiner in Spinoza und Moses Ephraim Kuh hat der Dichter ebensowenig geschont. Daß er Stoffe wie Lucifer und Jvo wählte, war unvermeidlich; wie richtig er gesehen, bezeugt die Nachfolge, die er gerade in solchen Motiven bei A n z e n g r u b e r und R o s e g g e r gefunden.

Nordstetten gehörte nicht umsonst bis 1805 zu Vorderösterreich, zu Schwäbisch-Österreich, wie es vor und von Auerbach wohl auch genannt wurde; die urkatholische Gegend, das Leben der Bauern und der (von Anzengruber als Bauern in der Sutane bezeichneten) Land-geistlichen, der Kaiser Joseph-Kult, das alles glich dem Volksleben in den deutschen Erblanden der Habsburger dermaßen, daß die deutsch-österreichischen Volksdichter von den Leuten der Schwarzwälder Dorf-geschichten landsmannschaftlich angemutet, heimatlich angeregt wurden.

Gotthelf ging in seinen Volkserzählungen an den Seelenkämpfen der Zweifelnden, an Sünde und Schuld unberufener Priester vorüber, obwohl der bedeutende Mann — wie seine zum hundertsten Jahrestag seiner Geburt gedruckten Briefe an seinen Freund B u r k h a l t e r bezeugen — tief und selbständig über Wunder, Rationalismus, Supra-naturalismus dachte und in dem einen und anderen seiner Bücher geradezu Glaubenswerke über Glaubensformen stellte. Daß und warum Gotthelf in seinen Volkserzählungen nur gegen seichte Auf-klärung tobte und sich niemals mit religiösen Anfechtungen beschäftigte, die von Augustinus bis auf Luther und Gottfried Keller die frömmsten und tiefsten Naturen am gewaltigsten heimsuchen, ist aus seiner grim-migen, einseitigen Befehdung des „Zeitgeistes", möglicherweise aus seinem viel zu frühen Ende zu erklären. Das Verdienst, diese Lücke im Lebenswerk Gotthelfs, in der Lebensbeschreibung des deutschen Bauerntums seiner Tage menschlich und künstlerisch ergänzt zu haben, bleibt Auerbach unbestreitbar; wie folgenreich sein Beispiel auf den Vorarlberger F e l d e r und die Jungösterreicher gewirkt, wie bis zur Stunde der gleiche Zwiespalt in den verschiedensten Abwandlungen Volksprediger in und außerhalb Deutschland bis auf F r e n s s e n und T o l s t o i aufwühlt, ist offenkundig. Auerbachs Heilmittel sind freilich durchaus fragwürdig. Er selbst bekannte sich zu einem „frommen Pan-theismus" und in einem Brief an Rapp nannte ihn D. F. S t r a u ß einen poetisch-populären Missionar ihrer Weltanschauung, dem sie Herzenssache sei. L a s k e r behauptet, daß sich nirgends in Auer-bachs Werken eine Spur der Abwendung vom Gottesglauben finde. Zum Himmelsstürmer war er zu weichmütig, zu nachgiebig und friedfertig; die Entsagung, das Unerforschliche schweigend zu verehren, verdarb ihm die Verliebtheit in gute und weniger gute Einfälle, die er seinen Gestalten als Spruchbänder umhängte.

Mehr als einmal machte er Redensarten an Stellen, wo Probleme verborgen lagen. Während Hebel nach Goethes Wort das Universum verbauert, verauerbacht unser Dichter das Universum und — um einen bedenklichen Ausdruck für eine bedenklichere Sache zu gebrauchen — veruniversumt er den Bauern. Feine Köpfe, Gustav Freytag und Paul Heyse, haben diese falschen Töne milde vermerkt, Mißgünstige und nachlebende Geschlechter haben solche Mißlaute unbarmherzig verspottet.

Kritiklos gegen die eigenen Eingebungen im Augenblick des Schaffens, besaß Auerbach auch bei späteren Umarbeitungen nicht die nötige Härte, halb und ganz Mißratenes auszutilgen. Bei wenigen Künstlern von dem Ernst und Einfluß Auerbachs sind solche Ungleichheiten des Wertes in der Reihenfolge seiner Werke, bisweilen sogar in den einzelnen Teilen einer Arbeit zu finden. Was im ersten Guß gelang, wie der Tolpatsch, Befehlerles, Diethelm war unübertrefflich. Wo der erste Wurf nicht glückte, brachte der nimmermüde Künstlerfleiß des Dichters selten volle Nachhilfe. Zur Beherrschung großer, wohl abzugliedernder Stoffmassen war seine Hand nicht fest, sein Geist nicht technisch bildsam genug.

Und mit und all diesen Unzulänglichkeiten bei Lebzeiten eine Weltwirkung, wie sie nach Gervinus' Urteil seit Walter Scott kein anderer geübt, das weit über Deutschland hinausgreifende Ansehen eines Meisters, whose works — nach dem Ausspruch von Bancroft — were read all over the globe, das Bewußtsein und die Berechtigung, als Kenner und Wortführer deutscher Volksart Gehör zu finden, in Heimat und Fremde.

Wer nahezu vierzig Jahre, niemals mit unedlen Mitteln, immer von ehrlichen Absichten für Volk und Vaterland geleitet, solche Bedeutung behauptet hat, ist aus der Geschichte deutschen Lebens nicht mehr wegzudenken. Und Auerbach gebührt nicht nur diese historische Geltung einer im richtigen Augenblick durch günstige Vorbedingungen emporgetragenen Zeiterscheinung. Lessing hat Logau „fast auf sein Dritteil herabgesetzt und das ist unter allen Nationen immer ein sehr

vortrefflicher Dichter, von dessen Gedichten ein Dritteil gut ist". Bis=
marck war bereit, zweiunddreißig von den vierzig Bänden Goethe
herzugeben, mit den übrigen acht wollte er allerdings auf einer wüsten
Insel leben. Anzengruber schrieb Rosegger, nachdem ihm der
Freund seine Ausgewählten Werke geschickt hatte: in diesen zwölf
Bänden steckten zwei Bücher, die spätere Zeiten mit dem Besten auf=
behalten werden, was unsere Tage hervorbrachten; als Zeitgenosse
ließe er sich aber nicht einen einzigen von dem Dutzend Rosegger=
bänden nehmen.

Auerbach und sein Lebenswerk bestehen die Proben Lessings, Bis=
marcks, Anzengrubers. Er hat nicht nur zur rechten Zeit das rechte
Wort gesprochen, das rechte Werk geschaffen, als Bekenner der werk=
tätigen Weltfreude hat er Worte gesprochen, in den ersten Schwarz=
wälder Dorfgeschichten und den Meisterschöpfungen der Dresdener
Jahre, insbesondere dem Diethelm von Buchenberg, hat er Werke
geschaffen, die verdienen, in jedem kommenden Geschlecht neu auf=
zuleben, durch alle Zeiten zu gehen.

XI

Letzte Lebensjahre

Ich sehe den Berg bei Nordstetten, wie viele der
Meinigen liegen dort! Wann kommt's an mich?
Berthold an Jakob Auerbach, 4. November 1861

Ein jüngerer Freund, der treue, liebe Berliner Nachbar
Auerbachs vertraute dem Dichter das Vorhaben an, mit
einem kürzlich gegründeten Verlage eine neue Zeitschrift
ins Leben zu rufen: Julius Rodenberg, ein geborener Zeitungsleiter, dachte dabei gleich den Gebrüdern
Paetel an ein belletristisches Blatt in der Art des von ihm
tüchtig und glücklich redigierten „Salon". Auerbach erwiderte, ein
Unterhaltungsblatt mehr und wär' es noch so gut, sei kein Bedürfnis.
Was Deutschland not täte, sei eine Zeitschrift von großem Zuschnitt,
in der neben den ersten Künstlern die Meister der Forschung zu Wort
kommen müßten. Der Plan leuchtete Rodenberg und den Verlegern
ein, nur besorgten sie, daß die akademischen Kreise zur Mitarbeit nicht
leicht zu gewinnen wären. Wenn überhaupt, am ehesten durch eine
Autorität wie Auerbach. Nichts blieb nun unversucht, den Dichter zur
Übernahme der Leitung zu bestimmen. Rodenberg war bereit, die
Last der eigentlichen Redaktionsarbeit ausschließlich zu tragen. Auerbach reizte das Anerbieten ungemein, aber Bedenken blieben nicht aus.
Vor allem glaubte er, dem Cottaschen Verlage Rücksichten zu
schulden. Auf einem Spaziergang im Tiergarten entwickelte er Rodenberg prophetisch die Zukunftsaufgabe der neuen Zeitschrift: Männer
aus allen Gebieten des öffentlichen Lebens, Politiker, Entdeckungs-
reisende, Soldaten, Volkswirte müßten mit Poeten, Erzählern, Gelehrten zusammenwirken; dazu sei jedoch notwendig, daß die kommende
Deutsche Revue mit dem klassischen Greifen auf dem Deckblatt in Stuttgart erscheine, auf Jahre und Jahre zweifellos gesichert sei. In eine
Änderung des Verlages konnte und mochte Rodenberg nicht mehr
willigen. Zur Erhöhung des Kostenaufwandes nach Auerbachs
Wünschen erboten sich die Gebrüder Paetel ohne weiteres. Am

30. April erklärte sich Auerbach infolgedessen „einverstanden". Am nächsten Morgen begehrte er acht Tage Bedenkzeit. Am 4. Mai lehnte er — vermutlich zaghaft nach seinen bitteren Erfahrungen mit K e i l und den Deutschen Blättern — ab. Zur schmerzlichen Überraschung von Rodenberg und den Verlegern. Ihre Zurüstungen gingen indessen so zäh und zielbewußt weiter, Nothelfer und Bundesgenossen stellten sich in solcher Zahl und Zuverlässigkeit ein, daß sie den Mut nicht verloren. Als Auerbach im Hochsommer durch D i n g e l s t e d t von Tarasp aus neue Verhandlungen anknüpfen, als „Herausgeber" neben dem „Redakteur" Rodenberg zeichnen wollte, war es zu spät. Rodenberg war und blieb alleiniger Herausgeber. Bei jedem Anlaß hat der hochverdiente Begründer der „D e u t s c h e n   R u n d s c h a u" dankbar hervorgehoben, daß Auerbach mit P u t l i t z zu den Geburtshelfern unserer besten Monatsschrift gehörte und im ersten Heft der Deutschen Rundschau vom 1. Oktober 1874 wurde der Ehrenplatz Berthold Auerbach mit seiner kleinen Erzählung „A u f W a c h e" eingeräumt. Hätte Auerbach rechtzeitig beherzt ja gesagt, er hätte möglicherweise sich und seinen Lesern die notgedrungene Veröffentlichung manches schwächeren Alterswerkes ersparen können.

Anspruchs- und bedürfnislos für seine Person, hätte er nur gern für die Seinigen ausgiebiger gesorgt; als ihn Mitte der Fünfzigerjahre nach F r e y t a g s Mitteilung deshalb die Laune anwandelte, sich an den Zeichnungen für eine große Gesellschaft zu beteiligen, gab ihm M a t h y den Bescheid, zu wirklichen Geldanlagen wolle er ihm behilflich sein, aber an der Tafel, wo die modernen Ablaßkrämer das Fett der Dummheit als Agio verspeisen, könne er für ihn kein Kuvert bestellen. Anfangs der Siebzigerjahre kamen vorurteilslose Gründer dem Dichter aufmunternder entgegen und nach glaubwürdigen Berichten (unter anderen seines Sohnes R u d o l f im Februarheft 1907 der „Arena") verlor Auerbach fast all seine bescheidenen Ersparnisse im Krach von 1873; er hat sich darüber nach diesem Gewährsmann mit seinem unverwüstlichen Optimismus hinweggesetzt. Besitz an sich hatte ihn nie gelockt. Auch als Millionär hätte er sich auf kein Faulbett gestreckt und in allen Anfechtungen hielt ihn Arbeitskraft und Arbeitsmut aufrecht.

Seine Schaffenslust wurde neu beflügelt auf seiner nächsten

Schweizerreise. In Tarasp hatte er gute Stunden mit Keubell und dem Wiener Minister v. Hofmann, die in Erzählung bezeichnender Bismarckanekdoten wetteiferten, Dingelstedt, General Hartmann, von der Heydt und Andere. Die Rückreise brachte in Dissentis die anregende Bekanntschaft mit dem Benediktinerabt, einem Bayern, namens Birker, der aussah wie ein Kopf von Murillo und in seiner Klosterbibliothek die Bücher Auerbachs, zumal den Lucifer, mit ausgiebigen kritischen Anmerkungen vorweisen konnte.

Das eigentliche Wanderziel Auerbachs war diesmal aber der Gotthard. Er hatte, nachdem er in Waldfried die Vaterlandsliebe zum Mittelpunkt einer Dichtung gewählt, vor, in einer neuen Robinsonade den Segen der völkerverbrüdernden Arbeit, die Wunder technischer Erfindungskunst zu verkünden. Ein Geschwisterpaar sollte wie im Barfüßele vom Schicksal in die Schule genommen werden. Nur wären diesmal Bruder und Schwester nicht nebeneinander aufgewachsen. Beide wären jahrelang geschieden geblieben, bis beim Durchbruch des Tunnels die Getrennten sich finden; der Bruder hätte sich als Autodidakt emporgerungen, durch die selbstgeschaffene Neuerung eines Bohrers einen Preis verdient. Deutsche und Welsche sollten wie in Wirklichkeit in Auerbachs Kinderbuch miteinander verbündet ein Friedenswerk für die Menschheit zu stande bringen sollen. Von Landsleuten gefördert — ein Hauptingenieur der Gotthardbahn, Gerwig, war Auerbach aus Tagen bekannt, in denen er Vorsteher der Furtwanger Uhrmacherschule gewesen — geführt von einem Züricher Universitätsfreund seines Sohnes Eugen, Rovelli — wanderte Auerbach die gewaltigen Bahnbauten entlang. Die stolzen Feuerarbeiter, die munteren Steinarbeiter sah er mit festem Künstlerblick an; ein Aufseher aus Haslach, der den deutschen Krieg mitgemacht hatte, wurde dem Dichter als Führer mitgegeben: der Prachtmensch, der mit fünfzehn Jahren als Schlosser zur Eisenbahn gekommen war, gefiel Auerbach so ausnehmend, daß er ihn als Helden seines leider nie begonnenen Kinderbuches ins Auge faßte.

Beim Herbstgang durch die süddeutsche Heimat, in Gernsbach und Plüderhausen, versank die Alpenherrlichkeit vor dem anheimelnden Wiedersehen der von Kind auf gewohnten Mittelgebirgslandschaft, die nichts Überwältigendes und doch für Berthold stilles Wonnegefühl bot, wie

keine zweite Gegend. Andere „wie durch eine Wolkenwand getrennte
Plane" harrten auf „Sonnenschein im Gemüte"; bevor er kam, um-
düsterten ihn schwere Verluste. Abraham Geiger, für dessen Berufung nach Berlin Auerbach gewirkt, wurde von einem Schlagfluß jäh
dahingerafft und dem Dichter floß, fast unwillkürlich wie beim Tod
von D. F. Strauß, ein Nachruf aus der Feder, der von Geigers
Sohn, Professor Ludwig Geiger, in seiner Biographie Abraham
Geigers mit Recht als besonders zutreffende Charakteristik des großen
Forschers und Reformators in gebührendes Licht gerückt wird. Dem
Schmerzensausbruch um Geiger folgte eine wehmütige Wiedererweckung fröhlicher Jugendeindrücke: Auerbach suchte von Plüder-
hausen aus das Pfarrhaus auf, in dem er mit Glück, Kausler
und Kurz 1838 so übermütig selige Weihnachten verbracht hatte.
Sein „Herbstblatt aus dem Remstal", ein Stimmungsbild, entzückte
Freiligrath:

Cannstatt, 11. November 1874. Lieber Auerbach! Lange hat mich nichts so er-
quickt, als Dein „Herbstblatt aus dem Remstal". Jawohl ein „Herbstblatt"! Ton,
Farbe, Landschaft — alles Herbst und sanfter Tag. Mild, warm, stimmungsvoll!
Und treu, treu, treu! Treu bis übers Grab! Glück war mir bisher nur ein Name.
Jetzt hast Du mich auch den Menschen kennen gelehrt. Und dafür danke ich Dir von
Herzen, lieber Auerbach! Wenn ich „Das Schweizer Heimweh" und den „Kühlen
Grund" still vor mich hinsumme (zum lauten vollen Singen habe ich nicht mehr den
Mut, wenn auch wohl noch die Stimme), so soll es mir von nun an sein, als ob Ihr beide,
er und Du, ungesehen mit mir summtet. Und diesen Mann kennt kein Mensch mehr!
Seine Melodien schweben auf den Lippen des Volkes — seine Familie zerstreut,
sein Grab unfindbar, er selbst verschollen! Er ist nimmer da, und seine Stätte kennt
man nicht mehr, und Du, der Du ihn kanntest und liebtest, suchst vergebens seine
Gruft. Und erst ein Menschenalter ist seit seinem Tode vergangen! Glücks Los erinnert mich merkwürdig an das verwandte von Robert Burns. Ähnliche Gaben,
dasselbe Sichwundstoßen an den Ecken und Kanten des „bürgerlich geordneten Lebens",
derselbe Tod. Nach dem Tode freilich für den Schotten das Fortleben in den
Herzen seiner Landsleute und der Welt — für den Deutschen die Vergessenheit. Nun,
ich hoffe zu Gott, teurer Freund, daß es mit der Vergessenheit jetzt ein Ende hat für
Glück. Dein liebevoller Ruf muß und wird die stumpfen Herzen besiegen. Also in
doppeltem Sinne: Glück auf! Meine Frau, der ich gestern durch das Vorlesen
Deines Blattes eine große Freude gemacht habe, grüßt Dich aufs herzlichste, und
ich bin und bleibe   Dein alter   Freiligrath.

Es war eines der letzten Liebes- und Lebenszeichen des treuen
Freundes. Noch bevor ihm Auerbach die Neuen Dorfgeschichten

„Nach dreißig Jahren" widmen konnte — der Zueignungsbrief war geschrieben — starb Freiligrath im März 1876. So wandert sich's, klagte Auerbach, bis man eingescharrt wird.

Dauernde „Wurzelruhe" daheim war ihm nicht beschieden. Das Alter, das streitbare Eheleute häufig besänftigt, dämpfte Berthold und Nina nicht. An gutem Willen fehlte es nicht, auch nicht an wohlgemeintem Zuspruch. Salomon Marx, ein unabhängiger Rentner, der Auerbach in sein Herz geschlossen hatte, ein gemütlicher Kamerad, der liebste Reisegenosse des Dichters, der spiritus familiaris, wie ihn Karl Frenzel, Mittler, wie er sich selbst nach der Gestalt der „Wahlverwandtschaften" nannte, beschwichtigte die Verstimmten, indem er bei Nina Bertholds, bei Berthold Ninas Sache führte. Wochen und monatelang vertrugen sie sich. Auf die Dauer verstanden sie sich nicht, taten sie einander nicht wohl. Sonst ist der Wohnsitz der Familie der Hauptaufenthalt des Hausvaters. Auerbach mußte sich widerwillig darein finden „mit Arbeitsplanen im Kopfe herumzuvagieren".

In seiner Jahreseinteilung stand zum voraus nichts so sicher, wie die vier Wochen Brunnenkur in Tarasp. Die Badegesellschaft brachte ihm gute Begegnungen. Dingelstedt freilich war sehr ungleich. Eines Tages spielte er den Baron, der die Kellner anherrschte; ein andermal kehrte er den Hofmann heraus, der auch in der Literatur diplomatisiert; als das Juliheft 1875 der Rundschau eintraf, in dem Auerbach die Züricher Novellen Gottfried Kellers gewürdigt hatte, sagte er weiter nichts, als „du nimmst einen sehr hohen Standpunkt". Ein andermal rief er dem Freunde, den er auf einem Morgengang traf, die Lebensregel zu: „Berthold sei stolz." In seinem Element war er, als Barnah lachend erzählte, er hätte das Telegramm nach Fettan, in dem er für eine größere Gesellschaft ein Essen bestellt, Graf Barnah gefertigt, da Hochadelige in der Schweizer Republik aufmerksamer bedient würden. Als Barnah im zweisitzigen Bergwägelchen als der Letzte in Fettan eintraf — als Reisemarschall mußte er eine Weile auf die Champagnerflaschen warten — empfingen ihn Fanfaren, wehende Tücher, Heilrufe. Verwundert schaute er auf, bis Dingelstedt an den Wagen trat und mit einer zeremoniösen Ansprache Seine Erlaucht den regierenden Grafen Barnah für die Auszeichnung Fettans durch seinen hohen Besuch dankte. Barnah erwiderte nicht minder feierlich, bestellte

Dingelstedt zu seinem Kabinettssekretär, Auerbach zum Hofdichter,
Auerbachs Freund, den Kreisgerichtsrat C o u r t o i s, zum Justiz-
minister, den Berliner Schauspieler K a h l e zum Hofintendanten und
als bei der Tafel, die zufällig am 15. Juli, dem Geburtstag der
Deutschen Bühnengenossenschaft, war, ein von Auerbach ernstver-
meintes, lang vorher aufgegebenes Glückwunschtelegramm an Barnay abgegeben wurde, befahl der falsche Graf seinem Sekretär, die
Depesche zu öffnen und zu verlesen. Dingelstedt gehorchte. Nach
einer tiefen Verbeugung entfaltete er das Blatt wie ein Bühnen-
requisit und trug zu Auerbachs Verblüffung eine lange Epistel der
Tarasper Badegäste vor, die über die Trennung vom Grafen nicht
genug klagen und trauern konnten.

Von Tarasp begab sich Auerbach nach J s ch l. Im österreichischen
Salzkammergut schrieb er die Fortsetzung der Frau Professorin, er-
labte sich an dem süddeutsch farbenbunt blühenden Volksleben, wo
die Bauern Speik und Gamsbart auf die Hüte steckten und die
Rekruten mit Blumen und Bändern geschmückt auf Flößen juchezend
von dannen zogen. In Wien räumte Dingelstedt als Hausherr im
Burgtheater seine Direktionsloge dem Freunde ein, der Wilbrandts Arria und Messalina zu sehen bekam; am nächsten
Morgen besuchte Auerbach den jungen Dramatiker, der ihm längst
auch als Biograph R e u t e r s lieb geworden war; die beiden fanden
sich, gleich das erstemal wie späterhin, gut in- und zueinander. Von
Aufmerksamkeiten und Huldigungen bestürmt, verhieß Auerbach, im
Winter 1876 einen Vortrag zum Besten der Konkordia in Wien zu
halten.

Vorher aber mußte und wollte er drei neue Dorfgeschichten,
einen Zyklus, der sich an die ersten anschloß, vollenden. Eine Arbeit,
die seine ganze Kraft noch ein volles Jahr in Anspruch nahm. Im
Frühling in Suggental, im Hochsommer in Baden-Baden, machte er
die Erzählungen druckreif. „N a ch d r e i ß i g J a h r e n". kehrte
der Dichter, gewitzigt durch den Fehlschlag des „Waldfried", wieder
zur Schwarzwälder Bauernschaft zurück. Im Geleitwort wies er
auf die gewaltigen Umwandlungen der Zeit seit den Vierzigerjahren
hin. Der große Krieg, das neue Reich, Kulturkampf, allgemeines
Stimmrecht hatten die Erbärmlichkeit des alten deutschen Bundes,

die Eifersüchteleien der Zwergstaaten abgelöst. Freizügigkeit und Bahnen zogen Menschen und Erntesegen in die Regsamkeit des Welthandels. Neue Kultur und Unkultur bereitete sich vor durch das Anwachsen der Riesenstädte. Auerbach fühlte und bekannte, daß er völlig veränderten Zuständen gegenüberstehe, und er sah voraus, daß in weiteren dreißig Jahren die Bauernschaft wiederum neuer Maler und Wortführer bedürfen werde. Viel zu sehr mit sich und den eigenen guten und minder guten Einfällen, als mit dem neu herangewachsenen Geschlecht beschäftigt, kehrte Auerbach zu den Gestalten der ersten Schwarzwälder Dorfgeschichten um, schrieb er Fortsetzungen, die Größeren, G o e t h e in den Wanderjahren, C e r v a n t e s im zweiten Teil des Don Quichotte, nicht so gelangen, wie der erste Glückswurf. Mit Liebe hat Auerbach Lorles Reinhard, den Sohn des Tolpatsch, die Sträflinge und ihre Nachkommen in anderen Zeitläufen gezeigt: alles hatte sich erneuert, nur der Erzähler nicht. Menschen und Dinge erschienen in alter Art von dem Gealterten gefaßt, nicht beherrscht.

Lorles Reinhard, den V i s c h e r und K a r l F r e n z e l überhaupt nicht anders sehen wollten, wie in der Frau Professorin, kehrt reumütig nach Weissenbach zurück, nachdem er zufällig in Rom Lorles Tod erfahren. Statt zu sühnen und zu büßen, verliert er abermals sein Herz an ein blutjunges Ding, Lorles Liebling, die rote Malva. Im alten Lindenwirtshaus, das er kauft, gedenkt er ein neues Leben zu beginnen. Als Störenfried tritt sein trottelhafter Neffe dazwischen; bei der unerwarteten Heimkehr Lorles ist vor Schreck ihre Schwägerin vorzeitig mit einem blöden Jungen niedergekommen; dieser Kretin überfällt Reinhard; im Ringkampf stürzt der Maler von einem morschen Söller zu Boden und verletzt sich tödlich, man weiß nicht, ob als Opfer des liederlichen Landbaumeisters oder zur Strafe für seine letzte Untreue an Lorles Andenken. Auf seinen neuen Dorfgängen hörte er drohend hinter sich zischeln: „Des Lorles Reinhard? Darf er wirklich noch so heißen?" Eine Frage, die die meisten Leser mit Nein beantworten werden.

„Der Tolpatsch aus Amerika" ist Aloys Schorers Sohn. Der Junge aus Neu-Nordstetten am Ohio, U.S., soll sich ein Alt-Nordstetter Kind zur Frau holen. Jede Wahl gibt ihm der Vater frei, am willkommensten wäre eine Braut aus Ivos Haus, nur die Tochter der ungetreuen Jugendgeliebten soll er meiden. Das erste Mädel, das er auf der Horber Steige um die Wette mit den Lerchen singen hört, ist die verbotene Eva. Der Farmer verschaut sich selbstverständlich just in das Frauenzimmer, dem er ausweichen sollte. Nach leichten Irrungen — der junge Amerikaner wallt drüber auf, daß der Vater seines Schatzes dem Haushund den Übernamen Tolpatsch gegeben — finden sich die Liebenden doch. Ivos Tochter hat ihr Herz einem anderen geschenkt. Und der alte Tolpatsch hat noch vor Einlangen der Verlobungsnachricht sein Verbot in einem Brief an den amerikanischen, wieder nach Europa übersiedelten Oberst Waldfried zurückgenommen. Ein paar hübsche Landschaftsschilderungen, ein paar Ansätze zu neuen Charakteren; das Ganze bildet keine Bereicherung der Schwarzwälder Dorfgeschichten.

Im Nest an der Bahn kehrt Auerbach zu den Sträflingen zurück, die der Anwalt des Vereins für entlassene Sträflinge ein neues Leben der Selbsterlösung als Bahnwächter beginnen ließ. Dreißig Jahre hindurch haben sie tadellos gearbeitet. Neue Qual beginnt, als sie vor Kindern, Freiern, Schwiegerkindern und ihrem Anhang ihre Vergangenheit aufdecken müssen. Der erste Eidam, ein aus Hinterindien zugereister Missionar aus freiherrlicher Familie, gewährt leicht Ablaß. Schwerer fällt das einem Großbauer, der — nach dem Tod seines Weibes im Wochenbett — die Magd, das Kind der Sträflinge, heiraten will. Am härtesten dem Staatsrat, der Jakob als Untersuchungsrichter Ungehorsamsprügel aufmessen ließ und nun zum Bund einer Enkelin mit dem Mustersohn der Sträflinge ja sagen soll. Auch diese Astwurzel hobelt der Erzähler. Eine alte Jugendgeliebte des konservativen Staatsrates ruft ihm ins Gedächtnis, wie nah er selbst in jungen Jahren an Ehebruch und Totschlag vorüberkam. Eine recht äußerliche Selbstüberwindung des greisen Staatsrates ist die Folge dieser weiblichen Bekehrungsrede, in der seine Enkelin „halb Erz, halb Blume" genannt wird. Die dreimalige Gefährdung der Büßenden durch notgedrungene Beichten wirkt einförmig. Lebendiger sind höchstens die klatschenden Bahnwärterinnen der Nachbarschaft, von denen die Salbungsvolle Öl, die Herbe Essig getauft wird. Alles in allem ist das Nest an der Bahn unter den drei Stücken noch das leidlichste, ohne deshalb preisenswert zu sein. Von zwei begeisterten Anhängern des Dichters unter den Jüngeren hat

Karl Stieler einen nur durch gewisse schüchterne Einwürfe tem-
perierten Lobgesang angestimmt, der aufstrebende Rosegger, der
als Anfänger den Jvo wie ein Brevier geküßt. Auf der Höhe mit
nassen Augen zu Ende gelesen hatte, im „Heimgarten" rundheraus
die Wahrheit gesagt. Gerade weil der alte echte Auerbach so mächtig
auf ihn gewirkt hatte, mochte er vom Erzähler der Reihe „Nach dreißig
Jahren" nichts wissen.

Viertausendeinhundert Exemplare der „Neuen Dorfgeschichten"
waren fest bestellt, noch bevor eine kritische Stimme laut geworden.
Die großen Blätter urteilten wohlwollend und schonungsvoll, der
Poet wurde persönlich herzlich gefeiert, als er Ende November nach
Wien kam und für die „Konkordia" den zugesagten Vortrag hielt.
Er hätte am liebsten über Schillers „Wilhelm Tell" sprechen wollen.
Die Gastgeber entschieden sich für den zweiten Vorschlag „Gedenken
an Lenau". Der Vortragende gab mehr Betrachtungen als persönliche Würdigung. Gleichwohl fand die gelesene, bald nachher bei
Gerold gedruckte Abhandlung Anteil. Und voll verdienten Jubel-
sturm entfesselte der Dichter mit dem Trinkspruch auf dem Festabend
der Konkordia, zu dem Dombaumeister Schmidt, Graf Dönhoff,
Giskra, Bareuther, Minister v. Hofmann, Hofkapell-
meister Herbeck, Robert Zimmermann und viele Andere
erschienen waren; die Begrüßungen der Vorstände der Konkordia,
Johannes Nordmann und J. K. Lecher erwiderte Auerbach mit folgender Improvisation:

Liebe Freunde! In diese Worte will ich zusammenfassen, was Sie mir sind
und bleiben werden fortwährend. Freunde, und zwar erfreuende im höchsten Sinne
des Wortes. Ich habe zunächst zu antworten einem Ungenannten für die prächtigen
Verse, ich glaube aber, daß er nicht ungenannt in der Welt bleiben kann; wer solche
Verse macht, hat einen Namen oder er wird sich einen erringen[1]). Ich habe zu antworten meinem alten Freunde Nordmann und meinem, wenn ich so sagen darf,
neuen Freunde Lecher, die so wahrhaft erhebende Worte gesagt haben, daß ich aus
ihren Worten etwas empfinde, wie jenen Duft, der über die Saaten streift, wie jenen
erquicklichen Brodem, der aufsteigt aus der frisch aufgepflügten Erde und der uns mit
Ruhe daran erinnert, daß wir einst werden ein Teil dieser Erde.

Ich war in diesen Tagen so tief bewegt von neuen Einblicken in das Leben des
schwergemuten Dichters, der immer wieder meine Gedanken auf die Schauer des

---

[1]) Der 1907 — als Feuilleton-Redakteur der Frankfurter Zeitung — verstorbene
Fedor Mamroth.

Daseins lenkt, und doch muß ich sagen, schwimme ich in einem Strome von freudigen Gefühlen, indem die Wellen über mir zusammenschlagen, und weiß nicht, wie anfangen, daß ich auftauchen kann aus diesem Strome und auftauchend finde ich einen Halt im Gedenken an das Wort eines großen Kämpfers, der da ruft: „O Jahrhundert, die Geister sind wach, es ist eine Freude zu leben!" Das hat Ulrich Hutten gesagt. Ja, es ist ein Jahrhundert, in dem die Geister wach sind, und ich Atom dieses Jahrhunderts, empfinde heute durch und durch, bis in das letzte unzersetzbare Stäubchen, es ist eine Freude zu leben! Es ist eine große Freude, zu sehen, wie das eigene Denken und Streben so herzlich und treu aufgenommen und ausgelegt wird, ich möchte sagen in siebenfältiger Frucht in Halmen emporgeschossen ist; das habe ich aus den Worten, die vorher gehört wurden, empfunden. Es ist der schönste Kranz, den der Mensch erhalten kann, nicht der Lorbeerkranz, nicht der Eichenkranz, sondern der Ährenkranz. Hier meine ich nicht die Ehre als honor, sondern die nährende, sättigende Ähre.

Ich bin hieher gekommen, versenkt in Gedanken an den großen Dichter, der ein Mann war, der in sich trug die Schmerzen der Welt, der war ein Winkelried, der die Speeresspitzen in die eigene Brust bohrte, um der Freiheit eine Gasse zu machen, der nach jenem großen Bilde, das durch die Weltgeschichte ging, das Leiden der Welt auf sich nahm und ihm als Opfer fallen sollte, um die Leiden von anderen zu nehmen. Er ist gefallen als Opfer, als Winkelried, und ich wiederhole: es ist eine Freude zu leben, das Jahrhundert ist wach und duldet jene Mächte nicht, welche die Märtyrer schaffen. Und die Macht, welche die Gewalt bezwingt, welche Märtyrer schafft, die große bezwingende Macht ist das offene Auge der Presse.

Und jenes wache Auge des Jahrhunderts, das Wort des Tages vor allem, es ist die große Aufgabe, die Ihr Stand berufen ist zu erfüllen, bei dem das Gefühl des Heute schon das Gefühl des Gestern in sich hat, und das eben ist die selbstlose Hingebung, zu wirken und zu schaffen, ungestört von dem Gefühle, daß das Heute schon ein Gestern ist, daß man keinen Anspruch auf Äternität erheben will, sondern heute und jeden Tag die Sonne scheinen lassen soll, weil man weiß, aus diesen Sonnenblicken wächst allmählich die große Wahrheit heran. Es ist eine große Aufgabe, diese Arbeit zu tun im Gefühle, daß man jetzt diese Sonnenblicke hinausschickt in die Welt, ohne daß sie den Namen dessen tragen, aus dessen Geist sie auferstanden sind. Es wird eine Zeit kommen, wo man erkennen wird, daß, was vordem Kanzel und Katheder allein zu leisten berufen waren, nun im eminenten Sinne der Presse zu teil geworden, daß die Presse es ist, die sich ein Katheder, eine Kanzel und eine Tribüne aufgebaut hat, die weit hinausreicht, wohin keines Menschen Stimme hinklingt, wohin kein tönendes Wort dringt, die sich einen Platz erobert in der Heimstätte des Herzens, der Seele.

Ich bin hieher gekommen, um den edlen Dichter zu schildern, der einst, wenn die Schmerzensgründe geschichtliche Vergangenheit sein werden, in seiner vollen Hoheit und Wahrheit, in seiner Jeremiasgestalt der modernen Zeit erkennbar werden wird. Wir sind noch immer so, daß uns nur das klassische und patriarchalische Kostüm als künstlerisch und dem Inhalte des Heiligen angemessen imponiert, daß aber etwas, was in unserer Form, im Zeitkostüm erscheint, uns profan vorkommt. Das ist es aber, zu erkennen, daß auch die moderne Form die heilige Hoheit des Martyriums in sich darstellt.

Ich bin hieher gekommen mit dem Bewußtsein, daß es ein österreichischer Dichter ist, daß es aber auch ein deutscher ist, so daß man sagen kann: „Österreich ist der Vorname, der Eigenname, deutsch ist der Familienname!"

Es geht ein elektrischer Zug, namentlich in allem tieferen Empfindungsleben, von einem deutschen Herzen zum anderen. Diese Herzensbewegung, die sich fortpflanzt hin und her, zwischen Nord und Süd, zu dem im Herzen zu uns geschlossenen Österreich. Die moderne Naturforschung hat einen elektrischen Draht angelegt an das sich bewegende Herz und so in sichtbaren Formen den Rhythmus der Herzbewegung und ihrer Veränderung veranschaulicht. Solch ein elektrischer Draht ist in der Dichtung gegeben und in allen Lebensäußerungen geht dieser elektrische Zug hin und her. Es können Stürme kommen, welche die elektrische Verbindung stören, die aufgestellten Stangen niederreißen, die Drähte verwirren, aber eine unzerstörbare elektrische Verbindung geht unter der Erdoberfläche, unter jener Erdschichte, bis zu welcher die trennenden Grenzpfähle eingesetzt werden können, tiefer und tiefer in der sich gleich bleibenden Temperatur der Erdwärme unseres Vaterlandes, es ist die Erdwärme des deutschen Gemütes, die eins ist.

Es trifft sich wunderbar, die Repräsentation der deutschen Gemütseinheit, in der Dichtung wie im Leben faßt sie sich füglich in dem Worte zusammen: „Konkordia", und es ist wundersam, daß einer der besten und leuchtendsten Repräsentanten dieser Einheit, dieser Ihr Verein, den Namen Konkordia trägt. Die Konkordia zwischen Deutschland und Österreich soll leben, ihre Repräsentation, die Wiener „Konkordia", soll gedeihen und leben!

Gesättigt, nicht übersättigt von den Wiener Huldigungen — Auerbach nannte sich selbst scherzhaft einen „Vielfraß an Lob" — fuhr der Dichter nach Berlin zurück. Der Sonnenglanz seiner Stimmung verfinsterte sich indessen durch den immer ungeschlachter gegen die Juden hervorbrechenden furor teutonicus. Wie Senner und Jäger der Hochalpen aus unscheinbaren Anzeichen Wetterumschlag erkennen, den die Talbewohner nicht für möglich halten, ahnte Auerbach lang vor den Ausbrüchen rohen und gelehrten Rassenhasses, daß neue Formen, neue Motivierungen der uralten Feindseligkeit gegen die Juden sich vorbereiten. Er hatte in den Vierzigerjahren mit Richard Wagner nahe verkehrt. Noch 1860 ließ der Meister dem „verehrten Freund" aus Paris den „Ring des Nibelungen" zugehen. In seinen Aufklärungen zur Kampfschrift „Das Judentum in der Musik" gedachte Wagner Auerbachs 1869 mit den Worten: „Ein offenbar sehr begabter, wirklich talent- und geistvoller Schriftsteller jüdischer Abkunft, welcher in das eigentümlichste deutsche Volksleben wie eingewachsen erscheint und mit dem ich längere Zeit auch über den Punkt des Judentums mannigfach verkehrte, lernte späterhin meine Dichtungen ‚Der Ring des Nibelungen' und ‚Tristan und Isolde' kennen; er sprach sich darüber mit solch anerkennender Wärme und solch deutlichem Verständnis aus, daß die Aufforderung meiner Freunde, zu welchen er gesprochen hatte, wohl nahe lag, seine Ansicht über diese Gedichte, welche von unseren literarischen Kreisen so auffallend ignoriert wurden, auch öffentlich darzulegen. Dies war ihm unmöglich." Ton und Inhalt der Broschüre gingen Auerbach so nahe, daß er an eine öffentliche Entgegnung dachte. 1875 überraschte ihn Theodor Billroth arglos mit der Zusendung seiner Schrift „Über das Lehren und Lernen an den medizinischen Fakultäten". Der große Chirurg hatte freimütig Schäden und Schwächen der österreichischen Universitäten, insbesondere an der Hochschule Wien, beredet und unbekümmert um den Aufschrei der Heilbedürftigen den Finger in alle Wunden gelegt. Er hatte die Not, vielfach auch die Fragwürdigkeit armer jüdischer Mediziner zur Sprache gebracht, vorangeschickt, daß er nicht zu den modernen Judenschimpfern gehöre, Billroth hatte „die bedeutenden Menschen unter den Juden meist zugleich Schwärmer, Idealisten, Humanisten, oft im allerhöchsten Sinne des über uns alle erhabenen Nazareners" genannt. „Trotz aller Reflexion und aller persönlichen Sympathie ist mir aber auch klar, daß ich innerlich die Kluft zwischen rein deutschem und rein jüdischem Blute so tief empfinde, wie von einem Teutonen die Kluft zwischen ihm und einem Phönizier empfunden sein mag". Ein Zeitungssturm war gegen Billroth entfesselt worden, seine Antwort an den Leseverein deutscher Studenten schickte der große Arzt mit seiner Handschrift auch „An den deutschen Dichter Berthold Auerbach in Berlin. Vom Verfasser."

Auerbach traute seinen Augen nicht. Noch im September hatte er in Aussee „in Gesellschaft von Phöniziern einen heiteren Mittag" mit Billroth als dessen Gast verlebt. In einem offenen Brief vom Silvester 1875 antwortete Auerbach in der Berliner ‚Gegenwart'. Ist es denkbar, so fragte er, als ein Engländer Disraeli zu sagen, er sei ein zufällig englisch redender, in England geborener Jude?

Daß den Juden das Martyrium fehlt, ist gewiß eine sehr „individuelle" Bemerkung von Ihnen. Sie wissen, und als Mann, der über Lehren und Lernen spricht, müssen Sie es wissen, daß die Geschichte der Juden, der begabten und unbegabten, ein achtzehnhundertjähriges Marthrologium ist. Und das hat bis heute noch nicht geendet. Oder glauben Sie, es ist kein Marthrium, noch heute und einem Manne Ihres Rufes erklären zu müssen, wir sind nicht zufällig deutschredende, zufällig in Deutschland erzogene Juden, wir empfinden vollkommen als Deutsche. Sie sagen: den Juden fehlt die gesamte mittelalterliche Romantik. Welchen Anteil an der Romantik haben denn die Bauern, die bis zu Anfang des Jahrhunderts Leibeigene waren? Sie verbannen uns ins Exil der Fremdheit und wollen nicht wissen, daß die Geschichte des Judentums zumal in Deutschland alle Phasen der deutschen Kulturentwicklung mit durchgemacht hat. Die Juden sind von germanischer Bildung erfüllt, bevor Ihre Landesgenossen, die Slawen und Wenden, germanisiert wurden." „Als wir uns — ich kann das Persönliche hier nicht vermeiden — im Sommer 1870 trafen, bewährten Sie in den Lazaretten Ihre hilfreiche Kraft mit ruhmvoller Tapferkeit. Ihre Hand war fest bei den Operationen. Hat Ihre Hand nicht gezittert, da Sie jene Worte niederschrieben, mit denen Sie die Verwundeten und Gefallenen entehrten und beschimpften." „Haben Sie die Folgen ermessen, die der von Ihnen als natürliche Tatsache aufgestellte Rassenhaß haben kann? Es kann auch geistige Höllenmaschinen à la Thomas geben." „Das wollten Sie nicht, das können Sie nicht gewollt haben." „Zum Schluß noch eine Erinnerung. In den nächsten Tagen wird an die gesamte gebildete Welt ein Aufruf ergehen zu einem Denkmal für Spinoza. Wie? müssen Sie nicht einen teutonischen Widerspruch empfinden, daß man auf germanischem Boden ein Denkmal setze, dem Phönizier setze, der noch dazu die von Ihnen als Erniedrigung gebrandmarkte Besonderheit hatte, durch einen Nebenerwerb, durch Glasschleifen, sich den Lebensunterhalt zu verschaffen?"

Es war Auerbachs erstes öffentliches Eingreifen in die Judenhetze der Siebzigerjahre, die seine letzte Lebenszeit vergrämte. Vierzig Jahre vorher, in seiner ersten Schrift „Das Judentum und die neueste Literatur" hatte er sich als Deutscher bekannt. Sich als Deutscher zu bewähren, hatte er vorher und nachher als seine Lebensaufgabe angesehen. In deutschen Schulen und Hochschulen, als Jünger, Kunstgenosse und Freund der Besten, Uhland, Strauß, Vischer, Otto Ludwig, Freytag, Diesterweg, Roggenbach war er durch seine Gaben und Gesinnungen als Gleicher unter Gleichen anerkannt worden. Deutsche Größe in Kunst und Staat zu fördern, das Vermächtnis der Meister des Zeitalters der Humanität zu hüten, Lessings Lehren in Leben umzusetzen, war sein Bemühen, deutscher Natur in Bauernschaft und Bürgertum, am Hof und im Heer gerecht zu werden, der Inhalt seines Schaffens gewesen. In und mit seinem Auftreten hatte er deutsches Judentum aus Zwang und Druck aufsteigen gesehen, die Befreiung der Geister von altem Wahn mit heraufgeführt. Mend e l s s o h n hatte sich begnügt, gedulbeter Schutzjude zu sein, B ö r n e und H e i n e hatten sich unter dem Eindruck der Revolution als Trutz- und Rebellenjuden gebärdet, A u e r b a ch, R i e s s e r und L a s k e r fühlten und wirkten als deutsche Staatsbürger. Jeder Fortschritt der Emanzipation, jede tüchtige Betätigung deutscher Juden nicht nur durch besondere Leistungen waren ihm eine Genugtuung. Die Stief- kinder im Stiefvaterlande waren auf gutem Wege, durchweg ihre Pflicht in Staat und Heer, als Gelehrte, Richter, Soldaten, Kaufleute zu tun. Keineswegs blind für die Laster und Schwächen seiner engsten Stammesgenossen hatte er in „Spinoza“, in „Dichter und Kaufmann“ die Gehässigkeit, Liederlichkeit, Habsucht, Unbuldsamkeit einzelner Juden und Judengruppen so unbefangen gezeichnet, wie Verbrechen und Frevel einzelner Bauern in den Dorfgeschichten. Er wußte, daß es überall menschelt. Und weil er das wußte, hielt er es für schnödes Unrecht, die Juden anders zu beurteilen als ihre Mitmenschen. Den Judenhassern, die triumphierend auf einen Mauschel am Pranger mit Fingern zeigten, hatte schon eine Kalendergeschichte erwidert: „Habt Ihr denn den Pranger gepachtet?“ Welcher Schmach der Wehrlose aus- gesetzt ist, hatte in einer anderen, der Wirklichkeit nacherzählten Anekdote ein Christ, H e b e l, erfahren, der der Polizei irrig „eine Stunde ein Jude“ geschienen hatte. Nicht die geringste Bevorzugung wünschte er für die Juden. Er stellte vielmehr die höchsten Anforderungen an ihre Lebensführung. Nicht als Kapellmeister, als taktfeste Orchester- mitglieder auch am zweiten Pult sollten sie mitspielen. In Briefen an S a l o m o n M a r x wetterte er gegen die „Freßbäuche der Börse“, gegen die überputzten Modejüdinnen, gegen den „Witzschnaps“ heinesierender Feuilletonisten. Jahrelang schwankte er, ob er seine Kinder in irgend eine religiöse Genossenschaft aufnehmen lassen sollte. Innerhalb der Kultusgemeinde stand er entschieden zu den Reformern vom Schlage G e i g e r s, die deutschen Gottesdienst durchsetzten, Formelkram be- seitigten, Unbuldsamkeit bekämpften. Untreue gegen Kindheits-. und Familienüberlieferungen schien ihm nur nicht die notwendige Voraus- setzung unwandelbarer Treue für das Vaterland, dem er seine Bildung, seine Kunst, sein Liebstes, Bestes, Höchstes zu danken hatte. Ihm wurde es warm in den Augen, wenn er unversehens an einer Synagoge vorbeikam und jahrtausendalte Melodien hörte, die sein Vater angestimmt und deren Schönheit Liszt verherrlicht hatte. Er freute sich, wenn er Ostern im Familienkreis von Jakob Bernays sein Vatererbe, den Lieberschatz der Passah-Litaneien, zum Besten geben konnte. Wie sein Freund, der Freidenker Holbach in Frankfurt, von asthmatischen Anfällen geplagt, das Gesangbuch nicht als Glaubenstrost, nur als Wegweiser in das Paradies der Kindheit zu Rate zog, fiel Auerbach, selig im Andenken der Nordstetter Jugendtage, in der Synagoge mit Responsorien ein, ohne deshalb den theologisch-politischen Traktat zu vergessen. So wenig man, um ein guter Deutscher zu sein, aufhören muß, sich als Schwabe oder Pommer zu fühlen, dachte er jemals daran, seiner Abkunft von Landjuden sich zu schämen, deren Vorfahren auf deutschem Boden länger domestiziert waren, als unzählige zu vollen Preußen erwachsene Slawen und Franzosen. Den Kriegsdienst hatte er vor allem als besonderen Segen, gemeinsam vergossenes Blut als besten Kitt des Bundes aller Deutschen angesehen. Daß gerade die Siege des Jahres 1870, die Neuaufrichtung des Reiches, die Einigung von Nord und Süd eine Steigerung des germanischen Stammesgefühls, eine Verdichtung des alten Judenhasses zur Folge haben könnte, ahnte er so wenig, wie andere, in politischer Hinsicht ihm weit überlegene Männer, Bamberger und Lasker.

Desto weitblickender war er beim ersten Aufzüngeln des Brandes. Der Gründerschwindel und der Milliardenfluch lösten Neid und Haß gegen die Geldmächte in Kreisen aus, die frei waren von religiösen Vorurteilen. Nichtsnutzige Hetzer stießen in ein Horn mit untadeligen Charakteren; Männer der Studierstube, auf die reinste Rassenherrlichkeit pochende echte und falsche Autochthonen schlossen sich zusammen, um die deutschen Juden unterschiedslos als Fremdlinge, Eindringlinge, Schädlinge zu bekämpfen. Auerbach erkannte sofort aus den ersten Reden und Anspielungen von Billroth und Treitschke, daß ein neuer giftiger Judenhaß mit neuartigen Losungen im Anzug sei. Nüchterne Naturen, Christen und Juden, die Auerbach beschwichtigen wollten mit der Tröstung, das alles sei blinder Lärm, die Judenhetze Spuk und Unfug, der über Nacht, wie er gekommen, verfliegen müsse, beruhigten ihn nicht. Er war als Knabe in Horb und Karlsruhe so viel als Judenknabe beschimpft, seine erste Frau war als Opfer der Heidelberger Judenkrawalle durch vorzeitige Niederkunft so todkrank ge-

worden, die Judenkritiken von D a u b und M e n z e l waren ihm so
sicher im Gedächtnis, daß er ein untrügliches Empfinden für die Bedeutung der Schriften und Reden von R i c h a r d W a g n e r , L a -
g a r d e , T r e i t s c h k e und ihrer Apostel hatte. Er wußte, wie jedes
ihrer Worte im Kasino von Bingen, am Honoratiorentisch von Pirna
und Schandau vergröbert nachwirken würde. Er hatte an J u l i a n
S c h m i d t und G u tz k o w erfahren, wie viel Überhebung, wie viel
unbesiegbare Antipathie selbst in liberalen Parteigängern der Judenemanzipation beim ersten Anlaß laut wurde. Und ihm war begreiflicherweise weder die Ruhe noch die Unparteilichkeit eigen, mit der
F r e y t a g ein halbes Menschenalter später in einer Pfingstbetrachtung
sagte — gar nichts würde bei all dem Lärmen herauskommen. Die
Emanzipation stellte ja nicht einmal der Rufer im Streit, Treitschke,
in Frage.

Leidenschaftlich, in seinem Lebensnerv getroffen, brach der tief-
gekränkte Auerbach in den Wehruf aus, sein Leben sei verloren,
sein Wirken vergeblich. Man kann diese Stimmungen nachfühlen,
doppelt und dreifach begreifen bei dem kränkelnden, in seinem Beruf
unsicher gewordenen Künstler; ein, ungemessener Vorliebe für die
Judenschaft so wenig verdächtiger, Mann wie A n z e n g r u b e r hat
die im Ton vielfach maßlosen Klagen Auerbachs gerechtfertigt gefunden.

In Wirklichkeit war das Schlagwort vom Einbruch des Judentums
in die deutsche Literatur am nachdrücklichsten zu entkräften durch einen
Hinweis auf Auerbach, der ein leuchtendes Beispiel bleibt für den
segensreichen Einbruch des Deutschtums in das Judentum. In Wirklichkeit hätte sich Auerbach sagen müssen, daß, wie er sein Bestes aus
deutschem Boden, deutschen Landsleuten, Meistern, Vorbildern geschöpft, sein Bestes bei und nach seinen Lebzeiten wieder allen Deutschen
zu gute gekommen und daß früher oder später die Nation auf ihn, wie
auf jeden Erzieher und Sorgenbrecher sich werde besinnen müssen.
In den Tagen der wüstesten Judenhetze war es nicht möglich, Auerbachs urdeutsche Gesinnung zu verdächtigen; er wollte nur nichts davon
hören, daß er ein Mustermensch, ein Ausnahmsjude sei. Judenfressern,
die ihm herablassend erklärten: „Ja, wenn alle Juden wären wie Sie",
gab er schlagfertig die Antwort: „Ja, wenn alle Christen wären wie
ich . . ." Um seinetwillen hätte er sich die Hetze nicht zu Herzen nehmen

müssen. Sein Name blieb unbesudelt, seine Geltung als deutschgesinnter Vaterlandsfreund buchstäblich vom Kaiserthron bis zur Bauernhütte unangefochten. Nicht seine Person, die Sache des Deutschtums und des Judentums, die gesunde Entwicklung des deutschen Judentums, die Sache der Gerechtigkeit und der Humanität schien ihm durch die häßliche, Neid und Mißgunst in ihren Dienst stellende Bewegung gefährdet. Daß und wie viel Selbsterziehung Deutschtum, Judentum und deutsches Judentum bedürfen, wußte er wohl. Er war nur keinen Augenblick im Zweifel, daß Herabwürdigung, Unbill, Verfolgung die schlimmsten Mittel zur Erreichung dieses Zweckes, daß Anfeindung und Menschenmäkelei weder die Hetzer noch die Gehetzten zu veredeln im stande wären. Und deshalb ließ er nicht ab, die Judenhetze als Schande zu verdammen, deshalb bekannte er sich bis zum letzten Atemzug zu Lessings Nathan, deshalb lautete sein erstes und letztes Wort: Und doch wird die Humanität siegen.

In früheren Zeiten hoben neue Eindrücke den Leichtbeweglichen rasch über noch so tief einschneidende freudige und schmerzliche Erlebnisse hinaus; diese Kränkung verwand selbst sein gesunder Gemütsmagen nicht. Nachhaltiger als die allerdings Ende der Siebzigerjahre immer ausgiebiger sich ausbreitende Judenhetze hat Auerbach kaum ein anderes Ereignis gepackt und dämonisch im Bann gehalten, so viel Gutes und Böses ihm auch sonst Tag um Tag widerfuhr. Im Dezember 1876 bestätigte König Ludwig II. die vom Kapitel vollzogene Wahl Auerbachs zum Ritter des Maximiliansordens als Nachfolger von Anastasius Grün (Graf Anton Auersperg): er war schon zwanzig Jahre vorher von den Mitgliedern des Kapitels, Künstlern und Gelehrten, für dieselbe Auszeichnung vorgeschlagen, doch von der obersten Stelle als Jude nicht bestätigt worden. Nun tat es ihm doppelt wohl, daß alte Zurücksetzung gutgemacht, daß er, wie in einer Akademie, durch spontane Berufung seiner Pairs in denselben Kreis mit Scheffel, Freytag, Heyse geladen wurde.

Der Lichtblick verscheuchte nur flüchtig die Schatten, die Auerbachs letzte Lebenszeit umdunkelten. Jahr um Jahr verlor er unersetzliche Freunde. Rudolf Kausler und Freiligrath, Otto Lewald und Moritz Hartmann schieden von dem Treuen, in heißem Dankgefühl lebenstreu gemalt in.den nur für Jakob bestimmten Blättern.

In allem Kummer verließ ihn der alte Arbeitstrieb nicht. Um die Jahreswende 1877/78 begann er „Landolin von Reuters= höfen", den er selbst ein Seitenstück zum „Diethelm von Buchen= berg" nannte. Heyse hatte in seinem „Deutschen Novellenschatz" mit seinem Kennerurteil gerade diese Dorfgeschichte ausgewählt und einbegleitet; an dieser bevorzugten Stelle gewann der Diet= helm, wie zuvor Gottfried Kellers „Romeo und Julia", neue Bedeutung und Beachtung; nicht nur das nachwachsende Ge= schlecht, auch mancher ältere heikle Leser, wie Mörike und Johannes Brahms, lernte das Meisterwerk des Erzählers erst durch den Deutschen Novellenschatz kennen, lieben, bewundern. Das starke, vielstimmige Lob, das dem „Diethelm" bei diesem Anlaß zu teil wurde, mag Auer= bach angeregt haben, sich selbst nachzueifern. Wie er „nach dreißig Jahren" zu den ersten Schwarzwälder Dorfgeschichten der Vierziger= jahre sich zurückwandte, knüpfte der Landolin von Reutershöfen an die beste Leistung seiner seconda maniera, an die glücklichste Dresdener Eingebung von 1852 an. Eine Charakterstudie, eine Familiengalerie will der Dichter auch im „Landolin" geben. Ein gewalttätiger Groß= bauer wird im Jähzorn der Totschläger eines ungetreuen, seinen strittigen Lohn ungestüm begehrenden Knechtes. Vor den Geschworenen lügt sich Landolin, von seinem Sohn und einem verschmitzten Ober= knecht beraten, heraus. Mit sechs gegen sechs Stimmen losgesprochen, gilt Landolin der Landsgemeinde nicht als gereinigt. Die Großbauern betrachten ihn nicht mehr als ihresgleichen. Zu Hause spielt sich der Sohn (wie der von „Lehnhold" verstümmelte Zweitgeborene Vinzenz) als Herr auf. Grausamer noch züchtigt Landolins wahrheitsliebende Tochter Thoma (wie der Rückel Franz den Diethelm) ihren Vater. Die Mutter, ehedem die Sklavin Landolins, vermag nicht versöhnend auszugleichen; wie Diethelms Weib geht sie am ungesühnten Frevel zu Grunde, indessen Landolin nach mancher Seelenfolter in einem Hagelsturm umkommt, verfolgt von der hexenhaften Mutter des Er= schlagenen. Landolin, Thoma, die Mutter, der Großknecht sind blasse Erinnerungen an die Urbilder im Diethelm. Die vermittelnde Kreis= rätin hat ihre Ahnfrau im Lehnhold, der Reallehrer gemahnt an den Kollaborator. Der hundertjährige Wälderjörgli hat erquicklicher ge= schilderte leibhaftige Originale in Höchenschwander und Gernsbacher

Briefen an Jakob. Die Kernfrage, ein starkes, nur im Bauernkreis
schwer zu behandelndes Motiv, der Gegensatz von infamia juris und
infamia facti ist kaum geahnt, geschweige durchgearbeitet. Lebendige
Fülle neuer Züge vermißt man. Durchweg Kopie der kräftigeren ur-
sprünglicheren Vorgänge und Menschen im „Diethelm", fand der Landolin einen wohlwollenden Richter in Wilhelm Scherer, der bei
aller Anerkennung der früheren Leistungen Auerbachs — „eines
unserer besten Erzähler" — mild und aufrichtig zugleich die künstlerischen Schwächen, die sachlichen Verstöße im Landolin nicht vergaß.

Die Erfüllung eines langgehegten Lebenswunsches brachte dem
Dichter das Jahr 1878: die Wallfahrt zu den Spinozastätten. Schon
im Brief an Billroth hatte Auerbach der Vorbereitungen zu einem
Spinozadenkmal gedacht. Begeistert war er mit Renan, Pollock
und anderen um die Sache Spinozas verdienten Männern in allen
Kulturstaaten der Aufforderung der ersten holländischen Spinozaforscher und -Kenner zum Eintritt in den Ausschuß gefolgt. Der lang-
same Fortgang der Sammlungen, die in ein paar Monaten nur ein
paar hundert Mark einbrachten, verdroß ihn anfangs. Ein Vortrag,
den Renan zum Besten des Denkmalfonds hielt, und andere Spenden
sicherten bald nachher das Vorhaben. Auerbach machte für das Preis-
ausschreiben einige vom Ausschuß und dem siegreichen Künstler
Hexamer beherzigte Vorschläge: Spinoza wurde sitzend, den Finger
an die Wange gelehnt, dargestellt. Und als es galt, das letzte Wohnhaus
des Denkers und derart den geeignetsten Platz für die Bildsäule auszuforschen, war Auerbach mit Freuden zu einer Reise nach dem Haag
bereit. Von dem fürsorglichen Salomon Marx begleitet, fuhr
der Dichter am 20. August nach Holland. Andächtig und wißbegierig,
empfänglich wie ein Student und in seinen anspruchslosen Augenblicks-
aufnahmen sicher wie ein reifer Meister schilderte er Jakob während
eines dreiwöchentlichen Aufenthaltes seine Eindrücke in Blättern, die
nicht nur mehr wert sind, als die meisten aus der letzten Periode stammenden, in dem schwachen Sammelbändchen „Unterwegs" vereinigten Lustspielchen und Geschichtchen: Auerbachs Briefe aus dem
Haag, Scheveningen und Amsterdam zählen zu dem besten, was er je
geschrieben; sie sind unschätzbare Urkunden für die Erkenntnis des
Menschen und Künstlers.

Über Köln ging's nach Scheveningen. In der Pabeljoensgracht, im Haag, entschied er sich Einer Meinung mit den eingeborenen Mitgliedern des Ausschusses und dem Wiener Philosophen Robert Zimmermann für das Haus Nr. 28 als letzte Heimstätte Spinozas. Vom Sterbehaus Spinozas ging er nach seinem Grab in der Nieuwe Kerk. Am Meer, wo er in einem Strandsessel, vor dem Wind wie in einer gebundenen Garbe geschützt, stundenlang träumte, ging ihm auf, daß etwas von der zähen, ruhigen, dämmebauenden Gelassenheit der Holländer in Spinoza steckte. Am Goethetag las er Morgens Gedichte des Herrlichen und hatte Mittags mit Du Bois=Reymond, Zimmermann, Herrn und Frau v. Rath aus Köln, dem Bibliothekar Dr. Campbell und anderen ein Symposion, bei dem Auerbach Goethes und was er Spinoza verdankte, gedachte. Du Bois=Reymond sprach auf die von Goethe geforderte Weltliteratur. Zimmermann trank auf Holland, das Urbild der Landgewinnung im zweiten Teil Faust. Der Dichter ten Brink toastierte auf Auerbach, Campbell auf Du Bois=Reymond.

Handschriften Spinozas ging Auerbach vergeblich nach, sein Bildnis in den städtischen Sammlungen gab ihm andere Anschauungen, in jüngerhafter Verehrung scheute er keine Mühe, den Spuren Spinozas nach Rhynsburg, Voorburg, in das Amsterdamer Judenviertel, in die portugiesische Synagoge zu folgen.

Im Wirtshaus zum Schwan von Voorburg, das die Jahrzahl 1632 eingemeißelt trägt, sah Auerbach ein bildschönes, goldblondes achtzehnjähriges Mädchen in einem Buch lesen; als er danach fragte, sagte sie: Op de Hoogte. Auf alle weiteren Fragen, von wem der Roman verfaßt sei, wie er ihr gefiele, erwiderte die Holländerin immer nur verschämt: Op de Hoogte. Auerbach war außer sich vor Entzücken, er ahnte nicht, daß seine drei Begleiter aus dem Haag sich liebenswürdig verschworen und der gelehrigen Wirtstochter das Buch in die Hand gespielt hatten. Und Marx, der hintendrein von dem Streich erfuhr, hatte nicht das Herz, ihn aus allen Himmeln zu reißen.

Wie tief und echt Auerbach in Wahrheit auch in den Niederlanden gewirkt, erfuhr er durch unantastbare Gewährsmänner. Der Maler Israels, dessen Bruder Professor Israels dem Dichter in der ersten Ausgabe seines Romans „Spinoza" seither berichtigte Versehen

in der Bezeichnung der Straßen nachgewiesen, bekannte Auerbach, daß
er ihm viel verdanke und schenkte ihm zum Zeichen dafür eine Skizze.
Eine sechsundsiebzigjährige gelähmte Greisin, die seine Schriften manche
Stunde getröstet hatten, bat ihn zu sich und meinte: „Was bist du für
ein Mensch, was kennst du den Menschen und tust ihnen so gut."

Die Amsterdamer Judenstraße mit ihren kreischenden Verkäufern
und Bettelweibern kam ihm wie ein Höllenbreughel vor; ganz anders,
so meinte er beim ersten Anblick dieser Blocksberg-Gruppen, hätte er
im Spinoza die Leute geschildert, wenn er schon 1837 in Amsterdam
gewesen wäre: „eine mit Abscheu gemischte Erbitterung Spinozas
gegen solche Genossenschaft ist mir nun neu erklärlich und die Absonderung der gebildeten Juden ist eine innere Notwendigkeit."

Ein paar Tage später urteilte er anders: in der Synagoge wurde
ihm Einblick in Archiv und Gemäldesammlung der portugiesischen Gemeinde gewährt. Er sah Handschriften und Bildnisse der Märtyrer
der Inquisition, der Vorkämpfer der in den Niederlanden Eingewanderten. Er begriff, daß diese Retter ihrer bedrängten flüchtigen
Glaubensgenossen in Spinoza den gefährlichen Widersacher des Judentums bekämpften. Angesichts eines Kupferstiches mit hebräischer
Unterschrift, der eine neue Niobe, eine Mutter zeigt, die drei Söhne
von der Inquisition verbrennen sah, warf er sich vor, neben Spinoza
nicht, etwa in Manasse ben Israel, einen würdigen Gegner im
anderen Lager gestellt zu haben, der, wenngleich nicht kongenial, doch
in gleich ehrlicher Überzeugung das Recht der Altgläubigen gegen den
Neuerer hätte behaupten müssen. Noch ein anderes, meinte Auerbach,
hätte er besser gemalt, wenn er 1837 in Holland hätte sehen und
lernen dürfen: die Verkündigung des westfälischen Friedens.

Vor den van der Helst und Rembrandt, vor großen
und minderen Niederländern, gingen ihm Geheimnisse ihrer, seiner,
aller Kunst auf. Bildende wie redende Kunst, so erkannte er, vermögen
nur zu fassen, was dein Auge in deiner Zeit geschaut oder was kein
Auge in keiner Zeit geschaut. Hältst du deine Zeitgenossenschaft fest,
so wird dein Gebilde für künftige Zeiten ein historisches und du gibst
etwas, was keine mit Worten geschriebene Geschichte geben kann
(Auerbach verwarf Historienmalereien und historische Romane, die, nur
aus Bibliotheken geschöpft, taube Früchte der Universitäts- oder Gym-

nasialbildung, Homunkulusmacherei seien). Entweder muß man als
Poet sein Zeitleben auffassen oder — und das war für Auerbach das
Höchste, das nur Dante, Goethe, Byron gelungen — das zeitlos
Menschliche. Er zog auch Shakespeare in diesen Kreis. Mit den Niederländern fühlte sich Auerbach aber nicht nur wahl- und wesensver-
wandt durch ihre Stoffe, er grüßte in ihnen Glück und Ziel seines
eigenen Schaffens:

> „Die Hauptsache ist, daß diese Kunst mit einem Spinozaschen Ausdruck als
> libera necessitas zu bezeichnen ist. Die Objekte sind nicht willkürliche oder rein
> ideale, zeit-, ort- und volklose, diese Kunst ist national und lokal und das ist ihr
> Besonderes und ihr Großes, sie ist nicht abstrakter Luxus, sie ist der schöne Luxus
> des Gebrauches; diese Kunst ist Freude am Leben, und das
> soll eigentlich der innerste Trieb aller Kunst sein."

Auerbachs Wollen und Können ist hier auf die beste bündigste
Formel gebracht. Die Kunst nur um der Kunst willen, Welt- und Menschenhaß, Pansatanismus und Pessimismus widerstritten seiner innersten Natur, die gleich seinen niederländischen Lieblingen, „fromm
und fidel", human und versöhnlich auch in Nachtbildern, in wahr-
haftigen Charakterköpfen von Auswürflingen und Verkommenen blieb.

Das heillos Verderbte, das radikal Böse, das Dämonische vermochte der unverbesserliche Optimist, der „fromme Pantheist" zeitlebens nicht zu packen, am allerwenigsten am Ende seiner Tage zu
bewältigen. Zeuge dessen sein letzter Roman „Der Forstmeister".

Im Juli 1876 hatte der Dichter, kurz vor Abschluß der Neuen Dorfgeschichten in St. Blasien und Höchenschwand im Verkehr mit tüchtigen
Forstwirten ausgiebigen Waldbetrieb gründlich studiert und sich gestanden, diese Gegend führt zu Neuem. Die ersten Ansätze zu der
Waldgeschichte wuchsen allmählich. Als Wilbrandt im Februar 1878
Auerbach in Berlin besuchte, sprach der Ältere dem Jüngeren von
seinem Werk; er nahm sein Manuskript, vier Hefte in blauem Umschlag, hob aus jedem in fließender Erzählung den Kern heraus und
schloß mit der Frage: nicht wahr, das ist ein Stück? Auf Wilbrandts
Ja sagte er urvergnügt: also fangen wir an. Als ob sich das auch bei ihm,
wie bei seinem Wirt von selbst verstünde, diktierte Wilbrandt dem mit
großen fliegenden Buchstaben schreibenden Berthold. So rundete sich
der erste, zweite, dritte Akt. Jeder Einwurf des einen gab im Gehirn
des anderen neue Funken. Auerbach sprang auf, warf den Rock ab,

in Hembärmeln aufgeregt durch das Zimmer schreitend, nahm er
Wilbrandt beim Arm, sang das Liedlein: „Du bist verrückt mein
Kind, du mußt nach Berlin, wo die Verrückten sind, da gehörst du
hin." Über dem Humor dieser Situation fiel ihm eine Geschichte ein,
die er mit Otto Ludwig erlebt. Während er sie erzählte, setzte
er sich auf den Tisch. Dann sprang er wieder auf. Beide bauten
an dem Waldschauspiel weiter. Nach zwei Stunden war das Haus
unter Dach. Auerbach war (wie mir Wilbrandt schrieb) glücklich wie
ein Kind, erregt wie ein Liebender, heiter und liebenswürdig wie
sein bester Tag und alles an ihm „Zigeuner", Poet; nach Mitternacht
begleitete er Wilbrandt heim, dann wanderte er wie ein Jüngling,
der die Sterne vom Himmel fallen sieht, in die Nacht zurück. Ja,
Auerbach blieb jung, schloß Wilbrandt. Bühnensicher wurde der
luftige Bau niemals. Auerbach kehrte zur erzählenden Grundform
zurück, machte noch Fachstudien in Eberswalde, ließ den Roman zuerst
als Zeitungsdruck erscheinen und unterzog diese erste Veröffentlichung
im Niedernauer Waldhaus der ihm seit den Siebzigerjahren immer
enger befreundeten Familie Kilian Steiner und in Karlsruhe
einer anstrengenden, mühseligen und doch nach Auerbachs eigener
Empfindung nicht geglückten Umarbeitung.

Ein Revierförster zieht in wildem Schmerz über den Verlust seiner
Frau nach Amerika. Zwei Verschmähte rächen sich an dem Abwesenden.
Während er jenseits des Weltmeeres als „Waldmissionar" lehrend und
tatkräftig eingreift, verleumdet ihn eine Schmähschrift als Mörder
seines Weibes. Das Pasquill treibt ihn zurück. Gekommen, mit den
Verleumdern abzurechnen, findet er in der Tochter des Schweden-
försters Jörn eine neue Geliebte. Die Lügenpropheten verfallen
indessen ihrem Verhängnis. Am ausgiebigsten ist die Abrechnung
mit dem Weltfaulenzer, Chaosmacher, „dem Wolf in Menschengestalt",
Schaller, dem Maschinisten der Handlung. Sohn eines „Waldschinders",
von mächtigen Geistesgaben, wäre Schaller im Mittelalter Vagant
geworden. Frivolin, Märchenkobold und noch ein halb Dutzend anderer
Namen führt der Verkommene auf seinem Verdrusculum Burg Renten-
horst. Zu wüstem Welthohn bringt er nur die Zungengeläufigkeit
mit. Seine Helfershelferin ist eine Halbschwester der Bella im Landhaus am Rhein, der Anna im Edelweiß. Schaller und Emmy sollen

nichtsnutzige, herz- und gewissenlose Schädlinge sein. Ihre Opfer billigen ihnen echt auerbachisch mildernde Umstände zu. Schaller, der viel verstiegenes, mehr aberwitziges, als böses Zeug redet, liebt doch wenigstens seinen Hund und sein Waldhorn. Emmy, so heißt es entschuldigend, fehle nur der richtige Schauplatz in großstädtischer Umgebung, die geziemende Herrscherstellung. Beide Charaktere gereichen der versöhnlichen Grundstimmung des Dichters zu größerer Ehre, als der Schärfe seiner Menschenkritik. Die Waldbilder weisen mehr auf den Waldgärtner, als auf den Poeten.

„Ich tauge nicht zum Polemiker und nicht zum Ironiker", schrieb er einem Freunde, „ja hätte ich die nötige Ironie, Schaller wäre damit der rechte Kerl geworden. Er ist nicht souverän bewältigt und frei geformt, wie er's sein müßte, und noch hunderterlei könnte ich in diesem Betracht hinzusetzen. Solch eine Figur braucht ganz anderen Wurzelraum." „Ich bin vielleicht aus mir, aber ganz gewiß noch mehr von außen immer mehr dahin gedrängt, das Mangelhafte und Unzulängliche in meiner Kraft zu sehen, und gerade mich will man oft eitel nennen."

„Warum schicken Sie mir," schrieb er demselben Freund M a r x , „den Artikel von T r e i t s ch k e? Dieser Artikel ist ja ein völkerrechtswidriges Explosivgeschoß und zermartert mir das Herz. Und das mir und jetzt? Ich stehe am Abschluß einer die äußerste Nervenkraft anspannenden Arbeit, und wenn man so etwas liest, so etwas Blutvergiftendes, so möchte man alles Kunstgetriebe und alle Kesselflickerei deutschen Schriftstellertums zum Teufel wünschen. Darum also arbeiten wir so lang, um eine solche Barbarei von einem gebildeten ernsthaften Deutschen zu erleben? Meinten Sie vielleicht, daß ich gegen Treitschke schreiben soll? Ich glaube, ich wäre der Mann dazu. Aber soll ich mich von den Witzbolden der Börse beschnüffeln und von den Freßbäuchen derselben Sphäre ignorieren lassen? Und doch, wenn ich einmal Ruhe bekomme, dann lade ich einmal die ganze religiös-politische Bande vor das Gericht der Logik und Menschlichkeit und lasse sie kosten, was ihr Christentum und ihr Deutschtum ist. Ich will Ihnen heute nur sagen, daß ich mich über alles hinüber zu meiner Arbeitspflicht halte."

Ursprünglich „K n e ch t u n d M a g d", später B r i g i t t a betitelt, fand diese letzte bei Lebzeiten Auerbachs veröffentlichte Erzählung freundliche Zustimmung bei S ch e r e r, begeisterte Aufnahme bei V i s ch e r, von S p i e l h a g e n gar das Zeugnis, sie sei das beste, was Auerbach je geschrieben habe. Wiederum (wie in den Sträflingen, Auf der Höhe, des Lorles Reinhard) steht das Reue-Motiv im Mittelpunkt. Diesmal über die Verletzung der Feindesliebe. Die Wirtin zum Löwen in Gutach war das Kind begüterter Leute. Durch einen gewissenlosen Rittmeister wurden die Ihrigen zu Bettlern, die von Haus und Hof gejagt verdarben. Zäh und brav schlägt sich Brigitta durch. In der (nach der Natur geschilderten) Heilanstalt eines großen Züricher Augenarztes (Horner) leistet sie als Pflegerin Außerordentliches. Sie überwindet sich, ihre Pflicht sogar gegen den nichtswürdigen Betrüger ihrer Eltern zu erfüllen, den eine ekelhafte Krankheit in das Sanatorium führt. Übervoll wird das Maß erst, als der Rittmeister vor einer entscheidenden Krise flucht, schilt, mit seinem Schicksal hadert. Da verschweigt Brigitta dem Sünder nicht, wie unsühnbar er gefrevelt; in ihrer Erregung läßt sie die gebotene Sorgfalt außer acht, so daß der Kranke sein Augenlicht einbüßt. Ihret-, nicht seinetwillen nimmt sie den blinden, von seiner Frau verlassenen Bettler in ihre neugeschaffene Häuslichkeit. Eine Samariterin, die reuelos nicht dem Sünder, nur der Guttat zuliebe dem Hilflosen Zuflucht gewährt. Brigitta wurde (kein unwürdiger) Abschied des Erzählers.

Eine große, gegen die Sozialdemagogie gerichtete Geschichte „Billig und schlecht" ließ Auerbach im Bürstenabzug liegen; seine Bedenken waren gegründet; Spielhagen stimmte mit mir dagegen, „Billig und schlecht oder das Haus Rabenalt" nach Auerbachs Tod in Buchform herauszugeben.

Die gestaltende Kraft des Dichters war seit dem Roman „Auf der Höhe" stetig gesunken. Die Fähigkeit, Selbsterlebtes festzuhalten, besaß er nach wie vor in alter Frische. Das zeigten die „Spinozastudien", die er vor der Enthüllung des Denkmals im Haag auf die Bitte eines Wiener Blattes als Festartikel rasch hinwarf; das bewies „Der Tag in der Heimat", die unvergleichliche Schilderung eines seiner letzten Besuche von Nordstetten, den er mit seinen Niedernauer Gastfreunden, der Familie Steiner, unternahm und angeregt durch einzelne in Zeitungen gedruckte Kapitel der Erinnerungen von Laube mit fliegender Feder für die Deutsche Rundschau beschrieb; das offenbarten die Briefe an Jakob, die jetzt in einem Jahr umfangreicher, als 1830—40 in einem Jahrzehnt, zum Tagebuch seiner großen und kleinen Erlebnisse wurden, Lust und Leid spiegelten, Fest- und Grabreden wiederholten, Fürstlichkeiten und Waldhüter porträtierten, tröstliche Aussprachen mit Freytag und heißblütige Abwehr widerwärtiger Zeitkrankheiten, insbesondere die Judenfrage, in der der Tiefverwundete sich wiederholt auch öffentlich vernehmen ließ, vor

Allem dem Freund anvertraute. Die Illinois Staats-Zeitung druckte folgende an Friedrich Kapp gerichteten Zeilen:

Tarasp, 19. Juli 1877. Vom Riesengebirge nach den Graubündener Alpen schicken Sie, lieber Kapp, mir einen Mahnruf, ich müsse ein Wort sagen über die monströse Geschichte, daß der Wirt Hilton in Saratoga den Bankier Seligmann nicht in seinem Gasthof aufnahm, weil er — ein Jude ist. Die erste Frage war: ist die Affäre nicht zu klein und unbedeutend? Da fiel mir das Sprichwort ein: der Reiter, der eine Ackerwette, die die Pflanzenwurzeln auffrißt, über den Weg kriechen sieht, der Reiter soll vom Pferde steigen und das Ungeziefer zertreten. Und als vor kurzem der Koloradokäfer in Deutschland eingeschleppt war, bot die Regierung alle Mittel der Verwaltung und der Wissenschaft auf, um die verheerende Kreatur sofort auszurotten. Ähnlich erscheint die genannte Tatsache. Sie schreiben mir, daß ich eine besondere Verpflichtung zu einer Kundgebung hätte, zunächst als Jude und dann, weil ich in meinen Schriften so vielfach eine weltgeschichtlich neue ideale Zukunft der Vereinigten Staaten Amerikas betonte. Als Jude? Daß noch Judenhaß besteht, und daß er es wagen darf, sich kundzugeben, das ist für die Juden ein Schmerz, für die Christen eine Schmach. Beaconsfield d'Israeli müßte Hilton erklären, daß er bei einem Besuch in Saratoga sein Grand Union Hotel meiden würde. „Kein Geistlicher sollte die Kanzel besteigen, ohne auszurufen, die erste Spur eines Greuels hat sich unter uns am hellen Tage zu zeigen gewagt, wodurch die Religion der Liebe, als welche sich die unsere verkündet, zur Lüge wird. Wer kann noch das Wort Vaterunser sprechen, solange er verleugnet, daß alle Menschen aller Farbe, aller Bekenntnisse Kinder Gottes sind.“ „Solange ein Mensch anderen Glaubens, anderer Abstammung lieblos oder gar mit Haß betrachtet wird, ist keine wirkliche Religion in der Welt.“ „Gewiß, es ist keine Frage, es ist viel zu tadeln an den Juden, dies- und jenseits des Ozeans. Vor allem fehlt ihnen vielfach die stille Bildung, jenes sich selbst Genügen an der inneren Veredlung und Erhöhung. Es herrscht eine Sucht zu Prunk und Schaugepränge besonders unter den jüdischen Frauen. Es ist da viel zu arbeiten und zu mahnen, um Einfachheit, bescheidenen Bürgersinn zu pflanzen und zu hegen. Ist aber nicht ähnliches auch in entsprechenden Schichten der zu Reichtum gelangten Christen?“ „An die Juden in Amerika wäre noch die Mahnung zu richten, sich durch den alles höhere Leben versöhnenden Versuch nicht abhalten zu lassen, die Saat des Guten auszustreuen in ihrem neuen Vaterland, und sich würdig zu erweisen, freie Bürger zu sein; vor allem aber dürfen sie sich nicht erbittern lassen, wenn, was ja leicht möglich ist, die christlichen Mitbürger nicht der Verpflichtung nachkommen, gegen den ersten Keim einer sittlichen Pest mit aller Energie aufzutreten.“

1879 betitelte er in der „Gegenwart“ ein Mahnwort gegen einen russischen Blut-Ritualprozeß: „Kannibalische Ostern“. Sämtliche christliche Theologen, der Pope im Kaukasus, wie der Papst in Rom, müßten mit der Erklärung vorangehen, daß niemals und nirgends dieser Beschuldigung gegen die Juden auch nur ein Atom Wahrheit

innewohnte. „Mit wessen Blut waren die Osterkuchen gebacken, die
Jesus als Jude beim Abendmahl brach und unter die Jünger verteilte?"
„Ein Spinoza, ein Moses Mendelssohn, der eine lebenslang, der
andere zeitweilig von fanatischen Glaubensgenossen verfolgt, wäre es
möglich, daß sie doch nicht aus der Konfession geschieden wären, wenn
solcher Kannibalismus in ihr nur denkbar war?"

Die Petition gegen die Juden an Bismarck, die zweitägige
Judendebatte im Reichstag drängte im November 1880 dem im
ersten Schmerz Verzweifelnden den Wehruf auf die Lippen: „Vergebens gelebt und gearbeitet." Stundenlang hörte er auf der Galerie
zu. „Es war ein Ringkampf in erbittertem Zähneknirschen. Und
was hörte man immer wieder? Den Börsenkurier. Sind denn wir
anderen seit Moses Mendelssohn nicht auch da?" Gegen Stöckers
Wort auf der Pastoralkonferenz: „Gott hat uns das Schwert der Wahrheit gegeben gegen Niedertracht und Lüge" schrieb er eine diesen Text
gegen den Sprecher kehrende flammende Erwiderung, die er auf den
Wunsch Laskers nicht veröffentlichte, so maßvoll sie gegen den
„neuen Luther" auch in der Sache war. So oft er mit den Fürstlichkeiten zusammentraf — der Großherzog von Baden besuchte
ihn wiederholt in Berlin und Sankt Moriz, die Kaiserin und das
Kronprinzenpaar begegneten ihm mit hoher Auszeichnung —
hielt er mit seinen Schmerzensausbrüchen nicht zurück und das letzte
Blatt, das Auerbach bei Lebzeiten drucken ließ, war sein am 7. August
1881 aus Sankt Moriz gerichteter Dankbrief an Döllinger, für dessen
Vortrag in der bayrischen Akademie über die Geschichte der Juden.

Sie haben benen, die das Wort von der Religion der Liebe zu lügnerischer Phrase
mißbrauchten, Sie haben benen, die den Schaden, welchen die deutsche Volksseele
erleidet, nicht beachtend, in leichtfertiger Frivolität den Fanatismus gewähren ließen
und die Judenhetze als einen belebenden Sport betrachteten, Sie haben ihnen allen
den Frebelmut ihres Tuns vor Augen gestellt. Sie vollzogen dies entscheidend. Wir
deutschen Juden, die wir mit aller Kraft unser deutsches Vaterland lieben und die
Mängel und Fehler unserer Angehörigen zu heilen suchen — wir atmen auf. Das
banken wir Ihnen. Eine unabsehbare Schar von Christen und Juden reiht sich unter
die Fahne, der Sie den Wahlspruch der sophokleischen Antigone gegeben haben:
„Nicht mitzuhassen, mitzulieben bin ich da."

Zweifellos hat der Zorn über die Judenhetze an ihm gezehrt. Daß
der Unfug sein Ende beschleunigt oder gar herbeigeführt habe, wie

die Aufregung über den Streit mit Jacobi wegen Lessings Spinozismus Mendelssohns Tod bewirkt haben soll, ist unerweislich und
unglaubwürdig. „Viel Leid ist ihm hieraus erwachsen," so erklärte
Lasker, „gewiß auch Nachteil für seine Gesundheit, doch ist es billig,
zur Ehre der Wahrheit und zur Ehre des Dichters festzustellen, daß der
Niedergang der Kräfte und die plötzliche Alterung eingetreten waren,
ehe die öffentlichen Wirren ihn ergriffen."

Ein Mann, den die Erniedrigung seiner engeren Stammesgenossen
so tief traf, war und blieb bis zum letzten Atemzuge empfänglich und
dankbar für jedes Zeichen echten Wohlwollens, für den geringsten
Liebesbeweis. Und glücklicherweise brachte ihm Jahr um Jahr neue
Bekräftigung alter, nicht zu entwurzelnder Anhänglichkeit. Eine der
reinsten Lebensfreuden bereiteten ihm die Cannstatter, die dicht neben
dem Freiligrath-Sitz auf dem Sulzerrain ein Lieblingsplätzchen Auerbachs mit einer seinen Namen tragenden Linde schmückten.

In der süddeutschen Heimat und in Berlin war er der erste, dessen
Anteil bei großem, festlichem und traurigem Anlaß gewünscht und
willkommen geheißen wurde. Zum fünfundzwanzigjährigen
Regenten-Jubiläum des Großherzogs von Baden und beim
Pressefest des Berliner Kongresses, an der Bahre Taylors und
beim Ehrenmahl des amerikanischen Gesandten Andrew White,
beim fünfzigsten Geburtstag von Spielhagen, beim sechzigsten
von Julian Schmidt, beim Begräbnis von Max v. Weber
und beim Bankett für Georg Brandes, immer und überall wurde
Berthold Auerbach, wie einem Patriarchen, das entscheidende Wort
zu teil. Das schien so selbstverständlich, daß selbst der tiefbescheidene
Jakob sich dieser Geltung Bertholds freute, zumal er sich und den Freund
erinnerte, aus welchen Anfängen er zu solcher Höhe emporgestiegen sei.

Nichts tat dem Dichter wohler, als wenn er bei jeder Gelegenheit
anderen wohltun konnte. Und keine ihm selbst erwiesene Huldigung
beglückte ihn inniger, als Ehrungen seiner Meister. Zum Berliner
Goethe- und Lessingdenkmal hat er wirksam mitangeregt, die
Enthüllung des Spinozadenkmals im Haag, seiner geschwächten
Gesundheit nicht achtend, mitgemacht und beschrieben. Christliche und
jüdische Eiferer hatten gegen die monumentale Verewigung des Ketzers
gewühlt. Gleichwohl war der Adjutant für den Kronprinzen Alexander,

der Marineminister und der Bürgermeister zur Stelle. Hexamers Standbild aus schwedischem Granit erhebt sich zwischen Lindenreihen, dicht beim Sterbehaus Spinozas, in der stillen, friedlichen, abgeschiedenen Paveljoensgracht. Die Feierlichkeit vor der Enthüllung verlief einfach. General Graf Stirum-Limburg als Vorsitzender des Ausschusses sprach zuerst, der Harlemer verdiente Spinozaforscher van Bloten hielt einen Vortrag über „den friedvollen Botschafter der mündigen Menschheit", beim Festmahl brachte nach den offiziellen Toasten der englische Spinozakenner Pollock einen Trinkspruch auf Auerbach aus, der vor vierundvierzig Jahren seinen Spinozaroman in die Welt geschickt habe. Auerbach antwortete, rühmte die Niederlande, denen der Philosoph durch Geburt, Leben und Tod angehörte, als Freistatt des freien Geistes, Spinoza als die Verkörperung des homo liber.

„Er stellte den von Natur schuldlosen Menschen dar, der von jeder traditionellen Lehre frei nach den Gesetzen der reinen Menschennatur handelt. Spinoza wollte, daß die Menschen erkennen, was sie tun, und tun, was sie erkennen: das wahrhaft Menschliche, das das Sittliche und Göttliche ist. Zu dieser Erkenntnis, es darf daran erinnert werden, haben zwei Deutsche, Lessing und Goethe, die Seelen erweckt. Ihrer darf nicht vergessen werden an dem Tag, an dem zum ersten Male die ewigen Sterne über Spinozas Erzbild leuchten."

So hielt er den geschiedenen Schutzgeistern Treue. Nicht minder treu blieb er aber auch den Lebendigen. Vischers „Auch Einer", den Unverstand und Dreistigkeit kurz abfertigte, widmete er in der wunderlichen, Goethe entlehnten Form alphabetisch geordneter Aphorismen eine dem schwäbischen Charakter sorgsam nachspürende, Licht und Schatten auch der Dichtung selbst billig zuteilende Würdigung. Turgenjews Neuland, Freytags Schlußband der Ahnen besprach er in der Allgemeinen Zeitung. Konrad Ferdinand Meyers „Jürg Jenatsch", „Die letzte Reckenburgerin" der François wollte er zum Anlaß herzlicher Zustimmung nehmen. Kuhs Hebbelbiographie beschäftigte ihn angelegentlich. Strobtmanns Heinewerk und Brandes' Essay über Beaconsfield brachte Auerbach einen alten Wunsch in Erinnerung, die Juden zu schildern in Vergangenheit und Gegenwart.

Seine Kalendergeschichten, die er schon vorher in den illustrierten Sammelbänden „Zur guten Stunde" geordnet hatte, gab er nun, neu eingereiht und gemehrt, in drei Bänden Volksbüchern heraus. Zur silbernen Hochzeit des Großherzogs von Baden wußte er keine köstlichere Gabe zu bieten, als ein paar Geschichten seiner Mutter. Zum hundertsten Gedenktag von Lessings Tod schrieb er, von der Wiener „Presse" als Ehrengast geladen, die Studie „Zur Genesis des Nathan".

Sehr leidend verbrachte er den August 1881 in Sankt Moriz, wo er mühselig im „Alten-Manns-Schritt" umherschlich; sein Herz schlug leise wie ein Kinderherz, war aber noch immer feurigen Aufschwunges fähig. Auf der Fahrt in das Niedernauer Waldhaus kehrte er in Radolfzell bei Scheffel ein; unsagbar bewegt durch die Stunden im Freundeshaus schrieb er in das Fremdenbuch:

21. August 1881. Acht Uhr. Da möcht' ich sterben! So am Abend des Hochsommers, am offenen Fenster in diesem Stuhle sitzend, vergessend alle Kämpfe um die Not des Daseins, hinausschauend über das Rebgelände, wo der menschenerfreuende Wein gedeiht, hinüber über den See, der Wellenformen bildet und zerstäubt und doch ewiges Leben hat, hinaufblickend nach den Höhen, über denen die Sonne verglüht in Farben, die nur zu schauen, nicht zu schildern sind. So, alles vergessend und alles umfassend, die ganze Herrlichkeit des Daseins noch einmal atmend, schauend, erkennend in sich aufnehmen und dann vergehend. Das war mein Wunsch in dieser Abendstunde am Tage meiner Rückkehr aus den Hochalpen und ich halte ihn hier fest für meinen Freund Scheffel und seine Freunde.   Berthold Auerbach.[1]

Von Ende August bis Mitte September war der Dichter, im Hause Steiner von groß und klein geliebt und gehätschelt, in Niedernau; in dem ursprünglich von Niemeyer gebauten Waldhaus, das nach dem Tod des großen Tübinger Arztes Auerbach hatte kaufen wollen, und das der neue Besitzer Kilian Steiner, ein Kenner und Pfleger edler Gartenkunst, liebreich hegte, vergrößerte, mit Anlagen ausschmückte; noch einmal schleppte er sich von Niedernau nach Nordstetten, wo er zufällig am Todestag seiner Mutter eintraf; das Grab zu besuchen ging über seine Kraft. Liebreich hatte er ihr Andenken außer in den Geschichten für das Album des Großherzogs in Kindheitserinnerungen gefördert, die ihm in Niedernau und von Mitte September an in Cannstatt leicht von der Hand gingen. Schwäbische Landsleute hielten den Dichter mehr als einmal mit der Frage an:

---

[1] Eigenhändiger Zusatz Scheffels: Am 8. Februar 1882 ging Berthold Auerbachs Todesahnung in Erfüllung; er starb zu Cannes in Südfrankreich und liegt in der schwäbischen Heimat Nordstetten begraben.

„Sind Sie krank gewesen? Sie sehen so übel aus! Ei, wie haben
Sie sich verändert, so schlank und — — man wird eben auch alt.“
Diese echte Neugier und falsche Teilnahme focht ihn nicht gar zu sehr
an. Noch fühlte er sich so wohl, daß er am 10. Oktober stundenlang bei
der Auerbach-Linde war. Der 1870 gepflanzte Baum gedieh prächtig,
auf der Bank saß der Dichter lange und träumte sich hinaus über alles
Leben, „bis es Nacht wurde“.

Und es wurde Nacht, schneller und tiefer, als er geahnt hatte. Am
11. Oktober besuchte er Frau Freiligrath, am 12. das Theater —
eine Vorstellung der „Jungfrau von Orleans“ — überwältigt von der
dramatischen Naturkraft Schillers. Wie ein Lehrling dem Meister,
bat er ihm alle kritischen Bedenken ab: „was sonst als Unnatur erscheint, ist seine Übernatur.“ Mitte Oktober erkrankte er an einer
Lungenentzündung; wochenlang war er in Todesgefahr, die Teilnahme außerordentlich. Kaiserin Augusta, das Kronprinzenpaar, Großherzog und Großherzogin von
Baden, der Großherzog von Weimar, nahe und ferne
Freunde zogen Erkundigungen ein. Noch einmal flackerte das Lebens-
licht auf. Der scheinbar Genesende hatte die Freude, mit seinem von
schwerer Neurasthenie heimgesuchten Zimmernachbar im Hotel Hermann, Paul Heyse, zu plaudern, mit Jakobs Bruder und seiner
eigenen Schwester Franzefuß zu spielen. Anfangs Dezember reiste er
mit seiner Tochter Ottilie nach Cannes.

Unsäglich müde von der Fahrt meldete er Jakob: das Dasein hier
ist ein Märchen. Er war am 11. Dezember im Hotel Great Albion abge-
stiegen, am 12. Dezember nahm er in der Villa Mauvarre, bei einem
schwäbischen Arzte, Dr. Tritschler, Wohnung. Als er an das Fenster
trat, die See und das Esterelgebirge sah, rief er: „O du ewiges Meer,
wie schön bist du! Hier bleib’ ich, ich gehe nicht mehr fort, nach Nizza
geh’ ich nicht!“ Dann setzte er sich an den Tisch zum Schreiben: „Hier
ist Ruhe, hier ist Frieden, hier will ich die Tage meiner Jugend, ich will
meine Lebensgeschichte schreiben und ich denke, es soll mancher ’was
draus lernen.“ Dem Arzt und den Seinigen erzählte er vom kleinen
Berthold, wie der einmal grausam mit sich gekämpft vor einem
verbotenen Apfelbaum und Sieger blieb, indessen sein älterer Bruder
erlag, oder wie er drei vazierenden Handwerksburschen Kegel auf-

gesetzt einen Nachmittag lang, um e i n e n Groschen. Nach Tisch
ging er mit Tritschler im Garten auf und ab, dort faßte er ihn an der
Hand mit den Worten: „Also, Doktor, Sie versprechen mir, Sie schicken
mich nach Nordstetten, dort neben meinen Eltern will auch ich begraben
sein." Der Arzt erschrak, das Aussehen Auerbachs, die fahle kachektische
Hautfarbe war beunruhigend genug. Stimmung und Befinden wech-
selten. Immer zog es ihn zum Meere hin. Seine Kräfte versagten
aber. Kleine Besserungen freuten alle Hausgenossen; denn er hatte
im Flug alle Herzen durch Humor und Güte gewonnen. Dr. Tritschler
riet er, im Garten von jedem Besucher ein Pflänzchen einsetzen zu
lassen, damit die Leute gern an die Villa Mauvarre zurückdenken,
zurückkommen sollten. Er selbst wollte an seinem Geburtstag einen
Eukalyptus pflanzen: dann würden's die anderen nachmachen.
Tritschler fügte beistimmend hinzu, dies Plätzchen sollte Bertholdseck
heißen. Die Kinder der Mitbewohner der Villa hatten den Alten
bald ins Herz geschlossen. Er las Goethes Leben von Lewes, erbaute
sich an der Odyssee, die er vom ersten bis zum letzten Gesang durch-
nahm, am Ende betrübt, daß er danach keine neue Odyssee zu lesen
bekommen könnte. Jakob, der F a m i l i e S t e i n e r, H e m s e n,
S p i e l h a g e n, M a r x, Frau R a h e l A d l e r und anderen
Freunden in der Heimat schrieb er Briefe, die seinen echten, alten
Herzton anschlugen, beruhigen, erquicken wollten. Er versuchte, an
der Lebensgeschichte weiter zu arbeiten, stieg zum Meere hinab, wo
Seekrebse, Polypen, fliegende Fische, Seeigel ihn anzogen. Austern
und Chablis ließ er sich hie und da schmecken. Der Arzt hoffte ein
wenig auf Erholung. Die Arbeitsmüdigkeit nahm Tritschler nicht
wunder, sie kommt oft vor bei Gästen an der Riviera. Mittags entschuldigte sich Auerbach bei der Hausfrau: „Ihr Essen ist gut, nur
der Esser taugt nichts, ich habe geschäftlichen Verdruß gehabt." Die
vor seiner Krankheit weit gediehenen Vorbereitungen einer Ausgabe
seiner Werke letzter Hand, die bei seinem siebzigsten Geburtstag beginnen sollte zu erscheinen, waren gescheitert. Er wurde kränker.
„Ach, wie bin ich so widerwärtig, aber verzeiht mir, Kinder, glaubt
nicht, es ist der Berthold, es ist die Krankheit. Mit mir ist's aus, es
ist umsonst. O wär' ich doch schon in Cannstatt gestorben, ich bin müde."
Ging's einen Tag leidlicher, dann regte sich Lebens- und Schaffenslust:

„Ich hätte gerne noch so manches ausgeführt, das Beste hab' ich noch nicht gesagt, doch ich bin fertig und bereit." Bald traten wieder angst- und qualvolle Symptome fast völliger Darmverschließung ein. Zum Glück ohne Schmerzen, Narkotika stimmten den Kranken auch körper- lich auf das tiefste herab. Anfangs Februar zog Dr. Tritschler noch Dr. Bourcart zu Rate. Beide sahen, daß keine Hoffnung mehr war. Der Geist des Dichters ruhte nicht. Die Zeichnung der Tapeten, das Muster des Teppichs verwandelten sich in Bilder, er sah den Fürsten von Odessa, der um die Hand seiner Tochter freite, damit er König werde. Mosaismus und Christentum erschienen ihm in Gestalt von je vier schönen Jünglingen, von denen keiner den Sieg gewonnen. Treu und hingebend standen ihm Ottilie und der aus Berlin herbeigeeilte Sohn Eugen zur Seite; „und wenn ich es nicht mehr sagen kann in meiner letzten Stunde, so sag' ich es jetzt, ich sterbe mit lauter Segen für euch, meine lieben Kinder." An Spielhagen diktierte er:

Cannes, 8. Februar 1882, zwei Uhr Nachmittags.

Heller Sonnenschein, Rauschen des Meeres, morgen um diese Stunde atme ich vielleicht nicht mehr, ja nach positivem Benehmen des zweiten Arztes Dr. Bour- cart ziemlich wahrscheinlich nicht mehr. Ich gehöre sonst nicht zu den Mutigen, Spannkräftigen, aber der bestimmten und sicheren Gefahr gegenüber gewinne ich sicheren Halt und auch dem Äußersten gegenüber.

Wie viel hätte ich Ihnen zu sagen, um meine Stellung gegenüber der Lehre meines Meisters von der Resignation in Leben und Lehre zu fixieren, mich weder größer zu machen, noch kleiner zu lassen, als ich bin. Aber das müssen Sie selber herausfinden, denn ich ernenne Sie hiermit zum wesentlichen Herausgeber meiner opera omnia, sowohl der bereits gedruckten, als der noch ungedruckten. Die Anordnung des ge- samten Materials überlasse ich Ihnen in Gemeinschaft mit meinem Sohn, dem Rechts- anwalt Eugen Auerbach, meinem Vetter Oberlehrer Dr. Jakob Auerbach in Frankfurt am Main und dem literarisch wohlbewanderten und warmherzig zugewendeten Dr. Anton Bettelheim in Wien.

Die honorariellen Bedingungen sind absolut mit meinem Sohne, dem Rechts- anwalt, durch ein einmaliges Honorar zu vereinbaren. Im ganzen wird die Sache mehr als eine freundschaftliche behandelt. Ausgeschlossen bleibt zunächst das Büchlein 1. Das Judentum und die neueste Literatur. Kritischer Versuch von B.A. Stuttgart, 1836 bei Brodhag; 2. Friedrich der Große von Theobald Chauber. Zwei Bände mit Illustrationen, 1834—35, Stuttgart, bei Scheible; 3. Der Ultimo, ein Lustspiel, gesammelt im Rheinischen Taschenbuch, 1839 bei Sauerländer; 4. die Bearbeitung einer Abhandlung von Channing über Selbst- bildung unter dem Titel „Der gebildete Bürger"; 5. die Sammlung der

Illustrierten deutschen Volksbücher, die als selbständiges Werk bei Bielefeld in Karlsruhe in drei Bänden oder auch in zwölf selbständigen kleinen Büchern
erschienen sind.

Lieber Freund, eine Hauptsache ist folgende: die wichtigsten Sachen der Entwicklung meines allgemeinen und besonderen Lebens stehen in den seit 1830 ziemlich regelmäßig fortgeführten Briefen an meinen alten vertrauenswerten Freund
Dr. Jakob Auerbach in Frankfurt am Main. Ich wünsche, daß diese Briefe
herausgegeben werden unter dem Titel „Briefe an Jakob von Berthold
Auerbach" unter Auslassung derjenigen Expektorationen, die sich auf mein un-
mittelbares vereinzeltes Leben beziehen.

Vier Stunden später, um sechs Uhr Abends, verschied Berthold
Auerbach leicht und sanft. Ruhe und Frieden war der Ausdruck seines
ehrwürdigen Kopfes auch im Tode. Am 9. Februar wurde der Sarg
im Salon der Villa Mauvarre aufgebahrt, reich geschmückt mit Blumen,
Palmenzweigen, Lorbeerkränzen. Professor Lazarus war aus Nizza
herübergekommen und sprach den Scheidegruß, vorher sang die kleine
Gemeinde den Choral: „Gott ist getreu", nachher „Stumm schläft der
Sänger". Seinem bei Lebzeiten oft geäußerten Wunsche gemäß wurde
Berthold Auerbach in Nordstetten begraben. Aus der Villa Mauvarre
wurde die Bahre, da in Cannes kein besonderes jüdisches Gotteshaus war,
in die evangelische Kirche, von dort nach Erledigung der gesetzlichen
Vorschriften, in einem Eichensarg mit der Inschrift Berthold Auerbach
âgé de 70 ans décédé le 8 fevrier 1882, Cannes, nach Schwaben
gebracht; am 15. Februar erfolgte die Beerdigung in Nordstetten.

Im ehemaligen „Schloß", dem Rathaus, war der Sarg aufgebahrt worden, über hundert Kränze aus allen Gegenden Deutschlands waren eingetroffen. Um ein Uhr Mittags setzte sich der Zug
nach dem jüdischen Friedhof in Bewegung. Voran die Schuljugend,
dann folgte die Feuerwehr, nach ihr der altmodische, von den benachbarten Rottenburgern entliehene Leichenwagen mit dem Sarge. Nun
schlossen sich die Leidtragenden, Nina, Ottilie, August, Eugen
und Rudolf Auerbach an, die Geistlichkeit, Abgeordnete der Tübinger Burschenschaft und der Tübinger Liedertafel, die Trauergäste
aus Berlin, Wien, Breslau, Frankfurt, Mannheim u. s. w. Die Land-
bevölkerung war in dichten Scharen zusammengeströmt, die Eisenbahn-
bediensteten vom Ministerium zur Leichenfeier beurlaubt. Trotz des
Föhns, der über die Kuppen sauste, hielten alle stand, auf dem

Gottesacker drängte sich Kopf an Kopf, die Föhren vor dem Friedhof waren von der Dorfjugend erklettert und besetzt worden. Die Tübinger stimmten das Lied an: „Integer vitae, scelerisque purus." Der Mühringer Bezirksrabbiner Dr. S i l b e r s t e i n sprach eine schlichte Grabrede. Dann trat F r i e d r i c h T h e o d o r V i s c h e r an die offene Gruft und hielt Berthold Auerbach einen Nachruf, wie ihn nur ein Dichter dem anderen, ein Lebensfreund dem Lebens=freund zu weihen vermag.

„Ehrendes Vertrauen ruft mich hervor aus dem Kreise der Trauernden, in welchem ich lieber still mit den Stillen verweilt hätte. Der alte Freund und Landsmann durfte sich dem Rufe nicht entziehen. Nur wenige Worte seien der vernommenen Rede hinzugefügt, die den Wert des Verstorbenen schon so ernst eingehend gewürdigt hat.

Hier wolltest du begraben sein, hier in der Heimat bei dem stillen Dorfe, wo deine Wiege stand, wo du als Kind geträumt, als Knabe gespielt hast. Du hast dein Ende an deinen Anfang geknüpft.

Du hast wohlgetan, denn hier in der traulichen Enge, fern von der lauten, bunten Welt, war ja die Heimat deines besten Schaffens, in diesem Elemente floß die vollste Quelle deines wohlverdienten Ruhmes, hier, wo sich ‚nah der Natur menschlich der Mensch noch erzieht‘, wo unzerstreut von Lärm, Stoß und Hetze der Städte noch Mensch mit sich, Mensch mit Mensch, Mensch mit der Natur beisammen ist in wohnlich bescheidenen Wänden, im kräftigen Dampfe der Ackerscholle, im Hauche der Wälder und Wiesen. Als du längst weit hinausgewachsen über diese Stille und Enge, hast du aus der Höhe der reifen Bildung, mit der ganzen Helle des Bewußtseins dich zurück- und hineinversetzt, hast dich liebend und lächelnd da wieder eingelebt, eingesponnen, innig und warm dich hineingeschmiegt und diese Lebensform in erhöhtem Bilde wiedergegeben.

Nicht falsch erhöht, nicht mit gleißnerischen, unwahr schönen, sondern mit satten und saftigen Farben und kräftigen Schatten. Die Schatten durften nicht fehlen, denn wo der Mensch hinkommt, da bringt er auch seine Qual mit; auch im Leben der Einfalt fehlt nicht Sorge, Übel, das Böse, das Verbrechen. Wo du die Schatten leichter aufgetragen, hast du sie mit den freundlichen Lichtern des Humors gelöst, wo schwer und finster, mit dem Blitzschlage der Nemesis.

Hier ist dein Eigenstes; hierin tut es keiner dir gleich. So bist du der Schöpfer der lebenswahren Idylle geworden. Du hattest Vorläufer, vereinzelt ist diese Form vor dir dagewesen, aber Schöpfer heißt, wer eine Form reichlich entwickelt und als bleibende Gattung aufstellt im Saale der Dichtkunst. Bleibend — so werden auch deine Charaktergestalten bleiben, ‚sie sind ewig, denn sie s i n d‘. Rund und ganz, gediegen, leibhaft, greiflich wachsen sie ans Herz und haften und wurzeln.

Und wie durchdacht ist alles und wie durchschossen mit Goldfäden ernster Lebens-betrachtung, Kernsprüchen reicher Lebensweisheit, und wie fein belauscht sind die Geheimnisse, die leisen und die starken Bewegungen des Seelenlebens! Ja, du warst

ein denkender Mann, mit denkender Stirne bist du die Wege der Erfahrung gewandelt. Eine eigentümliche Mischung von Phantasietalent und Gedankenarbeit
war deine Art. Jene Gabe, obwohl nicht arm an Erfindung — du hast ja auch größere,
die Menschenwelt in weiter Ausdehnung, die Höhen der Gesellschaft umspannende
Gebilde geschaffen — jene Gabe, die Phantasiegabe war in dir doch nicht so sprudelnd,
wie in ausnehmend reichen Genien, aber durch den seltenen innigen Bund mit dem
Denken und durch den guten Haushalt mit diesen also gemischten Kräften hast du das
Pfund so gemehrt und gesteigert, daß du andere behendere Geister weit überholtest.

Denken! Auch in die höchsten Sphären, wo der reine Gedanke in bildloser, wissenschaftlicher Strenge sich vollzieht, hast du dich erhoben, auch in dieser Region heimisch
geweilt. Du hast den großen Dulder und Denker, den Denker der Einheit des Uni-
versums, den gerechten Stolz deines Volksstammes, uns verdeutscht: nicht der letzte
Goldschmuck an deinem Ehrenkleide, nicht das kleinste Blatt in deinem Lorbeerkranze.

Auf das Leben angewendet hast du dein Denken, hast die Ähren der Lebensweisheit auch in besondere Garben gesammelt und in anmutig geordneten Reihen hingestellt.

Dies Denken und mit ihm die angeborene Frische des Sinnes, des Herzens:
sie haben dir die Brust ausgeweitet für jedes Menschliche, das eine gesunde, offene
Seele bewegt. Wie dort im traulich Engen, so warst du im Großen und Weiten zu
Hause, warst kein dem öffentlichen Leben abgekehrter Schöngeist. Mit warmem Schlage
hing dies Herz am Vaterlande und begleitete es auf seinen Schicksalswegen. Und
nicht das Bruchstück der Menschheit nur, die Menschheit war deine Liebe; mit stetig
tiefem Anteile beschäftigten die großen Lebensfragen der Gesellschaft, die schweren
Aufgaben der Zukunft deinen sinnenden Geist. Auch darum hast du wohlgetan,
daß du hier begraben sein wolltest, auf diesem Fleck Erde, dem traulich engen Heimat-
dorfe gegenüber. Denn ruhest du hier in guter Stille, so ruhest du auch auf guter,
freier Höhe, wo die Flügel des Lichtes und Windes nicht an Ecken und Kanten der
Talgewände sich stoßen.

Und das Letzte, nicht das Geringste, was jene deine Kräfte zu geschlossener Wirkung rief, das war der Fleiß. Dein Leben war Arbeit, dein Leben war Streben.
Ich weiß noch gut, wie freudig du mir zustimmtest, als ich sagte: Man spricht: Adel
verpflichtet; man sollte hinzusetzen: auch Talent verpflichtet.

‚Wer immer strebend sich bemüht, den können wir erlösen.‘ Du hast den Zoll
der Endlichkeit bezahlt, wie wir ja alle ihn zahlen müssen, bezahlt mit Schwächen,
wie sie der Güte — denn du warst gut — und wie sie dem Phantasieleben, seinem
so natürlichen Wunsche nach Erfolgen so leicht anhängen. Die Ehre des Mannes,
der Mann im Namen seiner Ehre fordert es, daß ihm an seinem Sarge nicht geschmeichelt werde; denn er ist bestimmte Persönlichkeit, und Bestimmtheit hat ihre
Schranken. Aber

> Der Tod hat eine reinigende Kraft,
> In seinem unvergänglichen Palaste
> Zu echter Tugend reinem Diamant
> Das Sterbliche zu läutern und die Flecken
> Der mangelhaften Menschheit zu verzehren.

Mitten in seiner Arbeit hat der Tod dies Mannesleben zerschnitten, viel zu früh für uns, für die Nation, nicht zu früh für deinen Ruhm, und, was mehr ist, nicht so früh, daß du nicht erleben durftest, wie du wirktest, wie die Saat aufging, die du gestreut. Nicht ganz werde ich sterben, durftest du mit dem alten Dichter sagen. Rein, hoch, weit, ungehemmt von Schranken des Raumes und der Zeit, geht nun dein Geist durch die Welt. In fernen Tagen wird er noch bei manchem still in deine Blätter vertieften Leser anklopfen, hier im Vaterlande und weit hinaus über seine Marken, wird ihm leise die Schulter berühren und ihn grüßen, und er wird innig dankend den Gruß erwidern; in fernen Tagen wird dein Name über manche Lippen gehen, die in warmem Gespräche dich nennen und ehren und rühmen. Du bist sterbend nicht gestorben. Leb wohl, Toter! Sei gegrüßt, Lebendiger!"

Im Namen der Freunde ließ sich S a l o m o n   M a r x, für die Universität Tübingen Professor K ö s t l i n vernehmen. Ein Vertreter der Tübinger Burschenschaft folgte. Im Namen der Freimaurerloge zur aufgehenden Morgenröte in Frankfurt am Main warf F r i t z A u e r b a c h, der Sohn von Jakob Auerbach, drei Rosen ins Grab. Für die Cotta'sche Buchhandlung widmete V o l l m e r einen Kranz. J u l i u s   L o h m e y e r sprach Verse als Vertreter des deutschen Schriftstellervereins. Den Beschluß bildeten Beethovensche Klänge. Der badische Finanzminister Ellstätter und der Karlsruher Generalintendant v. P u t l i t z legten im Namen des großherzoglichen Paares in Baden die ersten Kränze auf das Grab. Die Leichenfeier war zu Ende. Noch ehe das Jahr um war, deckte ein grauer Granitwürfel die letzte Ruhestätte des Dichters. Sie trägt — in bezeichnendem Unterschied zu den sonst durchaus mit rein hebräischen oder zweisprachigen, hebräischen und deutschen Inschriften versehenen Grabsteinen seiner Nordstetter Angehörigen — nur den deutschen Namen BERTHOLD AUERBACH. Er wollte neben seinen Eltern und Geschwistern begraben sein, in schwäbischer Erde, im Heimatdorf, als Deutscher. Seine Enkel sind, wie die Nachkommen von Moses Mendelssohn, Christen geworden.

Die Nordstetter Nachrufe waren nicht die ersten und letzten, die dem Geschiedenen geweiht wurden. F e r d i n a n d   H i l l e r und K a r l   B r a u n - W i e s b a d e n erzählten bewegt von dem Gefährten ihrer Jugend. B o d e n s t e d t und H o l t z e n d o r f f gaben ihrem Anteil in Versen Ausdruck. A d o l f   P a l m und Dr. T r i t s c h l e r schilderten die letzte Lebenszeit in Cannstatt und Cannes. K a r l

Frenzel und Erich Schmidt zeichneten in Meisterstrichen Auerbachs Art und Kunst; Georg Brandes, Otto Brahm, Paul Lindau versuchten, der Persönlichkeit des Dichters anekdotisch — bis in die Eigenheiten seiner Tracht — nahezukommen. Im Lager der Judenfeinde würdigte Hans Herrig Auerbachs Verdienste mit Achtung; über unvollendete Entwürfe des Erzählers suchte Karl Emil Franzos Aufschluß zu geben. Über fröhliche Begegnungen mit dem Altmeister der Dorfgeschichte berichtete Rosegger dankbar und warm. „Den Manen Berthold Auerbachs" weihten zu wohltätigem Zweck Ebers, Dahn, Kinkel, ein Nachfahr des Judenfeindes Rühs, Rittershaus, Spielhagen ꝛc. ein Heft Gedichte und Erinnerungen. Ein Festblatt, das zum siebzigsten Geburtstag Auerbachs, 28. Februar 1882, mit einer Skizze von Eugen Zabel und einer Auswahl von Julius Hübners Sonetten zu früheren Geburtstagen vorbereitet war, erschien nun mit Vischers Grabrede, dem Nekrolog von Frenzel und Elegien von Hübner und Lohmeyer als Gedenkbüchlein. Logenvorträgen und Trauergottesdiensten schlossen sich Kundgebungen in literarischen und Volksbildungsvereinen vieler deutscher Städte an. In der Berliner Presse hielt Rudolf Schweichel, im literarischen Klub Spielhagen, im Großen Berliner Handwerkerverein Eduard Lasker die Gedenkrede.

Weitaus am belangreichsten unter diesen Ansprachen behauptet Laskers Charakteristik dauernde Bedeutung. Keine Totenklage und keine Lobrede — lebendige Wahrheit suchte und fand der treue Mann in dieser Prüfung von Auerbachs Tagen und Werken, die ein Ehrenmal für den Toten und den Sprecher bleibt, wie Vischers Grabrede. Dem Urteil der Nachwelt vermaß sich Lasker nicht vorzugreifen. Mit Lessing bekannte er sich zur Ansicht, daß die geschichtliche Bedeutung eines hervorragenden Menschen vor einem halben Jahrhundert nach dem Tode mit keinerlei Sicherheit geschätzt werden könne. Schmucklos, fast nüchtern gab er eine (nur in einzelnen Punkten durch spätere Forschungen zu berichtigende) Darstellung von Auerbachs Lebenslauf und Lebensarbeit. Schlicht gedachte er des Segens, den Auerbach in vierzigjähriger unbestrittener Geltung seit den ersten Schwarzwälder Dorfgeschichten als Erzähler, als Erzieher und Freund des Volkes den Zeitgenossen gebracht. Sachkundiger noch als über den Poeten, urteilte der Politiker über den Vaterlandsfreund. Geboren in den Tagen von Deutschlands tiefster Erniedrigung, da sein Landesherr als Rheinbundfürst sein Heer unter Napoleon nach Rußland marschieren lassen mußte, habe der Dichter für die Einheit und Größe des Reiches gekämpft, gelitten und niemals an einer besseren Zukunft gezweifelt. Überglücklich durch die ungeahnt herrliche Erfüllung seiner Jugendträume wurde er durch den Rückschlag der Judenhetze in seinem eigenen Lebenswerk, in seinem Nationalgefühl, in dem Glauben an die Kulturhöhe der Menschheit heillos angegriffen; für die Erwägung, daß „der kleine Sturm nur eine flüchtige Welle im Strom der Geschichte anschwelle, war sein Sinn nicht angetan". Unparteiisch in aller Liebe verschwieg Lasker nicht die Schwächen des Menschen, die Schwächen des Künstlers.

Der Mann und seine Schöpfungen gehören in einem zusammen. Berthold Auerbach verdient einen Biographen, welcher Jahre seines Lebens einsetzt, um das Bild der Nation zu überliefern. Doch ist keiner berufen, der nicht von derselben Liebe zu ihm, wie er selbst zur Menschheit, von derselben Freude an dem Anschauen der Geschöpfe durchdrungen ist, und es wage sich niemand an ihn, der das kombinierte Wesen von Kind und Mann nicht versteht. Ein solcher aber mag ihn in voller Treue mit allen Vorzügen und mit allen Fehlern darstellen. Berthold Auerbach ist Manns genug, um eine wahrhafte Kritik zu bestehen. Nach seinem eigenen Maßstab sub specie aeterni wird sich an ihm bewähren, daß alle Mängel in ihm vergänglich und zufällig waren, das Gute in ihm das Beständige und Ewige ist.

Es war kaum zu erwarten, daß nach so viel guten und gediegenen, wahren und weisen Urteilen Neues und Abschließendes zu hören sein würde. Und doch stand das Beste noch aus. Der Nachlaß des Dichters ließ ihn selbst zu Wort kommen, Jakob Auerbach setzte ihm das würdigste biographische, ein selbstbiographisches Denkmal.

XII

Vermächtnis

Es gibt Cisternenmenschen und Quellenmenschen. Jene
empfangen ihren Inhalt von der zufälligen äußeren
Gunst der Ereignisse, ohne die ist alles leer und dürr:
die Quellenmenschen aber sprudeln unerschöpflich aus
sich selbst und je tiefer ihr Ursprung, umso beständiger,
von keinem Witterungswechsel abhängiger, ihre Temperatur

Berthold Auerbach: Denkrede auf Fichte. 1862

Zwei Jahre nach dem Tode des Dichters sollte die Welt
seine Selbstbekenntnisse hören, aus seinen eigenen Worten
erfahren, wie er gewesen und gewachsen, wie er über
sich und andere gedacht, wie ihn das Schicksal geplagt
und begünstigt hatte. Das Vermächtnis, das der Sterbende dem
ältesten Jugendfreund an das Herz gelegt, hat Jakob Auerbach
als Gewissenspflicht angesehen und nach Überwindung der dem
seltenen Manne angeborenen Scheu, „mit seiner Person in der Öffentlichkeit auch nur in der Entfernung hervorzutreten", erfüllt. Jakob
hatte die Siebzig überschritten, als Berthold starb. Nach fünfzig-
jähriger Tätigkeit als Schulmann war er vom Lehramt zurückgetreten,
um den Feierabend seines Lebens der Vollendung lang gepflegter
wissenschaftlicher Lieblingsarbeiten, insbesondere einem Hauptwerk:
„Blicke in die Bibel" zu widmen. Bertholds letzter Wunsch bestimmte
ihn, ohne Besinnen seine Pläne zu vertagen. Zwei volle Jahre opferte
er der Sichtung und Auswahl von zweitausend an ihn gerichteten,
1830 beginnenden, 1882 durch Bertholds Tod abgeschlossenen Briefen
des Dichters. Niemals hätte Jakob an die Veröffentlichung dieser
Korrespondenz gedacht; nur die gleiche Selbstlosigkeit, die er in einem
fünfundfünfzig Jahre während Freundesbund dem Lebenden als
Vertrauter, Berater, Warner, Tröster bewiesen hatte, veranlaßte ihn,
der Welt einen Briefschatz zu schenken, der sonst kaum je, keinesfalls
bei Lebzeiten Jakobs zum Vorschein gekommen wäre, wenn Berthold
seine Denkwürdigkeiten hätte abschließen dürfen. Die nach der Publi-

kation der Briefe an Jakob da und dort laut gewordene Vermutung, Berthold habe diese Korrespondenz als Vorbereitung oder Ersatz einer Selbstbiographie betrachtet und behandelt, erschien dem in aller echten Bescheidenheit auf seine Menschenwürde wohlbedachten Jakob als eine Beleidigung, die er in einem offenen Sendschreiben zurückweisen wollte. Treue und Zuneigung verband die beiden, nicht Eitelkeit und Ruhmsucht. Um innerliche Durchbildung des Geistes und Charakters, nicht um Befriedigung von Neugier oder müßige Selbstbespiegelung war es ihnen zu tun. Was Berthold an Jakob hatte, an einem brüderlichen Freund, der ihn von seinen Anfängen kannte, der mit derselben Aufrichtigkeit Anerkennung und Ablehnung aussprach, der ihn stützte und aufrecht hielt in Stunden der Verkennung und Verzweiflung, hat er unzähligemale als Gnade des Geschickes gepriesen, am ergreifendsten in der (eingangs Seite VI mitgeteilten) Zueignung seiner Selbstbiographie, am schalkhaftesten in einer gelegentlichen Bemerkung zu Elisabeth Lewald ausgesprochen, eigentlich könne er niemanden Briefe schreiben, als Jakob. Buchstäblich ist das nicht zu nehmen: die Blätter, die der Tolpatsch aus Neu-Nordstetten am Ohio nach Alt-Nordstetten am Neckar schickt, sind nur das erste Musterstück von unübertrefflichen Briefen im Volkston, die Bertholds Geschichten oft und glücklich beleben. Und wie und warum der Dichter in seinen Staats- und Privatbriefen Leser aller Stände packte, hat ihm frei von Schmeichelei Karl Mathy herzbewegend gesagt:

> Du kannst Dir kaum vorstellen, wie vergnügt mich Deine Briefe machen. Du stehst vor mir, wie Du leibst und lebst, selbst Deine Stimme höre ich, obschon Du im Diethelm behauptest, man könne sich nur die Gestalt, nicht die Stimme eines Abwesenden vergegenwärtigen. Wenn ich Dir antworte, kommt es mir vor, als rede ich mit Dir, nicht als schreibe ich Dir; während ich im Grunde nicht gern Briefe schreibe, tue ich es an Dich mit wahrer Lust.

Trotz alledem, so viel tausend Meisterbriefe Berthold an die verschiedensten Leute in den verschiedensten Lebensstufen und Lebenslagen in den vielgestaltigsten Stimmungen und Tönen auch geschrieben oder nach Mathys Ansicht mit der Feder in der Hand gesprochen hat, mit den lyrischen und biographischen Ergüssen, mit den kritischen und anekdotischen Aufschlüssen im Briefwechsel an Jakob ist kein anderer zu vergleichen, weil kein Zweiter den Dichter kannte und verstand wie Jakob. „Du mußt alles wissen, die ganze Skala meines Lebens und

Wissens", schreibt er ihm einmal. „Mein bestes Stück Leben ist an
Dich schreiben", ein andermal. „Es macht dir mehr Freude, etwas
an Onkel Jakob zu schreiben, als es zu erleben", scherzte Bertholds
Sohn Eugen. J e a n P a u l stand E m a n u e l O t t o nicht entfernt so nahe, S c h i l l e r war bei K ö r n e r nicht besser geborgen,
als Berthold bei Jakob Auerbach. Unerschöpflich als Hauptquelle
für Bertholds Leben, unersetzlich für die Erkenntnis seiner Persönlichkeit, sind die Briefe an Jakob das Spiegelbild seines Schicksals,
zugleich das Spiegelbild seiner Beziehungen zu allen Ständen, zu
allen wichtigeren Zeitereignissen. Bertholds Gymnasialzeit in Stuttgart, die Universitätsjahre in Tübingen, München, Heidelberg, die
Kämpfe des aus seinem Beruf Geworfenen als Lohnschreiber schwäbischer Verleger um das tägliche Brot, seine publizistischen Versuche,
die Erstlinge und die Siege des Erzählers, die Ghettoromane und die
ersten Schwarzwälder Dorfgeschichten, seine Triumphzüge durch Norddeutschland, die Berliner, Weimaraner und Leipziger Gesellschaft der
Vierzigerjahre, die Dresdener Künstler, das Glück der Bräutigams-
zeit in Breslau, die stille Seligkeit der Heidelberger Häuslichkeit, der
Himmelssturz durch den Tod der ersten Frau, die während der Wiener
Wirren rasch geschlossene neue Verlobung, die zehn Jahre Dresden,
die Berliner Anfänge, die Qualen der Zeitungsfron unter K e i l ,
die Unschlüssigkeit wegen des Straßburgromans, der Jungbrunnen
der Schweizerreise, die Vollendung von Auf der Höhe, die Sorgen
und Zweifel um das Landhaus am Rhein, der Kriegssturm von 1870,
die Kümmernisse um Gelingen und Mißlingen der Alterswerke, die
Wallfahrt zu den Spinozastätten, die Seelenpein durch die Judenhetze,
das letzte Aufglühen der Lebensflamme, das letzte Siechtum bis zum
allerletzten den ganzen Menschen malenden Wort: „denke mich immer
als frisch aufstrebend, wenn auch oft momentan gebrochen", — der
volle Reichtum seiner Natur, seines Denkens und Fühlens breitet sich
in den Briefen an Jakob aus. Zeit- und wortkarger in gefährdeten
Jugendtagen, am schweigsamsten in Tagen gesegneten Schaffens
schrieb er in den letzten zwölf Jahren 1870—1882 mehr, als in den
vorangehenden vierzig: 1830—1870. Nirgends und niemals hatte
Berthold Geheimnisse vor Jakob. Die meisten seiner Arbeiten be-
spricht er vom „Vogel im Ei", bis sie flügge werden. Am redseligsten

über halb und völlig Mißglücktes, über nie oder halb in Angriff Ge-
nommenes, am zurückhaltendsten über seine Treffer; den Diethelm
zum Beispiel erwähnt er vorher mit keiner Silbe. Genau so mit-
teilungsbedürftig wie über sein Ich ist Berthold über alles, was seine
Wege kreuzt. Er macht Jakob zum Zeugen seines Verkehrs mit Menschen aller Kreise; man sieht, wie der geborene Erzähler jeden vom
Taglöhner bis zum König auf sein Lieblingsgespräch zu bringen wußte.
In der Fuhrmannskneipe und beim Gastmahl mit H e l m h o l tz und
L i e b i g, bei Begegnungen mit steirischen Holzknechten und im Kunst-
gespräch mit Otto L u d w i g und K n a u s, an der Koburger
Herzogstafel und vor dem Schusterschemel seines Nordstetter Jugend-
gespielen H e r z l e, auf Gängen durch die Schwarzwälder Uhrmacherdörfer und im Fischerdorf an der Ostsee holte er aus jedem sein
Eigenstes hervor. Wißbegierig ließ er sich vom Maler und Pechsieder,
vom Offizier und Pfarrherrn, vom Minister und Landwirt, vom Bahn-
wart und Schulmeister über ihre Berufsgeheimnisse belehren. Sein
unerschöpflicher Mitteilungsdrang besiegte die Verschlossensten, seine
mundartlichen, meisterhaft vorgetragenen Schnurren belustigten auch
Einsiedlerische, G e r v i n u s, S t r a u ß, T r e i t s ch k e, dermaßen,
daß sie nach seinen Spässen willig auf seinen Ernst eingingen. Weil
ihm selbst wahrhaft wohl nur mit Menschen wurde, wurde es den
Mürrischesten wohl mit ihm. Von allen, Fremden und Zugehörigen,
Kunstgenossen und Namenlosen, Freunden und Feinden berichtet er
Jakob. Jedem Lebenden gebührt ein Bildnis, jedem Geschiedenen —
G o t t h e l f, D i n g e l s t e d t, L u d w i g, R i e t s ch e l, M o s e n-
t h a l, K a u l b a ch, K a u ß l e r, H e r m a n n K u r z, H e ck e r,
M a t h y, G e r v i n u s, D a v i d S t r a u ß, A b r a h a m
G e i g e r, M o r i tz H a r t m a n n, F r e i l i g r a t h, J o s e p h
G o l d m a r k, R i e s s e r — ein Denkstein. Ihre Bedeutung für Zeit
und Welt, der Sonnenschein, den sie dem Dichter gebracht, durch-
leuchtet und durchwärmt seine Totenklagen. Übelwollen ist ihm so
fremd, daß er seinem Wesen widerstrebende, selbst widerwärtige Naturen,
wie G u tz k o w und H e i n e, nach anfänglicher, heftig absprechender
Verdammung, in Berufungen gegen sein erstes Urteil entschuldigen,
erklären, zuletzt rechtfertigen will. Wo er fehlgreift — und Mißgriffe
können dem größten Menschenkenner bei solcher Fülle der geselligen

Beziehungen nicht erspart bleiben — sündigt er arglos. Auerbach wird in Lust und Leid leicht zu superlativisch, sein Empfinden ist häufig mehr laut als tief, Witz ist ihm fast ganz versagt, er kocht mehr mit Schmalz, als mit Salz. Am besten ist der Briefsteller wie der Erzähler im Genrehaften, Anekdotischen, in sauberer Kleinmalerei. Kauslers Pfarrhaus und Freytags Stillleben in der goldenen Schmiede, das Atelier Menzels und die Alm „auf der Höhe" bei Berchtesgaden, die Stube, in der Strauß stirbt, die Amsterdamer Synagoge mit dem Archiv der portugiesischen Juden, die Waldwege zum Mummelsee, die Gänge durch Nordstetten in allen Stufenjahren seiner Entwicklung, die Gastgemächer im Herzogsschloß von Reinhardsbrunn vergißt der Beschauer nicht wieder. Anderes, zu viel anderes, die eifrige, übereifrige Buchung jedes Löbeleins, die beharrliche Prämiantenstimmung, das leidige Auslugen und Aushorchen nach der Aufnahme jedes Werkes und Werkleins verletzt den feineren Geschmack. Während Uhland einen Lorbeerkranz, den ihm Verehrer beim Abschied in den Wagen reichten, unterwegs im Wald an einem Baumast aufhing und scherzte „wie wird der nächste Wanderer sich wundern, daß diese Eiche Lorbeerblätter trägt?" hielt es Auerbach gerade umgekehrt; er ruhte nicht, bis das welkste Lorbeerzweiglein aus der Rumpelkammer in das Marktgewühl wirbelte, bis jeder Lobspruch urkundlich von Autoritäten bescheinigt wurde. Er war kindlich, oft kindisch eitel, weil er nicht stolz, nicht selbstsicher war. Oft, gar zu oft glich er dem Wanderer, der unterwegs so lange ruft und pfeift, bis ihn Gegenstimmen darüber beruhigen, daß er nicht irre gegangen. Allein den Strengsten sollten mit allen großen und kleinen Selbstgefälligkeiten Auerbachs nicht vereinzelte Proben demütiger Selbstkritik versöhnen. Niemals überhob er sich. Niemals stellte er sich den Großen gleich.

Ich habe gestern Beethovens Fidelio gehört, zum zweiten Male in diesem Winter, und ich empfinde es wie eine Glücksgabe, daß ich das in mich aufnehmen darf und endlich in seiner vollen Schönheit erfasse. Ich habe vor kurzem Mozarts Figaro gehört und jetzt das, ich fühle mich wohlatmend auf den Alpenhöhen der Kunst. Und das ist eben doch wieder Berlin. Man nimmt die Werke der bildenden Kunst und der Tonkunst in sich auf und lebt damit das ewige Leben. Wie die Menschen vor uns, so wird die Menschen nach uns dieser lautere reine Besitz im Schauen und Hören erquicken. Flüchtig will mich's anfassen, warum ich nicht auch so etwas machen kann, was zum Allerheiligsten der Menschheit gehört, und da erscheint omnia mea so erbärmlich klein. Aber ich lasse mich's weiter nicht anfechten. Ich tue mein Beschränktes nach bester Kraft und genieße das höchste Geschaffene.

Nicht anders schließt seine Schillerschwärmerei, seine Goetheandacht, seine Shakespeareverzückung. Nach dem Erscheinen der neuen Seldwyla-Novellen schreibt er über Gottfried Keller: „Es ist ein Elend und eine Schande, daß ein solcher voller Poet, der mehr ist als wir Mitlebenden alle, nicht mit Begeisterung aufgenommen und hochgehalten ist." Niemanden ist Auerbach mit. seiner Eitelkeit nahegetreten, als sich selbst. Im Grund seines Wesens war er bescheiden, bescheidener als mancher Auerbach verhöhnende Spötter, der maßlose Einbildung nur mit weltmännischen besseren Manieren zu bemänteln wußte.

Jakob Auerbach war bei der Veröffentlichung der Briefe Bertholds auf Widerspruch und Mißverstand gefaßt. Julian Schmidt, die Grenzboten und die Kreuzzeitung, Homberger, Cherbuliez ließen sich auch die Ironisierung offenliegender Schwächen, das Übermaß der Empfindsamkeit, die Judenwehleibigkeit, den an das achtzehnte Jahrhundert anklingenden Freundschaftskult nicht entgehen. Spielhagen, Frenzel, Erich Schmidt, Anton E. Schönbach urteilten einsichtiger und gerechter. Kerngesunde, obenan Rosegger, labten sich an der Lauterkeit und Frische dieser Quelle; sie wird noch manches Geschlecht speisen und erquicken. Die Briefe an Jakob werden immer mehr als ein Hauptwerk Bertholds erkannt und anerkannt und — wie Voltaires Correspondance générale — gelesen und wieder gelesen werden, wenn viele andere Schöpfungen des Dichters nur mehr den Forscher beschäftigen dürften.

Ein zweites, aus dem Nachlaß herausgegebenes Buch Auerbachs war ein Band Dramatische Eindrücke, wie der Obertitel, Gelesenes und Gesehenes, wie nicht minder zutreffend der Untertitel von fünf aus den Jahren 1855—1881 stammenden Heften lautete. Besuche des Dresdener Hofschauspiels, wo in den Fünfzigerjahren die Bayer-Bürk, Emil Devrient, Dawison nebeneinander wirkten, Gastspiele von Adelheid Ristori, Salvini, den Meiningern, Berliner Theatergänge, Lektüre alter und neuer Stücke regten Auerbach zu diesem Dramaturgischen Tagebuch an, das durchaus mit dem Reiz lebendiger

Rede wirkt. Man sieht und hört den Dichter in heiliger Kunstandacht
für das Echte und Rechte aufglühen, in heiligem Zorn gegen das
Falsche und Gemeine losbrechen. Frisch und freimütig sagt Auerbach
alles heraus, was er für und gegen die „künstliche Kunst" auf dem
Herzen hat, denn, obwohl er sich schon als Stuttgarter Gymnasiast
mit zwei Dramen: „Deborah" und „Hermann der Cherusker" und
noch kurz vor seinem Tode mit einer Keplertragödie trug, ein richtiger Theatermensch ist Auerbach niemals gewesen oder geworden.
Mehr als einmal fragte er sich mitten in einer Vorstellung: „Warum
hat man hier ein Haus hergestellt, um allerlei darin zu treiben? was
sitzen die Menschen hier? und die dort oben mühen sich ab, sprechen,
lachen, weinen, rennen, töten, sterben?" Kam er gar nach monate-
langem Schweifen durch Wald, Feld, Gebirg in ein Schauspielhaus,
dann brauchte es eine Weile, bis „Lampenmöglichkeit" und „Sonnen-
wirklichkeit" zusammenstimmte, bis er die gemalte Leinwand des
Bühnenprospektes als Landschaft oder Wohnraum ansah. Das Nordstetter Dorfkind besaß weder den angeborenen Bühnensinn des Strat-
forder Dorfkindes, noch die von klein auf geübte Gewöhnung des
Großstädters an so viele wunderliche Voraussetzungen des herkömmlichen Theaterbetriebes. War aber sein anfängliches Befremden überwunden, dann brachte er dem Schauspiel und den Schauspielern als
Zuhörer und Kunstrichter die unverbrauchte, altgedienten, weltmännischen Stammgästen längst abhanden gekommene Empfänglichkeit
des Naturmenschen entgegen. Der Patriot und der Volkserzieher
kommt zu seinem Recht in Auerbachs Theaterreden. Ab und zu mehr
als billig auch der Moralist und der siebengescheite „Kohlebrater",
das erste und letzte Wort behält jedoch der Dichter.

Unsere Dichter aber grüßen in Deutschland wenigstens seit Lessing,
Goethe, Schiller das Handwerk doch anders, als die theoretischen „Schar-
piezupfer", als die „schul"-, oder wie Auerbach spottet, die „stallsteife"
Ästhetik. Aus lebendiger Kunstübung heraus schrieb August Wilhelm
Schlegel seine Vorlesungen, Immermann seine Theaterbriefe,
Tieck seine dramaturgischen, Schreyvogel seine Sonntags-
blätter, Grillparzer seine Lope-, Otto Ludwig seine Shakespearestudien, Freytag seine Technik des Dramas, Hebbel sein Wort
über das Drama. Als Kenner und Könner, gleichzeitig der Lehr- und

Nährstand unserer Bühne, schenkten sie uns eine Poetik von Poeten für Poeten, in der auch Auerbachs Dramaturgie ihre besondere Stelle gebührt.

S h a k e s p e a r e erscheint ihm so reich, wie die Bibel und Homer. Eine ganze Zeit, eine ganze Gesellschaft waren seine Mitarbeiter, darum wächst er und sein Produkt über das Individuelle hinaus. An seinen tragischen Gestalten Lear, Othello, Richard III., Macbeth studiert Auerbach „die Grammatik der Seele"; beschämt wiederholt er sich, wie er besonders von Shakespeare lernen müsse, alle Reflexion in die Personen, in die Handlung selbst, nicht in den als Chorus dreinredenden Autor zu verlegen. An den Lustspielen berauscht ihn die Champagnerlaune, das reine Farbenbild, das kecke Spiel, mit dem wie in der Architektur des Rokoko der Stein gewissermaßen von seiner Gravitation erlöst, die Bedingungen des sozialen Lebens, das Menschenschicksal seiner Schwere entkleidet wird. Er nimmt Shakespeare hin wie eine großartige Naturerscheinung, er vergleicht ihn dem Ozean, den Alpen. Er ist das Auge und Herz unserer Zeit. „In Shakespeare wie in der Natur ist jedes Produkt tausendfältiger Erklärung und Verwendung fähig. Es zeigt sich ja gerade auch jetzt, daß jede Kunstperiode sich ihn neu malt, jede will ihren selbstgesehenen Shakespeare haben." Ein Shakespeare-Orthodoxer oder gar ein Shakespeare-Narr, der den Meister, wie V i c t o r H u g o, kritiklos bewundert comme une brute, ist Auerbach gleichwohl nicht. Er hält mit Zweifeln im einzelnen nicht zurück, das Wintermärchen steht ihm lange nicht so hoch wie der Sommernachtstraum.

Auch die deutschen Klassiker sind ihm, wenngleich er sich ihnen gegenüber vorkommt wie eine Ameise am Fuß einer Eiche, keineswegs unfehlbar oder unantastbar. G o e t h e s Iphigenie hat ihm etwas Canova-artiges. Im Egmont vermißt er den Volkshelden und das Heldenvolk. In S c h i l l e r s Jugenddramen verletzen den Lesenden überschwengliche Studentenrenommistereien, aber wie bittet er dem Dichter der Räuber nach jedem neuen Bühneneindruck jede Anklage ab. Wie dankt er inmitten scharfen und begründeten Tadels des Carlos dem Dichter den Orgelklang seines Seeleninstrumentes. Wie richtig erkennt er, daß der Maßstab nüchterner Wirklichkeit hier entgleitet: „eine einzelne Gliedmaße aus der Kolossalität ausgeschnitten, wird ungeheuerlich erscheinen, aber das Ganze in der Gesamtüberschau bleibt erhaben und gewaltig." Wenn Goethe Schiller dafür Dank

sagt, daß er ihm seine dichterischen Träume auslegt, so gilt für Auerbachs Würdigung von Fiesko, Tell, Kabale und Liebe 2c. das
gleiche Wort. An dem einzelnen Stück deutet er bis in seine Mängel
und Gebrechen ein Stück Zeit- und Menschheitsgeschichte. Der Segen
dieser kritischen Gänge für Auerbachs eigenes Schaffen ist nicht zu
ermessen; am sinnfälligsten wirken seine Lessing-Studien im Roman
„Auf der Höhe" nach; in diesem Werk ist Emilia Galotti als treibendes
Motiv ähnlich eingesetzt wie der Hamlet in Wilhelm Meister. Den Grundfehler der Galotti sah Auerbach darin, daß Lessing den weltgeschicht-
lichen Stoff vom Forum, aus der Gemeinschaft des ganzen Volkslebens
in Kabinett und Lustschloß eines kleinen italienischen Fürsten verlegte.
Die Tat des Virginius ist der Anfang einer rächenden Revolution.
In der Galotti ist die Tat Odoardos folgenlos an den Schluß gesetzt
und sühnt nichts. Ethische Einwendungen Auerbachs decken sich mit
ästhetischen von Schiller, Grillparzer, Otto Ludwig, Hebbel.

Wer mit den Klassikern trotz oder aus echter Verehrung so ehrlich
ins Gericht geht, bringt für die Epigonen wenig Schonung auf,
am wenigsten für sich selbst. Das Strengste und Wahrste, was die
Kritik über Auerbachs dramatische Versuche, den Andree Hofer, den
Wahrspruch, das erlösende Wort sagen könnte, ist in seinen eigenen
Urteilen vorweggenommen. Weil er groß dachte von den Aufgaben
der Bühne, dachte er groß von den Aufgaben der Kritik. Mit unein-
geschränktem Lobe anerkennt er unter den Dramatikern der nach-
klassischen Zeit eigentlich nur Heinrich v. Kleist. Er freut sich
des spartanischen Geistes seiner Dichtung, der granitenen Sprödigkeit
norddeutschen Wesens, das darin kongenialen Ausdruck gefunden hat.
Hebbel war ihm widerwärtig. Seine sozialen Dramen verglich er
dem „Lazarettgaul". Oft, zu oft sprach er Otto Ludwig das Wort
nach, Hebbels Helden träten schon im ersten Akt mit dem Dolch
in der Brust auf und drückten sich den Mordstahl von Akt zu Akt immer
tiefer bis an das Heft ins Herz. Grillparzers Griechen-
Dramen „Sappho", „Des Meeres und der Liebe Wellen" erschienen
ihm wie in Stearin gegossene Antike; später urteilt er billiger und
besser über Esther, Traum ein Leben, Ottokars Glück und Ende. Die
sachliche Gültigkeit dieser eingehend begründeten Richtersprüche ist an-
fechtbar, persönliche Abneigung spielt dabei so wenig mit wie persön-

liche Zuneigung. Wenige Menschen, wenige Dramen hat Auerbach so
warm ins Herz geschlossen, als Otto Ludwig und den Erbförster;
trotz alledem verschweigt er nicht die Schwächen der Dichtung, das
Peinliche und Eigensinnige des Grundmotivs, das Unbefriedigende des
Schlusses. Derselbe Fehler der kranken, unbefriedigenden Lösung verleidet seinem Geschmack und Naturell auch Ibsens Nora, so hoch er
im übrigen nach der ersten Lektüre das Werk stellt als das Werk eines
Dichters, der „das hoch ausgebildete Kunsthandwerk der Franzosen
mit nordischer Strenge und Assiduität paart". Jedes echte Streben findet
ihn zu freudigem Willkomm, mehr als das, zur Überprüfung und Berichtigung schiefer Urteile bereit. Die Blätter, die Auerbach A n z e n-
g r u b e r s „Ledigem Hof", dem „Jungferngift", dem Roman „Der
Schandfleck", vor allem dem „Meineidbauer" widmet, bleiben ein ruhm-
volles Zeugnis echter Neidlosigkeit, echter Kunstliebe. „Anzengruber
ist ein echter dramatischer Dichter, und ein Kenner des Volkstums
und der besonderen Psyche im Bauernleben, wie außer ihm nur noch
J e r e m i a s G o t t h e l f." Nur eines verargt er dem Wiener
Volksdramatiker, nachdem er seine ganze Bedeutung erkannt hat:
wenn Anzengruber gelegentlich Virtuosenrollen, Possen schreibt, sich
vom Theatermäßigen unterjochen läßt, statt mit seiner Kraft die Volks-
bühne zu erneuern und zu beherrschen. Denn seine begeisterte Liebe
für die Kunst findet naturgemäß ihr Gegenstück in seinem leidenschaftlichen Haß der Kunstverderber. Zur „Tempelstille", zur inneren Sammlung, die Tasso, Die Geschwister, Nathan fordern, stimmt ihm unser
tägliches Theaterspielen nicht. Wie alle Wochen nur einmal Sonntag
ist, sollte alle Wochen nur höchstens einmal Komödie gespielt werden.
Das Übermaß der Schaulust hat Ausstattungsstücke gebracht, illustrierte
Dramen, wie die wissenschaftlichen Feeerien von J u l e s V e r n e,
denen Auerbach das nächstbeste Diorama vorzieht. Er verabscheut
„die Saisonstücke, die nur eine Saison dauern, die wirksamen Dramen,
die nur Ekel bewirken". Im Bewußtsein reiner Absichten wettert er
maßlos gegen die Theaterbauern vom Schlag des H o l t e i schen Hans
Jürge, gegen die Waisenmutter des Deutschen Theaters, C h a r l o t t e
B i r c h - P f e i f f e r, gegen die Verlogenheit der großen Oper im
Stil des Propheten, gegen die Berliner Posse:

„Der Schnaps hilft dem überladenen Magen und ist für den Dürftigen eine Art

Aufregung und Erwärmung." „Es gab bisher in Deutschland immer zweierlei Literatur und Kunst: eine, die die Literatur- und Kunstgeschichte kennt und der sie in ihrem
Verlaufe folgt, und eine in der Breite weit mächtigere, die sozusagen unterirdisch
besteht. Es ist leicht gesagt: das ist alles nichts nutz! Das Bestehen dieser unter-
irdischen Literaturströmung will erklärt sein im Bestande. Durch unser politisches
wie unser künstlerisches Leben geht ein großer Zwiespalt. Wir, die wir in der Kon-
tinuation der Bildung stehen, bringen Enthusiasmen mit, die keine Heimat in der
Luft des gegebenen Lebens haben".

„Heitere Theater", die Operettenbühnen widern ihn an, wie Gar-
küchen, wo Pferdefleisch und Hundekoteletten serviert werden, und er
ist noch so kindlich oder pathetisch, diese Entartung, ein Jahrhundert
nach den Klassikern, in der Zeit nach den deutschen Siegen nicht zu
begreifen oder gleichmütig hinzunehmen. Bei solchen Gesinnungen
kann er auch die französischen Sittenschilderer seiner Zeit nicht verstehen:
die Lebenswahrheit ihrer Fabeln und Figuren, Komödien, die nur
Geld und Unzucht zu Triebfedern machen, stellt er auf eine einfache
Probe: eine Nation, in der solche Schändlichkeiten durchgehende Regel
wären, könnte keine drei Tage bestehen. Nicht dichterische Fähigkeiten,
technische Fertigkeiten billigt er ihnen zu, selbst Augier nannte er
nach den Fourchambault nur einen geschickten Maschinenbauer. Die
Schraubenkraft dieser Bühnentechnik mißachtet Auerbach nicht, er
wünscht und empfiehlt sie dem Durchschnitt der deutschen Theater-
dichter. Die künftigen Retter der deutschen Bühne müssen freilich
andere Wunder fertig bringen. Auerbach hofft auf einen Hohenstaufen-
Shakespeare, der alle Schwierigkeiten des Stoffes, der Zeit, der Form,
der Zensur überwinden, Kaiser und Papst so faßlich gegenüberstellen
wird, wie die Historien den Kampf der beiden Rosen. Ein künftiger
sozialer Dichter aber wird die Abgründe der modernen Weltordnung
blitzartig beleuchten und mit dem Regenbogen der Phantasie über-
brücken. Ohne an das Publikum zu denken — nach Auerbach die
Wurzel alles Kunstverderbs — wird er den höchsten Lohn eines wahrhaft nationalen Künstlers heimbringen, in allen Schichten des Volkes
gleicherweise verstanden, gekannt, geliebt werden, wie Schiller und
Mozart. Den Tondichter zumal verherrlicht Auerbach mit hymni-
schem Schwunge. In seiner Sterbestunde will er die Zauberflöten-
melodien hören, Mozarts Genien singen für ihn, wie die Engelskinder
auf Raphaels Sixtina singen sollten.

Echter Pietät war die Herausgabe der Briefe an Jakob und der Dramatischen Eindrücke zu danken. Falsche Pietät wäre es gewesen, diesen bedeutenden Gaben aus dem umfangreichen Nachlaß schwache halbvollendete Arbeiten folgen zu lassen, Stimmungsfragmente, die der Dichter oft selbst nicht recht verstand, wenn er bei der Sichtung seiner Papiere auf ungezählte Anfänge, Schlagworte, Einfälle aus lang vergangener Zeit stieß. Wer eine Geschichte erzählen will, muß drei wissen. Von tausend und abertausend Blüten des Kirschbaums fallen die meisten ab, die wenigsten entwickeln sich zu reifen Früchten. Sprüchworte und Gleichnisse der Art gebrauchte Auerbach gern zur Erklärung alles, insbesondere seines eigenen Schaffens. Schon in den „Bausteinen" der Jahre 1836—40 konnte man (Abschnitt V mit- geteilte) Proben seiner Art finden, wahllos Stoffe zu Erzählungen, Stücken, Volksbüchern, zyklischen Werken vorzumerken, die bei gründ- licherer Überlegung und nun gar bei ernstlicherer Vorarbeit sich gänz- lich unergiebig erwiesen. In den folgenden Jahrzehnten mehrten sich Auerbachs Plane dermaßen, daß einzig und allein der Katalog ihrer Namen ein paar Seiten beanspruchen würde. Die meisten dieser un- zulänglichen oder seinem Naturell nicht gemäßen Motive ließ er fallen.

Ein Auswandererroman, an den er vor und nach den ersten Schwarz- wälder Dorfgeschichten dachte, ein Vorhaben, zu dem ihn U h l a n d aus eigenem Antrieb in den Fünfzigerjahren ermunterte, ein Plan, für den der Dichter eine Studienreise nach Amerika ins Auge faßte, blieb un- ausgeführt („Der V i e r e c k i g oder die amerikanische Kiste", „Der Tolpatsch aus Amerika", allerhand Episodengestalten, ver- einzelte Klugreden vom Mutterland Deutschland und dem Kinderland Amerika oder gar das böse Wortspiel Jammerika können nicht als Ersatz gelten). Gleiches Schicksal widerfuhr den Entwürfen zu drei historischen Romanen. Der erste, von dem Auerbach im Dankbrief an F r e i l i g r a t h sprach, sollte den Bauernkrieg, ein zweiter (Abschnitt VII eingehend erwähnter) den „Raub Straßburgs", ein dritter die Geschichte eines Bauerngeschlechtes in fünf Jahrhunderten behandeln. In allen drei Fällen sagte sich Auerbach nach gewissenhaften Vorstudien und Ver- suchen, daß für sein Schaffen Heute Trumpf, daß er nicht der Mann sei, der bequem im Ritterharnisch lustwandeln könne.

Selbsttäuschungen, falsche Wehen suchten seine Schöpferfreude überoft auch auf Gängen durch die Gegenwart heim. Während eines kurzen Aufenthaltes in Wiesbaden, wo damals noch offene Spielbank gehalten wurde, schrieb er Mitte der Fünfzigerjahre in fliegender Hitze in der Atmosphäre des „Spielerschweißes" ein Stück „Grüner Tisch und grüner Wald", das er gleich nach der Vollendung arg ernüchtert mit so gutem Grund liegen ließ, wie der Greis die gegen schleuderhaften Großbetrieb und wühlerische Chaosmacherei gerichtete Erzählung „Billig und schlecht" (oder Meister Bieland und seine Gesellen oder Haus Rabenalt). Der Griff in das neue Handwerkerleben wäre gut und zeitgerecht gewesen und im Gegensatz zu seinen freisinnigen Gesinnungsgenossen hatte er offeneren Blick für die Not des Volkes, gute Vormeinung für die sozialpolitischen Gesetze:

„Ich habe gestern," so schrieb er im Mai 1881 an Karl Emil Franzos, „mit * (einem der namhaftesten nationalliberalen Abgeordneten) viel über die neuesten auf die Arbeiter bezüglichen Pläne Bismarcks gesprochen, bin aber, wie ich fürchte, gänzlich von ihm mißverstanden worden. Derlei erfahre ich überhaupt in letzter Zeit oft und kann es mir nur daraus erklären, daß ich bei übermäßiger Auflagerung einsamen Denkens, wenn ich zu einer Aussprache komme, hinter derselben zu viel Voraussetzungen liegen habe, die ich nicht ausdrücken kann. So geht's mir nun auch mit dem Staatssozialismus Bismarcks, den er unter der Etikette ,praktisches Christentum' kolportiert. Ich finde eine Lüge oder doch eine werbende Konzilianz darin, wenn Bismarck seinen Versuch zum Staatssozialismus so nennt. Bezüglich der Sache aber, die er initiativ versucht, stehe ich im Widerspruch mit meinem absolut negierenden Freunde, denn ich glaube, daß, wenn hier ein Hebel angesetzt werden kann, eine neue langersehnte Wendung in der Geschichte der Menschen eintreten könnte." „Die Unfallversicherung, das Bewußtsein, von der Gesamtheit gestützt zu sein, wäre schön, sehr schön." „Der Versuch, den Punkt zu finden, wo individuelle Freiheit und Bildung in einer Gesamtheit sich decken, ist hochbedeutsam."

Die Erzählung „Meister Bieland und seine Gesellen" eignet sich diese und weitergehende kathedersozialistische Gedanken Auerbachs nicht an. In G**** (nach der Schilderung offenbar Gmünd) wandelt ein vormals ehrenfester Schuhmacher seine Werkstatt in einen Großbetrieb von Schleuderwaren um. Er schickt Muster seiner elenden, wohlfeilen Stiefel zur Weltausstellung nach Philadelphia, wird von Reuleaux' Rüge „Billig und schlecht", härter noch durch ehrabschneiderische Angriffe in Heimatsblättern getroffen. Bieland geht zu Grunde. Seine Werkstatt übernehmen, nachdem ein sozialdemokratischer Hetzer sich schnöde mit Reisegeld hat abfinden lassen, seine tüchtigsten Gesellen

als, vermutlich nach den Grundsätzen von Schulze=Delitzsch gebildete,
Genossenschaft. Weltbewegende Zeitfragen erscheinen im Aufzug
einer wohlgemeinten Kinderschrift. Auerbach konnte nichts Gescheiteres
tun, als dem Bürstenabzug sein Imprimatur zu versagen.

Andere belangreichere Geschichten gelangten aus verschiedenen Ur=
sachen nicht zum Abschluß. Zunächst „Der lateinische Bauer",
eine lange vor Turgenjews Neuland und Tolstois stoffver=
wandten Erzählungen in den Fünfzigerjahren begonnene und bis
zur Hälfte fertiggeschriebene Dorfgeschichte, deren Held, ein gelehrter
Altertumsforscher, aus Begeisterung für die Sache des Volkes gleich
gewissen russischen Sektierern unter die Bauern geht. In seiner
kritiklosen Schwärmerei sollte er, von erfahrenen Volkskennern, oben=
an einem bestandenen Forstmann, vergeblich eines besseren belehrt,
von nichtsnutzigem Gesindel trotz aller seiner Wohltaten hintergangen,
zuletzt als unerschütterlicher Menschenfreund doch recht behalten gegen
die Volksverächter. Es läßt sich nicht entscheiden, ob der Dichter den
„Lateinischen Bauer" freiwillig liegen oder durch Schwierigkeiten der
Lösung sich hemmen ließ.

Ein Gleiches gilt von der im letzten Jahrzehnt von Auerbachs Leben
vielerwähnten, häufig vorgenommenen Judengeschichte. Sie war bald
Schluach=Mizwah oder der Gottespfennig, bald „Ben=
Zion" betitelt; so hieß ein alternden Eltern nach dem Verlust ihrer
früheren sieben Kinder geborener Sohn, der nach ihrem Gelübde bis zum
dreizehnten Jahre im weißen Priestergewand aufgezogen, dann Rabbiner
werden sollte, hinterdrein aber nach Amerika auswandert und eine
Neu=Nordstetter Christin heiratet. Judentypen der drei, vier letzten
Generationen, vom orthodoxen Thoraschreiber und dem republikanischen
Rabbi Jehuda Mirabeau bis zum abtrünnigen Judenmissionär und
Freigläubigen, sollten alle reich abgestuften Meinungen innerhalb der
heutigen Judenschaft verkörpern, überdies das Verhältnis zu den
anderen Konfessionen in nathanischem Sinne klären. Einzelne fertig
vorliegende Kapitel lassen Gang und Bedeutung der Arbeit nicht er=
kennen. Am geschlossensten wirkt die Episode vom zugemauerten Fried=
hof im Judendorf; die Alten sind ausgestorben, die Jüngeren in die
Stadt gezogen; kein Totengräber ist da, den Gottesacker zu pflegen
und zu hüten; eines Morgens werden die christlichen Bewohner von

Schwandorf durch krächzende, den Judenfriedhof umkreisende Raben aufmerksam; sie steigen auf einer Leiter in den Friedhof und finden, das Gesicht in die Erde gedrückt, eine halbverweste Leiche. Ein Abtrünniger, der lang in der Fremde verschollen war, ist vom Heimweh zum Grab seiner Eltern getrieben worden; da die Tür verschlossen war, muß auch er sich über die Mauer geschwungen haben; auf der letzten Ruhestätte der Vorfahren suchte und erwartete er den Tod. Die der Wirklichkeit nacherzählte Begebenheit greift mehr ans Herz als die anderen Ansätze zu Ben=Zion, der den Versuch, in und außerhalb der Synagoge stehende Juden aller Lager und Bildungsstufen lebenstreu festzuhalten, anders, schwerlich besser bemeistert hätte, als Auerbachs Erstlinge „Spinoza" und Moses Ephraim Kuh.

Das anmutigste Bruchstück unter den Geschichten des Nachlasses Ingenieuse oder die Cyklopenbäuerin hat Spielhagen in Westermanns Monatsheften mitgeteilt: eine launige Selbstverteidigung Auerbachs gegen den Vorwurf der Schönfärberei des grundhäßlichen, kernfaulen Volkslebens.

Jede der drei im „Lateinischen Bauer", in „Ben=Zion" und „Ingenieuse" aufgeworfenen Fragen — das Verhältnis der höchsten Bildung zum Bauernleben, das Verhältnis von Judentum zu Christentum und Deutschtum, Menschenglaube oder Volksberachtung als Ausgangspunkt aller, insbesondere der Dichtung aus dem Volk und für das Volk — hätten als Hauptfragen beantwortet werden müssen in dem Buch, in dem er die Summe seiner Existenz ziehen wollte, in der Selbstbiographie, die nicht über einzelne Kapitel der Kindheitserinnerungen und weitschichtige Notizensammlungen hinausgelangen sollte.

Genau so wie bei seinen von Joseph Rank und Freytag beobachteten Vorarbeiten zu Erzählungen sammelte der Dichter zum „Leben" zahlreiche kleine Züge, hielt er im Merkbuch und auf losen Blättchen einzelne Begebenheiten und Betrachtungen fest, die später an die rechte Stelle gerückt werden sollten. Oft nur mit Bleistift in schwer zu entziffernden Abkürzungen auf Zettel hingeworfen, sind diese formlosen, flüchtigen Aufzeichnungen gewiß kein Ersatz einer künstlerisch aufgebauten Generalbeichte, ebenso gewiß aber wertvolle Hilfsmittel für jede Biographie, willkommene Winke zur Charakteristik des Dichters. Für den Kenner von Auerbachs Art und Kunst drängen

sich oft in ein paar unscheinbaren Zeilen reiche Lebenstexte zusammen.

Meine Mutter liebte es, daß man sich behaglich zu ihr setzte und allerlei mit ihr
überlegte. Wenn man sagte, das ist jetzt noch nicht an der Zeit und nötig, sagte sie:
man muß sich klein Holz in Vorrat spalten, wenn man Feuer machen will, hat man's
bereit.

Besser als jedes fremde Wort zeigt die anekdotisch überlieferte
Liebhaberei und Ausdrucksform, wie sehr Berthold in seinem Tun
und Denken der Sohn dieser Mutter, Geist von ihrem Geist gewesen.

Ein anderer Ausspruch eines Freundes ist ein lehrreiches Beispiel,
wie frei der Dichter fremde fruchtbare Anregungen umbildete.

Kausler sagte: Bei Spinoza ist Substanz Denken und Ausdehnung; bei dir
Synagogenmelodie und Volkslied.

Wie Flugsamen scheint das Wort in Auerbachs Gemüt gefallen,
in Blüte und Frucht aufgeschossen zu sein. „Das doppelbeutige
Ereignis als Vorwort" der Selbstbiographie, die Flucht aus dem
gespenstischen Synagogenspeicher in Wald und Flur von Nordstetten,
die Abkehr von den „Schedim" des jüdischen Aberglaubens zu den
leibhaftigen Bauernburschen und -Mädeln, die singend die Dorfstraße
einherziehen, diese unvergleichliche (Abschnitt I mitgeteilte) Eingebung
Auerbachs dürfte aus Kauslers lakonischer Bemerkung erwachsen
sein. Und aus demselben Gedankenkeim mag sich die (gleichfalls I
gedruckte) Schilderung des ersten Fasttages entfaltet haben, die lebenstreu berichtete Geschichte, wie der kleine Berthold am Versöhnungstag
aus dem Gotteshaus ins Grüne läuft und — wiederum als Kontrastfigur der Büßer im Leichenkittel — einer Nordstetter Dirne im
roten Rock gewahr wird, die ein Abendlied anstimmt.

Ein drittes Beispiel für Wert und Bedeutung dieser anekdotischen
Blättchen ist die

Erinnerung an das Harkortsche Haus in Leipzig. Eines Mittags saß ich mit
Robert Heller im Café Français. Er sagte mir: Ich schreibe jetzt einen Roman,
betitelt Das Erdbeben in Caracas. Ich sagte ihm: Was geht denn das Sie an? Er
lachte entsetzlich darüber, und mir wurde klar, daß ich nichts schreiben könnte, wobei
ich nicht ein subjektives Pathos hätte.

Es war dem Dichter und seinen Lesern nicht vergönnt, diese sorgsam gesammelten Steinchen zum Mosaikbild zusammengefügt zu sehen.
In erster Niederschrift fertig wurden nur die (I benutzten) Kindheits-

erinnerungen; frisch und anschaulich wecken diese Improvisationen reines Wohlgefallen; in aller oder gerade wegen ihrer Anspruchs- losigkeit sind diese an die Oppenheimschen Familienbilder erinnernden echten Schilderungen jüdischen Alltags- und Festlebens den anspruchs- volleren Werken des letzten Jahrzehnts vom Waldfried bis zum Meister Bieland überlegen.

Ob und wie weit es dem Dichter geglückt wäre, für die Folge- zeiten den Ton so richtig zu treffen, wie für die Jugendgeschichten, läßt sich so wenig ahnen, wie das Maß seiner Fähigkeit, Bildnisse auszuführen, nicht nur wie in seinen Gedenkblättern für M ö r i k e, G r i m m, R i e ß e r, S t r a u ß u. s. w. anzudeuten. Das kleinste Erlebnis haftete für immer in seinem Gedächtnis, unversehens erweckte Erinnerungen sprudelten im Gespräch und Brief rasch und frisch hervor. Die Sorgfalt und Sauberkeit des geschichtlichen Por- träts verlangt mehr. Die Ruhe und Reife, die Sicherheit und Laune, die G u s t a v F r e y t a g s Lebensschilderungen von M a t h y, H a u p t, O t t o L u d w i g auszeichnen, hätte Auerbach noch be- weisen, vermutlich sich erst aneignen müssen. Seine Charakteristiken von L e n a u, R e i n i c k, R i e t s c h e l, seine U h l a n d- und F r e i l i g- r a t h r e d e schädigen die Reinheit und Rundung der Physiog- nomien durch das Rankenwerk wildwuchernder Reflexion.

Die Hauptperson der Selbstbiographie hätte dem Erzähler allerdings die geringste Mühe gemacht; sie war seit jeher der Mittelpunkt seines Denkens und Schaffens; für Auerbach war — nicht weniger als heute — sein Ich Trumpf. Seine Kunst war nicht nur, wie er das von den Niederländern behauptete, Porträt, sie war Selbstporträt im weitesten Sinne. Die meisten Hauptgestalten seiner Hauptwerke, Männlein und Weiblein, Spinoza und Kuh, Ivo und Lorle, Brosi und Barfüßele, Walpurga und der Hofspinozist Günther, Lenz (in Edelweiß) und Waldfried tragen unverkennbar Auerbachische Züge. Und diese Familienähnlichkeit beschränkt sich nicht auf Doppelgänger des Juden- und Glaubenskämpfers, des Ehemärthrers, des Naturschwärmers, des Vaterlandsfreundes. Lang bevor H e r m a n n K u r z sein Ge- dankenspinnen parodierte, gab Auerbach im Zerrbild des Kollaborators dieselben Unarten zum besten; Jahre und Jahre, bevor F r i t z M a u t- n e r nach dem berühmten Muster von B r e t H a r t e s Condensed

Novels die taufrische Amme hänselte, machte sich Auerbach in seiner ureigenen Walpurga lustig über sein ruheloses Allesbegucken, sein aberweises Allesbeschwätzen. Das Gebot F l a u b e r t s , der Künstler müsse wie der Gott Spinozas in seiner Schöpfung überall zu spüren, nirgends zu sehen sein, verkehrt Auerbach in sein Gegenteil, in seinen Schöpfungen ist er fast immer zu sehen, am auffälligsten an Stellen, wo der Künstler am wenigsten zu spüren ist. Le grand Art impersonel et scientifique — ein hoher, selbst dem strengen Flaubert selten erfüllter Wunsch — war nicht Sache und Aufgabe des großen Erzählers, der seine Geschichten am liebsten mündlich vorgetragen hätte. Wie jeder richtige Volksprediger von Hebel bis auf Rosegger wollte und sollte er seinen Hörern leibhaftig gegenwärtig werden, wie jeder echte Volksdichter — allen voran der größte: Schiller — wirkte er durch seine Persönlichkeit.

Diese milde, wohlmeinende Persönlichkeit gewann die Massen, gefiel den Großen und fand die Gunst überlegener Geister; sie war den Zeitgenossen nicht nur durch ihre Bücher vertraut und für die Nachgeborenen fehlt es nicht an Formeln, bisweilen nur allzu bequemen Formeln, sie zu fassen. Eine der sinnvollsten hat der Dichter kurz vor seinem Ende geprägt, als er im letzten Herbst seines Lebens an seinen Denkwürdigkeiten arbeitete.

Auf einem Gang durch das Neckartal, unterwegs zwischen Rottenburg und dem Niedernauer Waldhaus, fiel dem einsam Wandernden, angelegentlich seiner Vorfahren Gedenkenden ein, wie Hauptzüge der verschiedenartigen Naturen seiner Großväter in ihm wiederkehrten. „Der leichtlebige lustige Musikant von mütterlicher und der ernst grüblerische Rabbi von väterlicher Seite, das ist eine seltsame Mischung." (Ähnlich hat späterhin R e n a n manche Widersprüche seines Wesens aus seiner halb bretonischen, halb gascognischen Abkunft hergeleitet.) Mühelos läßt sich am Enkel des Nordstetter Spiel- und Gottesmannes zeigen, daß er ihre Weise auf unvergleichlich größere Schauplätze übertrug. Wie ein echtes Dorfkind bei jeder Kirchweih und Feuersbrunst, bei allen Begräbnissen, Hochzeiten, Kindstaufen zu finden ist, folgte der Gevattersmann willig dem ersten Ruf zu jedem Volks- und Hoffest; er versäumte im Kultus des Genius nicht leicht eine Feier, kneipte mit Berühmtheiten in der Galerie Schack so behaglich wie mit namenlosen Kleinbürgern in der Trinklaube eines weltfernen Weilers und hatte — wie sein Großvater Schmul Hacketeback im Mühringer Herren= schloß des Baron Münch und in der armseligsten Dorfschenke — für Alle zeit= und ortsgerechte Stücklein bis zu den tiefsten Tönen der Leutseligkeit bereit.

Als richtiger Nachfahr des Rabbi Moses Baruch Auerbacher las und deutete (mißdeutete gelegentlich auch durch Wortklauberei) Ber= thold wiederum die Offenbarung — allerdings nicht nur in der Bibel, auch in den neuen ewigen Evangelien von S h a k e s p e a r e , S p i n o z a , L e s s i n g und ihren Jüngern; war er der Sprecher seiner bedrängten Stammesgenossen, wenngleich nicht nur wie jener von Horb bis Freiburg, sondern in und vor der ganzen gesitteten Welt; predigte er — freilich ohne jede konfessionelle Färbung — bis zum letzten Atemzug die messianische Idee, den Sieg der Gerechtigkeit, das Reich Gottes auf Erden.

Mit all diesen Ähnlichkeiten ist indessen Auerbachs Art und Kunst nicht erschöpft; in gewissem und zwar in entscheidendem Sinne fängt wie bei weitaus größeren sein Stammbaum bei ihm selbst an. Die besten Kenner seines Lebens und Schaffens haben die Wurzeln seiner Fehler und Vorzüge denn auch nicht außer, nur in ihm gesucht:

Wie in den Eindrücken, so nahm er auch in seinem Charakter die Kindlichkeit mit hinüber in das höchste Alter. Hierin liegt der Schlüssel zum Verständnis seines Wesens, zur genauen Würdigung seiner Schriften. Er war Mann und Kind zugleich. Dicht beieinander wohnten und wirkten kindliche Naivität und die höchste Männlichkeit des ringenden Geistes. Vieles in seinem Benehmen erinnert an die sorglose Beweg= lichkeit des Kindergemütes. In der Mitte der ernstesten Gedanken konnte er leicht abgezogen werden zu kindlicher Lust und kindlichem Frohsinn. Wie oft, wenn er im Walde spazieren ging und tiefe Probleme im ernstesten Gespräch ihn beschäftigten und er im ersten Frühling den Schlag der Vögel hörte, unterbrach er sich, horchte auf, ahmte den Vogelstimmen nach und war ganz harmlos hingegeben an die um= gebende Natur. Kinder fanden schnell heraus, was er mit ihnen gemein hatte, und hielten sich gern an ihn. Menschen gehobenen Geistes begriffen seinen Ernst und suchten seinen belehrenden Umgang. Das Reizvollste in seinen Schriften und im persönlichen Verkehr ist aus jener Mischung entstanden, aber man mußte, aus Liebe oder Einsicht, für dieselbe empfänglich sein, sonst entstand vieles Mißkennen.

Und vollkommen unabhängig von diesen Aufschlüssen Laskers sprach Jakob als erstes Gebot für jede zutreffende Würdigung Bertholds übereinstimmend die Mahnung aus:

Man muß sein kindliches und — was keineswegs ein Widerspruch — stets forschendes Wesen, seine unzerstörbare Lebensfreudigkeit kennen, um seine schriftstellerische Wirksamkeit zu verstehen.

Auerbachs Denkwürdigkeiten hätten, nach demselben Gewährsmann, die gleichen Grundgedanken verwirklicht. Berthold gedachte „ein aus tieferem Grunde hervortretendes, im ganzen freudiges Lebensbild" zu geben. Seine Selbstbiographie hätte seinen „Menschenglauben" neu bekräftigt, den „frommen Pantheismus", den er oft in Dichtung und Lehre zu fassen gesucht hat — niemals sehnsüchtiger, als 1857 nach einer Vorstellung des Nathan in den „Dramatischen Eindrücken":

Hoch oben auf überschauender Höhe stehen, das Gewimmel des vielfältigen Lebens da unten mit freiem Überblick, mit lächelnder Andacht, sub specie aeterni, zu betrachten und doch wiederum mit liebevoller Innigkeit das Konkrete erfassen, den Strömungen und Wurzeln seines Bestandes nachgehen, die Welt mit ihrem Gemenge von Grausamkeit und Liebe, Albernheit und Hoheit, mit allen ihren Widersprüchen und einheitlichen Gesetzen kennen und sie doch fest lieben, einen Standpunkt auf einem anderen Planeten in philosophisch gedachter mythischer Zeit fassen und doch zugleich mitten im Leben und in seinen nicht philosophischen, sondern historisch konkreten Bedingungen stand halten — das ist jene Weisheit, die außer Spinoza und Shakespeare nur noch Lessing errungen. Und weil Lessing Philosoph und Dichter zugleich war, darum vermochte er die Weisheit der Abstraktion in das konkrete Leben zu setzen oder vielmehr ihr dichterisch eine Welt zu schaffen.

Auf den gleichen Grundton sind die glücklichsten Stunden von Auerbachs Leben, die besten Eingebungen seiner Kunst gestimmt. Das gleiche Bekenntnis der Weltfreude wäre der Weisheit letzter Schluß seiner Denkwürdigkeiten gewesen. Sein Vermächtnis verkündigt dieselbe Heilslehre wie seine Tage und Werke.

Handschriftliche Quellen

1. Der Nachlaß Berthold Auerbachs, über den ich 1891 in einem Vortrage (gedruckt in dem Bande „Deutsche und Franzosen", Wien, A. Hartleben, 1895, S. 185—211) und 1902 in dem Sechsten Rechenschafts= bericht des Schwäbischen Schillervereins (Marbach a. N. 1902, S. 83—57) nach der Erwerbung des literarischen Nachlasses von Berthold Auerbach durch Dr. Kilian v. Steiner für das Marbacher Schillerarchiv ein= gehend berichtet habe.

Außer diesen durch die Güte des Vereinsvorstandes mir zu freier Be= nützung jahrelang anvertrauten Papieren wurden mir

2. durch die Hilfsbereitschaft von Berthold Auerbachs Sohn, Justiz= rat Eugen B. Auerbach, die Familienkorrespondenzen,

3. durch die Tochter von dem ersten deutschen Lehrer des Dichters, Bernhard Frankfurter, Bertholds Briefe an diesen Freund und Ge= währsmann,

4. durch Dr. Ludwig Meyer in Berlin Auerbachs Briefe an seinen ersten Schwiegervater Moritz Schreiber in Breslau,

5. durch die Güte von J. G. Cottas Nachfolgern seine Briefe an den Verlag,

6. durch die Familie von Otto und Elisabeth Lewald des Dichters Briefe an Elisabeth Lewald geb. Althaus,

7. durch Herrn Salomon Marx seine Briefbestände,

8. durch den (seither verstorbenen) Hr. Alexander Meyer=Cohn, auf den Fürspruch von Erich Schmidt, Auerbachs Briefe an Wilhelm Hemsen zu Gebote gestellt.

Briefwechsel, Denkschriften, ausführlichere und kürzere Nachweise habe ich zu danken dem Entgegenkommen von Hermann Allmers, Richard Andree, Jakob Baechtold, Ludwig Bamberger, F. A. Brockhaus, Wilhelm Buchner, Alfred Dove, Minister Ellstätter, Wilhelm Fetzer, Theodor Fontane, Ludwig August Frankl, Gustav Freytag, Ludwig Geiger, der Tübinger Burschenschaft „Germania", Ferd. Gregorovius, Eduard Hanslick, Paul Heyse, Karl

Hillebrand, H. Homberger, Emil Honigmann, der Familie
Kaufmann in Bonn, der Familie von Rudolf Kausler, Gottfried
Keller, der Witwe von Hermann Kurz, Adolf Kußmaul, Wil=
helm Lang, der Familie Lasker, Moritz Lazarus, Fanny Lewald,
Familie Lotmar, W. Lübke, E. Peschier, Familie zu Putlitz, Geh.
Kommerzienrat A. Pfeilsticker, Wilhelm Raabe, Joseph Rank, Her=
mann Rollett, Julius Rodenberg, Franz Freiherr v. Roggen=
bach, Otto Roquette, Gustav Rümelin, Prof. Schaarschmid
(Bonn), Graf Schack, Erich Schmidt, Gräfin Schönfeld=Neu=
mann, der Familie von David Friedrich Strauß, Familie Strecker,
Bernhard Suphan, Prof. Ullmann, Friedrich Theodor Vischer,
Robert Waldmüller, Richard Weltrich, Adolf Wilbrandt,
Julius Wolff.

Jakob Auerbach und Friedrich Spielhagen, die gleich mir
als Mitordner des Nachlasses bestellten Herausgeber, haben mich in wohl=
wollendster Weise beraten.

Galt diese vielseitige Förderung meiner Arbeit vor allem dem Andenken
des Dichters, so fühle ich mich doch auch persönlich allen hier und in den
Anmerkungen genannten und manchen ungenannten Gewährsmännern und
Nothelfern für diese Beweise von Vertrauen dauernd verpflichtet. Allen
voran dem Schwäbischen Schillerverein und seinem gegenwärtigen hoch=
verdienten Leiter, Geh. Hofrat Dr. Otto Güntter in Stuttgart, und
meinem lieben alten Freunde Justizrat Eugen B. Auerbach in Berlin.

Wien, Pfingsten 1907.

A. Bettelheim.

Anmerkungen

I. Handschriftlicher Nachlaß. — Berthold Auerbach. Briefe an seinen Freund Jakob Auerbach. Ein biographisches Denkmal. Mit Vorbemerkungen von Friedrich Spielhagen und dem Herausgeber. 2 Bände. Frankfurt am Main, Literarische Anstalt, Ruetten und Löning, 1884. — Berthold Auerbach. Ein Tag in der Heimat. (Sommererinnerung 1879.) Deutsche Rundschau, Mai 1880. — Berthold Auerbach. Tagebuch aus Wien. Breslau, Schlettersche Buchhandlung, 1849. S. 5. — Beschreibung des Oberamts Horb. Herausgegeben von dem k. statistisch-topographischen Bureau. Stuttgart 1865; 1885. — Die Stammtafel (Beilage A) verdanke ich der gütigen Mitteilung des Herrn Lehrers Strauß in Nordstetten. — Die Geschichte der jüdischen Gemeinden in Mühringen und Nordstetten nach freundlichen brieflichen Angaben des Herrn Rabbiners Dr. M. Silberstein (früher in Mühringen, seither in Wiesbaden). — Ludwig Uhlands Leben. Aus dessen Nachlaß und aus eigener Erinnerung zusammengestellt von seiner Witwe. Stuttgart, Cotta, 1874, S. 5, 6. — Ottilie Wildermuths Leben. Stuttgart, Gebrüder Kröner (o. J.), S. 3 ff. — Bernhard Frankfurter. Eine Lebensskizze von Alexander Elsässer. Allg. Ztg. des Judentums Nr. 23 und 24. 1868. — Der Schauplatz der Schwarzwälder Dorfgeschichten. Leipziger Illustrierte Zeitung Nr. 803, 20. Nov. 1858. — Berthold Auerbach in Nordstetten. Vortrag, gehalten am 18. Nov. 1888 in der Prager Konkordia (Anton Bettelheim: Deutsche und Franzosen. Wien, Hartleben, 1895, S. 162—184).

II. Handschriftlicher Nachlaß und Briefe an Jakob (diese und jener auch zu allen folgenden Abschnitten). — Chronik der Stadt Hechingen. Zusammengestellt von Ludwig Egler. Hechingen 1887. — Über die Hechinger Zeit schrieb mir Rabbiner Wassermann (16. Aug. 1889 aus Stuttgart): „A. bewohnte beim Beth-Hamidrasch-Rabbi Nathan Reichenberger mit zwei Altersgenossen ein gemeinschaftliches Zimmer. Von diesen war der eine Maier Hilb, später Rabbiner in Haigerloch, wie A. in sehr beschränkten Verhältnissen, sie hatten nur Wohnung bei dem Rabbi,

während der andere, Salomon Kiefe, ein Kaufmannssohn, auch als Kost=
gänger in seinem Hause war und gut zahlte. Wenn nun der Rabbi in den
sogenannten Selichottagen die Stubengenossen zum Frühgottesdienst weckte,
geschah dies regelmäßig mit der Phrase: ,Krieget die Kränt, ihr wißt doch,
daß ihr zu Selichot müßt.' Ein Mitschüler, Levi aus Rexingen, hatte
einen reichen Verwandten in Hechingen, bei dem er Kost und Logis hatte.
Auerbach hatte in diesem Hause einen Kosttag. Nun hatten einmal A. und
Levi einen Wortwechsel, der nahe daran war, eine Prügelei zwischen ihnen
herbeizuführen. Da sagte Levi zu A.: ,Du, ich rate dir, fang keine Schlägs=
händel mit mir an; du ißt einmal in der Woche, ich esse alle Tage gut,
da mußt du den kürzeren ziehen'." — Zur Karlsruher Zeit: Dr. Jakob
Auerbach von Direktor Dr. Bärwald. Programm der Real= und
Volksschule der israelitischen Gemeinde (Philanthropin) zu Frankfurt a. M.
Ostern 1888. XXVIII—XXXIV. Briefliche Mitteilungen von Oberrat
Willstätter. — Zur Stuttgarter Zeit: Ungedruckte Briefe Bertholds
an Lehrer Bernhard Frankfurter in Nordstetten. — Das Leben
Gustav Schwabs von Klüpfel, 1858. — Ungedruckte Briefe
Bertholds an Naphtali Frankfurter.

III. Die Angaben über die von A. besuchten Tübinger Kollegien hat
mir Kanzler Gustav Rümelin gütigst zu Gebote gestellt. — Die bio=
graphischen Nachrichten über Rudolf Kausler nach eingehenden brief=
lichen Mitteilungen seines Neffen, Pfarrer Julius Caspert in Duß=
lingen, aus den Jahren 1888—1890. Seither hat H. Fischer in der zweiten
Reihe Beiträge zur Literaturgeschichte Schwabens über Kausler geschrieben.
Fischer war ohne sein Verschulden irrig unterrichtet, als er angab, Kausler
sei der Verfasser von Auerbachs „Lederherz". — David Friedrich Strauß.
Gesammelte Schriften. X. 204. III. 231 ff. II. 80. 1876 ff. — „Berthold Auer=
bach. Wie ich die bildende Kunst kennen lernte." Berlin, „Gegen=
wart", herausgegeben von Paul Lindau. Bd. V, Nr. 25, 1874. — Dem
früheren Archivdirektor in Stuttgart, Dr. v. Schloßberger, verdanke ich einen
„Auszug aus dem in dem K. Württembergischen Staats=Filialarchiv
zu Ludwigsburg unter den Kriminalprozeßakten über Autenrieth
und Genossen wegen verbotener Verbindungen vom Jahre 1833 2c. in
dem Fascikel 1, Rubr. 30, Mitglieder der Burschenschaft, auf=
bewahrten 1236 signierten Aktenstück im Original vom 30. Januar 1837". —
„Rückblicke auf mein Leben" von Karl Gutzkow. Berlin 1875. —
Ungedruckte Briefe A's. an Naphtali Frankfurter und A. Cohen. —
„Spinoza=Arbeiten." „Ein Stück aus meinem Leben von Berthold Auer=
bach. Neue Freie Presse Nr. 5765—66 vom 14. und 15. September 1880. —
Dr. Diez (Karlsruhe) Burschenschaftliche Blätter. Berlin, 1. März 1904:
Berthold Auerbach als Burschenschafter unter Polizeiaufsicht. —
Der erste gedruckte Beitrag Auerbachs für eine Zeitschrift scheint
ein Stuttgarter Brief in der damals von Laube herausgegebenen Zeitung

für die elegante Welt, 1834, Nr. 50 und 52 „Unterhaltung — Masken=
bälle" gewesen zu sein, in der eine Faustaufführung mit Seydelmann als
Mephisto, die Neuigkeiten der Oper („Zampa", „Robert der Teufel", „Alpen=
könig und Menschenfeind", „Lumpazivagabundus" und Raupachs „Schleich=
händler") kurz erwähnt werden. Laube fordert in einem im Nachlaß er=
haltenen Brief vom 13. März 1834 Auerbach auf, „allmonatlich einen Bericht
zu senden, der sich direkt an Fakta und Stoffartiges halten soll". — Abra=
ham Geigers Leben in Briefen. Herausgegeben von Ludwig Geiger.
1878. Berlin. — Gabriel Riessers Gesammelte Schriften. Heraus=
gegeben im Auftrag des Komitees der Riesser=Stiftung. Frankfurt a. M.
4 Bände, 1867. Im 1. Band: Gabriel Riessers Leben nebst Mitteilungen
aus seinen Briefen von Dr. M. Isler. — Gutzkow=Funde von Dr.
Heinrich Hubert Houben. Berlin 1901. Karl Gutzkow und das
Judentum 144—281. — Friedrich der Große, König von Preußen.
Sein Leben und Wirken; nebst einer gedrängten Geschichte des Siebenjährigen
Krieges für Leser aller Stände nach den besten Quellen historisch=biographisch
bearbeitet von Theobald Chauber. Mit 5 Stahlstichen und 24 Holz=
schnittbildern. Stuttgart, J. Scheibles Buchhandlung, 1834. — Friedrich
der Große, König von Preußen. Seine sämtlichen Werke in einer
Auswahl des Geistvollsten für Leser aller Stände bearbeitet von Theo=
bald Chauber. Mit 4 Stahlstichen. Stuttgart. J. Scheibles Buch=
handlung, 1835. — Das Judentum und die neueste Literatur.
Kritischer Versuch von Berthold Auerbach. Stuttgart, Fr. Brodhagsche
Buchhandlung, 1836. — Galerie der ausgezeichnetsten Israeliten
aller Jahrhunderte, ihre Porträts und Biographien, herausgegeben von
Eugen Graf Breza, redigiert von Richard O. Spazier. 1834 ff. 1836:
herausgegeben von Dr. N. Frankfurter und Berthold Auerbach.
1838: Begründet von Eugen Graf Breza, fortgesetzt von Ber=
thold Auerbach. (Auerbachs Beiträge: Gabriel Riesser. Rothschild
und die Juden. Michael Beer. Biographie und Kritik. Gotthold
Salomon.)

    IV. Ephraim Moses Kuh. Ein biographisches Gemälde von Ber=
thold Auerbach. Zeitung für die elegante Welt (Redakteur Dr. F. G. Kühne).
1836. 159—167. — 1837. Zeitung für die elegante Welt. 16—19. Ein Karne=
valsscherz von Berthold Auerbach. In der belanglosen Schnurre be=
merkenswert nur die Stelle: „Sage was du willst, Strauß ist eine große,
historische Erscheinung, ich rechne ihn mit zum sogenannten jungen Deutschland,
er hat die ganze Tanzmusik revolutioniert. Da ist nicht das ewige Einerlei und
da capo derselben Trios. In den langen Winterabenden, wenn er auf dem
Orchester stand und die ganze junge Welt nach seiner Geige tanzen machte,
da fand er's, daß es nimmer genügen könne, den alten Schlendrian fort=
zuführen und ließ das so tosen und toben, bald sentimental verschwimmend
und feierlich, bald schmeichlerisch kosend, lüstern und bacchantisch jauchzend;

dann wieder geharnischt und ehern und in alledem so viel übermütige vollblütige Liebeslust, so viel frische Sinnlichkeit und frivole Energie — wahrlich Johann Strauß ist der Heinrich Heine der Musik." — Über die Zeitschrift „Der Spiegel" vgl. Hermann Fischer. Beiträge zur Literaturgeschichte Schwabens II. 1899. Mit der Chiffer 19 zeichnet Berthold Auerbach Anzeigen; er verdammt Joel Jacoby, rühmt Stein=heim, scheint lebiglich Judaica besprochen zu haben. — Spinoza. Ein historischer Roman von Berthold Auerbach. 2 Teile. Vorrebe: Das Ghetto. Stuttgart, J. Scheibles Buchhandlung, 1837. David Friedrich Strauß' Besprechung (zuerst in den Berliner Jahrbüchern für wissen=schaftliche Kritik, wiederholt „Charakteristiken und Kritiken". 1839.) Vgl. auch Hermann Kurz' Briefe, mitgeteilt von Hermann Fischer. Süddeutsche Monatshefte, 1906. — Europa. Chronik der gebildeten Welt. Heraus=gegeben von August Lewald. 1838. Die mit A. gezeichneten Aufsätze im Feuilleton: „Literatur". I. 37. 565. II. 85—87. 181. 421. 520. 610. III. 133. 165. IV. 517. 1839. I. 565. — Dichter und Kaufmann. Ein Lebens=gemälde von Berthold Auerbach. 2 Bände. Stuttgart, Adolf Krabbe. Vgl. „Europa" 1840. I. 611. Anzeige von R(ubolf K(ausler) schließt: „In der Vorrebe lehnt Auerbach Zumutungen, den jüdischen Boden in seinen Produktionen zu verlassen, mit guten Gründen ab." „A. ist der erste, der das jüdische Leben mit historischen Farben schildert. Statt ihn vom Weiterschreiten auf diesem Wege abzumahnen, wollen wir ihn viel=mehr auffordern, uns in seiner nächsten Arbeit den Anfang des Ghettos zu geben, das Leben der Juden im Mittelalter." In demselben Jahr wurde Kauslers Wunsch von einem anderen erfüllt: 1840 erschien Heines Rabbi von Bacharach.

V. Auerbachs Brief vom 25. September 1842 im Cottaschen Archiv. — Karl Mathy. Geschichte seines Lebens von Gustav Freytag. Leipzig, S. Hirzel, 1870, 217 ff. — „Frau Gerson mußte von unserer Liebe. Der Alte tat immer, als ob er nichts merkte. Wenn er spät aus der Harmonie kam, grüßte er freundlich, indem er sein schwarzes Käppchen aufsetzte und kümmerte sich weder um die Schwärmerei seiner Frau noch um die Gemütszustände seiner Kinder. Er wurde immer wie ein majestä=tischer Löwe angesehen, dem man nicht nahen dürfe." (In diesen Äußer=lichkeiten erinnert er an Annas Vater, den Löwenwirt, in „Edelweiß".) „Die Frau gab mir zu verstehen, daß Pauline nicht so viel besitze, daß wir uns ein bescheidenes Hauswesen gründen könnten und meine Verhältnisse waren ja äußerst fraglich. Sie spielte baher ein ganzes Frankfurter Los für uns und schrieb auf die Rückseite: Das gehört den Kindern Pauline und Berthold Auerbach. Eines Morgens, es war im Frühling 1840, ließ sie mich schon um sechs Uhr rufen, ich solle nach dem Landhaus auf dem Mühlberg bei Sachsenhausen kommen. Ich eilte ans Ufer, fuhr hinüber und ich wurde in den großen Saal gerufen, wo

mich Frau Gerson erwartete. ‚Sie sollen es von mir hören,‘ sagte sie
mir. ‚Seien Sie recht ruhig. Ich muß es Ihnen sagen, Pauline ist gestern
abend Braut geworden.‘ Ich war aber nicht ruhig; ich war sehr un-
gebärdig und als ich mich endlich setzte, sah ich, wie sie nach dem Tisch
ging und etwas bereitet, was dort steht und was bringt sie mir? — ein
Brausepulver, das sie für mich bereit gehalten hat. Und ich trank es
ohne Willen, wurde aber doch nicht ruhiger, sondern stürmte fort, wanderte
lange um das Landhaus und endlich hinaus gegen Offenbach und Bergen
und kam erst spät Abends wieder nach Frankfurt zurück. Ich bereitete
meinen Abschied und da ich glaubte, daß ich nicht mehr dichten könne,
zog ich nach Bonn und übersetzte dort die Werke Spinozas. Nachricht vom
Tode meines Vaters. Plan zu den Dorfgeschichten. Übersiedlung nach
Mainz. Eines Tages beim Weinhändler Lorch erfuhr ich zufällig, daß
Pauline plötzlich gestorben war; es war ihr eine Herzader gesprungen,
nachdem sie ein Lied gesungen, das ich so sehr gern gehabt: ‚Reich mit
des Orients Schätzen beladen ziehet ein Schiff von Madras fort.‘“ — So
eine spätere, ausführlichere Version der Liebesgeschichte auf einem Blatt
des Nachlasses. — Auerbachs Kritik von Heines Börne. Braun-
schweigische Morgenzeitung. 1840, Oktober, Nr. 71. — Briefe
hervorragender verstorbener Männer Deutschlands an Alexander Weill.
Zürich, Verlagsmagazin. J. Schabelitz, 1889. In der Einleitung zu den
Briefen Gutzkows behauptet Weill, daß er zuerst den Ausdruck Dorfgeschichte
gebraucht habe, den Gutzkow strich. „Auerbach, mit dem ich damals brüderlich in Frankfurt und Mainz lebte und verkehrte, nahm dann diesen Titel für
seine Dorfromane und ich behaupte, daß der Gutzkowsche unterschobene Titel
(‚Sittengemälde aus dem Elsässer Volksleben‘) meinen Dorfgeschichten, die
lange vor den Romanen Auerbachs erschienen, geradezu den Hals brach.“
(S. 5 ff.) Die Glaubwürdigkeit dieser und anderer Angaben von Alexander
Weill ist sehr zweifelhaft: August Lewald veröffentlichte 1840 in der
„Europa“: „Ubilie und Gertrude. Sittengemälde aus dem Elsaß.
Von A. Weill“ mit der empfehlenden Fußnote: „Wir freuen uns, diese
eigentümliche und getreue Schilderung unseren Lesern mitzuteilen. Sie
mag als Gegensatz zu manchen blasierten Salonnovellen gelten und nur
umsomehr Wirkung dadurch machen.“ In der „Europa“ 1842, 3. Bd., er-
schien „Der Tolpatsch. Eine Schwarzwälder Dorfgeschichte von
Berthold Auerbach“. Es ist nirgends ein Beweis dafür zu finden, daß
Weill irgendwem gegenüber den Titel „Dorfgeschichte“ dazumal als seine Erfindung angesprochen hat. Heine schrieb 1847 ein Vorwort zu A. Weills
„Sittengemälden aus dem elsässischen Volksleben“. — Im Nachlaß Briefe
von Ludwig Braunfels, M. Heß, Karl Andree, Adam und
Sophie Dupré an Auerbach. — Leopold Kaufmann, Oberbürger-
meister von Bonn, 1821—1898. Ein Zeit- und Lebensbild von Dr. Franz
Kaufmann. Köln, 1903. — Ferdinand Freiligrath. Ein Dichter-

leben in Briefen. Von Wilhelm Buchner. Lahr, Moritz Schauenburg, 1882, 2 Bände. — Rede auf Ferdinand Freiligrath von Berthold Auerbach. Darmstadt, Eduard Zernin, 1867. — Oskar, Trauerspiel in 5 Aufzügen. Als Manuskript gedruckt ohne Jahrzahl, ohne Name eines Verfassers oder Verlegers. Im Nachlaß: Theaterzettel der einzigen Aufführung am Stuttgarter Hoftheater. Anweisung von 55 Gulden für die Aufführung. Dazu im Nachlaß Briefe von Lewald, Holbein (Burgtheater Wien), köstlicher kritischer Brief von Hermann Kurz an Auerbach. — B. v. Spinozas sämtliche Werke. Aus dem Lateinischen mit dem Leben Spinozas von Berthold Auerbach. Stuttgart, J. Scheibles Buchhandlung, 5 Bände, 1841. Die Vorrede ist Mainz, 6. August 1841, datiert. — Über den Plan einer deutschen Zeitschrift „Echo" in London im Nachlaß Briefe von Perez Sabel. — Über Auerbachs Plan „Neuer Rheinländischer Hausfreund" A. Bettelheim: „Die Nation", 7. März 1903. — Der gebildete Bürger. Buch für den denkenden Mittelstand. Herausgegeben von B. Auerbach. Karlsruhe, A. Bielefeld, 1843. — Die Verfassungsfeier in Baden am 22. August 1843. Herausgegeben von Karl Mathy. Mannheim, Friedrich Bassermann, 1843. — Tagebuch aus Weilbach. Von Berthold Auerbach. Der Freihafen. Herausgegeben von Theodor Mundt, 1848. — J. E. Braun. Ein Phänomen in der neuesten Literatur. „Europa", 1848. — Hermann Marggraff, Blätter für literarische Unterhaltung 1844, S. 941. — Literaturblatt. 1844, S. 330. — Offenes Sendschreiben von J. Venedey an Berthold Auerbach. Didaskalia 1844, Nr. 8. — Eduard Düller (ungedruckter Brief an Auerbach vom 1. September 1843). Dazu „Das Vaterland", 1843. — Christian Märklin von D. Fr. Strauß. (Ges. Schriften, 1878, X. 351.) Auch dieser schwäbische Stimmführer urteilt: „Nach dem Abendessen lasen wir Auerbachs Dorfgeschichten; kennen Sie diese? Wo nicht, so müssen Sie sie lesen; es ist der Mühe wert, ich nehme den Hut ab vor Respekt gegen den Mann. Der weiß die Wichtigkeit, die ganz gewöhnliche, poetisch zu fassen und zu gestalten — keine romantischen Exkurse ins Mittelalter, zu Rittern und Gnadenbildern, keine Freiligrathschen Löwenritte und dergleichen, sondern das Judendorf Nordstetten, Bauern, Knechte, Kühe, Hairlen, und doch alles schöne, poetische Genrebilder, und in aller Einfachheit oft voll lyrischer Tiefe." Vgl. auch Hermann Fischer (Aus der Geschichte der schwäbischen Dialektdichtung) über Auerbachs sprachlichen Ausdruck. (Beiträge zur Literaturgeschichte Schwabens I. Reihe 1891 S. 240—43.)

VI. Berthold Auerbach. Der letzte Sommer Lenaus. Erinnerung und Betrachtung. Deutsches Museum, herausgegeben von Robert Prutz, 1851. Lenau und die Familie Löwenthal. Von Ed. Castle. Leipzig, Max Hesse, 1906. Nikolaus Lenaus sämtliche Werke. Herausgegeben von Anastasius Grün. Cotta, 1855, I. S. LXVII ff. — Deutsches Familienbuch zur Belehrung und Unterhaltung. Karlsruhe, Chr. Fr. Müllersche Hofbuchhandlung, 1843, I. Kleine Geschichten aus dem Leben, erzählt von Berthold Auerbach. Der Schlüsselgeist. Ein Märchen, den Kindern im Hinterstübchen erzählt von Berthold Auerbach. Ich wiederholte das Märchen in der Frankfurter Zeitung vom 17. II. 1907; als Quelle wies mir seither Herr S. Meisels das hebräische Sittenbuch Kabh-ha-jashar (das Maß des Rechtens), Venedig 1705, nach. — Wer lebt das höhere Leben? Von Berthold Auerbach. 1844. Bd. II. — Johann Peter Hebel als Volksdichter. Von Berthold Auerbach. — Ein Besuch auf dem Freischießen der Eidgenossen in Basel. B(erthold) A(uerbach). In „Wieder unser" (Cotta, 1871) gedenkt Auerbach jenes ersten Besuches von Straßburg. — Heinrich Laube. Erinnerungen. Nachträge. Bd. IX. Ausgewählte Werke. Herausgegeben von H. H. Houben. S. 371 ff. Gustav Freytag. Erinnerungen aus meinem Leben, 1886, 132/33. Heinrich König. Ein Stillleben. Leipzig 1864. Das Leben Max Punckers von Rudolf Haym, 1891. In Berlin wollte Auerbach an seinem Geburtstag 28. II. 1845 eintreffen. Erinnerungen aus meinem Leben von Joseph Rank. Wien, Prag, Leipzig, Tempsky, 1896, S. 296 bis 305. — O. Wittner, Moritz Hartmann, 1907. — Gustav Kühne, sein Lebensbild und Briefwechsel mit Zeitgenossen. Herausgegeben von Edgar Pierson. Mit einem Vorwort von Wolfgang Kirchbach (vom Oktober 1889). Briefe von Auerbach. S. 210. 213. — Briefliche Mitteilungen von Hermann Rollett (vgl. auch Rollett-Begegnungen 1903). — Briefe von Berthold Auerbach an Froriep (mitgeteilt durch Fräulein Klara Froriep und das Goethe-Schillerarchiv in Weimar). Vgl. A. Bettelheim „Die Nation" 1907. — „Wie Friedrich Rückert seine Lieder singen hörte" von Berthold Auerbach, 1866 (jetzt Illustrierte deutsche Volksbücher Bd. III). — K. Schiffer teilt in der Schrift Wilhelm Jordan 1889 dessen Brief an Laube mit: „Sie führten den Vorsitz in der Schriftsteller-Versammlung, bei deren Festmahl ich, Abends in der tollsten Gährung meiner Sturm- und Drangperiode mein Lied „Der Schiffer und der Gott" vortrug, zu allgemeinem Entsetzen und zu ganz besonderem Berthold Auerbachs, dessen fromme zornige Antwort erst mir vier Wochen Stockhaus und Verbannung aus dem eigenen Haus eintrug, zu großen Verlusten und schwersten Sorgen, aber zum entschiedensten Heil. — Erinnerungen an Ernst Rietschel. Von Berthold Auerbach. „Die Gartenlaube", 1861. — Georg Brandes. Deutsche Charaktere. München, Langen. Moderne Bahnbrecher, Leipzig 1897, II. Berthold Auerbach 108. 170. — Das Manuskript der Frau Professorin ist nach freundlicher Mitteilung von B. Suphan im Besitz des Goethe-Schiller-Archivs in Weimar. Es trägt auf dem äußeren Umschlag folgende Notiz: „Das ist das Manuskript, lieber Hiller, aus dem ich dir oft täglich, wie ich's geschrieben hatte, vorlas; behalte es zur Erinnerung an den schönen Sommer und Herbst 1846, den wir gemeinsam und einig verlebten. Will's Gott, kommen noch viel solcher Zeiten. Dresden, am

Bettelheim, Berthold Auerbach)

28. Okt. 46 am Tag der Abreise nach Breslau." Am Schluß der Handschrift
steht: „Dresden 16. Sept. 46 Abends Schlag ³/₄ auf 8 in Hillers Haus." —
Über den Verlag des Gevattersmannes genaue Angaben in den Briefen an
Froriep (aus Dresden, 14. August 1846): „Auch mußte ich meinen Kalender
einem anderen Verleger, Westermann in Braunschweig, übergeben. Ich habe
dort eine gute Zensur, soweit diese gut sein kann, bekomme 2000 Taler später
für das Verlagsrecht und 500 Taler jährlich für fünf illustrierte Bogen. Ist
das nicht schön? Will's Gott, komme ich nun in meinen Verhältnissen auf einen
grünen Zweig." Für Froriep plante er ein Unternehmen: Echte Menschen
in der Geschichte, für die er Franklins Leben und Werke, The martyrs
of science von Brewster und andere Bücher verschrieb. Ein Plan, der im
„Landhaus am Rhein" episodisch nachklingt. — Über Brautstand und Heirat
Mitteilungen von Prof. Ludwig Geiger. — Über die Hochzeitsreise und den
Aufenthalt in Heidelberg Bertholds Briefe an den Schwiegervater.
— Hermann Hettners Morgenrot und Für meine Freunde.
Lebenserinnerungen von Jakob Moleschott, 1895. — Heidelberger
Erinnerungen von Georg Weber. 1886, Cotta. — Hermann Hett=
ner von Adolf Stern, 1885. — Tagebuch aus Wien, s. o. Anm. zu I. —
Erinnerungen von Bodenstedt II. — Amalie Haizinger und Louise
Gräfin Schönfeld=Neumann. Von Helene Bettelheim=Gabillon.
Wien 1906. — Charlotte Birch=Pfeiffer machte, Voss. Ztg. 8. Januar
1848, den erstaunlichen Versuch, sich als die Gekränkte hinzustellen; sie be=
hauptete, vor zwei Jahren hätte Auerbach sie aufgefordert, eine seiner Dorf=
geschichten auf die Bühne zu bringen. [Auerbach erwiderte: im Frühling 1845
wünschte Herr Wallner in Leipzig dringend, daß er seinen Tolpatsch dramati=
sieren möge. Auerbach antwortete mit einem Scherz: „Ja, wenn ich das
dramatische Geschick meiner Landsmännin hätte, dann könnt' ich so was
machen." Vgl. Allg. Ztg. B. 19, 22, 23, B. 25, 29, 1848.

VII. Friedrich Pecht. Aus meiner Zeit. Lebenserinnerungen.
München 1894. Bd. II. Dresden 1849—51, S. 1 ff. — Von Otto Dev=
rient 1893 gütigst mitgeteilte Auszüge aus Eduard Devrients Tage=
büchern. — Lieder von Robert Reinick. Mit der Lebensskizze
von Berthold Auerbach (datiert: Dresden, im August 1857). — Andree
Hofer, Geschichtliches Trauerspiel in 5 Aufzügen von Berthold Auerbach.
Leipzig, Georg Wigand, 1850. (Hormayrs) Geschichte Andrees Hofers,
Brockhaus 1845. Hettner an Auerbach: Heidelberg, 21. April 50: „Die
ganze Behandlungsart, der Grundton dieser Tragödie ist ein ebenso genialer
wie glücklicher Wurf." „Wir haben hier den Tyroler Andree Hofer,
während wir bei Immermann, nach dem Vorbild des Schillerschen Tells,
überall nur den falschen Kothurn eines rhetorisch pomphaften Andreas
und statt der Tyroler Bauern überall nur schillerisch idealisierte Masken
haben. Es kann nicht fehlen, diese ergreifende, poetisch frische Naturwirk=
lichkeit muß überall packen und zünden. Sie an sich schon sichert dir in

der Geschichte des deutschen Dramas ein bleibendes Verdienst." „Am
26. April Nachmittags schickte ich meine Kritik (an die Augsb. Allg. Ztg.)
ab. Und was geschah? Sonntags den 28. April finde ich auf dem Museum
in der Allg. Ztg. eine so kleinlich hämische und perfide Anzeige deines
Hofer, daß ich mit Schrecken gewahrte, wie mir dennoch Gutzkow oder
irgend einer seiner Koterie=Genossen in der Allg. Ztg. zuvorgekommen sei."
Hettners Reklamation blieb erfolglos: „Bis heut ist die Aufnahme meiner
Kritik nicht erfolgt und wahrscheinlich wird sie nie erfolgen, zumal jetzt,
da der Erzherzog in der O. P. A. Ztg. höchst eigenhändig sich
über die Figur, die du ihn im Andree Hofer spielen läßt, be=
schwert hat." (Dieser Einspruch des Erzherzogs Johann wurde auch —
ohne nähere Angabe des Blattes — von Wurzbach im Biogr. Lexikon
des Kaisertums Österreich und von L. A. Frankl in dem Büchlein „Andrees
Hofer im Liede" bezeugt.) Ich fand die Erklärung von Erzherzog Johann
nachgedruckt in der Augsb. Allg. Ztg. Sie lautet: „Ich muß Mich über die
Unverschämtheit wundern zu sehen, Mir sey Detmold, welcher mein stets
treuer Freund, zuwider und daß ich mit General v. Radowitz auf so freund=
lichem Fuße stand, was Mir wirklich ganz neu vorkommt. Dieses alles
wäre noch zu ertragen, allein das ärgste bleibt Auerbachs Machwerk
Andree Hofer, wo Ich als ein falscher, das Vertrauen eines biederen
Volkes mißbrauchender Mensch erscheine. Wer die Geschichte Tirols kennt,
weiß, ob Ich es redlich mit diesem Lande gemeint habe und ob Ich nicht
zu jeder Zeit selbst zu meinem eigenen Schaden und Verdruß nicht ein ehr=
licher Vertreter seiner Rechte und Freiheiten war. Nur ein Fremder, der
in den Oktobertagen in Wien nicht unbefangen war, kann so etwas schreiben.
Mein Trost ist, daß man in Tirol eine andere Meinung hat und die Wahr=
heit durch ehrliche Freunde — da Ich, obgleich Ich es im Stand wäre, nicht
selbst auftreten will und es einer späteren Zeit vorbehalte — wird ver=
treten werden." — In derselben Beilage zur Allg. Ztg. vom 12. V. 1850 be=
zeichnet Fr(anz) D(ingelstedt) Auerbachs Trauerspiel als Mißgriff. —
„Neues Leben" (3 Bände, Mannheim, Bassermann 1852, spätere Titel=
ausgabe 1855 Stuttgart und Augsburg, Cottascher Verlag) sollte zuerst
den Untertitel „Eine Lehrgeschichte" führen, den der Dichter auf An=
raten Mathys aufgab. Bei der Umarbeitung für die Gesamtausgabe
nahm Auerbach die Bezeichnung „Lehrgeschichte" wieder auf. — Leo
N. Tolstois Biographie und Memoiren. Wien und Leipzig 1906.
Herausgegeben von Paul Birukoff. 374/75. — Die scharfe Kritik von
„Neues Leben", Literarisches Zentralblatt 1852, Nr. 15, wird von Anton
Springer Theodor Mommsen zugeschrieben. — Jakob Henle.
Ein deutsches Gelehrtenleben von Fr. Merkel. Braunschweig, Vieweg
1891. S. 215 ff. Den (unhaltbaren) Vorwurf, Elise Egloff, das Kinder=
mädchen, das Henle heiratete, sei das Urbild des Lorle, habe ich in der
Allg. Ztg. widerlegt und in der „Nation" die Frage „Auerbach und Henle"

behandelt, dort auch zugleich nachgewiesen, daß dieselbe Geschichte Gottfried
Keller den Vorwurf zur „Regine" gegeben. Dazu Baechtold, Gottfried
Kellers Leben. Kleine Ausgabe S. 87. — Anton Springer. Aus
meinem Leben. Berlin, G. Grote 1892, S. 182—183. Auerbachs Briefe
an Hemsen. Auerbach weigerte sich, seinen Sohn beschneiden zu lassen;
der Sohn wurde (nach amtlicher, im Nachlaß befindlicher Entscheidung)
gleichwohl als Jude eingetragen. — Briefe von Mathy und Bassermann
im Nachlaß; Mustermenschen, Musterverleger, Musterbriefschreiber; ihre
Briefe an Auerbach — seine Antworten waren weder durch Freytags gütige
Bemühungen, noch durch Umfragen im Kreise der Familien erreichbar —
wären einer besonderen Ausgabe wert. — Der Wahlbruder. Trauerspiel
in 5 Aufzügen von Berthold Auerbach. Bühnen-Manuskript. Dresden, Druck
von B. G. Teubner o. J. Der Wahrspruch. Schauspiel in 5 Akten von
Berthold Auerbach. Leipzig, Weber, 1859. — Gottfried Kellers Nach-
gelassene Schriften und Dichtungen. Berlin, Wilhelm Hertz, 1893.
Jeremias Gotthelf 93—165. — Die böse Briefstelle über Berthold und
Nina findet sich nur in der kleinen Ausgabe: Jakob Baechtold, Gottfried
Kellers Leben. Berlin, Hertz 1898, S. 150. — Studien von Otto Ludwig.
II. Bd. Leipzig, Grunow 1891, S. 54. — Gutzkows Kritik des Barfüßele
steht in den Unterhaltungen am häuslichen Herd, 1857, Nr. 17. —
Siebzig Jahre. Geschichte meines Lebens, von Otto Roquette.
Darmstadt, Bergsträßer, 1894, Bd. II, S. 47 ff. — Jahrbücher der Schiller-
stiftung. Dresden, Rudolf Kuntze, 1857. Die Geschichte der Schiller-
stiftung von Julius Hammer. S. 121. Die Schillerfeier in Loschwitz
10. Mai 1855, Auerbachs Rede S. 141—144. — Berthold Auerbach,
Drei Stationen des Goethe-Schiller-Denkmals (Morgenblatt,
1857, Gesammelte Schriften, Bd. XIX). — Theodor von Bernhardi,
Die Anfänge der neuen Ära. Leipzig, Hirzel, 1894.

VIII. Berthold Auerbachs Briefe an Wolfsohn. Nord und
Süd XLII (mitgeteilt von Raphael Löwenfeld). — Briefe des Dichters
an seine Frau. — Über die Großfürstin Helene vgl. Graf Alexan-
der Keyserling. Ein Lebensbild von seiner Tochter Freifrau Helene
von Taube von der Issen. 2 Bde. Berlin, Georg Reimer, 1902 (Personen-
verzeichnis). — Theodor von Bernhardi. Die ersten Regierungsjahre
König Wilhelms I. Hirzel, Leipzig 1895 (24. I. 1862 war der Ball bei Graf
Schwerin). — Über den Straßburgplan vgl. „Wieder unser" von
Berthold Auerbach 1871; meinen Vortrag: Der Nachlaß Berthold
Auerbachs; und den Bericht über des Dichters Nachlaß im
Jahresbericht des Schwäbischen Schillervereins. — Die Fichtefeier
der Berliner Mitglieder des Nationalvereins. Berlin, Franz
Duncker, 1862. — Uhlandfeier. Festvorstellung im Viktoriatheater
30. Januar 1863 (Programm: Zweiter Satz aus der Eroika von Beethoven.
Prolog von Karl Heigel, gesprochen vom Verfasser. An das Vaterland,

von Konradin Kreutzer. Festrede von Berthold Auerbach. Fantasie von Beethoven [Klavier: Hans v. Bülow. Neuer Text von J. Rodenberg]. Als lebende Bilder im 2. Teil: Des Goldschmieds Töchterlein, Der Wirtin Töchterlein, Des Sängers Fluch 2c. Apotheose Uhlands, gedichtet von Rudolf Löwenstein, gesprochen von Frau Jachmann-Wagner. Uhlandlied von J. Rodenberg. Musik von Taubert). — Briefe von Ernst Keil im Nachlaß. — Zum Roman „Auf der Höhe". Der Familie von Otto und Elisabeth Lewald, insbesondere dem Herrn Geheimen Oberfinanzrat Dr. Felix Lewald, habe ich wärmstens zu danken für Überlassung von 48 Briefen Auerbachs an Frau Elisabeth Lewald und biographische Einzelheiten nach Aufzeichnungen von Elisabeth Lewald. Vgl. In memoriam. Elisabeth Lewald. * Detmold 9. XII. 1825, † Leipzig XII. 1889. Rede des Superintendenten Dryander und des Geheimrats Prof. Otto Ribbeck. — Eingehende briefliche Mitteilungen von Julius Rodenberg. — Im Feuilleton der Neuen Freien Presse lautete der Titel „Auf der Höh'". Die einzelnen Bücher und Kapitel führten auf Anregung Friebländers besondere Überschriften. Auerbach hatte zuerst 6000 Taler Honorar gefordert, der „Bazar" hatte 5000 Taler geboten. Friebländer gratulierte schon im Juli zu der Arbeit, deren Erfolg ihm nach Prüfung des Manuskriptes nicht zweifelhaft schien. Im Mai 1864 schrieb Friebländer: „Vom 6. Buch kann ich Ihnen sagen, daß dasselbe förmlich Sensation erregt hat und ich gehe soweit, einen Teil der Abonnements-Vermehrung, deren wir uns seit Neujahr erfreuen, auf Ihre Rechnung zu setzen. Der N. Fr. Pr. geht es gut, seit gestern stehen wir auf 12000 und das ist nach viermonatlicher Existenz bei der hiesigen Konkurrenz von 16 politischen Zeitungen in der Tat ein Erfolg ohne Beispiel!" Werthner äußerte beim 25jährigen Jubiläum des Bestandes der N. Fr. Pr. vollkommen übereinstimmend, daß Auerbachs „Auf der Höhe" zum Erfolge des Blattes wesentlich beigetragen habe. — Vischers Kritik erschien in der Allg. Ztg. Beilage 337, 339, Dez. 1865. Nicht einverstanden mit seiner Anzeige war Günthert (Friedrich Theodor Vischer, S. 75), und Mörike, Briefe II. 303. Den schnödesten, Auerbach als „Gothaer" verhöhnenden Angriff brachten die (ein Jahr vorher von Auerbach herausgegebenen) Deutschen Blätter aus der Feder von Ludwig Walesrode, zweifellos mit Billigung von Ernst Keil, der bald nachher Frieden mit Auerbach suchte. Das Urteil von Gervinus über „Auf der Höhe" habe ich in der Beilage zur Allg. Ztg. mitgeteilt. — M. Bernays urteilte in der Köln. Ztg. (jetzt Zur neueren und neuesten Literaturgeschichte Berlin 1899. II).

IX. Die meisten Briefe von Gottfried Keller an Auerbach durfte ich zuerst Beilage zur Allg. Ztg. 174 vom 29. Juli 1890 mitteilen. Vollständiger sind sie jetzt in Baechtolds Ausgabe: Gottfried Kellers Leben. Seine Briefe und Tagebücher, 3 Bände, 3. Aufl. 1894 zu finden (s. Verzeichnis der Empfänger und Namenverzeichnis Bd. III). Der Güte Baech-

tolds verdanke ich die Mitteilung der Briefe Auerbachs an Keller
Am 22. Februar 1860 geht Auerbach Keller um einen Kalenderbeitrag an;
er möchte eine Schilderung der Schweizer Knabenmanöver oder „Des
Schweizers Heimkehr", Kellers Eindrücke und Wahrnehmungen nach seiner
eigenen Rückkunft „in beliebiger Form zur Belehrung für uns und die
Schweizer" haben. Umfang: 2 Bogen. Honorar 50 Taler. Am 19. Mai
1860 schreibt Auerbach aus Schandau: „Ich habe jetzt täglich in der Elbe,
ich gehe manchmal ungern ins Wasser, aber wenn ich herauskomme, bin ich
erfrischt und möchte jodeln wie vor 30 und mehr Jahren. Heute habe ich
nicht gebadet, ich war zu träge dazu, ich habe Ihre Erzählung angefangen
und auf einen Zug ausgetrunken und mir ist so wohl und frei zu Mute,
als hätte ich in einem Schweizersee gebadet. Das ist gesunde frohe Strö=
mung. Ich freue mich, daß ich Sie zur Ausarbeitung drängte und Sie
können sich glücklich preisen, daß Ihnen so vollsaftiges Leben nahe steht
und Sie es verstehen, gute Stämme darin auszuhacken. Wir hier draußen
in unseren residenzgespickten verschlissenen Ländern müssen leimen und
furnieren, daß es ein Jammer ist. Gut, daß es noch ein Stück Welt gibt,
wo das Leben sich aus sich ausbaut. In meiner Heimat ist noch ein Rest
davon, aber nur ein Rest. Ich werde leider von Ihrer früheren Erlaubnis
Gebrauch machen müssen, einiges in Ihrer Erzählung (der Titel ist: Das
Fähnlein der sieben Aufrechten) zu kürzen. Es wird mir schwer,
denn mir ist jedes Wort recht und nötig, aber es muß sein." „Die Erinne=
rung an die Kinderliebe muß ich streichen, so schön sie auch ist. Das geht
nicht für einen Kalender, der unverborgen vor den Kindern liegen muß.
Ich habe in meinen Kalendergeschichten sogar den Akzent des Erotischen
vermieden aus diesem Grunde. Bei Ihrer Geschichte bleibt's natürlich wie
es ist." Fortan will er Keller als „Jährling" im Kalender haben, schickt
ihm 150 Taler; „auch bin ich sehr, sehr oft, sehr mit dem Grundsatze ein=
verstanden, daß wir die Dinge des Lebens zu einer logischen und psycho=
logischen Konsequenz führen, die sie in der baren Wirklichkeit nicht haben.
Das ist unser Idealismus, und ich glaube der rechte." Auerbach ver=
wandelte Kellers ! oft in . — „Ich weiß recht gut, was Sie damit
wollten. Wir haben das Bedürfnis, die Betonung der Rede, die sehr
wesentlich ist, im geschriebenen Worte kundzugeben. Aber wir erreichen's
doch nicht. Es ist einer der intimsten poetischen Vorzüge Shakespeares, daß
er nie zu sagen hat, das wird so und so gesprochen, wie Schiller so oft
tun muß, Shakespeare weiß das wie alle Gestikulation in die Rede selbst
zu legen. In der Erzählung ist das freilich wohl nie zu erreichen 2c." „O
wie lange muß man Durst leiden," klagt er 1862, „bis aus dem so weiten
Keller der frische Trunk kommt. Ich warte geduldig, aber endlich klopfe
ich doch auf den Tisch! Wirtshaus! einschenken! Der Zug geht bald ab.
Geschieht Ihnen ganz recht, daß man solche Witze auf Ihren Namen macht.
Warum lassen Sie so lange warten? Die trockene Zunge wird leicht bitter."

(Den Scherz mit dem Namen hat der Schweizer heimgegeben, indem er sich mündlich ironisch „Auerbachs Keller" nannte, ein Spott, den Richard Wagner [Ges. Schriften, 2. Aufl., X. 141] im gedruckten Wort weiter trug.) 1862 im Dezember ladet Auerbach den Schweizer auch zur Mitarbeit für die Deutschen Blätter, jedenfalls zu einer „saftfrischen Kalbergeschichte" ein. Der erst 1864 gestiftete Beitrag Kellers „Der Wahltag" (jetzt in Kellers Nachgelassenen Schriften) war Auerbach ganz willkommen; er ließ die „kleine Geschichte oder eigentlich ausgeführte Szene" illustrieren. Nach einer persönlichen Begegnung im September 1865 ist Brüderschaft da. Die dringendsten Mahnungen um neue Kalbergeschichten bleiben aber erfolglos. — Die Angabe in Moritz Lazarus' Lebenserinnerungen (Berlin, Reimer, 1906), daß Lazarus Vollendung und Absendung des Manuskripts der sieben Aufrechten beschleunigt oder gar bewirkt habe, stimmt nicht mit den Briefen Kellers und Auerbachs. — Turgenjews Vorrede zum „Landhaus am Rhein", Vermischte Aufsätze. Berlin 1885. — Über den Zwischenfall mit der Konfiskation des Kalenders außer den Briefen an Jakob Briefe von und an Hemsen. — Der Brief des Fürsten von Hohenzollern an Auerbach Neue Freie Presse, Wien, April 1868.

X. Briefliche Mitteilungen von Max Jähns. — Aus meinem Leben. Von Eduard Hanslick. 1894. — Ernst Cloß: Ein Brief (an Gustav Freytag) von Berthold Auerbach. Neue Freie Presse 10. Juli 1889. — B. de Spinozas Sämtliche Werke aus dem Lateinischen. Mit der Lebensgeschichte Spinozas von Berthold Auerbach, 2 Bände. 2. Auflage. Stuttgart, Cotta, 1871. — Erlebnisse einer Mannesseele. Herausgegeben von Berthold Auerbach. Stuttgart, Cotta, 1873. Der Briefwechsel von Auerbach und Lasker lag mir handschriftlich vor. Jakob Auerbach in den Vorbemerkungen zu den Briefen an Jakob, S. XVI. — Adolf Menzel und Auerbach. Mitteilung von A. Bettelheim. Vossische Ztg. 1906. — Jeremias Gotthelfs Gesammelte Schriften, 24 Bände. Berlin, Springer, 1861. Im Schlußband: Albert Bitzius von Dr. C. Manuel (S. 294 bis 306, Parallele mit Auerbach). Briefe von Jeremias Gotthelf an Amtsrichter Burkhalter. Zu seinem 100jährigen Geburtstag 4. Okt. 1897 herausgegeben von G. Joß, Pfarrer in Herzogenbuchsee. Bern, K. J. Wyß, 1897. — Gottfried Keller. Nachgelassene Schriften, und Graf Keyserling in den bereits erwähnten Bänden (Personenverzeichnis. s. v. Auerbach und Gotthelf). — Richard Gosche. Idyll und Dorfgeschichte im Altertum und Mittelalter (Gosches Archiv I. 1870). — Theobald Ziegler. Studien und Studienköpfe. 1877. Das Idyll und seine Hauptvertreter im 18. Jahrhundert. Robert Hallgarten. Die Anfänge der Schweizer Dorfgeschichte 1906. — Auerbach und Rosegger. Von Anton Bettelheim. Deutsche Rundschau, September 1903. — Über Auerbachs Beziehungen zu Karl Stieler vgl. A. Dreyer, Karl Stieler, 1905. — Briefe von Ludwig Anzengruber. Stuttgart, Cotta, 1902 (Namenverzeichnis unter Auerbach). — Ausgewählte Briefe von David Friedrich Strauß. Herausgegeben und erläutert von Eduard Zeller. Bonn, Emil Strauß, 1895. S. 509. — Gustav Freytag: Die Dichter des Details und Leopold Kompert (1849). Neues Leben von B. Auerbach (1852). Deutsche Dorfgeschichten (1862). Vermischte Aufsätze. Herausgegeben von Ernst Elster. Leipzig, Hirzel, 1901. Bd. I. Meines Erachtens mit den Bemerkungen in Freytags Erinnerungen (1886) das Belangreichste, was bisher über Auerbachs Art, seine Verdienste und seine Fehler gesagt wurde. — Paul Heyse in der Einleitung zum „Diethelm von Buchenberg" im Deutschen Novellenschatz.

XI. Julius Rodenberg. Die Begründung der Deutschen Rundschau. Berlin, Verlag von Gebrüder Paetel, 1899. — Briefliche Mitteilungen von Salomon Marx. — Literarisches Bilderbuch von Franz Dingelstedt. Berlin 1878. Auerbachs Höhe, S. 241—259. — Ludwig Barnay. Erinnerungen. Berlin 1903. — Richard Wagner schrieb an Auerbach: 16 Rue Newton Champs Elysées Paris 2. April 1860. Verehrter Freund! Vor längerer Zeit bereits richtete ich an Sie brieflich eine Bitte, das Briefchen sollte Ihnen durch Dr. Pusinelli in Dresden nebst einem zu leihenden Exemplar meiner Dichtung „Der Ring des Nibelungen" zugestellt werden. Von jeder Seite ohne Antwort, frage ich zunächst bei Ihnen an, ob Ihnen jene Sendung, die ich nach Schandau richtete, zugekommen ist. Haben Sie die Güte, durch eine Zeile mir Antwort zu geben. Mit herzlicher Ergebenheit der Ihrige Richard Wagner. Vgl. dazu Gesammelte Schriften und Dichtungen von Richard Wagner. 2. Aufl. VII. S. 258 bis 259. — Wilhelm Scherer, Kleine Schriften. 1893. II. 147. — Die geplante Dramatisierung von „Forstmeister" nach brieflichen Mitteilungen Wilbrandts. — Enthüllung des Spinozadenkmals (B. A.). Beilage zur Allg. Ztg. 263, 1880. — Berthold Auerbachs letzte Tage (Schwäbischer Merkur vom 23. Februar 1882). Von Dr. Th. Tritschler. Paul Heyse, Das Karussell. Neues Wiener Tagblatt, 6. Januar 1906. — Karl Frenzel. Nationalzeitung 1882, Nr. 68. Friedrich Bodenstedt, Magazin für die Literatur des In= und Auslandes 1882, Nr. 9. Otto Brahm. Sonntagsbeilage zur Vossischen Zeitung 1882, Nr. 109. Deutsche Rundschau 1882. XXX. Adolf Palm, Mein letzter Besuch bei Berthold Auerbach. Frankfurter Ztg. Nr. 42, 1882. Hans Herrig. Deutsches Tageblatt 1882, Nr. 58, 59. Berthold Auerbachs letzte Pläne. Von Karl Emil Franzos. Neue Freie Presse 1882. — Fritz Mauthner, Berliner Tageblatt 68, und Deutsches Montagsblatt vom 13. Februar 1882. Berthold Auerbach. Von Karl Braun=Wiesbaden. Beilage zur Allg. Ztg. 45 ff. Am Sarge Berthold Auerbachs. Rede gehalten zu Cannes von Moritz Lazarus. Die Gegenwart 1882, Nr. 7. Berthold Auerbach. Von Paul Lindau. Kölnische Ztg. 1882, Nr. 42. Rudolf Schäfer, Erinnerungen an Berthold Auerbach. Neues

Tagblatt. Stuttgart 8. II. 1907. — Erich Schmidt. Charakteristiken. 2. Auflage. Erste Reihe. Berlin 1902, S. 384 ff. — Den Manen Auerbachs. Herausgegeben von Edmund Lichtenstein-Anageton. Leipzig 1882. — Gedächtnisrede auf Berthold Auerbach. Beiträge zur Theorie und Technik des Romans, von Friedrich Spielhagen. Leipzig 1883, S. 317—346. — Berthold Auerbach. Ein Gedenkblatt zum 28. Februar 1882. Berlin. A. B. Auerbach. — Berthold Auerbach. Ein Gedenkblatt von Eduard Lasker. Berlin. A. B. Auerbach 1882.

XII. Zur Erinnerung an Jakob Auerbach. Von A. Bettelheim. Beilage zur Münchener Allg. Ztg. 1889. — Kritiken der Briefe an Jakob: Köln. Ztg. 20. Juli 1884. Ferdinand Hiller. — Nationalztg. Nr. 313, 323. Karl Frenzel. — Pester Lloyd Nr. 136, 17. Mai 1884. L. Hevesi. — Friedrich Spielhagen, Westermanns Ill. Monatshefte. — Deutsche Rundschau. Julian Schmidt. X. 12. — (Friedjungs) Deutsche Wochenschrift. Anton E. Schönbach. 1884. Nr. 21, 22. — Die Gegenwart. Gustav Karpeles. 7. Juni 1884. — Die Grenzboten 1884, II, 508 ff. — Die Nation 31. Mai 1884. — Breslauer Ztg. Nr. 508, 1884. Dr. Honigmann. — Am meisten befriedigt war Jakob Auerbach trotz einzelner Meinungsverschiedenheiten von Erich Schmidts (zuerst in der Neuen Freien Presse gedruckter, in den „Charakteristiken" wiederholter) Würdigung. — Über die (zuerst von mir geordneten) „Dramatischen Eindrücke" siehe meinen Vortrag „Der Nachlaß Berthold Auerbachs". Otto Neumann-Hofer gab Proben im „Magazin für Literatur", bevor er sie bei Cotta 1893 herausgab. J. Minor besprach das Buch in der Deutschen Lit.-Ztg., Eugen Kilian in der Beilage zur Allg. Ztg. — Die späteren Auerbach betreffenden Mitteilungen sind im „Literarischen Echo" und den „Jahresberichten" gebucht. — Kilian Steiner hat als Privatdruck (ohne Namens- und Jahresangabe) ein Heft „Zur Erinnerung an Berthold Auerbach" an Freunde verteilt, das, mit einer niedlichen Ansicht des Niedernauer Waldhauses geschmückt, den „Tag in der Heimat" wiederholt und eine anspruchslose, dem Hause Steiner zu Niedernau geltende „Auerbach-Scheffel-Erinnerung" auffrischt.

Zum 10. Gedenktag von Auerbachs Tod schrieb Spielhagen einen heißempfundenen (in den Vermischten Schriften „Am Wege" 1903 neu gedruckten) Nachruf.

Am 25. Gedenktag wurde an des Dichters Geburtshaus sein Erzbild angebracht und der Schultheiß von Nordstetten, Schneiderhan, gelobte, daß, „solange noch Schwarzwalds Tannen rauschen, diese Tafel der Gemeinde Nordstetten ein Heiligtum bleiben werde". Schwäbischer Schillerverein. XI. 1907.

An demselben Gedenktag erging der Aufruf, dem Dichter bei der Auerbachlinde in Cannstatt eine Büste aufzurichten, und der Wunsch, der von alten und neuen Freunden des Meisters ausgesprochen wurde, ist der Erfüllung nahe. Die Liebesgaben flossen so rasch und reich, daß das Auerbachdenkmal 1908 vollendet und enthüllt werden kann.

Beilagen

A. Stammtafel

Geburts-Zeit und Ort	Hausvater	Kopu-lations-Zeit und Ort	Hausmutter	Geburts-Zeit und Ort
1764	Jacob Auerbacher gest. 30. August 1840	27. Febr. 1797	Edel gest. 9. Sept. 1851	1775
Vater	Baruch (Sohn des Jakob) Auerbacher 1726—1802		Samuel (Sohn des Abraham) Frank 1742—1827)	Vater
Mutter	weil. Res 1731—1804		weil. Hanna	Mutter

Kinder des Jacob und der Edel Auerbacher:

Zahl der Kinder	Namen	Geburt	Konfir-mation oder erste Kom-munion	Verehelichung	Tod
1.	Maier (kinderlos)	21. Dez. 1797	—	25. Juni 1828	31. Okt. 1837
2.	Esther	12. Febr. 1799	—	25. Febr. 1817	30. Okt. 1861
3.	Emanuel	18. Nov. 1800	—	4. Nov. 1839	22. April 1867
4.	Riele	9. Aug. 1802	—	11. Nov. 1823 n. Altdorf i. Br.	?
5.	Babette	29. Dez. 1803	—	16. Juni 1829 nach Baisingen	?
6.	Res	17. Sept. 1805	—	1835 nach Königsbach	?
a) 7.	Schenle (Jea-nette)	24. Okt. 1807	—	1839 nach Emmendingen	?
8.	Judith	13. Dez. 1809	—	1845 nach Rexingen	?
9.	Moses Baruch (Berthold)	28. Febr. 1812	—	30. Mai 1847	8. Febr. 1882
b) 10.	Abraham	3. Mai 1814	—	16. Febr. 1846	3. Sept. 1861
11.	Gelchele	11. Juli 1816	—	—	3. Okt. 1816
12.	Juda (Julius)	26. Jan. 1822	—	? in Amerika	?

Geburts-Zeit und Ort	Hausvater	Kopulations-Zeit und Ort	Hausmutter	Geburts-Zeit und Ort
1812 28. Febr.	Moses Baruch (Berthold) Auerbacher geſt. am 8. Febr. 1882	I 30. Mai 1847	I Auguſte geſt. 4. April 1848	18. Nov. 1825
		II 1. Juli 1849	II Nina (b. i. Anna)	2. Oktob. 1824

Vater	weil. Jakob Auerbacher	Moritz Schreiber, Breslau	Vater
Mutter	weil. Edel, geb. Frank	I Louiſe Lewiſohn, Breslau	Mutter
		Chr. Landesmann, Wien	Vater
		II Thereſia Abeles, Wien	Mutter

Zahl der Kinder	Namen	Geburt	Konfirmation oder erſte Kommunion	Verehelichung	Tod
I. Ehe 1.	Konrad Berthold Auguſt	4. März 1848			
II. Ehe 2.	Ottilie Agnes Philippine	8. Juli 1850			
3.	Eugen Rudolf Berthold	11. Jan. 1852			
4.	Rudolf Hermann Berthold	16. Sept. 1855			

B. Urentwurf der Schwarzwälder Dorfgeſchichten

Bonn, Sonntag Morgens, 10. Juli 1840.

Dorfgeſchichten.

1. Wie mein Nachbar Hansjörg vom Tabakrauchen entwöhnt worden iſt.

Die Abende vor der Haustüre nicht idylliſch, ſondern meiſt räſonierend über andere Leute und klagend über die Zeit.

Der Schreiner Koch, er raucht unendlich viel, ist viel gewandert, ein unruhiger Kopf, baut mehrere Häuser, verkauft sie, kann sich an das halbe Bauern-, halb Handwerkerleben schwer gewöhnen, hält das Aushalten der Bauern an einem Ort für das größte Unglück, wenn's nicht gut geht, muß man fort, sagt er immer, es gibt überall Korn und Holz.

Mechtilde und Kätherle.

Das Wandern der Handwerksburschen, die allgemeine Soldatenpflichtigkeit verwischt den Provinzialcharakter immer mehr und besonders die Nationaltrachten, die ganz entschieden immer von den Vornehmen auf die Bauern übergingen, denn sie sind das unbequemste für sie.

Das Lied von Napoleon am Schlusse. Die besondere Zeremonie bei der Einladung des Hochzeiters mit seinen Gespielen und das Brotschneiden in jedem Hause nicht zu vergessen (daher wohl das Sprichwort: wer kein Brot schneiden kann, darf nicht heiraten).

2. Unruhige Köpfe.

Am Sommernachmittag, wenn alles still im Dorfe, man nur den Hahn krähen hört und nur alte Leute hier und dort vor einem Hause sitzen und ihre Enkel hüten sieht, da sitzen die lustigen Brüder beisammen.

Der Wirt ein relegierter Student, ein Atheist.

Der Schullehrer Schöner.

Der Rothschild (kleidet sich bäuerisch, will, daß sich alle Juden so kleiden), auch noch ein Pfarrer mit einer Kupfernase. Schöner bekommt Händel mit dem letzteren und schlägt ihm ins Gesicht; jeder Bauer weiß, daß der Pfarrer mit des Waldhornwirts Magd Annamarei „z' tun hat", Schöner wirft es ihm vor und da beginnt sein Unglück.

Der kropfige Hummel, der den armen Trödeljuden Waren auf Wucherzinsen geborgt und dabei steinreich geworden ist, rempelt jeden an, der in die Stadt geht.

3. Der Heirle oder des Wagners Konrads Bub.

Einer, Constantin, hält sein erste Predigt, der Mathes ist auch zum Pfarrer bestimmt. Einer ist jetzt wahnsinnig und verkleinert unaufhörlich und spaltet Holz.

Jvo. Die Geschichte von dem, der sein Auge ausgeschossen bekommen hat; er kann kein Pfarrer mehr werden (der Katholizismus verlangt den ganzen Mann, um dann den ganzen Mann mit seiner ganzen Natur zu unterdrücken).

4. Kätherle mit der gebissenen Wange.

Man nannte sie ihrer schönen roten Wangen wegen das Borsdorfer Äpfele.

Beginnt auf einer Anhöhe, an einem Raine, am Sonntag Nachmittag. Drei Mädchen sitzen dort und singen; weithin schallen ihre langgezogenen Töne und weithin glänzen ihre weißen Schürzen (der Sepper kommt zu ihnen).

Abends der allgemeine Gang durch das Dorf, Mädchen singend und Burschen hinterdrein.

5. Ein Opfer.

Niemand ist übler dran als eine alte Jungfer auf dem Lande. Auf dem Lande kann man nicht für sich leben, das kann man nur in einer großen Stadt.

Die Geschichte der Magd in Heidelberg[1]).

7. Der Tannzapfenpeter (ein Märchen).

8. Die feindlichen Brüder.

Und es kam ein neuer König über Ägypten, der den Joseph nicht kannte. Diesen Vers im 2. B. M. konnte jetzt das ganze Dorf auf sich anwenden. Der Pfarrer veränderte alles, zog die Zügel straff an, aber auch das Gute, er versöhnt die Feindlichen.

6. Der Hemdklunker.

Eine traurige Geschichte.

Der Hemdklunker ist ein stark aufgeschossener, starkknochiger aber tolpatschiger Bauernbursch

tolpatschig wird auch so genannt, geht fast immer barfuß, hütet das Obst, holt 8—10 Stunden weit für die Handelsjuden das Vieh vom Heuberg für 24 kr.

hat 2 Küh und 1e Kalbin, ist oft in des Bäthle Basches Haus, gibt den Ochsen und putzt den Stall, ohne daß es ihm jemand heißt, er ist glücklich, wenn dann das Marannele in den Stall kommt und sagt: Basche, du bist ein braver Bub. Dann schaute er nicht auf, sondern kehrte mit dem Stallbesen so heftig, als wollte er die Pflastersteine aus dem Boden kehren, dann holte er Wasser vom Brunnen und wusch den Ochsen die Schwänze, schnitt Futter für den ganzen Tag und ging am Ende in die Küche und holte Wasser für den Hausbedarf des ganzen Tages.

So lebte er lange und trieb Abends seine Kühe an den Brunnen vor des Maranneles Haus, es sah heraus, ein Rädchen stand davor, besonders hervorzuheben des alten Schulzen Knecht, Kavallerist, ein schöner großer Bursch, der lederbesetzte Reithosen trug, er war früher Postillon gewesen, sang die schönsten Lieder und jodelte herrlich, sie foppen den Hemdklunker. Ein Jude, der dabei ist, sagt: Hemdklunker, was krieg ich Schmußgeld, wenn ich mach, daß dich das Marannele heiratet? Eine tüchtige Tachtel auf deine Gosche, erwidert er und trieb seine Kühe schnell fort, alles lachte ihm nach.

Er raucht schon lange im stillen, wagt es aber nicht, sich mit seiner Pfeife zu zeigen, aus Furcht gefoppt zu werden.

Beim Karz, wo sie untereinander tanzen lehren, stellt er sich tolpatschig an und der Jakobele tanzt wie ein Spindel und singt dabei.

---

[1]) Vgl. S. 84—86.

Der Hemdklunker wird 20 Jahre alt, wo er zum ersten Male angezogen zur Ziehung in die Oberamtsstadt geht, auch der Schultheiß neckt ihn, er zieht sich nicht frei und trollt nur nebenher, wenn die anderen jubelnd in das Dorf einziehen.

Nach zwei Monaten Visitation, er hat vorher mit Annemarie gesprochen beim Futterschneiden und ihr gesagt, er werde ein anderer Kerl.

Als man ihn nun fragt, ob er einen Fehler habe, sagt er nein: ich kann ganz gut Soldat werden.

Die Annemarie schenkt ihm aus Mitleid einen Rosmarinstrauß mit roten Bändern, den er auf die Mütze steckt, er sieht seitdem ganz verändert aus.

In Stuttgart sein Schlaf ein Zigeuner, den er jeden Morgen an den Brunnen führen und waschen muß.

Brief von ihm an seine Mutter.

Er schickt sein Bild unter Glas und Rahmen, die Mutter soll es der Annemarie zeigen und wenn sie es will, ihr schenken

sie glaubt es nicht, daß er das sei

Es ist Kirchweih im Dorf, er nimmt Urlaub und geht in voller Uniform aber nur mit dem Säbel nach Haus. Er sitzt auf im Bauernwagen. Die Freude wie er auf der Bildechinger Anhöhe Nordstetten sieht.

Es ist schon nacht, wie er nach Haus kommt. Ein Bub verdient sich das Botenbrot. Er geht heut nicht mehr aus, er will in voller Gala ausgehen. Er fragt nach Annemarie, die Mutter sagt immer: schlag dir das Rässele aus dem Sinn.

Des anderen Morgens geht er in die Kirche, auf dem Wege hört er einen Buben fragen: ist das der Hemdklunker?

Man verkündet die Annemarie und den Knecht von der Kanzel.

auf der Kirchweih des Abends im Wirtshaus die Lieder

vom schwarzbraunen Mädichen

Ein lustiger Bua und

Hoam

Auf dem Wege lauert der Hemdklunker dem Jakobele auf, sticht ihn, er wird sechs Wochen eingesperrt, er möcht desertieren. Da kommt Brief aus Amerika von seinem Vetter, er schickt ihm Geld, daß er sich freikaufen kann und er geht fort in die weite Welt.

C. Auerbach und Bernhard Frankfurter

Auerbach an Lehrer Bernhard Frankfurter in Nordstetten...
(aus Mainz, Jan. 1842).

„... im Beiblatt ersiehst du viele Wünsche von mir, suche sie womöglich alle und möglichst bald zu befriedigen; ich brauche sie zur Darstellung von Geschichten, die dir viel Freude machen werden. Nordstetten kommt zum ersten Male in die Litteratur. Das bleibt aber noch st r e n g u n t e r u n s.

1. Der Kunkelspruch: ich weiß nur noch, daß man dabei die Kunkel er= faßt und etwa so spricht:

Jungfer, warum sein Sie so stolz,
Ihre Kunkel ist ja doch nur von Holz.

Diesen wünschte ich also möglichst vollständig zu haben.

2. Das Lied vom schwarzbraunen Mädichen, ich weiß, daß der Schluß= refrain ist:

Und du schwarzbraunes Mädichen
Du g'fällst mir wohl (oder ungefähr so);

ich bitte es von Anfang bis zu Ende genau im Dialekt ohne Rücksicht auf Grammatik und Orthographie zu schreiben.

3. Das Lied, das die Rekruten singen, wenn sie zum ersten Male einrücken müssen, ich erinnere mich, daß darin vorkommt:

Naus, naus, naus und naus
Zum Nordstetter Törle naus.

4. Wie heißen die „Zellen" in Nordstetten, ich weiß noch, daß eine Schießmauernfeld, eine wie ich glaube draußen am jüdischen Gottesacker „Hungerbrunnenzelle" heißt, ich wünschte den Namen aller zu wissen.

5. Wie heißen die Gassen in Nordstetten? ich weiß nur noch den Namen der Froschgasse, der „Bruck", der Steingrub, Leimengrub und Hohlgasse.

6. Schreibe mir auch sonst die Volkslieder auf, die dort noch gesungen werden, aber es müssen echte Volkslieder, keine verdorbenen Studenten= lieder ꝛc. sein. Es gibt auch viele mit einer Strophe, z. B.

Dreimal um b' Scheiterbeig,
Dreimal ums Haus,
Dreimal an Pfiff getan,
Mädle guck raus.

7. Ich erinnere mich, daß als mein Babe selig noch lebte, des Schmules Chajem ein Lied von einem Deserteur sang, in dem folgender Vers vorkam:

Und als ich zum Regimente kam,
Fing alles zu schreien, zu rufen an.
Woher Soldate
Als Deserteur so spät in der Nacht.

8. Wie lange, d. h. von wann und bis wann gehörte Nordstetten zu Vorderösterreich? wie wurde es verwaltet? welche Erinnerungen sind noch davon im Volk? Hier wären einzelne, kleine Geschichten, Anekdoten ꝛc., so unbedeutend sie auch scheinen mögen, wenn sie nur charakteristisch sind, sehr lieb.

9. An welchem Tage ging eine Abteilung des französischen Heeres beim Rückzuge Moreaus über den Schwarzwald durch Nordstetten? Mein Onkel

Mendel kann Dir hierüber gewiß manches sagen. Was waren es für Sol=
daten? wie sahen sie aus? war es Kavallerie oder bloß Infanterie? wie
lange dauerte der Durchzug? Hier wären wie oben charakteristische, wenn
auch noch so unscheinbare Züge, Anekdoten 2c. mir sehr lieb. Welche Er=
innerungen sind hiervon noch im Volke?

10. Wie war der Anfang, Verlauf und Ausgang des Streites, den der
ehemalige Schullehrer Schöner mit dem Pfarrer hatte, wodurch er endlich,
seines Amtes entsetzt, armselig von Ort zu Ort wanderte 2c. Bitte mir das
genau und möglichst ausführlich aufzuschreiben.

11. Ich erinnere mich, daß mir meine Schwester Riele als Kind die
Geschichte von einem Toten erzählte, der auf der Neckarhalde, wo man nach
Egelstal geht, jede Nacht mit der Bibel unterm Arm auf dem Gipfel eines
Baumes predigt. Könntest du mir die Geschichte ausführlicher berichten?
Gibt es noch mehrere derartige Dorfsagen? Bitte schreib mir sie auf.

12. Schreibe mir auch einige nur dort vorkommende Namen von Bauern
und Bäuerinnen auf, wie z. B. Marannele, Basche 2c. in der besonderen
Dialektssprache — auch einige oder mehrere auffallende Spitznamen oder
Unnamen, wie z. B. der Hemdklunker, der Schakerle.

15 (?). Schreib mir genau auf wie der Spruch heißt, mit dem der Hoch=
zeiter und sein Gespiel zur Hochzeit in den Häusern einladen. Ich weiß,
daß man in der Erwiderung sagt: „Schneids au Brot" und die Einladen=
den Brot schneiden müssen.

16 (?). Ebenso der Bauspruch und die Zeremonien dabei, ich weiß, daß
ein Tannenbäumchen auf das neue Haus gesteckt und dabei ein Glas aus=
getrunken und heruntergeworfen wird.

Es wäre mir lieb, wenn zunächst die Meinigen unter Verschwiegenheit
etwas davon erführen, daß du die Sachen für mich aufschreibst, du wirst
dich mit ihrer Benützung gewiß später freuen."

Der Antwortbrief des Lehrers hat sich erhalten; er gibt Punkt für
Punkt knappen, sachlichen, durchaus zuverlässigen und in den ersten Schwarz=
wälder Dorfgeschichten sorgfältig beachteten Aufschluß.

D. Auerbachs Bewerbung um ein Mandat
in die Paulskirche

Über Auerbachs Bewerbung um ein Mandat in die Paulskirche schreibt
mir Hr. Dr. Wilhelm Lang:

In der Nummer vom 18. April 1848 des Schwäbischen Merkurs wird
unter anderen Nachrichten über Kandidaturen für Frankfurt berichtet:

„Berthold Auerbach tritt in Herrenberg (Horb) als Bewerber auf. Er ist aus dem Oberamt Horb gebürtig."

Herrenberg war der V. Wahlkreis im württembergischen Schwarzwaldkreis und umfaßte die drei Oberämter Nagold, Horb, Herrenberg.

In der Nummer vom 19. stehen in Form eines Inserats Vorschläge für die Wahlen im ganzen Lande, die offenbar von einem liberalen Komitee ausgehen. Hier sind ein Dutzend Namen bekannter liberaler Persönlichkeiten aufgeführt, Uhland, Pfizer, Römer u. f. w. Auerbach ist nicht darunter.

Am 20. April fand in Stuttgart eine Versammlung der „vaterländischen Vereine" unter dem Vorsitz des Prof. Frisch zur Besprechung der Parlamentswahlen statt. In dem Bericht der Schwäbischen Kronik (Nummer vom 22.) über diese Versammlung heißt es:

„Herrenberg: Bewerber: Berthold Auerbach; aufgefordert worden sei Sigmund Schott, auch sei von Helfer Feuerlein, endlich von Dr. Scherr gesprochen."

In der Nummer vom 23. April findet sich ein Bericht über die Wahlaussichten im Lande. Hier heißt es:

„Herrenberg. Gestern (wohl 21.?) war Generalversammlung in Nagold, wobei Horb, Nagold und Herrenberg vertreten waren. Berthold Auerbach erklärte auf Anraten mehrerer Bekannten, daß er von seiner Bewerbung abstehe. Er verbreitete sich hierauf im allgemeinen über die jetzige Gestaltung der Dinge in Deutschland und dessen Zukunft u. f. w., und sein gediegener schöner Vortrag fand bei dem gebildeteren Teil der Zuhörer Beifall. Es wurden dann andere Vorschläge gemacht: R.A. Röbinger, Helfer Feuerlein, Staatsminister v. Wangenheim, Moritz Mohl re."

Der Name Auerbach verschwindet damit aus der Wahlbewegung. Ich finde nirgends eine Stimme, die sich für ihn oder gegen ihn erhoben hätte. Im Blatt vom 24. heißt es:

„Als Ergebnis der Nagolder Versammlung wird von Nagold aus versichert, daß Röbinger die meisten Stimmen erhalten werde."

So war es auch. Gewählt wurde am 26. Röbinger, zum Ersatzmann Wangenheim. Auch von den zersplitterten Stimmen fielen keine auf Auerbach. Da Röbinger für einen anderen Wahlkreis annahm und Wangenheim ablehnte, fand am 15. Mai eine zweite Wahl statt, aus der Prof. Fallati und als Ersatzmann Dekan Stockmayer hervorgingen. Auch bei dieser zweiten Wahl wurde Auerbach nicht mehr genannt.

Zu vermuten ist (obwohl ein Beweis fehlt), daß ihm in jenem ganz ländlichen Bezirk sein Bekenntnis ein Hindernis war. Im Blatt vom 30. April finde ich folgende, übrigens völlig vereinzelt stehende Notiz:

„Man meldet uns von Mißhandlungen von Israeliten in Baisingen, O.A. Horb. Auch in der Synagoge seien Fenster eingeworfen worden. Sehr zu beklagen!"

Auch läßt sich aus dem Bericht über die Nagolder Versammlung herauslesen, daß seine Rede nur bei den Aufgeklärteren eine sympathische Aufnahme fand.

Zwei Worte über das Dahlmannsche Vorwort zum Reichsgesetzentwurfe[1])

Müdigkeit und Ruhesucht, wie bald drohen sie wieder zu übermannen:
Die Bewegung, so heiß erwünscht, mit allen Mitteln aufgereizt und ge-
stachelt, sie findet vielfach ein erschlafftes Geschlecht, das, kaum ins Feld
geführt, sich wieder heimsehnt, und sei es auch in den alten Pferch. Die
verflatterte Heckersche Episode, mit all ihrem aufdringlichen Frevelmute, hat
da und dort eine Abspannung hervorgebracht, ein Flüchten unter die alten
Gewalten, daß dadurch die Lösung der vaterländischen Lebensfragen wieder
in die grollenden Gemüter zurückgedrängt werden könnte, statt daß es jetzt
endlich zur offenen Entscheidung käme.

Der Entwurf des Reichsgrundgesetzes mit dem Herolde seines Vorworts ist dazu gemacht, die einschläfernde katzenjämmerliche Öde nach
kurzem Rausche zu verscheuchen, denn es scheint fast, daß in ihm die momentane Mißstimmung fixiert werden soll.

Der Entwurf und sein Vorredner hat vergessen, daß wir mitten in der
Revolution stehen, daß man den Mut haben muß (unabhängig von dem
territorialen Bestande der einzelnen Staaten), die Gestaltung von Deutschland auf neue Grundfesten zu stellen. Dies verkennen oder verkennen
wollen, heißt Deutschland der Gefahr abermaliger Erschütterung und der
Frage um die Existenz aussetzen.

Zur Opposition verdammt! Soll das wiederum der Urteilsspruch über
den tatkräftigen Jugendmut sein? Sollen diejenigen, die wirklich und wahrhaft an dem freien und festen Bau des Vaterlandes arbeiten möchten, sollen
sie wiederum jahraus jahrein an dem jetzt Aufgestellten rütteln und bohren
und graben müssen? Ist es denn endlich nicht einmal Zeit, daß man sich eins
fühle mit den Gesetzen und Einrichtungen des Vaterlandes? Sollen die Gemüter
wiederum im innersten Harme ausschauen müssen in eine ungewisse Zukunft?

---

[1]) Nach dem mir vorliegenden Probeblatt: Deutsches Reichs-
tagsblatt. Herausgegeben und unter verantwortlicher Redaktion von
Dr. Eugen Eberts. Nr. 1. Frankfurt, Donnerstag den 11. Mai
1848. Die „Einleitung" ist von Robert Blum geschrieben und unterschrieben. Die „Zwei Worte 2c." sind im gedruckten Probeblatt nicht
unterzeichnet, doch trägt das mir vorliegende Exemplar Auerbachs handschriftlichen Vermerk „Von mir" und eine Reihe eigenhändiger Korrekturen,
die oben berücksichtigt wurden. Dadurch erklären sich einige Unterschiede
im Vergleich mit Alfred Klaars Neudruck: Vergessenes von Robert
Blum und Berthold Auerbach. Vossische Zeitung, Dezember 1903.

Zur Opposition verdammt! Die Zeiten rollen so rasch, daß man min=
destens nicht mehr zu lebenslänglicher Opposition verdammt wird.

Es ist jetzt nicht am Ort, mitten in Schmach bewährte Namen neu zu
preisen. Jetzt muß man sich jeden Tag und durch jede neue Tat das Ver=
trauen und die Anerkennung neu erobern. Das ist die Lockerung, die die
Revolution notwendig und gerecht mit sich führt.

Es wird sich zeigen, ob der konstituierende Reichstag den vorgelegten
Siebzehnerentwurf zur Grundlage der Debatte annehmen oder ihn einfach
wie jedes andere private Gutachten ansehen wird. Mit der Eröffnung des
Reichstages ist derselbe die einzige Behörde in Deutschland, die sich selbst
ihre Grundlagen gibt.

Ich wende mich ausschließlich an das Dahlmannsche Vorwort, in dem
das Richtmaß des angeführten Reichsgesetzes sich darlegt.

Dahlmann glaubt, daß die vorliegende Arbeit „der besonnenen Pflege
und einer zeitigenden Frühlingssonne gar sehr bedürfe". Sie bedarf aber
auch des Sturmes, damit sie ihre Wurzeln tiefer einsenke und Säfte auf=
sauge, die unterhalb derjenigen Schicht liegen, die bis jetzt von den ver=
zeichneten historischen Ereignissen erkannt wurde.

Das eben erregt zu neuer Trauer, daß manche jugendmutige Kraft
durch die letzten verbrecherischen Ereignisse beim konstituierenden Reichstag
vermißt oder niedergehalten werden kann. Diese streitmutige Kraft ist be=
rufen, vom Bewußtsein des Tages erfüllt, diejenigen, die der bisher be=
bauten Scholle der Geschichte ankleben, weiter zu drängen. Es muß täg=
lich aufs neue bewiesen werden, daß nach dem Volksausdruck man nicht
neue Säcke mit Altem flickt.

Die Dränger und Treiber werden hoffentlich dem Reichstage nicht fehlen.

Das Vorwort sagt, daß „hochwichtige Entscheidungen allein durch Mehr=
heiten, überwiegende freilich, getroffen". Diese eingestandene Abweichung ist
von Bedeutung und muß sich noch schärfer und verstärkt herausstellen.

Gewiß teilt jeder das Bewußtsein, daß Deutschland jetzt und rasch seine
Einheit sichern muß. Wenn aber das Dahlmannsche Vorwort sagt: „Nie=
mand in der Welt ist so mächtig, ein Volk von über vierzig Millionen,
welches den Vorsatz gefaßt hat, sich selbst fortan anzugehören, daran zu ver=
hindern," so ist unter dem Sich=selbst=angehören etwas anderes zu verstehen,
als das Vorwort meint und der Entwurf feststellt. Darum ist dem Gedanken
beizustimmen:

„Wehe der Staatskunst, die in solchem Augenblicke die alten Netze der
Täuschung wieder auswerfen wollte. Sie würde sich ihr eigenes Grab
graben" [1]).

Längst anerkannt ist die Ansicht, daß die bisherige Zerstückelung des
Vaterlandes bei allen „traurigen Früchten" dennoch eine Mannigfaltigkeit

---

[1]) Beiläufig gesagt, kann man die Fassung dieses Satzes mit seinen
Bildern nicht unterschreiben. Anmerkung Auerbachs.

und einen Reichtum des Lebens bietet, die in und mit der starken Einheit erhalten werden müssen. Gegen den weiteren Zusatz und die Folgerung braucht man kaum Einsprache zu tun. Jeder Tag und jeder Blick ins Leben gibt die tatsächliche Verwahrung. Denn Dahlmann sagt: „Die Bedeutung unserer Dynastien ist durch die Stürme weniger Wochen nicht entblättert[1]. Und eine edle Scham hat uns Deutsche behütet, denen zur Seite zu treten, welche aus dem Mißbrauche der Macht, wozu die Versuchung in jedes Menschen Brust liegt (!), die Notwendigkeit folgern wollen, jede hervorragende Größe als ein Hindernis der Freiheit zu beseitigen." Dieses Wort „hervorragende Größe" ist zweideutig und kann wohl nicht auf die Persönlichkeit der Fürsten angewendet werden, denn wo paßte es? ich frage: wo?

Das einzige Gesetz, das jetzt gilt, ist die Notwendigkeit. Das haben die abgedrungenen Konzessionen der Fürsten am meisten bewiesen. Und ist in Kurhessen, in Nassau, in Bayern, in Hannover, ja selbst in Preußen die „unentblätterte Bedeutung" unserer Dynastien zu finden?

Ferner sagt Dahlmann: „An unsere Fürstenhäuser knüpft sich nicht bloß die alte Gewohnheit des Gehorsams, welche sich durchaus nicht beliebig anderswohin übertragen läßt, sondern in Wahrheit die einzige Möglichkeit, dieses weitschichtige, vielgestaltige Deutschland allmählich in die Staatseinheit einzuführen, die sich aus höheren Gründen nicht länger entbehren läßt." Also die alte Gewohnheit des Gehorsams ist Norm für die notwendige Gestaltung Deutschlands? Wer hat denn gehorcht bei der abgedrungenen Ernennung volkstümlicher Ministerien? Die Fürsten oder das Volk? Und diese „alte Gewohnheit des Gehorsams" läßt sich durchaus nicht beliebig anderswohin übertragen! Wer sagt denn, daß sie übertragen werden soll. Die Herrschaft des neuen, aus dem Volkswillen entsprossenen Gesetzes wird sich nicht auf die „alte Gewohnheit des Gehorsams" stützen, sondern auf die Überzeugung, daß die Norm der Selbstgesetzgebung der Selbstgehorsam ist, und so täglich den Willen, dem Gesetze gerecht zu sein, frisch ans Licht fördert.

Was unter den „höheren Gründen der notwendigen Staatseinheit" zu verstehen sei, läßt sich nicht begreifen. Dieses Abspalten in höhere und niedere Gründe ist eine Schulphrase. Deutschland muß einfach eins sein, weil es sonst zu Grunde geht. Das sind die höheren und niederen Gründe in einem Stück.

Dahlmanns Vorwort behauptet, daß die volle und ganze Einheit „sich auf deutschem Boden nur durch eine unabsehbare Reihe von Gewalttaten

---

[1] Hier ist wieder der falsche Bilderschmuck mit seiner „entblätterten Bedeutung". Ich weiß wohl, Dahlmann hatte eigentlich statt des Wortes Bedeutung das Wort Stammbaum im Sinne, die „edele Scham behütete" ihn, dies offen zu sagen. Der Stammbaum wurde zur Bedeutung filtriert. Anmerkung Auerbachs.

und Freveln, deren Verantwortung kein reiner Vaterlandsfreund auf sich nehmen möchte, erreichen ließe", und daß dies „ein plötzlicher und leicht= sinniger Bruch mit unserer ganzen Vergangenheit wäre". Warum soll man nicht mit einer Vergangenheit brechen, die geradezu eine „unabsehliche Reihe von Gewalttaten und Freveln" in sich schließt? Das kann jeder „reine Vaterlandsfreund". Es fragt sich kaum, ob der Bruch ein „plötzlicher" und nun gar, ob er ein „leichtsinniger" wäre.

Dahlmann sagt, daß die „Erblichkeit aller Dynastien nicht bloß in der Gewissenhaftigkeit und der Gesinnung der Deutschen, sondern auch in ihren politischen Überzeugungen feststehe". Über die Gewissen u. s. w. läßt sich nicht streiten. Feierliche Verwahrung muß man aber einlegen gegen den Ausspruch, daß „sich unser vielverzweigtes Volksleben wesentlich an das Fortbestehen der Dynastien in Deutschland knüpft".

Wenn es möglich gewesen wäre, das Volksleben, allen Kern und alle Urtümlichkeit der Volkskraft innerlichst zu zerstören und zu spalten, das Auseinanderhalten durch willkürliche territoriale Einteilung, patriarchalische Volksverachtung mit ihrem Gefolge der Militärtyrannei, der Bureaukratie und der Schulweisheit, sie hätten es zu stande gebracht.

. (Das deutsche Volksleben hat sich erhalten trotz seiner Dynastien und wird sich aus seiner eigenen inneren Kraft immer freier entfalten.)

In die Alltagssprache des gesunden Verstandes übersetzt, heißt der obige Satz des Vorwortes nur so viel: das kleine Residenz= und Hofleben mit seinen souveränen Kanzleien und mittäglichen Paraden soll ungestört forterhalten werden.

Man ist mit der Ländereinteilung mitten in das Herz der Stammes= verwandtschaft hineingefahren, hat auseinandergerissen und gespalten, was Natur und Lebensgemeinschaft zusammenfügte, und jetzt sollen es die Dy= nastien sein, an die sich der Fortbestand des vielverzweigten Volkslebens knüpft? Hat die Dynastie Bayern das Volksleben der Rheinpfalz gefördert, die Dynastie Darmstadt das Volksleben in Rheinhessen, die Dynastie Olden= burg das in ihren drei unvereinigten Reichen? u. s. w.

Das Vorwort glaubt, daß die Geltung der Fürstenhäuser aus dem Herzen der Deutschen nicht verschwunden sei, daß diese vielmehr in dem Volksbewußtsein eine umso freundlichere Stätte finden werden, weil sie „dem allgemeinen Wohle schmerzliche Opfer gebracht haben". Wo sind denn die schmerzlichen Opfer, wo wären sie zu finden? Ist es etwa die Bewilli= gung der längst vorenthaltenen Rechte des Volkes und seiner Selbstherr= lichkeit? Wenn von Opfern gesprochen werden soll, so sollte vor allem von denen die Rede sein, die das Volk in seinen besten Kämpfen seit einem Menschenalter und weiter unablässig gebracht. Ist das Aufgeben von Souveränitätsrechten nur entfernt zu vergleichen mit dem Opfer der Frei= heit, der Ehre, des häuslichen Glücks, das seit dem Frieden von jedem Vaterlandsfreund aufs Spiel gesetzt werden mußte?

Man kann die zukünftige Stimmung der Volksgesinnung getrost den kommenden Tagen überlassen, von denen der Verfasser des Vorworts nicht mehr weiß, als eben andere Menschen auch.

Das Vorwort schließt: „Wenn Deutschlands einträchtiger Fürsten=rat der großen Maiversammlung zu Frankfurt am Main einen deutschen Fürsten seiner Wahl als erbliches Reichsoberhaupt zur Annahme zu=führt" u. s. w. Es mag anderen Erörterungen vorbehalten bleiben, ob bloß der einträchtige Fürstenrat dem Reichstage das Oberhaupt zur Annahme zuzuführen hat.

Aus dem ganzen Vorwort ist unverkennbar, daß das doktrinäre Tele=skop unverrückt auf seinem alten Postamente nach England hingerichtet war, und daß man sich von dorther die nach Ausdruck und Inhalt wider=sinnige Erbweisheit erspähen wollte. Es gilt aber jetzt weit mehr, den mikroskopischen Blick ins Innere der heimischen Gemüter festzuhalten. Aus diesen Regungen allein, so unhistorisch und unwissenschaftlich man sie auch schelten mag, läßt sich die künftige Gestaltung des Nationallebens erkunden und bilden.

Ich bin weit entfernt von jenem Verrate an der kulturhistorischen Er=rungenschaft, der nun auf einmal die unmittelbare Empfindung der soge=nannten unteren Volksklassen einzig und allein als normgültig betrachtet, wo die Gelehrten nichts mehr gelten sollen, gerade weil sie gelehrt sind. Das aber muß ausgesprochen werden: ein Verein von schlichten Bürgern und Handarbeitern hätte den Mut gehabt, die Zukunft Deutschlands auf andere Grundlagen zu stellen.

Soll denn der Zwiespalt zwischen Doktrin und Volksbewußtsein verewigt werden?

Mut und Bildung, das sind die beiden Hebel der neuen Welt. Wehe der Bildung, die des Muts gebricht, und unglücklich der Mut, dem es an der Richtschnur der freien Erkenntnis fehlt. Die Bildung aber, die alles gelernt hat, alles weiß, alles erkundet, erforscht und aufklärt, sie will sich oft nicht zum freien Mute erheben, sie kann es oft nicht. Dem frischen Mut aber die Bildung einzupflanzen durch Gesetz und Lehre, das ist die Aufgabe der neuen Zeit, die uns eine neue Welt bringen muß, frisch und frei.

E. Auerbach, Schöll und Hebbel

Eine Erklärung von Berthold Auerbach.

Von Herrn Dr. Berthold Auerbach ist uns nachstehende Erklärung zur Veröffentlichung übersandt worden. Wir haben sofort Herrn Hofrat A. Schöll ersucht, uns und unseren Lesern seine Rechtfertigung mitzuteilen.

Die Redaktion des „Orion".

Berlin, den 7. Februar 1863.

Hochgeehrter Herr!

Vor allem danke ich Ihnen für Zusendung des Februarheftes Ihrer Zeitschrift, das ich mit dem begleitenden Schreiben vom 15. v. M. erst heute (durch Buchhändlergelegenheit) erhielt. Sie schreiben: „Da ich jede überflüssige Personalpolemik gern vermiede, war es mir nicht angenehm, daß Herr Hofrat Schöll Sie in seinen ‚Erinnerungen an Ludwig Uhland' ziemlich scharf attackiert hat. Bei dem großen Interesse, das der Aufsatz sonst für das Publikum haben muß, konnte ich indes unmöglich die Veröffentlichung ablehnen." Sie konnten, da Schöll mit Nennung seines Namens gegen mich auftritt, und bisher Schöll ein Mangel an Wahrhaftigkeit noch nicht nachgewiesen war, seine Auslassungen füglich abdrucken. Es bleibt nun mir überlassen, die Unwahrheit der Schöllschen Auslassungen zu beweisen. Dies ist mir ein Leichtes. Ich kann dokumentarische und Zeugenbeweise beibringen.

Schöll behauptet (S. 133 ff. Ihrer Zeitschrift):

1. daß ich die Anekdote mit dem Scherze Uhlands wegen „bediademt" sofort nach Uhlands Tode in der „Gartenlaube" erzählt habe. Dies ist einfach unwahr. Ich habe die genannte Anekdote nie und nirgends drucken lassen und sie kam ganz ohne meinen Willen und zu meinem Leidwesen auf folgende Weise in die Presse. Ich war in Schwaben und hielt mich auf dem Rückwege einen Mittag in Köln auf. Dort traf ich mit Wolfgang Müller von Königswinter zusammen. Er fragte mich, ob ich wieder wie sonst immer bei Uhland zu Besuch gewesen. Ich verneinte das. Wir sprachen weiteres über Uhland, auch über dessen korrekte Ausdrucksweise u. s. w., und hierbei nun erzählte ich gesprächsweise jene Anekdote als Gustav Schwab oder Hermann Kurz geschehen. Mit diesen Namen hatte ich sie in Erinnerung; es ist aber wohl möglich, daß sie mir von A. Schöll erzählt wurde, dessen Name mir dabei nicht einfiel.

Alsbald nach Uhlands Tod kam die Anekdote — wohl aus Wolfgang Müllers Feder — in dem ersten Nachruf an Uhland in die „Kölnische Zeitung". Als ich dies erfuhr, äußerte ich sofort gegen hiesige Freunde (die ich als Zeugen stellen kann), daß die Geschichte nicht mir passiert, sondern einem anderen, und zur Klarlegung des Sachverhältnisses setzte ich alsbald in Nr. 10 vorigen Jahres der von mir herausgegebenen „Deutschen Blätter" folgende Notiz:

„Eine Anekdote von Uhland. Durch die Zeitungen geht die Anekdote, die einer zufälligen mündlichen Mitteilung des Herausgebers dieser Blätter nacherzählt wird, wie Uhland, nachdem er gegen Gustav Schwab das Wort ‚bediademt' in einem Platenschen Gedichte getadelt hatte, dann, als ihm ein angetrunkenes Bäuerlein auf der Straße begegnete, gesagt habe: Der ist ‚bediabuselt'.

Diese Tatsache an sich ist wahr und — ich erinnere mich nicht genau —

mir von Gustav Schwab oder Hermann Kurz erzählt, mir selber aber nicht geschehen.

Ich werde in einigen Erinnerungen mein Verhältnis zu Uhland und das Glück seiner persönlichen Befreundung schildern. Weder aber sprach er je in jenem vertraulichen Tone, wie es in der Anekdote bezeichnet wird, noch schwäbelte er auch derart, wie es dort wiedergegeben.

So geringfügig auch diese Tatsache ist, so glaube ich sie doch vorläufig feststellen zu müssen, um in das Bild des verehrten Mannes auch nicht den geringsten falschen Zug einschleichen zu lassen."

(Ich lege Ihnen das Blatt zur Vergleichung bei.)

Der Tatbestand ist also folgender. Ich habe die Anekdote nie in meinem Namen erzählt, habe sie nicht selbst drucken lassen, und als dies ohne mein Zutun geschehen, sofort berichtigt.

Was ist es also, wenn Schöll sagt: ich hätte mir Fremdes angeeignet und daran die Bemerkung knüpft, ich stelle mich gern als Freund bedeutender Männer hin?

Ich hatte das Glück, auch mit Uhland befreundet zu sein, und wenn eine Biographie des verehrten Mannes erscheinen wird, werde ich die an mich gerichteten Briefe von ihm dem Biographen zu Gebote stellen und unser Verhältnis wird sich dann klar erweisen.

So hoch ich auch die erhabenen Zeitgenossen stelle, denen nahezutreten mir vergönnt war, so bin ich doch stolz genug, zu sagen, daß ich mir nicht von ihnen einen Ruhm anzueignen suche, sondern mit redlichem Bemühen aus eigener Kraft die Ehre eines Namens und einer Wirkung für meine Mitmenschen zu erringen strebe.

A. Schöll sagt 2.: daß auch mein Verhältnis zu Rietschel nicht ein derartiges gewesen, wie ich es in meinen in der „Gartenlaube" abgedruckten Erinnerungen dargestellt habe.

Nicht um mir eine Ehre zuzuwenden, sondern um dem deutschen Volke das klare und reine Herz des Freundes darzulegen, veröffentlichte ich jene Erinnerungen[1]).

Ein zehnjähriges persönliches Zusammenleben bietet allerdings weniger schriftliche Dokumente. Doch habe ich aus der Zeit meines Aufenthaltes in Schandau in den Jahren 59 und 60, sowie seit meiner Übersiedelung nach Berlin Briefe von Rietschel in Händen, die zeigen mögen, welcher Art

---

[1]) Ich finde zufällig bei den Briefen Rietschels einen Brief eines seiner nächsten Angehörigen, wodurch der Hinweis Schölls auf die Hinterlassenen des Verewigten sich tatsächlich als grundlos erweist. Alsbald nach Veröffentlichung der Erinnerungen schrieb mir der Schwager Rietschels, Andreas Oppermann: „Ihre warm empfundenen Erinnerungen werden mir den besten Dienst (für die Biographie Rietschels) leisten; haben Sie herzlichen Dank auch hierfür wie für alles, was Sie uns geben und sind."
                                                    B. Auerbach.

unsere Freundschaftsverbindung war. Ich werde diese Briefe, da sie zur Charakteristik des Mannes und der Zeit gehören, nunmehr zunächst ab= drucken lassen.

Ich lege Ihnen hier einen eigenhändigen Brief Rietschels bei vom 20. November 1860 (wenige Monate vor seinem Tode), und wollen Sie nur die eine Stelle daraus abdrucken, die ich nicht selbst abschreiben kann:

„... Daß du nach Berlin, ist mir ein schwerer, schmerzlicher Verlust. Ich habe dich das letzte Jahr wenig, fast gar nicht gesehen, und doch wußte ich, daß du doch in der Nähe warst, mich vielleicht bald besuchen würdest, und wenn du auch ausbliebst, genug, du warst zu erreichen, gehörtest uns in Dresden an und warst uns ein Schmuck und meinem Herzen eine Er= quickung. Du hast mir wohlgetan mit der Frische deines Geistes, dem Reichtum deiner Unterhaltung, mit der treuen gleichen Gesinnung und Äußerung deiner Herzensgüte, deiner Freundschaft, deiner Menschenliebe, deiner Neidlosigkeit. Ich habe dich herzlich lieb, und das bitte ich, oder wünsche ich (da es nicht erbeten werden kann), daß du mir es wieder ver= gelten mögest, wie du es bisher getan.“

Ist es nun nicht empörend, wenn Schöll sagt, Rietschel sei meine „Zu= tulichkeit lästig“ gewesen?

Es tut mir tief wehe, genötigt zu sein, die Namen zweier so innig verehrter Freunde zur Abwehr einer mir unbegreiflichen hämischen Anklage anrufen zu müssen. Ich bin aber der Zuversicht, daß sie, wenn noch lebend, selber für mich gegen die sich selbst kennzeichnenden Auslassungen Schölls eingetreten wären.

Indem ich nun Sie, hochgeehrter Herr, ersuche, diese meine Erklärung in das Märzheft Ihrer Zeitschrift einzurücken und mir das Weitere an einem andern Orte vorbehalte, bin ich

Mit Hochachtung

Ihr ergebener

Berthold Auerbach.

Friedrich Hebbel hat in einem Privatbrief (Nachlese, 1900, II 327) bei diesem Anlaß Auerbachs Haltung während der Wiener Revolution scharf mitgenommen. Auerbachs Schuld war keine andere, als diejenige Hebbels: Hebbel schrieb über seine Eindrücke Briefe (an die Allg. Ztg., Ausgabe von Richard Werner, 1904, X, S. 53—155), die kein Kenner seiner Schicksale missen möchte. Hebbels Vorwurf, daß Auerbach aus Erwerbstrieb die Blätter seines Tagebuches aus Wien geschrieben, verdient keine Widerlegung. Es wird dem Unbefangenen ebensowenig einfallen, Hebbels Briefe an die Allg. Ztg. unter diesem Gesichtspunkt zu beurteilen.

Namenverzeichnis

zu Kapitel I—XII